BoD
BOOKS on DEMAND

Jennifer Lee

Huna-Nachrichten

Sammelband von 2010 bis 2015

Die hawaiianischen Worte

„Huna Ka Mana Loa Ike Ao Nei“

bedeuten

„Huna ist eine sehr mächtige Kraft in dieser Welt“.

Bibliografische Information der Deutschen Nationalbibliothek:

Die Deutsche Nationalbibliothek verzeichnet diese Publikation in der Deutschen Nationalbibliografie; detaillierte bibliografische Daten sind im Internet über http://dnb.dnb.de abrufbar.

Herstellung und Verlag: BoD – Books on Demand, Norderstedt

ISBN: 978-3-7481-5182-1

VORWORT

Mit diesem Sammelband der Huna-Nachrichten kommt eine lange Tradition zum Abschluss die 1948 als erstes „Bulletin of the HRA" begann.

Max Freedom Long kam im Jahre 1917 als Lehrer nach Hawaii in eine kleine Schule auf einer abgelegenen Plantage in der Nähe eines Vulkans. Am Abend sass er jeweils bei seinen einheimischen Lehrerkollegen und hörte ihnen zu wenn sie sich unterhielten und ihre alten Familiengeschichten zum Besten gaben. Seine Neugierde wuchs bei jeder weiteren Erzählung über die wundersamen Praktiken der Kahuna. Er wollte wissen, ob es sich dabei um Wahrheit oder um masslose Übertreibungen und Fantatsiegeschichten handelte!

Ursprünglich hatten die Methoden und Praktiken der Kahuna keinen Namen. Da Max jedoch bei seinen Nachforschungen regelmässig auf eine Mauer des Schweigens stiess, nannte er das alte Wissen „Huna", was in der Hawaiianischen Sprache „Gehemnis" bedeutet. Fasziniert von seinen Entdeckungen und den Einblicken, die man ihm als Fremdling trotzdem gewährte, widmete er sein Leben der Erforschung dieses Geheimnisses. Daraus entstanden seine unzähligen Bücher. (In der deutschen Übersetzung „Geheimes Wissen hinter Wundern" lesen Sie die faszinierende Geschichte seiner Entdeckungen).

1945 gründete er „The Huna Fellowship" und veröffentlichte in einer Mitgliederzeitschrift seine Erfahrungen mit der Anwendung von Huna. Es entstand ein reger Briefwechsel und Erfahrungsaustausch mit Menschen aus der ganzen Welt. Das erste Bulletin für die „Huna Research Associates" erschien im Februar 1948 als „Bulletin of the HRA". Die Ausgabe von September 1959 nannte er „New Horizons" und ab Oktober 1959 hiess das Bulletin „Huna Vistas" bis zur letzten Ausgabe im Dezember 1970.

Kurz vor seinem Tod im Jahre 1971 machte Max Freedom Long Dr. E. Otha Wingo zu seinem offiziellen Nachfolger. Dr. Wingo (Autor von „Briefe über Huna" und „Huna Arbeitsbuch"), führte die Tradition der Newsletter weiter und nannte sie ab 1981 „Huna Work International". Im Januar 2004 erschien die letzte gedruckte Ausgabe.

In der Zwischenzeit gründete Henry Krotoschin, (Autor des Buches „Huna Praxis – Bewusste Lenkung des Schicksals) die Huna Forschungs-Gesellschaft Zürich, die als Europavertretung der Huna Research Inc. anerkannt wurde. 1990 erschien die erste Ausgabe der „Huna-Arbeit", welche mehrmals jährlich herauskam. Die Newsletters wurden in einer limitierten Auflage als Sammelband nach seinem Tod im Jahre 2009 herausgegeben.

Die grosszügige Unterstützung von Henrys Familie machte es möglich, die Huna Forschungs-Gesellschaft weiterzuführen. Wir setzten die Tradition der Mitgliederzeitschrift unter dem Namen „Huna-Nachrichten" von 2010 bis 2015 fort. In dieser Zeit entstand ein reger und lehrreicher Austausch mit Otha Wingo. Mit seinem Tod 2015 fanden auch die Huna Forschungs-Gesellschaft Zürich und mit ihr die Huna-Nachrichten ihr Ende.

Ich möchte mit diesem Sammelband Ihr Interesse an sich selbst und dem Wunder des Menschseins wecken und hoffe, Sie finden Anregungen, Inspirationen und vielleicht auch den einen oder anderen, neuen Blickwinkel auf Dinge die Sie bereits wissen.

Jennifer Lee
(soulspa@bluewin.ch)

ÜBERSICHT

HN Nr. 01: Selbst-Identität durch Ho'oponopono
Ihr müsst werden wie die Kinder
Zum besseren Verständnis

HN Nr. 02: Muster und Programme
Mind over Matter
Mit einem Schlag
Tipps für den Alltag

HN Nr. 03: Das Huna-Gebet und seine Erfüllung
Die Vektor-Methode
Ein Heilungs-Gebet
Selbstliebe – Notwendigkeit oder Egoismus?

HN Nr. 04: Die Kraft des gesprochenen Wortes
Aka-Schnüre durchschneiden
Gesundes Atmen
Heilsames Singen

HN Nr. 05: Lichtschalter-Huna
In die Stille finden
Die Silva-Methode
TimeWaver – Gesundheit mit System

HN Nr. 06: Befreiung von Schuld und Sünde
Schuldgefühle erzeugen Hass
Das Ego-Geistwesen
Wege um das negative Ego abzustreifen
Ho'oponopono oder zurück in die Liebe

HN Nr. 07: Meditation und Gebet
Der Faktor Zeit und das Gesetz der Anziehung
bei der Erfüllung des Huna-Gebets
Die richtige Schwingung

HN Nr. 08:	Tipps um die Stille zu hören Ein gesundes Ego ist etwas Gutes Wie man das Ego durch „Nichtidentifikation“ auflöst Matrix Energetics
HN Nr. 09:	Ka Po’e Kahiko – Das alte Volk Der freie Wille – oder alles steht still „Ich bin“ – „I am“ Der „I’o“ Prozess Die Bedeutung des Gebetssamens bei den alten Kahunas
HN Nr. 10:	Ich bin das „Ich bin“ Wo finde ich meinen „ewigen“ Teil? Selbstidentität Ho’oponopono Prana und der Pranakörper Haole, der Mensch ohne Atem Gottes einzige Rettung
HN Nr. 11:	Der Geist von Aloha Wie wir uns mit den hawaiianischen Kräften verbinden Hawaiianische Medizin
HN Nr. 12:	Die sieben Haupt-Chakren Das Herzfeld aktivieren Matrix Energetics Nachruf auf Myra Delaquis
HN Nr. 13/1:	100 Jahre Henry Krotoschin Erinnerungen an Henry Krotoschin Erkenntnisbriefe
HN Nr. 13/2:	Gedankenformen und ihre Auswirkungen Aka – Eines der fünf Huna-Werkzeuge Jetzt – der Moment, in dem ich alles ändern kann Wo sind meine Gedanken?

HN Nr. 14: Wai Wai Haipule
Bleiben Sie Ihrem Herzen treu
Friede mit dem Geist

HN Nr. 15: Wie Max Freedom Long nach Hawaii kam und Huna entdeckte
Manawa Mau Loa Aku – ewige Zeit
Nà Ali'i – die Häuptlinge

HN Nr. 16: Wie innen so aussen – ein Resonanzgesetz
Placebo – Nocebo und die Kraft des Rituals
Die Tradition der Huna-Nachrichten

HN Nr. 17: Die Telepathic Mutual Healing Group
Gebetsritual zur Anwendung in der Gruppe
Huna Geistheilung
The Healing Circle

HN Nr. 18: Die drei Selbste und ihre Kommunikations-wege
Das untere Selbst, Dreh- und Angelpunkt für unsere Entwicklung
Ein Geschenk für „George"

HN Nr. 19: Tägliche Harmonisierung verändert Ihr Leben
Meditation ist ein Akt der Selbstliebe
Was sind Hirnwellen?

HN Nr. 20: Erster Schritt in der experimentellen Anwendung von Huna
Begegnung mit William Reginald Stewart
Neujahrsmeditation

HN Nr. 21: Selbstliebe – die Basis für ein erfülltes Leben
Erfahrungsbericht zum Ho'oponopono-Seminar
Das 12-Schritte Ho'oponopono in einer Privatsitzung

HN Nr. 22: Keine Angst vor Kala
Kala – kleines Wort mit grosser Bedeutung
Praktische Vorschläge zu Kala
Im Alltag Zeit für Kala einräumen

HN Nr. 23: Das Treffen, das nicht stattfand
Lichtschalter-Huna: Wie man Huna anwendet

HN Nr. 24: Tipps um die Stille zu hören
Die Wissenschaft holt auf
Placebo – Nocebo und die Kraft des Rituals
Aka-Schnüre durchschneiden

Nr. 1 | März 2010

HUNA NACHRICHTEN

Zeitschrift für Mitglieder | Huna Forschungs-Gesellschaft Zürich | www.huna-europe.ch

EDITORIAL

Liebe Leserinnen und Leser

Am 17. März hat sich Henrys Todestag gejährt. Während Sie dies lesen, laden wir Sie ein, einen Moment innezuhalten, an ihn zu denken und ihm eine grosse „Portion" Liebe, Licht und Mana zu senden in die geistige Welt.

Langsam finden wir unseren Weg ohne unseren liebevollen Lehrer hier in der Huna Forschungs-Gesellschaft. In Dankbarkeit profitieren wir von seinen Kenntnissen und Erfahrungen, seinen Forschungen und dem immensen Wissen das er uns vermittelt und hinterlassen hat.

An dieser Stelle geht ein riesengrosses, herzliches Dankeschön an Fredy Brennwald und nocheinmal an Henrys Tochter Jacqueline Kohler für ihre grosszügige Unterstützung damit die Huna Forschungs-Gesellschaft weiter bestehen kann!

Das in Leinen gebundene Buch „Huna-Arbeit" ist eingetroffen und zum Versand bereit! Es enthält alle Ausgaben der Zeitschrift, die Henry in seiner langjährigen Huna-Tätigkeit herausgegeben hatte. Bestell- und Preisangaben finden Sie auf Seite 9.

In unserer Zeit entwickelt sich alles Spirituelle rasend schnell und es gibt unendlich viele neue Themen in die wir uns einlesen und mit der Huna-Lehre vergleichen. Immer wieder sind wir erstaunt, dass die meisten sogenannten neuen Erkenntnisse, auch die wissenschaftlichen, in dieser alten Lehre enthalten sind. Die Kreise schliessen sich schlussendlich auf dem gleichen Nenner. Spannende Zeiten, in denen wir uns oft wünschen, wir könnten mit Henry über alle diese Informationen diskutieren und seine Meinungen, Einsichten und Folgerungen dazu einholen. Er ist jedoch bei allen unseren „Forschungen" und natürlich auch bei unseren Vorträgen in der Huna-Gruppe in unseren Herzen und Gedanken mit dabei.

Wir widmen die erste Ausgabe der „Huna-Nachrichten" auf allgemeinen Wunsch, noch einmal dem Thema Ho'oponopono. In der „Huna-Arbeit" No. 69 berichteten wir über die „alte" Vorgehensweise aus einem Beitrag von Otha Wingo aus dem Jahre 1980. Natürlich hat sie nach wie vor ihre Gültigkeit.

Morrnah Simeona, die Ho'oponopono der westlichen Welt zugänglich machte, aktualisierte dieses alte Ritual der Vergebung und passte es der heutigen Zeit an. Im Jahre 1982 liess sie ihren Schüler Dr. Ihaleakala Hew Len daran teilhaben und gemeinsam entwickelten sie den Prozess

INHALT

Selbst-Identität durch Ho'oponopono Eine Anleitung auf Grundlagen von Dr. Hew Len mit praktischen Beispielen *Von Jennifer Lee* **> Seite 2**

Ihr müsst werden wie Kinder
Ein Wochenend-Seminar mit Mabel Katz, der Autorin von „The Easiest Way" *Von Ulrich Amacher* **> Seite 7**

Zum besseren Verständnis
Eine Betrachtung zu den drei Selbsten. *Von Henry Krotoschin* **> Seite 9**

Sie fragen – wir antworten
Können unteres und mittleres Selbst zu einem verschmelzen? **> Seite 10**

Huna-Gruppe Zürich
Daten und Adressen der monatlichen Huna-Gruppe Zürich **> Seite 12**

Wir sind umgezogen

Unsere neue Adresse ab sofort lautet:

Huna Forschungs-Gesellschaft Zürich
Grubenstrasse 27
8045 Zürich
Telefon +41 44 251 55 65 (wie bisher)
info@huna-europe.ch
www.huna-europe.ch

während ihrer zehnjährigen Zusammenarbeit weiter.

In einer Zusammenfassung aus Interviews mit Morrnah Simeona und Dr. Hew Len, sowie Joe Vitale, dem Autor von „Zero Limits" und Mabel Katz, Seminarleiterin, Buchautorin und Schülerin von Dr. Hew Len, informieren wir Sie über die modernisierte Vorgehensweise.

Mabel Katz hielt Anfang März ein Ho'oponopono-Seminar. Wir schafften es trotz Wintereinbruch mit zweistündiger Verspätung nach Basel. Die kurze, sehr eisige Fahrt auf der Autobahn und der Entschluss auf die Bahn umzusteigen haben sich gelohnt. Der 2-tägige Workshop war sehr interessant und kurzweilig. Mit vielen Übungen zur Praxis und einer sehr sympathischen Seminarleiterin! Den Beitrag dazu finden Sie auf Seite 7.

Wir erhalten immer wieder Anfragen über Huna-Gruppen. Wo und wann finden sie statt? Wir bitten Sie herzlich, uns Ihre Daten und Treffpunkt- oder Kontaktadressen mitzuteilen, damit wir sie in den Huna-Nachrichten und auf unserer Homepage veröffentlichen können. Es gibt viele Interessenten, die sich über die Huna-Praxis informieren, austauschen und natürlich üben möchten! Auch wenn Sie eine Huna-Gruppe gründen wollen, informieren wir gerne darüber. Schreiben Sie uns an info@huna-europe.ch.

Viel Erfolg und freudige Überraschungen mit Ho'oponopono und den besten Wünschen für Sie alle.

Im Huna-Licht

Jennifer Lee und Ulrich Amacher

Mail-Adresse

Um Kosten zu sparen, möchten wir die Huna-Nachrichten per E-Mail versenden.

Bitte geben Sie uns Ihre Email-Adresse bekannt an: **info@huna-europe.ch**

Betreff „**Mitglied**" und **Angabe Ihres Namens** genügt. Herzlichen Dank! Wenn Sie über keine Email-Adresse verfügen, erhalten Sie die Huna-Nachrichten wie bis anhin in gedruckter Form und per Post.

Selbst-Identität durch Ho'oponpono

Morrnah Simeona (1913 bis 1992) gründete im Laufe Ihrer Tätigkeit als Lehrerin, Seminarleiterin und Rednerin die „Foundation of I". („Ich" bedeutet die göttliche Macht.) Dr. Ihaleakala Hew Len ist heute deren Vorsitzender und Verwalter. Gemeinsam entwickelten sie während ihrer zehnjährigen Zusammenarbeit eine noch kürzere und einfachere Art von Ho'oponopono und zwar „Self-I-Dentity-Ho'opo-nopono" („Selbst-Identität durch Ho'opono-pono").

Ein Überblick zusammengestellt aus Interviews mit Morrnah Simeona, Dr. Ihaleakala Hew Len, Joe Vitale, Autor von „Zero Limits" und Mabel Katz, Schülerin von Dr. Hew Len und Autorin von „The Easiest Way". **Von Jennifer Lee**

(Quellen: www.hooponopono.org, YouTube und Blog Talk Radio)

Die Welt um uns herum ist eine Reflektion davon, was in unserem Innern abläuft. Wenn wir aus dem Gleichgewicht geraten durch Ärger, Schmerz oder Aufregung, müssen wir unseren Blick nach innen wenden, weg von der Person oder dem Objekt im Aussen, welches unser Problem verursacht hat.

Morrnah Simeona erklärte ihr „Self-I-Dentity-Ho'oponopono" in einem Interview folgendermassen: „Wir sind die Summe aller unserer Erfahrungen, das heisst wir sind belastet mit unserer Vergangenheit. Wenn wir uns den Stress oder die Angst, die wir in unserem Leben erfahren genau ansehen, kommen wir darauf, dass der eigentliche Auslöser dafür eine Erinnerung ist. Die Gefühle, die mit dieser Erinnerung verbunden sind, beeinträchtigen uns in diesem Moment. Unser Unterbewusstsein verbindet eine Situation oder eine Person mit etwas, das in der Vergangenheit geschehen ist. Wenn das passiert, werden Emotionen aktiviert und Stress wird produziert."

Und weiter: „Das Hauptziel dieses Prozesses ist es, die Göttlichkeit in uns zu entdecken. Ho'oponopono ist ein tief greifendes Geschenk, das uns erlaubt, eine „Arbeitsbeziehung" mit der Göttlichkeit zu entwickeln und zu lernen, wie wir ohne Unterlass um die Reinigung unserer Irrtümer im Denken, Sprechen, Tun oder Handeln bitten. Bei dem Prozess geht es eigentlich um Freiheit, totale Freiheit von der Vergangenheit.

Seit dem ersten Moment unserer Entstehung zu Anbeginn der Zeit, ist jede Erinnerung aus jeder Erfahrung als Gedankenform im ätherischen Bereich aufgezeichnet. Dieses unglaubliche Aufnahmegerät oder dieser Computer ist auch bekannt als unser Unterbewusstsein, Unihipili, oder der Kindesaspekt in uns. Das innere Kind ist sehr real und umfasst einen Teil unseres Selbstes. Die anderen Aspekte sind die Mutter, auch bekannt als Uhane oder als rationaler Verstand und der Vater, das Überbewusstsein oder der spirituelle Aspekt. Diese drei Wesen bilden die innere Familie, die unsere Selbst-Identität (Self-I-Dentity) in einer Partnerschaft mit dem göttlichen Schöpfer ausmacht. Jedes menschliche Wesen der Schöpfung, jede Pflanze, jedes Atom und Molekül besteht aus diesen drei Selbsten und doch unterscheidet sich jede Blaupause vollständig von der anderen.

Das wichtigste Ziel des Menschen ist es, seine oder ihre wahre Identität und den richtigen Platz im Universum zu finden. Dieser Prozess macht es möglich, dass diese Erkenntnis nutzbar wird.

Der Zweck von Ho'oponopono ist:

1. **Die ständige Verbindung mit der Göttlichkeit**
2. **Die Bitte um Reinigung jeder Regung, inklusive allem was sie beinhaltet**

Nur die Göttlichkeit kann dies tun. Nur sie kann Erinnerungen oder Gedankenformen löschen oder korrigieren. Nur die Göttlichkeit weiss, was in einem Menschen abläuft, weil sie uns erschaffen hat.

Mit diesem System ist es nicht nötig zu analysieren, zu lösen, zu bewältigen oder mit Problemen zu kämpfen. Weil die Göttlichkeit uns erschaffen hat, können wir direkt zu ihr gehen und sie darum bitten, dass alles berichtigt und gereinigt wird."

1982 wurde Dr. Hew Len einer der eifrigsten Studenten von Morrnah Simeona. Er war der erste, der dokumentierte und bestätigte Beweise über das Wunder der Heilkraft von Ho'oponopono vorlegen konnte. Morrnah heilte seine Tochter von einer äusserst schmerzhaften, blutenden Gürtelrose, die über zehn Jahre erfolglos behandelt worden war.

Als traditionell ausgebildeter Arzt entschied er sich, das von Morrnah Simeona angewandte Verfahren genauer anzuschauen. Also schrieb er sich 1982 in eines ihrer Seminare ein. Allerdings nicht ohne ein gewisses Mass an Zweifeln, da sie mit Geistern sprach und sich oft sehr seltsam anhörte! Er hielt jedoch bis ans Ende der Schulung durch. Er war so beeindruckt, dass er dabeiblieb und von Morrnah lernte, bis sie im Jahre 1992 in die geistige Welt abberufen wurde. Er zollte ihren Lehren und Praktiken höchste Aufmerksamkeit und es gelang ihm, den Ho'oponopono-Prozess weiter zu vereinfachen und zu vervollkommnen und zwar mit erstaunlichen Ergebnissen.

Heute ist er Vorsitzender und Verwalter der noch von Morrnah gegründeten „Foundation of I". www.hooponopono.org

Von 1984 bis 1987 arbeitete er als Psychologe am Hawaii State Hospital. Dort beaufsichtigte er die Hochsicherheitsabteilung für kriminelle, geisteskranke Männer. Gewalt gegeneinander und gegenüber dem Personal war an der Tagesordnung.

Drei Jahre nach Beginn seiner Tätigkeit gab es keine Hand- oder Fussfesseln mehr. Gewalt existierte praktisch nicht mehr und auch das Personal erschien wieder gerne zur Arbeit. Die Stimmung und die Ordnung in dieser Abteilung wurden dermassen verbessert, dass sie schliesslich geschlossen wurde. Die Männer waren geheilt und wurden entlassen oder in andere Abteilungen für nicht gewalttätige Patienten verlegt.

Wie konnte ein solches Wunder geschehen in dieser Klinik?

Gemäss Dr. Hew Len, führte er weder Beratung oder Therapie mit den Patienten durch, noch nahm er an Personalbesprechungen teil. Er praktizierte täglich den modernisierten Ho'oponopono-Prozess und übernahm somit 100%ige Verantwortung für alles, was er erlebte und was ihm begegnete. Dieser Prozess löste die wundersamste Verwandlung aus, in einem höchst herausfordernden Umfeld.

Wie funktionierte das?

Dr. Hew Len sagte: „Ich habe sie nicht geheilt. **Ich habe den Teil in mir geheilt, der sie erschaffen hat**." Dieser letzte Satz erklärt die wichtigste Grundlage von „Selbst-Identität durch Ho'oponopono"_ Wir sind 100%ig verantwortlich für alles. Alles und überall. Und das bedeutet nicht nur bei unseren persönlichen Schwierigkeiten und unseren persönlichen Erfolgen. Es heisst auch, wenn jemand irgendwo irgendetwas getan hat und wir uns darüber gewahr werden, sind wir 100%ig verantwortlich dafür. Ho'oponopono ist keine Freikarte für einen Schuldkomplex. 100%ig verantwortlich zu sein, ist nicht dasselbe Gefühl, wie sich unendlich schuldig zu fühlen für

Dr. Ihaleakala Hew Len lernte Ho'opo-nopono im Jahr 1982 von Morrnah Simeona kennen. Er entwickelte eine vereinfachte, auf die heutige Zeit angepasste Form davon. Er ist heute Vorsitzender der von Morrnah Simeona gegründeten „Foundation of I". Er war Koautor von Büchern wie „The Secret" und „Zero Limits".

alles Elend. Es ist eine Erinnerung an unsere kreativen Kräfte und ein sanftes Willkommen zurück zu unserem inneren Wesen. Das ist „Null", die innere Leere oder die Stille. Wenn wir zurück zu unserem innersten Wesen finden, wird alles mühelos erreichbar für uns und wir werden von der Inspiration der Göttlichkeit geführt. „Null" bei Ho'oponopono ist dasselbe, das Eckhart Tolle das „Unmanifestierte" nennt. (Lesen Sie dazu den Artikel „Who's in Charge" auf www.hooponopono.org, er ist auch ins Deutsche übersetzt.)

Wie erreicht man diesen Zustand, was genau muss man tun? Joe Vitale erzählt: „Nach Dr. Hew Len wird er erreicht durch einen konstanten Reinigungsprozess. Reinigen ist die eigentliche Ho'oponopono-Praxis.

Wir reinigen uns von unserem unbewussten „Unrat", von Programmen, die unser Leben ohne unsere bewusste Beteiligung bestimmen. Das ist scheinbar sehr einfach und besteht aus der Wiederholung der folgenden Sätze:

Ich liebe dich.
Bitte verzeih mir.
Es tut mir leid.
Ich danke dir.

Das Wiederholen dieser Sätze wird den Selbstumwandlungsprozess des Praktizierenden in Gang setzen. Das ist es, was Dr. Hew Len tat, um die göttlichen Umwandlungskräfte für seine Umgebung einzuladen. An wen richtet man diese Sätze? Im Wesentlichen sagt man sie einfach. Man muss nichts Besonderes fühlen, sich nichts Besonderes vorstellen oder sonst etwas tun, um diesen Prozess zu komplizieren."

Dr. Hew Len sagt: „Tut es einfach! Der Prozess ist so einfach wie atmen. Wenn wir ein- und ausatmen, reinigen wir unseren Körper von verarbeiteter, verunreinigter Luft und reichern ihn mit frischer, sauerstoffreicher Luft, voller guter Energie an. All dies geschieht, ohne dass wir den Atmungsvorgang mit irgendeiner esoterischen oder komplizierten Praktik vermischen. Es passiert einfach und unser Körper bekommt eine konstante Zufuhr von Sauerstoff.

Dasselbe gilt für Ho'oponopono. Wir wiederholen diese Sätze wie ein Mantra und der Reinigungsprozess geschieht. Wir können Lebenssituationen, Orte, Beziehungen und natürlich auch finanzielle Situationen reinigen.

Wenn etwas in unser Bewusstsein dringt, akzeptieren wir 100%ige Verantwortung dafür und wiederholen den Reinigungsprozess. Ohne Schuldgefühle, ohne verstandesmässiges Betrachten der Situation, ohne Wertung, ohne Beurteilung. Wir reinigen einfach. Die Göttlichkeit tut den Rest. Mit diesen vier Sätzen laden wir die höhere Macht ein, den Reinigungsprozess einzuleiten.

Ho'oponopono-Reinigung heisst loslassen und Gott lassen."

Joe Vitale erklärt: Ho'oponopono ist Erlaubnis erteilen. Bitte, und dir wird gegeben. Ho'oponopono heisst, liebe deine Feinde. Danke an alle meine Erinnerungen und alten Programme die hochkommen, sie geben mir die Gelegenheit zur Reinigung. Ho'oponopono bedeutet, sich selbst zu lieben und vollständige Verantwortung für sich zu übernehmen. Alles in meinem Leben – schon weil es mein Leben ist – liegt in meiner Verantwortung. Die ganze Welt ist im wahrsten Sinne meine Schöpfung. Alles was uns begegnet, sind Erinnerungen oder Programme, die in uns gespeichert sind vom Anfang aller Zeit bis heute. (d.h. unser unteres Selbst hat sie gespeichert). Wäre es anders, würden wir die Dinge gar nicht wahrnehmen oder erkennen. Wenn uns also etwas Hässliches oder Unangenehmes begegnet, sollten wir die Daten in uns anschauen. Die Arbeit verrichtet die Göttlichkeit, unser Hohes Selbst oder wie immer wir es nennen wollen, indem es die Daten transformiert, sie in Licht verwandelt und somit löscht.

Zum Beispiel: Jemand erzählt dir von seinen Beziehungsproblemen, oder es kommen ständig Leute auf dich zu mit ihren Sorgen. Halte das Gefühl in dir und sage zu deinem Hohen Selbst: Hier ist also wieder diese Beziehungs-Situation.

Es tut mir leid für dieses Programm, ich weiss nicht woher es kommt und warum.
Bitte verzeih mir, weil ich darin eine Rolle spiele. Es ist in meinem Bewusstsein, also habe ich irgendeine Rolle darin.
Ich danke dir, dass du mir zuhörst, oder dass du es entfernst oder reinigst.
Ich liebe dich.

Wenn irgendetwas auftaucht, dann ist das unsere Gelegenheit es zu reinigen. Es entspringt immer im Selbst. Etwas ist im Gange, die Daten werden abgespielt.

Dr. Hew Len sagt dazu: **„Ist dir schon aufgefallen, dass du dich immer dort befindest, wo ein Problem auftaucht?"** Es gibt nichts im Aussen ohne dich als Beobachter! Womit mit wir bei der Quantenphysik wären: Wenn wir etwas beobachten, machen wir es wahr oder wirklich. Es gibt kein „da draussen"! Aus diesem Gesichtswinkel sind wir 100%ig verantwortlich dafür, was in unserem Leben geschieht. Da ist nichts richtig oder falsch, es geht nicht darum zu „etikettieren" und zu beurteilen. Zu erkennen, dass wir 100%ig dafür verantwortlich sind, was um uns herum geschieht macht uns frei! Wir brauchen „das Aussen" nicht um uns glücklich zu machen. Alles läuft über die Informationen im Unterbewusstsein aus dem Erinnerungsspeicher des inneren Kindes. Wenn wir also sagen, wir wollen diese Rolle nicht mehr spielen und innwendig zu reinigen beginnen, fängt das Universum an sich zu verändern.

Wir sprechen mit unserem Unterbewusstsein und sagen: „Warum bitten wir nicht um Verzeihung für diese Information, die wir gerade durchleben? Du weisst, welche Erinnerungen das sind und wir wollen diese Erinnerungen lieben." Jesus sagte in Matthäus 5.44 **„Liebet eure Feinde"**. Die einzigen Feinde sind die Erinnerungen die quasi wieder abgespielt werden aus unserem Erinnerungsspeicher. Also sprechen wir mit unserem inneren Kind und sagen ihm, dass es zusammen mit uns diese Erinnerungen jetzt loslassen kann. Wir sagen einfach: **„Ich liebe dich. Ich danke dir**, für die Gelegenheit loszulassen. Nur die Göttlichkeit kann die Erinnerungen löschen, nicht wir als mitt-

Morrnah Nalamaku Simeona (1913-1992) war eine anerkannte *kahuna lapa'au* (Kräuterheilerin) in Hawai'i und lehrte eine modernisierte Version des traditionellen ho'oponopono in den USA, in Asien und Europa.

lere Selbste und auch nicht du, mein liebes unteres Selbst, also müssen wir nach Hause gehen zu Gott. Wir brauchen nicht zu wissen welche Erinnerungen es sind, die da abgespielt werden. Alles was wir zu tun brauchen, ist zu bitten! Ich weiss, dass du es weisst, weil du mein Unterbewusstsein bist und du der Ort bist, an dem alle Erinnerungen gespeichert sind. Bitte lass sie los und gib sie hinauf zu Gott!" Es ist eine „Umerziehung" des Unteren Selbstes, damit es loslassen kann.

Das Hohe Selbst ist bereit seine Arbeit zu tun. Diese Arbeit besteht darin, dass es bereit ist, die Informationen zu löschen, aber es kann nichts tun ohne unsere Bitte und Reue. Alles andere wäre ein Eingriff in unsere Wahlmöglichkeiten und schliesslich in unseren freien Willen. Natürlich weiss es schon bevor wir bitten, was gut und richtig ist für uns.

Einige Beispiele:

„**Nervende Mutter**":
Ich gebe alles auf was in mir ist, was ich als meine Mutter erlebe. **Ich liebe dich. Es tut mir leid** (für was immer es ist in mir drin, das sich als nervende Mutter manifestiert). **Bitte verzeih mir. Ich danke dir.** Wiederhole eine Reinigung dreimal: vor, während und nach einer Situation. So, dass jeder mit Frieden im Herzen geht.

Geldprobleme:
Wenn wir wirklich freundlich und liebenswürdig zu den Menschen sind, sind sie freundlich und liebenswürdig uns gegenüber. Das trifft auf alles zu. Also müssen wir freundlich, wohlwollend und liebenswürdig zu Geld sein. Wir müssen Folgendes sagen (und das ist die Reinigung): „Was immer in mir vorgeht, Erinnerungen in denen ich missbräuchlich mit Geld umgegangen bin, mit Menschen, mit der Erde, missbräuchlich und beleidigend mit irgendwas, ich möchte es wieder gut machen."

Mabel Katz wirft ein: „Also was immer es ist in mir drin, das sich als Geldproblem zeigt, als Probleme mit meiner Mutter, Probleme mit irgendetwas oder irgend jemandem: **Ich liebe dich!** Wir sagen also „ich liebe dich" zu jenen Erinnerungen, derer wir uns nicht einmal bewusst sind, die einen Missbrauch unserer Quellen, wie Eltern, Erde, Geld usw. verursacht haben. Die Idee besteht darin, sich mit Geld anzufreunden. Die Reinigung hat uns geholfen. Wir „verlieben" uns sogar ins Geld. Wenn wir es ausgeben, sagen wir: „**Ich danke dir.** Ich bin dir wirklich dankbar, dass du mir die Gelegenheit gibst, das zu bezahlen. Danke, danke, danke."
Liebenswürdig und dankbar zu sein, imstande zu sein mit dem Geld zu sprechen, imstande zu sein sich zu entschuldigen, sind alles Wege, mit Geld zu arbeiten. Wenn wir loslassen und vertrauen, ist es erstaunlich, das Geld kommt immer! Wir sprechen mit dem Geld. Wir müssen das Geld lieben, sogar wenn wir es mit Angst ausgeben, sagen wir „danke, danke, danke". Das Geld kommt immer. Es kommt nicht dorther wo wir es erwarten, aber es kommt. Das Universum wartet darauf, dass wir den ersten Schritt tun, aber es wird genau dort sein, neben uns, um uns zu unterstützen und uns alles zu geben was wir brauchen.

Wenn wir zum Beispiel ein Stück Land verkaufen wollen und es nicht gelingt, sprechen wir mit dem Land und sagen „Schau, ich möchte es wieder gut machen mit dir. Es tut mir leid, du wirst die richtigen Leute finden, die dich lieben". Wenn wir etwas lieben, wird es seinen Platz finden. Und alles kommt um ein Vielfaches zurück. Seid liebenswürdig!"

Dr. Hew Len fügt an: „Wenn wir irgendwo stecken bleiben, halten wir inne und sprechen mit unserem inneren Kind. Wir sitzen fest und es sind nur Erinnerungen, die ablaufen und ich möchte euch mitteilen, dass wir zu diesen Erinnerungen „ich liebe dich" sagen können. Tut das, lasst euer unteres Selbst die Reinigung durchführen. Es kann sie durchführen während wir essen, während wir schlafen. **Der Schlüssel ist, dass das untere Selbst wahrscheinlich der beste Freund ist, den wir im gesamten Universum haben können!**"

Krankheit:
Unser Körper existiert nur durch die Information in unserer Seele oder dem unterbewussten Teil unseres Seins. Er ist also die Konsequenz unserer Erinnerungen. Wenn wir unseren Körper krank erleben, müssen wir auf unser inneres Kind zugehen und sagen, „was geht vor sich? Was ist es, das ich wieder gut machen kann, das ich als Schmerz erlebe?" Wir müssen uns mit unserer Seele befreunden, nicht nur mit unserem Körper. Wir müssen mit unserer Seele sprechen. „Schau, was hier geschieht, ist irgendeine Erinnerung die abläuft, die wir wieder gut machen müssen. Die Erinnerungen wiederholen diesen Schmerz in meinem Rücken, diese konstante Erkältung". Es sind nur Erinnerungen. Wir müssen loslassen. Wir müssen mit unserem unteren Selbst sprechen, „hilf mir loszulassen, was ich als Rückenschmerzen erfahre".
Ich liebe euch, liebe Erinnerungen, die ihr diese Schmerzen verursacht. **Bitte verzeiht mir.** Wir müssen also auf unsere Seele zurückkommen und dazu fähig sein, den Teil in uns, der die Reinigung für uns ausführen kann, umzuschulen. Krankheit ist nur eine Erinnerung, nur

ein Gedanke. Liebet eure Feinde, also liebt diesen Schmerz. Die Idee dahinter ist, sich in alles was in uns vorgeht und was wir als Kopfschmerzen, Herzprobleme usw. erfahren zu „verlieben". Es ist in Ordnung für uns dem Schmerz zu sagen „ich liebe dich".

Bei Ho'oponopono geht es um Liebe. Es geht nicht um Tod, es geht darum, unsere Feinde zu lieben. Und unsere Feinde sind die Erinnerungen in uns, die körperliche oder finanzielle Probleme usw. abspielen. Wir müssen uns selbst umschulen."

Mabel Katz fügt an: „Jedoch ohne Erwartungen! Wir meinen, die Schmerzen müssten verschwinden, aber wir wissen nicht, was richtig ist für uns! Der Schmerz ist perfekt, weil er ein Weg ist, Erinnerungen loszulassen." Dr. Hew Len an diejenigen unter uns, die einer helfenden Tätigkeit nachgehen: „**Wir können anderen Leuten nicht helfen. Der einzige Weg anderen zu helfen ist der, die Erinnerungen in uns freizulassen.** Wenn wir unsere Reinigung machen, lösen sich die Erinnerungen ab, sie lösen sich von unseren Verwandten, unseren Ahnen, von Mutter Erde. So umfassend ist die Göttlichkeit.

Die Idee ist also die: Wir reinigen nicht für andere, sondern für uns selbst, um die Erinnerung, die wir durch die andere Person durchleben, in uns freizusetzen. Wenn diese Erinnerung einmal in uns verschwunden ist, verschwindet sie auch bei der anderen Person und die andere Person wird gesund sein. Wir sind nicht hier, um etwas für andere Leute zu tun, wir sind hier, um unsere eigene Haut zu retten! **Während wir uns selbst retten, beeinflussen wir alles um uns herum. Was auch immer in uns gelöscht wir, wird in allen gelöscht**. Es ist ein erstaunlicher Prozess."

Mabel Katz dazu: „Wir müssen nichts beabsichtigen oder erkennen, wie zum Beispiel ernsthaft versuchen unsere Schmerzen zu lieben. Tut es einfach ohne zu hinterfragen. Wenn wir nicht vertrauen, löschen wir es einfach, es ist nur Information in unserem Unterbewusstsein. Wir sagen zu unserem unteren Selbst: „Liebes inneres Kind, was immer los ist und jetzt sagt „ich traue dir nicht": Ich liebe dich. Vielen Dank, dass du mir eine Chance gibst loszulassen und Gott zu lassen! Information diktiert was wir erleben. Wir müssen dieser Art von Information nicht ausgeliefert sein. Welche Gedanken auch immer in uns hochkommen, wir bedanken uns einfach, auch wenn wir keine Lust dazu haben! **Es ist wie wenn man ohne zu überlegen die Löschtaste auf der Tastatur des Computers drückt. Wir müssen die Taste nicht anlächeln oder sie mit Mitgefühl anschauen. Drückt sie einfach! Den Rest brauchen wir nicht zu verstehen, nicht zu wissen. Vertraut einfach!** Unser rationales Selbst hat keine Ahnung davon, was vor sich geht, aber es gibt andere Teile in uns, die es wissen. Das untere Selbst weiss es. Es ist die Datenbank. **Die Göttlichkeit weiss, was sie bewirken kann. Sie hat uns erschaffen und deswegen weiss sie genau was das Richtige für uns ist**. Der einzige Weg um zu erhalten, was genau richtig ist für uns, ist loszulassen. Sie wird ihren Teil tun, der darin besteht, Erinnerungen zu transformieren und zu löschen. Aber wir sind es, die die Löschtaste drücken müssen!"

Ich bin das Ich

Eröffnungsgebet für den Ho'oponopono-Prozess oder als Morgengebet
(nach Morrnah Simeona)

ICH komme aus dem Nichts in das Licht
ICH bin der Atem der das Leben speist

ICH bin die Leere, die hinter sämtlichem Bewusstsein steht,
das Ich, das Es, das Ganze.

ICH zeichne den Regenbogen über den Wassern,
in denen der Geist der Materie unaufhörlich fliesst.

ICH bin der einströmende und der ausfliessende Atem,
die unsichtbare, unberührbare Brise,
jener unerklärbare Funke der Schöpfung.

ICH bin das ICH.

Der Friede des Ich

Schlussgebet um den Ho'oponopono Prozess abzuschliessen oder als Abendgebet
(nach Morrnah Simeona)

Friede sei mit dir, all mein Friede,
der Friede des Ich, der Friede, der Ich bin
der Friede, für immer, für jetzt und für alle Zeit.

Meinen Frieden gebe ich Euch, meinen Frieden lasse Ich euch,
nicht den Frieden der Welt, sondern nur Meinen Frieden,
den Frieden des Ich.

„Ich" oder „Ich bin" symbolisiert das Einssein mit der ewigen Gegenwart. Vollkommene Gegenwart ist göttlich und der Ausspruch „Ich" oder „Ich bin", der in allen Hochreligionen bekannt ist, symbolisiert das Einssein, die Verschmelzung mit dieser zeitlosen, ewigen Gegenwart.

Ihr müsst werden wie Kinder

Ein Seminar mit Mabel Katz

Mabel Katz hat eine Mission: uns aufzuwecken. In ihrem Seminar lassen wir das gern geschehen. Es macht Freude, ihren lebendigen Schilderungen zu folgen und gibt grosse Lust, ihre Anleitungen im eigenen Alltag auszuprobieren. Mit ihren einfachen, verständlichen Formulierungen macht sie Mut, sich auf den von ihr beschriebenen „Einfachsten Weg" zu wagen. Von **Ulrich Amacher**

Mabel Katz lernte zwölf Jahre bei Dr. Hew Len die Kunst des Ho'oponopono. Bereits ihr erstes Buch „The Easiest Way" war ein grosser Erfolg, so dass sie schon bald eine eigene Radiosendung und Fernsehshow moderierte. Mabel Katz stammt aus Argentinien und emigrierte in die USA, wo sie eine Familie gründete und über zwanzig Jahre als Buchhalterin und Steuerberaterin arbeitete. Heute ist sie eine der meistgefragten Seminarleiterinnen zum Thema Ho'oponopono. Nebst ihrer Seminartätigkeit unterstützt sie Firmen und Privatpersonen darin, durch die praktische Anwendung von Ho'oponopono effizienter und erfolgreicher zu werden.

Die Gruppe, die sich für das Wochenend-Seminar im aeon-Zentrum in Basel eingefunden hat ist überschaubar. Keine zwanzig Personen haben sich zu den zwei Seminartagen mit Mabel Katz versammelt. An anderen Orten in der Welt füllt sie jedoch auch die grossen Säle, denn Mabel Katz gehört längst zu den gefragtesten Seminarrednerinnen unserer Tage. Der von ihr propagierte „Einfachste Weg" („The Easiest Way") zu Ho'oponopono findet Anklang. Und mit einer hervorragenden Internetpräsenz bleibt sie auch nach Kursende mit Seminarteilnehmerinnen und Seminarteilnehmer auf der ganzen Welt verbunden.

Ho'oponopono ist die hawaiianische Technik zur Problemlösung die auf dem Prinzip der Reinigung beruht. Alles muss gereinigt werden: Beziehungen, Gedanken, Träume, Erinnerungen. Alles was uns begegnet ist lediglich eine Spiegelung unserer Erinnerungen. Es passiert nichts im aussen sondern wir projizieren alles aus unseren Erinnerungen. Unsere linke Hirnhälfte, unser Intellekt spielt dauernd vorgefertigte Programme ab. Wir meinen, es sei unser freier Wille, doch in Wahrheit sind wir Sklaven dieses andauernden Gequassels des Intellekts. Ho'oponopono verlangt unsere 100%-ige Verantwortung für alles, was uns widerfährt. Nichts geschieht, ohne dass wir einen bestimmten Anteil daran haben.

Mabel Katz beginnt ihr Seminar mit einer Einführung zu den drei Selbsten. Für Huna-Kenner bekanntes Terrain, für Neueinsteiger jedoch unerlässlich zum Verständnis. Trotz aller Sorgfalt, mit der sie das untere, mittlere und Hohe Selbst und ihre jeweiligen Funktionen erläuterte, fragte ich mich, ob ich hätte folgen können, wenn ich noch gar nie davon gehört hätte. Aber wie wir im weiteren Verlauf des Seminars sehen werden kommt es nicht so sehr auf das „Wissen" an sondern man muss „geschehen lassen". Doch schön der Reihe nach.

Der Ausgangspunkt einer erfolgreicher Anwendung von Ho'oponopono ist für Mabel Katz das Erreichen des Zustandes Null (Zero). „At Zero is where the magic begins" (Bei Null beginnt die Magie) ist einer ihrer Leitgedanken und „Wunder geschehen aus dem Unbekannten". Doch was bedeutet dieser Zustand „Null" oder „Zero"? Mabel bezeichnet damit den Zustand, in welchem man die Stimme des Verstandes, des Egos zum Schweigen bringt und die kleine feine innere Stimme dessen der ich wirklich bin hören kann. Je öfter es uns gelingt, uns in diesen Zustand der inneren Leere, der inspirierten Stille zu bringen desto deutlicher werden wir unsere Stimme hören können, die uns erlaubt zu dem Wesen zu werden das wir wirklich sind. Ein Wesen, das nicht durch Ego, Erwartungen und intellektuelle Konzepte geprägt ist, sondern das Wesen, als welches wir geschaffen wurden. „Ihr müsst werden wie Kinder". Mehrmals geht Mabel darauf ein wie wichtige es ist, dass wir wieder lernen was uns als Kinder leicht fiel. Zu sagen: Danke. Entschuldigung. Es tut mir leid. Ich liebe dich. Ist uns ein Fehler passiert, sagen wir einfach Entschuldigung. Das setzt bereits einen positiven Prozess zur Wiedergutmachung in Gang.

In seinem Buch „Jetzt!", auf das sich Mabel verschiedentlich bezieht, bezeichnet Eckhart Tolle es als Voraussetzung für ein erfülltes Leben, unseren Verstand, der dauernd spricht und alte Programme abspielt, zum Schweigen bringen zu können. Mit dem „Einfachsten Weg" soll dieser Zustand durch ständiges und fortwährendes Reinigen erreicht werden. „Reinigt ohne Unterlass" könnte man in Abwandlung von Jesu bekanntem Ausspruch sagen. Das ist leichter gesagt als getan, doch Mabel Katz bringt uns Werkzeuge dafür mit. „Liebet eure Feinde." Ein weiterer grosser Ausspruch, dem nachzuleben schier unmöglich scheint. Nach Mabel Katz sind diese Feinde in uns selber zu finden, nicht irgendwo „draussen". Es sind unsere schlechten Gewohnheiten, Fehler, Schwächen und Krankheiten. Es mag ungewöhnlich klingen, doch wenn wir sie von ganzem Herzen lieben und anerkennen, können wir uns auch von ihnen verabschieden. Unsere Gedanken und Erinnerungen sind sehr machtvoll. Wenn alles, was uns widerfährt durch sie erschaffen wurde, dann haben wir auch die Macht, sie wieder zum

Verschwinden zu bringen.

Ganz ähnlich wie bei Huna lernen wir zahlreiche praktische Werkzeuge für den Alltag kennen. Am Anfang steht die sogenannte „HA-Atmung“ der bewusste Atmungsvorgang der sehr ähnlich unserer täglichen Mana-Aufladung nach Huna-Art funktioniert. Es ist eine äusserst effektive Form der Energieaufladung und eine schöne Abwechslung zu meiner üblichen Mana-Aufladung. Details dazu finden Sie im Kasten auf Seite 10. Besonders empfohlen wird auch die Verwendung des Blauen Sonnenwassers (Blue Solar Water), Einzelheiten dazu ebenfalls auf Seite 10. Die heilenden Farben Indigo, Smaragdgrün, Eisblau und Weiss spielen eine wichtige Rolle. Wir können bei jeder Gelegenheit, in schwierigen Situationen, bei Nervosität, vor Prüfungen oder wichtigen Sitzungen die Situation durch das Sprechen dieser Farben reinigen. Wir müssen sie uns nicht einmal optisch vorstellen. Es genügt vollkommen, wenn wir in Gedanken sprechen: Indigo, Eisblau, Weiss. Und das Göttliche reinigt. Wenn es sich um Krankheiten oder einen Krankenbesuch handelt, nehmen wir noch die Heilungsfarbe Smaragdgrün dazu oder reinigen mit ihr allein.

Alle Reinigungswerkzeuge haben zum Zweck loslassen zu können und eine höhere Autorität wirken zu lassen. Durch ihre Anwendung geben wir der Göttlichkeit die Erlaubnis einzugreifen und im für uns besten Sinne zu wirken. Erinnern wir uns: unser Hohes Selbst greift nie von sich aus ein, wir müssen es immer darum bitten. Aber wenn wir darum bitten, hilft es augenblicklich. Und wie schon erwähnt, es ist nicht nötig, dass wir wissen, warum und wieso etwas funktioniert. Wir brauchen auch keine bestimmten Gefühle oder Vorstellungen dabei zu haben. Das Wichtigste ist einfach anzuwenden und zu vertrauen.

Weitere praktische Anwendungen sind der Bleistift mit aufgesetztem Radiergummi oder das Fliegenpapier. Mit dem Bleistift können wir Probleme oder Schmerzen „ausradieren“, indem wir in Gedanken oder physisch, mit dem Radiergummi über ein Dokument fahren oder ihn an die entsprechende Körperstelle halten. Das „Fliegenpapier“ („fly paper“) ist sehr wirksam. Stellen Sie sich das klebrige Papier vor, das man an die Decke hängt um Fliegen zu fangen. Wenn heute jemand auf mich einspricht, Dinge sagt, mit denen ich nicht einverstanden bin, spreche ich in Gedanken vor mich hin „fly paper, fly paper, fly paper“. Und statt zu reagieren, zu widersprechen oder mich aufzuregen, bleibe ich entspannt und „lasse geschehen“. Am Ende sage ich vielleicht nichts oder es gelingt mir genau das zu sagen was meinem Gegenüber in dieser Situation hilft. Es fallen mir Worte ein, an die ich – hätte ich wie üblich re-agiert – gar nie gedacht hätte.

Mabel Katz stellte noch zahlreiche weitere auf den ersten Blick unscheinbare, doch in ihrer Anwendung höchst effiziente Werkzeuge vor. Aus der grossen Auswahl kann jeder und jede diejenigen verwenden, die für ihn oder sie am besten funktionieren.

Der zweite Kurstag war vertieften Betrachtungen zur angewandten Praxis gewidmet. Mit Übungen in Zweier- und Vierergruppen versuchten wir, uns über unsere Vorstellungen zu Persönlichkeit und angestrebter Lebensform klarer zu werden. Wir wurden aufgefordert, zwei Talente und zwei Arten diese auszudrücken aufzuschreiben und die Vorstellung einer idealen Welt zu beschreiben. Daraus konnten wir unser Ziel, unsere Absicht in diesem Leben in einigen wenigen Sätzen formulieren. Auch die Anwendung des Pendels wurde geübt.

Mabel Katz vermittelt ihr Wissen auf äusserst liebenswerte Weise, mit grosser Natürlichkeit und gesunder Bodenständigkeit. Sie lebt, wovon sie erzählt, da ist nichts bloss einstudiert oder angeeignet, sondern am eigenen Körper erlebt und man glaubt ihr aufs Wort wenn sie ihre eigenen Erfahrungen schildert.

Nach Mabels Dafürhalten ist das einzige Ziel unseres Erdendaseins herauszufinden, wer wir wirklich sind. Probleme, schwierige Menschen und Situationen, die auf diesem Weg auftauchen sind für sie keine Hindernisse, sondern Gelegenheiten reinigen zu können. Uns zu reinigen von Erinnerungen aus der Vergangenheit, aus der eigenen und aus der unserer Ahnen. Verstrickungen zu lösen und uns aus ihren Fängen zu befreien. Ein Prozess, der immer und ohne Unterlass vollzogen werden muss, „moment by moment“, wie sie es ausdrückt. In jedem Moment: Danke. Ich liebe dich. Bitte vergib mir.

Darum: Lasst uns aufwachen und werden wie Kinder!

Mabel Katz „The Easiest Way“, Your Business Press, ISBN 978-0-9825910-3-1 (nur in Englisch erhältlich)

Mabels nächstes Seminar in der Schweiz findet statt am **3. April 2010** in Bossey bei Genf (Englisch/Französisch). Am **30./31. Oktober 2010** wird sie wieder in Basel zu erleben sein. Alle Seminartermine auf www.mabelkatz.com

„Unsere grösste Angst ist nicht, dass wir nicht genügen, sondern vielmehr, dass wir unermesslich stark sein könnten.

Unser Licht, nicht unsere Dunkelheit erschreckt uns.

Wir fragen uns, warum soll gerade ich so genial, grossartig, talentiert und umwerfend sein?

Aber warum eigentlich nicht? Du bist ein Kind Gottes. Wenn du dich klein machst, hilft das der Welt nicht. Es ist nicht sehr erhebend, sich so winzig zu machen, damit andere sich in deiner Umgebung wohlfühlen.

Wir sind alle dazu bestimmt, zu leuchten wie die Kinder.

Wir wurden geboren, um die Herrlichkeit Gottes, die in uns ist, sichtbar zu machen. Und sie ist nicht nur in einigen von uns, sondern in jedem. Und wenn wir unser Licht leuchten lassen, gestehen wir unbewusst damit den anderen das gleiche zu.

Wenn wir von unserer Angst befreit sind, werden andere in unserer Gegenwart automatisch auch frei.“

Nelson Mandela in seiner Antrittsrede als Präsident von Südafrika, 1994

Zum besseren Verständnis

von Henry Krotoschin

Dieser Artikel erschien in den „Huna Works No. 52" im Jahre 1996 und wurde aus dem Englischen rückübersetzt, da das Original in Deutsch nicht mehr zu finden ist. Möglicherweise hat Henry den Artikel aber auch direkt in Englisch geschrieben, wir wissen es nicht. Sollte also sein deutscher „Originalton" nicht ganz getroffen sein, so liegt es daran.

Henry Krotoschin (1913-2009) war Gründer und Leiter der Huna Forschungs-Gesellschaft Zürich. Er kam nach einer tiefen Lebenskrise auf den Huna-Weg. Die Bücher von Max Freedom Long haben ihn innert kürzester Zeit komplett verwandelt. Nach seiner Pensionierung widmete er sich voll und ganz der Erforschung und Verbreitung der Huna-Lehre. Er hielt über 700 Vorträge und Seminare. Sein Buch „Huna-Praxis, Bewusse Lenkung des Schicksals" gilt als Standardwerk der Huna-Literatur in deutscher Sprache.

Ich habe die Erfahrung gemacht, dass wenn wir wirklich den Kontakt mit unserem Hohen Selbst erreichen und wenn wir wissen, wie es mit uns arbeitet und wir mit ihm, dann wissen wir es existiert und Glaube wird zu Wissen. Das ist ein grosser Erfolg. Dieses Wissen kann nur durch Erfahrung erreicht werden, durch keine andere Möglichkeit der Ausbildung oder des Verstehens. Das ist der Grund warum die Gnade Gott zu kennen, ausschliesslich nur zu dem Menschen kommt, der die Gnade eines bewussten Lebens hatte.

In meinem Leben hatte ich drei Stadien unterschiedlicher Verbindungen mit den drei Selbsten. Die erste war die gewöhnliche, das untere Selbst und das mittlere Selbst sind zusammen und endlich sind sie durch die Aka-Schnur verbunden, wenn wir gelernt haben, unseren Teil zur Verbindung beizutragen, wie Max es nannte. Das ist der normale Weg den wir zu gehen versuchen und das Ziel ist die Vereinigung mit dem Hohen Selbst über die Aka-Schnur.

Da sind wir nun, Henry und George, mittleres und unteres Selbst und dort oben irgendwo (auf dieser Ebene gibt es kein oben oder unten) ist das Hohe Selbst. Mein Hohes Selbst hat ebenfalls einen Namen, es heisst Ariel. Es ist mehr oder weniger weit weg und ich bin verbunden mit ihm durch die Aka-Schnur.

Dann erfuhr ich später ein weiteres Stadium, worüber ich sehr erstaunt war. Dadurch kam ich auf die Idee, dass wir uns entwickeln können, dass der Zustand in dem wir mit dem Hohen Selbst durch die Aka-Schnur verbunden sind, nur der erste Schritt in unserer Entwicklung sein könnte.

Die zweite Art der Verbindung erhielt ich in einer sehr lebhaften Meditation. Mein George war inzwischen ein grosser, junger Mann, kein Kind mehr. Wir stehen zusammen aufrecht da, jeder legt seinen Arm auf die Schulter des Nachbarn. Also hatte ich meinen rechten Arm auf der linken Schulter meines unteren Selbstes das neben mir stand und meinen linken Arm auf der rechten Schulter meines Hohen Selbstes, das zu meiner linken stand und wir waren zusammen mit unseren Armen auf den Schultern unseres Nachbarn, so dass jeder mit dem anderen verbunden war. Das ist etwas sehr wichtiges, es ist eine Vereinigung, die viel tiefer und viel stärker ist als die Verbindung der zwei mit dem Hohen Selbst durch die Aka-Schnur.

Das war ebenfalls nur ein Schritt. Später in einer weiteren Meditation lernte ich eine andere Verbindung kennen, welche die Höchste sein könnte (ich weiss nicht, wie mein Leben weitergehen wird). Wir drei sind Teile einer Steinkugel, ein einziger Steinball und jeder von uns ist immer noch spürbar durch die Farben in diesem Ball. In der Mineralogie gibt es einen speziellen Ausdruck dafür, wir nennen es „ein Konglomerat" von Steinen. In der Mineralogie geschieht das entweder durch Hitze oder, wenn man den Ursprung immer noch sehen kann, durch Druck. Könnt ihr euch vorstellen was ich meine? Eine Kugel, die drei Selbste in einem, aber ihre Individualität ist immer noch sichtbar. Man kann die Einzelwesen immer noch erspüren.

Atmen oder „HA“

- Sitze mit geradem Rücken. Führe den Daumen und die ersten zwei Finger der linken Hand an den Fingerspitzen zusammen. In diesen Ring fasst du mit den ersten beiden Fingern der rechten Hand und dem rechten Daumen. Auch rechts berühren sich die Fingerspitzen. So bildet sich eine liegende Acht (∞). Wenn es dir angenehm ist, schliesse die Augen.

Zähle bei jedem der folgenden vier Schritte von eins bis sieben:

- Schritt 1: Atme (göttliche Energie) ein, um jede Zelle, jedes Gewebe und Blutgefäss, jeden Muskel und Knochen und jedes Atom des ganzen Körpers mit Energie anzureichern.
- Schritt 2: Halte den Atem an, um dem Körper Gelegenheit zur Ruhe zu geben und dadurch den Stoffwechsel und die Körperchemie zu verlangsamen; die Zellen zu regenerieren und vor allem um einen „Schock“ für den Organismus zu vermeiden, während der Austausch mit zwei machtvollen Kräften (Einatmen und Ausatmen) vor sich geht.
- Schritt 3: Ausatmen: Befreiung des Organismus' von Unreinheiten, Giften und Blockierungen
- Schritt 4: Halte den Atem an.

Die Schritte 1 – 4 werden als eine Runde betrachtet. Der gesamte Vorgang erfordert sieben Runden.

Blaues Solar-Wasser

- Fülle Leitungswasser in eine blaue Glasflasche und stelle diese für 15 bis 60 Minuten an die Sonne oder bei schlechtem Wetter unter eine weisse Glühbirne (keine fluoreszierenden Leuchtmittel)
- Benutze deine Inspiration, um die für dich passende Zeit zu bestimmen
- Im Falle einer weissen Flasche benötigst du eine blaue Glühbirne.
- Benutze einen nicht metallhaltigen Verschluss
- Verwendung: Zum Trinken, zum Kochen, zum Begiessen von Pflanzen oder zum Heilen. Spül damit deinen Körper nach dem Baden ab. Es reinigt den ätherischen Körper; die Haut fühlt sich sanfter und reiner an.
- Ist kein Solar-Wasser vorrätig, kannst du es dir auch vorstellen.

Zweck: Solar-Wasser ist Gletscherwasser. Gletscher-Sonnen-Wasser enthält Elemente, die Pfade zu den Reichen der Engel öffnen und es dir erlauben Inspiration zu empfangen, um deinen Lebenszweck zu erfüllen.

Sie fragen – Wir antworten

Von: **Stefan**
Antworten an:
Datum: Tue, 05 Jan 2010 14:29:08 +0100
An: Huna Forschungs-Gesellschaft info@huna-europe.ch
Betreff: Huna Erlebnisse sowie Ausarbeitung

Liebe Jennifer,

Nun, meine Erkenntnisse sind dahin gehend, dass unser unteres Selbst sich mit unserem mittleren Selbst, vereinen bzw. verschmelzen sollte. Bei mir ist dies geschehen. Ich habe bezüglich dessen mit Henry in Todtmoos darüber gesprochen. Er teilte mir mit, dass er sich eine Verschmelzung der beiden Selbste nicht vorstellen kann. Nur die Aka-Körper können sich untereinander vermischen. Otto hingegen, zeigte sich offen für mein Erlebnis. Aufgrund dessen, studierte ich unterschiedliche Schriften Namhafter Wissenschaftler, die sich offen für Spiritualität zeigen und fand schließlich in den Schriften von Bruce Lipton sowie Gregg Braden die Bestätigung. Henry richtete seine Seminare immer auf das untere Selbst aus. Für Henry war das untere Selbst entscheidend. Denke, es ist zwar entscheidend, sich mit dem unteren Selbst zu befassen, aber nicht aller letzter Schluss. In den Schriften von E. Bordeaux Szekely taucht nur eine Stelle im Band 2 (Schriften der Essener) auf Seite 75, aus dem Schulungshandbuch der Schriftrollen vom Toten Meer folgende Passage auf: **Und er gab dem Menschen zwei Geister zur Seite, mit denen er gehen sollte: Den Geist der Wahrheit und den Geist der Falschheit. Die Wahrheit ist aus der Quelle des Lichts geboren, die Falschheit aus dem Brunnen der Finsternis. Die Herrschaft über alle Kinder der Wahrheit liegt in den Händen des Lichts, damit sie im Lichte wandeln. Die Geister der Wahrheit und Falschheit liegen im Herzen des Menschen im Streit, der mit Weisheit oder Narrheit handelt. Wann immer im Menschen die Wahrheit überwiegt, wird er die Finsternis meiden. Segen über alle, die dem Gesetz folgen, die auf allen Wegen wahrhaftig sind. Möge das Gesetz sie mit allem Guten segnen, sie vom bösen fernhalten und ihre Herzen mit Einsicht in die Dinge des Lebens erleuchten und mit Wissen um die ewigen Wahrheiten ehren.**

Die Essener befassten sich viel mit der Erdenmutter und dem himmlischen Vater. Sie waren bestrebt, Eins mit Ihnen zu sein. Die Verbindung zur Erdenmutter sowie himmlischen Vater waren die Engel. Gregg Braden zitiert in seinen Schriften, dass die Engel gleich zusetzen mit der göttlichen Energie (Mana-Loa od. der heilige Geist)) sind.

Gregg hat herausgefunden, dass unser Herz ein magnetisches Feld ist und die stärksten Energien erzeugt. Unser Herz produziert die Wellen (Schwingungen) die unsere Realität erschafft. Er berichtet von einem Missverhältnis zwischen unteren Selbst (Emotion) sowie mittleren Selbst (Gedanke). Man sollte diese in unserem Herzen vereinen, woraus das Gefühl entsteht. Das Gefühl ist dann die Vereinigung von unseren beiden Selbsten, sprich Emotion + Gedanke = Gefühl.

Gewisse Parallelen sind auch im Johannes-Evangelium zu erkennen. Hier habe ich für mich erkannt, dass unsere Seele zwei Geistwesen (vielleicht stellen unsere beiden Selbste die Polarität im Menschen dar. Ein Gedanke der gar nicht so abwegig sein könnte. Siehe die Schriften der Essener) in sich trägt. Diese beiden sollten konform gehen und zu einem Wesen verschmelzen, dass sich dann im Herzen befindet. Dann kommt alles was wir tun von Herzen. Große Unterstützung erfahren wir hierbei von unserem himmlischen Vater (Hohen Selbst). Sobald dies geschehen ist, steht unser Leben unter göttlicher Führung.

Auch Max F.Long schreibt auf Seite 15 im Der Weg zum Licht": Die meisten Fehler die gemacht werden, wenn man den religiösen Weg geht, kommen von dem Mangel an Verstehen, dass man auf den unteren Ebenen eine Teilung annehmen muss und das man an den zwei unteren Stufen arbeiten muss - mit aller Kraft - so dass wir die Vereinigung perfektionieren. Erst zwischen dem unteren und mittleren Selbst und dann mit dem hohen Selbst.

Und nun zu meiner Vereinigung:

1 Tag nach meinem Geburtstag 10.05.2006. Ich wache auf und schaue auf die Uhr. Es ist 6 Uhr in der Früh.

Bin soeben im Traum beerdigt worden. Für mich wurde von Bekannten ein Loch gegraben, das ca. 30m in die Tiefe ging und einen kleinen Durchmesser hatte. Ich sah in die Tiefe des Loches und es kam mir sehr weit entfernt vor. Irgendwie freute ich mich darauf. Nach unten waren mehrere Leiter ineinander verwoben, aufgestellt. Ich sagte zu meinen Bekannten die das Loch gegraben hatten, dass es da unten bestimmt sehr kalt ist und dass ich warme Klamotten benötige. Prompt bekam ich eine warme Jacke, die aber überraschender Weise eine Frau anzog. Als die Frau und ich dann hinunter in das Loch zum Sarg stiegen, sagte ich ihr, dass ich meine Aufgabe erfüllt habe und mich freue, meine Oma Klara wieder zu sehen. Sie lachte mich mit ihren weichen Zügen im Gesicht an und ich hatte ein Gefühl wie kurz vor dem Einschlafen.

Auf einmal befand ich mich wieder auf dem Weg nach oben, da ich irgendwas vergessen hatte. Ich erblickte noch einmal die Umgebung rings um und war alleine. Dann machte ich mich wieder auf den schnellsten Weg nach unten. Beinahe wäre die Leiter umgestürzt. Unten angekommen, kam mir alles viel breiter und größer vor. Es kamen Menschen von mehreren Seiten auf mich zu. Es hatte den Anschein, als wären das Touristen. Ich hob den Deckel vom Sarg ab und es lag jene Frau drin. Ich sagte zu ihr, wir müssen jetzt tauschen. Was während dessen auffiel, oben am Sargdeckel befand sich ein laufender kleiner Motor der sehr warm war. Überhaupt war es auf einmal sehr warm da unten. Ich sah der Frau in das Gesicht, sie hatte die Augen geschlossen und war so glaube ich, tot.

Ich wachte auf.

Mein unteres Selbst war zu jener Zeit weiblich. Sie ist nicht gestorben, sondern hat sich mit mir vereinigt. Hier hat sich ein Bewusstseinsprozess vollzogen.

Bitte, glaubt mir. Ich möchte Huna nicht verändern, sondern lediglich darauf hinweisen, dass sich im Laufe der Zeit durch stetige Übungen und Aufladungen, sowie lösungsorientierte Kala-Reinigungen beide Selbste miteinander verschmelzen. Man sollte bestrebt sein, genannte Polaritäten in uns aufzuheben. Umso intensiver entsteht unser Kontakt zu unserem Hohen Selbst.

Liebe Grüße / Im Huna-Licht, Stefan

Von: Huna Forschungs-Gesellschaft info@huna-europe.ch
An: Stefan
Datum: 6.1.2010
RE: Huna Erlebnisse sowie Ausarbeitung

Lieber Stefan

besten Dank für deine ausführliche Mail. Schade können wir nicht mündlich darüber diskutieren! Vor allem über die Polaritäten. Welches Selbst wäre dann was, deiner Meinung nach?

Dein Traum ist sehr eindrücklich. Ihn zu deuten traue ich mir nicht zu, da ich dich überhaupt nicht kenne und nicht weiss, was dich zum damaligen Zeitpunkt im tiefsten Innern beschäftigte. So auf den ersten Blick an die Oberfläche verstehe ich es eher so, dass der emotionale Teil (US) zugunsten des Willens (MS) die Augen geschlossen hat.

Wie empfindest du das was du verschmelzen oder vereinigen der beiden Selbst nennst?

Nachdem ich ein freundschaftliches Vertrauensverhältnis durch viele "Zwiegespräche" mit meinem US aufgebaut habe, empfinde ich auch eine "Vereinigung", aber eher wie siamesische Zwillinge, es sind immer noch zwei Wesen. In dieser Empfindung ist die Kommunikation zwischen den beiden telepathisch (wenn man es so nennen kann) und der Weg zum Hohen Selbst ist frei und ohne Blockaden. Das ist wahrscheinlich der Zustand der "Dreiheit" von der Henry und auch Otha Wingo oft sprachen.

Es gibt aber auch nach wie vor jene Momente in denen ich das US und das MS klar als zwei Wesen spüre. Nämlich dann, wenn sich mein "Bauchgefühl" bemerkbar macht, obwohl mein Kopf meint ganz genau zu wissen wo's lang geht. Meistens halte ich dann eine Weile inne mit allem was ich gerade tue und versuche durch einen erneuten Dialog mit meinem US einen Konsens zu finden.

Meistens "höre" ich aber in so einem Moment einfach auf mein unteres Selbst und war bis jetzt in den seltensten Fällen schlecht beraten! Dann handle ich eindeutig mitten aus dem Herzen heraus. In diesem Moment sind Gedanken- und Gefühlswelt im Einklang.

Mittlerweile sind wir so eng verbunden, dass ich auch unterscheiden kann wenn das untere Selbst einfach "bockt" weil ihm etwas nicht passt, wo ich ihm aber dann mit liebevoller Logik erklären kann, dass es da übers Ziel hinausgeschossen ist.
Ich erfahre es eindeutig so, dass das

Unterbewusstsein und das Bewusstsein nicht verschmolzen sind zu einem einzigen "Wesen". So wie beim menschlichen Hirn. Die linke und die rechte Hirnhälfte repräsentieren zwei verschiedene Seiten des Menschen, aber ein Teil kann ohne den anderen nicht existieren. Wenn man das Hirn mittels einer Computertomographie "misst", sieht man, dass das Unterbewusste immer arbeitet. Es ist der Motor, der Mikroprozessor. Es verdaut unser Essen, es filtert unser Blut durch die Nieren, es verarbeitet hundertausend chemische Reaktionen in jeder Zelle usw. Das Ziel ist, das Unterbewusste und das Bewusste zu "vereinen" um Zugang zu grösseren Möglichkeiten zu haben, ja. Aber jeder Teil trägt auf seine ihm eigene Weise dazu bei.

Ein interessantes Thema!

Herzliche Grüsse

Jennifer

Liebe Leserinnen und Leser, was

ist Ihre Meinung und/oder Erfahrung dazu? Bitte schreiben Sie uns.

HUNA-GRUPPE ZÜRICH

Irene Morf wird zusammen mit anderen Referentinnen und Referenten weiterhin durch den Abend führen:

31. März, 19.30 Uhr **und** **28. April,19.30 Uhr**
im Center der SPG, Zollikerstrasse 269a, 8008 Zürich

Ab Mai trifft sich die Huna-Gruppe neu an der Grubenstrasse 27, 8045 Zürich. Zum ersten Mal am 26. Mai um 19.30 Uhr. Zusätzliche Informationen und einen Anfahrtsplan werden wir den bisherigen Teilnehmer/innen rechtzeitig zuschicken. Interessent/innen senden wir die Unterlagen gerne auf Anfrage zu.

26. Mai, 19.30 Uhr	**30. Juni, 19.30 Uhr**
Juli fällt aus	**25. August, 19.30 Uhr**
29. Sept., 19.30 Uhr	**27. Oktober, 19.30 Uhr**
24. Nov., 19.30 Uhr	**Dezember fällt aus**

Unkostenbeitrag CHF 20.00 pro Abend

HFG Zürich, Grubenstrasse 27, 8045 Zürich

Neue Teilnehmer sind jederzeit herzlich willkommen!
Eine Anmeldung ist nicht nötig.

Veranstaltungen der Schweizer Parapsychologischen Gesellschaft finden Sie auf www.spg-zh.ch

Das „Ha-Atmen"

Als der erste Fremde, ohne Zweifel einer aus Captain Cooks Mannschaft, auf Hawai'i ankam und seinen Fuss auf den Strand setzte, fragte er den ersten Menschen dem er begegnete: „Wie heisst dieser Ort? Wo wohnst du?" Der Mensch antwortete: „Hawai'i".

Dann ging der Matrose in eine andere Gegend von Big Island und fragte den nächsten Menschen den er sah: „Wo wohnst du?" Der zweite sagte, „Hawai'i". Und dann ein Dritter mit der gleichen Antwort, und ein Vierter, also wurde die Insel Hawaii genannt. Was jeder der „Hawaiianer" jedoch meinte, war:

„Ich lebe im höchsten Mana, welches auf dem Atem des Lebens reitet."

Als der Matrose die nächste Insel besuchte, fragte er den ersten Menschen den er sah, „Wo wohnst du?" Dieser antwortete, „Hawai'i". Und so geschah es auf der nächsten Insel und der nächsten, - immer dieselbe Antwort: „Hawai'i". Also nannte Captain Cook alle Inseln „Hawai'i".

Aber Hawai'i ist nicht nur ein Ort inmitten des Pazifiks, es ist ein Ort, den wir in uns tragen, wo immer wir hingehen auf der Welt. Was die Hawaiianer dem Matrosen zur Antwort gaben war, „Ich lebe in:

„**Ha**" heisst „Atem" oder „Atem des Lebens".
„**Wai**", Wasser, Mana, Lebensquelle
„**I**", Höchstes

Also können wir uns immer mit unserem „Hawai'i" verbinden, der **höchsten Lebenskraft die auf dem Atem reitet**, - immer und überall.

Wir brauchen nur innezuhalten, einen tiefen Atemzug durch die Nase zu nehmen und mit dem Laut „Ha" durch den Mund auszuatmen.

Das Ausatmen wird laut geflüstert und ist doppelt so lang wie das Einatmen.

Nr. 2 | Juni 2010

HUNA NACHRICHTEN

Zeitschrift für Mitglieder | Huna Forschungs-Gesellschaft Zürich | www.huna-europe.ch

EDITORIAL

Liebe Leserinnen und Leser

Über die letzten Jahre habe ich mir tausend Gedanken gemacht über das Huna-Gebet und vor allem über die wichtige Rolle, die mein unteres Selbst dabei spielt. Nur ich als mittleres Selbst habe die Fähigkeit zu denken und die Möglichkeit, die Initiative zur Ausarbeitung eines Gebetes zu ergreifen. Für das entsprechende Bild, also die Visualisierung brauche ich aber Georges Hilfe, ebenso bei der dazugehörigen Emotion, die fast das wichtigste ist.

Nebst dem Grundwissen über Huna habe ich viele andere Bücher gelesen über das „Wünschen", „Beten", „positiv Denken", „Visualisieren" usw. Aufgelistet würden alle diese Bücher Seiten füllen, jetzt füllen sie ein Büchergestell, das aus allen Nähten platzt. Schliesslich bin ich vor ein paar Jahren über den Film „What the bleep do we know" bei der Quantenphysik gelandet. Als Realistin kam ich ganz pragmatisch zu der Frage, wie das in Tat und Wahrheit funktionieren soll. Wie sollen meine Wünsche wahr werden? Was hat George damit zu tun? Welche Funktionen waren es noch mal, die er nebst der Verwaltung meiner Emotionen inne hat? Steuert er nicht alles, was in meinem Körper abläuft und somit auch jede kleinste Aktion in meinem Kopf, sprich in meinem Hirn?

> **Doch seltsam, dass man nicht liest, wie das Hirn oft umschliesst in einer kleinen, elfenbeinfarbenen Zelle Gottes Himmel oder Hölle.**
> *Oscar Wilde*

Diese und ähnliche Fragen hatte ich mit einem Freund aus USA per mail gewälzt und diskutiert. Eines Tages sandte er mir einen Link zu dem Youtube-Video der Hirnforscherin Jill B. Taylor (www.ted.com). Sie schildert darin, wie sie durch ihren Schlaganfall andere Dimensionen des Bewusstseins entdeckte, die zwar bei uns allen immer „da" sind, aber normalerweise durch unser hektisches Leben und das ständige „Geplapper" unserer linken Gehirnhälfte im Hintergrund bleiben. Wir berichten ausführlich über ihr Buch „Mit einem Schlag" in dieser Ausgabe auf Seite 10.

Wenn ich lache oder mich freue, aufgeregt bin, oder mich schrecklich ärgere, geschieht eindeutig etwas im meinem Körper. Ich werde lebendig und empfinde alles was noch vor 5 Minuten vielleicht nicht so rosig aussah, plötzlich leicht und locker zu bewältigen oder umgekehrt. Was genau macht mein Hirn, wenn es Adrenalin ausschüttet? Kann ich das steuern indem ich „so tue als ob"?

INHALT

Muster und Programme Eine Anleitung zur Überwindung von alten, nutzlosen Programmierungen
Von Jennifer Lee **> Seite 3**

Mind over Matter (Geist über Materie) Erfahren Sie, wie Sie Ihr Hirn umprogrammieren, umpolen und neue Impulse in Ihrem Geist verankern können.
Von Joe Dispenza **> Seite 7**

Mit einem Schlag Wie eine Hirnforscherin durch ihren Schlaganfall neue Dimensionen des Bewusstseins entdeckt.
Von Ulrich Amacher **> Seite 10**

Tipps für den Alltag Übung „Tiefes Gähnen": Bewusstes Gähnen entspannt den Körper und setzt einen einzigartigen Hirnkreislauf in Bewegung. **> Seite 11**

Sie fragen – wir antworten Erklärung zu zwei hawaiianischen Begriffen **> Seite 12**

Huna-Gruppe Zürich Daten und Adressen der monatlichen Huna-Gruppe Zürich **> Seite 12**

Einweihung des neuen Huna-Zentrums Ende Mai wurde das neue Huna-Zentrum eingeweiht **> Seite 2**

Gemäss Huna ist es möglich, mit der Kraft meiner Gedanken und der Fähigkeit mich gefühlsmässig in eine Situation hineinzugeben, sozusagen „künstlich" Freude, Selbstbewusstsein und sogar Gesundheit zu erzeugen. Was kann ich aktiv tun um diese Fähigkeiten zu entwickeln und zu trainieren? Was ist das Wichtigste dabei? **Meine Gedanken, Worte und Taten zu synchronisieren, d.h. auf eine Linie zu bringen**!

Wie oft geschieht es, dass ich mit jemandem spreche, mit meinen Gedanken aber ganz woanders bin und danach noch einmal anders handle, als ich im Gespräch angekündigt habe? Oder, dass ich zwar guten Willens bin, mich jetzt endlich konsequent an die vernünftige Lösung eines Problems zu halten, aber dass ich immer wieder über dieselben Muster und Programme stolpere, die mich davon abhalten mein Ziel auf direktem Wege zu erreichen?

Ein Journalist fragte einmal Mahatma Gandhis Frau, wie ihr Mann es schaffe, soviel durchzuführen und zu erreichen. „Ganz einfach", antwortete sie, „bei Gandhi ist Sprechen, Denken und Tun deckungsgleich."

Unsere grösste Herausforderung ist es also, **Gedanken und Emotionen in unseren Handlungen zu integrieren.**

Von Dr. Joe Dispenza hatte ich schon im oben erwähnten Film „What the bleep do we know" gehört und so stiess ich auf der Suche nach Erklärungen auf sein Buch „Evolve your brain – The Science of Changing your Mind". (ISBN-13: 978-0-7573-0765-2, leider noch nicht in Deutsch erhältlich).

Es war genau das wonach ich gesucht hatte! Es berichtet über die neusten Studien der Neurowissenschaften, wie wir unser Hirn mittels unserer Gedanken verändern können. Mit anderen Worten: Unser Gehirn kennt den Unterschied nicht zwischen der tatsächlichen Ausführung einer Aktion (z.B. Klavierspielen) und der Erinnerung daran welche Finger man bei einem bestimmten Musikstück tatsächlich gebraucht. Es werden dieselben Nervenzellen im gleichen Teil unseres Gehirns gezündet ob man etwas wirklich tut oder sich bloss darauf konzentriert und gedanklich übt wie sich die Finger über die Tasten bewegen. Also ist alles, womit man sich geistig befasst, das was man ist und was man werden wird.

Früher nahm die Wissenschaft an, dass unser Bewusstsein eine Begleiterscheinung unseres Hirns ist. Heute weiss man, dass das Bewusstsein die Grundlage unseres Seins ist und das Hirn die Begleiterscheinung davon.

Wir haben ein Interview mit „Dr. Joe" für Sie übersetzt. Lesen Sie auf Seite 7 und staunen Sie wie wir, über die Parallelen zur Huna-Lehre!

Herzlich, **Jennifer Lee**

Einweihung unseres neuen Huna-Zentrums

Ein Neuanfang mit Henrys Vermächtnis im Rücken

Am Mittwoch, 26. Mai feierten wir gemeinsam mit rund 25 Huna-Freundinnen und Huna-Freunden die Eröffnung unseres neuen Zentrums an der Grubenstrasse 27 in Zürich.

Der Abend war dem Gedenken an Henry Krotoschin, unseren Begegnungen mit ihm und Huna gewidmet. Gemeinsam verbrachten wir einen stimmungsvollen Abend mit Musik, Geschichten und Episoden aus unseren gemeinsamen Jahren mit Henry. Als Abschluss hörten wir Henrys Stimme ab Band wie er Max Freedom Longs Huna-Gebet für uns sprach. Der anschliessende Umtrunk gab Gelegenheit, sich bei persönlichen Gesprächen näher kennen zu lernen. Wir danken allen, die dabei waren für ihr Kommen und freuen uns auf zahlreiche weitere Begegnungen und Kontakte.

PS: Den Raum kann man auch mieten!
Geeignet für bis zu 20 Personen. Bitte kontaktieren Sie uns 044 251 55 65.

Muster und Programme

Alte Muster und Programme hindern uns an unserer persönlichen Entwicklung. Immer und immer wieder greifen wir auf uns bereits bekannte Verhaltensweisen zurück und stehen uns damit selber im Weg. Wie wir uns aus diesem Teufelskreis befreien können schreibt **Jennifer Lee**.

In der Huna-Arbeit Nr. 69 und den Huna-Nachrichten Nr. 1 lasen Sie darüber was Ho'oponopono ist und wie es angewandt wird.

Die Welt ist ein Spiegel unseres Inneren und wir sind 100%ig verantwortlich für die Dinge und Situationen die in unser Bewusstsein treten. Es geht dabei um Liebe, d.h. darum, unsere Feinde zu lieben. Die einzigen Feinde die wir haben sind unsere Erinnerungen, Muster und Programme. Sie aufzulösen um den Weg zum Hohen Selbst frei zu machen ist das Ziel.

Als Huna-Praktizierende wissen wir, dass nur das untere Selbst eine Telefonlinie zum Hohen Selbst hat und die Verbindung herstellen kann. Wir müssen George also dabei helfen die Leitung frei zu machen indem wir ihm erklären, dass seine Ängste, Schuldgefühle oder andere schlechten Empfindungen überflüssig und lediglich Erinnerungen aus seinem Speicher sind. Sie haben mit der jetzigen Situation nichts mehr zu tun. Dasselbe gilt für unsere Muster und Programme die wir immer wieder von neuem wiederholen, manchmal über Generationen.

Wir schulen unseren George um, jedoch immer höflich, liebevoll und geduldig. Vergessen wir nie, dass er alle unsere Eindrücke ungefiltert, ohne zu hinterfragen speichert. Er hat keine Logik, sondern nimmt alles wie ein Gefäss oder ein Computer auf und akzeptiert es als Wahrheit.

Wenn wir etwas auf unserem Computer geschrieben haben und es abspeichern, liest unser Computer auch nicht erst mal den Text durch und gibt dann seinen Kommentar dazu, besteht ev. auf Änderungen usw. Nein, wir drücken auf speichern, er speichert, Punkt.

Denken Sie einmal einen Moment darüber nach, wie sorgfältig wir als Konsequenz daraus mit unserem Sprechen und Denken umgehen sollten.

Ist es dann nicht einfach nur logisch, dass wir, alte, nicht mehr gültige Texte, in unserem Fall Erinnerungen, auch löschen können? Geschweige denn alte Glaubensätze, die nicht einmal wir selbst erfunden haben, sondern die wir von unseren Eltern oder der Gesellschaft usw. fraglos übernommen haben?

Können wir dann nicht plötzlich eine ganz andere Einstellung bekommen, wenn wir realisieren, dass wir es als mittlere Selbste in der Hand haben unser Leben zu gestalten indem wir unser Unterbewusstsein umschulen?

Indem wir mit ihm in Kontakt treten und ihm sagen, diese Erinnerungen sind in Ordnung, danke, dass du sie mir zeigst. Sie nutzen uns nichts mehr, wir können jetzt unser Hohes Selbst bitten sie zu löschen und dadurch Platz für neue Eingebungen und Inspirationen machen.

Wir haben die Fähigkeit unser Unterbewusstsein neu zu programmieren!

Wir brauchen uns nur bewusst zu werden, wie es funktioniert. Wir brauchen keinen emotionalen Aufprall mehr damit unser Leben sich verändert. Es reicht, wenn wir unser Denken kontrollieren, lernen für uns selbst zu denken und wenn wir das tun, beginnt alles sich in die Richtung zu bewegen in die wir gehen wollen.

Wenn ich frei sein will, muss ich mich selbst sein, und nicht das Ich das du denkst, dass ich sein sollte, nicht das Ich das mein Partner denkt, dass ich sein sollte, oder meine Eltern, oder meine Freunde. Wenn ich frei sein will, muss ich mich selbst sein!

Sie denken jetzt sicher, das ist eine sehr egoistische Einstellung.

Oscar Wilde hat einmal gesagt: „Selbstsucht heisst nicht, so zu leben wie man leben will, Selbstsucht heisst von anderen zu verlangen dass sie so leben wie man leben will!" Es gibt viele selbstsüchtige Eltern, viele selbstsüchtige Partner und Freunde.

Wir alle haben bis jetzt bestimmt mit einigen Ideen gelebt, die bei näherer Betrachtung gar keine Substanz haben. Oft gibt es gar kein Fundament für die Glaubenssätze mit denen wir aufgewachsen sind.

Zum Beispiel „wenn du wirklich viel Geld verdienen willst, musst du hoch intelligent sein" oder „wenn du nicht diese und diese Schule besuchst, wirst du es nie zu etwas bringen".

Trifft das zu? Sind alle reichen Leute blitzgescheit und hochgebildet?

Wer bin ich wirklich?

Wir müssen den Glauben darüber wer wir sind verändern. In allen gescheiten Büchern heisst es, wir müssen Glauben. Glaube, und dein Glaube wird die entsprechende Realität kreieren. Der Glaube versetzt Berge. Was ist das für ein Wort, Glaube? Wie glauben wir? Warum glauben wir die Dinge, die wir glauben?

Wenn wir unsere Glaubensätze analysieren, realisieren wir, dass die meisten keinen Boden haben. Wir glauben an Leitsätze die einfach so dahergesagt oder von uns ohne zu hinterfragen übernommen wurden, die aber unser unteres Selbst tief beeindruckt haben.

Unser Glaubenssystem basiert auf unserer Beurteilung von etwas. Und wie können wir etwas beurteilen? Indem wir es mit unseren Erfahrungen, sprich Erinnerungen vergleichen. Und oft geschieht es, wenn wir eine Situation ein zweites Mal beurteilen, dass sich unser Glaube oder unsere Einstellung dazu verändert. Beurteilen wir auch uns selbst noch einmal. Sind wir wirklich der Mensch der wir glauben zu sein?

Nehmen wir an, Ihr Name ist Susanne Müller. Susanne und Müller, zwei Worte, das sind nicht Sie. Das ist nur Ihr Name, dass sind nicht Sie. Nein, auch Ihr Körper ist nicht Sie, das ist nur Ihr Körper. Wir hören nie jemanden bei der Arbeit anrufen und sagen, Körper kommt nicht heute. Er ist krank. Wir hören nie jemanden sagen bin Hand. Meine Hand, es ist etwas das ich habe. Mein Name, ist etwas das ich habe. Mein Körper, ist etwas das ich habe.

Also wer bin ich dann? Beginnen Sie damit, sich neu zu beurteilen.

Sehen wir uns unsere Hand an. Sie sieht fest aus. Sie ist aber nicht fest. Wenn wir sie unter ein Mikroskop halten und sie untersuchen würden, wären wir total erstaunt.

Sie besteht aus Energiepartikeln und der Abstand zwischen den Partikeln ist grösser, als der Partikel selbst. Das Ding, das fest aussieht, ist es nicht. Es ist nur fest in unserer Wahrnehmung. Und unsere Wahrnehmung bringt unsere Realität hervor. Aber unsere Realität ist manchmal nicht echt. Unser Körper ist eine Masse von Molekülen in einer hohen Schwingung. Wir sind nichts anderes als ein grossartiges, lebendiges Energiebündel!

Wenn wir uns das elektrische System unseres Körpers anschauen, das zentrale Nervensystem, realisieren wir, dass es das elektrische System in einem Supercomputer wie ein Spielzeug aussehen lässt. Wissen Sie, wie viele elektrische Impulse durch Ihren Körper schiessen, wenn Sie einen Kugelschreiber zur Hand nehmen und ein Stück Papier unterschreiben?

Es ist schade, wir können unser ganzes Bildungssystem durchlaufen und sehr wenig über uns selbst erfahren. Es gibt ein paar Dinge, die wir nicht in der Schule lernen. Einige davon sind lebenswichtig. Wir lernen zum Beispiel nicht, wer wir sind. Wir lernen nicht wie wir Geld verdienen. (1% der Bevölkerung verdient 96% allen Geldes das verdient wird.) Es wird uns nicht beigebracht Entscheidungen zu fällen. Deswegen gibt es so viele Leute die fragen, was denkst du, sollte ich tun?

Wir sind alle gleich. Was uns unterscheidet ist unsere Erziehung, unser Glaubenssystem, aber der Geist arbeitet auf die genau gleiche Weise bei uns und beim Dalai Lama oder bei Osama Bin Laden. Unser Körper spielt die gleiche Rolle. Er ist ein Instrument des Geistes.

Wissen Sie, dass wir uns hinsetzen können und dass wir dazu in der Lage sind, alles was wir uns vorstellen können zu erreichen? Wir haben das schon tausendfach gehört. Aber warum passiert es nach der Lektüre von zig Büchern, dass sich bei den einen einfach nichts verändert und nichts geschieht?

Unser Erfolg hängt nicht davon ab, was wir tun. Es geht darum wie wir es tun! Ein grosser Unterschied. Es kommt darauf an was im Innern abläuft.

Wir wollen etwas und es gelingt nicht. Wir sind aufgewachsen mit dem Spruch: „Du kannst nicht immer alles haben was du willst." Die Wahrheit ist, du kannst! Viele Dinge mit denen wir aufgewachsen sind, sind einfach nicht wahr.

Wir setzen uns hin, schreiben auf was wir wollen, kreieren das Bild, aber es geschieht einfach nichts. Und warum? Wir haben alle ein Kontrollzentrum da drin. Und dieses Kontrollzentrum diktiert die Resultate die wir erzielen. Wenn wir nicht verstehen wie dieses Kontrollzentrum funktioniert, werden sich unsere Resultate nicht verändern. Es kommt nicht darauf an, wie hart wir arbeiten oder wie sehr wir uns anstrengen. Sich noch mehr anzustrengen ist nicht die Lösung. Unser Kontakt mit George ist wichtig, ihn kennen zu lernen und sanft umzuschulen.

Schauen wir uns einmal unsere Muster an. Unser Geist ist die grösste Kraft in der ganzen Schöpfung. Der Geist ist die Kraft, die formt und erschafft. Und der Mensch ist Geist. Wir „denken" gleichzeitig auf drei verschiedenen Ebenen. Wir sind ein spirituelles Wesen, wir haben einen Intellekt und wir leben in einem Körper. Wir sind ein dreifaches Wesen und leben auf drei verschiedenen Ebenen.

Was wir lernen müssen, ist, diese drei Teile von uns auf eine Linie zu bringen.

Das bedeutet Integrität. Wenn unsere Gedanken, Gefühle und Taten synchronisiert sind. Meist denken wir etwas, fühlen aber etwas anderes und tun noch einmal etwas anderes. Es ist nicht koordiniert. Wir haben nicht gelernt wie man das tut.

Wenn wir krank sind zum Beispiel behandeln wir den Körper und vergessen dabei, dass die Krankheit ihren Ursprung im Geist hat. Das Problem ist, dass niemand den Geist je gesehen hat. Der Geist ist kein Ding, er ist eine Aktivität. Die meisten Menschen glauben, dass der Geist das Hirn ist. Aber der Geist ist nicht das Hirn genauso wenig wie der Fingernagel der Geist ist. Das Hirn ist eine elektronische Schaltstelle. Wenn wir unsere Hirnzellen aktivieren, erhöhen wir die Schwingungsfrequenz in unserem Körper. Und während wir die Hirnzellen aktivieren, verändern wir die Schwingungsfrequenz und verändern die Dinge die wir anziehen. Aber das ist eine andere Geschichte.

Das Hirn ist nur ein Teil des Geistes. Geist ist Bewegung, der Körper ist die Manifestation dieser Bewegung. Das Unterbewusstsein funktioniert total unterschiedlich zum Bewusstsein. Unser Bewusstsein hat fünf Sinne die zu ihm gehören, Sehen, Hören, Riechen, Schmecken, Tasten. Information kommt von Aussen über diese Sinne in unser Bewusstsein. Das nennt man aber nicht „Denken", das ist geistige Aktivität. Unser Bewusstsein hat die Fähigkeit jede Information die es bekommt zu akzeptieren oder abzuweisen. Wir können Information erzeugen, oder wir können Information von Aussen aufnehmen. Das passiert alles in unserem Bewusstsein, aber es bewirkt nichts um unser Leben zu verändern.

Erst im Unterbewusstsein geschieht etwas. Unser Unterbewusstsein hat keine Möglichkeit etwas abzuweisen, es akzeptiert alles was wir ihm geben.

Wir produzieren Bilder in unserem Bewusstsein, senden sie in unser Unterbewusstsein und diese Bilder werden mit und durch den Körper ausgedrückt. Der Körper setzt sich in Bewegung und produziert Resultate.

Wir haben die Fähigkeit ein Bild zu erzeugen. Wir können es im Unterbewusstsein einpflanzen und dann wird diese Idee, gemäss der Huna-Lehre über das Hohe Selbst, in die Tat umgesetzt und die Resultate werden produziert.

Das Unterbewusstsein wird auch das emotionale Bewusstsein genannt. Wir müssen uns also eine Idee ausdenken und uns gefühlsmässig darauf einlassen. Aber warum geschieht dann bei vielen von uns nichts? Weil unser Unterbewusstsein programmiert wurde. Es wurde bei der Geburt programmiert. Tatsächlich wurde es schon vor der Geburt programmiert. Mein Verhalten ist nichts anderes als die Folge davon was in meinem Innern vor sich geht.

Und hier ist der Widerspruch: Ich kann etwas sehr positives Denken, kann zusehen wie etwas Gutes geschieht, aber ich bekomme schlechte Resultate. Ich sehe mich, mehr Geld verdienen, aber ich rutsche tiefer in die Schulden. Ich studiere das ganze mir zur Verfügung stehende Material, aber es geschieht nichts.

Und was geschieht dann? Ich fange an zu glauben, dass etwas nicht stimmt mit mir. Es ist alles in Ordnung mit mir, aber mein Unterbewusstsein wurde programmiert. Das nennt man ein Muster.

Halten wir uns noch einmal vor Augen, dass unser mittleres Selbst Informationen annehmen oder ablehnen kann. Aber nicht unser unteres Selbst. Es kann nur akzeptieren. Und es ist nicht dazu in der Lage zu unterscheiden, was wirklich ist und was eingebildet. Diese Wahrheit müssen wir verstehen.

Wir müssen also unsere Muster verändern, weil sie es sind, welche die Kontrolle über unsere Resultate haben.

Unsere Muster sind eine Vielzahl von Gewohnheiten. Unsere Muster kontrollieren sogar unsere Logik. Irgendwann einmal konnte sich niemand vorstellen, dass die Erde rund ist, wo ist da die Logik? Was passiert auf der Seite? Nicht zu reden von unten! Das war ein Denkmuster. Oder dass wir ein Gefährt entwickeln, das fliegen kann! Den Flugpionieren gelang es, das Muster zu verändern! Sie veränderten die Logik. Unser Muster diktiert unsere Logik!

Wir könnten jetzt ein Beispiel ausarbeiten, wie wir im Monat soviel verdienen wie sonst in einem Jahr. Mit unserem Verstand können wir dies nachvollziehen irgendwann, aber sobald wir uns gefühlsmässig hineinbegeben, ist es vorbei!

Unser Verstand wird die Idee wieder rausschmeissen. Warum? Wir sind programmiert darauf was wir verdienen. Wenn wir einmal unser Programm verändern, können wir die Resultate in unserem Leben verändern. Wir müssen nicht verstehen wie es funktioniert, aber wir sind der- oder diejenige, der oder die es tun muss.

Die Muster wurden unserem Unterbewusstsein durch unsere Umgebung und durch permanente Wiederholung eingepflanzt. Wenn wir auf die Welt kommen haben wir noch kein Bewusstsein. Unser Unterbewusstsein ist ganz offen und alles um uns herum, Gedanken, Ideen und Bilder werden von ihm aufgenommen.

Wenn wir zum Beispiel in einem armen Elternhaus aufgewachsen sind, war die Geldknappheit ein tägliches Thema. Den ganzen Tag, jeden Tag, die ganze Woche, jede Woche, den ganzen Monat, jeden Monat, das ganze Jahr. Wenn wir dann mit 4 oder 5 Jahren unser eigenes Denken entwickelt haben, sind wir programmiert. Programmiert so zu denken wie die Leute um uns herum! Was denken wir als programmierte

Der „Regenbogen-Mann"

Das Logo stellt die verschiedenen Elemente von Huna dar. Das geschlechtslose Strichmännchen wurde von einer Felszeichnung auf Hawaii übernommen und repräsentiert den menschlichen Körper. Er ist eng umgeben vom Aka-Körper.

Der dreireihige Regenbogen hat eine dreifache Bedeutung. Er verkörpert die drei Selbste, Aumakua, Uhane und Unihipili, sowie die drei Stufen der Kraft, Mana, Mana-Mana und Mana-Loa. Wenn wir aufhören ihm nachzujagen, folgt uns der Regenbogen. Das ist die dritte Bedeutung.

Der Rebstock symbolisiert die Aka-Schnur, die nicht nur die drei Selbste miteinander verbindet, sondern auch eine Person mit der anderen. Die Weintrauben stellen die Gedankenform-Gruppierungen dar, die vom unteren Selbst dazu benutzt werden um Dinge im Erinnerungsspeicher abzulegen und um Gebetsbilder an das Hohe Selbst zu senden.

Die zwei einschliessenden Kreise haben eine zweifache Bedeutung. Sie weisen auf Uhane und Aumakua und ihre Aka-Körper hin, sowie auf unser eigenes und das grössere Universum. Das hawaiianische Motto „Huna Ka Mana Loa Ike Ao Nei" bedeutet „Huna ist eine sehr mächtige Kraft in dieser Welt".

In Farbe wird das Logo in rot und gelb (oder gold) gehalten, den königlichen hawaiianischen Farben.

Kinder? Wir denken Gedanken die mit unserem Muster harmonieren.

Wenn wir traurig oder enttäuscht darüber waren, dass wir kein Motorrad geschenkt bekamen wie alle anderen, wurde uns gesagt. „Man kann nicht alles haben im Leben“ oder „sei zufrieden mit dem was du hast“. Das ist nicht wahr! Wir sollten nie nur zufrieden sein mit dem was wir haben. Wir sollten glücklich darüber sein. Unzufriedenheit ist ein kreativer Zustand!

Wenn wir verstehen wie dies alles funktioniert, verstehen wir, dass viele Menschen mit ihrem Verstand „Ja“ zu etwas sagen, aber es nie tun, weil Ihr Unterbewusstsein vom Gegenteil überzeugt ist und so ihre Logik beeinflusst. Wir denken Gedanken, die in Harmonie mit unserem Muster sind! Das Muster kann anderer Leute Gewohnheiten sein, von Generation zu Generation weitergegeben. Um unser Leben zu verändern müssen wir also unsere Programme erkennen und dann verändern oder löschen. Das heisst, mit George sprechen und ihn liebevoll umprogrammieren.

Noch einmal von vorne zur Erinnerung:

- **Wie wurde das Muster geformt?**
  Durch Wiederholung von Information.

- **Wie kann ich das Muster löschen?**
  Zum Beispiel mit Ho'oponopono:

„Ich liebe dich, mein altes Muster.

Es tut mir leid, für was immer es ist in meinem Innern, dass mich diese Rolle immer und immer wieder spielen lässt.

Bitte verzeih mir.

Danke, dass du mir jetzt die Gelegenheit gibst sie loszulassen.“

- **Wie kann ich ein neues Muster programmieren?**
  Durch Wiederholung von Information. Zum Beispiel durch Affirmation:

„Ich bin so glücklich und dankbar, dass Geld in zunehmenden Mengen aus vielen verschiedenen Quellen kontinuierlich zu mir fliesst.“

Diesen Satz sollten wir tausend Mal jeden Tag wiederholen über drei Monate lang. So wird sich, als Beispiel, unser Geldkonzept verändern. Die gewohnten Schaltkreise in unserem Hirn werden stillgelegt. Neue formen sich mit einem ganz anderen Einfluss auf unser Verhalten und auf die Resultate die wir erzielen.

Tipps für den Alltag

Übung „Tiefes Gähnen“

Gähnen ist für Ihr Gehirn sehr wichtig. Gähnen entspannt Ihren Körper in weniger als einer Minute und ermöglicht es Ihnen, schneller in andere Meditationsstadien einzutreten. So beginnen Sie die Übung:

1. Finden Sie einen ruhigen, gemütlichen Ort, an dem Sie niemand stören wird. Stellen Sie sich so hin, dass Sie Ihre Arme frei schwingen lassen können. Wenn Sie möchten, können Sie sich auch hinsetzen, aber im Stehen können Sie tiefer einatmen.

2. Fangen Sie mit einem tiefen Atemzug an, und öffnen Sie dabei Ihren Mund weit. Beim Ausatmen geben Sie einen langen, seufzenden Ton von sich. Es ist nicht schlimm, wenn Ihnen nicht nach Gähnen zumute ist oder wenn Sie glauben, nicht gähnen zu können. Nutzen Sie Ihr Gedächtnis, und tun Sie so, als würden Sie mehrmals hintereinander gähnen. Führen Sie dies ein wenig fort, und legen Sie nach jedem Gähnen eine kurze Pause ein. Nach dem fünften oder sechsten Mal werden Sie merken, wie sich ein echtes Gähnen anschleicht.

3. Achten Sie besonders darauf, was sich in Ihrem Mund, Ihrem Hals, Ihrem Brustkorb und Ihrem Bauch abspielt, und wundern Sie sich nicht, wenn Ihre Augen anfangen zu tränen.

4. Sie sollten es sich erlauben, ungefähr zwölf- bis 15-mal zu gähnen und zwischen jedem Gähnen einige Sekunden zu pausieren. Insgesamt sollte diese Übung etwa zwei Minuten dauern.

Wenn es Ihnen schwerfällt zu gähnen, tun Sie sich mit einem Mitglied der Familie oder einem Freund zusammen. Gähnen ist eine „ansteckende“ Tätigkeit, denn sobald Sie jemanden gähnen sehen oder hören, löst es bei Ihnen neurologisch gesehen die gleiche Reaktion aus.

Bewusstes Gähnen erzeugt ein intensives Gefühl der Entspannung, der Ruhe und Wachsamkeit. Es stimuliert einen einzigartigen Hirnkreislauf, der das Selbstbewusstsein fördert und der Schlüssel zu allen kontemplativen und spirituellen Praktiken ist. Gähnen Sie, bevor Sie ein schwieriges Problem angehen, und gähnen Sie, wenn Sie mit anderen in Konflikt stehen. Wenn Sie bei Aerobic-Übungen hin und wieder gähnen, werden Sie eine unmittelbare Verbesserung Ihrer motorischen Koordination bemerken. Durch Gähnen könne Sie innerhalb nur weniger Minuten Stress abbauen.

Aus „Der Fingerabdruck Gottes“ von Andrew Newberg und Mark Robert Waldman, Seite 252
ISBN 978-3-424-63022-0, Kailash Verlag, München

Mind over Matter (Geist über Materie) – oder wie man es schafft, mit dem Geist die Materie zu verändern.

Sind Sie des immer gleichen Lebens müde? Macht Sie der voraussehbare Verlauf jedes einzelnen Tages ihres voraussehbaren Lebens müde? Erfahren Sie, wie Sie Ihr Hirn umprogrammieren, umpolen und neue Impulse in Ihrem Geist verankern können. Quelle: Qantum TV, Interview mit **Dr. Joe Dispenza** zu seinem Buch „Evolve your Brain". Zusammengestellt und übersetzt von Jennifer Lee, überarbeitet von Ulrich Amacher.

Dr. Joseph Dispenza erhielt seinen Titel an der Rutgers Universität wo er in Biochemie promovierte. Sein Doktorat als Chiropraktiker bekam er von der Life Universität. Seine Ausbildung erstreckt sich z.Z. auf die Gebiete der Neurologie, Neurophysik sowie die Funktionsweisen des Gehirns. Seine Forschungen beinhalten die Mysterien von Wunderheilungen im Zusammenhang mit wissenschaftlichen Erklärungen. Die letzten acht Jahre verbrachte er damit, Vorträge über die engen Beziehungen von Gehirnchemie und körperlicher Gesundheit zu halten. Sein Buch „Evolve your Brain" widmet sich der Thematik der Vererbung, der neurowissenschaftlichen Gehirnanatomie und Physiologie.

Wie können wir eine andere Wahl treffen? Wie können wir anfangen neues Wissen zu erlernen? Wie können wir dieses Wissen personalisieren, es anwenden, es zeigen, um eine andere Erfahrung hervorzubringen?

Neue Informationen zu lernen ist das Rezept um den Ablenkungen des täglichen Lebens auszuweichen. Wir müssen soviel wie möglich über Quantenphysik lernen, über Neurowissenschaft, über den Geist, das Hirn und den Körper. Das gibt uns die Erlaubnis uns zu verändern. Stellen Sie die grossen, die wichtigen Fragen!

Wir reagieren auf unser Umfeld. Unser Umfeld aktiviert Schaltkreise in unserem Hirn, wodurch wir in gleicher Weise denken (und handeln) wie die umfeldbedingte Stimulation. Die meiste Information in unserem Hirn ist Information, die wir bereits kennen oder die wir bereits erfahren haben.

Um in der Lage zu sein unser Umfeld zu bestimmen, müssen wir die Gabe der Konzentration entwickeln, die Kunst der Beobachtung, die Fähigkeit der Achtsamkeit. Wir müssen lernen fähig zu sein, zu fokussieren und uns zu konzentrieren; über den Körper und seine Bedürfnisse, über unser Umfeld und über die Zeit hinaus.

Unser Körper kommt der Realität am nächsten. Also sind Krankheiten in unserem Körper ein direktes Ergebnis der Misswirtschaft unseres Denkens. Wir können durch verändertes Denken Veränderungen in unserer Gesundheit bewirken.

Unser Denken zu ändern ist eine interessante Idee. Die Wissenschaft wusste sehr wenig über den Geist. Der Gedanke war lediglich ein vergeistigtes Prinzip welches unabhängig vom Körper existierte. Mittels Computertomographie und der restlichen neuen Technologie die entwickelt wurde fangen wir an zu realisieren, dass Geist das „Hirn im Einsatz", das Hirn bei der Arbeit bedeutet.

Wir neigen dazu, bestimmte, spezielle Schaltkreise im Hirn zu zünden und diese Schaltkreise beziehen sich immer auf eine bestimmte Angelegenheit. Auf Dinge, Menschen, Orte oder Ereignisse in unserem Umfeld, unseren Körper und die Sinnesresonanz die er fühlt sowie das Prinzip der linearen Zeit. Um einen anderen Geisteszustand zu erschaffen, braucht es Aufmerksamkeit und die Bereitschaft Neues zu lernen. Tatsächlich führt lernen dazu, neue Schaltkreise im Hirn zu bilden. Sich erinnern bedeutet, diese Verbindungen zu unterstützen und aufrechtzuerhalten. Wenn wir aber neue Dinge lernen und sie in unserem Kopf „verdrahten", indem wir diese neuen Verbindungen aufrechterhalten und er-halten, werden wir imstande sein, diese Stufe des Geistes willentlich zu entwickeln, ohne dass unser Geist auf die alten Schaltkreise zurückgreift. Das ist die Kunst!

Das Hirn lernt und entwickelt sich, indem es alte Konzepte durch neue ersetzt und seine „Hardware" mit neuen Informationen aufrüstet. Wenn wir uns von einem bestimmten Aspekt unserer Persönlichkeit zu einem neuen Aspekt entwickeln wollen, müssen wir eine neue Idee entwerfen, ein Konzept, ja ein neues Modell entwickeln. Wenn wir uns darüber klar werden wie dieses neue Modell aussieht und es dann geistig einstudieren, indem wir einen Prozess der fokussierten Konzentration durchlaufen, den Prozess der Kontemplation - Sammlung ist der eigentliche Bauprozess - dann wird diesen Schaltkreisen erlaubt, sich zu bilden und sich zu entwickeln.

Wissen dient dazu, unser Verhalten zu verändern um ein anderes Ergebnis zu erzeugen. Darum geht es bei diesem Konzept der Neuroplastizität. (Die Fähigkeit des Nervensystems, Struktur und Funktion abzuwandeln und damit Bereiche im Gehirn zu verändern.)

Die meisten Menschen sind nicht in der Lage, mehr als 6 Sekunden aufzupassen, dann wandert ihr Geist woanders hin. Wir werden konstant abgelenkt durch unsere Umgebung, durch die Bedürfnisse unseres Körpers. Ja, es scheint geradezu so, als ob heute jedermann an einem Aufmerksamkeitsdefizit oder einer Hyperaktivitätsstörung leidet. Um das Hirn dazu zu bringen neue Muster zu zünden, braucht es einen starken Willen. Wenn wir anfangen, diese neuen Schaltkreise zu entwickeln, passiert es, dass der Klebstoff, der die alten Schaltkreise an ihrem Ort hielt, dazu gebraucht wird, die neuen Kreise zu bilden, so dass gleichzeitig ein Ablösungsprozess stattfindet während wir einen neuen Geisteszustand entwickeln. Die alte Denkweise fällt weg.

Es klingt technisch einfach, doch in der Praxis ist es schwieriger. Denn wenn wir uns hinsetzen, unsere Augen schliessen und beispielsweise darüber nachdenken, was wir werden wollen, welche neuen Erfahrungen wir in unserem Leben haben wollen oder gar versuchen unseren Körper zu heilen, dann verhält sich unser Geist wie ein untrainiertes Pferd. Erst meinen wir, wir hätten ihn unter Kontrolle, doch bevor man sich versieht, schweift er ab und man denkt etwas anderes. Dieser Prozess der zielgerichteten Konzentration, ist eine Fähigkeit für sich. Es ist eine Kunst, imstande zu sein sich zu entwickeln.

Jeder Mensch verfügt über das Potential grossartig zu sein. Jeder hat das Potential, Held seines eigenen Lebens zu sein. Wenn wir hier anfangen und erkennbare Veränderungen für uns in Gang setzen, glaube ich, dass jeder ermächtigt werden wird grossartig zu sein. Wir müssen die alten Programme stillegen um auf diese neuen Stufen zu gelangen.

Die Aussage, dass wir nur 10% unseres Hirns gebrauchen und die anderen 90% nicht aktiv sind, darf nicht missverstanden werden. Mit den funktionellen Hirnscannern (fMRI's) sieht man lediglich bestimmte Gebiete aufleuchten. Aber wenn man sich das Hirn auf einem PET Scan (Positronen-Emissions-Tomographie = Schnittbild eines lebenden Organismus) ansieht, stellt man fest, **dass das Unterbewusstsein immer am arbeiten ist**. Es ist der Motor unseres Hirns, der Mikroprozessor (eine Maschine oder eine elektronische Schaltung in sehr kleinem Massstab, welche gemäss gegebener Befehle andere Maschinen oder elektrische Schaltungen steuert). Es versieht diesen grossen Neokortex grösstenteils mit Kraft, dieses grosse, denkende Hirn das wir haben. Es verdaut gerade deine Nahrung oder es filtert dein Blut durch die Nieren, es produziert etwa 10 Millionen Zellen in der Sekunde, es verarbeitet hunderttausend chemische Reaktionen in jeder Zelle, es hat also ein ziemlich grosses Arbeitsgebiet! Das Unterbewusstsein ist also immer am arbeiten.

Der Plan ist, das Unterbewusstsein und das Bewusstsein zu vereinen. Wenn wir uns einmal in diesen Prozess hineingeben, haben wir Zugang zu grösserem Potential.

Wie können wir das tun? Indem wir den Frontallappen (der Teil des Hirns, der sich direkt hinter der Stirn befindet) dazu bringen, richtig zu arbeiten. Dieser Frontallappen ist das am weitesten entwickelte neurologische Stück „Hardware" das wir besitzen. Es macht ca. 40% unseres Gehirns aus. Der Frontallappen ist der Bereich, wo wir uns konzentrieren, wo wir erfinden, wo wir uns Gedanken machen, wo wir neue Möglichkeiten entwerfen.

Wenn wir diesen Teil des Gehirns aktivieren, können wir unsere Gedanken Wirklichkeit werden lassen. Wenn wir also fähig sind, eine Idee oder eine Vorstellung in unserem Geist festzuhalten, hat dieser Frontallappen gemäss Beobachtungen mit funktionellen Hirnscannern die Funktion eines „Dirigenten". Er fährt die Steuerungen der Motorik, des Sehens, des Fühlens, des Hörens und die emotionalen Zentren herunter. Wenn diese Zentren ruhiggestellt sind, verarbeiten sie keine Eindrücke mehr und alles was wir als Realität wahrnehmen, ist **dieser eine Gedanke und der jetzige Moment!**

Ist dieser Gedanke einmal so in unserem Hirn eingefangen, dann ist er in der Form eines Musters abgebildet, als eine Reihe neurologischer Verbindungen. Die Kunst besteht nun darin, diese Verbindungen quasi wieder zu besuchen oder darauf zurückzukommen und somit denselben Geisteszustand wieder herzustellen.

Wie gehen wir auf der unbewussten Ebene vor? Wir müssen den Gedanken implizieren, mit einbeziehen. Er muss stillschweigend ablaufen. Eine implizierte Erinnerung ist eine unerklärte Erinnerung. Mit anderen Worten ausgedrückt, wir haben etwas so oft geübt und praktiziert, dass wir nicht mehr darüber nachdenken müssen.

Wir haben hunderttausende solcher implizierter Systeme am laufen, die uns als menschliches Wesen so gut wie nichts nutzen. Sie haben mit Leiden und allem menschlichen Befinden zu tun. Aus rein neurologischer Sicht können wir dieselbe Hardware, also die gleichen Systeme für viele andere Ideen und Gedanken erschaffen. Wir haben noch nicht einmal damit begonnen alles zu erforschen!

In unserer Welt und ihrer heutigen Gesellschaft finden wir keine grosse Unterstützung für Grösse oder Bedeutung. Die Hirnwäsche von Fernsehwerbung und Medien beispielsweise lässt nicht viel Raum für Spekulationen oder dafür, unsere eigene Welt selbst zu gestalten. Der freie Wille wird durch Anpassung ausgeschaltet. **Wir mögen daran glauben den freien Willen zu haben, aber in Wirklichkeit treffen wir unsere Wahl anhand dessen was zur Verfügung steht.**

Der Mensch der es also ernst meint mit seiner Veränderung und dadurch sein Gehirn und seinen Geist anders arbeiten lässt, hat eine

Dr. Joe Dispenza „Evolve your brain – The Science of Changing your Mind".

ISBN-13: 978-0-7573-0765-2, nur in Englisch

Menge Platz im Hirn um neue Gedanken und neue Systeme zu entwickeln. Alles was wir brauchen ist Wissen, alles was wir brauchen ist Information.

Emotionale Abhängigkeit oder Sucht

Jedes Mal wenn wir auf unsere Umgebung, auf die Aussenwelt reagieren, empfinden wir etwas in unserer Welt als Bedrohung oder Stress. Das primitive Neurosystem, welches sich in einem solchen Augenblick einschaltet, ist das „Krieger kämpfe!“ Neurosystem. Adrenalin wird ausgeschüttet. Dieser Adrenalinschub löst ein „Hoch“ aus und somit das Gefühl lebendig zu sein. Adrenalin erzeugt einen erhöhten Bewusstseinszustand. Wenn wir also aufgedreht, wach und bewusst sind, ist es, weil der Neokortex (die Grosshirnrinde) dazu disponiert ist, durch Assoziation, d.h. Vorstellungsverknüpfung zu lernen. Wir sind darauf ausgerichtet, diesen Schub oder dieses Hoch oder diesen Wechsel in unserer chemischen Verfassung mit äusserer Stimulanz zu verbinden, zu assoziieren, dass wir so „gewickelt“ sind. Wir suchen immer im Aussen nach Stimulus um uns mit der Veränderung unseres inneren chemischen Zustandes zu identifizieren. Dieser Prozess ist ein Ereignis für sich. Wenn wir sagen können: Oh, dieser Anreiz, diese Verbindung hat meine Chemie verändert, dann beginnen wir diesen Adrenalinschub mit einem Hoch und dem Lebendigsein zu verknüpfen. Wir werden süchtig nach diesem Gefühl und wir werden süchtig nach jeder Stimulation, die es auslöst. Meine Definition einer Sucht ist die, dass es sich dabei immer um etwas handelt, das wir nicht aufhalten können. Die Chemikalien, die dabei entstehen sind so stark und die Gefühle so wirklich, dass die Menschen wirklich süchtig danach werden.

Der Plan ist, das Unterbewusstsein und das Bewusstsein zu vereinen. Wenn wir uns einmal in diesen Prozess hineingeben, haben wir Zugang zu grösserem Potential.

Vorwegnehmen und Erwartungen

Weil wir ein ausgedehntes Gehirn haben, lagern wir dort eine Menge Erinnerungen und psychologischen Stress. Jede Form von Stress wird zu psychologischem Stress. Körperlicher Stress, chemischer Stress wird letztlich zu psychologischem Stress. Der Grund dafür ist unser grosser Erinnerungsspeicher und unsere Fähigkeit vorauszuahnen, vorwegzunehmen und zu erwarten.

Wenn wir vorwegnehmen und erwarten, erzeugen wir dieselben chemischen Reaktionen, wie wenn wir tatsächlich in dieses Erlebnis verwickelt wären. Unsere Gedanken sind also der eigentliche Auslöser: Und schon produziert unser Körper durch diese Autosuggestion dieselbe Chemie, in der irrigen Annahme, er benötige sie um am Leben zu bleiben auch wenn das Ereignis real gar nicht eingetreten ist.

Das Problem ist, dass wir dadurch unser System abnutzen. Wir nehmen Kurs auf einen spezifischen, genetischen Ausgang, der gleich ist wie der, den unsere Eltern erfahren haben, körperlich, emotional und chemisch.

Eigentlich kann unser grosses Hirn zum Lernen, Erinnern, Träumen, zum Einlagern neuer Ideen und zum Nachdenken über andere Möglichkeiten gebraucht werden. Wenn es jedoch nur chemisch gesteuert wird und sich auf das blosse Überleben konzentriert, bewertet der Körper sein Umfeld, seine Empfindungen und die Zeit einseitig zu stark. Das ganze Bewusstsein, welches zum Ausdenken neuer Möglichkeiten gebraucht werden könnte geht in diesem primitiven Zustand verloren.

Bewusstes Einstudieren

Wie kommen wir da raus? Einfach gesagt, indem wir uns von der Aussenwelt absondern, indem wir uns von unserem Körper absondern und die Zeit vergessen. Das sind die Momente, in denen wir diese Systeme herunterfahren und ruhig werden. Der Frontallappen ist der Bereich in unserem Hirn, der uns erlaubt dies zu tun.

Je weniger Aktivität im Frontallappen um so grösser ist die Tendenz zu Gefühlsausbrüchen. Je grösser die Fähigkeit zur Beschäftigung des Frontallappens, umso kleiner ist der Hang zu impulsiven Handlungen und emotionalem Verhalten.

Wie bekomme ich also meine Gedanken in den Frontallappen?

Unsere Gedanken sind immer da. Wir gebrauchen den Frontallappen ziemlich oft wenn wir lernen. Zudem gibt es das Konzept, das sich Einstudieren oder Proben nennt, welches von grossem Interesse ist: Denn bewusstes Einstudieren bringt uns dazu, zu üben etwas zu sein oder zu tun wie wenn wir es tatsächlich wären oder tun würden. Die Neurowissenschaft beweist, dass unser Gehirn dadurch diese neuen Schaltkreise erzeugen kann.

Meditation

Die meisten unter uns würden sagen, ich will gesund sein, ich will wohlauf sein, ich will eine neue Beziehung, ich will diese Einstellung ändern usw., aber es fehlt ihnen der Wille oder die Anleitung dazu, sich hinzusetzen und einen Prozess zu durchlaufen, weil die meisten gar nicht wissen was Meditation ist.

Meditation heisst den Geist zu leeren. Aber was wollen wir werden? Das ist die Frage. Wir werden abgelenkt vom Fernsehen oder von den Medien von Gedanken an neue Autos und davon, es an die Spitze zu schaffen usw. Das sind alles grosse Ablenkungen, die wir für enorm wichtig halten und uns unser menschliches Potential übersehen lassen!

Der Moment, in dem wir tatsächlich eine neue Idee umarmen ist, wenn wir uns selbst vergessen. Wenn wir uns den Begriff „sich selbst verlieren" genau anschauen, bedeutet es, dass wir die Spur verlieren zu allen unseren Assoziationen, zu unserer äusseren Welt, dazu wie wir uns selbst als Persönlichkeit identifizieren, oder als Identität zu einer äusseren Stimulans. Wenn wir den Frontallappen auf diese Weise benutzen, sehen wir, dass die Schönheit etwas ganz einfaches ist, und dass wir uns noch in diesem Leben verändern können.

Wir können uns in einem Lebenszyklus weiterentwickeln, im Gegensatz zu anderen Spezies, die eine Serie von Umwelteinflüssen durchlaufen müssen, diese erfassen und sich zurückerinnern, die Gene an die nächste Generation weitergeben, worauf erst über eine Serie von Generationen eine Mutation stattfindet. Der Frontallappen erlaubt uns diesen Prozess zu überspringen. Wir können eine „Mutation" in einer einzigen Lebenszeit erreichen.

Ich suche in meinem Leben am meisten nach Feedback, also einer Resonanz in meiner Welt. Sogar die Neurowissenschaft besagt, dass wir Rückmeldungen brauchen, dass wir wissen müssen, ob wir etwas richtig machen oder nicht, damit unser Hirn etwas lernt.

Das Prinzip zur Erschaffung der Realität, die Vorstellung unseren Geist zu benutzen um ein beabsichtigtes Resultat hervorzubringen, ist gewissermassen ein Naturgesetz, das übersehen wurde!

Die Quantenphysik besagt, dass der Beobachter einen Einfluss auf die Natur der Realität hat. Wenn die Quantenphysiker die subatomaren Teilchen zu messen beginnen, tauchen sie genau dort auf, wo sie sie erwarten.

Jetzt beginnt dieses ganze Konzept Geist und Materie, die bisher getrennt sind zu verschmelzen. Und **wenn Geist und Materie „fusionieren", fangen wir an zu verstehen, dass wir irgendwie einen Einfluss auf die Realität haben**.

Die meisten Quantenphysiker werden sagen, so funktioniert es nur im sehr Kleinen aber nicht im Grossen. Aber wir sind nur reine Beobachter, vielleicht gelingt es uns, eine höhere Stufe des Geistes und somit die Fähigkeit der Beobachtung zu entwickeln. Wenn wir nun diese Fähigkeit des Beobachtens entwickeln, verdrahten wir neues Wissen da drin und werden anfangen zu sehen was schon immer existierte, aber wir waren nicht so verdrahtet um es auch nur wahrzunehmen.

Das Konzept der Schöpfung einer neuen Realität besteht darin, dass wir nichts Neues in unserer Realität erfassen können, bevor wir es nicht zuerst in unserem Hirn „verdrahtet" haben. Wenn es jedoch einmal verdrahtet ist, werden wir dazu in der Lage sein, das neue Potential zu sehen.

Mit einem Schlag

Wie eine Hirnforscherin durch ihren Schlaganfall neue Dimensionen des Bewusstseins entdeckt

Jill B. Taylor ist Neurowissenschaftlerin, forscht und lehrt seit zehn Jahren an der Harvard Medical School über das menschliche Hirn, als sie am 10. Dezember 1996 einen Hirnschlag erleidet. Wie sie als Hirnforscherin die Symptome und das rasch fortschreitende Ausfallen der diversen Hirnfunktionen analysiert und beobachtet mutet wie ein spannender Krimi an. Sieben Jahre Genesung und ausdauerndes Training bringen sie zurück an den Punkt, wo sie vor ihrem Schlaganfall war. Aber nur in Bezug auf ihre Fähigkeiten und Kenntnisse, denn als Persönlichkeit ist sie nicht mehr derselbe Mensch wie früher. Von **Ulrich Amacher**

„Die Stimmen, die mich sonst auf dem Laufenden hielten, schwiegen. Und auch die Erinnerungen an die Vergangenheit und meine Träume von der Zukunft lösten sich auf. Ich war allein. In diesem Moment war ich allein mit den rhythmischen Schlägen meines Herzens. Zum ersten Mal fühlte ich mich wirklich eins mit meinem Körper als einem komplexen Gebilde lebender Organismen. Ich fühlte mich himmlisch, als dieser Frieden mich überkam."

Die Erkenntnisse, die Jill Taylor in Ihrem Buch mit uns teilt sind schlichtweg grossartig! Sie schreibt als Hirnforscherin - wahrscheinlich ohne es zu beabsichtigen - ein Buch mit höchsten esoterischen Erkenntnissen. Dass sie diese Erkenntnisse am eigenen Körper erfahren hat, macht ihre Schilderungen um so eindrücklicher. Es sind keine theoretischen Gebilde, sondern äusserst praktische Schilderungen, die sie auf ihrem langen Leidens- und Genesungsweg zusammengetragen hat. Jill Taylors Bestreben ist es, uns den Lebens gefährdenden und schmerzhaften Umweg über einen Schlaganfall zum Erreichen eines neuen Geisteszustandes und einer neuen Persönlichkeit zu ersparen. Man kann ihr Buch wie eine Anleitung zu einer neuen Lebenseinstellung und Veränderung unserer Wahrnehmung lesen. Ihre detaillierten Schilderungen sind einfach nachzuvollziehen und machen Mut, sich auf diese neue Erfahrung einzulassen. Ihre Erklärungen der chemischen Prozesse und der neurologischen (neuro-„logischen") Abläufe und Funktionen im Hirn geben ein Hintergrundbild jenseits aller geistigen Erklärungsversuche. Sie bringt zahlreiche Gedanken und Ideen, die uns aus Huna-Sicht bestens bekannt sind.

Rechte und linke Gehirnhälfte

Die Kernaussage von Jill Taylor ist, die rechte und linke Gehirnhälfte mit ihren unterschiedlichen Charakteren und Arbeitsweisen in ein Gleichgewicht zu bringen. Wenn wir uns bewusst sind, dass jede Hirnhälfte für sich gar nicht anders kann, also zu funktionieren, wie sie eben funktioniert, wird es uns gelingen, von jeder das Beste in unser Leben zu bringen.

Nervenzellen und multidimensionaler Schaltkreis

Jill Taylor trainiert dazu ihre Gehirnzellen. Sie spricht mit

Dr. Jill B. Taylor, geb. 1960, ist Hirnwissenschaftlerin an der Indiana University School of Medicine in Indianapolis. Am Harvard Brain Tissue Center (Brain Bank) ist sie die Sprecherin für psychisch Kranke und wirkt zudem als neuroanatomische Beraterin. 2008 wurde sie vom „Time Magazine“ zu einer der 100 einflussreichsten Persönlichkeiten der Welt ernannt. Jill B. Taylor lebt in Bloomington, Indiana

ihnen wie mit Kindern, feuert sie an wie ihre Lieblings Fussballmannschaft, schimpft mit ihnen. Beobachtung ist dabei äusserst wichtig. Was spüre ich in meinem Körper?

„Bin ich angespannt? Sind meine Augen aufgerissen? Atme ich tief oder flach? Bin ich nervös? Spüre ich ein Kribbeln in den Beinen? Neuronale Spiralen, Kreisläufe von Angst, Sorge oder Wut können durch unterschiedliche Reize ausgelöst werden. Sind sie aber erst einmal da, gibt es eine vorhersagbare physiologische Reaktion, die Sie bewusst beobachten können. Wenn mein Gehirn Spiralen produziert, die kontraproduktiv sind oder ausser Kontrolle geraten, warte ich neunzig Sekunden, ob sich die emotionale/physiologische Reaktion auflöst, und dann spreche ich mit meinem Gehirn wie mit einem Kind. Ich sage: ‹Ich schätze deine Fähigkeit, Gedanken zu denken und Gefühle zu fühlen, aber ich bin wirklich nicht an diesen Gedanken oder Gefühlen interessiert. Bitte hör damit auf.›“

Jill Taylor erlaubt beispielsweise ihrer nörgelnden, besserwisserischen und negativen Zellgruppe der linken Hirnhälfte zu exakt zweimal einer halben Stunde pro Tag aktiv zu sein. Morgens zwischen 9.00 und 9.30 Uhr und abends zwischen 21.00 und 21.30 Uhr darf sie ausgiebig jammern. Danach ist für die restliche Zeit Schluss. Wenn die „Nörgelzellen“ zufällig dieses Zeitfenster einmal verpassen, dann müssen sie warten bis zum nächsten vereinbarten Termin.

„Um zu werden, was ich sein will, muss ich aufgeben, was ich bin.“

Tiefer innerer Frieden

Das wohl bewegendste Erlebnis für Jill Taylor war, dass sie durch die Blockierung ihres Sprachzentrums über Wochen in völliger gedanklicher Stille lebte. Die innere Stimme, die dauernd spricht, plappert und quasselt war stumm. Sie erlebte diesen Zustand als tiefen inneren Frieden. *„Seit meinem Schlaganfall weiss ich, dass tiefer innerer Frieden nur einen Gedanken beziehungsweise ein Gefühl weit von einem entfernt ist. Frieden zu erfahren heisst nicht, dass Sie in Ihrem Leben immer nur glückselig sind, es bedeutet jedoch, dass Sie sich selbst mitten im Chaos eines hektischen Lebens in einen Zustand der Glückseligkeit versetzen können. Seit meinem Schlaganfall und dem damit verbundenen Funktionsausfall der linken Hirnhälfte glaube ich fest daran, dass das Gefühl tiefen inneren Friedens ein neurologischer Schaltkreis in der rechten Hirnhälfte ist. Dieser Stromkreis läuft ständig, und wir können uns einklinken, wenn wir wollen.“*

Herzbewusstsein

Neben den grossartigen geistigen Einsichten bietet Jill Taylor in ihrem Buch auch sehr konkrete und praktische Tipps für Schlaganfallbetroffene, ihre Angehörigen und Pflegenden an. Warnzeichen für einen Schlaganfall und Merkmale, woran man einen solchen erkennen kann sind prominent auf der Umschlagklappe platziert.

Jill Taylor hat durch ihren Schlaganfall auf die harte Tour gelernt, dass „die Lebensfähigkeit völlig vom Intaktsein des Neuroschaltkreises abhängt“. Sie fordert uns auf, den „Garten unserer Gedanken“ zu pflegen und bewusst zu gestalten. Haben wir einmal die Verantwortung für unsere Gedanken übernommen, dann können wir diese Kreisläufe hegen, die wachsen sollen und alle anderen Schaltkreise unterbrechen, die wir nicht im Leben haben möchten. Sie möchte uns Mut machen, im Alltag öfters einmal „nach rechts zu treten“ in den Kreis des inneren Friedens der rechten Hirnhälfte, um diesen Planeten zu einem friedlichen und liebevollen Ort zu machen.

Sammelband „Huna-Arbeit“, ca. 300 Seiten, Format ca. B4, Gewicht ca. 2 kg, in Leinen gebunden, limitierte zweite Auflage

Leserecho:
"Das Buch hat mir schon viele bereichernde Lesestunden geschenkt und ich habe unzählige, mir bisher nicht bekannte Gedanken von Henry Krotoschin gefunden."

Am 25.05.2010 um 23:57 schrieb **Dr. E. Otha Wingo:**

Jennifer,
THE BOOK ARRIVED JUST 5 MINUTES AGO!!! It is beautiful. Thanks so very much for keeping Henry's Huna work going and for producing this wonderful memorial volume to him.
Love and Light, Im Huna Licht
Otha

Sie fragen – Wir antworten

Betreff: Hawaiianische Begriffe

Datum: 1. Juni 2010 13:58:09

An: info@huna-europe.ch

Liebe Irene, Jennifer und Ueli

Nochmals vielen Dank für die gelungene Einweihung mit den liebevollen Reminiszenzen über Henry. Möge der schön gestaltete Raum eine offene Herberge sein für alles was sich entwickeln möchte.

Irgendwie finde ich die Übersetzungen nicht mehr von HUNA KA MANA LOA IKE AO NEI sowie AUMAM UA NOA LELE WALE AKUA LA. Sicher könnt ihr mir weiter helfen.

Herzlichen Dank und Gruss

Von: info@huna-europe.ch
Betreff: Hawaiinische Begriffe
Datum: 1. Juni 2010 14:44:08

Vielen Dank für deine Mail. Es war schön dich persönlich kennenzulernen am letzten Mittwoch!

HUNA KA MANA LOA IKE AO NEI, die Inschrift auf dem "Rainbow-Man" hat folgende Bedeutung: " Huna ist eine sehr grosse Kraft in dieser Welt " und **AUMAMA NOA LELE WALE AKUA LA** bedeutet: "Das Gebet steigt zum Hohen Selbst auf. Möge uns der Regen des Segens berühren." ("Aumama" hat dieselbe Bedeutung wie "Amen“).

Herzliche Grüsse
im HUNA-Licht

Jenny

Hinweis

Besuchen Sie die neue Website der Huna Research Inc. USA von Vincent Wingo

www.hunaohana.ning.com

Herausgegeben von:

Huna Forschungs-Gesellschaft Zürich | HFG
Grubenstrasse 27 | CH-8045 Zürich
Telefon +41 44 251 55 65
info@huna-europe.ch | www.huna-europe.ch

HUNA-GRUPPE ZÜRICH

An folgenden Mittwochabenden trifft sich die Huna-Gruppe Zürich **im Lokal der HFG Zürich, Grubenstrasse 27, 8045 Zürich-Binz**

Irene Morf wird zusammen mit anderen Referentinnen und Referenten durch den Abend führen:

30. Juni, 19.30 Uhr
Gastreferentin **Verena Pickart Demont**
Thema: **Selbstliebe – Egoismus oder Notwendigkeit?**

Juli fällt aus
25. August, 19.30 Uhr
29. Sept., 19.30 Uhr
27. Oktober, 19.30 Uhr
24. Nov., 19.30 Uhr
Dezember fällt aus

Unkostenbeitrag für **Mitglieder neu nur CHF 10.00** pro Abend (Nichtmitglieder CHF 20.00)

Neue Teilnehmer sind jederzeit herzlich willkommen!
Eine Anmeldung ist nicht nötig.

Ho’oponopono-Beratungen

Mit Ho'oponopono können Sie belastende Situationen in Ihrem Leben auflösen.

Wir bieten die Ho'oponopono-Beratungen nach Morrnah Simeona in 12 Schritten an.

Nach einer gründlichen Vorbereitung erfolgt eine Sitzung von ca. 2 Stunden Dauer.

Für weitere Informationen rufen Sie uns unverbindlich an, Telefon +41 44 251 55 65.

Einführungspreis für Mitglieder CHF 120.00
(Nichtmitglieder CHF 150.00)

Hinweise auf bestehende Huna-Gruppen

DE-68789 St. Leon-Rot
Cafe „Ole“ Kronauer Strasse 20
06227-605035

Jeden ersten Mittwoch im Monat
20.00 Uhr
Eugen F. Müller Centrum für Geistiges Wissen CGW

DE-30855 Langenhagen
Twenger Weg 21
0511 9 73 50 15

Üben und Austauschen über Huna
Erika Schmitt
e.schmitt3@t-online.de

Nr. 3 | September 2010

HUNA NACHRICHTEN

Zeitschrift für Mitglieder | Huna Forschungs-Gesellschaft Zürich | www.huna-europe.ch

EDITORIAL

Liebe Leserinnen und Leser

In der letzten Ausgabe der Huna-Nachrichten hatten wir uns damit auseinander gesetzt, wie unnütze und oft schädliche Muster und Programme entstehen, wie wir sie lösen können und was dabei in unserem Hirn abläuft. Heute stellen wir Ihnen eine weitere Methode vor, um falsche Grundeinstellungen, die wir oft seit unserer Kindheit mit uns herumtragen zu verändern und aufzulösen, die „Vektor-Methode". Oft ist es schwierig herauszufinden woraus diese Grundeinstellung zu einem bestimmten Lebensthema besteht, gerade weil sie so „grundlegend" ist. Wir sehen den Wald vor lauter Bäumen nicht, weil wir komplett in etwas verwickelt sind. Enthält diese Einstellung z.B. etwas, das von unserem unteren Selbst als beschämend wahrgenommen wird, kann es sehr wohl aus unserem Alltag verdrängt werden. Es wirkt jedoch trotzdem und läuft weiter im „Hintergrund". Mehr zu dieser relativ unbekannten, aber sehr wirksamen Art, solche Mechanismen aufzuspüren und aufzulösen finden Sie auf Seite 7.

Nachdem wir diese Hilfestellung zu Kala durchgeführt haben, ist die Verbindung zum Hohen Selbst frei und ohne Hindernisse. Unser Gebetsbild steigt in Begleitung von unseren Emotionen ohne Behinderung auf dem Mana-Strom „nach oben". Wie kommt ein klares Gebetsbild zustande? Wie sieht eine hilfreiche Visualisation aus? Wie ist es möglich eine konstante positive Schwingung aufrechtzuerhalten bis das Erwünschte eingetreten ist? Was ist der Schlüssel dazu? Einige Anregungen und praktische Hilfestellungen finden Sie in unserem Beitrag auf Seite 2.

Auch Henry Krotoschin kommt in dieser Ausgabe wieder einmal zu Wort. Sein Heilungsgebet aus dem Jahr 1987 bringen wir auf Seite 5.

Huna-Seminare: Wir freuen uns, Ihnen die ersten Huna Basis-Seminare in unserem neuen Zentrum in Zürich anzukündigen. Für Huna-Praktizierende besteht die Möglichkeit, auch einzelne Seminarteile „zum Auffrischen" zu besuchen. Bitte beachten Sie dazu die letzte Seite.

Wir hoffen, Ihnen erneut einige Denkanstösse für die tägliche Huna-Praxis zu geben und wünschen Ihnen viel Erfolg!

Herzlich, **Jennifer Lee** und **Ulrich Amacher**

INHALT

Das Huna-Gebet und seine Erfüllung Wie wir die positive Energie bis zur Erfüllung unserer Gebetswünsche aufrechterhalten können.
Von Jennifer Lee **> Seite 2**

Die Vektor-Methode Gibt es auf dem Pfad zu Ihrem Hohen Selbst Hindernisse? Die „Vektor-Methode" bietet einfache Hilfe, hindernde Komplexe loszuwerden. *Von John B. Bainbridge* **> Seite 7**

Ein Heilungs-Gebet gesprochen an einem Huna-Seminar in Todtmoos 1987
von Henry Krotoschin **> Seite 5**

Selbstliebe – Notwendigkeit oder Egoismus? Verena Pickart zu Gast beim Treffen der Huna-Gruppe Zürich **> Seite 6**

Huna Basis-Seminare in Zürich und Daten der monatlichen Huna-Gruppe Zürich **> Seite 12**

Das Huna-Gebet und seine Erfüllung

Wir haben die Kala-Reinigung gemacht, vielleicht sogar die Vector-Methode angewandt, um alle Voraussetzungen für einen freien Pfad oder eine freie Aka-Schnur ohne Verwicklungen und Knoten zum Hohen Selbst zu schaffen. Unser Mana-Speicher ist aufgefüllt.

Die folgende Anregung dient als Auffrischung für uns Huna-Praktizierende und als „Eselsleiter" um positive Gedanken in unserem Bewusstsein zu halten, damit sich unsere Gebete erfüllen können. Unsere Gedanken sind die Samen dafür, wie wir uns fühlen, was wir ausstrahlen und als Folge davon, was sich passend dazu zu uns gesellt, also was wir anziehen in unserem Leben. Von **Jennifer Lee**, inspiriert durch „mindmovies.com".

Schritt 1: Schreib auf, was du erreichen willst

Die Vorbereitung für unser Huna-Gebet. Wir müssen uns ganz klar werden darüber was wir wirklich wollen und es dann aufschreiben.

Für viele Leute ist das eine sehr schwierige Aufgabe. Wir setzen uns also hin und denken über sämtliche Aspekte unseres Lebens nach und klären ab, was unsere Wunschvorstellung ist. Denkt ruhig grosszügig und lasst eurer Fantasie freien Lauf!

Materieller Besitz: Wohne ich in einem Haus? Oder in einer Wohnung? In wie vielen Häusern oder Wohnungen? In welchen Vororten? In welchen Städten? In welchen Ländern? Was sehe ich, wenn ich aus dem Fenster schaue? Das Meer? Berge? Wiesen und Wälder? Die Lichter einer Grossstadt? Einen See oder Fluss?

Woraus ist mein Haus gebaut? Aus Holz? Aus Backsteinen oder Beton? Wie sehen die Räume aus in meinem Haus/Wohnung? Gibt es einen offenen Kamin? Besitze ich ein Heimkino? Gibt es ein Zimmer mit einem Billardtisch? Habe ich ein Schwimmbad im Haus?

Welches Auto steht in der Garage meines Traumhauses? Steht nur eines dort? Welche Farbe hat es? Welche Marke? Habe ich noch weitere Fahrzeuge? Womit belohne ich mich für all meinen Erfolg? Besitze ich ein Motorrad? Ein Boot? Ein Flugzeug?

Gehe ich öfters auf Reisen? Wie oft? Mit wem? Wohin? Was erlebe ich wenn ich dort ankomme? Oder belohne ich mich mit Schmuck oder Kleidern? Oder leiste ich mir einen persönlichen Fitnesstrainer? Habe ich einen Koch, der mir täglich gutes und gesundes Essen zubereitet?

Persönlicher Wohlstand/Geld: Wie gross ist mein Vermögen? Wieviel verdiene ich jeden Monat? Was ist mein Kontostand? Worin habe ich investiert? Wie ist meine Beziehung zu Geld? Aus wie vielen Quellen fliesst es mir zu?

Beruf: Wie verbringe ich meine Zeit von Tag zu Tag? Habe ich einen Job? Wenn ja in welcher Firma? Welchen Titel habe ich? Worin besteht meine Arbeit? Habe ich eine/n persönliche/n Assistenten/in oder eine/n Sekretär/in?

Bin ich selbstständig? Wieviele Angestellte habe ich? Wie gross ist mein Umsatz? Wieviele Kunden habe ich? Arbeite ich um Gewinn zu machen, oder aus Wohltätigkeitsgründen?

Abenteuerliche Wünsche: Bin ich ein professionelle/r Sportler/in? Besteige ich den Mount Everest? Reise ich mit dem Fahrrad durch Europa? Segle ich allein um die Welt? Habe ich meinen Pilotenschein gemacht? Wandere ich aus in mein Traumland? Trinke ich Tee mit Nelson Mandela? Wer sind die Menschen die ich „anziehen" muss um dieses aussergewöhnliche Projekt zu realisieren?

Führe ich ein Leben in Musse? Wo gehe ich essen? Was tue ich zu meiner Unterhaltung? Womit verbringe ich meine Zeit? Mit wem verbringe ich die meiste Zeit? Was tue ich als erstes wenn ich morgens aufwache? Beschreibe deinen perfekten Tag.

Beziehung: Mit wem teile ich dieses wunderbare Leben? Wir haben alle verschiedene Auslöser um von jemandem angezogen zu sein. Was ist attraktiv für dich? Wie sieht dein perfekter Partner aus? Vielleicht ist es die Augenfarbe oder ein Lachen, das wichtig ist für dich? Was für eine Person ist er/sie? Was liebst du an ihm/ihr? Ist er/sie erfolgreich? Unterstützt er/sie dich?

Wie verbringt ihr eure gemeinsame Zeit? Was bedeutet dir diese Beziehung? Was löst sie in dir aus, wie fühlst du dich dabei?

Freunde und Familie: Wer lebt mit dir in deinem Haus? Hast du Kinder? Wie viele? Was lehrst du sie? Was sind deine Hoffnungen und Träume für sie? Warum wird ihr Leben so erstaunlich verlaufen?

Vielleicht hast du Tiere? Wie viele? Welche? Welche Rasse? Welche Farbe?

Wer sind deine Freunde? Welche Auswirkung hast du in ihrem Leben? Welchen Einfluss haben sie in deinem Leben? Wie oft siehst du sie? Was tut ihr, wenn ihr zusammen seid? Wohin geht ihr gemeinsam?

Alle Aussagen müssen kurz, vollkommen positiv und in der Gegenwart formuliert sein.

Gesundheit: Was bedeutet dieses wunderbare Leben, wenn deine Gesundheit nicht so gut ist, damit du es geniessen kannst?

Was bedeutet Gesundheit für dich? Wenn du bereits fit und gesund bist, umso besser. Vielleicht kannst du dich noch verbessern?

Falls du ein Gesundheitsproblem hast, wie fühlt es sich an, davon befreit zu sein? Möchtest du ein schmerzfreies Leben? Vielleicht wünschst du dir frei atmen zu können und volle Bewegungsfreiheit zu haben. Wie sieht dein Körper aus? Beschreibe deine Idealvorstellung von dir und deiner Gesundheit.

Was brauchst du um das zu erreichen?

Spiritualität: Möchtest du dich spirituell weiterentwickeln? Welche Beziehung hast du zu dir selbst? Dies ist ein guter Moment um Bestätigungen aufzuschreiben wie: Ich liebe mich selbst. Ich bin eine Inspiration. Ich bin eine wunderbare Persönlichkeit. Ich bin schön und habe eine unwiderstehliche Ausstrahlung. Welche Charakterzüge möchtest du haben? Ich bin grosszügig und liebenswert. Ich bin offen und zeige meine Gefühle. Ich bin hilfsbereit. Ich bin zuverlässig. Ich bin fröhlich und unbeschwert usw., usw.

Hier kannst du beschreiben, wie du sein möchtest oder sein solltest, um alle Dinge die du dir für dein Leben wünschst anzuziehen.

Dankbarkeit: Das Wichtigste auf dieser ganzen Liste von Bestätigungen ist Dankbarkeit! Für die Dinge, die wir bereits haben und für jene die auf dem Weg zu uns sind. Nur wenn wir uns in einer Atmosphäre von Dankbarkeit bewegen, können unser Herz und unser Geist offen dafür sein, Neues zu erreichen.

Wofür bin ich dankbar? Ist es meine Gesundheit? Meine Geisteshaltung? Meine Familie und meine Erziehung? Das Land in dem ich geboren wurde? Sind es meine Familienmitglieder oder dass ich immer noch am Leben bin? Dass ich einen Job habe, ein Dach über dem Kopf und jeden Tag etwas zu essen? Für das Lächeln eines fremden Menschen auf der Strasse?

Teilen: Das Geheimnis, um dein Leben, welches du dir nun ausgemalt hast vollkommen zu machen, ist zu teilen, etwas davon abzugeben. Wie spende ich? Welche Sache ist mir wichtig? Vom aussterben bedrohte Tiere? Oder ist es die Umwelt? Die obdachlosen Menschen? Die dritte Welt? Flüchtlinge? Kinder aus Kriegsländern? Oder gibt es jemanden den ich kenne, der Unterstützung nötig hat?

Wie helfe ich? Spende ich Geld? Organisiere ich eine Sammlung? Mache ich die Öffentlichkeit auf ein Problem aufmerksam? Gründe ich selbst eine Wohltätigkeitsorganisation? Arbeite ich als Freiwillige/r in einem Notstandsgebiet? Was verbessere ich mit meinem Beitrag?

Wir machen uns Gedanken über das ganze Spektrum und werden uns klar darüber was wir wirklich wollen. Dann artikulieren wir die ganze Liste in Form von positiven Affirmationen in der Gegenwart.

Sehr wichtig: Alle Aussagen müssen kurz, vollkommen positiv und in der Gegenwart formuliert sein.

Also nicht „Ich habe keine Schulden"! Das untere Selbst hört nur das Wort „Schulden" und zieht mehr davon an. Der Satz sollte lauten „Ich bin finanziell unabhängig" oder so ähnlich.

Beginne die Affirmationen so oft wie möglich mit „Ich bin", „Ich habe" oder noch besser, mit „ich bin dankbar für", „Danke, dass ich" etc. Das ist eine kraftvolle Aussage und zeigt, dein Vertrauen in die schöpferische Kraft und dein „Besitzrecht" an den Dingen, die du aufgeschrieben hast und die du erreichen willst. („Ich segle um die Welt, „Ich bin dankbar für meine vollkommene Gesundheit", falls du Gewicht verlieren willst: „Danke, dass ich jetzt Grösse 38. trage", „Ich spende einen Zehntel meines Gewinns für Kinder in Afghanistan". usw.)

Wir kleben nun diese Liste z.B. an unsere Armaturenbrett im Auto, an den Computer, an den Badezimmerspiegel, an den Kühlschrank usw. Das hat den Effekt, dass es uns ständig fokussiert hält. Unsere Aufmerksamkeit ist immer darauf gerichtet, was wir erreichen möchten.

Schritt 2: Visualisiere deinen Erfolg

Wir kreieren zusammen mit unserem unteren Selbst ein Gebetsbild.

Nachdem wir uns ganz klar darüber geworden sind, was unsere Ziele sind und wir nun dazu in der Lage sind uns dauernd und konstant darauf zu konzentrieren, kommt der zweite Schritt: Wir visualisieren uns selbst mit den dazugehörigen Emotionen im erwünschten Zustand. Wir stellen uns also vor, wie wir uns in fühlen, welche Freude wir empfinden, wenn wir hinter dem Steuer unseres Traumautos sitzen, wie glücklich wir sind über unsere vollkommene Gesundheit und darüber, wieder alles tun zu können, zu dem wir vielleicht momentan nicht in der Lage sind usw. Vielleicht hören wir dazu auch Musik, die uns in diese Euphorie versetzt und singen ganz laut während wir unseren inneren Film abspielen usw.

Unsere Liste von Affirmationen genügt jedoch auch, oder wir können ein sogenanntes Visionboard kreiern, d.h. wir schneiden Bilder aus Magazinen aus mit den Situationen die wir uns vorstellen. Wollen wir nach Ägypten reisen, kleben wir ein Bild von den Pyramiden auf einen grossen Karton usw. Wir machen eine Collage von unseren Wünschen. Wenn wir Fotos von uns selbst besitzen, kleben wir uns neben die Pyramiden, oder in das Fenster oder vor die offene Türe unseres Traumhauses usw. usw.

Alle diese Dinge machen es einfacher, uns vorzustellen bereits in dieser neuen Situation zu sein und uns zu freuen.

Schritt 3: Werde aktiv!

Aktiv werden heisst, unseren Gebetssamen täglich mit Mana „wässern“ und Massnahmen ergreifen, etwas unternehmen, das uns in die Richtung unserer Ziele führt. Informationen einholen, über das Internet, über Bücher, Leute befragen, die das schon erreicht haben was wir wollen. Wir tun alles was wir können, um uns in diese Richtung zu bewegen. Wenn dieser Impuls einmal von uns ausgegangen ist, d.h. in Bewegung ist, und wir uns beharrlich und mit positiven Gefühlen auf unser gewünschtes Ziel zubewegen, schaltet sich das „Universum“ ein und bringt die richtigen Leute und Ereignisse zu uns. Wir sind am richtigen Ort zur richtigen Zeit, es geschehen Dinge, die nötig sind, damit wir unserem Wunsch näher kommen.

Schritt 4: Werde zu einem Erfüllungsmagnet durch Dankbarkeit!

Nachdem wir wissen was wir wollen, uns mit Emotionen beständig darauf konzentrieren und etwas unternehmen um unsere Ziele zu erreichen, müssen wir ein Magnet werden für die Verwirklichung. Huna lehrt uns, uns täglich mit viel Mana aufzuladen, damit das „Universum“, unser Hohes Selbst, die schöpferische Kraft oder wie wir es nennen wollen, unsere Wünsche in der materiellen Welt umsetzen kann. Wir können aber noch etwas mehr dazu tun, um durchgehend auf einer höheren Stufe zu schwingen. Wie wir wissen, existiert bereits alles was wir wollen auf der Ebene unseres Hohen Selbstes. Wir müssen nur lernen, uns der Schwingungsenergie der Dinge die wir anziehen wollen anzupassen.

Das tun wir indem wir dafür sorgen, dass wir uns gut fühlen. Sich gut zu fühlen ist der Barometer um zu wissen, dass wir auf dem richtigen Weg sind und dass wir die richtigen Dinge tun. Damit es uns immer gut geht müssen wir Gewohnheiten in unser tägliches Leben einbauen, welche diese Energie aufrecht erhalten.

Der Trick dabei ist, wir schreiben nicht immer die gleichen Dinge auf, sondern wir finden jeden Tag 5 neue. Und je nachdem an welchem Ziel wir gerade arbeiten, achten wir darauf, dass mindestens 2 davon spezifisch damit zu tun haben!

Dadurch richten wir unsere Aufmerksamkeit ohne grosse Anstrengung auf die schönen und positiven Momente in unserem Tagesablauf, weil wir wissen, dass wir am Abend 5 neue Dinge in unser Tagebuch oder auf unseren Notizblock schreiben wollen.

Der Grund warum wir das vor dem Schlafengehen aufschreiben ist der, dass wir uns auf diese Weise in einen positiven, dankbaren Geistes- und Gemütszustand versetzen bevor wir einschlafen. Es hilft uns, morgens ebenso gutgelaunt aufzuwachen. Manchmal wachen wir sowieso glücklich auf und sonst genügt es, unsere Notizen dort auf dem Nachttischchen liegen zu sehen und schon erinnern wir uns an die Dinge für die wir gestern dankbar waren. So sind wir augenblicklich in einem dankbaren und positiven Zustand. Und so beginnen wir den neuen Tag!

In diesem Zustand machen wir unsere Manaaufladung und wässern unseren Samen, d.h. schicken das Gebetssymbol oder die Affirmation zusammen mit George an unser Hohes Selbst.

Also nochmals:

1. Was will ich?

2. Visualisiere deinen Erfolg!

3. Unternimm etwas dafür!

4. Sei ein Erfüllungsmagnet!

Wenn wir scheitern, geschieht es oft deshalb, weil wir aufgeben. Weil wir zu früh aufhören. (Ach, was solls, es funktioniert ja doch nicht. Ich machs jetzt schon eine Woche!) Beharrlichkeit ist der Schlüssel! Eine neue Gewohnheit braucht ihre Zeit um sich zu entwickeln und um zum Automatismus zu werden. Habt Geduld und gebt nicht auf, 90 Tage gilt es schon durchzuhalten!

Unsere Affirmationslisten oder die Collagen von unserem Traumleben sind absolut wesentlich, auch wenn wir sie nicht dauernd bewusst lesen oder anschauen. Das untere Selbst nimmt sie trotzdem wahr und sieht sie. Es ist unser Erinnerungsspeicher, wie bei einem Computer. Am allerbesten speichert es Gefühle und Bilder.

Wenn wir die Listen also 5 bis 6 mal mit allen unseren Emotionen durchgegangen sind und/ oder unsere Collagen ebenso oft mit hüpfendem Herzen angeschaut haben, hat das untere Selbst dies so gespeichert und es läuft auch im Hintergrund ab, ohne dass wir als mittlere Selbste unsere Aufmerksamkeit darauf richten. Es genügt, wenn unser Auge sie streift. Wir können immer noch einen tiefen Atemzug dazufügen, d.h. eine Portion Mana dazutun wenn wir wollen und es uns in den Sinn kommt.

Unser unteres Selbst verarbeitet alle Informationen um uns herum, ständig und ohne Pause und legt sie im richtigen

„Ordner" ab. Gebt ihm also dieses neue „Datenfutter". Wiederholung schafft neue Gewohnheiten und damit beginnen wir die Dinge in Bewegung zu setzen, die unsere Welt verändern! Unser Hohes Selbst wird uns mit seiner ganzen Hilfe zur Seite stehen!

Zum Schluss: Alles was wir aufgeschrieben haben beruht auf unserer Lebenserfahrung bis zum heutigen Tag. Wer weiss, was es alles gibt was wir nicht kennen oder noch nicht erfahren haben. Bleiben wir also immer offen und mit Demut in der Gewissheit, dass nur das Hohe Selbst den Gesamtüberblick über unser Dasein hat und daher weiss, was das Beste ist für uns.

Es könnte ja alles noch viel schöner sein als in unserer Vorstellung! ☺

Ein Heilungsgebet

Henry Krotoschin, Todtmoos 1987

Dieses Heilungsgebet sprach Henry Krotoschin als Gruppen-Meditation an einem seiner Seminare in Todtmoos. Wir geben den Text hier so wieder, wie Henry ihn gesprochen und auf Tonband aufgezeichnet hat. Sinngemäss lassen sich die Aussagen natürlich auch auf eine Person anwenden. Sie können den Text für sich auch auf einen Tonträger aufnehmen und immer wieder anhören. Auch als Anleitung für ein eigenes Heilungsgebet eignet er sich hervorragend.

Henry Krotoschin (1913 - 2009) Gründer der Huna Forschungs-Gesellschaft Zürich, Huna-Lehrer, Seminarleiter und Autor des Buches „Huna-Praxis, Bewusste Lenkung des Schicksals".

„Das Heilungsgebet geht an unser Hohes Selbst und an die Hohen Selbste der Patienten.

Eine andere Möglichkeit ist es, alles dem eigenen Hohen Selbst zu übergeben. Es ist dann selbstständig besorgt, es an die Hohen Selbste der anderen Menschen weiterzugeben. Wir denken an unsere eigene Krankheiten und die nahestehender Personen und machen eine Mana-Aufladung vor dem Gebet.

Schliesst bitte eure Augen.

Wir begrüssen Euch, ihr geliebten Hohen Selbste dieser Gruppe, Ihr Poe-Aumakua. Wir danken Euch, dass Ihr bei uns seid. Wir freuen uns, dass wir unser Gebet an Euch richten dürfen. Wir dienen Euch in Liebe.

Wir bitten euch, nehmt diese erste Mana-Gabe von uns an, die wir euch in Demut, Liebe und Freude übergeben. Nehmt sie bitte an, als ein kleines, symbolisches Geschenk für Euch. Ihr werdet wissen, was Ihr mit dieser Mana-Gabe tun werdet. Wir bitten jetzt dich, meinen lieben George, gib bitte Mana über die Aka-Schnur an mein Hohes Selbst. Ich atme dazu tief ein. Jetzt.

Wir danken Euch Ihr Hohen Selbste und wenden uns Euch zu mit einem der wichtigsten Probleme des menschlichen Lebens, Krankheit und Gesundheit. Ich selbst habe Schwierigkeiten, die ich Euch übergebe, dir mein geliebtes Hohes Selbst Ariel. Ich übergebe dir alle meine Krankheiten, die mich belasten und die mir hinderlich sind. Und ich sehe mich selbst nun in vollkommener Frische, völlig gesund. Ich laufe an einem schönen Waldrand entlang, beschwingt und freudig. Es ist ein sonniger Tag. Ich sehe mich selbst vollkommen gesund. Vollkommen frei von irgendwelchen Belastungen.

Jeder von uns hier möge für sich das gleiche Bild oder ein ähnliches Bild bereithalten.

Ich lade dieses Bild mit Mana auf. Ich sende es an dich mein Hohes Selbst und an Euch Ihr Hohen Selbste. In unserer Gruppe sind wir viel stärker als allein. Ich bitte dich George mein Unteres Selbst, sende dieses mit Mana aufgeladene Bild an unsere Hohen Selbste. Wir atmen tief ein. Jetzt.

Es gibt noch andere Menschen, die Sorgen haben und die uns Sorgen machen. Menschen, denen wir helfen wollen und die uns nahe stehen. Auch sie sehen wir in einer Tätigkeit, die Gesundheit repräsentiert. Wir sehen sie vollkommen gesund, kräftig, fröhlich und bitte, liebe Freunde, denkt euch jetzt solche Menschen aus. Ich lasse euch genügend Zeit. Denkt solche Menschen aus, stellt sie euch vor. Versucht die Gesichter dieser Menschen zu erkennen und wenn euch das nicht gelingt, lasst es beiseite. Nennt die Vornamen dieser Menschen, stellt sie euch vor in einer kräftigen, gesunden Bewegung, sportlich, beim Laufen, in irgendeiner Bewegung, die ihnen Freude macht und die die Gesundheit symbolisiert. Stellt euch nun diese Menschen vor, mit ihren Namen und bildet ganz kurz ein Bild oder ein Symbol für die Gesundheit von diesen, jedem einzelnen Menschen. Ihr habt genügend Zeit, ich werde dann die Glocke läuten und wir werden weiterfahren. Tut das bitte jetzt.

Liebe Freunde, ich bitte euch diese Betrachtungen langsam abzuschliessen und melde mich später wieder.

Liebe Freunde, ich möchte für alle, die wir hier zusammen sind und uns mit der Heilung von uns selbst und von lieben Menschen beschäftigen, ein vollgültiges Symbol vorstellen, welches wir nun gemeinsam betrachten und an unsere Hohen Selbst senden wollen:

Wir sind alle im 2. Stock eines Hauses. Vor uns, unter uns ist eine kurz geschorene Wiese. Es ist ein sonniger Tag. Es ist wunder schön, blauer Himmel und einige weisse Wolken. Es ist ein herrlicher Sommertag und dort unten auf der Wiese sehen wir einen Kreis von Menschen, Männer und Frauen und Kinder. Sie haben einen Kreis gebildet, es sind vielleicht 15 oder 20. Sie halten sich an den Händen und einer von diesen Menschen bin ich selbst da unten. Ihr seht euch selbst. Diese Menschen halten sich an den Händen und tanzen im Kreise, lustig und freudig. Sie bewegen sich rechts herum, lustig, freudig, voller Energie, voller Lebensfreude tanzen sie und schlenkern die Beine und sind fröhlich. Sie tanzen zu einer fröhlichen, positiven, angenehmen Musik. Dieses Bild sehen wir vor uns, da unten diese Menschen im Kreise sich an den Händen haltend und lustig und fröhlich tanzend.

Liebe Freunde, wir sehen dieses Bild, wir bitten nun unsere eigenen unteren Selbste dieses Bild mit Mana aufzuladen und es an alle unseren Hohen Selbste hier zu senden. Mit einem tiefen Atemzug. Jetzt.

Liebe Freunde, wir sind sicher, dass unsere Hohen Selbst unsere Gebete erhören werden und wir senden Ihnen zu diesem Zweck, für die Realisierung unserer Heilungsgebete eine kräftige Mana-Sendung. Wir atmen tief ein. Jetzt.

Wir danken Euch Ihr geliebten Hohen Selbste. Wir sind sicher, dass ihr unsere Gebete im höchsten Masse erfüllen werdet so wie Ihr es für richtig haltet. Wir danken Euch in Liebe, Freude. Wir ziehen uns zurück vom Gebet. Amen."

Selbstliebe – Egoismus oder Notwendigkeit?

Impulsvortrag und Meditation mit **Verena Pickart Demont** *am Treffen der Huna-Gruppe Zürich vom 30. Juni.*

Um die Antwort gleich vorwegzunehmen: Selbstliebe ist eine Notwendigkeit! Dies wurde im Verlauf des Abends mit Verena Pickart Demont klar. Selbstliebe hat nichts mit Egoismus und Narzissmus zu tun. Lieben wir uns, wenn wir uns im Spiegel sehen? Sind wir in der Lage, uns freundliche Dinge zu sagen? Reaktionen, die für eine gesunde Selbstliebe und damit für ein gesundes Selbstvertrauen unabdingbar sind. Warum fällt es uns oft schwer, uns zu lieben? Meistens sind die Gründe dafür in der früher Kindheit zu suchen. Als Kind einer unerwünschten Schwangerschaft geboren zu sein, elterliche Missbilligung oder Ablehnung, Traumata wie Scheidung der Eltern oder Vergewaltigung, dies alles sind Erlebnisse, aus denen wir den Schluss gezogen haben, nicht liebenswert zu sein. Später erfüllen wir vielleicht die Erwartungen (fremde und eigene) nicht und überhaupt ist sich selbst zu lieben in unserer Gesellschaft oft ein Tabu. Fehlende Selbstliebe führt zu Abhängigkeit. Was wir in unserem Innern nicht finden, suchen wir im Äussern. Fehlende Selbstliebe wird durch Streben nach Materiellem kompensiert. Oft wechselnde Liebebeziehungen, Sucht in Form von Alkohol, Drogen oder Workaholic können Folgen von fehlender Selbstliebe sein. Aber die schlechte Nachricht ist: Niemand kann uns Liebe geben. Es gib aber auch eine gute Nachricht: Die Liebe ist bereits in uns! Wir alle kommen mit dieser Liebe zur Welt, oder noch besser ausgedrückt, wir kommen aus dieser Liebe. Sie wohnt in uns als göttlicher Funke, sie macht uns zu erhabenen Wesen. Unsere Aufgabe ist es, sie freizusetzen und zu nutzen. Denn nur wer sich selbst liebt, kann überhaupt andere Menschen lieben. Wie gelingt uns das? Unser Fehler ist zu denken, dass wir uns erst dann selbst lieben können, wenn wir etwas an uns ändern. Der erste Schritt zu einer positiven Veränderung liegt also darin, zu akzeptieren und anzuerkennen, was ist. Im Anerkennen liegt grosse Kraft, auch für Veränderungen. Weiter ist ein sanfter und gütiger Umgang mit uns selbst wichtig. Seelischen und körperlichen Missbrauch durch andere müssen wir unterbinden. Und ganz wichtig: Aufgeben der Opferrolle. Wir sind den Umständen nicht hilflos ausgeliefert. Entweder können wir äussere Bedingungen verändern oder unsere Einstellung dazu. Selbstliebe bedeutet, seinen wahren Wert zu erkennen. Ich achte mich selbst, in jeder Situation und unabhängig von meiner Verhaltensweise.

Bücher von Verena Pickart Demont:

„Die Antwort liegt IN dir!" Frick Verlag, Pforzheim
ISBN 3-920780-82-5

„Es gibt immer eine Lösung – Geschichten aus Bärenstein" (für Menschen ab 5 Jahren) param Verlag, Ahlerstet, ISBN 3-88755-276-8

Die „Vektor-Methode"

Als ich mich vertieft mit den Studien und der Praxis von Huna beschäftigte, wurde mir klar, dass hinderliche Komplexe unbedingt aufgelöst werden müssen. Max Freedom Long beschreibt eine Vielzahl von Prozeduren und Praktiken, um Verhaltensmuster zu ändern, ich aber hatte den richtigen Weg noch nicht gefunden. Ich probierte verschiedene Therapien aus, aber keine funktionierte zu meiner Zufriedenheit. Schliesslich konnte ich wenigstens mein Ziel klar formulieren: Ich suchte eine Technik um Komplexe aufzulösen, die einfach, sicher, schnell und effektiv für jeden durchschnittlichen Menschen anwendbar ist. Ich fand sie in der „Vektor-Methode". Von **John B. Bainbridge**. Aus seinem Buch „Huna Magic Plus", übersetzt, zusammengefasst und für die Huna-Nachrichten angepasst von Ulrich Amacher.

John B. Bainbridge
Die spirituelle Suche des Forschers und Weltreisenden John B. Bainbridge führte ihn dazu, Huna auszuüben und Max Freedom Longs rekonstruierte, geheime Wissenschaft der Kahunas des alten Hawaiis anzuwenden.

Um die Huna Magie erfolgreich zu praktizieren muss der Mensch alle Komplexe auflösen, welche die klare Kommunikation mit seinem/ihrem eigenen Hohen Selbst stören. Während John seine Huna Praxis fortsetze, erfuhr er von „Vektor" einer, damals neu entdeckten, persönlichen Problemlösungs-Technik die genau das tut - Komplexe auflösen.

Er lehrte dieses einmalige „Geheimnis im Geheimnis" seit 1980 als qualifizierter Huna-Lehrer der Huna Research Inc. USA, sowie als Vektor-Berater.

Überdies war John B. Bainbridge der „Erfinder" des „Regenbogenmannes", des Logos, welche die Huna Research, Inc. zu ihrem Logo auswählte und der auch die „Huna-Nachrichten" ziert.

Die rigiden Konzepte des unteren Selbstes

Tief sitzende Emotionen wie Schuld, Angst, Trauer, Apathie und Minderwertigkeitsgefühle - egal ob Sie sie bewusst oder unbewusst hegen - bilden einen behindernden Komplex. Sie verhalten sich wie eine Blockade oder ein Knoten in Ihrer Aka-Schnur, der die Verbindung zu aumakua (*dem Hohen Selbst, Anm. der Redaktion*) blockiert. Das bedeutet, dass Ihr unteres Selbst möglicherweise nicht in der Lage ist, sich Ihrem Hohen Selbst zu nähern und ihm die sorgfältig vorbereitete Gebets-Visualisierung zu präsentieren. Sie möchten diesen Komplex auflösen, ihn loswerden, damit Ihre Huna-Gebete wirken können. Auf Hawaiianisch heisst dieser Vorgang „kala" (kah'-lah), das bedeutet „reinigen" (sich selbst).

Mit grosser Wahrscheinlichkeit ist Ihr Komplex das Resultat einer Erinnerung Ihres Unterbewusstseins an ein traumatisches Ereignis, das Ihnen während Ihrer Kindheit zugestossen ist.

Wenn Sie sich irgendeines Problems in Ihrem Leben bewusst sind, tun Sie den offensichtlichen Schritt, es zu korrigieren. Wenn Sie Menschen schlecht behandeln, hören Sie auf damit. Leisten Sie eine Wiedergutmachung, wenn es möglich ist. Wenn Sie Dinge an sich nehmen, die Ihnen nicht gehören, hören Sie auf damit und geben Sie zurück, was Sie können. Leisten Sie Ersatz. Wenn die Menschen, die Sie verletzt haben für Sie nicht mehr erreichbar sind, so stellen Sie sich zumindest lebhaft vor, wie Sie sich bei Ihnen entschuldigen. Danach, um ihr unteres Selbst zu beeindrucken und ihm zu zeigen, dass Sie die Dinge nach bestem Gewissen wieder in Ordnung bringen wollen, machen Sie eine grosszügige Spende an eine wohltätige Organisation und helfen Sie anderen Menschen.

Weiter ist es hilfreich, sich Mühe zu geben und freiwillige Dinge für andere zu tun, sogar für Fremde. Wenn Sie ein Auto fahren, seien Sie besonders freundlich im Strassenverkehr. Helfen Sie einem Nachbar, ein Problem zu lösen. Unterstützen Sie eine behinderte Person in irgendeiner Weise. Schenken Sie Leuten ein Lächeln und tun Sie andere freundliche Dinge. Trotzdem sind oft noch weitere Massnahmen nötig um den Reinigungsprozess zu vollenden.

Auflösen von Komplexen mit der Vektor-Methode

Max Freedom Long beschreibt eine Vielzahl von Prozeduren und Praktiken, um Verhaltensmuster zu ändern, ich aber hatte den richtigen Weg noch nicht gefunden. Ich probierte verschiedene Therapien aus, aber keine funktionierte zu meiner Zufriedenheit. Schliesslich konnte ich wenigstens mein Ziel klar formulieren: Ich suchte eine Technik um Komplexe aufzulösen, die einfach, sicher, schnell und effektiv für jeden durchschnittlichen Menschen anwendbar ist. Das war der Moment, als ich George Burtt traf. Er wusste nichts von Huna, aber um seine eigenen Probleme zu lösen hatte er kürzlich genau die einfache, geradlinige Technik entwickelt, nach der ich suchte.

George hatte Jahre damit verbracht, bekannte aber auch obskure Therapie-Techniken zu studieren, zu analysieren, zusammenzufassen und auszuprobieren. Als er mit der Einfachheit und der Effizienz seiner einzigartigen Methode, die er entwickelt hatte zufrieden war, nannte er sie „Vektor".

Das Muster des Komplexes erkennen

Mein anschliessendes Vektor-Training und meine Erfahrung damit lehrten mich, dass wenn Sie sich von einem oder mehreren unerwünschten Komplexen befreien möchten, Sie am besten damit anfangen jeden einzeln für sich genau zu betrachten. Dabei werden Sie bald Übereinstimmungen in einem gemeinsamen Muster feststellen. Jeder Komplex ist ähnlich aufgebaut und besteht aus vier unterschiedlichen Bestandteilen. Jeder Bestandteil kann identifiziert, isoliert und von Ihrem Leben abgetrennt werden, so dass er keine dauerhafte dominierende Rolle mehr spielt.

Suchen Sie nach dem Muster des Komplexes. Es besteht aus vier Teilen.

1) Ihre alteingesessene Wahrnehmung einer möglicherweise verzerrten „Wahrheit". (**Beispiel**: „Niemand wird mich je wirklich lieben" oder einfach „Niemand liebt mich".) Diese Aussage oder dieser Gedanke ist verbunden mit:
2) Einer oder mehreren begleitenden Emotionen (**Beispiel**: Schmerz oder Apathie). Diese führen zu:
3) Geistiger und/oder körperlicher Anstrengung oder geistigem und/oder körperlichem Stress. (**Beispiel**: Auch wenn Sie ein echtes Verlangen danach haben unter die Leute zu kommen und neue Menschen kennenzulernen, kann tief sitzende Trauer oder Apathie Sie dazu bringen unfreundlich zu sein, Selbstmitleid zu empfinden oder sich nicht die Mühe zu machen Leute zu treffen. Vielleicht vernachlässigen Sie gar Ihr Äusseres und Ihre Umgangsformen.
4) Ihr Unterbewusstsein hält das Muster über die Jahre zusammen mit seiner eingebauten „immer" oder „nie" Methode, die es auch zur Aufbewahrung Ihrer Erinnerungen anwendet. Sie können es mit der Methode eines Computers vergleichen, der alles speichert, was Sie eintippen, auch Fehler, die Sie unabsichtlich eingegeben haben. Sie können diesen sonst auf immer eingeschlossenen Fehler oder diese verzerrte Wahrheit entfernen, wenn Sie wissen wie. Bildlich gesprochen, drücken Sie auf die Löschtaste des imaginären Computers.

(Beachten Sie dazu auch die tabellarische Aufstellung auf Seite 10.)

Suche nach dem Beginn des Komplexes

Nachdem Sie das Muster erkannt haben, suchen Sie nach dem Beginn, d.h. *das erste Mal* in Ihrem Leben, als Sie dieser Kombination von Komplexelementen begegnet sind. Jeder Komplex, der Ihnen heute ernsthafte Probleme bereitet, begann ziemlich sicher in Ihren ersten Lebensjahren. Damals war ihr unteres Selbst von einer Aussage überzeugt, die zur damaligen Zeit richtig gewesen sein mag oder auch nicht. Jedenfalls hat es ihr unteres Selbst als Wahrheit akzeptiert und verallgemeinert, d.h. Ihr unteres Selbst hat es als beständige „Wahrheit" in sein Gedächtnis programmiert. Seither benutzt Ihr unteres Selbst diese Information gewohnheitsmässig und beeinflusst Ihr Leben damit noch heute. Warum tut es dies? Weil Sie diesen Vorfall in der Kindheit überlebt haben, glaubt Ihr naives, aber sehr kraftvolles unteres Selbst - das alles sehr wörtlich nimmt – dass diese eine Reaktionsweise beim Wiederauftauchen eines gleichen verwirrten Gedankens, Gefühls oder einer gleichen Emotion die *einzige* Möglichkeit zu Überleben in vergleichbaren Umständen ist, und dies ein Leben lang. D.h. bis etwas geschieht, das Ihr unteres Selbst überzeugt, dieses längst überholte Muster aufzugeben. Dieses „etwas" ist genau das, was wir hier tun. Schauen wir uns einmal an, wie solche Muster geformt sind. Jeder Fall ist natürlich einzigartig, aber die drei oben gezeigten Beispiele könnten ungefähr so begonnen haben:

(ALICE) Nehmen wir einmal an, dass diese Dame tatsächlich oft krank ist, aber ihr Arzt keine medizinische Ursache dafür finden kann.

Als dreijähriges Mädchen oder noch früher, hat Alice wiederholt von ihrer Mutter „gelernt", dass „kleine Mädchen in unserer Familie immer schwach und kränklich sind". Aber auf der anderen Seite hat sie auch „gelernt", dass „alle Frauen unserer Seite der Familie sehr fleissig sind". Diese *widersprüchliche Doppelaussage* könnte der Ursprung für ihr lebenslängliches Problem sein. Ihr unteres Selbst ist mitten im Konflikt dieser zwei Wahrnehmungen gefangen. Sie „weiss", dass sie sehr fleissig sein *sollte*, aber sie „weiss auch", dass sie das *nicht kann* weil sie „kränklich" ist. Die erzeugte Spannung zwischen „sollen" und „nicht können" ist ausreichend genug, um Alice traurig und krank zu machen.

(BILL) Es könnte sein, dass Bills Vater ein Geldproblem hatte. Er hat immer deutlich gezeigt, wie besorgt er über die absolute Notwendigkeit war „finanziellen Erfolg" im Leben zu haben. Nehmen wir an, dass Bill eines Tages gefaulenzt und die Hausaufgaben vernachlässigt hätte. Sein Vater erteilte ihm darauf hin eine Lektion, indem er seine Fähigkeit, *überhaupt etwas ordentlich zu machen* in Frage stellte und ihm das Taschengeld strich. Der Vater hat die Überzeugung in Bills leicht zu beeindruckendes Gemüt „gehämmert", dass wenn er nicht immer hart arbeitet und immer viel verdient, er in der Gosse enden würde „genau so wie diese miesen Penner, die wir neulich dort unten gesehen haben!" Unter dem Eindruck dieser Angst einflössenden Belehrung hat Bills heranwachsendes unteres Selbst eine strenge Haltung gegenüber Geld und der An-

Nachtrag

zu Huna-Nachrichten Nr. 2

Das in den Huna-Nachrichten Nr. 2 besprochene Buch von Dr. Joe Dispenza „Evolve your brain" ist in der Zwischenzeit **auf Deutsch erschienen** unter dem Titel **„Schöpfer der Wirklichkeit"**, Koha-Verlag, ISBN 3-86728-136-X

Dazu auch die DVD zwar mit Englischem Titel „Evolve your brain" aber auf Deutsch. Bei HORIZON, EAN 4042564107678 strengung es zu verdienen entwickelt.

(CHARLOTTE) Diese Dame wird unbewusst von einem bestimmten Typ Mann angezogen und versucht für diesen attraktiv zu sein. Sobald sie jedoch signalisiert, dass sie ernsthaft an ihm interessiert ist, verlässt er sie. Es könnte sein, dass ihr Vater immer kühl und unnahbar war, ohne das natürliche Verlangen seiner Tochter nach Zuneigung wahrzunehmen. In ihren vorpubertären Jahren verliess er Frau und Kind. Die Mutter bestärkte diese Erfahrung häufig, indem sie *alle Männer* als „unzuverlässig" und „Deserteure" bezeichnete. Das könnte sein, wie die kleine Charlotte „lernte", dass die Männer sie *immer* verlassen würden, und wie Charlottes unteres Selbst, nun da sie erwachsen war, immer Männer anzuziehen schien, die diese unglückliche Erwartung auch tatsächlich erfüllten.

Die Erläuterungen der Vektor-Methode werden hier aus Platzgründen gekürzt wiedergegeben. Die ungekürzte Übersetzung der entsprechenden Kapitel aus dem Buch „Huna Magic Plus" von John B. Bainbridge können Sie auf unserer Website lesen und herunterladen. www.huna-europe.ch

Für das untere Selbst sind Vergangenheit und Gegenwart ein und dasselbe. Beide sind „jetzt".

Unser hypothetischen Charaktere, Alice, Bill und Charlotte leiden alle an akuten, realen Problemen, auf Grund von Einstellungen und Verhaltensmustern, welche sich in ihrem unihipili, ihrem unteren Selbst, vor vielen Jahren, als sie noch Kinder waren, kristallisiert haben.

Wenn Sie sich bereit fühlen, sich von einem unbewusst erlernten Verhalten, welches Ihnen heute Schwierigkeiten bereitet zu trennen, d.h. die Wichtigkeit desselben aufzugeben, fahren Sie bitte mit dem nächsten Schritt weiter.

Die Bestandteile des Komplexes isolieren

Nehmen Sie das Muster auseinander. Entwirren Sie seine Bestandteile. Lesen Sie wie:

(AUSLÖSENDER GEDANKE) Bringen Sie es in eine kurze Aussage wie in den obigen Beispielen (beispielsweise: „Alle Männer sind unzuverlässig").

(TREIBENDES GEFÜHL) Isolieren Sie die Emotion(en), die den Gedanken begleiten. Fühlen Sie Trauer? Angst? Wut? Schuld? Was sonst?

(ANSTRENGUNG/BELASTUNG) Bestimmen Sie nun den Anstrengungs-/Verhaltens-/Belastungs-Bestandteil des Komplexes. Als Resultat Ihres Festhaltens an einem fixen, auslösenden Gedanken, zusammen mit seinen ihn begleitenden Gefühlen, haben Sie zu jenem früheren Zeitpunkt eine Anstrengung unternommen, auch wenn diese nur geistig war, etwas *zu tun* oder etwas *nicht zu tun*. Jetzt, in der Gegenwart, entspannen Sie sich und lassen Sie Ihre Gedanken zurück schweifen. Was fühlen Sie, was diese etwas-Aktion gewesen sein könnte? War es zuschlagen, fliehen, verstecken, verschwinden, sich ergeben, erstarren, still halten, warten, schreien, sich los reissen, ausdehnen, zusammenziehen, etwas los lassen, an etwas festhalten oder was?

(BESTÄNDIGKEIT) Bitte erinnern Sie sich daran, dass es in der „Natur" Ihres unteren Selbstes liegt, diese verschlungenen Bestandteile zusammenzuhalten, immer, als Überlebensmuster, ausser es wird davon überzeugt, es nicht mehr zu tun.

Jetzt da Sie die Bestandteile des Komplexes definiert, entwirrt und isoliert haben, entscheiden Sie ob Sie bereit sind, diese zu beseitigen. Um sie auf Dauer los zu werden benützen Sie weiterhin Ihre bildhafte Vorstellung wenn Sie fortfahren.

Beseitigung der Komplex-Bestandteile

Visualisieren Sie eine Feuerstelle vor Ihnen. Wenn Sie es bevorzugen, kann es auch eine Abfallgrube, ein elektrischer Schredder oder ein mentaler Staubsauger sein. Benützen Sie, was immer Sie als Entsorgungsmaschine anspricht.

Wo in Ihrem Körper halten Sie diesen Gedanken, fühlen Sie die Emotionen, erfahren Sie dieses Verhalten/diese körperliche Belastung, und wo klammern Sie sich an die begleitende Beständigkeit, das „immer" oder „nie"? In Ihrem Herzen? In Ihrem Bauch? Überall? Stellen Sie sich diese Gefühle in den Zellen Ihres Körpers vor.

Nun gehen Sie in Ihrer Vorstellungskraft zurück in die Zeit und an den Ort, wo Sie die Bestandteile zum ersten Mal in gemeinsamer Aktion erlebt haben (möglicherweise frühe Kindheit). Während Sie „dort hinten" sind, zeigen Sie Ihrem unteren Selbst mit Nachdruck, wie Sie diese Bestandteile beseitigen, indem Sie typische Handbewegungen hin zu der Stelle in Ihrem Körper machen, wo jeder einzelne dieser Bestandteile zu wohnen scheint. Stellen Sie sich vor, wie Sie jeden einzeln aus Ihrem Körper herausziehen. Werfen Sie jeden mit einer dramatischen Geste in die imaginäre Feuerstelle oder anderen Abfallbeseitiger. Damit lassen Sie Ihr unteres Selbst wissen, dass keine Bindung zu dem unerwünschten Komplex mehr besteht und es demnach nicht mehr danach handeln muss.

Kommen Sie jetzt „zurück" in die Gegenwart

und betrachten Sie die Erfahrung, die diese Sitzung angeregt hat. Wenn es sich gut anfühlt, haben Sie diese Vektor-Sitzung abgeschlossen. Wenn nicht, suchen Sie und gehen Sie zurück in eine noch *frühere Zeit* in Ihrem Leben, als der Komplex sich möglicherweise geformt hat, und wiederholen Sie den Vorgang.

Wenn es sich gut anfühlt, beachten Sie, dass Sie sich von diesen Banden der Vergangenheit befreit haben. Ihr unteres Selbst ist nun in der Lage angemessen zu reagieren, in Zusammenarbeit mit Ihrem bewussten Selbst, in Ihrem eigenen besten Interesse, in jeder ähnlichen Lebenssituation, die Ihnen in der Gegenwart begegnen mag.

Drei typische Beispiele von Bestandteilen eines Komplexes. Denken Sie daran: Ihr unteres Selbst argumentiert wie ein Computer – in absoluten Begriffen.

Möglicher auslösender Gedanke	Mögliche treibende Emotion	Mögliche körperliche Belastung
ALICE: „Ich werde immer kränklich sein. Ich werde mich nie gesund und kräftig fühlen."	SCHMERZ	*(Hartnäckiges Festhalten an Schmerz)* Alice kann sich noch so anstrengen, ihr Schmerz raubt ihre Energie und sie wird nie die Kraft haben, die Dinge zu tun, die sie tun möchte.
BILL: „Wenn ich in meinem Leben nicht erfolgreich bin, werde ich in der Gosse landen!"	ANGST	*(Zwanghaftes Streben nach Besitz)* Bill hat nie Spass oder Freizeit, weil er zwanghaft seine ganze Zeit und all seine Bestrebungen dafür aufwendet mehr Geld zu verdienen.
CHARLOTTE: „Jedes Mal wenn es mir ernst ist mit einem Mann, verlässt er mich!	ÄRGER	*(Angespanntes Wollen, aber nicht Können)* Auf Grund ihres tief sitzenden Ärgers und der begleitenden Anspannung endet ihre fortwährende Suche nach dem richtigen Partner immer im Misserfolg.

Denken Sie daran, der vierte Bestandteil des Komplexes ist das „immer" oder „nie".

Vektor Hinweise

1) Wenn Sie in der Vergangenheit nach dem ersten Mal Ausschau halten, als sich die entsprechende Begebenheit abgespielt hat und Sie sich nicht an den wirklichen Ablauf der Dinge erinnern können, ist es ebenso effektiv, einen plausiblen Zwischenfall zu erfinden. Denn Sie arbeiten nur mit Ihren eigenen Eindrücken davon, was passiert ist. Dieses erste Mal kann so weit zurück liegen, wie Ihre eigene Geburt. Es könnte sogar sein, dass Sie eine schockierende Mitteilung bereits im Mutterleib empfangen haben (unerwünschtes Kind).

   Ihr erstes Mal könnte sogar eine Erinnerung an ein grauenhaftes Ereignis in einer früheren Inkarnation, bei dem Sie jemandem schreckliches Unrecht getan haben oder jemand Ihnen (unerklärliche Ängste oder Hass auf bestimmte Volksgruppen).

2) Wenn Ihr unteres Selbst später irgendwelche zusätzlichen Teile des beseitigten Komplexes „herauf" an Ihre bewusstes Selbst schickt, können Sie mit ihnen in der gleichen Weise verfahren und das gleiche Verfahren anwenden.

3) Wenn später ein komplett anderer Komplex zum Vorschein kommt, gehen Sie mit ihm in der gleichen Weise vor. Führen Sie die gleichen Schritte durch.

4) Wenn Sie eine Abneigung gegenüber dem Loslassen eines der Bestandteile Ihres Komplexes verspüren, prüfen Sie welchen (vielleicht lächerlichen) Wert ein Anhaften an diesen Komplex für Sie haben könnte. Fragen Sie sich, „Welches Geschehen verhindert oder begünstigt mein Festhalten usw.?" Nachdem Sie diese Frage beantwortet haben und Sie den Komplex immer noch beseitigen möchten, wenden Sie den gleichen Vorgang an, um den Grund/die Gründe loszuwerden, um derentwillen Sie am Komplex festhalten wollten.

5) Einige mögen sagen „Warum in der Vergangenheit wühlen? Befassen wir uns lieber mit der Gegenwart." Antwort: Wir befassen uns mit der Gegenwart. Für das untere Selbst ist Vergangenheit und Gegenwart ein und dasselbe. Beide sind „jetzt".

6) Wenn Ihnen die Vector-Methode bekannt vorkommt liegt es daran, dass sie zugegebenermassen vereinfachte, nützliche Elemente aus früheren Therapiemethoden enthält. Aber sie vereint in ausgewählter Weise neue Entdeckungen mit solchen, die in der jahrzehntelangen Entwicklungsphase verfeinert wurden und sich als hoch effizient erwiesen haben. Wenn Vector Ihnen zu rasch und zu einfach vorkommt, könnten Sie die Vector-Methode vielleicht anwenden um herauszufinden, warum Sie meinen, dass eine Technik, die Sie von Ihren uner-

wünschten Komplexen befreit *unbedingt* langwierig und kompliziert sein muss. Geben Sie dem Vorgang einfach so viel Zeit, wie er benötigt.

7) Wenn Sie empfinden, dass Ihre Schwierigkeiten tatsächlich wegen des Einflusses einer anderen Person bestehen, haben Sie bitte Verständnis dafür. Sie können diese andere Person nicht ändern, aber nachdem Sie die gewünschten Veränderungen in sich selbst erreicht haben, werden Sie andere unterschwellige Signale oder Schwingungen aussenden. Dadurch werden sich Ihre zwischenmenschlichen Beziehungen möglicherweise entsprechend verändern.

8) Bitte beachten Sie, dass Vektor einzigartig ist darin, dass es nicht diagnostiziert, keine Urteile bildet, nicht „etikettiert", nicht kritisiert und keine Ratschläge erteilt. Es sagt Ihnen nicht, was Sie „tun sollten" oder „nicht tun sollten", was Sie zu sagen oder zu denken haben. Vektor wird Ihnen nur als einfache, erprobte Technik näher gebracht, die es Ihnen ermöglicht, effektiv Ihre unerwünschten Verhaltensmuster los zu werden.

9) Es wäre kontraproduktiv, neue starre Glaubenssätze oder Konzepte anzulegen, um die beseitigten zu ersetzen. Halten Sie Ihre Gebetsaffirmationen bewusst getrennt und eigenständig von allen anderen dauerhaften, starren Konzepten, die zu einem späteren Zeitpunkt vielleicht mit einem gewünschten Richtungswechsel in Konflikt geraten könnten oder Sie in Ihrem spirituellen Wachstum behindern könnten.

John B. Bainbridge „Huna Magic Plus"
Das Buch ist auf Englisch erhältlich bei der Huna Research Inc. , Missouri USA.
Für Bestellungen:
http://huna.blogspot.com/2009/07/huna-magic-by-john-bainbridge.html

Keine Wiederholung

Bitte beachten Sie, dass es sich hier nicht um eine Übung handelt, die Sie wiederholen sollen. Nachdem Sie die Beseitigung der vier Bestandteile beendet haben und Sie fühlen, dass Sie Ihren Pfad von den unerwünschten Komplexen befreit haben, denken Sie nicht darüber nach und schauen Sie nicht zurück auf das, was Sie gerade getan haben. Untersuchen Sie das unerwünschte „Gepäck" von gestern, das Sie entfernt haben, nicht aufs neue. Lassen Sie die kalte Asche der früheren Komplexe in der Feuerstelle, wo Sie sie verbrannt haben. Betrachten Sie sich als für immer von ihnen befreit; dabei empfinden Sie vielleicht ein endgültiges Gefühl der Erleichterung.

Echo

Von einer Leserin aus Deutschland erreichte uns folgende erfreuliche Mitteilung:

Frau K. erlitt vor 2 Jahren einen Schlaganfall. Seither war sie, wie sie es beschreibt, eine „Puppe ohne Gleichgewicht", konnte mehr schlecht als recht und nur mit Hilfe eines Rollators gehen und war in allen ihren Bewegungen richtig „tappsig". Nach der letzten Ausgabe der Huna-Nachrichten kaufte sie das Buch „Schöpfer der Wirklichkeit" von Joe Dispenza. Sie begann damit, sich täglich im Geiste vorzustellen, wie sie mit ihrem Hündchen die Promenade entlang spaziert, oder wie sie ins Schwimmbad geht, sich umzieht, die Leiter ins Wasser hinunterklettert und ihre Längen schwimmt. Sogar Tennis spielt sie im Geiste! Für diese geistigen Übungen nimmt sie sich über den Tag verteilt jeweils etwa zehn Minuten Zeit, im ganzen vielleicht eine Stunde pro Tag. Die ersten vier Tage fühlte sie sich richtig schlecht und fand die Übungen sehr lästig, hielt aber eisern durch. Innert vier Wochen hat sich nun für sie ein erstaunlicher Erfolg eingestellt: Sie kann wieder viel besser und sicherer laufen und Treppen steigen und sagt mit Begeisterung: „Es ist ein Unterschied, ob man kräftig durchs Zimmer schreitet oder wie eine Trauerweide hängt!" Sie hat sich x-mal ausgemalt wie sie die Treppen hochsteigt, oder sie trainiert im Geiste ihre Turnübungen, die sie jetzt zum Erstaunen ihrer Therapeutin schon viel besser ausführt.
Wir gratulieren herzlich zu diesem Erfolg!

Hinweis

Für Seminarveranstaltungen mit international bekannten Referenten in Zürich besuchen Sie:

www.parabolaforum.com

Herausgegeben von:

Huna Forschungs-Gesellschaft Zürich | HFG
Grubenstrasse 27 | CH-8045 Zürich
Telefon +41 44 251 55 65
info@huna-europe.ch | www.huna-europe.ch

HUNA-GRUPPE ZÜRICH

An folgenden Mittwochabenden trifft sich die Huna-Gruppe Zürich **im Lokal der HFG Zürich, Grubenstrasse 27, 8045 Zürich-Binz**

29.09.10 19.30 h	Jennifer Lee	Achte auf deine Sprache – das untere Selbst hört zu!
27.10.10 19.30 h	Erika Schmitt, Hannover	Heilsames Singen – Hilfe bei der Selbstheilung
24.11.10 19.30 h	Jennifer Lee	Huna-Gebet – Wie halten wir die positive Energie bis zur Erfüllung aufrecht?

JETZT: unbeschwerter Zugang mit dem neuen TREPPENLIFT!

Keine Huna-Gruppe im Dezember

Unkostenbeitrag für **Mitglieder neu nur CHF 10.00** pro Abend (Nichtmitglieder 20.00) Neue Teilnehmer/innen sind jederzeit herzlich willkommen, keine Anmeldung nötig.

Basis-Seminare „Huna-Praxis"

Unser Seminar in vier Teilen führt Sie in die Grundlagen der Huna-Praxis ein. Sie erwerben alle Techniken und Kenntnisse, die für die selbständige praktische Anwendung der Huna-Lehre nötig sind.

Dauer: 4 Abende, Dienstag, 19.00 – 20.30 Uhr
Daten: September: 7. / 14. / 21. / 28.
November: 9. / 16. / 23. / 30.

Wochenend-Seminar: Samstag/Sonntag, 16./17. Oktober 2010

Kursort: HFG-Zentrum, Grubenstrasse 27, 8045 Zürich
Preis: Mitglieder CHF 200 (Nichtmitglieder CHF 250)

Wiederholer: **Wer bereits Huna praktiziert, kann auch einzelne Abende zum „Auffrischen" besuchen.**

Weitere Info/ Anmeldung: Telefon +41 44 251 55 65
www.huna-europe.ch

Nr. 4 | Dezember 2010

HUNA NACHRICHTEN

Zeitschrift für Mitglieder | Huna Forschungs-Gesellschaft Zürich | www.huna-europe.ch

EDITORIAL

Liebe Leserinnen und Leser

Wenn eine neue Ausgabe der „Huna Nachrichten" ansteht, kann es ein Prozess von Stunden sein, den richtigen Einstieg in ein Thema zu finden, nachzulesen, Gedanken zu ordnen und sich schliesslich vor den Computer zu setzen und anzufangen. In diesen Momenten denke ich oft an Henry und auch dieses Mal fragte ich mich, wie er wohl das Thema **„Die Magie der Sprache"** angegangen wäre und schon hörte ich im Geiste: „Am Anfang war das Wort". Ich nehme Henrys abgegriffene Bibel zur Hand und schlage als erstes den „Anfang" auf, die Genesis. Da steht zwar, dass Gott „sprach" , es werde Licht etc., aber ich weiss inzwischen, dass „Inspirationen" dieser Art wörtlich zu nehmen sind und suche weiter, aber wo? „Johannes 14" blitzt es durch meinen Kopf. Das war neben Psalm 91 eine von Henrys liebsten Passagen im Buch der Bücher und siehe da, die gesuchten Worte stehen am Anfang des Johannes Evangeliums: **Im Anfang war das Wort, und das Wort war bei Gott, und das Wort war Gott. Dieses war im Anfang bei Gott. Alles ist durch dasselbe entstanden, und ohne dasselbe ist auch nicht eines entstanden, was entstanden ist. In ihm war Leben, und das Leben war das Licht des Menschen.......(Joh. 1, 1-5).**

Während ich mit „Gänsehaut" diese Worte lese, fügt sich alles wie ein Puzzle in meinem Kopf zusammen und ich kann zu schreiben beginnen. Etwas stimmt jedoch mit dem Wort „Magie" im Titel nicht. Ich weiss, dass mein lieber Henry es nicht benutzt hätte. In seinem Empfinden hätte es eine Spur von „Gaukelei" oder „Hokuspokus" angedeutet. Es war ihm immer besonders wichtig den Menschen klar zu machen, dass die Huna-Lehre weit davon entfernt ist, etwas für „Schwarmgeister" zu sein. Es hätte seiner klaren, logischen Denkweise widersprochen, sich mit etwas „Undurchsichtigem" zu beschäftigen. So ändere ich den Titel auf „Die Kraft des gesprochenen Wortes".

Obwohl einige Dinge, die sich durch Huna in meinem Leben bewegt haben an Wunder grenzen, verstehe ich heute was Henry meinte, wenn er sagte: „Durch Huna verliert man den Glauben – er wird durch Wissen ersetzt."

In diesem Sinne wünsche ich Ihnen eine schöne, ruhige Adventszeit, wunderbare Festtage und natürlich einen guten Rutsch in ein neues Jahr voller Herzensfreude, neuen Wegen und vielen positiven Überraschungen! Mit herzlichem Dank für Ihre Treue,

im Huna-Licht

J. Lee

Jennifer Lee

INHALT

Die Kraft des gesprochenen Wortes Das gesprochene Wort ist die Manifestation des Gedankens, wir werden zu dem, was wir sprechen. Daher lohnt es sich, auf seine Sprache zu achten.
Von Jennifer Lee **> Seite 2**

Aka-Schnüre durchschneiden Dieses Ritual ist eine befreiende Erfahrung, die uns frei in eine Zukunft unserer Wahl schreiten lässt.
Von Charlotte Berney **> Seite 6**

Gesundes Atmen Atmen ist Leben. Kontrolliertes Atmen bringt uns in die Stille und lässt Inspiration zu uns fliessen.
Von Ulrich Amacher **> Seite 7**

Heilsames Singen Erika Schmitt zu Gast beim Treffen der Huna-Gruppe Zürich **> Seite 11**

Huna-Gruppe Zürich Daten und Adressen der monatlichen Huna-Gruppe Zürich **> Seite 12**

Huna-Seminare für Einsteiger und Praktiker Die aktuellen Daten für 2011 finden Sie auf **> Seite 12**

Die Kraft des gesprochenen Wortes

Einer der grössten Schritte, den wir auf unserem Huna-Weg tun können ist es, eine positive Sprechweise zu entwickeln. Das gesprochene Wort ist die Manifestation des Gedankens und hat also eine noch kraftvollere und eindringlichere Wirkung als dieser. Sprechen setzt denken voraus. Positive Sprache bringt demzufolge automatisch positives Denken mit sich. Wenn wir positives Sprechen zu unserer Gewohnheit machen, können wir unser unteres Selbst zu positivem Denken und positivem Reagieren programmieren, denn am Ende werden wir zu dem was wir sprechen. Von **Jennifer Lee**, inspiriert durch Charlotte Berney.

Als Huna praktizierende Menschen sind wir mittlerweile mit den Besonderheiten unserer drei Selbste vertraut. Das untere Selbst repräsentiert unser Unterbewusstsein. Es ist der Sitz unserer Emotionen, unser „Erinnerungsspeicher" und es steuert alle unwillkürlichen Körperfunktionen. Es schläft niemals.

Das mittlere Selbst ist der logische Planer, das Selbst das spricht und handelt. Es benutzt unser Hirn, um die willkürlichen Körperfunktionen auszuführen. Das Hohe Selbst ist unsere Verbindung zu Gott oder zum Universum, unser eigener „Funke" der schöpferischen Kraft, die wir Gott nennen.

Wir wissen, dass unser unteres Selbst die einzige Verbindung zum Hohen Selbst darstellt. Diese Verbindung kann blockiert oder „verknotet" sein, durch Ängste, Schuldgefühle, negative Glaubenssätze usw., die das untere Selbst hegt.
Eine der Hauptaufgaben des mittleren Selbstes besteht darin, ein Vertrauensverhältnis mit dem unteren Selbst aufzubauen um gemeinsam mit ihm die Aka-Schnur zum Hohen Selbst von diesen Blockaden zu befreien, damit unsere Hoffnungen, Träume und Wünsche verwirklicht werden können.

Das untere Selbst ist also die „Vermittlung" oder die „Telefonzentrale" in dieser „Dreiheit" des menschlichen Wesens, ohne seine Mitarbeit gelangen keine Nachrichten zum Hohen Selbst und umgekehrt.

Das untere Selbst reagiert direkt auf Bilder und Worte. Das bedeutet für uns als Huna Praktizierende, dass wir damit beginnen, bewusst darauf zu achten, was wir denken und sagen. Bis zu dem Punkt an dem wir in jeder Beziehung sehr anspruchsvoll werden. Wir müssen lernen Sorge dazu zu tragen, was unser unteres Selbst aufnehmen soll, d.h. wir reagieren darauf, was wir in Büchern, Zeitungen und im Internet lesen, was wir am Fernsehen zu Gesicht bekommen oder was wir z.B. an Vorträgen und sogar in unseren täglichen Konversationen hören.

Immer wenn wir erkennen, dass etwas „falsch" ist müssen wir lernen, dieser Information den „Eintritt" in den Gedächtnisspeicher unseres Unterbewusstseins einzuschränken. Stoppen können wir deren Aufnahme nicht, das widerspricht der grundsätzlichen Funktion des unteren Selbstes.

Wir können jedoch kontrollieren, wie die Information gespeichert und angewandt wird. Das ist eine wichtige Aufgabe des mittleren Selbstes.

Anfangs müssen wir einen Moment innehalten und zu uns, d.h. zu „George" sagen: „Diese Information ist falsch oder schlecht. Ordne sie unter „Ablage ohne Reaktion" ein. Brauchen Sie irgendeinen Satz der Ihnen passend erscheint, aber tun sie es!
Wenn wir mit unserem unteren Selbst etwas eingespielter sind, können wir gemeinsam ein Zeichen ausarbeiten. Vielleicht ein Wort oder ein körperliches Signal, damit es diesen Gedanken oder dieses Bild nicht irgendwo abspeichert um später darauf zu reagieren. „Lieber George, jedesmal wenn ich mich kurz in den Oberschenkel kneife, gehört die eben erhaltene Information in die Datei „Ablage ohne Reaktion". Sie wird immer noch bereitstehen zur Bezugnahme wenn wir das wollen, aber sie ist nicht in der Abteilung „Automatisch akzeptieren und reagieren" vorzufinden.

Das benötigt etwas Praxis, ist aber ein wichtiger Anfang zur positiven Umschulung unseres unteren Selbstes. (Da unser unteres Selbst auf Bilder reagiert, können wir gemäss Dr. Hew Len in einem solchen Fall das Wort „Fliegenpapier" vor uns hinsagen. Als Bild stellen wir uns die Fliegen-Kleberollen im Kuhstall unserer Grossväter vor. Die Worte oder Gespräche die uns nicht gut tun, bleiben dann an diesem klebrigen Papier hängen und gelangen nicht ins Unterbewusstsein.)

Einer der grössten Schritte den wir jedoch tun können auf unserem Huna-Pfad ist es, eine positive Sprechweise zu entwickeln! Das gesprochene Wort ist die Manifestation des Gedankens, also hat das gesprochene Wort eine noch kraftvollere und eindringlichere Auswirkung. Die Hawaiianer erkannten dies und glaubten daran, dass Worte ihre eigene, in sich geschlossene Energie haben. Es gibt ein Hawaiianisches Sprichwort: „I ka olelo ke ola, I ka olelo ka make.", was so viel bedeutet wie „Im Wort ist Leben, und im Wort ist Tod."

Sprechen setzt denken voraus, sei es der logische Gedanke des mittleren, oder der reaktive des unteren Selbstes. Positive Sprache bringt demzufolge automatisch positives Denken mit sich. Alle positiven Gedanken der Welt bringen absolut nichts, wenn wir weiterhin negative Sätze plappern! Wenn wir jedoch eine neue Gewohnheit entstehen lassen, indem wir positiv sprechen, kön-

Aus dem Talmud....

Achte auf deine Gedanken, denn sie werden zu Worten,

achte auf deine Worte, denn sie werden zu Handlungen,

achte auf deine Handlungen, denn sie werden Gewohnheiten,

achte auf deine Gewohnheiten, denn sie werden dein Charakter,

achte auf deinen Charakter, denn er wird dein Schicksal.

nen wir unser unteres Selbst zu positivem Denken und positivem Reagieren umprogrammieren. Konzentrieren wir uns darauf, positive Dinge über die Menschen und Situationen in unserem Leben zu sagen (und demzufolge zu denken), oder zu schweigen.

Die kreative Kraft der Worte wird auch in der Bibel erwähnt, Johannes 1, 1-5:
„**Im Anfang war das Wort** und das Wort war bei Gott, und das Wort war Gott. Dieses war im Anfang bei Gott. **Alles ist durch dasselbe entstanden,** und ohne dasselbe ist auch nicht eines entstanden, was entstanden ist. **In ihm war Leben, und das Leben war das Licht des Menschen**.....“

...am Ende werden wir zu dem was wir sprechen. Wir können der Wichtigkeit dieser Aussagen nicht genügend Gewicht beimessen! Zusammen mit unserer neuen Angewohnheit, die „Dateneingaben“ in den Speicher des unteren Selbstes zu überwachen und dem Huna-Gebot „Verletze nie jemanden oder etwas (absichtlich) mit Hass im Herzen“, legen wir das Fundament für einen neuen, positiven Weg in unserem Leben.

Alle diese Dinge kann leider niemand anderes für uns tun. Wir müssen selbst damit beginnen und unsere Willenskraft dazu benutzen. Beobachtungen zeigen, dass 80% des menschlichen Dialogs negativ ist. Richten Sie nur einen Tag lang Ihre Aufmerksamkeit auf die Gespräche an Ihrem Arbeitsplatz, im Supermarkt oder auf Ihre eigenen Unterhaltungen. Wahrscheinlich hören Sie ein ziemliches Bombardement von Negativem oder die Erwartung, dass Dinge schief laufen. Nicht zu reden von den täglichen Nachrichten und Zeitungsmeldungen usw.

Ein Teil dieser Negativität wurde schon in unserem Kindesalter programmiert und ein anderer Teil ist durch unsere Gesellschaft und durch unsere Kultur entstanden. Vieles davon ist jedoch ganz einfach Gewohnheit.

Das untere Selbst nimmt alles wörtlich und wird genauso reagieren, wenn es positive Worte hört. Die Zellen unseres Körpers reagieren auf die Vibration von Tönen. Ob sie mit positiven oder negativen Vibrationen bombardiert werden, kann den Unterschied ausmachen, ob es uns gut oder schlecht geht oder sogar ob wir gesund oder krank sind.

Es ist jedoch eine echte Herausforderung positiv zu sprechen in unserer Welt und kann anfangs etwas verwirrend sein, weil es nicht bedeutet, dass wir uns in einen „verzückten Schönredner“ verwandeln müssen.

Praktische Anregungen für den täglichen Gebrauch:

Zuhören
Hören Sie sich selbst und anderen beim sprechen zu. Ohne Beurteilung und ohne Zensur. Wenn Sie sich etwas Negatives sagen hören, bestrafen Sie sich nicht mit noch mehr Negativem! Ersetzen Sie Ihre Aussage mit etwas Positivem. Sollte es dafür zu spät sein, denken Sie einfach was Sie hätten sagen können und machen weiter.

Sprachmuster
Achten Sie auf Ihre Sprachmuster. Wenn wir das Wort „aber“ verwenden, wird eine Konfliktsituation angedeutet. Ersetzen wir es durch „und“, wird es zu einer Feststellung von Tatsachen.
„Versuchen“ und „sollte“: „Ich werde es versuchen“, heisst oft: „Ich will nicht, aber ich will es nicht sagen.“ „Sollte“ deutet oft ein Schuldgefühl an, also ein Konflikt zwischen mittlerem und unterem Selbst.
Vermeiden Sie es auch, in Ihren Gesprächen das Wort „ehrlich“ überall einzuschieben oder es als Frage zu verwenden, ausser Sie stellen die Richtigkeit dessen was Sie hören in Frage.
Mit „ich weiss“, drücken Sie gegenüber Ihrem Gesprächspartner aus, dass Sie dieselbe Ansicht teilen.
„Weisst du“ oft zu wiederholen heisst, dass wir Schwierigkeiten mit der Kommunikation haben.

Wörterliste
Sie können eine Liste von Worten führen, die Sie oft und gewohnheitsmässig benutzen – sie geben einen Einblick in unsere grundsätzliche Einstellung und eine Übersicht, womit wir unser unteres Selbst programmieren.

Sprechgemeinschaft
Gründen Sie zum Beispiel eine Sprechgemeinschaft mit einem Menschen mit dem Sie viel Zeit verbringen. Treffen Sie eine feste Abmachung, dass jeder von Ihnen das positive Sprechen lernen will. Sie vereinbaren, für jedes negative Wort oder jede negative Aussage einen Euro oder einen Franken in eine Sparbüchse zu werfen und das Geld für einen guten Zweck zu spenden. Beindrucken Sie ihren George damit, dass Sie für jeden Ausrutscher bezahlen müssen, so werden sich Ihre Sprechgewohnheiten sehr schnell verändern.
Alles was wir aus Gewohnheit sagen hat Kraft. Achten Sie also auf Ihre gewohnten Ausdrücke und vermeiden Sie in Zukunft die negativen Aussagen.
Alles was wir mit Emotion sagen ist eine mächtige Verstärkung! Das heisst aber nicht, dass wir unserem Ärger oder einer anderen

Emotion keine Luft mehr machen dürfen. Schliesslich sind wir keine Engel! Es ist sehr wichtig, Gefühle wie Wut, Frustration oder Trauer auszudrücken! Diese Emotionen zu verarbeiten ist positiv, wenn wir es ehrlich und mit Respekt uns selbst und anderen gegenüber tun. Auch wenn wir ganz schön wütend oder verletzt sind!
Alles gut und schön, aber was sagen wir, oder wie „fluchen" wir nun, wenn wir auf einem Parkplatz im Rückwärtsgang ein anderes Auto rammen? Oder wenn uns auf der Autobahn einer knapp vor die Nase fährt?

Kraftausdrücke
Für zukünftige Schock- oder Wutmomente programmieren wir uns schon im Voraus darauf positive Kraftausdrücke zu benutzen. Denken Sie z.B. an die milde Form solcher Ausdrücke, die Ihre Grosseltern benutzten, wie „Du meine Güte!", „ach du liebes bisschen!" usw. Bevor Ihnen ein lautes und herzhaftes Sch..... über die Lippen kommt, denken Sie an „Scheibenkleister" oder so ähnlich.

„Oh nein!"
Wenn Sie sich dabei ertappen so etwas wie „oh nein, nicht so" oder „nein, damit liegst du total falsch" auszurufen, halten Sie sofort inne. Nehmen Sie einen tiefen Atemzug und sagen ganz sorgfältig: „Ich nehme das zurück. Du hattest da einen guten Einfall, aber hast du schon einmal dies oder das in Betracht gezogen" usw.
Sich selbst ein paar Mal auf diese Weise in Verlegenheit zu bringen ist ein gutes Mittel um unseren George dazu zu bringen, uns willig dabei zu helfen positives Sprechen zu einer Gewohnheit werden zu lassen.

„Ich kann nicht!"
Sagen Sie nie mehr ich kann dies oder das nicht, sondern: „Ich habe das bis jetzt noch nie getan."
Dieser Denkansatz hält Sie nicht davon ab es jetzt oder später zu tun, wie es die negative Ausdrucksweise tut. Hören Sie auf damit, Ihr Scheitern zu programmieren, indem Sie sich ständig sagen „ich kann nicht".

Widerspruch
Widersprechen Sie niemandem. Es ist die Sache meist nicht wert und hallt nicht gut nach im unteren Selbst. Eine rechthaberische und starrsinnige Haltung bringt nichts. Es gewinnt nie jemand wirklich bei einer Auseinandersetzung. Am Ende sind alle Beteiligten aufgebracht und doch gibt fast nie jemand zu, dass er/sie falsch liegt. Alles was erreicht wird, ist, dass sich die Fronten verhärten und jeder beleidigt und irritiert ist und von einer Menge schlechter Energie umgeben.
Formulieren Sie Ihre gegensätzliche Meinung in einem freundlichen, konstruktiven Satz, einfach als anderen Gesichtspunkt.
Wir alle kennen Menschen, die jede Aussage die wir machen mit dem Gegenteil kontern. Das kann zu einer Gewohnheit werden, die Misstrauen untereinander schafft. Sie ist nie aufbauend. Wie verhält man sich in einer solchen Situation?
Lassen Sie los und betrachten Sie die Person als Lehrer oder die Situation als Lehrstück.

Übertreibung
Es gilt auch wachsam zu sein bei Übertreibungen. Was bei manchen zu einer Gewohnheit werden kann, die etwas aus den Fugen gerät. Leute die übertreiben, wollen sich oft interessant und aufregend machen, aber eigentlich ist es eine milde Form der Lüge.
Hören Sie zu, wie Sie eine Situation beschreiben. Verschönern oder verschlimmern Sie sie? Bitten Sie Ihr unteres Selbst bei den Fakten zu bleiben.

Sarkasmus
Wenn Sie sarkastisch sind und in einer misslichen Lage äussern: „Wunderbar, genauso habe ich mir das vorgestellt", senden Sie eine verwirrende Botschaft an Ihr unteres Selbst. Vermeiden Sie Sarkasmus ganz allgemein.

Kritisieren und urteilen
Lebt jemand sein Leben nicht so wie „man" oder die Mehrheit von uns, oder erledigt jemand eine Arbeit nicht so wie wir es ihm/ihr gezeigt haben, halten wir einen Moment inne bevor wir diesen Menschen kritisieren oder anfechten: Schadet er anderen Menschen oder sich selbst? Wird die Arbeit erledigt? Hält er/sie andere in ihrer Arbeit auf? Wenn nicht, lassen wir ihn/sie in Ruhe. Wahrscheinlich ist seine Lebens- oder Arbeitsweise genauso gut wie unsere. Vielleicht sogar besser, wenigstens aus seiner/ihrer Sicht. Kommt es wirklich darauf an, solange alles reibungslos läuft? Die Welt dreht sich weiter, ob wir jemanden kritisieren und beurteilen oder nicht. Warum also aufregen?
Wenn jemand anders dauernd Negatives von sich gibt oder andere kritisiert, kontern wir mit etwas Positivem, oder sagen gar nichts. Fügen also nichts Negatives dazu.
Als Beispiel die „Klatschsucht". Wie schnell reden wir über andere Menschen in einem nicht so guten Ton und geben ein negatives Urteil über sie ab?
(Siehe Zeitungen und Magazine die uns allen bekannt sind und einen reissenden Absatz finden.)

Verdammen
Verdammen Sie nichts und niemanden. Wir wissen um die Aka-Schnur, die uns mit anderen Menschen verbindet. Unser Fluch wird entlang der Aka-Schnur zu ihnen gesandt und lässt dadurch den Weg für ähnliche negative Gedanken und Gefühle offen, die zu uns zurückgesandt werden. Gleiches zieht gleiches an. Oder wie es in Rückerts „Die Weisheit des Brahmanen" heisst: „Wie in den Wald du rufst, so ruft er dir zurück. Und also selber schufst du in der Welt dein Glück."

Schlüpft dieses Wort trotzdem über unsere Lippen, halten wir inne und sagen: „Ich nehme das zurück. Ich verdamme ihn/sie nicht, ich segne ihn/sie stattdessen."

Nach zwei oder drei solcher Situationen ist in unserem unteren Selbst bereits der Same gesetzt um von nun an solche schlechten Angewohnheiten hinter uns zu lassen.
Während wir lernen, uns eine positive Ausdrucksweise anzugewöhnen, gehen wir immer liebevoll mit uns um und machen keine Inquisition mit uns selbst, damit neue Schuldgefühle entstehen können!

Charlotte Berney entdeckte Huna auf einer Reise nach Hawaii im Jahre 1980. Ihre ersten Lehrer waren Jack und Josephine Gray. Charlotte wurde Mitglied der Huna Research, Inc. USA und studierte Huna bei verschiedenen Lehrern auf Hawaii und auf dem Festland. Sie wurde zertifizierte Huna-Lehrerin, hielt Vorträge und lehrte Hawaiianische Spiritualität an den jährlichen Seminaren der Huna Research, Inc. in Missouri sowie an Internationalen Konferenzen über Schamanismus.

Sie war gut mit Henry befreundet und wir stehen heute noch in regem E-Mail-Kontakt mit ihr.

Ihr Buch **„Fundamentals of Hawaiian Mysticism"** beschreibt als Einstieg Charlottes Erfahrungen auf Hawaii und untersucht die hawaiianischen Prinzipien welche die Huna Praxis durchdringen. Es führt den Leser durch die Basis der Huna-Lehre, wobei das Hauptgewicht jedoch auf deren Anwendung im täglichen Leben gelegt wurde.

Ein wunderbares, sehr empfehlenswertes Buch, jedoch nur in Englisch erhältlich über amazon.com oder tenspeedpress.com. ISBN 978-1-58091-026-2

Besuchen Sie Charlotte Berneys Website: www.hawaiianmysticism.com

Allmählich werden Sie sehen, dass diese neue Art zu denken und reagieren in kleinen Dingen selbstverständlich wird. Ihre Gedankenmuster werden sich verändern und auch in grösseren Dimensionen zur Gewohnheit werden. Sie werden grosszügiger reagieren und toleranter sein gegenüber Ihren Mitmenschen.

Als Nebenwirkung wird sich Ihre Konzentrationsfähigkeit steigern und der neue, positive, hilfsbereite und entgegenkommende Denkansatz den Sie annehmen, wird Sie und die Welt um Sie herum verändern.

Es liegt an uns selbst unser Leben positiv zu gestalten. Jeder Gedanke den wir hegen, trägt zum positiven oder negativen Speicher im Universum bei. (Erinnern wir uns an das Bild mit den Gedanken-Trauben der Kahuna.) Wir tragen die Verantwortung uns selbst und dem Universum gegenüber, das Positive zu manifestieren.

Psychischer Schutz

Positives Sprechen ist neben dem Licht (als Pyramide oder als Säule) einer der besten Wege um das untere Selbst zu stärken und es vor negativen Suggestionen oder gar Attacken von anderen zu schützen. Also vor Menschen die uns Ungutes wollen oder auch vor Geistwesen. Gewohnheitsmässige Negativität zehrt an der Energie und an unserem Mana-Vorrat und öffnet so unsere Aura für Übergriffe. Wenn wir das untere Selbst von schmerzhaften Mustern befreien, und dazu gehört unser Denken und Sprechen, schaffen wir einen starken und gesunden Geist, der jeglicher Art von Beeinflussung widersteht.

Meditation

Gehen Sie in die Stille. Bitten Sie Ihr unteres Selbst Ihnen dabei zu helfen positiv zu sprechen. Beschliessen Sie gemeinsam Ihre Sprechweise sanft ins Positive zu führen. Danken Sie Ihrem unteren Selbst für seine Mitwirkung.

Tipps:

- Seien Sie wachsam, was Sie mit Emotion sagen und wie Ihre Sprechgewohnheiten sind.
- Behalten Sie im Kopf, dass aus Worten und Gedanken unsere Welt entsteht.
- Es bringt wenig, alle diese Dinge zu lernen, ausser das Gelernte wird angewandt.

Aka-Schnüre durchschneiden - ein Ritual

Die Huna-Lehrer Jack und Josephine Gray führten ein Ritual mit ihren Schülern durch, bei dem alle Aka-Schnüre, die sie je in ihrem Leben erzeugt hatten durchtrennt wurden. Sie baten dafür den Erzengel Michael hinzu, den speziellen Helfer für Huna-Praktiker , um die Verbindungen mit seinem Schwert durchzuschneiden. Erzengel Michael, so erklärten sie, ist ein kraftvolles, universelles Energiewesen das Kulturen und Traditionen überschreitet. Die Qualitäten, welche dieses hoch entwickelte Energiewesens mit sich bringt, sind Tat, Gerechtigkeit, Mitgefühl und Weisheit. Alles hilfreiche Eigenschaften um lange bestehende Aka-Schnüre zu trennen. Von **Charlotte Berney**

Das Durchschneiden der Aka-Schnüre ist eine befreiende Erfahrung, die dich frei in eine Zukunft deiner eigenen Wahl schreiten lässt. Sei nicht besorgt, dass du geschätzte Beziehungen mit den Menschen die du liebst verlieren wirst. Deine energetischen Verbindungen werden zurückkehren in dem Moment, in dem du Liebe für diese Menschen in dir fühlst, oder mit Liebe an sie denkst.

Versetze dich in eine positive, friedliche Stimmung für dieses Ritual. Gib dir selbst Raum und Zeit dafür. (Es kann alleine oder in einer Gruppe durchgeführt werden und es ist ziemlich machtvoll, wenn Menschen mit derselben Absicht zusammenarbeiten. Wenn du es in einer Gruppe durchführst, stellt ihr euch mit einigem Abstand auf, mindestens auf Armeslänge.)

Zünde eine oder mehrere Kerzen an und dämpfe das Licht.

Schliesse deine Augen und atme tief und langsam mehrere Runden im 4er-Takt. Bitte dein unteres Selbst und dein Hohes Selbst um volle Aufmerksamkeit und Unterstützung. Lade alle deine Führer, Engel und Wächter dazu ein, dich zu unterstützen.
Sprich laut: (oder eine Person spricht laut, wenn ihr in einer Gruppe seid):

„Mein liebes unteres Selbst und mein liebes Hohes Selbst, bitte seid jetzt vollkommen präsent.
Liebe Führer, Engel und Wächter, bitte unterstützt mich und uns alle in dieser Gruppe.
Es ist meine Absicht, heute Abend alle Aka Schnüre durchzuschneiden, die ich je erzeugt habe zwischen mir und anderen Menschen, anderen Orten und Objekten, vom Anbeginn der Zeit bis heute.
Das wird mich vollständig befreien.
Ich bitte Erzengel Michael daran teilzunehmen und sein mächtiges, schimmerndes Schwert mitzubringen um diesen Prozess zu unterstützen."

Atme tief und ruhig ein paar weitere Runden im 4er-Takt, bis du das Mana in deinen Händen spürst. Dann strecke deine Arme aus mit den Handflächen nach oben und sprich laut:

„Hier, vor dem unteren Selbst, dem Hohen Selbst und vor den Führern und Engeln und Wächtern, bitte ich Erzengel Michael mit seinem schimmernden Schwert jetzt, alle Aka Schnüre durchzuschneiden, die sich je zwischen mir und anderen gebildet haben."

Halte deine Arme weiter ausgestreckt.

Stell dir vor, wie der Erzengel Michael in einem Dunst aus blauem und goldenem Licht mit seinem blendenden Schwert hinuntersteigt.
Visualisiere ihn, wie er alle Energieschnüre um dich herum durchschneidet und schau zu, wie sie sich in Nichts auflösen.

Mit der rechten Hand machst du jetzt symbolische Schneidebewegungen um deine Körper herum.

Jetzt stehst du einen Schritt zurück und schaust wie es sich anfühlt, keine Aka-Schnüre zu haben.

Fühle dich hinein in das neue Ich, neugeboren, frei, klar und glücklich. Spüre die grenzenlose Freiheit und die unermessliche Unabhängigkeit.

Danke dem Erzengel Michael für seine Hilfe und danke allen deinen Führern, Engeln und Wächtern. Danke deinem unteren Selbst und deinem Hohen Selbst.

Wiederhole jetzt laut die folgenden Worte:

„Danke Universum, für deine Liebe und deine Fürsorglichkeit. Ich gehe weiter als neues Wesen,
frei und befreit von allen Verbindungen."

Du kannst dieses Ritual nach einigen Jahren wiederholen oder wenn du das Gefühl hast es sei nötig. Falls du die Aka-Schnüre zu jemandem oder zu irgendetwas durchschneiden möchtest, kannst du einfach ein paar tiefe Atemzüge nehmen und mit deiner rechten Hand die Verbindungen durchschneiden, indem du deine Absicht sie zu trennen kundtust.

Aus: „Fundamentals of Hawaiian Mysticism"
ISBN 9781-58091-026-2

Gesundes Atmen

Atmen kann ja jede und jeder. Wozu also dieser Artikel? Als ausgebildeter klassischer Sänger habe ich die Vorteile einer gesunden, bewussten Atmung am eigenen Leib kennen und schätzen gelernt. Als Sänger ist man ganz direkt von einer geführten Atmung abhängig, denn ein schöner Ton kann sich nur entwickeln, wenn der Atem auf welchem er schwingt, bewusst beherrscht wird. Was für einen Sänger gut ist, kann uns Huna-Praktizierenden nur billig sein! Denn auch geistige Entwicklung hängt in grossem Masse von einem gesunden Atem ab. Und bewusste Atmung verhilft Ihnen nicht zuletzt auch mehr Lebensqualität. > Von **Ulrich Amacher**

Allgemeines

Atmen ist eine muskuläre Tätigkeit. Hauptakteur dabei ist das Zwerchfell. Es herrscht über fast keinen anderen Körperteil so viel Unklarheit, wie über das Zwerchfell. Von unserem ersten bis zu unserem letzten Atemzug tut es Sekunde für Sekunde seinen Dienst. Es schmerzt nicht, ist nicht spür- und schon gar nicht tastbar und deshalb braucht es einen scheinbar auch nicht gross zu kümmern. Das Zwerchfell ist nicht, wie sein etwas irreführender Name vermuten lassen könnte, ein „Fell", das – einem Teppich nicht unähnlich –irgendwo herumliegt, sondern es ist ein Muskel. Und somit, wie jeder andere Muskel in unserem Körper auch trainierbar. Die Lungen sind keine Muskeln, sondern ein schwammig-weiches, dehnbares Gewebe. Sie nehmen bei der Atmung eine passive Rolle ein.
Beeinflusst wird die Atmung unbewusst von Faktoren wie körperliche Vorspannung oder Unterspannung, Nervosität, Angst, Freude, Kälte- oder Wärmegefühl. Umgekehrt kann eine geschulte Atmung all diese Faktoren günstig beeinflussen.

Atemformen

Wir können folgende Formen des Atmens beschreiben, die, falls sie zur Gewohnheit werden, als „Fehlformen" bezeichnet werden können, andererseits aber auch dazu dienen, andere als die uns bekannte Atemform kennen zu lernen, zu trainieren und bei Bedarf anzuwenden oder wegzulassen. Es geht also auch hier darum, sich die Atmung bewusst zu machen.

- Flache Atmung oder Hochatmung: dabei wird nur in den oberen Brustbereich geatmet, die Schultern sind hochgezogen, der Bauch ist zu sehr angespannt. Die Atemzüge sind kurz und relativ rasch. Bei dieser Art der Atmung wird die Lunge ungenügend mit Sauerstoff versorgt.

- Flankenatmung: Dabei wird vor allem in die Seiten geatmet, der Bauch wird dazu beim Einatmen eingezogen, was einer gesunden Zwerchfellbewegung entgegenwirkt. Oft zu beobachten bei Sängern (aber nicht bei guten!), um dadurch die willkürlich verlangsamte Ausatmung beim Singen zu kontrollieren. Die Bauch- und Beckenbodenmuskeln sind angespannt, das Einatmen geschieht nach der Anspannung reflexartig.

- Bauchatmung: Von Bauchatmung spricht man, wenn sich bei der Einatmung das Zwerchfell spannt und in die Tiefe des Bauchraumes senkt. Durch diese Bewegung werden die Bauchorgane in günstiger Weise massiert. Sie schieben dabei die elastisch gespannten Bauchmuskeln nach vorne und zur Seite, Bauch und Taille werden rund. Ohne Anstrengung wird der untere Lungenbereich gut geöffnet und mit Luft gefüllt. Bei einer reinen Bauchatmung werden allerdings die oberen Lungenbereiche zu wenig durchlüftet.

Und wie atmen Sie? Beobachten Sie sich einmal dabei. Probieren Sie die beschriebenen Atemformen einmal aus. Übertreiben Sie dabei ruhig: sie können hecheln wie ein Hund, um ein Gefühl für die flache Atmung zu bekommen. Spannen Sie den Bauch einmal an, wenn Sie einatmen und dehnen Sie dabei Ihre Flanken oder strecken Sie den Bauch beim Einatmen unnatürlich weit hinaus (Sie können sich dazu auch gegen eine Wand stellen um den Widerstand zu testen oder auf dem Bauch liegend in die Matratze Ihres Bettes atmen). Es geht dabei immer darum, Ihren Körper zu spüren und ein Gefühl für Ihren Atem zu bekommen. Schenken Sie immer dem einströmenden Atem besondere Beachtung, wo fliesst er hin? Und achten Sie darauf, dass Sie beim Ausatmen alle verbrauchte Luft komplett ausatmen. Damit reinigen Sie sich von allem Negativen.

Atemtherapien

Neben der medizinisch bedingten Atemtherapie bei körperlichen Störungen kennt man Atemtherapien seit Jahrhunderten als Form der Selbsterfahrung und Selbsthilfe. Als diese gelten sie auch als eine Alternative Heilmethode. Atemtherapien werden in allen bekannten spirituellen Traditionen beschrieben. Immer wurden sie dazu verwendet dem Menschen zu ermöglichen, vollständig in den gegenwärtigen Augenblick und damit in eine erhöhte Aufmerksamkeit und Wachheit zu kommen. Es ist so einfach: jedes Mal wenn Sie bewusst atmen, sind Sie ganz im Jetzt. Kontrollierte Atmung führt Sie in die Stille. Sie bringt den fortwährenden Gedankenfluss, das andauernde Plappern im Hirn zum Schweigen. Erst wenn Sie in der Stille sind, kann Intuition zu Ihnen fliessen, dann sind Sie offen für die Eingaben des Hohen Selbstes.

Besonders hilfreich dabei sind die verschiedenen Zählrhythmen: beispielsweise die 4er oder 8er Atmung wie wir es von der Mana-Aufladung her kennen. Oder die 7er Runden, wie es Ho'oponopono lehrt. Sie können auch zu kurzen rhythmisierten Texten (Gebeten oder Mantras) atmen. Oder Sie können ganz einfach nur denken „einatmen" – „ausatmen" während Ihr Atem ruhig fliesst und Sie sich ganz darauf konzentrieren. Alle Formen erfüllen ihren Zweck und bringen Sie in die Ruhe. Sie können problemlos im Bus, am Arbeitsplatz, oder auf der Toilette praktiziert und so in den Alltag integriert werden.

Verhaltenstipps

Pflegen Sie nicht nur Ihr Gesicht, sondern auch Ihre Atemwege.
Frische Luft, mehr Bewegung und vor allem Beweglichkeit im Brustkorb, sind die Mittel damit Atem- und Kreislaufsystem koordiniert zusammenspielen. Einflüsse aus emotionalen Bereichen stimulieren, hemmen oder ändern die Atembewegung. Die Atembewegung gestaltet sich auch entsprechend der Stimmung und psychischen Befindlichkeit des Menschen.
Lüften Sie Ihre Wohn- und Büroräume öfters, damit auch die Lunge erfrischt wird. Überheizen Sie Ihr Schlafzimmer nicht. Scheuen Sie auch die kalte Luft draussen nicht, denn sie wird ja in der Nase wieder erwärmt. Warm- und Kaltwassergüsse beleben und erfrischen all Ihre Körperzellen und wenn Sie bei den Wechselduschen noch dazu singen oder jauchzen, dann hüpft auch Ihr Herz. Wagen Sie's!

Atmen Sie im Alltag möglichst durch die Nase
Sie stärken damit Ihre Atemmuskeln und unterstützen Ihren Kreislauf. Die rhythmische Nasenatmung beeinflusst den Aktivitätszustand des Gehirns. Sie ist eine Konzentrationshilfe und hat eine ordnende, beruhigende Wirkung. Ist Ihre Nase oft verstopft? Ziehen Sie mit den Fingern an beiden Nasenflügeln. Sie bekommen dadurch mehr Luft. Manchmal ist dieses Weiten sinnvoll, damit die verschiedenen Nasenübungen besser durchgeführt werden können. In der Nase wird die Luftbeschaffenheit geprüft. Sie wird temperiert, befeuchtet, gereinigt und durch die Schleimhaut sogar desinfiziert. Nasenübungen unterstützen diese Funktionen.

Stöhnen, Gähnen, sich strecken und räkeln
Je wohliger Sie sich räkeln, durchstrecken und dehnen wie eine Katze, desto mehr Ausgleichsmöglichkeiten schaffen Sie auch in den vegetativen Steuerungen im Körper, die ihrerseits in Wechselbeziehung zur Psyche stehen. Wenn sich angestauter Druck entlädt, dann löst sich auch der entsprechende Stau auf der Atmung. Gähnen ist nicht nur ein Zeichen von Müdigkeit, sondern vor allem Auslöser für das Abströmen von verbrauchter Luft ($CO2$). Die anschliessende vertiefte Einatmung bringt automatisch wieder mehr frische Luft ($O2$) in die Lunge.

Entspannen Sie sich!
Lassen Sie die Luft durch ein druckloses, weiches "sch" aus Ihrem Mund abströmen. Formen Sie Ihren Mund so, als würden Sie das Wort Schnee artikulieren. Spüren Sie der Entspannung im Becken nach. Führen Sie anschliessend Ihre Finger zu den Nasengrübchen und lassen Sie die frische Luft wieder durch die Nase einströmen.
Wiederholen Sie diese Entspannungsatmung drei Mal und wenn sich ein wohliges Gähnen meldet, lassen Sie es zu, denn damit entlasten Sie den Körper von verbrauchter Luft.
Beobachten Sie einen Moment in Ruhe Ihre körperlichen und seelischen Reaktionen. Fühlen Sie sich gelöster, können Sie wieder aufatmen? Haben Sie den Eindruck, dass Ihre Arme und Hände, Beine und Füsse wieder besser durchblutet und wärmer geworden sind?

Singen Sie laut vor sich hin
Versuchen Sie es doch einmal, wenn Sie traurig sind: Singen Sie laut und kräftig! Es ist egal, ob Sie einfach einen Song mitsingen oder ein Kinderlied vor sich «hinträllern» oder ganz spontane Melodien «komponieren». Stellen Sie sich dabei vor, dass Ihre Stimme aus dem Bauch kommt. Sie werden feststellen, dass Sie sich schon nach kurzer Zeit ruhiger und zuversichtlicher fühlen.

Richtig schnäuzen, husten und niesen
Unterdrücken Sie bei einem beginnenden Schnupfen niemals den Nies- oder Hustenreiz! Niesen und richtiges Husten reinigen die Atemwege ebenso wie das Schnäuzen. Schnäu-

zen Sie vorsichtig, ohne grossen Druck. Halten Sie dabei stets ein Nasenloch geschlossen. Nur derjenige Schleim sollte hinausbefördert werden, der sich leicht löst. Zu starkes Pressen kann dazu führen, dass viren- oder bakterienhaltiger Schleim in die Nasennebenhöhlen oder die Ohrtrompete eindringt und dort Entzündungen hervorruft. Bei Husten verschaffen einfache Klopfübungen auf den Brustkorb Erleichterung. Der angesammelte Schleim kann leichter ausgeräuspert oder abgehustet werden. Stützen Sie sich beim Abhusten gut auf Ihren Füssen ab und halten Sie mit ihrem Unterarm den Bauch. (Hustentechnik will gelernt sein).

Mit Humor geht's leichter - lachen oder lächeln Sie sich zu!

Befreiendes Lachen löst Spannungen im Zwerchfell und gibt auch der Psyche wieder Aufschwung.

Pause machen beim Reden

Haben Sie auch schon beobachtet, dass einige Menschen (z.B. Personen in Radio und Fernsehen) geradezu nach Luft schnappen? Sie greifen dadurch in autonome Vorgänge ein und fördern eine Fehlatmung mit Verkrampfungen von Kehlkopf und Bauchmuskeln. Machen Sie genügend Pausen beim Reden. Legen Sie die einzelnen Sprechphrasen fliessend in Ihre Ausatemphase und achten Sie darauf, dass Sie die letzten Töne nicht zurückhalten, sondern schwingend, aber betont wegschicken. Sie werden feststellen, dass Sie beim Reden weniger ermüden. Zudem wird ihr Publikum aufmerksamer zuhören, weil sie Ihre Worte besser verstehen können.

Atemübungen

Ein bewusster Atem hilft, Ihren Alltag mit mehr Konzentration, Energie und Lebensfreude zu bewältigen. Denn Stress und Hektik im Alltag bewirken eine Beschleunigung und Abflachung des Atems. Diese Reaktion wirkt sich negativ auf Ihr Wohlbefinden und Leistungsvermögen aus. Einfache Übungen bringen Sie zurück zu Ihrem natürlichen Atem. Sie aktivieren damit diese zentrale Lebensfunktion und fühlen sich rasch wieder fit und gleichzeitig entspannt. Vier bedeutende Atemschulen schlagen Ihnen einfache Atemübungen vor.

<u>1. Die Durchblutung und Belüftung im Lungen- und Bronchienbereich anregen</u>

Klopfen Sie mit lockeren Fäusten von allen Seiten auf Ihren Brustkorb.

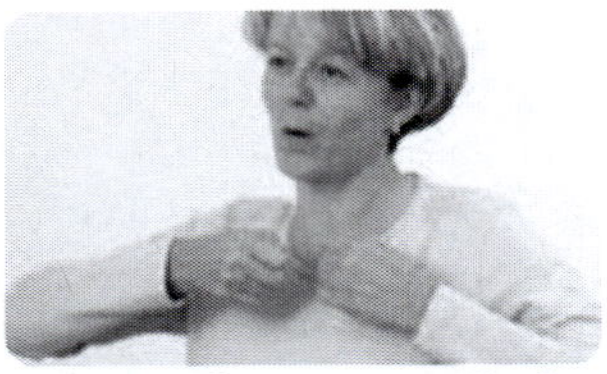

Summen Sie dazu oder singen Sie laut verschiedene Vokale: «A .... O .... U ....». Mit dem Verklingen des Tones lassen Sie Ihre Arme einfach hängen und die Einatmung geschehen.

<u>2. Die Schleimhaut in der Nase befeuchten</u>

Halten Sie das eine Nasenloch zu und klöpfeln Sie auf das andere Nasenflügelchen mit dem Mittel- oder Zeigefinger.

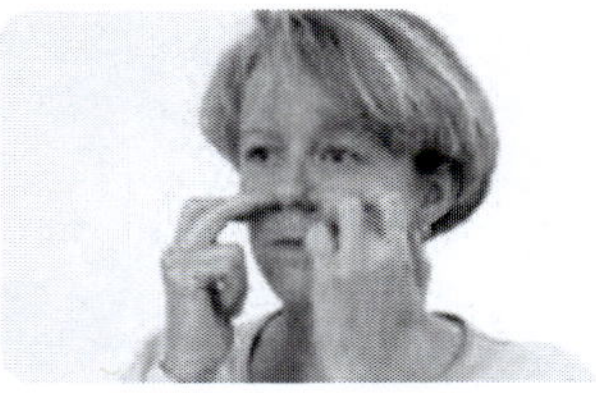

Summen Sie dabei. Das Summen versetzt die Schleimhäute in Vibration und sie werden dadurch besser durchblutet. Wenn die Melodie verklungen ist, wandert die klöpfelnde Hand zur Körpermitte, um die Einatembewegung zu spüren.

<u>3. Atemübung zur Stressvorbeugung</u>

Energie auftanken: Mit dieser Übung tanken Sie neue Energie. So können Sie dem Stress wirksam vorbeugen. Die Übung eignet sich z. B. für die Mittagspause, zur Unterbrechung der Büro- oder Hausarbeit.

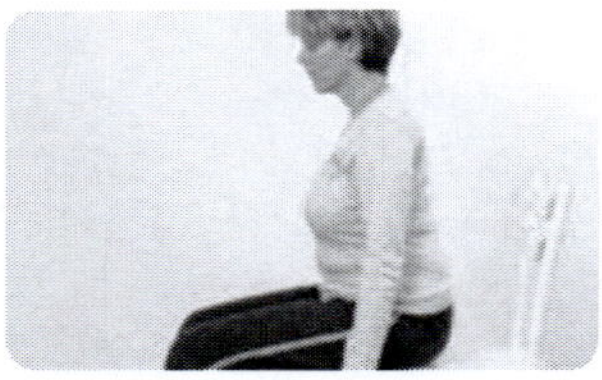

Nehmen Sie mit den Füssen guten Kontakt zum Boden auf, damit es Sie aufrichtet. Bereits durch leichten Fussdruck und Druck der Zehen gegen den Boden gewinnen Sie mühelos die passende Haltung.

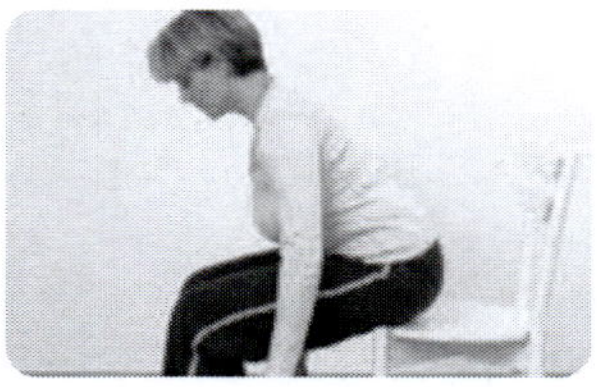

Neigen Sie sich mit gestrecktem Rücken vor. Legen Sie den Rumpf auf den Beinen ab. Beim Vorneigen singen Sie den Vokal "U" auf drei Töne abwärts.

Lassen Sie Kopf und Arme gut hängen. Bleiben Sie unten und warten Sie in Ruhe die Atemreaktion ab. Richten Sie sich mit "Fussdruck" auf und atmen Sie dabei mit weichem "Sch" aus.

4. Atemübung zum Wachwerden

Federn aus den Gelenken: Durch das Federn wird der Atem angeregt. Er belebt Ihren Körper von Kopf bis Fuss und macht Sie frisch und lebendig. Machen Sie diese Übung jeden Morgen 1 bis 2 Minuten, und Sie beginnen Ihren Alltag leichtfüssig und beschwingt.

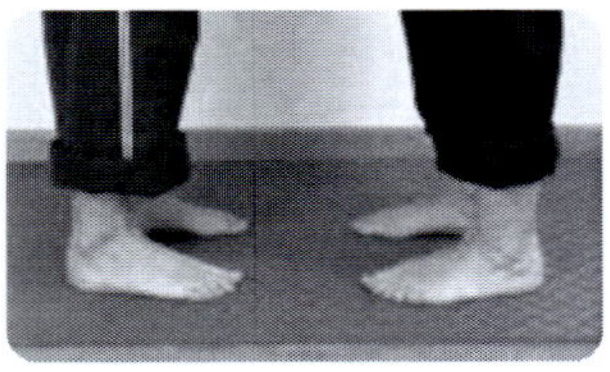

Sie stehen in lockerer Körperhaltung, die Füsse parallel, hüftbreit, Knie leicht gebeugt. Fangen Sie an, sich aus den Fussgelenken zu federn, um somit alle Gelenke und Muskeln zu erreichen. Dabei heben Sie die Fersen vom Boden ab.

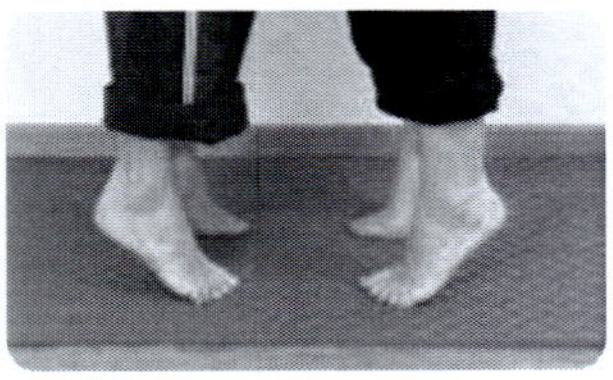

Beim Senken berühren die Fersen den Boden sanft. Im rhythmischen Auf und Ab lassen Sie Ihren Atem kommen und gehen wie er will.

5. Atemübung zur Harmonisierung

Wechselatmung: Diese Atmung bringt sämtliche Lebensströme ins Gleichgewicht. Sie harmonisiert die Persönlichkeit des Menschen. Geeignet ist sie in allen Pausen des Tages, in denen Sie für einen Moment abschalten und regenerieren wollen.

Setzen Sie sich bequem hin, der Rücken ist aufrecht und die Schultern sind locker. Spreizen Sie jetzt den Daumen und den kleinen Finger der rechten Hand. Verschliessen Sie mit dem Daumen das rechte Nasenloch und atmen Sie links ein.

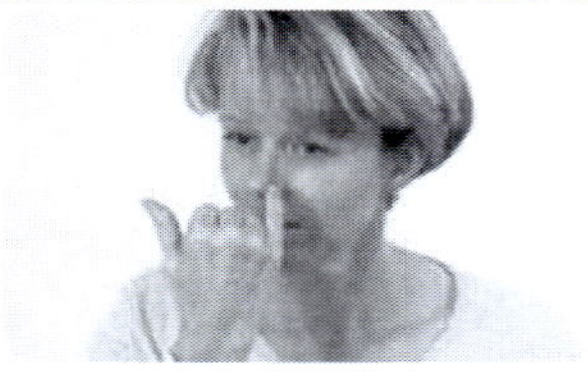

Schliessen Sie nun mit dem kleinen Finger das linke Nasenloch und atmen Sie rechts aus. Atmen Sie wieder rechts ein und dann links aus. Wiederholen Sie diese Zyklen während 5 bis 15 Minuten. Atmen Sie bewusst, langsam und kaum hörbar.

6. Atemübung zur Lockerung und Erholung

Einatmen - Ausatmen: Diese Übung gibt Ihnen Erholung und Entspannung. Sie kann im Stehen (lockere Körperhaltung, Stand schulterbreit, leicht gebeugte Knie) oder im Sitzen gemacht werden. Halten Sie dabei den Körper immer locker.

Halten Sie die Arme neben dem Körper. Heben Sie die Arme langsam auf Brusthöhe. Mit dem Einatmen führen Sie die Arme weit auseinander. Denken Sie: "Die Lunge öffnet sich, wird gross und nimmt viel Sauerstoff und frische Luft auf".

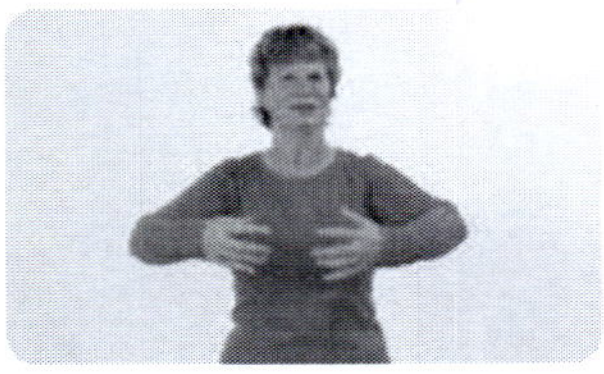

Führen Sie mit dem Ausatmen die Arme wieder langsam nach vorne. Dabei atmen Sie aus und denken: "Die verbrauchte Luft und alles Negative fliesst mit der ausgeatmeten Luft aus dem Körper".
Wiederholen Sie diese Bewegungen mehrmals. Wenn die Übung beendet ist, senken Sie langsam die Arme. Legen Sie die warmen Hände auf den Bauch. Bleiben Sie noch eine Weile in dieser Haltung.

Die Verhaltenstipps und Atemübungen sind der Website der Lungenliga Schweiz entnommen: www.lung.ch - ein Besuch dieser äusserst informativen Website lohnt sich!

Heilsames Singen

Erika Schmitt zu Besuch bei der Huna-Gruppe Zürich am 27. Oktober.

So beschwingt wie nach unserem Oktobertreffen haben sich die Teilnehmerinnen und Teilnehmer der Huna-Gruppe wohl noch selten auf den Heimweg gemacht! „Heilsames Singen" lautete die Ankündigung für diesen Abend, und wer aus Scheu davor zuhause geblieben ist, hat wirklich etwas verpasst! Die anfängliche Zurückhaltung wurde bereits durch Erika Schmitts Einführung zum Thema zerstreut, denn ihre beiden Leitsätze für das heilsame Singen sind: **Es gibt keine Fehler** und **Singen ist immer ein Geschenk für uns selbst und für andere**. Nach einer stimmungsvollen Meditation und kurzen Einführung ging's gleich ans praktische Üben. Die Musik erklang ab CD und nach ein paar Mal zuhören, stimmten alle in das erste Lied „Meine Füsse fest auf Mutter Erde" ein. Dazu bewegten wir uns rhythmisch im Kreis und wiederholten die paar kurzen Phrasen so oft, bis wir sie alle auswendig konnten. Mit dem zweiten Lied „Komm, lass dich berührer, komm, sei ganz nah" stimmten wir uns ganz aufeinander ein und schenkten einander nach dem Lied mit einer herzlichen Umarmung unsere gegenseitige, ungeteilte Liebe. Beim Lied „Möge Heilung geschehen" konnte wer etwas in sich heilen wollte, sich in die Mitte des Kreises setzen und wir anderen sangen um Heilung. Der absolute Hit des Abends war aber der „Körperzellen-Rock", bei dem wir durch reichlich Bewegung auch noch richtig ins Schnaufen und Schwitzen kamen. Heilsames Singen hilft bei seelischer und körperlicher Selbstheilung. Zusammen mit ihrem Kurzvortrag „Worte schaffen Leben" hat uns Erika Schmitt einen bewegenden und berührenden Abend geschenkt. Für alle die zuahause weiter üben möchten oder mit dem heilsamen Singen anfangen möchten: Die einfachen Texte und eine CD mit den leicht nachzusingenden Melodien können für CHF 5 bei uns gekauft werden. Nur Mut!

***Erika Schmitt** arbeitet als Huna-Heilberaterin und wurde in den ersten Jahren ihrer Tätigkeit von Henry Krotoschin und Irene Morf begleitet. Der Schwerpunkt ihrer Arbeit ist das Aufspüren von Krankheitsursachen, das heisst in erster Linie den seelischen Knoten zu finden, diesen zu lösen, damit es sich erlösen kann. Danach kann Heilung geschehen. Erika Schmitt gibt Huna-Seminare in Hannover und München und leitet fortlaufend Huna-Gruppen und Meditationsabende. Kontakt: e.schmitt3@t-online.de*
Telefon +49 511 9 73 50 15

Sie fragen – Wir antworten

Betreff: Kurze Frage
Datum: 20. September 2010 13:10:58 GMT+02:00
An: info@huna-europe.ch

Sehr geehrte Damen und Herren,
vor einiger Zeit ist mir das Buch „Begegnungen mit dem verborgenen Ich" von Serge King geschenkt worden.
Es ist Neuland für mich und hochinteressant. Bitte erlauben Sie mir die Frage „Wo und wie erscheint das Böse Teufel/ Satan etc." in HUNA? Ist es das KU? Für einen kurzen Hinweis bin ich dankbar.

Mit den besten Grüßen

Von: info@huna-europe.ch
Betreff: Re: Kurze Frage
Datum: 22. September 2010 10:16:42 GMT+02:00

Vielen Dank für Ihre Mail.

Bei Serge Kahili King wird das Unterbewusstsein des Menschen mit KU bezeichnet, es hat nichts mit dem "Bösen" zu tun. Die Huna-Philosophie kennt die Begriffe "Teufel/Satan" nicht.

Huna lehrt (in Kürze) folgendes: "Gut und Böse" sind die Polaritäten ein und derselben Energie. Man kann sie für gute oder schlechte Zwecke einsetzen. Es ist der "Anwender" der dies versteht und "im Licht" ist und somit mit dieser Energie umzugehen weiss, oder derjenige, der es noch nicht versteht. Diese Kraft wendet sich bei negativem Einsatz gegen den Anwender, indem ihn sein eigenes Unterbewusstsein mit Bürden belegt, die er danach zu tragen hat.

Vielleicht interessiert Sie das Buch von Max Freedom Long: "Geheimes Wissen hinter Wundern" oder Henry Krotoschins "Huna-Praxis - Bewusste Lenkung des Schicksals", um nebst King eine weitere Sichtweise von Huna kennenzulernen. Beide Bücher sind im Buchhandel erhältlich.

Eine sehr gute Abhandlung über "Gut und Böse" finden Sie in der Einführung von in Rüdiger Dahlkes "Krankheit als Weg" **(kein** "Huna"-Buch). Für weitere Fragen sind wir jederzeit für Sie da.
Herzliche Grüsse und viel Erfolg mit Huna

Jennifer Lee

Das ideale Weihnachts-geschenk:

Sammelband **„Huna-Arbeit"**, ca. 300 Seiten, Format ca. B4, Gewicht ca. 2 kg, in Leinen gebunden, limitierte zweite Auflage CHF 175 / EUR 120

Leserecho:
"Das Buch hat mir schon viele bereichernde Lesestunden geschenkt und ich habe unzählige, mir bisher nicht bekannte Gedanken von Henry Krotoschin gefunden."

Seminare

Huna Basis-Seminar

für Einsteiger und Wiederholer

Januar
Samstag/Sonntag, 8./9. Januar 2011
März
Samstag/Sonntag, 19./20. März 2011
April
4 x Dienstagabend, 19-21h:
5./12./19./26. April 2011

Grundlagen von Huna zur selbständigen praktischen Anwendung

Huna Praxis-Seminar

für Anwender und Fortgeschrittene

Mai
Samstag/Sonntag, 14./15. Mai 2011
Juni
Samstag/Sonntag, 11./12. Juni 2011

Weiterführende Techniken und viele praktische Übungen für Huna-Anwenderinnen und Anwender

Infos auf www.huna-europe.ch

Unser Seminarraum in Zürich

Kommentar eines Seminarteilnehmers: *„Keine Zweifel mehr! - Ich habe schon viele Methoden ausprobiert, um spirituell zu wachsen. Immer hatten mich Zweifel begleitet. So wie die Huna-Lehre im Seminar präsentiert wurde ist diese logisch und über alle Zweifel erhaben. Sie wirkt so überzeugend und authentisch, man muss einfach daran glauben!"*

Herausgegeben von:

Huna Forschungs-Gesellschaft Zürich | HFG
Grubenstrasse 27 | CH-8045 Zürich
Telefon +41 44 251 55 65
info@huna-europe.ch | www.huna-europe.ch

HUNA-GRUPPE ZÜRICH

An folgenden Mittwochabenden trifft sich die Huna-Gruppe Zürich **im Lokal der HFG Zürich, Grubenstrasse 27, 8045 Zürich-Binz**

Irene Morf wird zusammen mit anderen Referentinnen und Referenten durch den Abend führen. Beginn **neu um 19.00 Uhr:**

26. Januar	**Juli fällt aus**
23. Februar	**31. August**
30. März	**28. September**
27. April	**26. Oktober**
25. Mai	**30. November**
29. Juni	**Dezember fällt aus**

Unkostenbeitrag für **Mitglieder CHF 10.00** pro Abend (Nichtmitglieder CHF 20.00)

Neue Teilnehmer sind jederzeit herzlich willkommen! Eine Anmeldung ist nicht nötig. Informationen und Einzelheiten zu den Themen auf www.huna-europe.ch, bei HFG Zürich, Telefon +41 44 251 55 65 oder Irene Morf, Telefon +41 44 813 75 35.

Mitgliedsbeitrag 2011

Wir freuen uns, wenn Sie unsere Tätigkeiten auch im neuen Jahr durch Ihren Mitgliedsbeitrag unterstützen. Er beträgt unverändert

CHF 80.00 / EUR 55.00

Für Ihre baldige Überweisung sind wir dankbar.

Profitieren Sie von den zahlreichen Vergünstigungen für Mitglieder! Informationen über unsere Aktivitäten und Angebote finden Sie auf unserer Website www.huna-europe.ch oder erhalten Sie unter Telefon +41 44 251 55 65.

Postfinance Bern 80-32001-2, IBAN CH74 0900 0000 8003 2001 2
Postbank Karlsruhe 1840 02-757, IBAN DE26 66010075 0180 4027 57
P.S.K. Wien 7.617.939, IBAN AT76 6000 0000 0761 7939

Nr. 5 | März 2011

HUNA NACHRICHTEN

Zeitschrift für Mitglieder | Huna Forschungs-Gesellschaft Zürich | www.huna-europe.ch

EDITORIAL

Liebe Leserinnen und Leser

„Grau, teurer Freund, ist alle Theorie und grün des Lebens goldner Baum". Unter das Zitat aus Goethes Faust könnten wir diese Ausgabe der „Huna-Nachrichten" stellen. Was nützt uns alles Wissen, was bringen uns all die guten und interessanten Bücher und was bringt uns jede stimmige Philosophie, wenn wir das Gehörte und Gelesene nicht im Alltag anwenden können? Bestimmt ist es Ihnen auch schon so ergangen, dass Sie sich gesagt haben „Das werde ich nicht mehr vergessen. Danach richte ich ab jetzt mein Leben aus." Und nach ein paar Wochen war da doch wieder der alltäglich Trott, die Übung, die man so strikte jetzt anwenden wollte ging einmal am Morgen vergessen, am nächsten Tag war grad nicht der richtige Moment und schon war sie verschwunden aus Ihrem Blickfeld. Wir hoffen, dass die Beiträge dieser Ausgabe Ihnen helfen werden „dran zu bleiben". Wir bieten ein paar Ansätze aus verschiedenen Blickrichtungen zum einfachen Einbau in den Alltag.

Beim Durchblättern alter Ausgaben der „Huna-Vistas" aus den fünfziger Jahren ist uns aufgefallen wie vielseitig und in alle Richtungen blickend damals in der Mitgliederzeitschrift der Huna Research, Inc. berichtet wurde. Verschiedene geistige Techniken wurden besprochen, ausprobiert und durchaus auch kontrovers diskutiert. Drei Ausgaben widmete Max Freedom Long damals übrigens der gerade neu entstandenen „Dianetik" von Ron Hubbard (heute besser unter dem Namen Scientology bekannt). Ohne Scheuklappen wurde begutachtet, aus Huna-Sicht beurteilt, verworfen oder akzeptiert. An diese Tradition möchten wir anknüpfen wenn wir heute gleichzeitig über die Silva-Methode (entstanden in den 1940-er Jahren) berichten und über das TimeWaver-System, das im 21. Jahrhundert entwickelt wurde. Damals wie heute steht das Bestreben im Vordergrund, die Gesundheit durch Harmonisierung und Resonanz zu verbessern, auf leichtere Weise durchs Leben zu gehen und bessere Resultate auf allen Ebenen zu erzielen. Wir sind der Überzeugung, dass es keine allein selig machende Technik oder Theorie gibt. So individuell jeder Mensch ist, so individuell bleibt auch die Sinnsuche und Lebenserfüllung. Und um dieses Vorwort auch mit einem geflügelten Wort enden zu lassen: „Die Zeiten ändern sich, und wir in ihnen." – Was bleibt ist das Streben nach einem besseren Leben. In diese Sinne wünschen wir Ihnen viel Freude und Erfolg bei der täglichen geistigen Arbeit „im Kleinen".

Herzlich, Ihre

Ulrich Amacher und Jennifer Lee

INHALT

Lichtschalter-Huna Huna kann ohne Erklärungen und Theorien einfach im Alltag angewendet werden. Mit der beschriebenen Methode ist es so einfach wie den Lichtschalter zu drücken.
Von Dr. E. Otha Wingo **> Seite 3**

In die Stille finden Die Stille ist ein leicht veränderter Bewusstseinszustand, in dem wir direkten Zugang zu unseren tieferen Bewusstseinsebenen finden.
Von Jennifer Lee **> Seite 7**

Die Silva-Methode Ein Programm zur Bewusstseinserweiterung und Stresskontrolle. Im Alpha-Zustand arbeiten wir besser und leben gesünder.
Von Ulrich Amacher **> Seite 9**

TimeWaver – Gesundheit mit System Demonstration der alternativen Informationsfeldmedizin beim Treffen der Huna-Gruppe Zürich **> Seite 2**

Tipps für den Alltag: *Das „Dusch-Ritual"* Unter der Dusche allen Ballast wegspülen. *Von Jennifer Lee* **> Seite 11**

Veranstaltungen
Huna Basis-Seminar, Huna Praxis-Seminar, Huna-Gruppe Zürich: Termine 2011
> Seite 12

TimeWaver - Gesundheit mit System

Als ich zum ersten Mal vom TimeWaver-System hörte konnte ich mir beim besten Willen nicht vorstellen wie es funktioniert und was es bewirkt. Es arbeite auf der Basis der Informationsfeldmedizin. Aha – aber auch diese Information verhalf mir nicht zur Erleuchtung. Um so gespannter war ich auf den Vortrags- und Demonstrationsabend an der Huna-Gruppe im November mit René Schmid, TimeWaver-Coach aus Dübendorf, Zürich.

Von **Ulrich Amacher**

Eine Freundin von mir kannte das neuartige TimeWaver-System und war gerade in einer Behandlungseinheit von einem Monat Dauer. „Musst du denn irgendwelche Medikamente schlucken oder Übungen machen?“ wollte ich wissen. „Nein gar nichts“, so die Antwort, „es wirkt von alleine. Und ich habe erste Anzeichen von Verbesserungen.“ Das klang interessant genug, um mich einmal drüber zu informieren. Was ich zu lesen bekam klang alles ziemlich kompliziert, eine Menge Informationen aus der Quantenphysik, Radionik und Frequenztherapie. So war ich gespannt auf die praktische Demonstration Ende November und ich hoffte, dort einfache Erklärungen zu einem offensichtlich komplexen Themengebiet zu erhalten. Das Thema schien zu interessieren, auf alle Fälle fanden so viele Teilnehmerinnen und Teilnehmer den Weg ins Huna-Zentrum wie schon lange nicht mehr.

Worum es geht

Zu Beginn einer Bei TimeWaver-Behandlung wird der Patient „ausgemessen“. Dazu legt er seine Hand auf die weisse Computerplatte (s. Abbildung unten). Dabei werden seine Schwingungen als sog. „Informationsfeld“ aufgezeichnet und auf dem Computer gespeichert. Die gemessenen Schwingungen werden mit umfangreichen Datenbanken verglichen und in Beziehung dazu gesetzt.

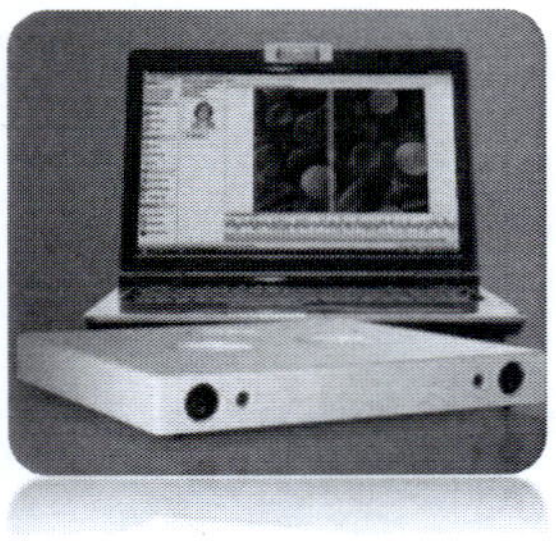

Bei TimeWaver findet keine medizinische oder therapeutische Behandlung im herkömmlichen und gesetzgeberischen Sinn statt. Eine Analyse mit TimeWaver stellt keine medizinische Diagnose dar, sondern sie bezieht sich auf den Zustand des Informationsfeldes der Organe. Auch eine Behandlung mit TimeWaver wirkt immer im Informationsfeld der zu behandelnden Region.

Wie es wirkt

Ist in einem bestimmten Informationsfeld eine Abweichung vom gesunden Zustand, ein Missverhältnis oder eine Unordnung feststellbar, wird das Informationsfeld mit „gesunden“ Schwingungen (Informationen) aus den Datenbanken wieder in Ordnung gebracht.

Als Heilmittel können Schwingungen von Pflanzen, alternativen Medikamenten aber auch chemischen Substanzen verwendet werden. Mit TimeWaver können auch sämtliche Substanzen (Lebensmitteln, Medikamente usw.) gemessen werden. Dabei wird festgestellt, ob sie mit uns in Resonanz stehen, d.h. ob uns ihre Schwingungen entsprechen, mit anderen Worten ob sie gut für uns sind.

Sind alle Informationen beim Therapeuten im Computer abgespeichert, werden über einen bestimmten Zeitraum die gewünschten, verbesserten Informationen direkt ins Informationsfeld des Patienten gesendet (s. Abbildung unten).

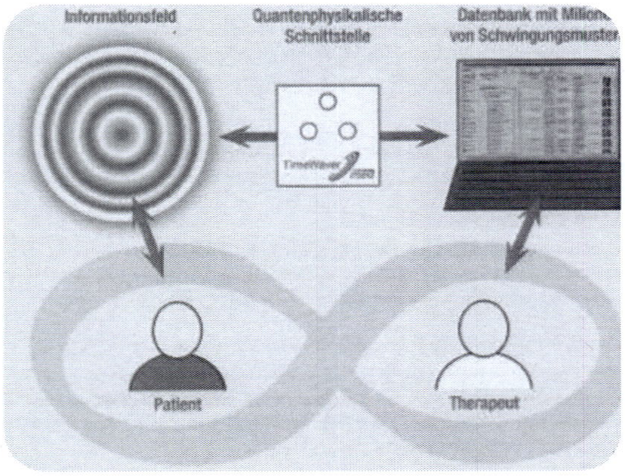

Durch diesen Informationsaustausch werden negative oder krankhafte Zustände im Informationsfeld korrigiert und damit auch das Organ oder die krankmachenden Zustände geheilt. TimeWaver wird häufig bei chronischen Erkrankungen eingesetzt, dient aber auch zur Auflösung alter Muster, Erbkrankheiten, Störungen im Informationsfeld aus früheren Leben usw. Einige Wirkungsbereiche kamen mir aus der Anwendung der Homöopathie bekannt vor.

René Schmid führte mit grossem Hintergrundwissen in die Thematik ein und zeigte einen hoch interessanten Film dazu. Die Anwesenden beurteilten das System durchaus kontrovers und es kam eine lebhafte Diskussion in Gang. Es bleibt jedem Interessenten selber überlassen, sich ein Bild und eine eigene Meinung dazu zu machen.

Für Informationen und Behandlungen in Zürich:
CQM, René Schmid, Neugutstrasse 54
CH-8600 Dübendorf, +41 79 428 24 44, www.cqm.ch

Herstellung und Vertrieb: www.timewaver-med.de

Lichtschalter-Huna

„Lichtschalter-Huna" ist ein einfaches System um Huna ohne Theorien, Geschichte oder Erklärung der speziellen Terminologie auszuüben. Huna anzuwenden ist so wie einen Lichtschalter anzumachen oder einen Knopf zu drücken. Wenn Sie in einem Raum Licht machen wollen, strecken Sie die Hand aus und machen den Lichtschalter an oder drücken den Knopf. Sofort gibt es Licht und der Raum ist erleuchtet. Es ist nicht nötig zu verstehen, wie Elektrizität funktioniert oder wie das Gebäude verkabelt ist oder wo sich der Generator befindet. Auch wenn Sie Elektriker oder Physiker wären, Sie würden das Licht auf diese Weise einschalten! Dieser Artikel zeigt Ihnen auf einfache und sichere Art, wie Sie den Huna-Schalter drücken, damit Sie die gewünschten Resultate erhalten.

Von **Dr. E. Otha Wingo** (Übersetzung Jennifer Lee)

Prof. Dr. E. Otha Wingo war Professor für klassische Sprachen und Mythologie an der Southeast State University (Cape Girardeau) wo er über vierzig Jahre unterrichtete. 1972 ernannte ihn Max Freedom Long zu seinem Nachfolger als Direktor und Präsident der Huna Research, Inc. Diese Funktion hat heute sein Sohn Vincent Wingo inne. www.hunaohana.ning.com

Otha Wingo schrieb mehrere Bücher über Huna, welche jedoch vergriffen sind. Blattkopien seines Standardwerks „**Das Huna-Arbeitsbuch**" sowie „**Briefe über Huna**" (eine Einführung in die Grundbegriffe von Huna) sind bei der HFG Zürich erhältlich. www.huna-europe.ch

Überlastete Schaltkreise verhindern

Wie in allen Energiekreisen ist es eine gute Idee, sicher zu gehen, dass die Kreise nicht überlastet, sondern frei sind. In der Elektrizität versichern wir uns, dass der Kreis richtig gesichert oder mit einem passenden Unterbrechungsschalter versehen ist. Dann passen wir auf, dass wir den Kreis nicht überlasten, indem wir etwa einen starken Motor in eine Steckdose mit einer kleineren Wattleistung einstecken. Und wir geben ebenfalls Acht, nicht zu viele Geräte am selben Stromkreis anzuschliessen.

Bei Huna ist das gleichbedeutend mit **Vergebung**. Führen Sie ein kleines Gespräch mit sich selbst. Vergeben Sie jedem für alles was immer Ihnen angetan wurde. Dann vergeben Sie sich selbst für alles, was Sie in der Vergangenheit getan haben und fügen Sie ein Versprechen an, dass sie nichts tun werden um jemanden absichtlich zu verletzen.

Sollten Sie nicht vollkommen zufrieden sein mit dieser Vergebungskonferenz, verschreiben Sie sich einer **guten Tat**, um sich selbst zu überzeugen, dass Sie es mit der Vergebung ernst meinen.

Lichtschalter Nummer eins

1. Entscheiden Sie genau was Sie erreichen wollen. Seien Sie sehr genau. Bleiben Sie bei einem einzigen Wunsch und beziehen Sie nur die Dinge mit ein, die direkt mit dem Resultat zu tun haben.

2. Erstellen Sie ein klares geistiges Bild vom gewünschten Erfolg den Sie bewirken wollen. Stellen Sie sicher, dass Sie in ihrem Bild vorkommen, ebenso wie alle anderen Personen, die von Ihrer Bitte betroffen sind. Gebrauchen Sie Ihre Fantasie und Vorstellungskraft um dieses geistige Bild zu malen. Sehen Sie sich selbst agieren, denken und fühlen, wie sie es tun werden, wenn das Ergebnis in die Realität umgesetzt wurde. Lassen Sie alle Sinne wie Sehen, Hören, Berühren, Schmecken und Riechen in Ihrer Wahrnehmung aufsteigen. Fügen Sie das starke Gefühl des Wünschens hinzu.

3. Gebrauchen Sie nur positive Beschreibungen Ihres Wunsches. Anstatt zu sagen: „Ich will alle Spannungen und Konflikte loswerden", sagen Sie, „**Ich sehe nur Frieden, Freude, Liebe und Harmonie in allen meinen Beziehungen**." Anstatt, „ich wünsche dass meine Krankheit geheilt wird", sagen Sie, „**Ich sehe mich selbst als körperlich, seelisch und geistig komplett gesund, vital und stark**."

4. Versichern Sie sich, dass Ihr Wunsch für niemanden, auch nicht für Sie selbst, schädlich oder verletzend ist.

5. Wenn Sie vollkommen überzeugt sind, dass Sie genau das Bild vorbereitet haben, welches dem gewünschten Ergebnis entspricht, versiegeln Sie die „Blaupause" oder das Bild, so dass es nicht verändert werden kann. Hier ist die Beschreibung dazu: „**Ich bin vollkommen zufrieden mit diesem geistigen Bild meines Wunsches. Ich versiegle es jetzt mit einem Schutz, damit es genauso bleibt wie es jetzt ist und nicht versehentlich verändert oder beschädigt werden kann**."

6. Gehen Sie weiter zu Lichtschalter Nummer zwei.

Lichtschalter Nummer zwei

1. Finden Sie einen Platz an dem Sie für einige Minuten allein und ungestört sein können...fünf oder zehn Minuten genügen. Wenn Sie zuhause sind, möchten Sie vielleicht täglich denselben Platz benutzen. Wenn viel los ist zuhause, nehmen Sie einen beliebigen Platz, der Ihnen Privatsphäre bietet. In einem belebten Büro, Geschäft oder in einer Fabrik verwenden Sie vielleicht Ihre Pause, um sich an einen ruhigen Platz zu begeben...einen Lagerraum, die Toilette oder eine Telefonkabine. (Sie können zu „Superman" oder „Superwoman" werden wenn Sie Huna anwenden, warum also nicht in einer Telefonkabine?)

2. Setzen Sie sich bequem hin an ihrem ruhigen Ort. (Sollte es nötig sein zu stehen, machen Sie es sich so bequem wie möglich, indem Sie an eine Wand anlehnen oder mit den Füssen und Fersen leicht auseinander stehen.) Nehmen Sie einen sehr tiefen, langsamen Atemzug, halten Sie ihn kurz und atmen dann langsam aus.

3. Sprechen Sie folgende Worte laut: „Ich entspanne mich in meinem ganzen Körper, in meinem Geist und meiner Seele. Mit jedem Atemzug den ich mache fühle ich mich mehr entspannt, wohl und geistig wach."

4. Nehmen Sie einen weiteren tiefen Atemzug wie zuvor und atmen Sie aus. Sagen Sie: **„Ich nehme diese Atemzüge, meine Energie steigt enorm. Mein Körper ist entspannt und ich fühle mich gut von Kopf bis Fuss. Mein Geist ist klar und wach und ich konzentriere mich nur auf das tiefe Atmen und darauf, meine Energiezufuhr zu steigern.**

5. Nehmen Sie ein paar weitere tiefe Atemzüge und lassen Sie Ihren Atem ruhig und regelmässig werden, aber doch langsamer und tiefer als gewöhnlich. Lassen Sie es natürlich werden so zu atmen. Konzentrieren Sie sich nur auf den Gedanken, dass Ihre Energie steigt während Sie atmen.

6. Sagen Sie laut und deutlich, **„Ich sehe jetzt ein klares Bild von dem was ich mir wünsche, so wie ich es früher vorbereitet habe**."

7. **„Ich bitte nun mein inneres Bewusstsein, dieses Bild dem Höheren Bewusstsein zusammen mit einer grosszügigen Lieferung Energie zu senden, damit es in der Realität entstehen kann**."

8. **„Ich bedanke mich, dass die gewünschte Zukunft sofort auf der höheren Ebene verwirklicht wurde und auf der physischen Ebene entstehen wird.**"

9. **„Das Gebet steigt zum Hohen Selbst auf. Lass die höhere Energie des Hohen Selbstes auf mich herabsinken. Lass Stille vorherrschen während ich auf Führung von oben warte**."

Lichtschalter Nummer drei

1. Wenn Sie ihr geistiges Bild einmal den Höheren Autoritäten, zusammen mit einer grosszügigen Ladung Energie präsentiert haben, besteht der nächste Schritt darin, es in Ruhe zu lassen! Sie müssen es freigeben. Es ist wie ein Samen. Wenn Sie einen Samen gepflanzt haben, graben Sie ihn nicht jeden Tag aus um zu sehen ob er wächst. Aber Sie müssen den Boden trotzdem wässern, was das Wiederauffüllen mit einer täglichen Energiezufuhr bedeutet.

2. Drehen Sie nach der ersten Präsentation täglich den vierten Lichtschalter an. Er ist wie die ersten fünf Schritte von Nummer zwei, dann fahren Sie fort damit, die „Blaupause" oder den „Samen" täglich mit Energie aufzuladen.

Lichtschalter Nummer vier

1. Finden Sie einen ruhigen Platz wo Sie für ein paar Minuten allein und ungestört sein können... fünf bis zehn Minuten sind genug.

2. Sitzen Sie bequem an ihrem ruhigen Ort. (Wenn es nötig ist zu stehen, machen Sie es sich so bequem wie möglich, indem Sie an ein Wand anlehnen oder sich, mit den Füssen und Fersen leicht auswärts, hinstellen.)

3. Nehmen Sie einen tiefen, langsamen Atemzug, halten Sie ihn kurz und atmen Sie ihn langsam aus. Sagen Sie diese Worte laut: **„Ich entspanne meinen ganzen Körper, meinen Geist und meine Seele. Mit jedem Atemzug den ich nehme, fühle ich mich mehr entspannt, wohl und geistig wach**."

4. Nehmen Sie einen weiteren Atemzug wie zuvor und atmen Sie aus. Sagen Sie: **„Während ich diese Atemzüge nehme, steigt meine Energie enorm. Mein Körper ist entspannt und ich fühle mich wohl von Kopf bis Fuss. Mein Geist ist klar und wach und ich konzentriere mich nur auf tiefes atmen und die Erhöhung meiner Energiezufuhr.**

5. Nehmen Sie einige weitere, tiefe Atemzüge und lassen Sie Ihren Atem ruhig und regelmässig werden, aber dennoch langsamer und tiefer als gewöhnlich. Lassen Sie es natürlich werden auf diese Weise zu atmen. Konzentrieren Sie sich nur auf den Gedanken, dass Ihre Energie steigt währen Sie atmen.

6. Sagen Sie klar und laut: **„Ich sende meinem Hohen Selbst nun ein grosszügiges Geschenk an Energie, die es benötigt, um meine Bitte in der Realität entstehen zu lassen. Es geht mir Tag für Tag in jeder Hinsicht besser."**

Anmerkung

Diese Methode wird jedes Mal 100%ig funktionieren, wenn sie genauso wie beschrieben angewandt wird. Wenn die Ergebnisse nicht Ihren Wünschen entsprechen, heisst das, dass einige Teile des Vorgehens nicht genau befolgt wurden. (d.h. einer der Lichtschalter wurde nicht gedrückt!). Wenn das geschieht, dann annullieren Sie im Geiste das Bild, an dem Sie vorher gearbeitet hatten indem Sie Folgendes laut sprechen:

„Ich löse das geistige Bild auf und räume alle Überbleibsel die sich möglicherweise angesammelt haben aus dem Weg, um noch einmal von vorn zu beginnen und das Bild vollkommen zu machen. Alle Energie die diesem Bild anhaftet ist entfernt und das Bild ist jetzt total aufgelöst und entfernt.“

Diese Worte aus folgendem Grund: An jedem Bild das bei den „Höheren Autoritäten“ zurückbleibt, wird weitergearbeitet und ein Teil davon wird zur Realität werden und so auch die unvollständigen und oft unerwünschten Ergebnisse. Annullieren Sie das Bild (die Blaupause) und beginnen sie von vorn, indem Sie alle brauchbaren Teile des früheren Plans benutzen und sicher gehen, dass der ganze Prozess korrekt durchgeführt wird.

Tägliches Huna

Einige der „kleinen“ Dinge des täglichen Lebens wofür die Huna-Technik angewandt werden kann:

1. *Einen Parkplatz finden.*
2. *Verlegte (nie „verlorene“!) Gegenstände finden.*
3. *Grünes Licht und reibungslosen Verkehr vorfinden wenn Sie Auto fahren.*
4. *Sich an Dinge wie die Einkaufsliste oder an Telefonnummern erinnern.*
5. *Auf Ihre Intuition hören, die Sie veranlasst einen anderen Weg zu gehen oder an einem bestimmten Geschäft anzuhalten, wo Sie das finden, wonach Sie gesucht haben.*

usw.

Hinweise und Vorschläge

1. Huna ist sehr wirksam in unserer Welt.
2. Wenn Sie Huna nicht anwenden, arbeiten Sie zu hart.
3. Wenn Sie Huna anwenden, arbeiten Sie trotzdem, aber Sie erhalten Resultate.
4. Hilfe für jemand anderes einzuschliessen unterstützt schnellere und bessere Resultate für sich selbst.
5. Motto: „Immer helfen, nie verletzen“.
6. Huna heisst „Geheimnis“, aber Sie kennen jetzt das Geheimnis wie Sie bekommen, was Sie brauchen und was Sie sich wünschen.
7. Sehr starkes Verlangen nach den gewünschten Resultaten erhöht die Energie enorm. Wenn Sie gleichgültig und nicht daran interessiert sind Resultate zu erzielen, ist es weniger wahrscheinlich, dass diese in die Realität umgesetzt werden.
8. Nehmen Sie sich in Acht davor worum Sie bitten, denn Sie könnten es bekommen. Da diese Methode sehr effektiv ist, ist es wichtig, sorgfältig zu entscheiden was Sie wollen, bevor Sie diese anwenden.
9. Ihre Vorstellungskraft ist eines Ihrer wirkungsvollsten Werkzeuge.
10. Tägliches Energetisieren ist sehr wichtig. Um Resultate zu erzielen, müssen Sie nicht bloss ihre normale Energieladung anwenden, sondern eine Hochaufladung davon.
11. Wenn Sie die Tiefenatmung zur Energieaufladung durchführen kann es hilfreich sein, häufig zu visualisieren. Stellen Sie sich zum Beispiel vor, dass Sie sich vorbereiten, ein Rennen zu laufen. Nehmen Sie eine Stellung ein, als ob Sie gleich losrennen würden. In dieser Position laden Sie sich mittels der Atemtechnik und der geistigen Anregung mit Energie auf.
12. Wenn Sie Schwierigkeiten mit der Visualisierung haben (sich ein geistiges Bild zu machen), können Sie das gewünschte Resultat einfach in Worten beschreiben und so viele andere Sinneseindrücke hinzufügen wie Ihnen für die Bitte natürlich erscheinen. Wenn diese Beschreibung vollendet ist, kann sie, genau wie das visuelle Bild, zum Schutz versiegelt werden.
13. Falls Sie dazu neigen, eine Bekräftigung Ihrer „Blaupause“ via Ihr Gehör vorzuziehen, benutzen Sie ein Gerät um Ihre Beschreibung aufzunehmen und spielen Sie sie ab, während Sie sich mit Energie aufladen.
14. Bei Beziehungsproblemen ist es oft nötig, die inneren Verbindungen die Sie mit einer Person haben aufzulösen. Das kann sich bewahrheiten, wenn es einen Konflikt oder eine Trennung gab, wenn es wünschenswert ist, die Beziehung zu beenden. In einer zerbrochenen Beziehung kann es auch nötig sein, wenn Sie sie wiederherstellen möchten! Indem Sie „die Schnüre durchschneiden“ die Sie zusammenbinden, werden Sie zerrüttende Kon-

flikte los und erlauben die Schaffung neuer und klarer Verbindungen.

15. Es ist wichtig eine freundliche Partnerschaft mit Ihrem Inneren Selbst aufzubauen. Betrachten Sie Ihr inneres Bewusstsein als einen Facharbeiter, der die Fähigkeiten braucht, die Sie, das bewusste Selbst haben und dafür andere Fähigkeiten besitzt, die Ihnen fehlen. Zusammen bilden Sie eine perfekte Partnerschaft. Wenn Sie dann Ihre Stärken mit dem höheren Bewusstsein des Hohen Selbstes vereinen, haben Sie das perfekte Dreieck oder die perfekte Drei-Einigkeit – ein Team, das alles erreichen kann, wofür Sie sich entscheiden and worauf Sie hinarbeiten.

16. Sollten Sie Schwierigkeiten haben, Ihren Geist von den Ablenkungen des täglichen Lebens freizumachen, wenn Sie sich an Ihrem ruhigen Ort befinden, sitzen Sie für einige Sekunden mit sich leicht berührenden Fingerspitzen. Das wird Ihre Energien automatisch balancieren.

17. Lob und Dank. Genauso wie Sie Dank und Lob gegenüber einem Freund ausdrücken würden, der Ihnen bei der Vollendung eines Projekts behilflich war, ist es wichtig, Worte des Lobes gegenüber Ihrem Inneren Selbst und Ihrem Hohen Selbst auszusprechen für die Hilfe die sie Ihnen zuteil werden liessen.

18. Obwohl die Lichtschalter-Methode an einem privaten, ruhigen Ort ausgeführt wird, können Sie zu jeder Zeit und an jedem Ort eine Schnellversion durchführen, wenn Sie die Vorgehensweise einmal als Gewohnheit verinnerlicht haben. Schalten Sie eine kurze Pause ein um das Bild zu formen und es mit Energie an Ihr Hohes Selbst zu senden. Diese Methode ist besonders nützlich bei einem Bild, das sie zuvor sorgfältig vorbereitet haben, sowie für kleine Dinge, die keine ausgedehnte Vorbereitung benötigen. Wie z.B. das Finden eines Parkplatzes oder verlegter Gegenstände.

19. Sie haben ein perfektes Gedächtnis! Um jederzeit ein vollkommenes Erinnerungsvermögen zu haben, wann immer Sie es wollen, stellen Sie sich auf sehr guten Fuss mit Ihrem Inneren Selbst. Das ist der Teil von Ihnen, der das perfekte Gedächtnis besitzt.

Spezialangebot für Mitglieder

CDs von Henry Krotoschin zum Sonderpreis:

„Gespräche mit George“ und **„Lichtmeditation“**

im Doppelpack für nur **CHF 30 / EUR 20**
(statt CHF 44 / EUR 30), zuzüglich Versandkosten.
Profitieren Sie!

Gespräche mit George
Der Inhalt dient zur Fortsetzung und Vertiefung der Huna-Arbeit, bspw. nach einem Seminar oder nach der Lektüre des Buches "Huna-Praxis". Es zeigt an Beispielen, wie Sie mit Ihrem unteren Selbst, George, sprechen können, wie Sie George erziehen und sich von überflüssigen Schuldgefühlen, Ängsten und Komplexen befreien. Dies ist die logische Grundlage einer gänzlich positiv veränderten, innerlich harmonischen Lebensführung.

Lichtmeditation
Diese Meditation ist spontan entstanden. Sie wurde Henry, zusammen mit seinem unteren Selbst, genannt "George" eingegeben. Sein Hohes Selbst, sein Schutzengel, war bei dieser geistigen und doch sehr realistischen Führung massgeblich beteiligt. George und Henry werden mit Ihnen in bedeutende geistige Erlebnisse und Erkenntnisse geführt. Sie werden, wenn Sie es wollen, Kontakt mit geliebten Menschen haben, die längst von uns gegangen sind. Der zweite Teil der Handlung ist für das jetzige Erdenleben symbolisch.

Ho'oponopono-Beratungen

Mit Ho'oponopono können Sie belastende Situationen in Ihrem Leben auflösen.

Wir bieten die Ho'oponopono-Beratungen nach Morrnah Simeona in 12 Schritten an.

Nach einer gründlichen Vorbereitung erfolgt eine Sitzung von ca. 2 Stunden Dauer.

Für weitere Informationen rufen Sie uns unverbindlich an, Telefon +41 44 251 55 65.

Preis für Mitglieder CHF 150.00
(Nichtmitglieder CHF 180.00)

In die Stille finden

Die Stille ist ein spezieller, leicht veränderter Bewusstseinszustand, bei dem das mittlere Selbst ein wenig zur Seite tritt. Dadurch wird es möglich, einen direkteren Zugang zum unteren Selbst zu finden. Wir begeben uns in den sogenannten „Alpha-Zustand". Alpha Hirnströmungen werden erzeugt, wenn sich Geist und Körper in einem komplett entspannten Zustand befinden. (Nicht zu verwechseln mit einer tiefen Meditation oder Schlaf.) Im Alpha-Zustand können wir uns besser konzentrieren und sind fähig mühelos zu lernen weil der „Weg" zum unteren Selbst nicht durch unsere „lauten" Gedanken versperrt ist. Von **Jennifer Lee**

Jeder und jede von uns war bereits zufällig und ohne sich dessen bewusst zu sein, schon hunderte Male im Zustand der Stille. Jedes Mal wenn wir uns intensiv auf etwas konzentrieren und dabei alle anderen Gedanken ausschliessen, nähern wir uns dem Zustand der Stille. Sogar das normale Lernen ist eine abgemilderte Form dieses veränderten Bewusstseinszustands. Wenn wir uns mit dem bewussten Weg in die Stille vertraut machen, können wir uns jederzeit und überall in sie hineinbegeben, sogar mit geöffneten Augen, mitten im grössten Lärm und unter vielen Menschen!

Der erste Schritt dazu ist zu üben, in diesen Zustand hinein und wieder hinaus zu gehen, bis wir wissen, dass wir quasi ein „Meister" oder eine „Meisterin" der Stille sind. Es ist etwas vom Wichtigsten das wir für uns selbst erlernen und tun können um die Huna-Lehre zu praktizieren. In der Stille nehmen wir z.B. Kontakt mit unserem unteren Selbst auf, um die Blockaden und Komplexe aus dem Weg zu räumen, die verhindern, dass unsere drei Selbste harmonisch zusammenwirken können.

Im Zustand der Stille verrichten wir unsere Rituale und Gebete. Wir können dort auch mit unserem Hohen Selbst kommunizieren und Antworten oder Inspirationen empfangen. Die Kahunas vollbrachten ihre sogenannten „Wunder", die für sie alltäglich Dinge waren, in der Stille. Sie beherrschten die gezielte Anwendung der universellen Lebenskraft (Mana) durch bestimmte Atemtechniken und durch die Lenkung der Selbste. Im Zustand der Stille, im Zusammenspiel der drei Selbste, sind die Lenkung und die Ausrichtung dieser Kräfte möglich.

Bevor wir damit beginnen das „in die Stille Gehen" zu erlernen, ist es hilfreich die folgende Visualisation als Teil des Lernprozesses zu üben. Visualisation ist nichts anderes als Vorstellungsgabe, Fantasie oder Tagträumerei. Tun Sie einfach so, als ob Sie die vorgesagten Dinge sehen und schon sind Sie mittendrin: Schliessen Sie die Augen und stellen Sie sich einen schönen, friedlichen Ort vor. Es kann ein Platz sein, den Sie bereits kennen und an den Sie sich erinnern. Oder es kann ein Ort sein, der nur in Ihrem Innern existiert. Vielleicht ist es ein umzäunter Garten, mit einem schönen Springbrunnen, oder eine Bergwiese mit Kiefern, wilden Blumen und einem rauschenden Bach oder eine spezielle Stelle irgendwo an einem See oder am Meer. Ein Ort, den Sie sich leicht vorstellen können und wo Sie sich glücklich und voller Frieden fühlen. Nehmen Sie sich ein bisschen Zeit, um diesen Ort genau zu sehen. Zu diesem Platz kommen wir später zurück. Jetzt setzen Sie sich so bequem wie möglich hin auf Ihrem Stuhl. Die Füsse flach auf den Boden, Hände auf die Oberschenkel, die Handflächen geöffnet nach oben.

Schmeicheln Sie Ihrem Körper und konzentrieren Sie sich bewusst darauf ihn zu entspannen:

Meine Füsse entspannen sich.
Meine Beine entspannen sich
hinauf bis zu meinen Knien,
Meine Beine entspannen sich
bis hinauf zu meiner Hüfte.
Meine Körpermitte entspannt sich.
Seid ganz ruhig... locker... entspannt.
Mein Brustkorb und meine
Schultern entspannen sich.
Mein linker Arm, bitte entspanne dich.
Mein rechter Arm, bitte entspanne dich.
Ich bewege jeden Finger,
einen nach dem anderen, ganz sacht.
Sie sind alle entspannt.
Mein Hals und mein Kopf entspannen sich.
Sie sind ganz locker und entspannt.
Meine Gesichtsmuskeln entspannen sich.
Meine Zunge entspannt sich
gegen meinen Unterkiefer.
Mein Nervensystem entspannt sich.
Beruhige dich, sei still... entspanne.
Mein Geist entspannt sich, läst los.
Meine Gehirnwellen verlangsamen sich.
Beruhigt euch... entspannt euch.
Ich bin entspannt... ich bin ruhig... ich bin still.

Tipps

Besprechen Sie einen Tonträger mit der Übung und hören Sie sich selbst einige Male zu.

Die Natur ist der beste Lehrer. Betrachten Sie einen Baum und nehmen Sie seine Stille wahr. Das ist sehr hilfreich, um selbst in die Stille zu kommen.

Begeben Sie sich jetzt an Ihren ganz privaten Ort. Spüren Sie ihn. Sehen Sie ihn. Riechen Sie ihn. Hören Sie ihn, wenn Sie können.

Fühlen Sie, wie Sie sich entspannen und weich werden während sie seine Schönheit aufsaugen.

Betrachten Sie eine bestimmte Blume. Konzentrieren Sie sich darauf, sie so sorgfältig wie noch nie anzuschauen, bis hinunter zu den Härchen an ihrem Stiel.

Schauen Sie sich das Wasser in der Nähe an. Sehen Sie es so, wie zum ersten Mal in Ihrem Leben.

Schauen Sie, wie jeder Tropfen wie ein Diamant glitzert und alle Farben des Regenbogens versprüht.

Verweilen Sie weiter in der Schönheit und dem Frieden Ihres privaten Ortes.

Nehmen Sie jetzt einen tiefen Atemzug, ganz tief hinein. Atmen Sie aus und seufzen Sie, vollkommen entspannt.

Ich lasse geistig alles los.
Ich bin vollkommen entspannt.
Ich bin ganz ruhig.
Ich bin in der Stille.

Von jetzt an kann ich jederzeit und überall in die Stille gehen. Alles was ich tun muss, ist zu entspannen, meine Augen zu schliessen und folgende Worte zu denken oder zu sprechen („Schlüsselsatz"):

„Friede... Friede... Friede...
ich bin in der Stille."

Immer wenn ich diese Worte sage, bin ich schnell und einfach in der Stille.

Wenn ich <u>aus</u> der Stille kommen möchte, zähle ich bis fünf und sage: „Hier und jetzt... hellwach... vollkommen präsent".

1... 2... 3... 4... 5... hier und jetzt...
hellwach... vollkommen präsent

Üben Sie dieses „in die Stille Gehen", bis Sie damit vertraut sind und es wirklich überall und in jeder Situation anwenden können. Die ersten paar Male wenn Sie diese Kurzversion anwenden, können Sie ihre neue Fähigkeit unterstützen, indem Sie Folgendes sagen:

„Friede... Friede... Friede...
ich bin in der Stille!
Tief, tief in der Stille.
Mein Körper, entspanne dich.
Mein Nervensystem, entspanne dich.
Meine Hirnwellen, verlangsamt euch.
Entspannt euch... seid ganz ruhig...
Ich bin jetzt ein Meister,
eine Meisterin der Stille.
Ich kann hinein und hinausgehen
an meinen Ort der Stille, wie ich will.
Jederzeit... überall.
Von jetzt an habe ich die Meisterschaft über die Stille!
Eins... zwei... drei... vier... fünf. Hier und jetzt. Hellwach. Vollkommen präsent."

Öffnen Sie immer die Augen, wenn Sie aus der Stille kommen. Falls Sie jedoch genügend Zeit haben, ist es immer gut, einen Moment still zu sitzen und das Wohlgefühl an Ihrem Ort der Stille zu geniessen.

Wenn Sie Ihrer Sache sicher sind und gelernt haben, die Technik schnell und richtig anzuwenden, sind Sie bereit, nur noch die **„Schlüsselsatz-Version"** zu gebrauchen.

Forcieren Sie nichts, wenn Sie üben. Um in die Stille zu gehen, gebrauchen wir unsere Willenstärke dazu, uns zu entspannen.

Selbst-Test

Wenden Sie folgenden kleinen Selbst-Test an um zu kontrollieren, ob Sie wirklich in der Stille sind:

Sagen Sie zu sich selbst: „Ich werde bis drei zählen und bei drei sind meine Augen fest geschlossen und werden sich nicht mit einem gewöhnlichen, normalen Gedanken, resp. Befehl öffnen. Sie öffnen sich nur durch einen starken geistigen Befehl."

Geben Sie diesen starken Befehl jedoch nicht. Dies ist als Test gedacht, ob Sie in der Stille sind.

Wenn Sie bis drei gezählt haben, und einen kurzen, normalen Versuch gemacht haben, Ihre Augen zu öffnen, entspannen Sie sich wieder. Sagen Sie zu sich selbst, dass Ihre Augen wieder ganz normal sind (das ist ganz wichtig) und machen Sie weiter mit Ihrer Übung.

Wenn dieser Versuch nicht gelungen ist, d.h. wenn Sie Ihre Augen sofort öffnen konnten, gehen Sie noch einmal an den Anfang zurück und versuchen es erneut, bis es Ihnen gelingt. Jedoch nur wenn Ihnen danach ist, erzwingen Sie nichts, vielleicht geht es an einem anderen Tag besser.

Die Silva-Methode

Die Silva-Methode ist ein von José Silva auf wissenschaftlicher Basis der Hirnwellenfunktion entwickeltes Programm zur Erweiterung des Bewusstseins und zur Entspannung. In der Alpha-Stufe ist das menschliche Gehirn aufnahme- und leistungsfähiger, der Körper ist entspannt, der Pulsschlag reduziert und der Blutdruck tiefer. In der Alpha-Stufe arbeiten wir nicht nur leichter und besser, sondern wir leben vor allem auch gesünder. Von **Ulrich Amacher**

José Silva (1914-1999) wurde in Laredo, Texas in ärmsten Verhältnissen geboren. Sein Vater starb früh, so dass er bereits als Kind zum Lebensunterhalt der Familie beitragen musste und somit nie eine Schule besuchen konnte. Lesen und Schreiben lernte er von seinen älteren Geschwistern. Mit 15 Jahren absolvierte er einen Fernkurs als Radioelektriker und eröffnete schon bald ein eigenes Geschäft. Seine Erforschungen der elektrischen Schwingungen und Frequenzen im menschlichen Hirn führten ihn zur Entwicklung der nach ihm benannten Silva-Methode, die er 1966 erstmals präsentierte.

Die Silva-Methode ist eine dynamische Entspannungstechnik und eine äusserst effiziente Methode zur Problemlösung. Sie ist einfach zugänglich und für alle leicht erlernbar. Sie stützt sich nicht auf ein philosophisches oder religiöses System, sondern basiert auf technisch-wissenschaftlichen Grundlagen. Trotzdem oder vielleicht gerade deshalb ist sie so einfach und praktisch anwendbar.

José Silva war Radiotechniker und befasste sich daher mit Wellen und Frequenzen. Seine Kenntnisse aus der Elektronik wendete er auf das menschliche Gehirn und das menschliche Denken an. 1944 begann er seine Forschungsarbeit über die Bewusstseinserweiterung und die verschiedenen Gehirnfrequenzen. Sein erstes Ziel war, seinen Kindern zu helfen, ihre schulischen Leistungen zu verbessern. Die Erfolge waren derart verblüffend, dass er seine Studien fortsetzte und anfing, auch mit Erwachsenen zu arbeiten. Bis heute gibt es neben Kursen für Erwachsene auch Kurse für Kinder ab sechs Jahren.

Gehirnfunktionen

Das menschliche Gehirn sendet elektrische Impulse in Wellen aus. Im Tiefschlaf sind es sehr wenige, im leichten Schlaf wenn wir träumen mehr, und im Wachzustand am meisten. Im vollen Wachzustand wenn wir logisch denken sendet unser Gehirn etwa 20 Impulse oder Zyklen pro Sekunde aus. Dieser Frequenzbereich wird „BETA" genannt. Wenn wir entspannt sind oder während des leichten Schlafs sind es zwischen 7 und 14 Zyklen pro Sekunde. Dieser Frequenzbereich wird „ALPHA" genannt. In Alpha ist der Zugang zur geistigen Welt möglich. Das Zeit- und Raumgefühl ist herabgesetzt. Noch langsamere Frequenzbereiche sind „THETA" und „DELTA". Theta erreichen wir in sehr tiefen Meditationen, in Theta sind wir bis zu einem gewissen Grad Schmerz unempfindlich. Delta entspricht dem Tiefschlaf und der Bewusstlosigkeit.

Werden wie die Kinder

Als Kleinkind benutzt der Mensch nur einen kleinen Teil des Gehirns. Die vorherrschenden Frequenzen in diesem Alter sind Theta und Delta. Mit zunehmendem Alter kommen immer mehr Gehirnbereiche zum Einsatz. Zwischen 7 und 14 Jahren herrschen die Alpha-Frequenzen vor. Danach beginnt der Einsatz jenes Gehirnteils, der im Beta-Bereich arbeitet. Die meisten Menschen haben mit 14 Jahren schon nicht mehr die Fähigkeit, ihre Alpha Gehirnfrequenzbereiche bewusst zu erreichen. Sobald sie ihre Gehirnschwingungen auf Alpha reduzieren, schlafen sie ein. Diese Menschen haben verlernt, die Denkfähigkeit ihrer rechten Gehirnhälfte zu nutzen. Für den Rest ihres Lebens denken sie vorrangig mit der linken Gehirnhemisphäre. Bei der Silva-Methode geht es darum, bewusst wieder in die Alpha-Frequenzen zu gelangen und diese besondere Bewusstseinsstufe zur Lösung von Problemen und zur Verbesserung der Gesundheit zu verwenden.

Nutzbringende Feststellungen

Bei der Silva-Methode werden verschiedene nutzbringende Feststellungen während der kontrollierten Entspannung (Alpha-Zustand) im unteren Selbst verankert. Alle praktischen Übungen während des Seminars werden im Alpha-Zustand, der sogenannten Grundstufe 1 eingeübt. Eigene Programmierungen erfolgen später auf dieselbe Weise. Der Unterschied zwischen einem Genie und einem Durchschnittsmenschen besteht darin, dass ein Genie mehr von seinen geistigen Fähigkeiten einsetzt und dies auf eine besondere Weise tut. Mit der Silva-Methode lernen wir mehr von unseren geistigen Fähigkeiten zu nutzen und diese zu unserem und dem Wohl unserer Mitmenschen einzusetzen. Von grösster Wichtigkeit dabei sind eine positive Denk- und Sprechweise sowie ein gepflegter „Garten der Gedanken". Negative Ausdrucksformen sind in jedem Fall zu vermeiden, negative Prägungen jeder Art zu eliminieren und durch positive Vorstellungen zu ersetzen.

In die Ruhe kommen

Die Alpha-Stufe wird in der Silva-Methode erstmals nach einer gründlichen Entspannung mit der Zählmethode 3 zu 1 erreicht. Wir visualisieren in unserem Geist dreimal die Zahl 3, dreimal die Zahl 2 und dreimal die Zahl 1. Die Vorstellung davon muss sehr lebendig sein.

Einmal einprogrammiert, wird die Grundstufe durch dreifaches tiefes Einatmen und Visualisieren der Zahlen in Sekundenschnelle erreicht. Auf dieser Entspannungsstufe werden künftig alle Herausforderungen, Fragen, gewünschte Ziele usw. bearbeitet. Auf der Grundstufe sind wir zu jeder Zeit ansprechbar, wir sind in der Lage zu antworten und klare Gedanken zu fassen. Wir behalten zu jeder Zeit die volle Kontrolle und Herrschaft über unsere geistigen Fähigkeiten. Und das ist so. Von Anfängern wird die Grundstufe oft mit einer Meditation verwechselt und sie gehen zu tief in die Entspannung. Das ist nicht das Ziel auf dieser Ebene.

Um aus dieser Bewusstseinsstufe herauszukommen wird ebenfalls eine Zähltechnik angewendet. Wir zählen im Geist von 1 bis 5 und sagen uns, dass wir bei 5 die Augen öffnen, hellwach, sehr zufrieden und vollkommen gesund sein werden. Wir werden uns besser fühlen als vorher. Dann zählen wir im Geist von 1 bis 2, dann 3. Bei 3 erinnern wir uns daran, dass wir bei 5 die Augen öffnen, hellwach, sehr zufrieden und vollkommen gesund sein werden. Dann zählen wir langsam weiter 4 und dann 5. Bei 5 öffnen wir die Augen sagen uns im Geist: „Hellwach, sehr zufrieden und vollkommen gesund, viel besser als vorher. Und das ist so."

Nachstehend einige angewandte Techniken der Silva-Methode.

Die Einschlaf-Kontrolle

Ein gesunder Schlaf ist ein wichtiges Gut. Viele Menschen haben aber grosse Mühe damit, den Schlaf zu finden. Mit der Einschlaf-Kontrolle nach Silva gelingt es auf einfache Weise.

Die Aufwach-Kontrolle

Es ist eine geistige Technik, die Sie anwenden können, um ohne Wecker aufzuwachen. Auch dies ist eine der vielen praktischen Übungen zur Feststellung, dass der Geist unseren Körper beherrscht und nicht umgekehrt. Begeben Sie sich vor dem Einschlafen auf die Grundstufe 1 mit der Methode 3 zu 1. Visualisieren Sie im Geist eine Uhr vor sich. Bewegen Sie die Zeiger der Uhr nun solange, bis sie die Zeit anzeigen, zu der Sie aufwachen möchten. Dann sagen Sie sich in Gedanken: „Das ist die Zeit, zu der ich aufwachen möchte, und das ist die Zeit, zu der ich aufwachen werde". Schlafen Sie auf der Grundstufe ein. Sie werden zu der von Ihnen gewünschten Zeit aufwachen, hellwach, sehr zufrieden, gut ausgeruht und vollkommen gesund sein. Und das ist so.

Die Kopfschmerz-Kontrolle

Die Kopfschmerz-Kontrolle ist eine geistige Technik, die Sie anwenden können, um Kopfschmerzen zu stillen und zu vermeiden, ohne Medikamente einzunehmen. Bei Kopfschmerzen, die durch Spannungen verursacht wurden, begeben Sie sich auf die Grundstufe 1 mit der Methode 3 zu 1. Sobald Sie auf der Grundstufe sind, sagen Sie in Gedanken: „Ich habe Kopfschmerzen, ich spüre Kopfschmerzen, aber **ich will keine Kopfschmerzen mehr spüren**". Fügen Sie dann hinzu: „Ich werde bis 5 zählen. Bei 5 werde ich meine Augen öffnen, hellwach, sehr zufrieden, gut ausgeruht und vollkommen gesund sein. Dann werde ich keine Kopfschmerzen mehr haben, dann werde ich keine Kopfschmerzen mehr spüren". Zählen Sie dann langsam 1, 2, 3. Bei 3 wiederholen Sie in Gedanken: „Bei 5 werde ich die Augen öffnen, hellwach, sehr zufrieden, gut ausgeruht und vollkommen gesund sein. Dann werde ich keine Beschwerden in meinem Kopf mehr haben, dann werde ich nichts Unangenehmes in meinem Kopf spüren". Zählen Sie langsam weiter: 4, 5. Bei 5 und mit offenen Augen sagen Sie in Gedanken (oder halblaut): „Ich bin hellwach, sehr zufrieden, gut ausgeruht und vollkommen gesund. Ich fühle mich viel besser als vorher. Ich habe keine Beschwerden in meinem Kopf; ich fühle nichts Unangenehmes in meinem Kopf; und das ist so".

Das letzte Beispiel zeigt eines der Prinzipien der Silva-Methode. Der unerwünschte Zustand muss in jedem Fall zuerst anerkannt werden. Erst danach wird der gewünschte oder erstrebenswerte Zustand an dessen Stelle gesetzt. Die Silva-Methode setzt in allen Bereichen vollkommene Ehrlichkeit und Offenheit mit sich selbst voraus.

Im zweiten Kursteil werden die Kenntnisse und Anwendungen vertieft. So kommt beispielweise der Bewusstseinsspiegel zum Einsatz, eine Technik mit der Probleme gelöst und Ziele erreicht werden können. Zum Erreichen von tieferen und gesünderen Bewusstseinsstufen dient die Handlevitation: eine geistige Technik bei der durch Willenskraft, aber ohne körperliches Zutun die Hand von den Knien zum Gesicht gehoben wird.

Eine weitere sehr bekannte Technik der Silva-Methode ist die **„Glas-Wasser-Technik"**. Auch sie dient dazu, Probleme zu lösen und Ziele zu erreichen. Am Abend vor dem Einschlafen füllen Sie ein Glas mit Wasser. Trinken Sie die Hälfte davon mit geschlossenen und leicht nach oben gewendeten Augen und sagen Sie sich in Gedanken: „Das ist alles, was ich tun muss, um einen Hinweis zu erhalten wie ich mein Problem lösen kann". Sie können dabei die Herausforderung oder das zu erreichende Ziel beschreiben, aber es ist auch vollkommen ausreichend, wenn Sie konzentriert daran denken. Stellen Sie das restliche halbe Glas Wasser zur Seite, gehen Sie zu Bett und schlafen Sie ein.

Am Morgen sobald Sie aufwachen trinken Sie das restliche halbe Glas Wasser und gehen dabei vor wie vor dem Einschlafen. Als Er-

Buchempfehlungen

José Silva
Silva-Mind Control
Verlag Ullstein
ISBN-13: 9783548741253

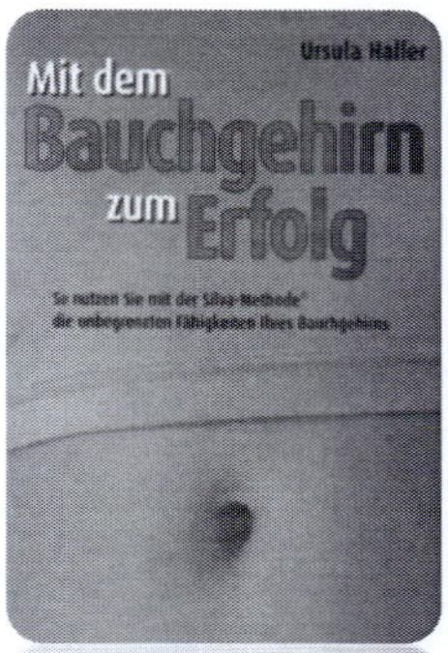

Ursula Haller
Mit dem Bauchgehirn zum Erfolg
Taschenbuch
ISBN: 3950081917

gebnis dieser Programmierung können Sie während der Nacht oder am Morgen mit der lebhaften Erinnerung an einen Traum aufwachen, der die Informationen enthält, mit denen Sie Ihr Problem lösen können. Sie könnten auch tagsüber plötzlich einen Gedanken haben, der diese Information enthält.

Im dritten Kursteil werden das Vorstellungsvermögen und die Kreativität geschult. Durch Sinnesprojektionen in die belebte und unbelebte Materie erhalten wir Informationen zu Aussehen, Lichtverhältnissen, Temperatur, Geruch und Klang verschiedener Materialien. Weiter erschaffen wir uns ein „Laboratorium" und geistige Helfer. Das Laboratorium ist eine besondere geistige Dimension, in der wir unmittelbar mit unserem eigenen Zentrum in Verbindung stehen. Das Laboratorium ist für alle Notwendigkeiten und Eventualitäten ausgerüstet, die in unserem Leben auftauchen können. Die Ratgeber (einer männlich, eine weiblich) repräsentieren die universale Intelligenz. Sie stellen eine Verbindung zu den verschiedensten Wissensbereichen dar, deren Erreichen wir im Wachbewusstsein nicht für möglich halten würden.

Im Weiteren wird die Fallarbeit an Patienten geübt. Mit Hilfe der „subjektiven Kommunikation" wie die aussersinnliche Wahrnehmung in der Silva-Terminologie genannt wird (weil es tatsächlich nichts ausserhalb unserer Sinne gibt) erfassen wir Informationen zu uns unbekannten Menschen, ihrem Aussehen, Charakter und ihren gesundheitlichen Problemen. Mit den erlernten Techniken können wir alle Störungen gedanklich beseitigen und die Menschen vor unserem geistigen Auge in vollkommener Gesundheit erscheinen lassen.

Gut zu wissen

Das Basisseminar Ein Silva Basisseminar dauert drei Tage und kostet EUR 600 / CHF 900. Die Kursgebühr ist nur einmal zu bezahlen. Danach kann der Kurs beliebig oft - auch in anderen Ländern - wiederholt werden. Wiederholer zahlen jeweils nur eine Sitzplatzgebühr.

Silva-Methode im deutsprachigen Raum Direktorin für Deutschland, Österreich, Südtirol und die deutschsprachige Schweiz ist Ursula Haller. Seminartermine und Informationen auf www.silva-meth.at

Kinderkurse José Silva hat seine Methode ursprünglich als Lernmethode für seine Kinder entwickelt. So gibt es auch heute immer noch eine grosse Anzahl Kurse für Kinder ab sechs Jahren. Oft werden Erwachsenen- und Kinderkurse parallel durchgeführt, so dass eine gleichzeitige Teilnahme möglich ist.

Silva-Methode weltweit Die Silva-Methode wird in über 100 Ländern gelehrt und es gibt an die 15 Millionen Absolventen. Inhalt und Ablauf der Seminare sind auf der ganzen Welt identisch.

Nächste Seminartermine

Schweiz: Bern 8.- 10. 4.11, Basel 27.-29.5.11
Deutschland: Stuttgart 8.-10.4.11, Hamburg 29.4.-1.5.11
Österreich: Salzburg 1.- 3.4.11, Graz 8.-10.4.11

Alle Seminartermine und nötigen Informationen

Silva-Methode, Ursula Haller
Neubaustrasse 26, 4400 Steyr, Österreich
Tel. +43 72 52 45 1 36
office@silva-meth.at, www.silva-meth.at

Tipps für den Alltag

Das „Dusch-Ritual"

Jeder von uns möchte wohl soweit kommen, dass er nur durch ein Wort oder einen Gedanken etwas erschaffen, verändern, oder bewirken kann. Bis wir soweit sind in unserer Entwicklung, sind Rituale ein guter Weg unseren Geist , d.h. die Kraft unserer drei Selbste auf etwas zu fokussieren, um das Gewünschte oder das Nötige zu manifestieren.

Es gibt viele Dinge in unserem Alltag, die wir nicht von unserem Energiefeld fernhalten können. Mit dem „Dusch-Ritual befreien wir uns auf angenehme Art und Weise von täglichem „Ballast und Treibgut".

Die alten Hawaiianer wanderten dafür oft kilometerweit um ein solches Ritual unter einem Wasserfall abzuhalten. Wir haben es einfacher und brauchen dafür nur den Wasserhahn aufzudrehen:

Stellen Sie sich unter die Dusche und gehen Sie in die Stille (wie geübt: Friede, Friede, Friede... ich bin in der Stille).

Das Wasser fliesst über Ihren Kopf und an Ihrem Körper hinunter. Es ist voller Energie direkt aus dem Innern von Mutter Erde. Jeder einzelne Tropfen strahlt reine Lichtenergie in alle Richtungen und in alle Dimensionen aus.

Während Sie zusehen und fühlen, wie diese Energien über Sie und durch Sie hindurch fliessen, denken Sie oder besser, sprechen Sie die folgenden Worte (oder ähnliche, selbst ausgedachte):

„Mit diesem Wasser werden alle unerwünschten Dinge von meinem Körper und aus meiner Aura weggespült.
Sie fliessen den Abfluss hinunter und hinein ins Abwasser um gereinigt zu werden.
Die leeren Räume werden mit dem reinen Licht der Unendlichkeit aufgefüllt.
So ist es. Es ist getan."

Verweilen Sie einen Moment und schauen Sie zu, wie alles Negative weggespült wird und durch Licht ersetzt, bis Sie „leuchten".

Kommen Sie aus der Stille.
1... 2... 3... 4... 5... hier und jetzt... hellwach... vollkommen präsent. Öffnen Sie die Augen.

Diese einfache, wirkungsvolle Übung können Sie täglich anwenden.

Seminare

Huna Basis-Seminar

für Einsteiger und Wiederholer

März
Samstag/Sonntag, 19./20. März 2011
April
4 x Dienstagabend, 19-21h:
5./12./19./26. April 2011

Grundlagen von Huna zur selbständigen praktischen Anwendung

Huna Praxis-Seminar

für Anwender und Fortgeschrittene

Mai
Samstag/Sonntag, 14./15. Mai 2011
Juni
Samstag/Sonntag, 11./12. Juni 2011

Weiterführende Techniken und viele praktische Übungen für Huna-Anwenderinnen und Anwender

Infos auf www.huna-europe.ch

Unser Seminarraum in Zürich

Kommentar eines Seminarteilnehmers: *„Keine Zweifel mehr! - Ich habe schon viele Methoden ausprobiert, um spirituell zu wachsen. Immer hatten mich Zweifel begleitet. So wie die Huna-Lehre im Seminar präsentiert wurde ist diese logisch und über alle Zweifel erhaben. Sie wirkt so überzeugend und authentisch, man muss einfach daran glauben!"*

Herausgegeben von:

Huna Forschungs-Gesellschaft Zürich | HFG
Grubenstrasse 27 | CH-8045 Zürich
Telefon +41 44 251 55 65
info@huna-europe.ch | www.huna-europe.ch

HUNA-GRUPPE ZÜRICH

An folgenden Mittwochabenden trifft sich die Huna-Gruppe Zürich **im Lokal der HFG Zürich, Grubenstrasse 27, 8045 Zürich-Binz**

Irene Morf wird zusammen mit anderen Referentinnen und Referenten durch den Abend führen. Beginn **neu um 19.00 Uhr:**

30. März	**mit Gastreferent Sascha Ansahl zum Thema Ho'oponopono**	
27. April	**25. Mai**	**29. Juni**
Juli fällt aus	**31. August**	**28. September**
26. Oktober	**30. November**	**Dezember fällt aus**

Unkostenbeitrag für **Mitglieder CHF 10.00** pro Abend (Nichtmitglieder CHF 20.00)

Neue Teilnehmer sind jederzeit herzlich willkommen! Eine Anmeldung ist nicht nötig. Informationen und Einzelheiten zu den Themen auf www.huna-europe.ch, bei HFG Zürich, Telefon +41 44 251 55 65 oder Irene Morf, Telefon +41 44 813 75 35.

Mitgliedsbeitrag 2011

Wir freuen uns, wenn Sie unsere Tätigkeiten auch im neuen Jahr durch Ihren Mitgliedsbeitrag unterstützen. Er beträgt unverändert

CHF 80.00 / EUR 55.00

Wenn Sie Ihren Beitrag für 2011 noch nicht bezahlt haben, bitten wir um baldige Überweisung. Herzlichen Dank!

Profitieren Sie von den zahlreichen Vergünstigungen für Mitglieder! Informationen über unsere Aktivitäten und Angebote finden Sie auf unserer Website www.huna-europe.ch oder erhalten Sie unter Telefon +41 44 251 55 65.

Postfinance Bern 80-32001-2, IBAN CH74 0900 0000 8003 2001 2
Postbank Karlsruhe 1840 02-757, IBAN DE26 66010075 0180 4027 57
P.S.K. Wien 7.617.939, IBAN AT76 6000 0000 0761 7939

Nr. 6 | Juni 2011

HUNA NACHRICHTEN

Zeitschrift für Mitglieder | Huna Forschungs-Gesellschaft Zürich | www.huna-europe.ch

EDITORIAL

Liebe Leserinnen und Leser

„Wenn du barfuss rum läufst, erkältest du dich." „Pass auf, wenn du im Luftzug sitzt wirst du krank." „Iss deinen Teller leer, damit du gross und stark wirst." Wie viele solche durchaus gut gemeinten Ratschläge haben wir in unserer Kindheit wohl gehört? Und unser unteres Selbst, damals noch ganz besonders beeindruckbar davon, was die Erwachsenen sagten speicherte diese Aussagen als unverrückbare Wahrheiten in seinem Inneren ab. Wenn wir solche Programmierungen nicht von Zeit zu Zeit auf ihren Wahrheitsgehalt überprüfen, reagiert unser unteres Selbst noch heute so, wie es damals programmiert wurde: mit einem Schnupfen, mit einer Erkältung und – da wir als Erwachsene nicht mehr wachsen – mit einigen Pfunden zu viel. Dies sind die harmloseren all der unreflektiert übernommenen „Wahrheiten" und Ansichten. Tief sitzende Überzeugungen können aber auch Gefühle von Schuld und Sünde beinhalten. Diese belasten das untere Selbst und stehen unserer Beziehung zum Hohen Selbst und damit unserer geistigen Entwicklung im Weg. Diese Belastungen sind oft der Grund dafür, dass das untere Selbst uns nicht gehorcht, sich ungebührlich benimmt, wieder einmal seinen Kopf durchsetzt. Es lohnt sich also in jedem Fall, feste Überzeugungen sorgfältig zu prüfen. Woher stammen sie? Wer sagt, dass es so ist? Und stimmen diese Aussagen heute noch in dieser Weise für uns? Ungelöste Schuldgefühle können gravierende negative Emotionen wie Hass, Eifersucht, Angst oder gar Depressionen auslösen. Henry Krotoschin zeigt uns in seinem Artikel auf, wie wir Schuldgefühle selbst gegenüber Personen, die für uns nicht mehr erreichbar sind auflösen können. Eng mit Gefühlen von Schuld und Sünde verbunden ist unser Ego. Wir schlagen Ihnen Lösungswege vor, sich Schritt für Schritt vom negativen Ego zu lösen. Henry geht in seinem Artikel sogar so weit, das Ego als eigenständiges Geistwesen zu betrachten. Er gibt genaue Anweisungen, wie wir mit diesem Geistwesen umgehen und es zu unserem Wohl formen können. Der Artikel „Aka-Schnüre durchschneiden – ein Ritual" in der letzten Ausgabe der Huna-Nachrichten hat Fragen aufgeworfen. Wir haben die Einwände und Unsicherheiten mit verschiedenen Huna Praktizierenden diskutiert. Wir hoffen, mit unseren Antworten Klarheit schaffen zu können. Wann immer Sie Fragen oder Einwände zu einem Thema in den „Huna-Nachrichten" haben, bitte schreiben Sie uns. Wir freuen uns über jeden Austausch mit Ihnen!

Herzlich, Ihre

Ulrich Amacher und Jennifer Lee

INHALT

Befreiung von Schuld und Sünde Tiefsitzende Glaubenssätze und unnötige Schuldgefühle können uns ein Leben lang belasten. Eine Überprüfung dieser alten Programmierungen ist nötig und hilfreich. *Von Jennifer Lee* **> Seite 3**

Schuldgefühle erzeugen Hass Es ist hilfreich, sich von diffusen Schuldgefühlen zu befreien, um dem Entstehen von tiefer sitzenden negativen Emotionen vorzubeugen. *Von Henry Krotoschin* **> Seite 7**

Das Ego-Geistwesen Wenn wir unser Ego als eigenständiges Wesen betrachten, gelingt es uns besser Kontrolle darüber zu erlagen und uns zu befreien. *Von Henry Krotoschin* **> Seite 8**

Wege um das negative Ego abzustreifen Die Auflösung von Blockaden ist Voraussetzung um unser negatives Ego abzustreifen. *Von Jennifer Lee* **> Seite 10**

Sie fragen – wir antworten Das Ritual „Aka-Schnüre durchschneiden" wurde kontrovers beurteilt und hat Fragen aufgeworfen. Antworten dazu auf **> Seite 11**

Ho'oponopono oder zurück in die Liebe Workshop mit Sascha Ansahl beim Treffen der Huna-Gruppe Zürich. Bericht auf **> Seite 2**

Veranstaltungen
Huna Basis-Seminar, Huna Praxis-Seminar, Huna-Gruppe Zürich: Termine 2011
> Seite 12

Ho'oponopono oder zurück in die Liebe

Intensiv-Workshop mit Sascha Ansahl in der Huna-Gruppe vom 30. März 2011

Lächelnde Gesichter, das ist der erste Gedanke der sich meldet und das erste Bild das ich vor mir sehe, wenn ich mich an den Huna-Abend vom 30. März erinnere. Nebst zahlreichen bekannten Gesichtern sah man auch erfreulich viele neue. Eine Dame reiste sogar aus 500 km Entfernung an, um an diesem Abend dabei zu sein. Angekündigt war ein Vortrag über Ho'oponopono, der sich jedoch als Intensiv-Workshop entpuppte. Von **Jennifer Lee**

Sascha hatte vor ca. 20 Jahren seine persönliche „Erleuchtung" wie er es nennt, als ihm klar wurde, dass alles mit allem und wir mit allem verbunden sind. Er tat diesen Gedanken in seinem Umkreis kund und fand heraus, dass er der einzige war, für den diese Erkenntnis eine Tatsache war. Das Gefühl unverstanden zu sein führte zu manischen Depressionen. *„Ich bin dankbar für meine Depressionen! Ich konnte soviel loslassen durch sie. Sie haben mich auf meinen spirituellen Entwicklungsweg und schliesslich zu Ho'oponopono geführt."*

Er erinnert uns daran, wie wichtig die Verbindung zu unserem inneren Kind ist. Wie es möglicherweise vor uns steht und uns mit grossen Kulleraugen anschaut. Wie wichtig es ist, behutsam und liebevoll mit ihm umzugehen, es ganz sachte an die Hand oder sogar in die Arme zu nehmen. Es ist ein eigenständiges Wesen das niemals schläft. Es reguliert alle unsere Körperfunktionen. Es ist pausenlos unseren Ängsten, Gefühlen der Wertlosigkeit oder der Schuld ausgesetzt. Diese Programme, wie er sie nennt, laufen ohne Unterbruch seit dem Beginn der Zeit in unserem Unterbewusstsein ab.

Das berühmte Bild vom Eisberg. Nur 5 – 8% von diesen Dingen sind uns bewusst. Von den anderen 92 – 95% wissen wir meist nicht einmal dass es sie gibt und dass sie in uns abgespielt werden wie eine CD in der Endlos-Schlaufe.

Alles was uns im Leben begegnet kann uns nur widerfahren, weil wir damit in Resonanz stehen, d.h. weil unser Unterbewusstsein die Situation und/oder das damit zusammenhängende Gefühl wiedererkennt. (Unser Bewusstsein hat keine Ahnung davon, es kennt nur die Spitze des Eisbergs.)

Mit Ho'oponopono übernehmen wir die Verantwortung für alles was in unser Leben tritt. Auch für das Problem mit unserem Nachbar, der immer Sonntagfrüh um 10.00 Uhr seinen Rasen mäht. Wir wissen nicht, warum er es tut, aber es geschieht in unserem Leben, d.h. wir stehen in Resonanz damit. (Jemand ist jedes mal da, wenn ein Problem auftaucht und dieser jemand bist du!) Wir sagen also in Gedanken zu unserem inneren Kind, ich danke dir, für was immer es ist in mir das diese Situation anzieht. Wir haben jetzt die Gelegenheit dieses Programm, von dem ich keine Ahnung habe was es ist, loszulassen. Danke, dass du's mir zeigst. Bitte verzeih mir dafür. Ich liebe dich. Durch diese Sätze löschen wir die unbekannten Programme.

„Betet ohne Unterlass, d.h. ich verbringe meinen Tag in ununterbrochener Reinigung, indem ich immer „Ich liebe dich" vor mich hin sage. Wenn mir jemand eine haarsträubende Geschichte aus seinem Leben erzählt, schaue ich ihm in die Augen und sage ständig in Gedanken „Ich liebe dich" und plötzlich bin ich mir bewusst, dass ich ganz aufmerksam zuhöre und das Urteilen wegfällt. Weil wir mit allem verbunden sind befreien wir erstens uns selbst und als Folge davon alle anderen Menschen und schliesslich die Welt, von genau diesem Programm. Mein Ziel ist es, wieder in die Leere zu gelangen, wo ich herkam. In diesen Zustand der reinen Liebe, bevor ich programmiert wurde, d.h. bevor Glaubenssätze mein Leben bestimmten. Zurück zu der Quelle, auf Null oder in den „Frieden des Ich"."

Anhand von vielen weiteren Beispielen erklärt uns Sascha, wie Ho'oponopono wirkt. Menschen, die z.B. therapeutisch tätig sind haben immer mit den Themen ihrer Patienten etwas zu tun, d.h. wenn sie die Programme in sich selbst dankend anerkennen, lieben und vergeben, kann die Heilung im Aussen, bei ihren Patienten beginnen. So gesehen in der Geschichte von Dr. Hew Len, der auf diese Weise innerhalb von drei Jahren die Schliessung einer ganzen Krankenhausabteilung erreichte. Er sprach mit keinem seiner Patienten persönlich sondern las deren Akte und heilte den jeweiligen Aspekt in sich selbst. Er übernahm also 100%ige Verantwortung dafür was ihm in jeder einzelnen Krankengeschichte begegnete: Ich danke dir, es tut mir leid, bitte verzeih mir, ich liebe dich.

Sascha versteht es, die Aufmerksamkeit seiner Zuhörer einzufangen und jeden von uns im Herzen zu berühren. Ein ganz spezieller Abend. Danke Sascha.

Mehr über Sascha Ansahl finden Sie auf auf seiner Website www.alohahuna.de.

Lesen Sie zur Auffrischung den Artikel „Selbst-Identität durch Ho'oponopono" in den Huna Nachrichten Nr. 1 vom März 2010.

Befreiung von Schuld und Sünde

Der griechische Ausdruck αμαρτία (hamartia) des Neuen Testaments bedeutet Verfehlen eines Ziels, also Verfehlung - konkret und im übertragenen Sinn. In deutschen Bibelübersetzungen wird der Begriff mit Sünde wiedergegeben. Eine „Sünde" ist also nichts anderes als ein Verfehlen des Ziels, wie wenn der Bogenschütze daneben schiesst. Was tut der Bogenschütze in so einem Fall? Er hebt den Pfeil auf und versucht einen neuen, präziseren Schuss. Wenn wir diese Erkenntnis auf unser Leben übertragen, zeigen sich damit ganz neue Möglichkeiten auf. Wir brauchen uns nicht länger mit Gefühlen von Sünde und Schuld zu belasten, sondern können uns davon erlösen und uns verbessern. Von **Jennifer Lee**

Alte Glaubenssätze

Die Bilder oder Aussagen, welche in uns heute ein Gefühl von Schuld oder Sünde auslösen, wurden meist schon im Kindesalter in uns festgesetzt. Durch das Gedankengut und die Grundsätze in unserer Familie, durch die Normen der Gesellschaft, die Regeln der Kirche oder durch andere Menschen oder Institutionen die unser unteres Selbst als kleiner, offener Mensch damals stark beeindruckten. Sie sind so tief im unteren Selbst eingebettet, dass sie sogar der Verstand des mittleren Selbstes inzwischen als Wahrheit akzeptiert.

Nehmen wir die 10 Gebote der Bibel als Beispiel. Sie „tröpfelten" bei fast jedem von uns seit der Kindheit entweder durch die christliche Religion, die Familie, die Gesellschaft oder durch alle drei in unser Unterbewusstsein. Es mögen positive Regeln sein, vergessen wir jedoch nicht, dass das untere Selbst alles wörtlich nimmt. Einerseits wird ihm eingetrichtert diese Regeln zu befolgen, andererseits verletzen wir sie dann doch relativ oft. Wenn die Überzeugung in unserem Unterbewusstsein festsitzt, dass es eine Sünde ist, diese Regeln zu brechen, kann sich bei jeder „Verfehlung" ein wenig mehr Schuld anhäufen.

Aber, noch einmal, sind das nicht „gute" Regeln? Warum können sie zu so viel Unbehagen, ja Schuldgefühlen in unserem unteren Selbst führen?

Das Huna-Gebot

Die Kahuna waren sehr klug und wussten, wie unser unteres Selbst aufgebaut ist. Sie gaben ihren Mitmenschen keine lange Liste von Geboten an der sie sich festhalten konnten. Nach ihrem Verständnis würde das zu vielen unnötigen Sünde- und Schuldkomplexen führen. Eine grosse Disharmonie zwischen dem unteren und dem mittleren Selbst ihrer Schützlinge würde sich auch auf die Atmosphäre in ihrer Gemeinschaft auswirken. Die einzige Art zu sündigen war es, das eine Gebot der Huna-Lehre zu brechen:

> ***Verletze nichts und niemanden absichtlich und/oder mit Hass im Herzen (dich eingeschlossen).***

Beispiel „Du sollst nicht töten"

Wenn Hans im Auto eine Strasse entlangfährt und unglücklicherweise und unbeabsichtigt einen Hund überfährt hat er nach dem Gebot „Du sollst nicht töten" gesündigt. Dieses Gebot lässt kein Wenn und Aber zu. Es sagt klar, „du sollst nicht töten".
Hans hat eine Sünde begangen, weil sein Unterbewusstsein weiss, dass er den Hund getötet hat, egal ob absichtlich oder unabsichtlich. Also ist Hans nach dem Empfinden seines unteren Selbstes schuldig und muss dafür bezahlen.

Wenn er jedoch nur das Gebot „Verletze nichts und niemanden absichtlich und mit Hass im Herzen" kennen würde hätte er keine Sünde begangen, denn er hat den Hund weder gehasst, noch hat er ihn absichtlich überfahren. Natürlich hätte es ihm Leid getan, aber er hätte deswegen keinen Schuldkomplex in sein Unterbewusstsein gepflanzt.

Die verschlüsselten Zeichen des unteren Selbstes erkennen

Gefühle von Sünde und Schuld sind zwei grosse Themen, die wir mit uns herumtragen. Sie sind in unserem Unterbewusstsein eingebettet und meist kehren wir sie unter den Teppich, wenn sie sich melden. Das heisst, wir schenken unserem unbehaglichen Gefühl keine Beachtung und mit der Zeit nehmen wir es nur noch ganz schwach im Hintergrund wahr. Oder wir suchen nicht nach dessen Ursprung, weil wir diese Glaubens-Reaktionen nicht als solche erkennen und sie dementsprechend nicht hinterfragen. Wir reagieren in bestimmten Situationen immer in der gleichen Weise, ganz automatisch, programmiert wie ein Roboter. Nachstehend zwei mögliche, alltägliche Beispiele von Begebenheiten, bei denen das untere Selbst eine Reaktion auslöst, die wir nicht hinterfragen sondern nur abspulen lassen.

Beispiel Geld: „Ohne Fleiss kein Preis" ist fest verankert in Ihrem Gedankengut. Es war ein Leitsatz Ihres Elternhauses.

Mögliche Reaktion: Sollten Sie einen Lottogewinn erzielen: Sie verfallen in einen Kaufrausch und geben das Geld sofort wieder aus. Sie fühlen sich insgeheim schuldig so viel Geld zu besitzen ohne etwas dafür getan zu haben.

Sie misstrauen reichen Leuten, etwas erfüllt sie mit Unbehagen. Sie denken, wie ist der wohl zu seinem Geld gekommen? Da kann etwas nicht mit rechten Dingen zugegangen sein! Oder: Der hat noch nie einen Finger krümmen müssen als „Sohn" von Beruf! Sie empfinden es insgeheim als Sünde, viel Geld zu besitzen. Es wird auch immer sehr betont, wenn jemand sein Vermögen „im Schweisse seines Angesichts" d.h. mit Fleiss und viel Arbeit erworben hat. Erst dann hat der vermögende Mensch seine Berechtigung.

Ihr Vater hat Sie schon als Kind nur bemerkt und gelobt, wenn Sie etwas geleistet haben. Mit der „Arbeit Ihrer Hände". Heute noch gelten Sie in Ihren eigenen Augen nur als wertvoll, wenn Sie Ihr Geld mit harter, körperlicher Arbeit verdienen.

Bespiel Sexualität oder „das Schuldzentrum Unterleib": Ihre Mutter betrat ihr Zimmer ohne anzuklopfen und erwischte Sie beim Masturbieren. Entweder warf Sie Ihnen einen schockierten oder strafenden Blick zu der Bände sprach und verliess das Zimmer panikartig weil es ihr ja so peinlich war, oder Sie warf Ihnen z.B. folgende Worte an den Kopf: „Was machst du da? So was tut man nicht!"

Oder: Eines Tages hat Ihre Mutter vielleicht Ihr Versteck an „einschlägiger Literatur" entdeckt. Entweder entsorgte sie diese ohne Worte und überliess Sie allein Ihrem Schrecken und dem Gefühl von Scham und Schuld oder sie nahm Sie zur Seite und schimpfte: „Schäm dich, solche Hefte (oder Filme usw.) anzuschauen! An diese Dinge solltest du nicht einmal denken!"

Mögliche Reaktion: Sie schlagen heute noch den Blick verschämt nieder, wenn Sie in einem Kiosk „solche" Hefte in der Auslage sehen, keiner soll wissen wie „verdorben" Sie sind. Es beschleicht Sie insgeheim auch heute noch ein Schuldgefühl bei deren Anblick und Ihr Gewissen schlägt aus. Sie wagen nicht einzugestehen, dass Sie bei bestimmten Bildern „heisse Ohren" bekommen.

Lösung

Die Überzeugung gesündigt zu haben schwebt oft seit unserer Kindheit in unserem unteren Selbst.

Als erstes müssen Sie als mittleres Selbst mit Ihrem Verstand überzeugt davon sein, dass die Sexualität ein gesunder, normaler Teil unseres Wesens ist.

Der zweite Schritt ist, sich mit Ihrem unteren Selbst zu unterhalten. Am besten gehen Sie dafür in die Stille und sprechen mit Ihrem unteren Selbst z.B. wie folgt:

„Mein lieber George, heute wollen wir dieses Gefühl von Sünde, das wir im Zusammenhang mit unserer Sexualität empfinden loslassen. Früher wurde dir einmal gesagt, dass Sex etwas Schlechtes sei. Die Menschen (oder der Mensch) die das gesagt haben, wussten es nicht besser. Sex ist etwas natürliches, etwas das wir feiern und geniessen dürfen. Sex als Sünde zu empfinden ist falsch. Das einzige Gebot dem wir folgen, ist, niemanden je zu verletzen. Es ist das Gebot der Liebe. Wir bitten jetzt unser Hohes Selbst hinzu und entlassen alle negativen Gefühle ins Licht. Von jetzt an können wir unsere Sexualität in Liebe leben. Wir sind frei. Und so ist es."

Einsicht und Vergebung

Bevor die weissen Eroberer die Inseln entdeckten, gab es keine Gefängnisse auf Hawai'i. Wenn dieses eine Gebot der Kahuna gebrochen wurde, war es nicht das Ende der Welt oder eine Todsünde. Man konnte eine Wiedergutmachung für seine Fehler tun, man vergab und es wurde einem vergeben und man konnte dann frei sein davon. Der Fehler war ausgelöscht und wurde nicht endlos als Sünde, Schuldkomplex oder Angstgefühl herumgeschleppt.

Wahrscheinlich basiert die christliche Beichte auf dieser Idee. Die Unmenge von Regeln und Glaubenssätzen die mittlerweile auf der Grundidee lasten machen es jedoch fast unmöglich für uns, das Gefühl von Sünde in unserem täglichen Leben zu umgehen.

Die wahre Bedeutung des Wortes „Sünde“

Was bedeutet das Wort „Sünde“ wirklich? Es kommt aus dem Griechischen. Die alten Griechen waren sehr genau in ihrer Wortwahl. Die Bedeutung dessen was sie sagen wollten, wurde ganz exakt in einem Wort beschrieben. Das Wort „Sünde“ heisst in Wirklichkeit **„das Ziel verfehlen“**. Wie wenn ein Bogenschütze daneben schiesst. Das ergibt plötzlich einen ganz anderen Sinn! Zu sündigen bedeutet lediglich, das anvisierte Ziel zu verfehlen. Wir sind also keine totalen Versager, wir verzeihen uns das daneben Schiessen, heben den Pfeil wieder auf, überlegen was wir besser machen können und versuchen es noch einmal, bis wir das Ziel treffen.

Wenn wir uns wie „Sünder“ fühlen, ist das so, weil wir tief in unserem Unterbewusstsein daran glauben. Die Meinung anderer Leute zählt hier nicht wirklich. Es ist unsere eigene Meinung, vor allem die unseres unteren Selbstes über die wir uns Gedanken machen müssen.

Oft ist der einzige Grund warum wir uns sündig fühlen oder Schuld und Angst empfinden, weil uns eingetrichtert wurde, dass Dinge die wir getan haben eine Sünde sind. In Tat und Wahrheit haben wir gar nicht gesündigt, aber unser Unterbewusstsein ist überzeugt davon.

Noch einmal zur Wiederholung:
Sünde und Schuld sind in den meisten Fällen lediglich als Glaubenssätze in unserem Erinnerungsspeicher. Mit anderen Worten, ein Schuldgefühl ist etwas Erlerntes und keine natürliche Reaktion. Deswegen ist es unser Unterbewusstsein, welches uns für unsere Fehler bestraft, dafür, dass wir das Ziel verfehlen. Es erwartet die Bestrafung für unsere Taten und deswegen sorgt es auch dafür, dass wir sie bekommen, so wie es gelehrt wurde. Sei es auch nur in Form eines schlechten Gewissens. Als Teil seiner Grundeigenschaften ist es die einzige logische Reaktion. Es kann nur so reagieren, wie es programmiert wurde.

Nana i ke kumu - zurück zur Quelle

Übernehmen Sie die Verantwortung und blicken Sie zusammen mit George auf die Quelle. Es ist entscheidend sich daran zu erinnern, was als Schuldgefühl in unser unteres Selbst gepflanzt wurde. Schuldgefühle gehören oft zu unseren „Lieblingsbelastungen“. Eigenverantwortung zu übernehmen ist in den meisten Fällen ziemlich unbequem. Anstatt heute damit zu beginnen und selbst über unser Leben zu entscheiden, wenden wir uns lieber den Werten anderer zu. Meist sind es jedoch Werte, die in der Vergangenheit galten und die, wenn wir ehrlich sind, heute keinen Sinn mehr haben.

Nicht in Erinnerungen baden
Schuldgefühle sind ein Produkt aus der Vergangenheit. Sie verändern weder was geschehen ist, noch machen sie uns zu einem besseren Menschen. Nutzen Sie Ihre eigene wunderbare Fähigkeit als mittleres Selbst, vernünftig und rational zu denken. Machen Sie Ihrem unteren Selbst in einem Zwiegespräch liebevoll klar, dass sie diese Ereignisse aus der Vergangenheit

Denkanstösse

Beschliessen Sie, nicht einmal mehr eine Mücke zu töten, ohne sich bewusst zu sein, was sie tun und ob es nötig ist.

Machen Sie sich bewusst, dass Bäume „getötet“ wurden für Ihren täglichen Gebrauch an Papier.

Denken Sie an die Tiere, die getötet wurden um Nahrung für Sie zu liefern oder das Leder der Jacke und der Schuhe die Sie tragen. Es gibt unzählige Beispiele.

Indem Sie Ihre Aufmerksamkeit auf solche Fakten richten, erhöhen Sie Ihr Bewusstsein für das Wohlergehen aller Wesen. Wenn Sie Fleisch essen z.B., tun Sie es mit Achtsamkeit, segnen Sie das Tier und bedanken sich dafür, dass es sein Leben gab.

Für Menschen, die Huna in ihrem täglichen Leben anwenden, ist es sehr hilfreich, die 10 Gebote neu zu überdenken. Achten Sie darauf, ob Ihr unteres Selbst sie möglicherweise falsch interpretiert. Sie können sie mit dem einen Huna-Gebot ersetzen. In der Huna-Lehre ist die Absicht sehr wichtig, sie wirkt sich immer auch auf Sie selbst aus. Wenn Sie beschliessen, nichts und niemanden mit Absicht oder mit schlechten Gefühlen im Herzen zu verletzen, erklären Sie sich damit einverstanden, sich Ihrer Gedanken, Worte und Taten bewusst zu sein. Kritisieren, unfreundlich sein, andere und vor allem auch sich selbst zu verletzen oder gar zu hassen ist gegen das Huna-Gebot.

anerkennen. Danken Sie ihm, dass es die Erinnerung daran in Form von Bildern und Gefühlen hoch schickt. **Aber lassen Sie nicht alles wieder aufleben**! Vermeiden Sie es in den alten Erinnerungen zu baden, denn das verstärkt deren negative Wirkung und führt zu einer Endlos-Schlaufe von belastenden Gefühlen für George. Eine kurze Kenntnisnahme genügt um ihm zu sagen, dass er sie mit Ihrer Hilfe jetzt aus seinem Speicher löschen kann. Bitten Sie George um Verzeihung und vergeben Sie sich selbst, dass Sie so lange nicht darauf reagiert haben. Sie sind jetzt auf einem anderen Wissensstand. Die Bestätigung durch andere Menschen ist nur noch eine Nebensache. Heute leben Sie gemäss Ihren eigenen Werten und nicht nach den Vorschriften anderer. Sie entscheiden lieber selbst, ob die Folgen Ihrer Handlungen für Sie und Ihr Umfeld gut sind, getreu dem einen Gebot der Huna-Lehre: Verletzte nichts und niemanden absichtlich und/oder mit Hass im Herzen.

Das Ablagesystem des unteren Selbstes

Wir selbst haben die Erlaubnis dazu gegeben, dass uns die Aussage eines anderen Menschen so quält oder dass wir uns in einer gewissen Situation so schuldbewusst fühlen und verhalten. Und wir haben die Möglichkeit geschaffen, dass das untere Selbst dieses Gefühl in einem Ordner mit dem Titel „**bereit zur automatischen Reaktion**" abspeichert hat. Wenn bestimmte Knöpfe gedrückt werden, um dieses unangenehme Gefühl zu stimulieren, kann es jederzeit hoch geschickt werden. Jedesmal wenn wir auf einen solchen Knopfdruck mit diesem Sünde- oder Schuldgefühl reagieren, verstärken wir die negative Programmierung.

Durch die Beschäftigung mit der Huna-Lehre sind wir auf dem Weg zu begreifen wie unser unteres Selbst beschaffen ist, also ergreifen wir die Initiative um diesen Zustand aufzulösen. Wir vergeben uns selbst als Erstes und Wichtigstes und wir vergeben allen beteiligten Personen von ganzem Herzen! Dadurch ist das untere Selbst beeindruckt von der Wichtigkeit, die wir dieser Aktion beimessen und macht mit „Leib und Seele" mit.

Noch einmal zur Wiederholung:
Nicht nur das untere Selbst, sondern auch das mittlere Selbst muss mit seinem Verstand vollkommen überzeugt sein, dass es richtig ist einen Komplex oder eine Blockade aufzulösen, also die Erinnerung aus dem Speicher zu löschen!

Natürlich ist die Erinnerung nicht „weg"! Wir können uns noch erinnern. Aber sie ist verschoben in den Ordner mit dem Titel „**Bezugsmaterial**", also Erinnerung ohne Reaktion!

Das heisst wir haben zum Beispiel gelernt, dass es keine Sünde ist viel Geld zu besitzen, auch wenn wir es geschenkt bekommen (durch einen Lottogewinn oder eine Erbschaft) und nicht hart dafür gearbeitet haben. Wir nehmen es in Dankbarkeit an und spenden vielleicht sogar einen Teil davon für einen guten Zweck.

„Ohne Fleiss kein Preis" hat keine Wirkung mehr auf uns. Der leere Speicherplatz im Ordner „Bereit zur Reaktion" wurde ersetzt durch Dankbarkeit und den Glauben an Überfluss.

Die Verbindung zu unserem Hohen Selbst wird durch alle diese Bemühungen und Prozesse Schritt für Schritt klarer. Die Kommunikation wird störungsfrei in beiden Richtungen. Wir können unsere Wünsche und Gebete ohne Behinderung senden und die Leitung ist offen für die Intuitionen und Eingaben unseres Hohen Selbstes.

Praktischer Tipp:

Führen Sie eine Liste und bitten Sie Ihren George um Mithilfe:

- *Welche Aussagen und/oder Situationen lösen bei mir Schuldgefühle aus?*
- *Wann und wie haben sie sich festgesetzt?*
- *Wann zeigen sie sich?*
- *Warum, was ist die Ursache?*
- *Bei wem treten Sie auf?*
- *Welchen Dingen weiche ich aus durch meinen ewigen Kampf mit der Vergangenheit?*
- *Haben diese Aussagen noch Hand und Fuss bei meinem heutigen Wissensstand?*
- *Von welchen Werten bin ich überzeugt?*
- *Was akzeptiere ich nur zum Schein?*
- *Wie fühlt sich der gegenwärtige Moment an? Mit Schuldgefühl, ohne Schuldgefühl?*
- *Besteht ein Unterschied in der Gegenwart?*

Diese und ähnliche Fragen führen zu der Erkenntnis, dass wir unsere Gefühle von Sünde und Schuld in den meisten Fällen nur solange empfinden, als wir sie nicht erkennen und wir an ihnen festhalten.

Schuldgefühle erzeugen Hass

Schuldgefühle gegenüber Personen, die für uns nicht mehr erreichbar oder schon von dieser Welt gegangen sind, können eine grosse Belastung für unser unteres Selbst sein. Zudem begünstigen solche ungelösten Schuldgefühle die Entwicklung von noch tiefer sitzenden negativen Gefühlen wie Hass oder Eifersucht. Wie wir uns davon befreien können lesen sie im praktischen Ratschlag von **Henry Krotoschin** (erschienen in der „Huna-Arbeit" Nr. 20, Mai 1997).

Henry Krotoschin (1913 – 2009) war Gründer und Leiter der Huna Forschungs-Gesellschaft Zürich HFG. Er kam in einer schweren Lebenskrise durch die Bücher von Max Freedom Long auf den Huna-Weg. Als Naturwissenschaftler (Dipl. Ing. ETH) hat er die Huna- Lehre gründlich und kritisch geprüft. Er hielt mehr als 700 Seminare und Vorträge über Huna im deutschsprachigen Raum, Amerika, Brasilien und Polen. Sein Buch „Huna-Praxis" ist seit zwanzig Jahren im Buchhandel erhältlich und gilt als Standardwerk über Huna in deutscher Sprache.

Vor vielen Jahren, lange bevor die Huna-Weisheit in mein Leben kam, hatte ich einen bösen Streit mit einem Mann. Er hiess Gerhard. Die Schuld lag eindeutig bei mir. Ich hatte ihm weh getan, hatte ihn verletzt.

Damals wusste ich noch nichts von den einfachen Huna-Ideen, die mir klar machten, wie ich handeln sollte: nämlich Gerhard Mana und Liebe über die Aka-Schnur senden, noch mehr: nämlich Gerhard Mana und Liebe über die Aka-Schnur senden, noch mehr: mich bei ihm entschuldigen und den bei ihm angerichteten Schaden wieder gut machen! Doch davon wusste ich damals noch nichts. Mein **Ego** erlaubte das nicht.

Da ich im Grunde aber wohl kein unanständiger Mensch war, hatte mein George Gewissensbisse. Ich bekam unter Georges mir damals noch völlig unbekanntem Einfluss **Schuldgefühle,** die mir aber nicht völlig ins Bewusstsein, in mein mittleres Selbst, kamen. Sie waren ohne Zweifel vorhanden, aber nebelhaft, unklar, nicht greifbar.

In diesem Zustand fühlte ich mich natürlich gar nicht wohl, dachte aber nicht im geringsten daran, dass ich, Henry, diesen beklemmenden Zustand durch mein Fehlverhalten gegenüber Gerhard selbst verursacht hatte.

Nein, für mich war eben Gerhard der Verursacher dieses mir im Grunde doch widerwärtigen Schuldgefühls. **Deshalb begann ich Gerhard zu hassen**. Denn er war für mich die Ursache des Schuldgefühls, nicht ich selbst! Das begann zunächst unbewusst. Ich beantwortete nur ausweichend den Brief, den er mir schrieb, einen anderen überhaupt nicht mehr und versuchte, ohne es bewusst geplant zu haben, **„die Angelegenheit Gerhard zu liquidieren"**.

Das war übel und schadete mir mehr als Gerhard. Mein George bewies dabei, ohne es selbst zu wissen, eine **zwiespältige Haltung**: einerseits war sein Gewissen wach und hatte mich doch schliesslich aufgerüttelt, andererseits hatte er (hatte ich) nicht den **Mut**, die Sache Gerhard auf **mannhafte Art** zu lösen. **Das wäre die Huna Art gewesen!**

Also mied ich Gerhard. Die Beziehung zerfiel. Ich übertünchte mein schlechtes Gewissen. Über die „Sache Gerhard" **wuchs Gras**.

Erst viel später, als Huna längst zu meiner Lebensart gehörte, meldete sich George und sagte: „Henry, die Sache mit Gerhard bedrückt mich noch immer!" – Im Augenblick wusste ich nicht mehr, wer Gerhard war. Das lag ja so lange zurück. Aber mein lieber George war hartnäckig: mehr und mehr Einzelheiten der „Affäre Gerhard" brachte er mir ins Gedächtnis, er liess nicht locker. Schliesslich versuchte ich, mit Gerhard über die Aka-Schnur Verbindung zu bekommen, eine neue Adresse kannte ich nach all den Jahren nicht, ein Brief kam als „unzustellbar" zurück. Der Kontakt über die Aka-Schnur schien erfolgreich. Ich sandte ihm ein „schönes, in goldenes Papier verpacktes und mit Mana aufgeladenes Päckchen voll Liebe." Bestimmt ist es angekommen. – Durch den Kontakt mit seinem Hohen Selbst hatte ich aber den Eindruck, dass er seinen Körper längst verlassen hatte. Meine Mana-Gabe hatte es angenommen. Mein George war zufrieden.

Das Ego-Geistwesen

Die folgenden Ausführungen stützen sich auf Beobachtungen und Erfahrungen, die ich mit mehreren Menschen gemacht habe, ganz besonders mit einer 58-jährigen, hoch intelligenten und äusserst selbstbewussten Frau, mit der ich geistig engstens verbunden war. Die Gedanken, die ich bringe, sind höchst persönlich und beruhen auf eigener Erfahrung. Ich wage es, diese Gedanken hier in unserer Mitgliederzeitschrift auszuführen, im Bewusstsein, dass meine Leser mit der geistigen Welt verbunden sind und das, was ich schreibe als Realität anerkennen.

Von **Henry Krotoschin** (erschienen in der Huna-Arbeit Nr. 35, April 2001)

Ego ist das lateinische Wort für "ich". C.G. Jung beschreibt das Ego als das "Ich" des Menschen, die normale Persönlichkeit, das geistige Wesen des Menschen. In der Alltagssprache wird der Begriff **"Ego" allgemein negativ gebraucht**. Wir denken dabei an Begriffe wie "egozentrisch" oder "egoistisch", Eigenschaften, die als negativ bewertet werden. Das ist nicht das Ego, welches C.G. Jung bezeichnet hat, aber ich will gerade diesen allgemein gebräuchlichen negativen Begriff des Egos beleuchten, der bei vielen Menschen eine Rolle spielt.

Ich habe mich schon früher mit dem Ego beschäftigt und habe auf Huna-Art feststellen wollen, ob das Ego zum unteren Selbst, zum Unterbewusstsein des Menschen, oder aber zum mittleren Selbst, dem handelnden Menschen, also dem Ich gehört. Ich habe keine befriedigende Antwort darauf finden können und habe diese Frage beseite gelegt, indem ich mir sagte, dass es in diesem Fall wahrscheinlich zu beiden gehört.

In den letzten Jahren, habe ich durch Begegnungen mit einigen Menschen und durch Kontakte mit der geistigen Welt festgestellt, wer das Ego ist. Ich sage nicht "was" das Ego ist, sondern "wer", denn ich habe gelernt, **dass das Ego ebenfalls ein Geistwesen ist**, so wie das Hohe und das untere Selbst. Ein Geistwesen allerdings, welches sich ganz eng an das untere Selbst anklammert und nur durch eine solche Symbiose lebensfähig ist.

Wir wissen, dass das untere Selbst ein ganz besonders begabtes Wesen ist: Es hat hervorragende Fähigkeiten als **Gedächtnisträger** und in Verbindung damit als Träger des **Gewissens**, es hat die Fähigkeit, **Emotionen** aufzunehmen, zu verwalten und an das mittlere Selbst weiterzugeben. Aber **das untere Selbst hat keinen Verstand**, keine Intelligenz! Deswegen hat es das Ego-Geistwesen so leicht, sich an das untere Selbst zu klammern.

Das Ego überschwemmt nun das untere Selbst mit allerlei grossen Versprechungen: wie wohl sich das untere Selbst in seiner Gesellschaft fühlen wird, was sie gemeinsam alles erreichen werden, und wie schön das alles sein wird. Das Ego-Geistwesen veranlasst das untere Selbst nun Dinge zu tun, die einzig und allein der **Befriedigung des Ego-Geistwesens** dienen, Dinge, die ein gesundes unteres Selbst nie tun würde. **Dadurch macht es das untere Selbst "egoistisch".**

Dies können bspw. besondere Erlebnisse im Liebesleben sein. Ich habe festgestellt, dass Menschen, deren Liebesleben vom Egoismus, vom Geistwesen Ego beherrscht wird, ganz anders lieben als normale Menschen. Diese Menschen, die Egoisten sind, lieben eben auf eine egoistische Weise, d.h. für eine Frau ist es wichtig, dass der Mann sie liebt, ihr am besten **hörig** ist, sodass sie **ihn beherrscht**! Für einen Mann ist es wichtig, dass er diese und diese, je nach Veranlagung eine oder mehrere **Frauen "besitzt"** und nun sich damit brüstet, wie das manche Männer geschmackloserweise gern tun.

Und diese Verhaltensweise ist Ausdruck des Egoismus, dieses Geistwesens Ego, welches das untere Selbst immer wieder anstachelt, egoistisch zu sein und die scheinbaren Vorteile des egoistischen Erfolges zu geniessen und immer wieder zu geniessen.

Das Tragische an dieser Situation ist, dass dadurch **nicht nur das untere Selbst** vom Ego-Geistwesen besessen ist, sondern **auch das mittlere Selbst**. Wir wissen welch starken Einfluss das untere Selbst auf das mittlere Selbst hat und so wird bald der ganze Mensch egoistisch geführt. Wie auch **Coué** sagt, ist das Unterbewusstsein viel stärker als das Bewusstsein, d.h. in Huna-Sprache übersetzt: das untere Selbst ist viel stärker als das mittlere. Diese Erfahrung haben sicher schon alle von uns gemacht.

Durch die Huna-Lehre haben wir aber die Möglichkeit und die Fähigkeit, das untere Selbst so zu belehren und zu erziehen, dass es uns mit seinen negativen Eigenschaften nicht im Wege steht. Wenn nun aber das untere Selbst von diesem Geistwesen Ego besetzt ist, ist seine Erziehung viel schwieriger. **Denn das untere Selbst leitet nun**, gesteuert von diesem Ego, **auch das mittlere Selbst**, den Geist, den Verstand, den Körper, den ganzen Menschen. Und das ist tragisch: Denn bereits nach kurzer Zeit wird das untere Selbst, geblendet durch die kurzfristigen "Erfolge", **dem Ego-Geistwesen völlig hörig**.

Aus diesem Grund ist es sehr schwer, egoistische Menschen umzustimmen. Psychologen bemühen sich dabei wohl oft vergeblich und auch unter dem Huna-Aspekt hatte ich bis jetzt keinen Erfolg. Und zwar aus dem einfachen Grund, weil ich nicht erkannt hatte, dass egoistische Menschen nicht durch ein egoistisches unteres oder mittleres Selbst geleitet werden, sondern **durch ein eigenständiges Geistwesen**, welches vom unteren Selbst vollständig Besitz ergriffen hat.

Ich habe mir überlegt, wie dieses Geistwesen Ego vom unteren Selbst des Betroffenen gelöst werden kann.

Vor einigen Jahren lernte ich eine Frau kennen, sie ist sehr lebhaft, reist viel, ist hoch intelligent, sehr selbstbewusst, kurz: eine geistig lebhafte und charmante Frau. Ich stellte aber auch fest, dass ihr Ego sehr stark ausgeprägt ist. Später sprach ich mit ihrem und mit meinem Hohen Selbst über diese Feststellung und bekam die Bestätigung dass sie diesen starken Egoismus seit ihrem 10. Lebensjahr hat, und ihr Ego seither für sie von zentraler Bedeutung ist.

Ich habe nun versucht, diese Frau geistig zu beeinflussen. Dazu habe ich mich mit ihrem Hohen Selbst in Verbindung gesetzt und es um Hilfe gebeten. Ich bekam die Weisung, mit diesem Geistwesen Ego, welches ihr unteres Selbst besetzt hatte, ganz ähnlich umzugehen, wie ich es bei **Exorzismen** besessener Menschen tue.

Bei dem von mir bisher angewendeten Exorzismus waren die Patienten immer von harmlosen Geistwesen besessen, oft von sog. "**armen Seelen**", wie sie die Kirche häufig bezeichnet. Wesentliche Voraussetzung für das Gelingen dieses Exorzismus ist **das Einverständnis des besetzenden Geistwesens**, den Patienten zu verlassen und sich **auf die Lichtebene führen zu lassen**, die zu erreichen es bisher versäumt hatte.

Beim Exorzismus eines Ego-Geistwesens fehlt zunächst dieses Einverständnis. Es ist nun Aufgabe des Heilers, dieses Geistwesen davon zu überzeugen, dass es eine viel glücklichere Zukunft auf einer ihm zustehenden Lichtebene haben wird, wenn es sich **von den beiden Hohen Selbsten führen lässt**, welche der Heiler für das Ego um Hilfe bittet. Auch muss ihm klar gemacht werden, dass die Freuden, die es **bisher** erlebt hat **rein materieller Art und unzureichend** sind. Und es muss ihm klar gemacht werden, dass es immer **unselbständig bleiben wird, abhängig vom unteren Selbst** eines von ihm in unwürdiger Weise geknechteten Menschen. Denn allein, ohne ein von ihm besetztes menschliches unteres Selbst ist das Ego-Geistwesen völlig **machtlos**: Es braucht zu seiner Aktivität unbedingt ein unteres Selbst!

Wenn ein Huna Heiler die letzten beiden Absätze gelesen hat, so wird er vielleicht fragen: "Wie tut man das?". Ich kann aus eigener Erfahrung antworten. Ich hatte zwar nicht mit einem Ego-Geistwesen zu tun, sondern mit einem anderen. Dieses war keineswegs so harmlos wie eine von der Kirche so benannte "arme Seele". Auch hier habe ich **das Geistwesen angesprochen** und ihm erklärt, dass es bei George, meinem unteren Selbst völlig fehl am Platz ist, und dass es sich auf einer ihm zustehenden Lichtebene **unendlich viel wohler fühlen** würde. Da es aber viel wirksamer ist, wenn das sich an das untere Selbst anklammernde Geistwesen nicht nur vom mittleren, sondern **auch vom unteren Selbst angesprochen** wird, habe ich George, mein unteres Selbst, gebeten, meine Ansprache an dieses Geistwesen ebenfalls geistig **mitzusprechen, um die Wirkung dadurch erheblich zu erhöhen**.

Dieses Geistwesen klammert sich an das untere Selbst an, es handelt sich nicht um einen Zustand von Besessenheit. Das Geistwesen heisst "Piscator". Der Name wurde mir intuitiv von meinem Hohen Selbst mitgeteilt. Ich sprach, nun also gleichzeitig mit meinem George: "Piscator, ich begrüsse und segne dich. Du bist hier, bei mir, bei George, nicht am richtigen Ort. Du wirst auf der **Lichtebene, zu der dich mein Hohes Selbst begleiten wird**, ein völlig neues Leben im hellsten geistigen Licht beginnen, du wirst dich endlich glücklich fühlen! Du streckst jetzt **beide Hände nach oben**, mein Hohes Selbst wird sie ergreifen und dich unmittelbar auf diese Lichtebene ziehen." - Was danach folgt, entspricht der Praxis des Huna-Exorzismus, mit dem Unterschied, dass er hier durch ein einziges Geistwesen, das eigene Hohe Selbst durchgeführt wird und nicht durch zwei, wie es allgemein beim Huna-Exorzismus üblich ist, wenn der Heiler mit einem Patienten arbeitet. Denn in diesem Falle wirken beide Hohen Selbste, das des Patienten und das des Heilers gemeinsam, jedes ergreift eine Hand des sich anklammernden Geistwesens.

Offenbar ist die Bindung zwischen dem Geistwesen und dem unteren Selbst locker. Sie ist wirksam, so lange die Anwesenheit eines Geistwesens am unteren Selbst nicht entdeckt worden ist, so lange das mittlere Selbst davon keine Kenntnis hat. Wir Huna Heiler wissen ja, dass wir uns manchmal sehr lange mit den Krankheiten des Patienten beschäftigen, ohne sie diagnosdizieren zu können. Ich selbst habe gelegentlich den Fehler gemacht, den Zustand einer Besessenheit, Besetztheit oder Anklammerung erst spät in Betracht gezogen zu haben. Ich werde in Zukunft viel wacher eine solche Krankheitsursache bei meinen Patienten in Betracht ziehen.

Meine Auffassung , dass Egoismus durch ein selbständiges Ego-Geistwesen erzeugt wird, betrachte ich als einen gesunden Beitrag zur Klärung des Begriffes "Ego". Ich halte die Vorstellung, dass das Ego ein Geistwesen ist, welches sich an das untere Selbst klammert für vernünftig und realistisch. Ich habe bei einigen Menschen erfahren, dass die Idee fruchtbar sein kann, ich halte sie für real.

Wege um das Negative Ego abzustreifen

Kala ist die Grundlage zur Auflösung der verschiedenen Blockaden, die in unserem Unterbewusstsein hausen können. Während wir uns in auf diesem Weg befinden, wird es immer einfacher, unser negatives Ego abzustreifen. Von **Jennifer Lee**

1. **Ziehen Sie keine Vergleiche**.
   Das heisst, vergleichen Sie weder ihr Leben mit dem Leben anderer, noch deren Leben mit Ihrem. Wir leben in einer Welt in der wir meinen es sei wichtig was andere Leute von uns oder über uns denken. Wir müssen damit aufhören. Wir verbrauchen viel zu viel Energie damit, so zu sein, wie „man" sein sollte, oder wie wir meinen sein zu müssen. Jeder Mensch ist einzigartig. Gestehen Sie diese Erkenntnis auch Ihren Mitmenschen zu.

2. **Urteilen Sie nicht**.
   Zu urteilen ist eine „Sofortreaktion" auf frühere Programmierungen und wie wir jetzt gelernt haben sind alte Programme bei genauer Betrachtung öfter falsch oder überholt als richtig und der aktuellen Situation entsprechend. Mit der Hilfe des Hohen Selbstes haben wir das Recht uns selbst zu beurteilen, aber nicht andere. Lernen Sie also auf die Menschen und Ereignisse so zu reagieren, wie es die einzelne Situation erfordert und nicht so, wie Sie es gemäss der alten Programmierung tun würden.

3. **Löschen Sie das Bedürfnis alles verstehen zu wollen.**
   Das Warum und Wofür der Menschen und Umstände um uns herum ist nicht unsere Angelegenheit, noch geht es uns etwas an, was andere Menschen über uns denken.

   Nehmen Sie Einsichten an, so wie sie kommen, ohne emotionales und negatives Bedürfnis alles verstehen zu müssen. Weisheit und Verständnis kommen nicht weil wir glauben sie in unserem Leben nötig zu haben, sondern dann, wenn wir es erlauben, dass sie durch unser Hohes Selbst in uns hinein fliessen können. Weisheit und Verständnis sind eine Wirkung oder eine Folge aus dem was ist und nicht aus dem was wir wollen.

Diese drei Aufforderungen heissen im Grunde genommen einfach:

Geben Sie Ihre Ansichten über „wie die Dinge sein sollten" auf.

Akzeptieren Sie was ist und fahren Sie von dort aus fort, sich weiterzuentwickeln.

Auf diese Weise sind wir in der Lage aufzuhören mit dem Kritisieren, mit dem Widersprechen und mit allen anderen Tricks des negativen Egos.

Wir gewinnen an Demut und erreichen einen grösseren, unpersönlicheren Überblick über alles, von wo uns Weisheit und Verständnis zufliessen können.

Sie fragen – wir antworten

Das Ritual **Aka-Schnüre durchschneiden** aus den Huna Nachrichten Nr. 4 hat bei Mitgliedern und Seminarteilnehmern einige Fragen aufgeworfen. Hier Auszüge aus zwei Mails die wir dazu erhielten:

Aus Zuschrift 1: „Wir sind mit allem, aus unseren gesamten Inkarnationen, bis zur ersten, mit AKA-Schnüren verbunden die nie getrennt werden können. Nur die Bewertung die in der Verbundenheit liegt kann verändert werden. Die Aka-Verbindung bleibt für immer bestehen. Dies bezieht sich auf alle Menschen, Tiere, Pflanzen und Mineralien. ALLES ist EINS und untrennbar miteinander verbunden. Unsere Aka-Verbindung geht zurück bis zur Quelle aus der wir kamen und ist unser Leitfaden auf dem Weg nach Hause zurück zur Quelle das letztendlich unser aller in uns liegendes Ziel ist."

Aus Zuschrift 2: „Zum Thema Aka-Schnur steht auf Seite 62 in Henry Krotoschins Buch, dass wir diese Verbindungen „nicht zerstören" (also auflösen) können sondern nur „stilllegen". Ich muss dir gestehen, dass ich mich daher auch nicht wirklich in diese Übung hinein gegeben habe. Es erschien mir auch nicht passend, denn egal, ob eine Verbindung angenehm war oder nicht – sie hat mich doch zu dem gemacht, was ich bin und gehört zu mir. Warum also auflösen? Ich persönlich stimme auch da mehr mit dem Buch überein. Verzeihen ist wichtiger als „auflösen". Oder nicht?"

Wir haben diese Fragen in den laufenden Seminaren und an unserem letzten Treffen der Huna-Gruppe diskutiert und das Dafür und Dagegen abgewogen. Wir stellten fest, dass der Vorgang „Aka-Schnüre durchschneiden" Vorbehalte auslösen kann, insbesondere wenn das Vertrauen in das Hohe Selbst noch nicht gefestigt ist.

Andererseits haben wir auch schon augenblickliche, positive Veränderungen erleben können: Eine Seminarteilnehmerin sah nach der Übung buchstäblich um Jahre jünger aus, weil sich eine Last von ihr gehoben hatte wie sie es beschrieb. Eine grosse Anspannung war aus ihrem Gesicht gewichen. Jemand anders wurde sogar seine Rückenschmerzen los.

Grundsätzlich gilt: Das Auflösen der Aka-Schnüre ist als symbolischer Akt zu betrachten. Und wie bei jedem Ritual müssen Sie dabei Ihrem eigenen Gefühl folgen. Sie selbst sind einzige Autorität in Ihrem Leben. Sie spüren was für Sie stimmt und Ihr Hohes Selbst allein weiss was das Beste für Sie ist. Vertrauen Sie ganz Ihrem eigenen Hohen Selbst! Verbunden sind wir sowieso alle im morphogenetischen Feld. Wir betrachten die Aka-Schnüre eher als etwas "Persönliches" das jeder Mensch im Laufe seines Lebens anhäuft. Es sind diese Verbindungen, in denen gute und liebevolle Energie fliesst, und/oder auch belastende und negative.

Verzeihen ist das allerwichtigste überhaupt. Bei einem Ho'oponpono z.B. geht es eben darum, durch Verzeihen die Dinge wieder richtig zu stellen oder wieder in den "Fluss" zu bringen. Auch dort wird darum gebeten alle unerwünschten Energien und Schwingungen, die wir vom Anfang aller Zeit bis heute angehäuft haben zu trennen, aufzulösen und sogar durchzuschneiden.

Die Huna-Lehre beschreibt, dass wir jedes Mal einen Aka-Faden spinnen wenn wir mit jemandem in Kontakt sind. Mit der Zeit kann diese Verbindung zu einem Tau anwachsen. Das Tau ist aus vielen dünnen Fäden gedreht. Indem wir die Aka-Schnüre auflösen, lösen wir diejenigen Fäden im Tau auf, durch die möglicherweise belastende Energie fliesst. Darum "verlieren" wir auch die Verbindung mit geliebten, nahestehenden Menschen nicht, denn **was aus Liebe besteht kann man nicht "auflösen"**. Oft hilft dieses Bild zum besseren Verständnis.

Die Übung kann mit folgenden Worten ergänzt werden: "Löse, trenne und durchschneide alle **unnötigen, belastenden, nicht mehr benutzten** (usw.) Aka-Verbindungen."

Bei einer Übung mit Visualisation geht es darum, das untere Selbst anzusprechen, denn es versteht die Bildsprache am besten. In unseren Erfahrungen ist das Auflösen der Aka-Schnüre sehr befreiend und oft geschehen wunderbare Dinge in Beziehungen zu Menschen. Plötzlich sind gewisse Konfliktpunkte nicht mehr relevant usw.

Nicht jeder braucht solche Übungen. Sie können Ihrem unteren Selbst auch sagen, dass Sie eine bestimmte Aka-Verbindung "stilllegen" möchten. Es ist alles richtig und wenn es sich für Sie besser anfühlt, in Gedanken oder als persönlicher Akt zu Verzeihen ist das komplett in Ordnung. **Vertrauen Sie einfach Ihrem Gefühl!**

Seminare

Huna Basis-Seminar

für Einsteiger und Wiederholer

September
4 x Dienstagabend, 19 – 21 h:
06./13./20./27. September 2011

Oktober
Samstag/Sonntag, 8./09.10.2011

November
4 x Dienstagabend, 19 – 21 h:
08./15./22./29. November 2011

Grundlagen von Huna zur selbständigen praktischen Anwendung

Huna Praxis-Seminar

für Anwender und Fortgeschrittene

September
Samstag/Sonntag, 10./11.09.2011

Oktober
Samstag/Sonntag, 22./23.10.2011

November
Samstag/Sonntag, 19./20.11.2011

Weiterführende Techniken und viele praktische Übungen für Huna-Anwenderinnen und Anwender

Infos auf www.huna-europe.ch

Unser Seminarraum in Zürich

Herausgegeben von:

Huna Forschungs-Gesellschaft Zürich | HFG
Grubenstrasse 27 | CH-8045 Zürich
Telefon +41 44 251 55 65
info@huna-europe.ch | www.huna-europe.ch

HUNA-GRUPPE ZÜRICH

An folgenden Mittwochabenden trifft sich die Huna-Gruppe Zürich **im Lokal der HFG Zürich, Grubenstrasse 27, 8045 Zürich-Binz**

Irene Morf wird zusammen mit anderen Referentinnen und Referenten durch den Abend führen.

31. August, 19.00 Uhr **28. September, 19.00 Uhr**

26. Oktober, 19.00 Uhr **30. November, 19.00 Uhr**

Dezember fällt aus

Unkostenbeitrag für **Mitglieder CHF 10.00** pro Abend (Nichtmitglieder CHF 20.00)

Neue Teilnehmer sind jederzeit herzlich willkommen! Eine Anmeldung ist nicht nötig. Informationen und Einzelheiten zu den Themen auf www.huna-europe.ch, bei HFG Zürich, Telefon +41 44 251 55 65 oder Irene Morf, Telefon +41 44 813 75 35.

Ho'oponopono-Beratungen

Mit Ho'oponopono können Sie belastende Situationen in Ihrem Leben auflösen.

Wir bieten die Ho'oponopono-Beratungen nach Morrnah Simeona in 12 Schritten an.

Nach einer gründlichen Vorbereitung erfolgt eine Sitzung von ca. 2 Stunden Dauer.

Für weitere Informationen rufen Sie uns unverbindlich an, Telefon +41 44 251 55 65.

Preis für Mitglieder CHF 150.00
(Nichtmitglieder CHF 180.00)

Nr. 7 | September 2011

HUNA NACHRICHTEN

Zeitschrift für Mitglieder | Huna Forschungs-Gesellschaft Zürich | www.huna-europe.ch

EDITORIAL

Liebe Leserinnen und Leser

Fragen Sie sich manchmal was Sie tun würden, wenn Sie die berühmten drei Wünsche frei hätten? Was ist Ihnen am Wichtigsten im Leben? Wonach sehnen Sie sich am meisten?

Ich nehme mir immer wieder ein paar ruhige Stunden um zu überprüfen, wie authentisch ich mir selbst gegenüber bin. Bewege ich mich vorwärts und in die richtige Richtung oder bin ich am einschlafen in meiner „Komfortzone"? Gewohnheit ist ja so bequem und schön!

Wenn ich feststelle, dass es nötig ist wieder einmal eine höhere Gangart einzulegen, d.h. mich daran zu erinnern wer ich bin und was ich bin und wohin ich will, stelle ich mir folgende Fragen: „Was, wenn heute dein letzter Tag wäre?" oder „Was, wenn du nur noch ein Jahr deines Lebens vor dir hättest?" Sofort steigen Dinge an die Oberfläche, wie Blasen vom Meeresgrund. Es sind immer Herzensanliegen, Dinge die mein Wesen ausmachen oder Angelegenheiten mit den Menschen im meinem Leben. Es geht immer um Liebe. Mir selbst gegenüber und gegenüber den Menschen mit denen ich in Resonanz bin.

Im Laufe meiner Huna-Lehrjahre habe ich gelernt auf die leise Stimme meines Herzens oder meines unteren Selbstes zu hören. Nur vertröste ich sie immer noch zu oft auf „morgen" oder „später". Es ist manchmal etwas unbequem ihr mit allen Konsequenzen zuzuhören und dann in die Gänge zu kommen und etwas zu verändern oder zu bewegen. Oft bedeutet es einen Schritt in eine unbekannte Richtung zu tun und schon meldet sich das „Sicherheitsdenken" das den ungewissen Ausgang nicht kennt.

Wir haben jedoch nur den jetzigen Moment, unsere Zukunft und alles andere entwickelt sich aus den Entscheidungen die wir heute treffen. Warum sich also Sorgen machen über etwas, das noch gar nicht eingetreten ist? Unsere Gedanken werden zu Realität, es sind Schwingungen die wir aussenden und sie werden von anderen, ähnlichen Gedankenschwingungen angezogen. So entsteht unsere Wirklichkeit. Alles beginnt mit einem Gedanken. Ich muss nicht wissen, wie es genau funktioniert. Ich weiss einfach, dass es funktioniert. Unweigerlich.

Kommen Sie Ihren Herzensanliegen jetzt und heute einen Schritt entgegen und vertrauen Sie darauf, dass sich neue und sogar besse-

INHALT

Meditation und Gebet Wir gehen mit einer gewissen Erwartungshaltung unserem Schicksal gegenüber durchs Leben. Wenn etwas nicht so läuft wie erwartet resignieren wir. Meditation ist der Schlüssel. *Von Jennifer Lee* **> Seite 3**

Der Faktor Zeit und das Gesetz der Anziehung bei der Erfüllung des Huna-Gebets Wie lange dauert es bis mein Gebet erfüllt wird? Darf ich einen Termin vorgeben? Auch das Gesetz der Anziehung spielt bei der Wunscherfüllung eine wichtige Rolle. *Von Ulrich Amacher* **> Seite 6**

Die richtige Schwingung Optimisten sind Menschen, die „positiv schwingen". Wir können lernen, uns mit unseren Wünschen in Resonanz zu versetzen und sie so in der Wirklichkeit zu manifestieren. *Von Jennifer Lee* **> Seite 8**

Sie fragen – wir antworten: Weissagungen Dürfen wir von unserem unteren Selbst Voraussagen für die Zukunft verlangen? Was sind die Risiken dabei? *Von Jennifer Lee* **> Seite 10**

Veranstaltungen
Basis-Seminar, Praxis-Seminar, Huna-Gruppe Zürich: Termine bis Ende Jahr
> Seite 12

re Wege eröffnen für Sie. Gibt es etwas Wichtigeres im Leben als sich selbst gegenüber ehrlich zu sein und dementsprechend authentisch zu handeln? Wenn das geschieht, sind Sie automatisch im Einklang mit Ihren drei Selbsten und es können buchstäblich Dinge geschehen die sie nicht für möglich hielten.

Herzlich, Ihre

Jennifer Lee

Nicht weil es schwer ist
wagen wir es nicht,
sondern weil wir es nicht wagen
ist es schwer.
(Seneca)

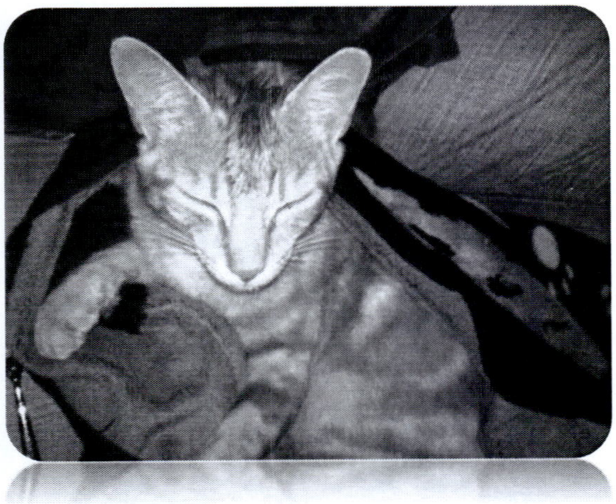

Flash – der kleine Ausreisser

Die Rückkehr am 13.

Erlebnisbericht einer Klientin von Irene Morf

Am Samstag den 9. Juli sass ich verzweifelt auf meinem Balkon und wusste nicht mehr weiter. Jetzt waren es schon 5 Tage, dass ich ihn nicht mehr gesehen hatte. Am Donnerstag hatte man mir gesagt, dass er sicher noch am Leben sei. Doch wirklich glauben konnte ich dies nicht. Mein Kopf sprach eine andere Sprache als mein Herz. Was sollte ich bloss noch tun? Habe doch schon überall gesucht und doch nicht gefunden. In diesem Moment rief mich meine beste Freundin an, um sich zu erkundigen, ob es was Neues gibt. Auch ihr ging dies alles sehr nahe, daher erzählte sie es ihrem Freund. Er wollte sofort helfen und überlegte wie. Plötzlich kam ihm Irene Morf in den Sinn, die ihm bereits in vielen schwierigen Lebenssituationen weiterhelfen konnte. Ich schöpfte gleich wieder Hoffnung, obwohl es für mich schwierig war, an solche Dinge zu glauben. Wie soll jemand helfen, der mein Allerliebstes nicht kennt? Aber einen Versuch ist es immer wert!

Irene war sofort bereit zu helfen und sendete meinem Liebsten viel Energie und Kraft, damit er aus seiner misslichen Lage herausfindet. Am Abend erhielt ich aus meiner ersten Quelle die Information, dass es ihm wieder etwas besser gehe und er von irgendwoher Kraft erhalten habe. Wie konnte sie das wissen? Ich hatte ihr nichts von Irene erzählt. Die Zeit verging doch noch immer kein Zeichen von ihm. Jetzt war schon eine Woche vergangen. Am Montag versicherte uns Irene, dass er in den nächsten 24 Stunden oder spätestens Donnerstag zuhause sein sollte. Na gut, warten ist wieder angesagt. Mittwoch der 13. Juli war ein Tag, wie man ihn eigentlich vergessen möchte: Nichts gelang und Konzentration war absolut nicht möglich. Jetzt war für mich klar, er kommt nicht wieder. Ich reinigte noch die Küche, um mich abzulenken. Plötzlich rief mein Freund in heller Aufregung nach mir. Da wusste ich mein geliebter Kater „Flash" ist zurück! Er war bis auf die Haut nass, abgemagert und voll Zecken, aber er war trotzdem wohlauf und „verschmust" wie eh und je!

Ich danke Irene von Herzen für die Hilfe und Unterstützung und bin überzeugt ohne sie wäre er heute nicht wieder bei uns zuhause!

Dania Lauper

Meditation und Gebet

Die meisten von uns leben in einer gewissen Erwartungshaltung dem Schicksal gegenüber. Wenn nun aber nicht alles wie geplant verläuft und Dinge geschehen, mit denen wir nicht gerechnet haben, resignieren wir oder nehmen gar eine zynische Haltung dem Leben gegenüber ein. Wir tun alles, um uns abzulenken, hören auf zu meditieren oder zu beten und vergessen gar unsere Verbindung zum Hohen Selbst. In dieser Situation ist es absolut notwendig, sich daran zu erinnern, dass uns nur geholfen werden kann, wenn wir darum bitten. Wir haben den freien Willen und unser Hohes Selbst greift nur in unser Leben ein, wenn es darum gebeten wird. Erst wenn in unserem Inneren Ordnung herrscht, ordnen sich die Dinge auch im Aussen. Von **Jennifer Lee**

Die meisten von uns leben in einer gewissen Erwartungshaltung dem Schicksal gegenüber. Wir stellen uns vor, wie unser Leben verlaufen soll, wann wir ungefähr unser erstes Karriereziel erreicht haben sollten um in der Lage zu sein eine Familie zu gründen oder bis wann wir unsere Jugendträume „ausgelebt" haben sollten um dann bereit zu sein uns dem „Ernst" des Lebens zuzuwenden. Ebenso erwarten wir ein relativ langes Leben in guter Gesundheit.

Wir sagen vielleicht ein Dankesgebet wenn alles so verläuft, wie wir es uns vorstellen und machen ein Bittgesuch wenn wir wollen, dass die Dinge so laufen wie wir es uns wünschen. Meist hängt diesen Gebeten eine versteckte Vorstellung davon an, wie sich die Angelegenheit zu unseren Gunsten entwickeln und wie die Antwort ausfallen sollte.

Wenn nun alles nicht so verläuft wie geplant und Dinge geschehen, die wir nicht verstehen und mit denen wir nie gerechnet hätten, resignieren wir oft oder nehmen gar eine zynische Haltung dem Leben gegenüber ein. Wir sprechen nicht mehr mit einem Gott der so kalt und gleichgültig erscheint und uns so im Stich lässt. Die Enttäuschung kann so tief sein, dass wir uns auf diese Weise gegen den Schmerz wappnen, einfach damit wir es schaffen, den Tag durchzustehen. Wir weigern uns in die Stille zu gehen und zu meditieren, weil wir es nicht ertragen mit unserer Traurigkeit oder der Bitterkeit in unserem Herzen konfrontiert zu werden. Es könnte ja sein, dass wir geschluckt werden von unserer Trauer oder unserer Angst. Wir erlauben uns auch manchmal jahrelang nicht zu weinen, aus Furcht wir könnten nie mehr aufhören. Folglich hören wir auf zu beten oder zu meditieren. Was soll das alles, es bringt ja doch nichts, mag unser Hintergedanke sein. Es gibt keinen Gott und wenn doch, dann will ich nichts mit ihm zu tun haben.

Wir tun alles, um uns abzulenken und unsere Aufmerksamkeit quasi aus unserem Innern abzuziehen. Wir stellen den Fernseher an sobald wir zuhause sind oder setzen uns an den Computer. Wir verbringen keine Minute mehr allein mit uns selbst um uns so weit wie möglich von unseren Gefühlen zu distanzieren. Wir übertönen und ignorieren unser unteres Selbst und vergessen unsere Verbindung zum Hohen Selbst. Wir hadern und zweifeln und mit der Zeit stumpfen wir ab und spüren uns selbst nicht mehr.

Aus der Sicht unseres mittleren Selbstes, unseres rationalen Verstandes also, mag es so aussehen, als ob wir auf dem Abstellgeleise stehen. Alles geht schief bei uns, nur die anderen sind erfolgreich, glücklich und fröhlich. Wir sind abgeschnitten, eine Mauer aus Glas trennt uns von Liebe, Lachen und Harmonie.

In dieser Lage ist es von absoluter Notwendigkeit, sich daran zu erinnern, dass uns nur geholfen wird, wenn wir darum bitten! Wir Menschen haben den freien Willen bekommen und unser Hohes Selbst greift nicht ein und übernimmt keine Führung wenn wir es nicht darum bitten. Unser Elterlicher Geist behält uns im Auge und weiss dass wir unsere eigenen Erfahrungen sammeln müssen, wie ein Kind. Aber stellen Sie sich die Freude vor, wenn wir schliesslich um Hilfe bitten! Wir werden so viel Aufmerksamkeit und Unterstützung bekommen wie wir brauchen um wieder auf die Füsse zu kommen. Wir müssen uns nur daran erinnern zu bitten, still zu werden und zu lauschen.

Wenn wir uns in Kontemplation oder Meditation auf unsere Lage einstimmen, sehen wir die Situation plötzlich entspannter, es ist als ob es uns gelungen ist die Frequenz zu wechseln und wir können unser Leben aus einer anderen Perspektive betrachten. Wir öffnen unser Herz, vielleicht hören wir unser unteres Selbst buchstäblich aufatmen oder Tränen steigen auf, wenn wir uns die Härte vergeben, die wir uns selbst gegenüber aufrechterhielten. Ganz leise beginnen wir die Liebe und die Verbundenheit nach der wir alle streben zu spüren.

Meditation und/oder Gebet schliessen uns an die Quelle der Liebe, des Friedens, des Glücks an und machen uns deren Präsenz in unserem Leben bewusst. Es ist ein Weg, voll und ganz in Stille, Frieden, Hingabe und Freude einzutauchen um uns zu heilen und umzuwandeln.

Der Mensch pflegt jeden Tag sein Haar – warum nicht auch sein Herz?

(chinesisch)

Wir alle wissen, dass wir uns täglich Zeit nehmen „sollten" um zu meditieren. Oft ist uns jedoch nicht ganz bewusst, dass es sogar erste Priorität haben sollte um Frieden und emotionale Reife zu erlangen. Es lohnt sich, die Fähigkeit zu entwickeln einigermassen zentriert und ausgeglichen auf Stress oder andere bedrohliche Herausforderungen zu reagieren (anstatt darauf anzuspringen und/oder zu explodieren), oder einen gewissen Grad an Ruhe zu bewahren bei Enttäuschungen usw.(anstatt im Drama zu versinken oder aggressiv zu werden). Es gibt keinen sichereren und einfacheren Weg die Herausforderungen des Lebens zu meistern, als durch die tägliche Meditations-Praxis.

Wenn wir in der Meditation die achtsame Aufmerksamkeit auf den Moment kultivieren verringert sich unser Bedürfnis dauernd zu tun und zu machen und unseren Wert nur nach unseren „Leistungen" zu beurteilen. Wenn wir uns erlauben nur zu sein, bekräftigen oder anerkennen wir den bedingungslosen Wert unseres Lebens. Wir entspannen unser ruheloses Hirn und werden still, um präsent und aufmerksam für die Stimmen unseres Herzens und unseres Körpers zu werden. Das heisst, wir öffnen uns für die Anliegen unseres unteren Selbstes und für die Intuition unseres Hohen Selbstes. Unsere Lebensführung hängt nicht mehr nur vom mittleren Selbst (der „ich sollte und ich muss"-Stimme) ab, wir treffen unsere Entscheidungen aus der Ganzheit dessen wer wir sind und was wir sind.

Neben der traditionellen Meditationsweise, sich hinzusetzen, die Gedanken zu beobachten und loszulassen, während wir uns auf den Atem konzentrieren, gibt es noch unzählige andere Arten sich zu zentrieren. Wir können auf Huna-Weise eine Mana-Aufladung machen und zusammen mit dem unteren Selbst eine grosse Portion davon unserem Hohen Selbst senden um so unsere „Dreiheit" neu zu bekräftigen und danach zu dritt ein „Zwiegespräch" führen oder wir können durch zählen, resp. in der Alphastufe an unseren Ort der Stille gehen, leise ein Mantra rezitieren, allein einen achtsamen Spaziergang unternehmen, Musik hören und eine Bitte an Gott tanzen, ein eigenes Gebet oder kontemplative Gedanken in unser Notizbuch schreiben oder einen besonders schönen Text laut lesen, wir können ein Bild malen oder im Einklang mit unserem schlafenden Kind atmen oder still in einer leeren Kirche sitzen usw., usw. **Das Wichtigste ist die Erkenntnis, dass der schönste Garten in unserem Innern blüht und dass alles was wir suchen in uns selbst zu finden ist**, die Liebe, das Angenommensein, die Anerkennung, Ruhe und Frieden, Freude und Glück und natürlich Gott oder unsere persönliche Definition dieses Wissens um das Unerklärbare.

Durch die Meditation pflegen wir unsere Freundschaft mit George und bauen das gegenseitige Vertrauen weiter aus um es in Huna-Worten auszudrücken. Wir erinnern uns wer wir sind, wenn wir uns Zeit nehmen mit unserem unteren Selbst zu kommunizieren.

Weiter ist die Meditation ein bewusstes Ausrichten auf die Frequenz unseres Hohen Selbstes. (Ungefähr so wie die Kanalsuche bei einem Fernseher zum Beispiel: Zuerst rauscht es und das Bild ist gestört, dann verschwindet es wieder, bevor es ganz klar auf dem Bildschirm erscheint).

> **„Im Menschen existiert ein unglaubliches Potential, nämlich die Möglichkeit, dass allein der Glaube, etwas sei wahr, diese Wahrheit tatsächlich erzeugen kann."**
>
> T.D. Barkovec, Placebo Forscher

Wir erkennen seine Inspirationen und finden den Zugang zu unseren inneren Visionen. Unser „Radarsystem" verfeinert sich und plötzlich spüren wir wirklich, dass wir mit allem verbunden sind in diesem allumfassenden Bewusstseinsfeld. Wir bemerken wie unsere Umgebung reagiert, je nachdem welche Schwingungen und Signale wir aussenden und es wird uns wirklich klar wie alles zusammenhängt. Durch diese Verfeinerung unserer Wahrnehmung lernen wir genau zu verstehen, wie machtvoll die Schwingung unserer Gedanken ist. Sie sind Signale die wir aussenden, die eine unmittelbare Auswirkung sowohl auf unsere Körperzellen als auch auf unsere Umgebung haben.

Die Meditation führt zum Dreiklang der drei Selbste. Wir kommen einem Verständnis nahe das über den Intellekt des mittleren Selbstes hinausführt.

Wenn wir diese Schwingung oder Verbindung der drei Selbste aufrechterhalten können, wird die Gebetserfüllung oder die Manifestation unserer Wünsche ganz einfach. Es sind diese Momente in denen alles gelingt und in denen wir nur mit Freude im Herzen an einen erfüllten Wunsch zu denken brauchen und auf wunderbare Weise erfüllt er sich innert kürzester Frist. (Vor allem wenn wir das Wohl anderer Menschen mit einschliessen.)

Die Gedankenenergie und unsere inneren Sinne sind so real wie die fünf Körpersinne. („Sehen", „Riechen", „Schmecken", „Tasten", „Hören" können wir auch nicht sehen und anfassen, sondern lediglich ihre Instrumente, unsere Augen, die Nase, den Mund, die Hände und die Ohren.) Wir sind in der Lage, mit unseren inneren Sinnen durch Übung und etwas Disziplin dieselben intensiven Erfahrungen zu machen. Der aufrichtige Wunsch nach Führung und Erkenntnis genügt, um mit der Praxis zu beginnen.

Der Mensch in seiner Gesamtheit ist wie ein hochsensibles, meisterhaftes Instrument. Um ihm die ganze Kapazität seines Klangreichtums zu entlocken muss es regelmässig gestimmt und gespielt werden.

Tägliches Meditieren erhöht unsere Schwingung oder wechselt unseren Frequenzbereich und hilft unser Wesen frei von Anhaftungen, negativen Einstellungen und begrenzenden Glaubenssätzen zu halten. Es ist die Brücke zwischen der materiellen und der geistigen Welt und das Tor zum höheren Wissen.
Die Gradmesser für unser tägliches Leben sollten immer Liebe und Freude sein, wenn wir sie empfinden, sind wir auf der richtigen Spur. Es sind die Energien des Hohen Selbstes die sich in unserem Leben und unserem Tun ausdrücken.

Tipps:

1. Meditieren Sie regelmässig, am besten jeden Tag und länger als nur 5 Minuten. Empfehlenswert sind 20 bis 30 Minuten.

Es ist wie beim Körpertraining: einmal die Woche oder nur 5 Minuten täglich bauen keine Muskeln auf und machen keinen fitten, beweglichen Menschen aus uns oder lassen gar die Pfunde purzeln.

2. Meditieren Sie wenn möglich am gleichen Ort und in der gleichen Haltung. (Finden Sie ihre eigene Haltung, die es Ihnen ermöglicht leicht die Aufmerksamkeit nach innen zu richten.)

Ort und Haltung sind Hilfsmittel um Ihrem George zu signalisieren, dass Sie jetzt mit der Meditation beginnen möchten. Er wird sich ebenfalls darauf einstimmen, sobald Sie sich auf Ihren Meditationsplatz begeben. (So wie er weiss, dass Sie gleich schlafen gehen, wenn Sie sich die Zähne putzen und den Schlafanzug überstreifen.)

3. Legen Sie Stift und Papier bereit, falls Sie eine Eingebung festhalten wollen. Stecken Sie auch ein kleines Notizbuch und einen Stift ein, falls Sie einen kontemplativen Spaziergang machen. So können Sie unbeschwert weiter meditieren mit der Gewissheit dass der Gedanke nicht vergessen geht.

Notizen sind ebenfalls empfehlenswert bei Programmierungsübungen, die eine weitere Möglichkeit der Meditationspraxis darstellen. Wir überprüfen alle unsere gewohnheitsmässigen Denk- und Verhaltensmuster auf Ihre Gültigkeit, befreien uns von den belastenden Mustern und formulieren eine „Neuprogrammierung", die dann einen Prozess in uns auslöst der unsere oft sehr engen Gedankengrenzen ausdehnt. Unsere Welt wird Schritt für Schritt gross und weit und viel Neues und Unerwartetes wird möglich.

Der Faktor Zeit und das Gesetz der Anziehung in der Erfüllung des Huna-Gebets

Immer wieder taucht die Frage auf, wie lange es denn dauert bis ein Gebet erfüllt wird. In unserem Erdenleben spielt der Faktor Zeit eine wichtige Rolle, deshalb möchten wir es auch gern in unser Huna-Gebet mit einbeziehen. Das Huna-Gebet zielt darauf ab, innerhalb der Begrenzungen von Zeit und Raum eine Veränderung herbeizuführen. Die Aussage „betet als ob ihr es bereits empfangen habt" bezieht sich auf den Glauben und hat nichts mit dem „Jetzt" in der materiellen Welt zu tun. In der geistigen Welt ist das, worum wir bitten durchaus bereits erschaffen oder bereitgestellt. Wir müssen die richtigen Bedingungen schaffen, damit sich dieses auch in unserer Dimension manifestieren kann. Von **Ulrich Amacher**

Die Aussage „betet, als ob ihr es bereits empfangen habt" kann missverstanden werden in dem Sinn, dass man so tun soll als ob der unerwünschte Zustand gar nicht existiert, es uns bestens geht und alles in Ordnung ist. So ist er nicht gemeint und eine solche Einstellung des übertriebenen „positiven Denkens" ist sogar kontraproduktiv. E. Otha Wingo beschreibt es in seinem Buch „Briefe über Huna" folgendermassen (Nr. 7, Seite 7 ff): *„Aus Huna-Sicht ist es völlig unnütz, Dinge abzustreiten, die uns Sorge verursachen, denn das untere Selbst denkt und handelt sehr wörtlich."* Es ist also unnütz so zu tun, als sei das gebrochene Bein geheilt und die nächste Leasingrate für das Auto existiere nicht. Und weiter schreibt Otha Wingo: *„Man muss das untere Selbst davon überzeugen, dass man nicht faselt. Denn es entscheidet, ob das was man es zu tun bittet, vernünftig ist und ob man das Gewünschte auch verdient! Überlegt euch einmal, was passiert, wenn wir ein Schuldgefühl haben. Das Gebet geht völlig daneben, weil das untere Selbst sich schämt. Es fühlt sich schuldig. Der Pfad ist blockiert. Schuldgefühle veranlassen das mittlere Selbst sogar keine Anstrengungen zu machen, da es beständig an die Schuld erinnert wird, sei sie nun wirklich oder eingebildet."*

Das Element Zeit

In der geistigen Welt gibt es keine Zeit, sie ist eine Erfindung der dualen, materiellen Welt. Dieser Umstand macht uns Menschen, die wir so sehr auf das Element Zeit fixiert sind, manchmal ziemlich ratlos. Deshalb können wir auch nie einen fixen Termin für die Erfüllung unserer Gebete „reservieren", das Universum wird sich kaum daran halten. Viel besser ist eine Formulierung in der Art „alles wird zum richtigen Zeitpunkt geschehen". Auch eine Einstellung, dass das Bestmögliche für alle Beteiligten geschehen möge ist hilfreich, denn alle konkreten, noch so gut gemeinten Fristen und Termine sind Eingriffe in die Arbeit der Hohen Selbste, die es zu vermeiden gilt. Grundsätzlich gilt: je mehr Personen in einer Wunscherfüllung involviert sind, umso länger dauert es, bis sich für alle Beteiligten der bestmögliche Zustand einstellen kann. Aus der Erfahrung mit Ho'oponopono dauert es in der Regel drei Monate, bis sich grosse Umwälzungen einstellen. Das heisst aber nicht, dass es – besonders im Bezug auf sich selber – sofortige sichtbare Resultate und Verbesserungen gibt.

Dazu kommt, dass der Begriff Zeit auch dem unteren Selbst nicht vertraut ist. Für das untere Selbst ist alles immer Gegenwart, sei es Vergangenheit oder Zukunft. Wir erinnern uns an das Bild des Computerspeichers, das wir zur Beschreibung unseres unteren Selbstes verwenden können: Wie ein Computer speichert unser unteres Selbst alles sorgfältig und ohne zu hinterfragen ab und es existiert auf immer in seinem Archiv. Zeit spielt dabei keine Rolle.

Termine und Fristen zu setzen ist aber sehr sinnvoll für Dinge, die wir im Zusammenhang mit der Erfüllung unseres Gebetswunsches selber aktiv unternehmen wollen:

- Bis Ende Woche habe ich mit drei Personen über Möglichkeiten zur Lösung des Problems gesprochen.
- Diesen Monat werde ich mich der Thematik soundso widmen, indem ich im Internet recherchiere und mir Fachliteratur dazu besorge.
- Bis übermorgen besorge ich mir mindestens 10 Adressen von Institution und Menschen, von denen ich das Gefühl habe, sie könnten mir zum Erreichen meines Ziels nützlich sein.

Die Liste kann beliebig fortgesetzt werden.

> **Alles, was ihr im Gebet verlangt,**
>
> **glaubet, dass ihr es empfangt habt,**
>
> **so wird es euch zuteil werden!**
>
> Markus 11:14

Die Gebetsaktion

Grundlage für eine Wunscherfüllung ist immer ein korrekt ausgearbeitetes Gebet. Allfällig bestehende Blockaden, denen wir bei der Ausarbeitung gewahr wurden, müssen beseitigt werden. Unser Wunsch darf niemandem – auch nicht uns selbst – in irgendeiner Weise schaden. Es ist empfehlenswert, sich den gewünschten Zustand in einer kraftvollen, lebendigen Vorstellung zu visualisieren. Ist das Gebet einmal formuliert und „abgeschickt" bleibt das tägliche „Wässern" mit Mana. Und ganz wichtig: Haben Sie immer den gewünschten Endzustand vor Augen, ohne sich um das „WIE" zu kümmern. Wenn Sie sich Gedanken oder gar Kummer um die Art und Weise der Verwirklichung machen, handeln Sie kontraproduktiv. Das bedeutet aber nicht, dass Sie die Hände in den Schoss legen und untätig bleiben sollen. Wenn Sie sich eine bessere Arbeitsstelle wünschen müssen Sie selbstverständlich ein ordentliches Bewerbungsdossier vorbereiten, Stellenangebote studieren, sich fiktiv oder tatsächlich vorstellen gehen. Wenn Sie sich einen Auftrag einer bestimmten Firma wünschen, bereiten Sie bereits ein Email-Postfach für diesen Kunden vor, beschriften den Ablageordner usw. Wenn Sie sich eine Verbesserung Ihrer finanziellen Situation wünschen, setzten Sie selbst klare Zeichen, dass es Ihnen ernst damit ist, indem Sie etwa auf das Auto verzichten, eine billigere Wohnung nehmen oder ähnliches. Dies alles hilft Ihnen in erster Linie an Ihrem Gebetswunsch „dranzubleiben", sich in die richtige Stimmung zu versetzen und stets den gewünschten Endzustand vor Augen zu behalten. Es sind aber auch kraftvolle Zeichen für das untere Selbst, Sie bei Ihren Bemühungen zu unterstützen und es sind unerlässliche Vorbereitungen, damit der gewünschte Zustand eintreten kann.

Zu Ihrer Hilfe haben wir dieser Ausgabe der Huna-Nachrichen eine praktische „Flow Chart" – eine Art Ablaufdiagramm – für die Gebetsaktion beigelegt. Sie kann Ihnen beim Ausarbeiten Ihres Huna-Gebets von Nutzen sein.

Das Gesetz der Anziehung

Schwingung ist die Grundlage von allem und das Gesetz der Anziehung reagiert auf Schwingung indem es Dinge mit gleicher Schwingung zusammenführt. (Lesen Sie dazu in „Huna-Nachrichten" Nr. 2 den Artikel „Das Huna-Gebet und seine Erfüllung" von Jennifer Lee.) Energie folgt der Aufmerksamkeit, daher ist es äusserst wichtig sich bewusst zu machen, worauf wir unsere Gedanken lenken. Denn diese machen schliesslich die Art der Schwingung aus, die wir aussenden. Es ist ein wesentlicher Unterschied, ob man sich auf das konzentriert was man haben will oder auf die Abwesenheit desselben fokussiert ist. Also immer prüfen: bin ich mit meiner Energie bei dem gewünschten Zustand, der gewünschten Sache oder eher beim Umstand dass es nicht da ist? Unsere Gedanken sind sehr kraftvoll. Es ist uns vielleicht eher bewusst wie stark sie sind im Hinblick auf negative Dinge: „Ich hatte solche Angst, dass etwas Derartiges passieren könnte und es ist tatsächlich eingetreten." „Ich habe es ja immer schon gewusst!" „Ich war sicher, dass der Zöllner gerade mich aus der Menge herauspflücken würde – und genauso war es." Solche Beispiele gibt es zuhauf und sie zeigen, wie die Ausrichtung der Gedanken (= Energie) funktioniert. **Wenn sie aber in negativer Weise funktioniert, dann MUSS sie auch im Positiven funktionieren**.

Umfassende Ausrichtung

Nun nützt es aber nichts, wenn Sie in Ihrem Gebet um eine Sache bitten, die mit Fülle zu tun hat und ich sich in diesem speziellen Fall auch schön auf die Fülle konzentrieren und alles richtig machen, aber in allen anderen Bereichen Ihres Lebens eine gegenteilige Einstellung haben. Unser gesamtes Leben muss in Einklang stehen, damit sich ein Wunsch manifestieren kann. Daher ist es wichtig, unsere Einstellungen zu sämtlichen uns betreffenden Situationen zu überprüfen und sicherzustellen, dass sie mit dem formulierten Wunsch konform gehen. Und wir müssen uns immer wieder darüber klar werden, ob wir auf den gewünschten Zustand ausgerichtet sind oder auf dessen Abwesenheit. Dies ist ein enormer Unterschied und obschon er so elementar ist, tappen wir oft wieder in diese Falle.

Wie Otha Wingo es im oben erwähnten Buch beschreibt: *„Das Zeitelement bedeutet nichts anderes, als dass wir uns ein Bild von der Zukunft in ihrer vollendeten Form vorstellen müssen.* ***Nur der Zukunftsplan ist hier und jetzt vollendet****. Man muss den unteren, mittleren und Hohen Selbsten Zeit lassen, damit sie an der Struktur zweckentsprechend bauen können."*

Die richtige Schwingung

Optimisten sind Menschen die „positiv schwingen“ und dadurch andere positive Menschen und Ereignisse anziehen. Bei Pessimisten ist es umgekehrt: Alles Schlimme, wovon sie schon immer „wussten“, dass es geschehen wird, tritt für sie ein. Wir können lernen, uns mit unseren Wünschen in Resonanz zu versetzen und sie somit in der Wirklichkeit zu manifestieren. Von **Jennifer Lee**, inspiriert durch das Buch „You were born rich“ von Bob Procotor.

Es gibt viele gute Motivationstrainer und Lehrer die uns dabei helfen unsere Persönllchkeit weiterzuentwickeln.
Bop Proctor ist der "Meister-Denker" unter ihnen. Wenn es darum geht unser Leben zu systematisieren und die Gesetze des Universums in einfachen Worten zu erklären ist er unerreicht.
Sein Buch „You were born rich“ ist erhätlich über Amazon.
www.bobproctor.com

Spätestens seit wir uns mit der Quantenphysik beschäftigt haben, wissen wir, dass sich alles was wir sehen oder auch nicht sehen sozusagen in schwingender Bewegung befindet. Je höher die Schwingung umso wirkungsvoller deren Kraft oder umso dichter die Materie.
Unsere Gedanken erzeugen eine sehr hohe Schwingungsfrequenz, deshalb ist es wichtig zu verstehen, wie gross ihr Einfluss auf unseren Körper und unser tägliches Leben ist.

Optimisten sind Menschen, die „positiv schwingen“ und dadurch andere positive Menschen und Ereignisse anziehen. Im Gegensatz dazu erwarten die Pessimisten immer etwas Ungutes, sie denken bei allem was sie tun darüber nach was wohl schlechtes geschehen könnte. Sie halten sich in dieser negativen Schwingung auf und ziehen dementsprechend an was sie befürchten. Mit unserem freien Willen können wir wählen in welcher Schwingung wir uns bewegen möchten.

Oft geschieht es jedoch, dass unsere Signale zu undeutlich sind. Wir haben uns für das Huna-Gebet eine wunderschöne Lebenssituation ausgemalt. Alles stimmt, auch unsere Liebsten sind miteingeschlossen und niemandem wird durch die gewünschte Veränderung Schaden zugefügt. Ein Traum wird wahr, wenn da nicht die Stimmen der Vernunft und des Zweifels laut würden! Und schon befinden wir uns in einer negativen Schwingung, die uns gemäss dem Gesetzt der Anziehung mit entsprechenden Situationen und Menschen konfrontiert. Unser Gebetswunsch rückt in die Ferne.

Huna lehrt, dass wir uns nicht um das „WIE“ kümmern müssen, unser Hohes Selbst hat einen Überblick und Möglichkeiten die wir nicht erfassen können. In der Anwendung bedeutet dies, dass wir nur den bereits erfüllten Wunsch vor Augen haben dürfen und wie wir uns dabei fühlen.

In der Anwendung kann das folgendermassen aussehen: Sie wünschen sich vielleicht eine andere Arbeitssituation innerhalb ihrer Firma, eine Arbeit bei der Sie ihre Talente entfalten können und bei der Sie Ankerkennung finden. Sie wissen aber nicht wie sie dies erreichen können oder was Sie dafür tun müssen ohne jemandem zu schaden. In einer solchen Situation stellen Sie sich zum Beispiel vor wie Sie strahlend vor Freude und Zufriedenheit genau am richtigen Ort zu sein, die Gänge Ihrer Firma entlang gehen. Sie grüssen Ihre Mitarbeiter und stellen sich vor wie Sie lächelnd zurückgegrüsst werden. Der CEO schüttelt Ihre Hand und klopft Ihnen anerkennend auf die Schulter.

Alles im gesamten Universum ist miteinander verbunden durch das Gesetz der Schwingung. So wie das kochende Wasser mit dem Dampf verbunden ist in das es übergeht und der Dampf mit der Luft verbunden ist in die er sich verwandelt. Der einzige Unterschied besteht in der Dichte der Schwingung.

Sobald wir einen bestimmten Gedanken denken setzen sich unsere Hirnzellen in Bewegung und senden elektromagnetische Wellen aus. Wenn wir uns auf diese Gedanken konzentrieren, erhöhen wir die Schwingungsstärke der Hirnzellen und die elektromagnetischen Wellen werden ebenfalls stärker. Dementsprechend schwingt unser ganzes Wesen in dieser bestimmten Frequenz.

Wir besitzen die Fähigkeit unsere Schwingung und dementsprechend die Umstände um uns herum zu verändern. Nichts anderes geschieht, wenn wir unseren „Gebets-Samen" täglich wässern. Wir sehen das Endresultat unseres Gebetsbildes vor uns und befinden uns in einem Zustand der Freude. Wir sind in Verbindung mit unserem gewünschten Resultat, d.h. wir schwingen harmonisch mit jedem Energiepartikel den es braucht um das Bild in der Materie entstehen zu lassen. Gleiches zieht Gleiches an, die Energiepartikel bewegen sich aufeinander zu und verdichten sich. Alles was wir suchen, sucht uns im Gegenzug.

Sobald wir dieses Gesetz verstanden haben und es uns gelingt im Dreiklang mit unseren drei Selbsten zu „schwingen" löst sich das „Negative" auf oder wird abgestossen. Lässt man zwei Wassertropfen ineinanderlaufen werden sie zu einem etwas grösseren Wassertropfen weil sie in Resonanz sind, versucht man jedoch einen Tropfen Wasser mit einem Tropfen Öl zu vereinen stossen sie sich ab, weil sie nicht in Harmonie sind.

Das „Gebetsbild" das wir „pflanzen" setzt einen Prozess in Bewegung der unserem Leben die gewünschte Richtung gibt. Es ist jedoch wichtig sorgfältig zu überlegen was wir uns wünschen um dann bei diesem Bild bleiben zu können. Wenn wir unser Bild dauernd verändern, (durch Ängste und Zweifel, eben durch unsere Gedanken an das WIE) springen wir von einer Schwingung zur anderen und kommen zu keinem Ergebnis.

Alles was wir uns wünschen ist bereits vorhanden, alles ist Energie, es liegt an uns, damit in Resonanz zu gehen oder im Gleichklang mit unserer Vision zu schwingen.

Das bestgehütete Geheimnis der Neurowissenschaft – oder der einfachste und schnellste Weg in die Stille zu finden

Gähnen entspannt Ihren Körper in weniger als einer Minute und ermöglicht es Ihnen, schneller in das Meditationsstadium einzutreten.

Lachen Sie ruhig, aber probieren Sie es zumindest einmal aus:

Begeben Sie sich an Ihren Meditationsort und setzen Sie sich in Ihrer gewohnten Haltung hin.

Nehmen Sie 10 tiefe Atemzüge, gefolgt von zehnmal vorgetäuschtem oder echtem Gähnen.

Beobachten und spüren Sie die unmittelbare entspannende Wirkung.

Beginnen Sie jetzt mit Ihrer Meditation oder Übung.

Viele der neuesten Gehirnscan-Studien haben bewiesen, dass durch Gähnen einzigartige neuronale Aktivitäten in den Gehirnregionen ausgelöst werden, die direkt für die Erzeugung von sozialem Bewusstsein und Mitgefühl zuständig sind. Eine dieser Regionen ist der „Präcuneus", eine winzige Struktur, die sich in den Falten des Parietallappens versteckt. Forschern des Neurologischen Instituts in London zufolge scheint der Präcuneus eine entscheidende Rolle für das Bewusstsein, die innere Einkehr und das Abrufen von Erinnerungen zu spielen. Der Präcuneus wird ausserdem durch Yoga-Atmung angeregt, (und bestimmt auch durch Mana-Atmung), was erklärt, warum manche Formen der Meditation zu einem erhöhten Ich-Bewusstsein beitragen. Er ist zudem einer der Hirnteile, der von altersbedingten Erkrankungen und Aufmerksamkeitsdefiziten am meisten betroffen ist. Daher ist es möglich, dass bewusstes Gähnen in der Tat diesen wichtigen Teil des Gehirns stärken kann.

Aus „Der Fingerabdruck Gottes" von Andrew Newberg und Mark Robert Waldmann, ISBN 978-3-424-63022-0, Kailash-Verlag, München.

Andrew Newberg ist einer der führenden Neurowissenschaftler der USA an der Universtät von Pennsylvania. Mark Robert Waldmann ist Dozent an Newbergs „Center for Spirituality and MInd", Therapeut und Autor zu den Themen Neurowissenschaften und Spiritualität. **Siehe auch „Tipps für den Alltag", Huna-Nachrichten Nr. 2, Juni 2010**

Sie fragen – wir antworten: Weissagungen

In seinem Buch „Huna-Praxis“ mahnt Henry Krotoschin davor Zukunftsvoraussagen zu machen: „Bitte verlangen Sie von Ihrem unteren Selbst später niemals Zukunft-Weissagungen, denn das birgt Gefahren in sich.“ Die Aussage findet sich im Kapitel 4, Das untere Selbst. Ein Leser fragt nun, worin diese Gefahren bestehen und bittet um weitere Informationen.

Henry Krotoschin

Huna-Praxis
Bewusste Lenkung des Schicksals

Schirner Verlag
ISBN 3-89767-164-6
CHF 28.50
EUR 15.90

Im Buchhandel oder bei der HFG Zürich erhältlich.
www.huna-europe.ch

Am 29.05.2011 um 18:44 schrieb xxxx@gmx.at:
An: HFG <info@huna-europe.ch>
Betreff: Anfrage zum Hunabuch von Henry Krotoschin

Sehr geehrte Damen und Herren

Auf Seite 87 unter Punkt 7. schrieb Herr Krotoschin, dass er vor Zukunftsweissagungen warnt - können Sie mir nähere Infos geben, welche Gefahren er gemeint hat und wo ich weitere Infos zu diesem Punkt finde?

Mit bestem Dank im Voraus verbleibe ich mit freundlichen Grüßen,

-------- Original-Nachricht --------
Datum: Tue, 31 May 2011 17:05:50 +0200
Von: HFG <info@huna-europe.ch>
An: xxxx@gmx.at
Betreff: Re: Anfrage zum Hunabuch von Henry Krotoschin

Vielen Dank für Ihre Mail und Ihr Interesse!

Wenn wir z.B. in einer Lebenssituation zwei Wege zur Auswahl haben und uns für einen von beiden entscheiden müssen oder wollen, ist es ein Unterschied auf unser "Gefühl" zu hören (das unser George uns hochschickt) und dementsprechend zu handeln oder von unserem unteren Selbst eine konkrete "Zukunftsvoraussage" zu erwarten. Das untere Selbst ist sowohl der Verwalter unserer Sensitivität oder gar der medialen Fähigkeiten, wie es Henry auf Seite 82 beschreibt, wie auch der Sitz unserer Emotionen und der Speicher unserer Erinnerungen, deshalb wäre eine solche Voraussage in dem Sinne "gefährlich", weil sie durch diese Emotionen und Erinnerungen "gefärbt" ist. Das erklärte Ziel der Huna-Lehre ist die "Dreieinigkeit" der drei Selbste. Diese Harmonie zwischen dem mittleren, dem unteren und dem Hohen Selbst, macht eine Lenkung unseres Schicksals möglich. Das heisst, wir können unsere Zukunft selbst beeinflussen, sie ist nicht komplett festgelegt. Es ist also für uns als mittlere Selbste sehr wichtig, eine liebevolle, freundschaftliche Beziehung mit unserem George zu erreichen und ihm dabei zu helfen, die Blockaden in Form unserer Ängste und Komplexe, Schuldgefühle, behindernden Glaubenssätze usw. aufzulösen, damit die "Telefonlinie" zu unserem Hohen Selbst ohne Verwicklungen und störungsfrei ist. Wir als mittlere Selbste können keinen direkten Kontakt mit dem Hohen Selbst aufnehmen. Die Verbindung läuft nur über George und zwar in beiden Richtungen. Nur durch das Hohe Selbst erhalten wir unsere Intuitionen oder die Eingabe welcher Weg der Richtige ist. Aus dieser Wahl, die wir im hier und jetzt treffen entsteht unsere Zukunft. **Voraussagen sind meiner Meinung nach immer nur Momentaufnahmen oder Tendenzen, wir haben immer mehrere Möglichkeiten zur Verfügung und unseren freien Willen**.

Auf der Suche nach weiteren Quellen zum Thema bin ich auf folgenden Beitrag gestossen:

Bei der Frage nach der Zukunftsweissagung gilt es ein Basisprinzip zu beachten, wie Otha Wingo in seinem Artikel "How to use Readings" in einer Ausgabe der "HUNA WORKS" aus dem Jahre 1987 schreibt:
"Unsere Führung muss immer nur aus unserem Innern kommen und zwar von unserem eigenen Hohen Selbst!“

Wie kommen wir zu dieser Führung durch unser Hohes Selbst?

Alles kann als Kommunikationsmittel des Hohen Selbstes betrachtet werden: ein Ereignis, ein Wort, ein Gedanke, ein Buch, der Teil eines Buches, ein Zeitungsartikel, eine Situation, ein Begegnung mit einem Menschen, eine "Voraussage" in einer Beratung, sei es durch Astrologie, Tarot-Karten, Channelings usw. Es gibt endlose Möglichkeiten. Max Freedom Long bezog sich auf scheinbare "Zufälle", die im Rückblick sein ganzen Leben veränderten. "Ich begab mich eines Abends auf einen Spaziergang," sagte er - und das Ergebnis dieses Spaziergangs brachte ihn nach Hawaii! In diesem Sinne können wir jede Art von Voraussage auf eine angemessene Art und Weise nutzen. Wenn wir die Information aus einer Beratung oder Sitzung als Werkzeug brauchen um uns an die Führung durch das Hohe Selbst heranzutasten, praktizieren wir unsere Huna Prinzipien und ziehen so den grössten Nutzen aus der Beratung.

Fallen die es zu vermeiden gilt

Zukunftsdeutungen können faszinierend sein und zu unserer Unterhaltung dienen oder einfach zur Befriedigung unserer Neugierde. Auch wenn wir die ganze Sache als interessanten Zeitvertreib anschauen, kann ein Hinweis oder Rat auf subtile Art und Weise erfolgen und von unserem unteren Selbst sehr ernst genommen werden. Wenn Sie eine Zukunftsberatung als Unterhaltung anschauen, müssen Sie sicher gehen, dass Ihr unteres Selbst das auch so sieht!

Erwarten Sie nicht, dass der Berater oder das Ergebnis der Sitzung Ihr Problem löst, Ihre Fragen beantwortet oder Ihnen sagt was geschehen wird. Erstens ist das unmöglich - aber nehmen wir einmal an, es sei möglich, dann treten wir die Kontrolle über unser eigenes Schicksal ab. Zweitens gibt es Berater, deren Ego-Trip es zu sein scheint, mit ihren Mutmassungen die Kontrolle über Sie zu haben. Drittens, erhöhen wir unsere "spirituelle Hypothek", indem wir unsere "Eigennutzung" jemand anderem übergeben. Keine Voraussage ist "die einzige Antwort" oder "die Wahrheit". **Nehmen Sie ihr Leben in die eigenen Hände und betrachten Sie eine solche Sitzung nicht als absolute Wahrheit, sondern als praktische Unterstützung und Hilfestellung**. Das gilt besonders, wenn Sie mehr als eine Beratung zum selben Thema in Anspruch nehmen. Es kann offensichtliche Ähnlichkeiten und Übereinstimmungen geben, aber Sie sollten es vermeiden, alle Punkte detailliert zu vergleichen oder die sich widersprechenden Teile zusammenzufügen. Betrachten Sie alle Zukunftsberatungen aus demselben Blickwinkel: sich selbst besser verstehen zu lernen, das Problem aus einer anderen Perspektive anzuschauen, oder einen gewissen Einblick oder eine Erkenntnis zu erhalten. Alles in allem, um Ihnen zu helfen ihr Problem zu lösen oder eine Entscheidung zu treffen. Lassen Sie eine vernünftige Sorgfalt walten bei der Auswahl der Person zur der Sie sich für eine Beratung anmelden und beurteilen Sie das Ergebnis anhand des praktischen Nutzens für Sie."

Henry Krotoschin äussert sich in seinem Artikel "Was ist deine Bestimmung in diesem Leben" (Huna-Arbeit Nr. 42/02) zum Thema "nicht kristallisierte Zukunft" wie folgt: "Die nicht kristallisierte Zukunft, die wir verändern können, ist von sehr grossem Umfang. Für die Veränderung dieser nicht kristallisierten Zukunft gibt es viele Möglichkeiten, besonders die enge Zusammenarbeit mit dem unteren Selbst. **Aber die wichtigsten Erfahrungen dabei sind, dass die Gedanken, die ich mit Mana auflade, Realität werden, und dass ich mit dem Huna-Gebet grundlegenden Einfluss auf mein Schicksal habe.**"

Für weitere Fragen stehen wir Ihnen jederzeit gerne zur Verfügung.

Herzliche Grüsse und die besten Wünsche für Sie.

Jennifer Lee

Seminare

Huna Basis-Seminar

für Einsteiger und Wiederholer

September
4 x Dienstagabend, 19 – 21 h:
06./13./20./27. September 2011

Oktober
Samstag/Sonntag, 8./09.10.2011

November
4 x Dienstagabend, 19 – 21 h:
08./15./22./29. November 2011

Grundlagen von Huna zur selbständigen praktischen Anwendung

Huna Praxis-Seminar

für Anwender und Fortgeschrittene

September
Samstag/Sonntag, 10./11.09.2011

Oktober
Samstag/Sonntag, 22./23.10.2011

November
Samstag/Sonntag, 19./20.11.2011

Weiterführende Techniken und viele praktische Übungen für Huna-Anwenderinnen und Anwender

Infos auf www.huna-europe.ch

Unser Seminarraum in Zürich

Herausgegeben von:

Huna Forschungs-Gesellschaft Zürich | HFG
Grubenstrasse 27 | CH-8045 Zürich
Telefon +41 44 251 55 65
info@huna-europe.ch | www.huna-europe.ch

HUNA-GRUPPE ZÜRICH

An folgenden Mittwochabenden trifft sich die Huna-Gruppe Zürich **im Lokal der HFG Zürich, Grubenstrasse 27, 8045 Zürich-Binz**

31. August, 19.00 Uhr, mit Jennifer Lee
Huna-Praxis: Lösungswege aus der Angst

28. September, 19.00 Uhr, mit Jennifer Lee und Irene Morf
Grosses Podiumsgespräch mit Irene Morf

26. Oktober, 19.00 Uhr, mit Gastreferentin **Myra Delaquis**
Hu Ana – das aus dem Innern sprudelnde Wissen
(Eintritt CHF 20, Nichtmitglieder CHF 30)

30. November, 19.00 Uhr, mit Jennifer Lee und Ulrich Amacher
Grosse Jahres-Rückblick-Meditation

Dezember fällt aus

Einzelheiten auf www.huna-europe.ch

Unkostenbeitrag für Mitglieder CHF 10.00 pro Abend (Nichtmitglieder CHF 20.00), bei Gastreferaten nach Ansage.

Nr. 8 | Dezember 2011

HUNA NACHRICHTEN

Zeitschrift für Mitglieder | Huna Forschungs-Gesellschaft Zürich | www.huna-europe.ch

EDITORIAL

Liebe Leserinnen, liebe Leser

Inzwischen spüren viele Menschen, dass etwas im Gange ist mit unserer Welt. Die Veränderungen sind in aller Munde. Wir treten in ein neues Bewusstsein und in eine höhere Schwingung ein.

Rund um die Welt stehen die Menschen auf und wehren sich gegen die alten Systeme der Unterdrückung. Die sich häufenden Naturkatastrophen machen uns endlich und sehr deutlich bewusst, wie kostbar unser Planet ist und dass alles Leben von ihm abhängt. Ohne Mutter Erde sind wir nichts. Wir verhungern ohne ihre Früchte und ohne Wasser verdursten nicht nur wir, sondern alle Tiere und alle Pflanzen. Alles was wir sehen, anfassen, tragen und täglich benutzen wird letztlich aus einem Rohstoff hergestellt den wir aus unserer Erde gewinnen.

Das Empfinden der Zeit verändert sich, alles scheint rasend schnell zu gehen. Vergangenheit, Gegenwart, Zukunft rücken viel näher zusammen. Die Vorstellung, dass alles gleichzeitig in verschiedenen Dimensionen geschieht ist plötzlich einfacher zu erfassen.

Viele von uns spüren diese Umwandlung auch körperlich. Erschöpfung, Schlafstörungen, intensives Träumen, Schwindel, starke Kopfschmerzen etc., sind nur ein Bruchteil der Symptome die uns plagen können. Auf der seelischen Ebene kommen im Schnellverfahren versteckte Muster, Programmierungen und schmerzhafte Erfahrungen an die Oberfläche. Oft fällt man zurück in Verhaltensmuster, die man schon längst überwunden glaubte. Vielleicht fühlt es sich auch so an, als ob man rückwärts ginge im Leben.

Es kann sehr entmutigend sein, wenn die Seele sich verändern will und das Ego sich mit aller Macht dagegen wehrt. Ebenso wie es sich an seine gewohnten Lebenssituationen klammert, widerstrebt es ihm Veränderungen zuzulassen, die unsere Seele herbeiführen will. Gelingt es uns jedoch loszulassen, vielleicht eine „Adlerperspektive" einzunehmen und von etwas weiter entfernt zu beobachten was da geschieht, geben wir dem Ego keine Nahrung mehr und entdecken den heiligen Raum oder den Ort der Stille in uns, wo sich die Unendlichkeit oder die Kraft des Universums zeigen kann. Wir begreifen, dass wir mehr sind als unsere Form und die damit verbundenen Gedanken.

INHALT

Tipps um die Stille zu hören Im Alltagslärm geht unsere stille, innere Stimme oft unter. Dabei ist es so wichtig, die „Lücke" zwischen den Gedanken so oft wie möglich finden zu können.
Von Jennifer Lee **> Seite 3**

Ein gesundes Ego ist etwas Gutes
Ohne Ego gäbe es keinen Fortschritt. Und doch ist es gut, den Einfluss, den das Ego auf unser Denken und Handeln hat, immer wieder kritisch zu betrachten und wenn nötig zu reduzieren.
Von Jennifer Lee **> Seite 5**

Wie man das Ego durch „Nicht-Identifikation" auflöst Wir meinen, dass Menschen, Orte, Besitz usw. uns erfüllen und glücklich machen sollen. Dieses Konzept ist zum Scheitern verurteilt und Frustration ist vorprogrammiert.
Von Eckhart Tolle **> Seite 7**

Matrix Energetics Ein Seminar mit Richard Bartlett und Melissa Joy, den Entwicklern von Matrix Energetics auf Basis der Zwei-Punkt-Methode. *Erlebnisbericht von Jennifer Lee* **> Seite 10**

Veranstaltungen
Basis-Seminar, Praxis-Seminar, Huna-Gruppe Zürich: Termine für 2012
> Seite 12

Auch in der Aussenwelt entfalten sich in rasantem Tempo neue Erkenntnisse über unsere Fähigkeiten als „Mitschöpfer" des Lebens und der Welt. Viele Wege führen nach Rom. Der Grundtenor ist bei allen Entwicklungen derselbe: Der Weg zu einem glücklichen Leben in Harmonie und Gesundheit, führt über ein offenes Herz und die Erkenntnis, dass alles Eins ist, dass alles bereits da ist was wir uns wünschen und mehr. Loslassen, vertrauen, uns in einem Zustand des Gleichmuts auf den Moment konzentrieren und alles zulassen was sich uns zeigt, ohne zu bewerten, öffnet die Tür.

Für die kommenden Festtage und das neue, bedeutungsvolle Jahr 2012 wünschen wir Ihnen Zeit und Musse um Ihre Aufmerksamkeit immer wieder darauf zu lenken dankbar, glücklich, präsent, bewusst und offen zu sein.

Tragen Sie Sorge zu sich und vor allem: Seien Sie nachsichtig und liebevoll mit sich selbst.

Herzlich,

Jennifer Lee und Ulrich Amacher

Veranstaltungshinweis Basler Psi-Verein

*Vortrag und Seminar mit dem Kahuna **Kahu Naone**, 24. – 26. Februar 2012*

Sehr geehrte Damen und Herren

Im Februar 2012 haben wir den Hawaiianer und Kahuna „Kahu Naone" zu uns nach Basel eingeladen. Er wurde Präsident von La`au Lapa`au der ersten hawaiianischen staatlichen Organisation von Kahuna Heilern, ranghoher Chief und Olohe der geheimen hawaiianischen Lua Krieger. Als Vorsitzender der Huna „Masters" unterliegt es seiner Verantwortung, zukünftige Huna Practioner zu zertifizieren. Bereits im Alter von sechs Jahren wurde er von seiner Grossmutter und Lehrerin Ka`alo – selbst Kahuna ihres Dorfes – in Huna unterrichtet, nachdem er zur Vorbereitung auf sein Training als kleiner Junge in der Wildnis ausgesetzt und sich selbst und seinen Instinkten überlassen wurde.

Nach einer AWA-Zeremonie wird er am Freitag, 24. Februar 2012 einen Vortrag über Huna halten. Anschliessend wird er am Samstag/Sonntag 25./26. Februar 2012 ein Seminar geben, in dem er die hawaiianische Technik der spirituellen Selbstheilung „Iluna A'E" lehrt und eine Abschlusszeremonie halten wird. Dies ist eine einmalige Gelegenheit, einen authentischen Lehrer in dieser Uralten Tradition zu erleben.

Informationen zur Veranstaltung:
http://bpv.ch/content/referenten/KahuNaone.html

Sollten Sie noch Fragen haben, stehen wir Ihnen gern zur Verfügung.

Freundliche Grüsse
Pascal Schneitter
Basler Psi-Verein, Neuweilerstrasse15, 4054 Basel
www.bpv.ch, Telefon 0041 61 383 97 20

Tipps um die Stille zu hören

Im täglichen Leben ist es oft schwierig, zentriert und in der Stille zu sein. Der Alltag braust um uns herum, unser Hirn denkt auf Hochtouren, unser Verstand spricht und spricht und spricht. In dieser Situation überhören wir leicht unsere innere Stimme, die uns den Weg zum Herzen und zu unserem wahren Ich weisen möchte. Wie also finden wir die „Lücke" zwischen den Gedanken, diese kleine Leere, die uns zurück bringt ins hier und jetzt? Hier einige praktische Tipps. Einen ausführlichen Artikel zum Thema finden Sie auch in den „Huna-Nachrichten" Nr. 5. Von **Jennifer Lee**

Den Raum finden

Stellen Sie sich Ihr mittleres Selbst, also Ihr Bewusstsein vor als „Verkehrsknotenpunkt". Pausenlos kommen Boote, Autos, Züge und Flugzeuge voller Gedanken an und reisen wieder ab.
Halten Sie für einen Moment inne.
Beobachten Sie Ihre Gedanken.
Bemerken Sie den Raum oder den Abstand zwischen Ihren Gedanken.
Richten Sie Ihre Aufmerksamkeit auf diesen Raum.
Schauen Sie zu wie er sich ausbreitet.
Fühlen Sie die Ruhe in Ihrem Innern.

Symphonie der Stille

Wenn es Ihnen schwierig erscheint, den Abstand zwischen Ihren Gedanken zu finden, üben Sie zuerst mit Musik.
Hören Sie ein Musikstück ohne pausenlosen Klangteppich.
Beachten Sie die Pausen zwischen den Noten.
Konzentrieren Sie sich behutsam.
Wenn Sie Ihre Konzentration verlieren, kommen sie zurück und beginnen wieder.
Bemerken Sie, wie Sie anfangen, sich mit den tonlosen Momenten der Musik zu harmonisieren.

Leer sein

Schauen Sie auf ein leeres Blatt Papier.
Es symbolisiert Ihr Bewusstsein, ihr Wesen.
Lassen Sie sanft alle Gedanken von dieser Seite Ihres Geistes herunterfallen.
Erlauben Sie allen Gefühlen sich aufzulösen und von der Seite mit Ihren Erinnerungen herunterzurutschen.
Erlauben Sie allen Sorgen von der Seite zu verschwinden.
Nehmen Sie sich wahr:
Leer und still
Still und voller Frieden
Komplett bewusst, komplett gegenwärtig ohne Störung.

Schweben im freien Raum

Blicken Sie hinauf in den Nachthimmel.
Sehen und fühlen Sie die Stille des Weltraums.
Weit und ohne Grenzen.
Richten Sie Ihre Aufmerksamkeit darauf „dort draussen" zu sein.
Seien Sie sich bewusst, dass „dort draussen" „hier drinnen" bedeutet.
Der innere Raum Ihres Wesens ist genauso weit und ohne Grenzen.
Ruhig und still.
Ruhig und still.
Bleiben Sie in diesem unendlichen Raum.

Das Summen ausschalten

Setzen Sie sich bequem hin und schliessen Sie die Augen.
Sehen Sie zu, wie Sie in einem ruhigen Wald einen Weg entlang gehen.
Bald kommen Sie zu einer Lichtung.
Gehen Sie langsam in die Mitte der Lichtung und setzen Sie sich.
Wie aus dem Nichts sind Sie von Tieren umgeben.
Sie tun Ihnen nichts Böses.
Je grösser das Tier, um so grösser der Lärm Ihrer inneren Unruhe.
Eine leichtfüssige Gazelle symbolisiert vielleicht ein Abgabetermin für eine Arbeit.
Ein brüllender Löwe steht vielleicht für Schwierigkeiten in einer Beziehung.
Auf einer Seite der Waldlichtung befindet sich ein Bienenstock.
Bienen schwärmen in der Nähe herum und geben das summende Geräusch ihrer frei schwebenden Sorgen wieder.
Das einzige Geräusch ist jetzt das Summen der Bienen.
Stellen Sie sich vor, wie alle Ihre winzigen Sorgen im Bienenstock verschwinden, eine nach der anderen bis es still ist in der Lichtung.
Ihre Sorgen sind still.
Alle Ihre Anliegen können an einem anderen Tag bewältigt werden.
Rund um Sie herum herrscht Friede.
Sie sind ruhig.
Sie sind still.

Angewandtes Huna-Wissen in der Praxis

Grosses Podiumsgespräch mit ***Irene Morf*** *in der Huna-Gruppe vom 28. September 2011.* Von Ulrich Amacher

Wenn Irene Morf aus ihrer jahrzehntelangen Praxis in der Anwendung Ihres Huna-Wissens erzählt, ist das lehrreicher als manches Seminar zum Thema und dabei ebenso anschaulich wie erheiternd. Irene Morf entdeckte ihre Medialität bereits im Kindesalter. Doch in einem Umfeld und einer Zeit, wo „solche Dinge" im besten Fall als Unfug betrachtet wurden, konnte sie sich nur sehr beschränkt darüber austauschen und ihre Begabung entwickeln. Dies geschah erst viel später, als ihr „durch Zufall" das Buch „Das geheime Leben der Pflanzen" (Peter Tompkins und Christopher Bird, Verlag Fischer, ISBN: 978-3-596-21977-3) in die Hände fiel. Das Buch führte sie zur Schweizer Parapsychologischen Gesellschaft Zürich (SPG), wo sie mit zahlreichen Vorträge und Seminaren ihren Wissendurst stillen konnte und Vieles was sie bereits „wusste" bestätigt bekam. In der SPG traf sie auch Henry Krotoschin, mit dem sie gemeinsam die Huna Gruppe Zürich ins Leben rief und über 20 Jahre leitete. In der Huna Gruppe steht Irene Morf nach wie vor mit ihrem Wissen und ihrer Erfahrung für alle Huna-Fragen zur Verfügung. Für eine private Beratung können Sie sich jederzeit direkt bei Irene anmelden.

Hu-Ana – das aus dem Innern sprudelnde Wissen

Ein Abend mit ***Kumu Keala Ching*** *in der Huna-Gruppe vom 26. Oktober 2011.* Von Ulrich Amacher

Es war eine grosse Ehre, bei unserem Treffen im Oktober zum ersten Mal Besuch aus Hawaii zu erhalten. Mit Kumu Keala Ching war einer der respektiertesten und anerkanntesten Hula-Lehrern weltweit bei uns zu Gast. Möglich gemacht hat diese Begegung unser früheres langjähriges Mitglied Myra Delaquis. Zusammen mit ihrer Tochter Noëlle führt sie in Meilen das Hale AlohaSpirit, war selber unzählige Male auf Hawaii und der dortigen Lebensweise und -philosophie aufs Engste verbunden. Zusammen mit Kumu Keala Ching hat sie die modernen westlich geprägten Prinzipien von Huna mit den traditionellen Ideen aus Hawaii auf einen Nenner gebracht. Kumu Keala Ching erläuterte diese Symbiose anhand des Bildes einer Zwiebel. Im Innersten ist der Mensch und je nach Persönlichkeit und Lebenssituation haben die ihn umgebenden Schichten eine andere Gewichtigkeit. Doch was bleibt ist, dass diese äusseren Schichten vom Geist der Liebe aus dem Inneren durchdrungen werden müssen. Kumu Keala ging auch auf die Parallelen zwischen Huna und Hula ein. Beide basieren auf den gleichen fundamentalen Werten. Mit einem Hula-Tanz, zu dem er sich mit seinem Gesang selbst begleitete beschloss er den eindrücklichen Abend.

Ein Kunstwerk, das bisher wohl nur wenige Menschen ausserhalb von Hawaii gesehen haben, hielt Kumu Keala als Geschenk für Myra Delaquis bereit: ein sogenannter „Lei", ein hawaiianischer Blumenkranz, aus der Kletterpflanze „Maile"! Ein Lei aus Maile ist etwas sehr Bedeutendes, er wurde z.B. für Stammesfürsten bei grossen politischen Ereignissen angefertigt.

Die Begegnung mit Kumu Keala Ching hat uns tief berührt. Er strahlt eine grosse und umfassende Liebe aus und seine Worte, wie auch die von ihm mit sonorer, wunderbarer Stimme vorgetragenen Chants gehen direkt ins Herz.

Herzlichen Dank an Myra Delaquis, dass sie diese Begegnung ermöglicht hat und an Noëlle für die hervorragende Übersetzung.

AlohaSpirit
Myra Delaquis
Noëlle Delaquis
Pfannenstielstr. 112
CH-8706 Meilen
www.alohaspirit.ch
info@alohaspirit.ch

Ein gesundes Ego ist etwas Gutes

Ohne Ego gäbe es keine Kreativität, keine Kunst, keine Wissenschaft. Ein gesundes Ego lässt uns an uns selbst glauben, es macht uns unabhängig von fremden Meinungen und treibt uns an, Neues zu entdecken oder zu schaffen. Es ist aber auch immer wieder hilfreich, die Aufmerksamkeit darauf zu lenken, welchen Einfluss unser Ego auf uns ausübt und diesen gegebenenfalls sanft und liebevoll zu reduzieren. Dies ist ein weiterer Schritt zu innerem Frieden.
Von **Jennifer Lee**

Ohne Ego gäbe es keine Kreativität, keine Kunst, keine Musik, keine Wissenschaft, keine Gebäude mit fliessendem Wasser, kein Internet, keine intelligente Ausdrucksweise für unsere Gedanken usw. Es ist essenziell für unsere Existenz als Mensch. Mit einem gesunden Ego glauben wir an uns selbst und lassen uns nicht manipulieren oder reden anderen nach dem Mund.

Wie alles in unserer dualen Welt hat auch das Ego seine Schattenseiten und am engsten ist es wohl mit der Angst verknüpft. Wir torpedieren uns selbst, wenn die dunklere Seite unseres Egos das Kommando übernimmt. Unsere Arbeit, unsere Pläne, unsere Träume und Hoffnungen und unsere ganzes Wesen kann der Kritik und dem Urteil des Egos zum Opfer fallen, wenn wir nicht achtsam sind und es immer wieder auf eine gesunde Basis zurückführen.

Woran erkenne ich, dass die dunkle Seite meines Egos überhand nimmt?

- Ich versuche meine Umwelt zu beeindrucken und von meiner Wichtigkeit zu überzeugen.
- Ich fühle mich überlegen.
- Ich bin immer im Recht.
- Ich will meine Fehler nicht wahrhaben.
- Ich gebe andern die Schuld.
- Ich gebe mich auf weil ich Angst habe mich zu verändern.
- Ich kritisiere mich selbst und andere und liste Fehler auf.
- Ich urteile über mich und über andere.
- *Ich fürchte mich davor mein Gesicht zu verlieren*:
  „Was denken wohl die anderen?"
  „Was wenn ich etwas wage und alles verliere?
  „Was wenn andere Menschen meine Schwächen sehen?"
- *Ich habe Angst ohne Anerkennung und Liebe durch andere Menschen dazustehen*:
  „Was wenn ich etwas tue oder sage und niemand ist damit einverstanden?"
  „Was wenn ich damit Erfolg habe und man mich aus Neid nicht mehr mag?"
  „Was wenn man mich nur noch meines Ansehens oder meines Geldes wegen mag?"
  „Ich muss der Welt zeigen wer ich bin, was ich kann und was ich habe."
- *Wenn ich mich spirituell entwickle verliere ich meine Identität*:
  Ich werde keine tiefen Gefühle mehr haben und meine Leidenschaft für das Leben verlieren.
  Mein Interesse an Sex verschwindet.
  Ich werde neutral und langweilig.
  Ich werde nur noch „unpersönliche" Liebe empfinden können.
- *Ich bin immer das Opfer:*
  Jemand anders ist Schuld an meinem Unglück.
  Es sind die Umstände in denen ich mich befinde.
  Mir sind die Hände gebunden.
  Ich leide und fühle mich elend weil....
  Ich bin beleidigt!
  Ich muss mich immer verteidigen.

Sie werden diese Liste bestimmt mit vielen zusätzlichen Punkten verlängern können!

Mit einem gelassenen Ego wird beispielsweise eine Veränderung, ein Prozess, eine Arbeit usw. zu etwas das „durch mich“ inspiriert wurde oder „durch mich“ geschehen konnte und ich sehe mich dabei als Teil eines Ganzen. Und nicht mehr „Ich habe dies getan und das erreicht“.

Was kann ich tun?

- *Ich gebe meinem Impuls andere beeindrucken zu wollen nicht nach:*
  Ich spreche nicht über meine Leistungen. Ich lasse keine Namen fallen der grossartigen Menschen die ich getroffen habe. Ich vermeide es meine Erfolge im Gespräch zu erwähnen.
  Ich prahle nicht. (Mit meinem Wohlstand, meiner Karriere, meiner Schönheit, meiner Intelligenz usw.)

- *Ich achte auf falsche Bescheidenheit:*
  Manchmal sagen wir: „Ich bin total unfähig“. Wir möchten aber nur hören: „Nein, das bist du nicht, du machst deine Sache wirklich gut.“ Bescheidenheit bedeutet, dass wir unseren Erfolgen keine überdimensionale Bedeutung zumessen. Es heisst aber auch, dass wir mit unseren Schwächen nicht übertreiben, in der Hoffnung Mitgefühl zu gewinnen.

- *Ich bin vorsichtig im Bezug auf Schmeichelei:*
  Das Ego liebt Lob und wird sehr leicht abhängig davon. Ich vermeide es Leute zu suchen, die erpicht darauf sind anderen zu schmeicheln. Ich achte auch darauf anderen nicht zu schmeicheln, in der Hoffnung das Kompliment zurückzubekommen.

- *Ich vermeide es schlecht über andere zu sprechen:*
  Wenn wir auf die Mängel eines anderen Menschen hinweisen, geht es oft darum zu unterstreichen, dass wir diese Mängel nicht haben und deshalb besser sind. Warum kritisiere ich den anderen? Um mich besser zu fühlen? (Oft ist genau diese Unzulänglichkeiten auch in uns selbst zu finden. Es ist nur leichter, sie in einem andern Menschen zu sehen.)

- *Ich benutze meine Spiritualität nicht um zu beeindrucken:*
  Unser spiritueller oder religiöser Weg gibt uns kein Recht dazu auf andere hinabzuschauen. Wenn wir uns überlegen fühlen haben wir den Sinn der Spiritualität nicht erkannt. Es geht dabei um Einssein und nicht darum zu beweisen, dass ein Weg besser ist als der andere. Verpackt in ein Gefühl moralischer Überlegenheit meinen wir das Ego zu reduzieren, während wir es in Wahrheit stärken.

Der Huna-Denkansatz

Alle diese Aussagen dienen zur Bewusstwerdung. Das Ego gehört zu uns Menschen. Henry ordnete es als eigenständiges „ Geistwesen“ ein, das sich des unteren Selbstes bemächtigen kann. Er hat dies in seinem Artikel „Das Ego-Geistwesen“ dargelegt, den wir in den „Huna-Nachrichten“ Nr. 6 abgedruckt haben.

Ich persönlich fasse das Ego als eine Seite meines unteren Selbstes auf. Es geht dabei erneut darum liebevoll und nachsichtig mit unserem Ego-Anteil umzugehen.
Lassen Sie ruhig zu, dass in Ihrem Garten ein bisschen Unkraut wächst, damit Sie auch schöne Dinge pflanzen können.

Während Sie sich zu obigen Vorschlägen Gedanken machen, beobachten Sie Ihre Reaktionen darauf ohne sie zu bewerten. Verurteilen Sie Ihr Ego nicht, es soll genau so viel Raum erhalten wie es braucht, um sich in allen Facetten ausdrücken zu können. Es soll sich sicher und akzeptiert fühlen trotz seiner dunklen Seiten oder seiner Schwächen. Nehmen Sie auch mit ihm den Dialog auf und fragen Sie was seine Aufgabe ist. Hören Sie zu!

Senden Sie ihm Liebe und Licht und lassen Sie es wissen, dass sie es als gesunden, reifen und fest „eingebauten“ Teil ihres Wesens betrachten. Sagen Sie ihm, dass Sie erwarten, dass es Sie in allen Ihren Unternehmungen auf gesunde und positive Weise unterstützt und sichern Sie ihm ihrerseits Liebe, Schutz und Sicherheit zu.

Wie man das Ego durch „Nicht-Identifikation" auflöst

„Die Frustration ist in die menschliche Existenz eingebaut. Dazu ist die sogenannte Welt da. Sie ist da um dich zu frustrieren und dich schliesslich aus der Identifikation mit der Form zu treiben." Diese Erkenntnis stammt von **Eckhart Tolle***, und wer könnte die Dinge besser und klarer in Worte fassen als er? In seiner einmaligen Ausdrucksweise spricht er zum Thema Ego in seinem Vortrag „****How to Dissolve the Egoic Self by Non Identification****", der als Video auf YouTube zu sehen ist.* Übersetzung Jennifer Lee

Eckhart Tolle wurde in Deutschland geboren. Nach dem Abschluss seines Studiums an der University of London war er in Forschung und Supervision an der Cambridge University tätig. Mit neunundzwanzig Jahren löschte eine tiefe spirituelle Transformation seine alte Identität praktisch aus und führte zu einer grundlegenden Wandlung seines Lebens. Die nächsten Jahre widmete er dem Verstehen, Integrieren und Vertiefen dieser Verwandlung, die den Beginn einer intensiven Reise nach Innen markierte.

Millionen von Menschen nehmen sich selbst ständig als ungenügend wahr und sie leben mit einem ständigen Gefühl des Mangels und meinen immer mehr zu brauchen.

Sie brauchen Feinde, um sich zu definieren: das bin ich – das ist der andere. Ein Konflikt muss da sein, damit das Empfinden des Getrenntseins intakt bleibt. (Womit kann ich heute in Konflikt sein? Worüber kann ich mich jetzt beklagen, damit ich mein Ich etwas mehr spüre?) Das Ergebnis davon, zeigt sich in der menschliche Geschichte. Eine furchtbare Saga unglaublichen Leidens was die Menschen sich und anderen Lebensformen auf diesem Planeten antun. Wie verrückt das kollektive Bewusstsein der Menschheit im momentanen Entwicklungsstadium ist, sehen Sie täglich in den Nachrichten. Man könnte es „kollektive Geisteskrankheit" nennen an der die Menscheit leidet. Und man könnte fragen: „Wie kann Gott erlauben, dass eine ganze Gattung geistig krank wurde?" Natürlich kann man sich diese Frage auch auf der persönlichen Ebene stellen, wie kann Gott es erlauben, dass ich krank bin? Dass ich leide?

Im grossen Ganzen hat alles seinen Platz und alles ist wie es sein sollte inklusive Ihrer persönlichen Krankheit an der Sie vielleicht im Moment leiden. Es bedeutet nicht, dass keine Heilung geschehen kann. Aber es gibt viele Menschen die hier im Publikum sind, die nicht gekommen wären, hätten Sie nicht eine Störung in ihrem Leben erleiden müssen. Körperliche Krankheit vielleicht, oder einen grossen Verlust. Sie können also bereits auf der persönlichen Ebene erkennen, dass Ihr persönliches Leiden auf gewisse Weise dazu geführt hat, die Strukturen Ihres Egos aufzulösen. Es hat begonnen es abzuschütteln, damit sich etwas anderes zeigen konnte. Plötzlich stellen Sie fest, dass Sie am jetzigen Moment interessiert sind. Auch wenn Sie das Gefühl haben Ihre Geschichte sei ein einziger grosser Fehler, Sie begreifen, dass Sie dabei sind jetzt daraus auszusteigen (indem Sie zum Beobachter werden) und realisieren, ja, auf der Ebene der Form hat sich mein Leben auf diese Weise entwickelt.

Ich möchte jetzt kurz persönlich werden: Bis vor einigen Jahren, als die Welt mir sagte ich sei wichtig, (zuvor hatte mir nie jemand gesagt ich sei wichtig), könnte man mein Leben als totales Desaster betrachten. Nichts gelang. Ich versuchte dies und das für einige Jahre, dann ging ich auf die Universität und machte meinen Doktor und gab das auch auf und dann liess ich mich 2 Jahre lang treiben und versuchte das. Meine Mutter meinte kürzlich, so mein Junge, jetzt bist du 45 Jahre alt, was hast du erreicht? Andere hatten schon grosse Unternehmen aufgebaut, also war meine Lebensgeschichte auf dieser Ebene eine einzige grosse Katastrophe. Aber irgendwo hatte ich glücklicherweise an einem Punkt die Identifikation mit meiner (Lebens-) Geschichte aufgegeben. Die Geschichte war nur bis zum Alter von 29 Jahren meine Identität. Es war eine sehr unglückliche Geschichte, auch als ich ein wenig Erfolg hatte. Ich machte meine Sache gut an der Universität, bis zum Doktoranden. Es machte mich genau 2 Wochen lang glücklich!

Ist es nicht eigenartig, dass eine gescheiterte Lebensgeschichte eine Blume hervorbringen kann? Die Blume der Bewusstheit. Vielleicht braucht die Blume der Bewusstheit den Schlamm aus dem sie wächst! Wir haben das wunderschöne Bild des Lotus, dem Symbol des Buddhismus. Die Lotusblume hat ihre Wurzeln im Schlamm. Sie wächst daraus hervor. Es gibt nichts Schöneres im menschlichen Leben als eine gescheiterte (Lebens-) Geschichte.

Die gute Nachricht ist, dass jede Geschichte letztendlich scheitert. Die Lebensgeschichte ist auf der Form gegründet, sie identifiziert sich mit der Form und keine Form bleibt allzu lange bestehen. Kein Gebäude hält sehr lange, irgendwann zerfällt es. Alle Formen sind vergänglich und grossartig.

Die Essenz, die sich in der Form verbirgt, ist das formlose, eine Leben, das unzerstörbar ist. Die Formen sind transparent. Das Ewige scheint durch die Form. Sie als Mensch währen auch nicht ewig in dieser Form und doch zeigt sich eine Transparenz in Ihnen, etwas jenseits der Form, ganz gleich wie wir es nennen, Stille, Gegenwart, Sein, ein tiefer Sinn von „Ich bin". Das ist die Kostbarkeit des Seins, Ihre wahre Besonderheit.

Auf der Ebene der (Lebens-)Geschichte sucht das Ego danach, etwas Besonderes zu sein. Genau dieser Gedanke, verdunkelt die Tatsache, dass Sie bereits einzigartig sind. Nicht einzigartig im egoistischen Sinn von ich bin mehr als er oder mehr als sie. Einzigartig im Sinne davon, dass es eine Schönheit und Kostbarkeit gibt, welche die Essenz Ihres Wesens ist und die sie tief innen fühlen können.

Sogar ein Mensch der sich total mit seiner Geschichte und seiner, nur als Vorstellung vorhandenen Selbstwahrnehmung identifiziert, fühlt, da gibt es irgendwo etwas Kostbares, mein wahres Ich. Aber er verwechselt dieses Besondere mit den Formen, auch mit Gedankenformen.

Diese Essenz des Seins, die form- und zeitlos ist, wird verwechselt mit Form, mit Denken und mit der (Lebens-)Geschichte und dem Kopf. Das ist es was Buddha schon vor 2600 Jahren „das unwirkliche Selbst" nannte und es als Illusion erkannte. Eine enorme Erkenntnis. Vielleicht die grösste Erkenntnis des ganzen Menschentums, als ihm klar wurde: „Das Selbst ist eine Illusion." Damit meint er das Selbst das sich mit jeglicher Form identifiziert. Gedankenform, körperliche Form, alles. Das ist die Illusion.

Die Kostbarkeit des Seins, die Essenz, die zeitlos und formlos in jedem Menschen und in jedem Lebensform ist, inkarniert in die Form. Es ist nichts Falsches daran, in die Form zu inkarnieren, solange Sie sich selbst als „das Jenseits der Form" erkennen. Die Menschen mussten sich in der Inkarnation verlieren, nicht zuletzt weil das ein Teil des Ganzen ist, oder so wie die Dinge funktionieren. Sich selbst zu verlieren, heisst zu leiden, wie es Buddha nannte.
Sie leiden, Sie wissen nicht mehr wer Sie sind. Sie suchen nach sich selbst in einer Form, in einer Gedankenform, in einer körperlichen Form mit der Sie sich identifizieren, die natürlich auch eine Gedankenform ist. Jeder sucht nach der Essenz seines Wesens und weiss nicht, dass die Einzigartigkeit nach der er sucht schon die Essenz dessen ist wer er ist. Aber er kann sie nur finden, wenn er damit aufhört, nach sich selbst in der Zukunft zu suchen. Durch „mehr" (dem anhäufen von Form).

Der einzige Ort, wo Sie wirklich sich selbst finden, ist der Ort an dem die meisten Menschen nicht suchen und das ist der gegenwärtige Augenblick.

Sie schauen in die Zukunft und denken, ich will mehr sein. Auf der Ebene der Form können Sie vorübergehend mehr sein, das ist richtig. Das löst sich dann wieder auf. Es gibt jedoch eine Ebene in Ihrem Innern, auf der „mehr" nicht funktioniert.

Sie sind bereits der vollständige Ausdruck des einen Lebens! Sie sind bereits vollkommen auf der Ebene des Zeitlosen, der Essenz Ihres Wesens. Der einzige Grund warum Sie Zeit benötigten war, diese Wahrheit zu hören und sie als Wahrheit zu erkennen. Für so viele könnte man sagen, dass sie Zeit brauchten, um die Botschaft zu hören, nämlich, dass sie keine Zeit benötigen um zu sein wer sie sind.

Das Paradoxe ist, dass es immer noch viele Menschen gibt, für die diese Erkenntnis bedeutungslos ist. Mit anderen Worten, sie brauchen mehr Zeit. Es ist nötig, dass sie weiterhin nach sich selbst suchen und dass sie frustriert in ihrer Suche sind. Das ist ein Teil des grösseren Plans. Die Frustration ist in die menschliche Existenz eingebaut. Dazu ist die sogenannte Welt da. Sie ist da um dich zu frustrieren und dich letztendlich aus der Identifikation mit der Form zu treiben. So lange du dich

Buchtipp:

Eine neue Erde
Bewusstseinssprung statt Selbstzerstörung

Nach seinen Bestsellern "Jetzt" und "Leben im Jetzt" geht Eckhart Tolle in diesem Buch einen Schritt weiter. Er beschäftigt sich mit dem geistig-seelischen Zustand der Menschheit. Tolle geht davon aus, dass der krankhafte Zustand des menschlichen Geistes zu einer kollektiven Fehlentwicklung geführt hat.

Goldmann, München 2005
ISBN 3-442-33706-2

mit der Form identifizierst ist alles so frustrierend! Es ist nie zu Ende, du kannst die Formen nie arrangieren und anhäufen die du brauchst, oder die du glaubst zu brauchen, um dich selbst zu sein. Manchmal gelingt es für eine sehr kurze Zeitspanne, dass du denkst, alles klappt jetzt in meinem Leben. Ich habe eine gute Gesundheit, meine Beziehung ist grossartig, ich habe viel Geld und Besitztümer, jeder liebt mich und hat eine gute Meinung von mir. Alles klappt, aber bald beginnt etwas zu bröckeln. Entweder die Finanzen, oder die Beziehung, oder die Wohnsituation. Es liegt in der Natur der Welt der Form, dass nichts lange besteht. Eben hast du alles hingekriegt und jetzt beginnt es schon zu bröckeln. Deswegen erfahren wir Menschen das Leben als eine Serie von Frustrationen. Warum kann es nicht klappen? Es klappt nicht, weil wir dort nach uns selbst suchen.

Sie verlangen, dass die Welt der Form Sie vollkommen und glücklich macht: „Ich will, dass diese Welt mich vollkommen macht und mir meine Selbstwahrnehmung gibt. Ich brauche nur dieses und jenes, das ist es, was ich verlange." Und dann geschieht nichts. Etwas läuft hier schief. Das Leben funktioniert nicht. Es scheint für alle anderen zu funktionieren, aber nicht für mich.

Ich lese die Zeitschriften, bei allen „glänzenden" Leuten klappt es! Aber nur auf den glänzenden Bildern. Wenn du sie zuhause besuchen könntest, würdest du sehen, dass es bei ihnen auch nicht funktioniert.
Die Frustration ist also in unser Leben eingebaut. Das Leben ist bestimmt dazu frustrierend zu sein. Das ist das Grosse, das Ganze, es gibt einen Grund, aber die Menschen haben ihn nicht gesehen. Es ist also eine ziemliche Erleichterung zu erkennen: Die Welt kann mich nicht glücklich machen. Zu verlangen, dass Orte, Leute und Dinge mich glücklich machen sollen ist dazu bestimmt, mich zu frustrieren, ob ich nun alles erreiche oder nicht.

Das sieht alles sehr negativ aus, nicht wahr!
Wenn Sie also nur die Oberfläche sehen, sagen Sie: „Oh, alles ist Eitelkeit". Wie ein Prophet aus dem Alten Testament sagte: „Eitelkeit, alles ist Eitelkeit. Ich habe alles gesehen, ich habe alles getan und alles ist total sinnlos". (Ich erinnere mich nicht an den genauen Wortlaut. Dies ist eine freie Interpretation.) Das ist es was er sagte. Es war wahrscheinlich ein älterer Mann der alles versucht hatte.
Warum steht das in der Bibel? Ist das nicht zu negativ? Das Leben ist eitel, alles was du erreichen kannst ist Eitelkeit.

Es steht drin, weil Sie bereits davon frei werden, wenn Sie die Wahrheit erkennen.

Das Erkennen, dass die Welt unfähig ist Sie glücklich zu machen, das Erkennen der Kurzlebigkeit jeder Form der Sie in Ihrem Leben begegnen. Was ist es in Ihnen, das die Fähigkeit hat dies zu erkennen und plötzlich zu sagen, aha!, oder gar darüber zu lachen?

Plötzlich treten Sie aus Ihrer eigenen Geschichte heraus und sehen, dass Ihre eigene frustrierende Geschichte nicht ihr persönliches Dilemma ist, sondern der menschliche Zustand.

Sie haben Ihre Selbstwahrnehmung daraus abgeleitet, was nichts Persönliches ist, sondern menschlich. Es ist der menschliche Zustand, in seinem unbewussten Stadium. Es ist das unerleuchtete Stadium und das gab Ihnen Ihr Gefühl für Ihr persönliches Selbstsein, an dem sie sich festhalten wollten. Jetzt treten Sie heraus, einfach indem Sie es sehen.

Das Sehen bedeutet, etwas taucht auf, das nicht ein Teil dieser Unbewusstheit ist. Deswegen steht es in der Bibel. Wenn Sie „es" sehen, „das" in Ihrem Innern, das die unbeständige Natur aller Formen und die fiktive Natur ihrer (Lebens-)Geschichte erkennnt. Was ist es? Es ist nicht Gedanke. Es ist die Fähigkeit wahrzunehmen, oder den Spiegel des Bewusstseins hochzuhalten und es einfach zu sehen. Das Licht der Erkenntnis scheint darauf und sieht. Es gibt kein Leben das letztlich nicht frustrierend ist, aber es verliert seine Frustration wenn Sie nicht mehr die Welt anschauen und dort Ihre Erfüllung suchen.

Wenn Sie aufgeben darauf zu bestehen, dass Leute, Orte und Dinge Sie glücklich machen und Sie erfüllen müssen, erscheint plötzlich die Fähigkeit, den Formen dieses Moments zu erlauben so zu sein wie sie sind. Weil das Leben in diesem Moment und immer so ist wie es ist.

Matrix Energetics – Ein Seminar mit Richard Bartlett und Melissa Joy

Matrix, Quantenheilung und die Zwei-Punkt-Methode sind in aller Munde. Bis jetzt hatte ich keine Zeit und auch kein grosses Interesse mich im Detail darüber zu informieren. Ich hatte zwar schon eine Freundin aus der Huna-Gruppe Zürich gebeten, einen Informationsabend darüber zu gestalten und wollte dann von ihr hören, was es damit auf sich hat. Doch plötzlich ging es Schlag auf Schlag: Als erstes bat mich eines unserer Mitglieder um meine Meinung zu einem Matrix-Seminar, das er besuchen wollte, doch leider konnte ich keine Auskunft geben. Noch bevor ich mich darüber informieren konnte, rief mich ein Freund an und sagte: „Komm, lass uns zusammen das Matrix Seminar von Richard Bartlett besuchen!" Das waren für mich Zeichen genug und ohne zu wissen, worauf ich mich einliess, sagte ich spontan zu. Von **Jennifer Lee**

Vier Tage Information, Spass, Üben und am Ende ein Gefühl von absoluter Gewissheit, dass alles möglich ist, wenn wir aufhören zu denken und lernen wahrzunehmen was wir wirklich bemerken und nicht das was wir glauben bemerken oder denken zu müssen. Auch hier gilt, werde wieder zu einem Kind, nimm an, staune und bewerte nichts.

Um es gleich vorwegzunehmen, Sie müssen selbst erleben um das Ausmass der Möglichkeiten dieses Systems zu erfassen. Es wird Ihr Denken total verändern und gleichzeitig alles bestätigen, was Sie bis jetzt gelernt haben mit Huna oder anderen alten Lehren. Es ist Quantenphysik live. Sie entwerfen und formen die Realität auf der Quantenebene und können zuschauen, wie sich diese Veränderung hier und jetzt bemerkbar macht.

Eintauchen in das alles umspannende Energiefeld, in den offenen Raum der Möglichkeiten, eine Intention formulieren und dann alle Erwartungen vollständig loslassen – das ist die Grundtechnik von „Matrix Energetics": abwarten, geschehen lassen..., um schliesslich eine befreiende, nicht vorhersagbare Lösung zu erleben, die spontan auftaucht.

Richard Bartlett

Matrix Energetics ist ein vollständiges Heilungs- und Transformationssystem für sich selbst und für andere Menschen. Sie müssen in keinem Heilberuf tätig sein um es anwenden zu können. Jeder kann es lernen, sofort und ohne Mühe. Sie werden nicht zum Heiler, sondern zur Türe durch welche diese Kraft in das Energiefeld des „Patienten" eintreten kann. Der Beweis waren 400 Teilnehmer in Luzern unter denen niemand war, dem es nicht gelang sich mit dem Energiefeld zu verbinden und diese Kraft am eigenen Körper zu erleben. Die Ergebnisse waren buchstäblich „umwerfend". Obwohl dies kein Gradmesser einer erfolgreichen Behandlung ist, sieht und fühlt man eine wellenähnliche Bewegung wenn Matrix Energetics angewandt wird. Die Person an der gearbeitet wird erlebt eine sanfte Umwandlung und der Körper scheint sofort in eine total entspannte Welle zu fallen. Wenn man im Stehen behandelt wird, kann es sein, dass man nach hinten kippt. Sie stehen also besser an einer Wand wenn Sie zu zweit üben und keine Drittperson dabei ist die als „Catcher" fungiert und Sie auffängt. Selbstverständlich wirkt es auch im Sitzen oder im Liegen. Belastende Energien und Programmierungen die sich als seelische oder körperliche Beschwerden äussern, werden sachte umgewandelt und der „ursprüngliche Idealzustand" wird wieder hergestellt. Das Unterbewusstsein und die biologischen, körperlichen Energiefelder arbeiten zusammen.

Das eindrücklichste Beispiel sofortiger Umwandlung geschah während des Seminars, als Richard Bartlett eine Frau mit einer MS Diagnose aus dem Publikum zu sich auf die Bühne holte. Er testete ihre Kraft in den Beinen und Armen und es wurde deutlich, dass ihre rechte Körperhälfte um einiges schwächer war und seinem Druck auf den ausgestreckten Arm oder das angehoben Bein nicht Stand hielt.

Nach seiner „Behandlung“ waren beide Seiten Ihres Körpers gleich stark. Unglaublich! Der „ewige Zweifler“ in mir liess mich die Frau am nächsten Tag ansprechen und nachfragen ob die Wirkung anhielt. Sie sagte, es sei sogar so, dass sie sich anhaltend stärker fühle!

Ich besuchte das Seminar mit einer beginnenden Bindehautentzündung. Es wurde täglich schlimmer und unangenehmer. Am dritten Tag war mein linkes Auge vampirmässig rot und beide Augen fühlten sich ganz heiss an. Bei einer der nächsten Übungen, bat ich meine Kollegin um Heilung für die Augen. Es geschah nicht sehr viel Bemerkbares ausser ein wenig Schwanken während der Behandlung. Danach fühlten sich meine Augen etwas frischer an und nicht mehr so heiss. Abends schlief ich mit einem immer noch sehr „roten“ Auge ein. Am nächsten morgen war die Rötung, das Jucken und die Hitze weg. Und kamen nicht wieder.

Gewohnheitsmässig vergleichen wir Neues mit allem was wir bereits kennen oder erfahren haben. Bei Matrix Energetics sollten wir diesen Fehler vermeiden. Es ist ein komplett neues Bezugsystem.

Mehr Informationen, Artikel, Demonstrationsvideos und Interviews mit Dr. Bartlett oder Melissa Joy finden Sie auf www.matrixenergetics.com

Richard Bartlett

Richard Bartlett ist Chiropraktiker und Naturarzt und praktiziert in Seattle, Washington. Er entschied sich für eine Ausbildung zum Chiropraktiker, nachdem er den bekannten Chiropraktiker Dr. Jacque Rowe getroffen hatte. 1987 schloß er sein Studium am *Parker Chiropractic College* ab.

Noch während seiner Ausbildung wurde sein zweites Kind geboren, das seit seiner Geburt an Bronchitis, Asthma und Lungenentzündungen litt. Um ihm zu helfen, entschloss er sich, auf eigene Faust nach geeigneten Heilmethoden zu suchen. Er studierte bei Dr. Victor Frank TBM (Total Body Modification) und konnte mithilfe dieser Methode seinen Sohn heilen.

Nach seinem Studium zog Richard Bartlett nach Montana, wo er bis 1996 erfolgreich als Chiropraktiker praktizierte. Da er sein Behandlungsspektrum erweitern wollte, absolvierte er an der *Bastyr University of Naturopathic Medicine* eine Naturheilkundeausbildung, die er im Dezember 2000 auch erfolgreich abschloss.

1997 entdeckte Bartlett eine neuartige Methode energetischer Intervention bei physischen und psychischen Problemen, die er in den USA *Matrix Energetics®* nannte. Er entwickelte diese Methode weiter und unterrichtet sie seitdem in Seminaren und Vorträgen.

Buchtipps:

Matrix Energetics
Die Kunst der Transformation: Radikale Veränderung mit der Zwei-Punkt-Methode

Dr. Richard Bartlett beschreibt in seinem Buch seine sensationelle Entdeckung: Matrix Energetics. Erfahren Sie die Entstehungsgeschichte der Zwei-Punkt-Methode und wie Sie diese einsetzen können, um effektiv Energien zu transformieren.

VAK-Verlag, ISBN: 978-3-86731-069-7

Die Physik der Wunder
Wie Sie auf das Energiefeld Ihres Potenzials zugreifen

Eintauchen in das alles umspannende Energiefeld, in den offenen Raum der Möglichkeiten, eine Intention formulieren und dann alle Erwartungen loslassen das ist die Grundtechnik von Matrix Energetics. Abwarten, geschehen lassen und die befreiende, nicht vorhersagbare Lösung erleben, die spontan auftaucht.

VAK-Verlag, ISBN: 978-3-86731-056-7

Die nächsten Seminare

Huna Basis-Seminar

Selbsterkenntnis und Persönlichkeitsentwicklung

Ab 6. März 2012 (Abend-Seminar)
4 x Dienstagabend, 19 - 21 h
06., 13., 20., 27. März 2012

CHF 280.00 (Mitglieder CHF 230.00)
Frühbucher-Spezialpreis:
CHF 250.00 / 200.00 bei Anmeldung vor dem 6. Februar 2012

Huna Praxis-Seminar

Intuitionstraining und kraftvolles Visualisieren

14./15. April 2012 (Wochend-Seminar)
Samstag/Sonntag, 10 – 16 h

CHF 400.00 (Mitglieder CFH 350.00)
Frühbucher-Spezialpreis:
CHF 350.00 / 300.00 bei Anmeldung vor dem 14. März 2012

Detaillierte Informationen und Anmeldung auf www.huna-europe.ch

Unser Seminarraum in Zürich

HUNA-GRUPPE ZÜRICH 2012

An folgenden Mittwochabenden trifft sich die Huna-Gruppe Zürich
im Lokal der HFG Zürich, Grubenstrasse 27, 8045 Zürich-Binz

18. Januar, 19.00 Uhr, mit Ulrich Amacher und Irene Morf
(> bitte beachten: ausnahmsweise nicht der letzte Mittwoch im Monat!)
Das Geheimnis der Heilung – wie altes Wissen die Medizin verändert. Filmvorführung mit anschliessender Diskusision

29. Februar, 19.00 Uhr, mit Gastreferentin **Beatrice Meister**
Matrix Energetics – die 2-Punkt-Metode in der Quanten-Medizin
Einführung und Kurz-Demonstration

28. März, 19.00 Uhr, mit Jennifer Lee
Thema wird später bekannt gegeben.

Sämtliche Daten 2012 und Einzelheiten auf www.huna-europe.ch

Unkostenbeitrag für Mitglieder CHF 10.00 pro Abend (Nichtmitglieder CHF 20.00), bei Gastreferaten nach Ansage.

Neue Teilnehmer sind jederzeit herzlich willkommen! Eine Anmeldung ist nicht nötig.

Mitgliedsbeitrag 2012

Wir freuen uns, wenn Sie unsere Tätigkeiten auch im neuen Jahr durch Ihren Mitgliedsbeitrag unterstützen. Er beträgt unverändert

CHF 80.00 / EUR 55.00

Für Ihre baldige Überweisung sind wir dankbar.

Profitieren Sie von den zahlreichen Vergünstigungen für Mitglieder! Informationen über unsere Aktivitäten und Angebote finden Sie auf unserer Website www.huna-europe.ch oder erhalten Sie unter Telefon +41 44 251 55 65.

Postfinance Bern 80-32001-2, IBAN CH74 0900 0000 8003 2001 2
Postbank Karlsruhe 1840 02-757, IBAN DE26 66010075 0180 4027 57
P.S.K. Wien 7.617.939, IBAN AT76 6000 0000 0761 7939

Ho'oponopono-Beratungen

Mit Ho'oponopono können Sie belastende Situationen in Ihrem Leben auflösen und die Dinge richtig stellen.

Wir bieten traditionelles Ho'oponopono nach Mornah Simeona an.

Telefon +41 44 251 55 65

Herausgegeben von:

Huna Forschungs-Gesellschaft Zürich | HFG
Grubenstrasse 27 | CH-8045 Zürich
Telefon +41 44 251 55 65
info@huna-europe.ch | www.huna-europe.ch

Nr. 9 | März 2012

HUNA NACHRICHTEN

Zeitschrift für Mitglieder | Huna Forschungs-Gesellschaft Zürich | www.huna-europe.ch

EDITORIAL

Liebe Leserinnen, liebe Leser

Beim Treffen der Huna-Gruppe Zürich im Januar haben wir gemeinsam den Film „Das Geheimnis der Heilung" angeschaut. Ein seriöser, von der ARD produzierter Dokumentarfilm, der Hoffnung macht! An Hand verschiedener Patientengeschichten wird gezeigt, wie in hoffnungslosen Fällen Heilung möglich wurde durch die feste Überzeugung und den Willen der Patienten selbst. Ein Thema, über welches wir in den Huna-Nachrichten bereits mehrfach berichtet haben. Selbst Schulmediziner scheuen sich nicht, angesichts der unerwarteten Ergebnisse, wenn auch nicht von Wundern, so doch von medizinisch nicht erklärbaren Vorkommnissen zu sprechen. Der Film zeigt auch, wie in verschiedenen Kliniken und Arztpraxen alternative Behandlungsmethoden angewandt und esoterisches Denken akzeptiert wird. Es ist wirklich ermutigend zu sehen, welch erfreuliche Resultate bei einer Kombination von Schul- und Alternativmedizin zum Wohl der Patienten möglich sind. Der Film ist im Internet abrufbar, den link dazu finden Sie am Ende des Editorials. Wir können ihn allen herzlich empfehlen!

In der Huna-Gruppe Ende Februar hat unser Mitglied Beatrice Meister eine Einführung zu „Matrix Energetics" und der Heilung nach der Zwei-Punkt-Methode gegeben. Ein Bericht darüber wird in der nächsten Ausgabe erscheinen. Ende März knüpft dann Jennifer Lee an das Thema an mit ihrem Vortrag „Das Herzfeld aktivieren", in dem sie uns mit dem „heilenden Licht in uns" bekannt machen wird. Wir freuen uns immer über neue Teilnehmerinnen und Teilnehmer an unseren Gruppentreffen, es hat immer noch ein paar Stühle frei. Unser Angebot ist vielseitig und an jedem Abend bleibt auch immer genügend Zeit zur Beantwortung persönlicher Fragen. Dazu steht uns jeweils Irene Morf mit ihrem schier unerschöpflichen Erfahrungsschatz aus jahrzehntelanger Beratung und Huna-Heilungstätigkeit zur Verfügung.

Im März läuft auch wieder unser Huna Basis-Seminare in Form eines Abendseminars an vier Dienstagabenden. Ein Format, das wir besonders schätzen, weil zwischen den einzelnen Kursteilen Zeit bleibt zum Verarbeiten und ersten Anwenden des Gelernten. Im April dann bieten wir wieder ein Huna Praxis-Seminar an. Einzelheiten dazu finden Sie auf der letzten Seite. Im Praxis-Seminar lassen wir unseren Blick weit über den herkömmlichen „Huna-Horizont" hinaus schweifen. Jenni-

INHALT

Ka Po'e Kahiko – Das alte Volk
Alle Menschen besteigen denselben Berg. Je nachdem an welcher Stelle ein Mensch steht, sieht und versteht er die Welt anders. *Eine Erzählung aus „Tales from the Night Rainbow" von Pali Lee und Koko Willis*
> Seite 3

Der freie Wille – oder alles steht still Unser Hohes Selbst urteilt nicht, es akzeptiert alles wofür wir uns entscheiden und unterstützt uns auf dem gewählten Weg. Die Entscheidung über unsere Ziele liegt in unserer Verantwortung.
Von Jennifer Lee **> Seite 7**

„Ich bin" – „I am" Man kann alles bezweifeln über sich. Das Einzige was man nicht bezweifeln kann ist: Ich bin. Das ICH BIN ist die zeitlose Identität, wer ich bin – jenseits von Formen."
Von Eckhart Tolle **> Seite 9**

Sie fragen – wir antworten Wo ist der Sitz unseres Gedächtnisses? Im Gehirn (beim Verstand) oder im Bauch (beim unteren Selbst) ?
Antworten von Jennifer Lee **> Seite 10**

Weiteres
Der I'o Prozess **> Seite 2**
Die Bedeutung des Gebetssamens bei den alten Kahunas **> Seite 6**
Buchtipps zum „Bauchgehirn"**> Seite 11**
Veranstaltungen **> Seite 12**

fer Lee hat für dieses Seminar viel in alten Schriften und Vorträgen der Huna Fellowship recherchiert und äusserst interessante Denkansätze zusammengetragen. Immer wieder waren wir erstaunt, welcher Entdeckergeist in den vierziger und fünfziger Jahren unter den Mitgliedern der Huna Research Inc. in USA geherrscht haben muss. Zeitgleich mit anderen Suchenden haben die Freunde der Huna Research, Inc. Erkenntnisse formuliert und zur Anwendung gebracht, die auch heute noch verblüffend lebendig und hoch aktuell sind. Über die Alpha-Stufe, einer neuen geistigen Dimension gelangen wir zu tiefliegenden Mustern und Programmierungen und lösen die daraus entstandenen Blockaden und Komplexe dauerhaft auf. Wir beschäftigen uns mit fortgeschrittenen Visualisierungstechniken und bringen zahlreiche Meditationen und praktische Übungen. Wir würden uns freuen, Sie zahlreich zu diesem Wochenend-Seminar begrüssen zu können, noch sind Plätze frei.
Soviel zu unseren momentanen Aktivitäten. Wie immer freuen wir uns über Rückmeldungen zu den Huna-Nachrichten und zur Beantwortung von Fragen stehen wir immer gern zur Verfügung.

Mit allen guten Wünschen und herzlichen Grüssen

Ulrich Amacher und Jennifer Lee

Der link zum Film „Das Geheimnis der Heilung“:
http://www.3sat.de/page/?source=/ard/sendung/151289/index.html

Begeisterung setzt den Antrieb frei, der Sie über Hindernisse trägt und gibt allem , das Sie tun, Bedeutung.

Norman Vincent Peale

Der I’o Prozess

Übersetzt und bearbeitet von Jennifer Lee

Im **Kumulipo** dem hawaiianischen „Schöpfungs-Gesang“ ist I’o die unmanifestierte Quelle, die der Schöpfung vorausging und aus der das Universum erschaffen wurde. I’o ist das „unendliche Potential“, die unendliche Quelle der Schöpfung. Der I’o Prozess ist eine einfache, machtvolle Technik um das „unendliche Potential“ dazu zu benutzen, das Gleichgewicht wieder herzustellen. Wenn Sie diese Meditation durchführen, werden Sie neue Perspektiven erlangen, Harmonie schaffen, Beziehungen „glätten“ und Sie können sogar einen Gegner zum Freund machen. **Sie gewinnen immer!** Hier also das Grundverfahren, welches Sie anwenden können bei einem Konflikt zwischen zwei Personen.

Sie werden sich die Situation aus drei Blickwinkeln anschauen:

1. Ihrem eigenen
2. Demjenigen der anderen Person
3. Und „von weit oben“, also von der höchsten Perspektive

Jetzt beginnen Sie mit Ihrer Sitzung: Entspannen Sie Ihren Körper von Kopf bis Fuss. Entspannen Sie Ihren Geist. **Durchleben Sie Ihren eigenen Blickwinkel**: Was für ein Mensch sind Sie? Woran glauben Sie? Was sind die möglichen Lösungen? Was geschieht?
Wie ist Ihre Gemütsverfassung, Ihr Geisteszustand? Seien Sie total „hier“ und achten Sie auf Ihren positiven Vorsätze und Ihre höchsten Absichten um diese Angelegenheit zu lösen. Halten Sie Ihre Erfahrungen fest.

Dann: Stellen Sie sich vor, wie Sie „aus sich selbst heraustreten“, hinübergehen und in die andere Person „hineinschlüpfen“. Erfahren Sie nun aus dieser Sicht den Blickwinkel der anderen Person. Denken Sie daran, dass jede und jeder positive Gründe für sein Benehmen hat und dass sie/er immer die bestmöglichen Entscheidungen trifft mit den Mitteln die ihr/ihm zur Verfügung stehen. **Durchleben Sie jetzt ihren/seinen Blickwinkel:** Was für ein Mensch sind Sie? Woran glauben Sie? Was sind die möglichen Lösungen? Was geschieht? Wie ist ihre Gemütsverfassung, Ihr Geisteszustand? Seien Sie total „hier“ und achten Sie auf Ihren positiven Vorsätze und Ihre höchsten Absichten um diese Angelegenheit zu lösen. Halten Sie Ihre Erfahrungen fest.

Dann: Stellen Sie sich vor, wie Sie „aus ihrem/seinem Körper heraustreten“, hinausgehen und **über alles hinaufsteigen.** Steigen Sie weiter höher und höher, bis Sie die höchste Perspektive erreicht haben. Das unendliche Potential von I’o. Nehmen Sie die Rolle des I’o ein und betrachten Sie die zwei Personen aus der Sicht des I’o. Als I’o nehmen Sie jetzt einen tiefen Atemzug und atmen beide Personen in sich hinein. Erlauben Sie der Lösung sich zu entwickeln. Wenn bewusst nichts erreicht wurde, können Sie versichert sein, dass das Universum die Antwort liefern wird. Dann atmen Sie die beiden Personen wieder aus, zurück auf die Erde. Halten Sie Ihre Erfahrungen fest.

Kehren Sie in Ihren Körper zurück. Sie fühlen sich frisch und zuversichtlich und beenden die Sitzung.

Ka Po'e Kahiko – das alte Volk

Je nachdem an welcher Stelle des Berges ein Mensch steht, sieht und versteht er die Geschichte und alles andere. Alle Menschen besteigen denselben Berg. Der Berg jedoch hat viele Wege und jeder Weg hat eine andere Aussicht. Ein Mensch weiss und versteht nur, was er von seinem eigenen Weg aus sieht und wenn er sich weiterbewegt, wird sich seine Sicht verändern. Erst wenn er die Spitze des Berges erreicht, wird er alle Ansichten der Menschheit sehen und verstehen. Aber wer von uns hat die Spitze des Berges erreicht? Morgen werden auch wir eine andere Aussicht haben. Unser Wachstum ist noch nicht beendet.

Eine Erzählung aus „Mo'olelo o na Po Makole" – „Tales from the Night Rainbow" von Pali Lee und Koko Willis) Übersetzung unter bestmöglicher Beibehaltung des „Originaltons" von Jennifer Lee.

Fast die ganze Hawaiianische Geschichte wurde aus der Sicht der Fremden geschrieben, von deren Weg, und wie sie die Dinge sahen und glaubten. Es war nicht die Hawaiianische Sicht oder die Aussicht von einem Hawaiianischen Weg.

Diese Geschichten, die ich euch erzähle kommen von einem Weg, den meine Familie aus Moloka'i nahm. Es sind Geschichten, wie sie Kai-akea meiner Lehrerin und geliebten Mutter Ka'a kau Maka weliweli erzählte. Sie gab sie an diejenigen von uns weiter, die an ihrer *halau* (Schule) in Kapualei waren.

Die Alten waren *maoli,* die Eingeborenen von Hawaii. Vor sieben- oder achthundert Jahren kamen die Tahitianer auf unsere Inseln und seitdem dominierten die Geschichten unseres Ursprungs und unseres Lebens aus deren Sicht. In vielem waren die Tahitianer unserem Volk ähnlich, aber in ebenso vielem sind wir wie Tag und Nacht. Die Alten hatten eine Einstellung dem Leben gegenüber, dass wir mit grosser Macht über ihre Umgebung bezeichnen würden, aber in Wirklichkeit ist es die Macht der Liebe und der Verwandtschaft und wie sie sich in unserer Umgebung ausdrückt.

Unsere Vorfahren lebten in kleinen Familiengemeinschaften, die von den Ältesten der Familie geführt wurden. Die Familien nannte man *ohana* und alle Familien auf den Inseln, die von unserer Linie abstammten waren die *ohana laha* (laha = erweitert, verbreitet. Anm.d.Red.) Heute würde man das als Clan bezeichnen. Zu jener Zeit gab es viele Clans und viele Menschen. Die verschiedenen Gemeinschaften, die zu einem Clan gehörten trugen *kapa* (Kleidung) der selben Farbe, aber sie hatten verschiedene Zeichen auf ihrer *kapa* um anzuzeigen zu welchem Teil des Clans sie gehörten und sie trugen ebenfalls verschiedene Frisuren und Tätowierungen. Wenn man einen Fremden traf, der die Familienfarben trug, erkannte man seinen Familienzweig durch diese Unterschiede.

Jede Familie hatte etwas das wir *aumakua* nennen, einen Geist, den wir wie einen lebenden Teil der Familie empfanden – eine Anwesenheit wie unsere Ahnen, die uns wahrnimmt und jederzeit bereit ist uns die Windungen auf unseren Wegen zu zeigen. Es gab Familien, die unter nichts anderem als dem Namen ihres *aumakua* bekannt waren.

Die Menschen auf Moloka'i, welche die Vorfahren meiner Leute waren nannten sich *Ka Po'e Ao Hiwa,* die Lichtträger oder die Leute die sich um das heilige Licht kümmern. In Wahrheit gab es viele verschiedene Linien und Familien vor den Tahitianern. Die meisten nannten sich Mu und auch die Inseln nannten sie Mu.
(Mu= Name des alten, mystischen Volkes aber auch Zusammenkunft, Menschenansammlung, Ort an dem sich Menschen ansammeln. Anm.d.Red.) Einige der Menschen waren *Nawao* (Nawao=mystisches Volk). Es gab die „Ahu"- und die"I"- Familien, die „Pae"- Familie, die „Lae"- und die „Kea" Linien. Die Familien auf den anderen Inseln hatten ebenfalls ihre eigenen Namen. Die Namen hatten etwas mit Tag oder Nacht oder mit Regenbogen oder Licht zu tun. Der einzige den ich je hörte war *Kama kau po,* (Kama kau po=Kinder oder Person aus der Zeit der Nacht. Anm.d.Red.) aber ich weiss, es gab viele andere.

Unsere Familie stammte aus der uralten Linie des Lichts. Unsere Farbe war gelb. Wir waren die *Mo'o* Familie. Der Gecko, die Eidechse, der Drache, sie alle waren *Mo'o.* (Mo'o = jede Art von

Reptilien. Anm.d.Red.) Unsere Familie trug ihr Haar schulterlang und die Männer trugen kurze Bärte. Unsere Linie trug auch Fingertätowierungen um anzuzeigen, dass wir einem heiligen Leben folgten. Andere Zweige hatten andere Tätowierungen.

In der früheren Zeit lebten viele Clans auf den Inseln: jeder mit seinen eigenen Farben und seiner eigenen *aumakua.* Es gab die Hai-Familie mit ihren Grautönen. Es gab die Muschel-Familie, die ein dunkles Rot trug und die Eulen-Familie die *kapa* in braun trug. Der Donner-Clan trug ganz schwarz. Jede Familie sorgte für sich selbst und machte alles Nötige.

Sie hatten die Götter Ku und Hina und die Tempel (*heiau)* hatten einen aufrechten Stein für Ku (den männlichen Gott) und einen liegenden oder flachen Stein für Hina (den weiblichen Gott). Die Tempel unserer Familien hatten ein Licht das immer brannte und es war immer jemand da, der es hütete.

In unserer Familie herrschte der Glaube, dass wir von Anfang an hier waren. Die Menschen waren von unserem Land nach Osten und nach Westen hinausgefahren und bevölkerten andere Länder. Wir hatten Lieder die von den Booten erzählten die von unseren Inseln aus von Horizont zu Horizont fuhren. Man lehrte die Menschen durch Geschichten oder Gleichnisse. Eine unserer ersten und wichtigsten war folgende:

„Jedes neugeborene Kind hat bei seiner Geburt eine Schale aus perfektem Licht. Wenn es sich um sein Licht kümmert, wird seine Kraft wachsen und es kann alles tun – mit den Haien schwimmen, mit den Vögeln fliegen, alles wissen und alles verstehen. Sollte es jedoch missgünstig oder eifersüchtig werden, fällt ein Stein in seine Lichtschale und ein Teil des Lichts geht aus. Licht und Stein können nicht denselben Raum einnehmen. Wenn es damit fortfährt Steine in seine Lichtschale fallen zu lassen, wird das Licht ausgehen und das Kind wird selbst zu einem Stein werden. Ein Stein wächst nicht, noch bewegt er sich. Wenn es jedoch zu irgendeiner Zeit genug davon hat ein Stein zu sein, braucht es nur die Schale umzudrehen und die Steine werden herausfallen und das Licht wird wieder aufleuchten und wachsen."

Die Geschichten oder die Parabeln waren alles Lehren oder Mahnungen. Die *maoli* hatten Geschichten von Kletterpflanzen oder Lianen, von Bäumen, Samen, Fischen, Erde, Meer und Himmel: Dinge die den Menschen geläufig waren und die sie verstanden. Wenn ein Kind zu sprechen anfing, begann die Familie damit, es über die Welt, deren Teil es war, zu lehren.

Die Alten glaubten, dass alle Zeit die es gab jetzt ist und dass jeder von uns der Schöpfer seiner Lebensumstände ist. Wir erschaffen uns selbst und alles was Teil unseres Lebens wird. Jede Situation in der wir uns wiederfinden ist durch uns herbeigeführt worden – in der Erfahrung der vielen Wege des Lebens. Wir können unsere Umstände jederzeit verändern wenn wir wollen – alles was wir tun müssen ist unseren gegenwärtigen Zustand loszulassen und er ist weg. Andererseits, wenn wir es als sinnvoll erachten weiterzumachen, können wir an dem Problem festhalten anstatt es gehen zu lassen.

So siehe nun zu, dass das Licht in dir nicht Finsternis sei! Wenn nun dein ganzer Leib licht ist, so dass er keinen finstern Teil mehr hat, so wird er ganz hell sein, wie wenn das Licht mit seinem Strahl dich erleuchtet.

Lukas 35/36

Die Alten glaubten, dass es einen Lebenskörper gibt. Wir alle sind ein Teil davon. Wir hatten unser Land, das Meer und den Himmel und auch sie sind ein Teil von uns. Alles was auf unserem Land wuchs und in unserem Meer schwamm nannten wir Bruder und Schwester. Wir sind ein Teil von allem und alles ist ein Teil von uns und die Alten wussten dies und lebten dementsprechend. Sie zerstörten nicht. Sie sprachen mit einer Pflanze die gepflückt werden sollte und erklärten ihr warum es getan wurde. Bevor man einen Fels als Teil des Fundaments für ein neues Haus oder *heiau* benutzte, fragte man ihn ob er damit einverstanden war, auf diese Art und Weise benutzt zu werden. Wenn die Zeichen gegen eine solche Nutzung waren, zogen die Menschen die den Felsen brauchten an einen anderen Platz und fragten einen anderen Felsen. Es war viel besser, etwas richtig zu tun als in Eile oder ohne Rücksicht auf die Auswirkungen unserer Handlungen.

Wir wurden gelehrt, wenn der Geist (mana) stark ist und die Menschen sich annehmen als die mächtigen Wesen die sie sind, ist alles möglich. Felsen zu bewegen, zum Beispiel, brauchte keine so schwere Bürde zu sein,

wenn der Felsen ein Teil des Projektes sein wollte. Männer trugen den Stein, brauchten das Gewicht des Steines jedoch nicht zu tragen.
Diese Lehre galt für alle Lebensbereiche. Beim fischen und sammeln von Nahrung. Wenn die benötigte Menge klar vereinbart war, wurde diese Menge verfügbar. Es gab keinen Mangel. Es gab keine Verschwendung.

Die Alten lehrten, dass es keine Grenze zwischen zwei Menschen gibt. Du kannst deinen Bruder nicht schlagen ohne dich selbst zu schlagen oder deinen Vater und deine Mutter. Das Beste ist es, niemanden zu schlagen. Die Alten hatten keine Könige, keine grossen Kriegsherren, keine Armeen, keine Gesetzessysteme.

Ein berührendes **Video mit Pali Jae Lee** gibt es auf youtube zu sehen:
http://www.youtube.com/watch?v=lh0PnzJlkzo

Tales from the Night Rainbow
Pali Lee and Koko Willis
ISBN: 0-9628-0300-6, 9-9980-6799-5

„Tales from the Night Rainbow“

ist die Geschichte einer Frau, eines Volkes und einer Insel. Das Buch entstand als Sammlung mündlicher Erzählungen für die Paiakapela-Willis-Ohana. Die Familienältesten wollten, dass ihre Kinder wussten wer sie waren und dass sie die Geschichte ihrer Familie kannten.

1983 entschieden die Ältesten der Familie diese Geschichten mit allen Familien auf Moloka'i und Hawai'i zu teilen damit auch sie etwas über ihre Vergangenheit erfuhren. Historiker und Anthropologen mögen sich über einiges streiten, aber so wurden diese Geschichten erzählt und so werden sie in diesem Buch präsentiert.

Die Erzählerin ist Kaili'ohe Kame'ekua aus Kamalo, Moloka'i. Sie lebte von 1816 bis 1931 auf Moloka'i und wurde von ihrer Tante aufgezogen. Von ihr lernte sie die Gesänge welche die Geschichte ihrer Familie vom Anfang bis zu ihrer Zeit erzählten. Als die Missionare 1832 nach Moloka'i kamen half sie ihnen eine Kirche zu bauen. Sie sah, dass vieles gut war was die Fremden brachten und sie war weise genug zu wissen, was gut war aus ihrem eigenen Hintergrund.
Sie lernte vorsichtig zu sein und teilte wenig ihres Wissens mit Fremden. Die Geschichten in dem Buch sind so, wie sie von ihr und anderen Familienmitgliedern innerhalb der ohana erzählt wurden.

Aufgezeichnet wurden sie von Kaukakokoula Kaimana Willis (genannt „Koko“) von der Paia-Kapela-Willis Ohana und seiner Frau Pali Jae Kealohilani Lee. Henry kannte sie beide und korrespondierte mit ihnen. Inzwischen sind jedoch beide ebenfalls nicht mehr hier.

„Tales from the Nigt Rainbow ist erhältlich nur in Englisch über Amazon.com oder bei

www.alohaspirit.ch

AlohaSpirit

Die Bedeutung des „Gebetssamens“

„Ihr wurdet nie geboren“, wurde ihnen gesagt. „Ihr könnt niemals sterben, also seid ihr nie geboren. Wisst, dass ihr seid. Das Leben ist eine endlose Reihe von Erfahrungen während wir spirituell wachsen, zurück zu unserer Quelle. Übernehmt Verantwortung für euer Bewusstsein. Säen und ernten ist alles was ihr zu üben braucht. Pflanzt sorgfältig eure guten Samen und jätet die schlechten....“. Aus „Ano Ano The Seed“ von Kristin Zambuck, übersetzt und bearbeitet von Jennifer Lee.

Die Kahuna aus alter Zeit benutzten den Samen als Symbol für ihr Gebet. In diesem Samen ist das Muster der ausgewachsenen Pflanze angelegt, ein passendes Bild für das Gebet. Unsere Bilder und Gedanken sind die Samen, die wir in den fruchtbaren Garten unseres Hohen Selbstes setzen. Mana ist der Regen der sie nährt und ihnen beim Wachsen hilft.

„**Ano-ano**“ bedeutet Samen in der hawaiianischen Sprache und das hawaiianische Wort für Gebet ist „ano-ano“. Die verschiedenen Bedeutungen dieses Wortes sind hilfreich, um den Gebetsvorgang besser zu verstehen:

1. **Eine feierliche Stille, ein heiliger Ort.** Wenn wir beten gehen wir in die Stille oder an unseren heiligen Ort.

2. **Eine genau festgelegte Form herbeiführen.** Wir beten unser Gebet mit dem Vertrauen und der Gewissheit, dass es erfüllt wird.

3. **Jetzt. In der Gegenwart.** Der Wortlaut unseres Gebetes ist in der Gegenwart. Der gewünschte Zustand existiert jetzt.

4. **Samen.** Die Gebete sind wie Samen. Sie enthalten das Muster der fertigen Pflanze oder Idee.

5. **Die Bedeutung eines Wortes oder eines Satzes. Ähnlichkeit oder Abbild, Form, Zustand, Farbe.** Unsere Gebete sind wohlüberlegt formuliert und die Bilder sorgfältig geformt um unsere Ideen und Wünsche präzise darzustellen.

6. **Die moralische Qualität einer Handlung oder der moralische Zustand des Herzens.** Unser Gebet darf nichts und niemanden verletzen. Die „Herzenshaltung“ des Betenden ist wichtig für den Prozess.

7. **Verändern, umformen.** Das Gebet ist eine Bitte, den gegenwärtigen Zustand umzuformen oder die Zukunft zu verändern.

8. **Die äusseren Umstände verändern.** Unser „Aumakua“ verändert die äusseren Umstände, die materielle Form der Situation.

9. **Weihen, für einen bestimmten Gebrauch zuteilen.** „Uhane“ und „Unihipili“ weihen die Gebetsaktion, indem sie das Bild mit Liebe und Mana aufladen.

Hawaiianisches Wörterbuch:
www.wehewehe.org

„Wenn du ein Schiff bauen willst, dann rufe nicht die Menschen zusammen, um Holz zu sammeln, Aufgaben zu verteilen und die Arbeit einzuteilen, sondern lehre sie die Sehnsucht nach dem grossen, weiten Meer.“

Antoine de Saint-Exupéry

Der freie Wille – oder alles steht still

Mein Hohes Selbst urteilt nicht. Es akzeptiert alles wofür ich mich entscheide und unterstützt mich auf dem Weg zu meinem gewählten Ziel. Die Entscheidung darüber, was ich will und wohin ich will, liegt jedoch in meiner eigenen Verantwortung. Wegweiser sind meine Emotionen. Konzentriere ich mich auf die Freude und folge ihr in jedem Moment meines Lebens bin ich im Einklang mit meinem Hohen Selbst und ich habe einen weiteren Schritt auf das Wesen zu gemacht das „Ich bin". Von **Jennifer Lee**

Der freie Wille

Sie sind in Ihrem Leben bestimmt auch schon (symbolisch) mitten auf einer Kreuzung gestanden. Der Verkehr rauscht und braust vorbei, d.h. alle Menschen um Sie herum sind entschlossen und zielstrebig und jeder scheint zu wissen, welchen Weg er nehmen will und dass dieser Weg auch der Richtige ist. Sie stehen jedoch da auf einer Insel der Stille oder unter einer Glocke aus Glas und vor Ihnen liegen drei oder vier mögliche Wege. Sie überlegen, verwerfen, machen einen kleinen Schritt in eine Richtung, ein grosses „Ja, aber"-Schild lässt Sie wieder zweifeln oder ein Verkehrspolizist hält Sie auf in Form eines Freundes, der Ihnen sagt, „das geht doch nicht" oder „das kannst du doch nicht tun".

> *„Nichts Grosses ist je ohne Enthusiasmus geschaffen worden"*
>
> *Ralph Waldo Emerson*

Rufen Sie in dieser Situation Ihren Schutzengel oder Ihr Hohes Selbst um Hilfe und fragen was es von Ihnen will? Was Sie als nächstes tun sollen? Welche der drei Möglichkeiten Sie wählen sollen? Geschieht dann etwas?

Ich weiss nicht wie es Ihnen geht, aber mein Schutzengel oder mein Hohes Selbst ist dann still oder anderweitig beschäftigt und ich muss mich auf mich selbst besinnen. Ein Hilferuf in dieser Form funktioniert nicht, wir haben keine Eltern/Kind Beziehung in der ich einfach tun muss was meine Mutter oder mein Vater von mir verlangen und dann ist alles gut. Mit einer Frage wie dieser versuche ich zu vermeiden, die Verantwortung für mein Wachstum, mein Leben und meine Handlungen zu übernehmen.

Mein Hohes Selbst ist immer unterstützend an meiner Seite um dahin zu kommen wo ich hin will. Die Entscheidung darüber was ich will oder wohin ich will, liegt jedoch auf meinen eigenen Schultern. Es urteilt nicht und akzeptiert alles wofür ich mich entscheide. Wenn meine Gedanken zum Beispiel vorwiegend darum kreisen dass ich „arm" bin, sorgt es dafür, dass ich arm bleibe. Die Schwingung die ich aussende heisst: „Ich bin arm".

Beschäftige ich mich hauptsächlich damit auf meiner spirituellen Reise oder Entwicklung voranzukommen, streut es Lehrer, Bücher, Filme und Menschen auf meinen Weg, die mir auf dieser Reise weiterhelfen. Ich kann diese Gelegenheiten ergreifen wenn ich will, oder an ihnen vorübergehen.

Zusätzlich ist mein Leben gewürzt mit den Dingen an die ich glaube. Wenn ich der Überzeugung bin, dass ich leiden muss um etwas zu erreichen, was geschieht?
Es werden mir verschiedene Arten des „Leidens" präsentiert.

Die Kommunikation

Spielen Sie mit dem Gedanken wie es wäre, wenn Sie Ihrem Hohen Selbst auf einer vertrauensvollen, freundschaftlichen Basis gegenübertreten würden. Ein Freund der zufällig Zugang zu der „Bibliothek des Universums" hat. Würden Sie die Frage, „sag mir was du dir vorstellst, was soll ich tun um mich als Mensch weiterzuentwickeln?", auf diese Weise stellen? Oder würden Sie sich etwas mehr Mühe geben und sie zum Beispiel so formulieren: „Wenn ich weitergehe auf diesem Weg Richtung Einssein, befürchte ich meine Identität zu verlieren. Kannst du mir sagen, ob das geschieht?" - Stellen Sie konkrete Fragen!

Ein weiteres Bild zur Anregung ist folgendes: Stellen Sie sich Ihr Hohes Selbst als „Reiseführer" vor auf Ihrer Lebensreise. Fragen Sie ihn, was er möchte dass Sie als nächstes tun sollen? Nein, Sie teilen ihm mit, wohin Sie gerne möchten und daraufhin zeigt er Ihnen die Sehenswürdigkeiten, erklärt Ihnen die Geschichte und gibt Ihnen eine Auswahl an Ausflügen an, die sie in der Umgebung unternehmen können. Die Destination oder das Reiseziel suchen Sie selbst aus.

Ein anderes Beispiel ist der Spiegel:
Sie sehen ihr Gesicht mit gerunzelter Stirn im Spiegel. Sagen Sie zu Ihrem Spiegelbild, gut ich werde glücklich sein und lächeln, wenn du zuerst lächelst, sonst nicht? - Der Spiegel hält das Warten länger aus als Sie. Wenn ich ein glückliches Gesicht im Spiegel sehen möchten, muss mich meine Mundwinkel zuerst nach oben ziehen, sonst widerspiegelt er mir kein Lächeln.

Zurück zu den drei Wegen oder den drei Zielen die es zu verbinden gilt. Ich habe meinem Hohen Selbst die drei Ziele die ich erreichen möchte mit Überzeugung, Leidenschaft und Freude dargelegt und dann um ein Zeichen oder einen Hinweis gebeten wie sie sich verbinden lassen. Die Antwort kam als Traum: Ich sah drei grüne, hügelige Inseln im Meer. Ich stand auf einer Klippe am Festland und fragte mich, wie ich wohl zu der ersten Insel gelangen sollte, war aber voller Zuversicht und hob den Fuss zum ersten Schritt obwohl unter mir der Abgrund klaffte. Wie von Zauberhand legte sich ein erstes Holzbrett für eine Hängebrücke unter meinen Fuss und bei jedem Schritt den ich ins vermeintlich Leere tat erschien im letzten Moment ein weiteres Brett für meine Brücke. Auf halbem Weg zu der ersten Insel ging der Wecker, aber der Hinweis war klar: Eine Absicht kundtun und vertrauen. Der Weg öffnet sich, oder die Brücke entsteht beim Gehen.

Die Dinge verändern sich wenn ich etwas wage und über die Grenzen die mir meine Glaubensätze vorgeben hinaustrete. Wenn ich dem „Herzklopfen" oder der Aufregung folge. Spannung, Enthusiasmus, Freude sind alles Indikatoren, dass ich in Resonanz bin mit meinem Hohen Selbst. Enthusiasmus ist ein „Zeichen" dafür, dass meine Pläne mit meinem Hohen Selbst harmonieren. Diese Übereinstimmung löst die Aufregung aus und führt automatisch zu dem was ich „tun soll". – Nämlich dazu, dass ich mit meinem freien Willen den Weg wähle, den sich mein Hohes Selbst erhofft hat.

Es genügt nicht, sich einfach am Enthusiasmus zu freuen und das Gefühl quasi zu speichern. Irgendwann ist der Speicher gefüllt und er nimmt keine neuen Freudenimpulse auf. Es scheint als ob ich den Kontakt verloren hätte.
Es ist ausschlaggebend auf die Dinge zu reagieren, die mich in Aufregung, Freude und Enthusiasmus versetzen, also zu vertrauen und einen Schritt ins Unbekannte zu tun. Auf diese Weise kann es weitergehen, es gibt Platz für neue Impulse oder „Nachrichten" von meinem Hohen Selbst. Wir sind gemeinsam im Zusammenspiel der drei Selbste einen weiteren Schritt vorangekommen und haben uns unserem „wahren Selbst" angenähert.

Enthusiasmus

Enthusiasmus ist der Wegweiser zu unserem Daseinszweck und ein Indikator für die Harmonie mit dem Hohen Selbst.

Enthusiasmus = en Theos = in Gott
Enthusiasmus bezeichnet heute allgemein eine Begeisterung oder Schwärmerei für etwas, eine gesteigerte Freude an bestimmten Themen oder Handlungen, ein extremes Engagement für eine Sache oder ein mehr als durchschnittliches, intensives Interesse auf einem speziellen Gebiet.
Seiner Herkunft nach bezeichnete der Begriff ursprünglich die Inspiration durch eine göttliche Eingebung oder durch den Einfluss oder die Gegenwart eines Gottes. (Seit dem 16. Jahrhundert im Deutschen nachweisbare latinisierte Entlehnung des griechischen ἐνθουσιασμός, *enthousiasmós*, **ursprünglich „Besessenheit durch Gott", eines Abstraktums von** ἔνθεος, *éntheos*, **wörtlich „der von Gott Erfüllte", aus** ἐν, *en*, **„in" und** θεός, *theós*, **„Gott"**.)

Vertrauen in sich selbst bedeutet, vertrauen in den göttlichen, schöpferischen Teil in uns, in die „Verwandtschaft" mit der Kraft die alles Lebende durchdringt. Versetzt uns etwas in einen enthusiastischen Zustand, sind wir im Einklang.

„Ich bin" - „I am"

2. Mose, 3:14 Gott sprach zu Mose: „Ich bin, der ich bin!" Und er sprach: „Also sollst du zu den Kindern Israel sagen: „ICH BIN", der hat mich zu euch gesandt." Aus einem Vortrag Eckhart Tolle über Gott, Quelle www.youtube.com. Übersetzt unter weites gehender Beibehaltung des Originaltons von Jennifer Lee.

***Eckhart Tolle** wurde in Deutschland geboren. Nach dem Abschluss seines Studiums an der University of London war er in Forschung und Supervision an der Cambridge University tätig. Mit neunundzwanzig Jahren löschte eine tiefe spirituelle Transformation seine alte Identität praktisch aus und führte zu einer grundlegenden Wandlung seines Lebens. Die nächsten Jahre widmete er dem Verstehen, Integrieren und Vertiefen dieser Verwandlung, die den Beginn einer intensiven Reise nach Innen markierte.*

„Das ICH BIN ist die zeitlose Identität, wer ich bin - jenseits von Formen."

Es gab Philosophen, die versuchten herauszufinden, ob es etwas gibt, das man nicht bezweifeln kann. Denn man kann fast alles bezweifeln. Ich kann bezweifeln, dass meine Interpretation der Welt richtig ist. Ich kann bezweifeln sogar, ob dieser Raum wirklich existiert ausserhalb meiner Wahrnehmung. Ich kann bezweifeln, ob da ein Mensch sitzt, ob der Sprecher wirklich existiert ausserhalb meines Bewusstseins. Denn alles was ich weiss kommt nur durch die Augen. Sie sehen Lichtimpulse, die werden übersetzt in Nervenimpulse und dann formt sich das Gehirn ein Bild. Aber ich weiss doch nicht, ob da wirklich etwas ist und wenn da etwas ist, ist es die genau Reflektion der Wirklichkeit oder ist es ein winziger Bruchteil der Wirklichkeit, die ich wahrnehme. So kann ich alles in Zweifel ziehen, ob mein Leben Wirklichkeit oder nur ein Traum ist. Alles geht so schnell vorbei, jede Situation löst sich so schnell wieder auf wie ein Traum. Es hat sehr viel gemein mit einem Traum. Ich kann also auch bezweifeln ob meine ganze Geschichte überhaupt eine Realität ist, die mehr ist als ein Traum. Alles das kann ich bezweifeln. Wie wenn ich auch meinen sogenannten Traum bezweifeln kann, den ich habe wenn ich schlafe und träume. Da sage ich: „Oh, es war nur ein Traum." Oder ich sage, es war unwirklich. Es war nur ein Traum. Aber selbst da muss etwas gewesen sein, was ohne Zweifel da ist: Das Bewusstsein indem der Traum entstand und wieder verging.

Man kann alles bezweifeln über sich. Das Einzige was man nicht bezweifeln kann ist: Ich bin.

Was ich bin kann ich bezweifeln, aber dass ich bin, dass da etwas ist, dass man nicht benennen kann, das aber die Grundlage ist von allem was existiert, ist ausser Zweifel. Etwas ist da.
Ob ich ein Mensch bin, das könnte nur eine beschränkte Perspektive sein. Was ausser Zweifel ist, da ist das „Sein", das „Ich bin".
Und da ist der tiefste Satz, vielleicht in der ganzen Bibel:
„Sei still und wisse, ich bin Gott." (Psalm 46.11).
Jedes Wort in diesem Satz ist eine Art Mantra, könnte man sagen, es bedeutet das Gleiche. Es ist ein Synonym. Jedes Wort bedeutet das Gleiche.
„**Sei**" ist das Sein, „**still**" ist die Stille jenseits der Gedanken, das reine Bewusstsein selbst, „**wisse**" ist das tiefe Wissen, das nicht durch Konzepte entsteht, das in dem Sein sich verbirgt, „**ich bin**" ist die zeitlose Identität, wer ich bin jenseits der Formen,
„**Gott**" ist das Göttliche, das Eine. Das eine Leben, das eine Bewusstsein jenseits der Formen die es annehmen kann.
„Sei still, wisse, ich bin Gott" - und nur durch die innere Stille können wir das. Das heisst nämlich hinauszugehen über die Formen.
Jeder Gedanke ist eine Gedanken-„Form". Jedes Ding das wir über unsere Sinne wahrnehmen hat eine „Form".
Das „Ich bin" ist nicht bezüglich des Egos gemeint. Eben so wenig als „ich bin, also denke ich", jene Fehlinterpretation, die ein Gedankengebäude erschafft, welches eine illusionäre Gestalt formt, die das Ego damit erzeugt. Es ist das tiefe Bewusst-Sein hinter allen Formen."

Mehr über Eckhart Tolle auf
www.eckharttolle.de oder
www.eckharttolle.com

Sie fragen, wir antworten

Wo ist der Sitz des Gedächtnis'? Im Kopf, dem Gehirn, also bei unserem Verstand oder im Bauch, dem Solarplexus, bei unserem unteren Selbst? Eine Frage, die Einsteiger immer wieder beschäftigt. Für einige ist es wichtig, dies genau zu lokalisieren, für andere hat diese Frage weniger Bedeutung. Lesen Sie dazu nachstehende Korrespondenz.

Am 27.10.2011 um 15:43 schrieb X:

Guten Tag,
ich habe das Buch von Henry Krotoschin "Huna Praxis" gelesen.
Diese Lehre spricht mich sehr an, jedoch habe ich als "Kopfmensch" mit einem ein Problem.
Henry schreibt, dass das untere Selbst (im Solarplexus gelegen), der Träger des Gedächtnisses ist. Das Mittlere Selbst ist als Träger des Gehirns für das Denken zuständig, das Gedächtnis wäre aber im Bauch ?? Das verstehe ich nicht. Werden die Erfahrungen und das Gelernte nicht im Gehirn gespeichert? Wie kann man sich das mit dem "Bauchgedächtnis" vorstellen.
Ich freue mich über Euere/Ihre Aufklärung.
Freundliche Grüße
X

From: info@huna-europe.ch
Subject: Re: Fragen zum unteren Selbst
Date: Fri, 28 Oct 2011 13:53:09 +0200
To:

Lieber X,
vielen Dank für deine Mail.
Du kannst dir das Unterbewusstsein, das innere Kind, oder das untere Selbst wie einen Computer mit unbegrenzter Speicherkapazität vorstellen. Alle Gedanken, Worte, Taten, Gesten, Handlungen, Töne, Bilder usw. werden vom unteren Selbst registriert und als Eindruck gespeichert, auch diejenigen, derer du dir nicht bewusst bist. Das untere Selbst durchdringt den ganzen Körper, wird jedoch im Solarplexus wahrgenommen, es ist unser Bauchgefühl, die innere Stimme, der Teil in uns mit dem wir uns bei einem Selbstgespräch unterhalten. Seine Reaktionen basieren immer auf Erinnerungen an bisherige Erfahrungen. Es reagiert also gewohnheitsmässig.
Das berühmte Bild vom Eisberg, dessen grösster Teil sich unsichtbar unter Wasser befindet dient hier als Metapher. Demnach ist das mittlere Selbst die Spitze die sich sichtbar, über dem Wasser befindet. Oder mit anderen Worten ausgedrückt, das Bewusstsein oder das mittlere Selbst nimmt ca. 40 Bits an Informationen pro Sekunde auf, während das Unterbewusstsein oder das untere Selbst 400 Millionen (!) Bits an Informationen pro Sekunde verarbeitet und speichert.

So wird die Bedeutung des unteren Selbstes klar und wie wichtig es für uns ist. Die Beziehung zu ihm ist die wichtigste Beziehung in der ganzen Schöpfung, wichtiger als jede andere Beziehung "im Aussen".

Das mittlere Selbst ist der rationale Verstand, der bewusste Geist, oder "das sprechende Selbst". Das Selbst, das sich bei den meisten von uns als "Ich" anfühlt, mit Logik, Ego-Bewusstsein, analytischem Verstand, Willensstärke, Verantwortung, Initiative, Kreativität etc. Es wird im Kopf wahrgenommen, seine Energie durchdringt jedoch auch jede Zelle unseres Körpers. Es hat die Fähigkeit, jede Information die es bekommt zu akzeptieren oder abzuweisen. Es kann Informationen erzeugen oder von Aussen aufnehmen. Was das untere Selbst nicht kann, es akzeptiert alles was wir ihm "geben".

Das Hirn ist nicht unser Wesen oder das was uns ausmacht. Es ist eine geniale elektronische Schaltstelle, ein Teil, oder ein "Arbeitsgerät" des Geistes. Im Anhang sende ich dir die Huna-Nachrichten Nr. 2, dort werden diese Themen näher besprochen.

Ich freue mich über weitere Fragen!
Herzliche Grüsse und die besten Wünsche,
Jennifer Lee

Am 28.10.2011 um 19:16 schrieb X:

Hallo Jennifer,
ich habe den Anhang Huna-Nachrichten gelesen, und habe sehr viel Bekanntes und Gutes entdeckt. Habe unter anderem auch das Bleep-Buch gelesen. Joe Dispenza spricht im Bericht in den Huna-Nachrichten jedoch auch vom Gehirn als Speicher von Erinnerungen .
" ..Weil wir ein ausgedehntes Gehirn ha-

ben, lagern wir dort eine Menge Erinnerungen..."

Also ist das Gehirn mit seinen neuronalen Verknüpfungen nicht nur eine Denkfabrik sondern auch der Speicher der erdachten Resultate. Mir erscheint das immer noch logisch. Es ist ja möglich dass unser Unterbewusstsein dieses Abspeichern steuert.

Ich denke solange mir dies nicht klar ist (laut HUNA ist das Gedächtnis im unteren Selbst) kann ich zu meinem George nicht den ganz innigen Kontakt aufbauen.

Liebe Grüße von
X

Von: HFG <info@huna-europe.ch>
Betreff: Re: Fragen zum unteren Selbst
Datum: 31. Oktober 2011 11:20:11 MEZ
An: X

Lieber X,
wir versuchen alles mit unserem Verstand zu erklären, wenn wir etwas hören oder lesen das neu für uns ist. Wenn uns das nicht gelingt, verschliessen wir uns oft und verwerfen etwas weil wir es nicht logisch einordnen können. Damit schränken wir uns selbst ein.

Es ist ein Abenteuer sich selbst zu entdecken und vor allem zu erfahren, wie viel "farbiger" und interessanter unser Leben wird, wenn wir mit "George" in einem Vertrauensverhältnis stehen und welches Potenzial diese Beziehung birgt. Das Allerwichtigste ist jedoch das "TUN"! Plötzlich wird es dann nicht mehr so wichtig sein genau zu wissen "wo George sitzt", du wirst sehen. Wenn es dir jedoch hilft um weiter in Kontakt mit deinem unteren Selbst zu bleiben, dann würde ich es symbolisch der rechten Gehirnhälfte zuordnen.

Herzliche Grüsse Jennifer

Das Bauchgehirn

„In unserem Bauch sitzt neben dem Hirn eine zweite Kommandozentrale, die oft kompetenter entscheidet als unser Kopf." (Gershon und Vogel: „Der kluge Bauch") Wir sollen auf unseren Bauch hören, das Bauchgefühl entscheiden lassen, aus dem Bauch heraus entscheiden usw. Nun haben wir uns doch schon bemüht, die linke und rechte Hirnhälfte, also Verstand und Gefühl ausgewogen zu Wort kommen zu lassen und jetzt kommt auch noch der Bauch ins Spiel? Was hat es damit auf sich?

„Unser Bauch besitzt ein selbständig funktionierendes Nervensystem, das über sehr viel mehr Nervenzellen verfügt als unser Gehirn. Entscheidungen `aus dem Bauch heraus´ fallen also nicht aufgrund einer Vernunfttrübung - quasi im Gefühlsüberschwang - sondern wenn wir auf dieses unser `zweites Gehirn´ hören, sind wir in aller Regel kompetent beraten...". (Gershon und Vogel: „Der kluge Bauch", Klappentext) Der Magen-Darm-Trakt besitzt ein eigenes Nervensystem mit etwa 100 Millionen Zellen. Dieses so genannte enterische Nervensystem wird aufgrund seiner Komplexität auch als „Bauchgehirn" bezeichnet. Das Bauchhirn kann Informationen seiner Sensoren selbst bearbeiten und in Eigenregie kontrollieren. Gershon führt den Nachweis, dass das „viszerale Gehirn" für unseren Gemütszustand und für psychosomatische Erkrankungen wichtiger ist als das „zerebrale Gehirn". Biochemisch werden sogar dieselben Transmitter verwendet (Serotonin und Dopamin), nur dass deren Konzentration und die Rezeptorendichte im Bauch laut Gershon viel grösser sind als im Kopf. In ihrem Buch „Mit dem Bauchgehirn zum Erfolg" rät denn die bekannte österreichische Trainerin der Silva-Methode, Ursula Haller, neben der eingangs erwähnten Bemühung, rechte und linke Hirnhälfte in Einklang zu bringen, als dritten Impulsgeber für ein ganzheitlich harmonisches Leben den Bauch, die autonomen Nervenzellen im Bauchraum, zu integrieren. Menschliche Handlungen können - mal mehr, mal weniger bewusst - ganz spontan durch das Bauchgehirn beeinflusst werden. Der Zustand der Bauch- und Darmregion wirkt auf die Selbstwahrnehmung und die Emotionen einer Person und kann so auf deren Denken Einfluss nehmen. So sagt man, Einfälle, geniale Ideen und auch Geistesblitze kämen oftmals „aus dem Bauch heraus". Wer es versteht, diese emotionale Kompetenz mit der Leistung seines Geistes zu vernetzen, hat es im Leben leichter.

Quellen: www.pflegewiki.de und Buchbesprechung über „Der kluge Bauch" von Dr. med. Stefan Müschenich

Ursula Haller
Mit dem Bauchgehirn zum Erfolg

Erhältlich bei www.silva-meth.at

Michael Gershon
Der kluge Bauch

Vergriffen, erhältlich bei www.amazon.de

Unser nächstes Seminar

Huna Praxis-Seminar

Intuitionstraining und kraftvolles Visualisieren

14./15. April 2012 (Wochend-Seminar)
Samstag/Sonntag, 10 – 16 h

CHF 400.00 (Mitglieder CFH 350.00)
Frühbucher-Spezialpreis:
CHF 350.00 / 300.00 bei Anmeldung vor dem 14. März 2012

Die aktive Beseitigung von Blockaden setzt einen persönlichen Prozess in Gang. Nach dem Praxis-Seminar sind Sie in der Lage, tiefsitzende Glaubenssätze zu erkennen und aufzulösen. Sie erhalten Hilfestellungen um komplexere Situationen zum Wohle aller Beteiligten in Ordnung zu bringen.

Detaillierte Informationen und Anmeldung auf www.huna-europe.ch

Unser Seminarraum in Zürich

Kommentar eines Seminarteilnehmers:
„Keine Zweifel mehr! - Ich habe schon viele Methoden ausprobiert, um spirituell zu wachsen. Immer hatten mich Zweifel begleitet. So wie die Huna-Lehre im Seminar präsentiert wurde ist diese logisch und über alle Zweifel erhaben. Sie wirkt so überzeugend und authentisch, man muss einfach daran glauben!"

Herausgegeben von:

Huna Forschungs-Gesellschaft Zürich | HFG
Grubenstrasse 27 | CH-8045 Zürich
Telefon +41 44 251 55 65
info@huna-europe.ch | www.huna-europe.ch

HUNA-GRUPPE ZÜRICH 2012

An folgenden Mittwochabenden trifft sich die Huna-Gruppe Zürich
im Lokal der HFG Zürich, Grubenstrasse 27, 8045 Zürich-Binz

28. März, 19.00 Uhr, mit Jennifer Lee
„Das Herzfeld aktivieren" - Einführung – Erklärungen über „das heilende Licht in uns" – Übungen

Die weiteren Daten 2012

25. April / 30. Mai / 27. Juni
29. August / 26. September / 31. Oktober / 28. November

Einzelheiten auf www.huna-europe.ch

Unkostenbeitrag pro Abend für Mitglieder CHF 10.00 (Nichtmitglieder CHF 20.00), bei Gastreferaten nach Ansage.

Neue Teilnehmer sind jederzeit herzlich willkommen! Eine Anmeldung ist nicht nötig.

Mitgliedsbeitrag 2012

Wir freuen uns, wenn Sie unsere Tätigkeiten auch im neuen Jahr durch Ihren Mitgliedsbeitrag unterstützen. Er beträgt unverändert

CHF 80.00 / EUR 55.00

Falls Sie Ihren Beitrag noch nicht bezahlt haben, bitten wir um baldige Überweisung.

Profitieren Sie von den zahlreichen Vergünstigungen für Mitglieder! Informationen über unsere Aktivitäten und Angebote finden Sie auf unserer Website www.huna-europe.ch oder erhalten Sie unter Telefon +41 44 251 55 65.

Postfinance Bern 80-32001-2, IBAN CH74 0900 0000 8003 2001 2
Postbank Karlsruhe 1840 02-757, IBAN DE26 66010075 0180 4027 57
P.S.K. Wien 7.617.939, IBAN AT76 6000 0000 0761 7939

Ho'oponopono-Beratungen

Mit Ho'oponopono können Sie belastende Situationen in Ihrem Leben auflösen und die Dinge richtig stellen.
Wir bieten traditionelles Ho'oponopono nach Morrnah Simeona an.

Telefon +41 44 251 55 65
info@huna-europe.ch

Nr. 10 | Juni 2012

HUNA NACHRICHTEN

Zeitschrift für Mitglieder | Huna Forschungs-Gesellschaft Zürich | www.huna-europe.ch

EDITORIAL

Liebe Leserinnen, liebe Leser
Was ist eigentlich das „Ich"? Was macht dieses ganz eigene Innerste eines jeden von uns aus, auf Grund dessen wir uns als etwas Unteilbares, als ein Individuum wahrnehmen? Wie können wir es erfahren? Bin ich der, für den ich mich halte oder habe ich bloss ein Bild von mir? Gibt es das Ich als reales Sein überhaupt? Fragen, welche die Menschen seit Urzeiten beschäftigen und auch uns in letzter Zeit immer wieder begegnet sind. Bereits in der letzten Ausgabe der Huna-Nachrichten haben wir mit Eckhart Tolles Kommentar „Ich bin" – „I am" einen kurzen prägnanten Beitrag dazu geliefert. „Ich" oder „Ich bin" symbolisiert das Einssein mit der ewigen Gegenwart. Vollkommene Gegenwart ist göttlich und der Ausspruch „Ich" oder „Ich bin", der in allen Religionen bekannt ist, bedeutet das Einssein, die Verschmelzung mit dieser zeitlosen, ewigen Gegenwart. „Ich bin" oder „Ich-bin-da" ist der ewige Name Gottes. Bei 2. Mose, 3:14 lesen wir: „Gott sprach zu Mose: „Ich bin, der ICH BIN!" Und er sprach: „Also sollst du zu den Kindern Israel sagen: ICH BIN hat mich zu euch gesandt." Ist also das „Ich bin" der göttliche Funke in uns? Gott selber, der in uns wohnt?

In der modernen Psychoanalyse war Siegmund Freud der erste, der sich systematisch mit dem Ich befasste. In seinem Strukturmodell teilt er die menschliche Psyche in drei Teile ein: Das ES oder ID, der vegetative Teil, der stets im Unbewussten verbleibt und die grundlegenden Instinkte und Triebe des Menschen umfasst. Das „Über-Ich" oder „Super-Ego", das die Funktion des Gewissens innehat und das Ich leitet. Und schliesslich das Ich oder Ego, welches das bewusst Erfahrene bedeutet. Dieses Ich wird sowohl vom Über-Ich als auch vom Es beeinflusst. Kommt uns diese Einteilung in irgendeiner Weise bekannt vor?

Das „Ich bin" ist nicht zu verwechseln mit dem Ego. Es ist im Gegenteil die Überwindung des Egos und die Verschmelzung, das Eins-Sein, mit einem gottähnlichen, schwerelosen Zustand. Henry Krotoschin hat sich in verschiedenen Artikeln zu diesem Zustand und der Bedeutung des Namen Gottes (siehe oben) geäussert, z.B. „Eins-Sein mit Ha-Schem" (Huna-Arbeit Nr. 21 – IX/97).

Wie gelangen wir denn nun in diesen Zustand der Selbster-

INHALT

Ich bin das „Ich bin" Die Yogis zeigen, wie man den Raum des „Ich bin" betritt. Es ist der Funke Gottes in jedem von uns. Es ist unsere Seele und es ist der unmanifestierte Teil unseres Wesens.
Eine Erklärung aus Yoga-Sicht von Yogi Amrit Desai > **Seite 3**

Wo finde ich meinen „ewigen" Teil? Um unsere himmelsgleiche Art wahrzunehmen, muss es uns gelingen, den Tumult in unserem Innern zu beruhigen. *Von Jennifer Lee* > **Seite 7**

Selbstidentität Ho'oponopono
Bei Ho'oponopono wird das „Ich bin" als „Selbstidentität" bezeichnet. Die verschiedenen Charaktere dieses Zustandes kommen in diesem Bericht zu Wort.
Von Dr. Hew Len > **Seite 9**

Weiteres
Prana und der Prana-Körper > **Seite 6**
Atmen > **Seite 6**
Haole, der Mensch ohne Atmen > **Seite 11**
Gottes einzige Rettung > **Seite 11**
Veranstaltungen > **Seite 12**

kenntnis, der alle Schranken und Beschränkungen aufhebt? Mit Betrachtungen aus verschiedenen Sichtweisen versuchen wir in der vorliegenden Ausgabe Antworten oder wenigstens Ansätze dazu zu geben.

Bei Yoga beispielsweise ist das oberste Ziel die Täuschung zu überwinden, dass ein eigenes separiertes „Ich" überhaupt besteht. In der Erfahrung des eigenen Selbst gibt es das Lichterlebnis des „Einen ohne Zweites", welches mit der „Erleuchtung" gleichgesetzt wird. Auch Jesus spricht von einer Lichterfahrung: „Das Licht leuchtet in der Finsternis (= Ego) und die Finsternis hat es nicht begriffen." Und auch der Spruch über dem Eingang zum Orakel von Delphi „Erkenne dich selbst" handelt von der Transzendenz des Egos hin zum göttlichen Licht.

In der Psychologie der Sufis existieren gar sieben verschiedene Stufen des Selbst. Zwischen der untersten, dem „niederen Selbst" und der höchsten, dem „reinen Ich" liegen die Stationen des Gottsuchenden auf dem Weg zur göttlichen Einheit.

Bei Selbstidentität-Ho'oponopono wird dieser erwünschte Zustand „Zero" („Null") genannt. Das weisse, unbeschriebene Blatt Papier, das nichts ist und gleichzeitig alles. Der Ort, wo es keine Beschränkungen gibt, wo alles möglich ist. Das Wesen des „Ich" beschreibt Morrnah Simeona wunderbar in ihren zwei Gebeten „Ich bin das Ich" und „Der Friede des Ich". Sie finden Sie nebenstehend.
Wir freuen uns, wenn Sie mit uns auf dieser Reise zum Loslassen des menschlichen Ichs (Egos) hin zum göttlichen Selbst begleiten!

Mit allen guten Wünschen und herzlichen Grüssen

Ulrich Amacher und Jennifer Lee

Ich bin das Ich

Eröffnungsgebet für den Ho'oponopono-Prozess oder als Morgengebet
(nach Morrnah Simeona)

ICH komme aus dem Nichts in das Licht.
ICH bin der Atem der das Leben speist.

ICH bin die Leere, die hinter sämtlichem Bewusstsein steht,
das Ich, das Es, das Ganze.

ICH zeichne den Regenbogen über den Wassern,
in denen der Geist der Materie unaufhörlich fliesst.

ICH bin der einströmende und der ausfliessende Atem,
die unsichtbare, unberührbare Brise,
jener unerklärbare Funke der Schöpfung.

ICH bin das ICH.

Der Friede des Ich

Schlussgebet um den Ho'oponopono Prozess abzuschliessen oder als Abendgebet
(nach Morrnah Simeona)

Friede sei mit dir, all mein Friede,
der Friede des Ich, der Friede, der Ich bin, der Friede, für immer, für jetzt und für alle Zeit.

Meinen Frieden gebe Ich Euch,
meinen Frieden lasse Ich euch,
nicht den Frieden der Welt,
sondern nur Meinen Frieden,
den Frieden des Ich.

Ich bin das „Ich bin" – eine Erklärung von Yogi Amrit Desai

Gurudev, Yogi Amrit Desai, ist einer der Pioniere der authentischen Yoga Lehre in der westlichen Welt. In den 60er Jahren kamen eine Handvoll Gurus aus Indien in die USA und so begann die Yoga-Welle, die Jahr für Jahr in die riesige und vielfältige Yoga Gemeinschaft wuchs die wir heute haben. Er ist einer der ersten Ankömmlinge und der letzte lebende Guru aus dieser ursprünglichen Welle. In seinem Vortrag erklärt er die „Yoga-Zone" und was „in der Zone sein" bedeutet. Es ist die gleiche Zone die wir in der Huna-Lehre erreichen wollen, nämlich die Harmonie der drei Selbste. Diese Einheit oder besser diese „Dreiheit" die uns erlaubt unser Leben gemäss unserer inneren Überzeugung zu leben, die aus der Inspiration durch das Hohe Selbst erwächst.

Abschrift eines Videos auf www.amrityoga.org, Übersetzung Jennifer Lee

Amrit Desai (*16.10.32) ist ein Yogameister. Er gründete Ende der 60er Jahre das Kripalu Yoga Center in Stockbridge, Massachusetts. Heute leitet er das Amrit Yoga Institut in Salt Springs, Florida. Seine Ausbildung erhielt Amrit Desai in seiner Heimat Indien. 1960 emigrierte er in die USA, wo er einer der Mitbegründer der Yoga-Bewegung war.

Ich bin sicher, Sie alle haben schon Yoga gemacht oder mindestens davon gehört. Weniger wahrscheinlich ist es jedoch, dass Sie die Yoga-Zone betreten haben, die sich komplett von den Yoga-Körperübungen unterscheidet.

„In der Zone sein" heisst, dass Sie mit Ihrem ganzen Sein so vollständig präsent sind um mit absoluter Harmonie, Stille, Einheit und Glückseligkeit zu verschmelzen. So betreten Sie einen heiligen Raum (oder eine heilige Leere) und plötzlich wird ihr Körper zum Tempel in dem sich diese Präsenz manifestieren kann. Das heisst, Sie sind nicht nur Ihr Körper. Der Körper ist das Gefäss für die Präsenz, für die Göttlichkeit die Sie sind.

Wir wurden mit einem göttlichen Potenzial geboren. Der Körper ist uns bereits gegeben. Der Sinn jedes menschlichen Wesens ist es, sich mit der Göttlichkeit zu vereinen. Sich zu vereinen mit diesem „Ich bin göttlich", welches das „ Ich bin" ist.

Das „Ich bin" ist in allen Menschen. Gibt es jemanden der etwas über sich selbst erzählt ohne zu sagen „Ich bin"? Haben Sie bemerkt, dass „Ich bin" konstant ist? Sie benutzten „Ich bin" in Bezug auf sich selbst, als sie zehn Jahre alt waren und jetzt mit 80 nennen Sie sich selbst immer noch „Ich bin".

Sie verändern sich nicht, weil dieses „Ich bin" sich mit zunehmendem Alter auch nicht verändert. Das ist das Geheimnis!
Die Yogis zeigen, wie man diesen Raum „Ich bin" betritt. Es ist der Funke Gottes in jedem von uns. Es ist unsere Seele und es ist der unmanifestierte Teil unseres Wesens. Körper, Verstand, Ego, unsere Gedankenformen und das andere äusserliche Universum sind der manifestierte Teil Gottes in uns. Wenn Sie nicht da sind, verschwindet Gott, wussten Sie das? Sogar Gott verschwindet.

Wie viele von Ihnen sind komplett von diesem Planeten und aus dem Universum verschwunden und wieder zurückgekommen? Gibt es jemanden, der verschwunden ist und wieder zurückgekehrt?

Natürlich gibt es das! Jeder von Ihnen hat das schon getan und zwar nicht ab und zu, sondern jede Nacht. Jede Nacht passiert etwas Magisches und wir betreten diesen unmanifestierten Raum in dem das „Ich bin" sich auflöst und ins Unterbewusstsein abtaucht. Dahin wo das Unterbewusstsein unabhängig von „Ich bin" funktioniert.
Wir tun überhaupt nichts und unser Körper führt weiter alle unwillkürlichen Funktionen aus während wir schlafen. Was für ein Wunder!

Sie sind nicht dabei und Sie wissen nicht einmal wer Sie sind, Sie wissen nicht wo Sie sind, Sie wissen nicht wie alt Sie sind und Sie wissen nicht welche Probleme Sie zu meistern haben im Leben oder wie wohlhabend Sie sind: Alles was Sie über sich selbst wissen ist weg! Welch wunderbarer Ort!

Sie betreten den unmanifestierten Raum und Sie sind mit dem unterbewussten Prana-Körper verbunden. Der Prana-Körper kommt vor dem „Ich bin".

(Wie in der Huna Lehre gibt es auch im Yoga verschiedene Astral- oder Aka-Körper von unterschiedlicher Schwingungsfrequenz die den biologischen Körper umhüllen. Anm.d.Red.)

Wenn wir schlafen schalten wir auf „Automat". Unsere Leben wird auf höchster Stufe erhalten. Der Prana-Körper ist komplett frei um alle lebensspendenden Funktionen äusserst effektiv auszuführen während wir schlafen. Nicht wenn wir wach sind!
Weil der Prana-Körper, das Chi, die Lebensenergie unter dem Terrorregime unseres Egos arbeitet, das keine Ahnung hat, wie man die Energie verwaltet.

Sie haben einen Terroristen der in Ihrem Innern lebt. Sie müssen ihn nicht von aussen importieren, er ist bereits hier in Ihrem Geist und terrorisiert Ihre Gesundheit, Ihren Körper und Ihre Energie, den ganzen Tag und manchmal sogar während der Nacht, in Ihren Träumen.

„Wenn du die Wahrheit kennst in deinem Herzen dann höre auf damit dem Leben etwas vorzuspielen. Du wirst die Illusion nicht überleben."

Gurudev, Yogi Amrit Desai

Sobald wir aufwachen kommt das „Ich bin" zurück. Das „Ich bin", welches mit dem Unterbewusstsein vereint war, wird jetzt „selbstbewusst". Sie sind sich bewusst, „ich bin nicht gut genug", „ich bin besser als alle anderen", „ich bin erfolgreich", „ich bin unglücklich", „ich bin erbärmlich". Welches „Ich bin" behauptet diese Dinge? Gibt es eine Beständigkeit in diesen Aussagen? Morgens sagen Sie „Ich bin in bester Stimmung", am Abend vielleicht deprimiert oder ärgerlich oder ängstlich und besorgt. Manchmal begeistert und manchmal niedergeschlagen. Haben Sie das schon bemerkt? Wer sind Sie?

Alle diese sich verändernden Dinge die wir beobachten, sind Objekte unseres Bewusstseins, wussten Sie das? Ihre Gedanken sind die Objekte. Sie sind nicht Ihre Gedanken, Sie sind ewig!

Sie als „Ich bin" sind ewig. Sie wurden nach dem Bild Gottes gemacht, wie Christus sagt, Sie sind der Geist. „Sie sind dieses". *(Englisch „Thou Art That" bezieht sich auf „Tat Tvam Asi" im Sanskrit und bedeutet: Das Selbst - in seiner ursprünglichen, reinen und echten Beschaffenheit – entspricht der Ultimativen Realität, welche die Grundlage und der Ursprung aller Erscheinungen in der Schöpfung ist. Anm. d. Red.)*

Der Zweck von Yoga ist es also aus dieser „Fabrik" die Probleme produziert herauszufinden. Unser Ego ist eine „problemproduzierende Fabrik". Haben Sie das schon bemerkt?

Wenn Sie so genug von sich selbst haben und in Urlaub fahren bleibt dieses zickige Selbst nicht zuhause, es begleitet Sie! Überall hin. Wenn Sie tanzen gehen oder in ein Restaurant – es ist niemals still!

Wie löst man sich bloss von diesem Teil der einfach nicht seinen Mund hält und der gegen uns arbeitet? Dieser Teil unseres Verstands auf den wir in bestimmten Situationen mit emotionalen Ausbrüchen reagieren, die wir lieber nicht fühlen würden, die aber trotzdem ablaufen? Mit anderen Worten, Sie haben Beine, aber Ihre Beine arbeiten nicht, Sie haben Arme, aber ihre Arme arbeiten nicht, weil ihr Verstand hinter den Beinen und Armen und allen Sinnen steht. Wenn Ihr Verstand nicht funktioniert, funktionieren alle Ihre Sinne und Ihr Körper nicht.

Unser Verstand ist unsere treibende, führende Kraft. Unsere ganze Welt ist durch unsere Gedankenformen strukturiert. Wir geben ihr eine Form und wir leben in ihr.

Sie leben nicht in dieser Welt! Glauben Sie, dass wir alle in der gleichen Welt leben?
Nein, jeder von uns hat seine eigene, private Welt. Jemand denkt an Selbstmord und jemand anders ist so aufgeregt, weil er bald heiratet – zwei verschiedene Welten.
Wie sind diese Welten entstanden? In ihrem Geist, in ihrem Verstand.

Die ganze Yoga Praxis dient dazu in die „Yoga-Zone" einzutreten. Yoga ist eine Zone. Haben Sie schon einmal einen Sportler beobachtet, der in der „Zone" ist?

Wenn er sich darin befindet geschehen erstaunliche Dinge. Er hat das Gefühl er müsse sich nicht mehr abmühen um das zu tun was immer er tut. Alles fliesst und es können tausende von Menschen schreien, er hört es nicht einmal, er ist so komplett „in der Zone".

Das ist die Zone die Sie betreten müssen, wenn Sie sich mit Yoga beschäftigen wollen.

"Ich bin nur durch dich, und du erscheinst durch Mich. Doch wäre Ich nicht erschienen, würdest du nicht sein".

Muhyiddin Ibn Al Arabi (1136 - 1240), islamischer Mystiker und einer der bekanntesten Sufis mit dem Titel „Der grösste Meister"

Prana und der Prana-Körper

Von Jennifer Lee

„Aus Prana werden wahrhaftig alle lebenden Formen geboren und, einmal geboren, bleiben sie durch Prana am Leben. Am Ende vereinigen sie sich aufs Neue mit Prana." (Taittiriya Upanishad)

Der Prana-Körper

Der Prana-Körper ist der Energie-Körper in und um uns herum. Seine Eigenschaft ist Licht. Er hat dieselbe Form wie der Körper und kann sich mittels Konzentration und Visualisation ausdehnen und zusammenziehen. Dieser „feinere " Körper enthält das subtile Netzwerk durch das Prana fliesst. Im Bereich dieses feinen Energiefeldes wird Lebensenergie erzeugt, gespeichert und dann im Körper zirkuliert durch das Netzwerk der sogenannten „Nadis". (Energiebahnen). Der Prana-Körper kann mit Plasma (ein Gas bestehend aus Ionen und Elektronen) verglichen werden. Es ist ein mit Partikeln aufgeladener Dunst, der im Innern durch den Geist und äusserlich durch elektrische, magnetische oder elektromagnetische Felder beeinflusst werden kann. Vom „Hauptprana" gibt es Unterabteilungen, die in fünf Körperzonen aufgeteilt sind.

Prana und Bewusstsein

Die Upanischaden (alte Sanskrit-Texte) sagen aus, dass es zwei Aspekte der menschlichen Existenz gibt: Prana und Bewusstsein.
Prana ist die allumfassende Lebensenergie und Bewusstsein ist Wissen. Prana ist der aktive Aspekt, Bewusstsein ist der schlafende oder der inaktive Aspekt unserer Existenz.

Bewusstsein, das Prinzip des Geistes nennt man „Purusha". Prana, das Prinzip der Natur, der Energie und der Materie heisst „Prakriti". Die beiden müssen immer vereint zusammenarbeiten. Ohne Prana kann der Geist nicht erschaffen. Es muss eine tieferliegende Kraft geben, die in verschiedene Objekte und Formen umgewandelt wird.

Auf einer höheren Erfahrungsstufe sind Prana und Bewusstsein Eins. Auf der alltäglichen Ebene sind sie jedoch wechselseitig verbunden und beeinflussen einander gegenseitig. Sie sind also voneinander abhängig. Folglich kann Prana vom Bewusstsein beeinflusst werden und umgekehrt.
Etwas einfacher als die unmittelbare Wahrnehmung unseres Bewusstseins ist es, die verschiedenen Ausdrucksweisen unserer Lebensenergie durch Meditation und Atemübungen kennenzulernen. Prana ist die Kraft in unserem Atem und in unserem Körper und deshalb leichter zugänglich für unsere „Studien". Mit bestimmten Atemübungen gewinnen wir einen Einblick in die etwas feineren Ebenen unseres Bewusstseins und unserer Existenz.

Atmen

Alle geistigen Lehren messen dem Atmen grosse Bedeutung zu. Huna empfiehlt durch verschiedene Atemrythmen zusätzliche Lebensenergie zu speichern. Mana spielt für das Gebet oder die Bitte die wir aussenden eine bezeichnende Rolle. Von Jennifer Lee

Henry Krotoschin lehrt in seinem Buch „Huna-Praxis" die 4er Atmung,

Serge Kahili King lehrt die Piko-Piko-Atmung, bei der man die verschiedenen Energiezentren im Körper mit bewusstem atmen verbindet. Eines der Zentren ist das Scheitelchakra, unser Zugang zum „Ich bin"-Bewusstsein, zum Hohen Selbst.

Morrnah Simeona empfahl auf einem Huna-Seminar im Jahre 1980 die 7ner „Ha"-Atmung, anhand der sieben Hauptchakren im Körper.

Dr. Ihaelakala Hew Len führt dies in seinen Seminaren weiter und nennt es den „Göttlichen Atem" mithilfe dessen man Lebensenergie ansammelt. Das Unihipili bekommt Mana eingespeist um es je nach Bedarf entweder zu speichern oder zu verbrauchen.

Bei den Sufis kennt man die 7-1-7 Atemübung welche der „Mutteratem" genannt wird.

Eine weitere Hilfe um den Körper zu energetisieren, ist die 7-5 Atmung, also „7 mal" einatmen und nur „5mal" ausatmen.

Im Yoga gibt es unzählige Übungen um den Pranakörper zu aktivieren.

Sich auf den Atem zu konzentrieren um ruhig zu werden und die Stimme im Kopf auszublenden ist ein allgemein bekanntes „Rezept".

Nasenatmung:
Wechselseitige Nasenatmung ist ein Weg um innere Harmonie zu finden. Der Atem der auf der rechten Seite der Nase zirkuliert repräsentiert die Sonne, ist wärmend und verbindet uns mit der linken Hirnhälfte.

Der Atem, der durch die linke Seite der Nase ein und ausströmt repräsentiert den Mond, ist kühlend und verbindet uns mit der rechten Hirnhälfte.

Indem Sie abwechselnd eine Seite Ihrer Nase zuhalten und nur durch ein Nasenloch atmen, werden die beiden Hirnhälften aktiviert und miteinander verbunden. Der Geist wird ruhig und Energie kann frei durch den Körper fliessen. Auch hier können Sie den Atemrythmus benutzen, den Sie zur Mana-Aufladung anwenden.

Die meisten Menschen atmen sehr flach, dh. sie brauchen nur einen kleinen Teil ihrer Lungen und lassen sich dadurch sehr viel von der Kraft im Atem entgehen!

Energie-Übung:
Beginnen Sie damit auszuatmen und zwar wirklich bis das letzte Restchen Luft aus Ihren Lungen ausgeströmt ist. Dazu ziehen Sie am besten den Bauch ein, drücken ihn also gegen die Wirbelsäule und stossen den Atem aus. Es darf ruhig ein geräuschvolles „Ha" sein.

Danach atmen Sie ein und lassen die Luft einströmen bis ihr Bauch sich hebt. Wenn ihr Bauch und ihr Brustkorb ganz voll sind atmen sie noch etwas weiter, damit das letzte Lungenspitzchen mit Luft ausgefüllt ist.

Jetzt lassen Sie die Luft, angefangen mit den Lungenspitzen, wieder hinausfliessen und atmen stossweise den Rest aus indem Sie wieder den Bauch gegen die Wirbelsäule einziehen.

Wiederholen Sie mindestens vier dieser tiefen Atemzüge und beobachten Sie den Effekt!

Tiefenatmung mit Bewegung:
Stehen Sie aufrecht, die Beine hüftbreit auseinander und während Sie tief einatmen strecken Sie beide Arme über den Kopf.

Jetzt atmen Sie mit einem lauten oder leisen „Ha" aus und beugen sich mit gestreckten Knien vornüber, bis Ihre Fingerspitzen oder sogar Ihre Handflächen den Boden berühren.

Um den letzten Rest Luft auszustossen, drücken Sie wieder den Bauch und Ihr Zwerchfell gegen die Wirbelsäule.

Während dem einatmen richten Sie sich wieder auf mit den Armen über dem Kopf und wiederholen nach Möglichkeit mindestens viermal.

Auch diese Übung können Sie mit Ihrem gewohnten Atemrythmus zur Mana-Aufladung benutzen.

Eine Atemübung um die Chakren zu harmonisieren (von Amrit Desai):

Sitzen Sie in einer bequemen Haltung. Schliessen Sie die Augen und werden Sie sich Ihres Atems bewusst.

Komplette Aufmerksamkeit auf den Atem.

Jetzt richten Sie Ihre Aufmerksamkeit auf den obersten Teil Ihres Kopfes, auf das Kronenchakra. Dort stellen Sie sich ein goldenes Licht vor, die Farbe der Morgensonne. Es strömt durch das Kronenchakra in Ihren Körper.

Es fliesst hinunter entlang Ihrer Wirbelsäule. Jeder Atemzug transportiert Leben, Vitalität, Energie und Liebe in Ihren Körper.

Wenn das Licht die Basis Ihrer Wirbelsäule erreicht hat, erlauben Sie ihm sich dort anzusammeln. Während Sie ausatmen bringen Sie den Lichtfluss an der Vorderseite Ihres Körpers hinauf und hinaus in Ihre Arme, hinein in Ihre Kehle und wieder hinaus aus dem obersten Teil Ihres Kopfes.

Sie atmen alle Negativität aus, alle Emotionen die Sie nicht mehr brauchen.

Wenn Sie dies langsam und aufmerksam tun, beginnen Sie den Energiestrom in Ihrem Körper zu spüren.

Diese Übung kann für sich allein ein paar Minuten lang angewandt werden.

Sie dient auch sehr gut dazu den Geist ruhig werden zu lassen, als Einstieg für die Begegnung mit Ihrem „ewigen Teil", Ihrem Hohen Selbst.

Wo finde ich meinen „ewigen" Teil?

Von Jennifer Lee

„Deafened by the voice of desire you are unaware the Beloved lives in the core of your heart. Stop the noise and you will hear his voice in the silence." *(Ertaubt durch die Stimme des Begehrens ahnst du nicht, dass der Geliebte im Innersten deines Herzens wohnt. Bringe den Lärm zur Ruhe und du wirst seine Stimme in der Stille hören.)* Mevlânâ Celâleddin Rumi

Dschalal ad-Din Muhammad Rumi, genannt „Mevlana" (Meister) *30. September 1207, † 17. Dezember 1273. Persischer Mystiker und einer der bedeutendsten persischsprachiger Dichter des Mittelalters.

Die Stille

Um in die Stille zu gehen beginnen wir meist damit unseren Körper zu entspannen und unseren Atem zu beobachten. Allmählich empfinden wir unseren Körper als etwas weniger Festes oder Dichtes, er wird zu einem ganz leichten Gefäss.

Der Plapperer im Kopf ist ruhig und wenn nicht, akzeptieren wir gleichmütig dass er da ist und es so in Ordnung ist. Er hält unsere Aufmerksamkeit nicht mehr komplett gefangen und es fällt uns leichter still zu werden und in die ruhige Gegenwart des Bewusstseins einzutauchen. Wir bekommen eine Ahnung dieses Friedens des „Ich bin".

Wer oder was ist mein „wahres Ich", mein „Ich bin"? Wie ist dieser Teil von mir, der zum grossen Ganzen gehört und der ewig sein soll? Was sind die sich verändernden Dinge die Gurudev erwähnt und was haben sie mit „Ich bin" zu tun?

Der Hintergrund

Der ewige Teil von mir ist der Hintergrund meines täglichen Lebens. So, wie der Himmel als Hintergrund dient für die Sterne in der Nacht. Formen zeigen sich als Kontrast auf diesem Hintergrund und natürlich wenden wir unsere ganze Aufmerksamkeit diesen Formen zu. Wenn man ein Zimmer betritt bemerkt man als erstes die Möbel die sich darin befinden, bevor man den ganzen Raum wahrnimmt. Ohne diesen Raum könnte man jedoch keine Dinge als Kontrast sehen. Es braucht also den Raum im Hintergrund, damit man die Formen sieht.

Unberührt

Der Himmel dient als Hintergrund für die vorbeiziehenden Wolken, für den Regen, für die Sonne, die Flugzeuge und die Vögel, aber der Himmel als Hintergrund bleibt unberührt davon. Er ist einfach da, als Raum in dem diese Dinge erscheinen und wieder verschwinden können. Was kommt und geht, beeinträchtigt ihn in keiner Weise.

Ewig und unveränderlich

Obwohl das Wetter sich ändert, bleibt der Himmel selbst unverändert. Ob Tag oder Nacht, Licht oder Dunkelheit, der Himmel ist immer da. Er ist immer gleich, obwohl Wolken, Flugzeuge, Satelliten und Vögel kommen und gehen in diesem Himmel.

Bewusst und wahrnehmend

Schliessen Sie für einen kurzen Moment die Augen und stellen Sie sich einen Helikopter vor der am Horizont auftaucht. Er wird grösser und grösser und dann verschwindet er wieder aus Ihrem Blickfeld. Haben Sie den Helikopter gesehen? Wie wussten Sie dass er hier war? – Sie konnten ihn sehen! Ein Teil von Ihnen sah den Helikopter und hörte ihn vielleicht sogar. Es gab aber auch einen anderen Teil, der sich bewusst war, dass der Helikopter nicht wirklich hier war. So fühlt sich der Beobachter oder das Bewusstsein „Ich bin" an.

Das Bewusstsein bleibt gleich, ob es Formen gibt oder nicht, es ist sich bewusst, dass der Helikopter heranfliegt und wieder wegfliegt, aber „es" bleibt immer gleich. Es ist dasselbe Bewusstsein das wahrnimmt, wenn sie gestresst sind und das auch wahrnimmt wenn kein Stress vorhanden ist. Es bemerkt dass etwas da ist und es bemerkt dass etwas vorbei ist. Es gibt einen Teil von uns den wir meist nicht wahrnehmen, der alles wahrnimmt.

Alles ist gleich-gültig

Der Beobachter bemerkt wie sich alles verändert. Früher war der Körper jung, gesund und fit und später ist er älter, hat hier und da ein Wehwehchen und ist vielleicht nicht mehr so fit. Der Beobachter bemerkt, dass Ihr Verstand jetzt antwortet, ja aber, das bin doch ich, der das bemerkt ☺. Der Beobachter oder das Bewusstsein das alles wahrnimmt, sind Sie. Dieser Teil von mir, der sich all dessen bewusst ist, ist das „Ich bin". „Ich bin" lässt alles zu was sich ihm zeigt, ohne Bewertung.

Oder noch einfacher ausgedrückt: Auf Ihrem Herd steht ein grosser Kochtopf. Sie füllen ihn mit Kartoffeln. Hat dieser Topf eine Vorliebe für Kartoffeln, oder verabscheut er sie? Nein. Seine Aufgabe ist es lediglich aufzunehmen was sich in ihm befindet. Er sagt nicht, ich mag Kartoffeln aber ich mag keinen Fisch. Er enthält einfach das eine oder das andere.

Unser Himmel lässt Regen oder Sonne zu ohne den Regen abzulehnen und die Sonne zu bevorzugen. Genauso, wie der Kochtopf Kartoffeln enthält, enthalten wir als „Behälter" unsere Emotionen. Wut taucht auf, also ist Wut in uns enthalten. Der Behälter oder der Beobachter selbst hat keine Vorliebe für oder eine Abneigung gegen seinen Inhalt oder gegen dieses Gefühl. Er akzeptiert ganz einfach alles was kommt und was geht.

Natürlich sitzen wir als Persönlichkeit mitten in diesem „Bewusstseinsbehälter" und sehen nur uns. Unsere täglichen Erfahrungen nehmen uns gefangen und wir werden zu unseren Emotionen: „Ich bin so!", „Ich bin mein Körper", "Ich bin wütend." Wenn wir uns mitten in einem Drama befinden und uns jemand auffordert alles zu beobachten, ist da kein Beobachter mehr zu finden. Wir sehen vor lauter Bäumen den Wald nicht mehr.
Ich bin in diesem Moment diese Dinge die sich in meinem Behälter befinden anstatt „Ich bin" derjenige in dem diese Dinge enthalten sind.

Wir vergessen, die Perspektive des „Kochtopfs" einzunehmen der Emotionen enthält und ihnen Raum bietet so zu sein wie sie sind, egal, ob Kartoffeln oder Fisch ☺.

Was sehen wir als erstes, wenn wir einen Himmel voller Vögel und Flugzeuge und Fallschirmspringer und Wolken und Blitz und Donner vor uns haben? Den Himmel, oder die Dinge die sich darin abspielen? Natürlich das Offensichtliche.

Es muss uns also gelingen, den Tumult zu beruhigen damit wir unsere himmelsgleiche Art wahrnehmen.

„Die Seele empfängt aus der Seele das Wissen, und nicht aus Büchern noch vom Reden. Erwächst das Wissen der Geheimnisse aus der Leerheit des Geistes, so ist das Herz erleuchtet.

Mevlânâ Celâleddin Rumi

Das Ziel aller „Ich bin"-Lehren ist es, auf irgendeine Weise den Verstand ruhig werden zu lassen und im jetzigen Moment präsent zu sein.

Morrnah Simeona fasst den ganzen Weg den wir mit der Suche nach dem göttlichen Teil in uns eingeschlagen haben zusammen und vergleicht ihn mit dem Schälen einer Zwiebel. Um den Kern zu erreichen, den Nullpunkt, wo ich bin was ich bin, ist es nötig Schicht für Schicht abzutragen. Die Schalen sind unsere Ängste, die Schuldgefühle, die Glaubensätze die uns einengen, die Dramen die wir deswegen durchleben usw. und zwar seit unserer Entstehung am Anfang aller Zeit. Die Schleier der Täuschung beinhalten alles was wir jahrtausendlang angesammelt und getragen haben.

Ein guter Anfang ist es, wenn Sie in nächster Zeit darauf achten nichts persönlich zu nehmen: „Ich erlebe diese Situation" – „Ich bin nicht diese Situation". Sie werden immer entspannter auf die „Dinge des Lebens" reagieren wenn Sie sich nicht mehr mit allem identifizieren, sondern auf diese Weise die „Beobachterposition" einnehmen.

Der Sufismus ist die mystische Strömung des Islam. Ein Weg des Herzens. Durch Meditation, Atemtechnik, bewusstes „hier sein" nähert der Sufi sich Gott. Durch diese Erfahrung überwindet er konfessionelle Schranken, übt Toleranz und zeigt den eigentlichen Sinn des Koran: Alle Menschen sind gleich, alle Religionen ein eigener Weg zu Gott.

Selbstidentität durch Ho'oponopono

Auch Ho'oponopono hat zum Ziel, den Zustand der Leere oder des „Ich bin" zu erreichen. Dr. Hew Len nennt es die „Selbstidentität". Unsere Aufgabe auf dem Weg dorthin ist es zu vergeben und zu „reinigen". Alles was uns im Leben begegnet hat etwas mit uns zu tun und liegt in unserer Verantwortung. Alles sind Erinnerungen, gespeichert in unserem unteren Selbst, die es zu löschen und in Leere umzuwandeln gilt, damit wir wieder den Ausgangspunkt, den „Zustand Null" erreichen, wo es keine Begrenzungen mehr gibt. Alles ist Eins und was in uns persönlich aufgelöst wird, wird automatisch auch in allen anderen Menschen „gelöscht".

Voraussetzung für den Besuch eines Ho'oponopono-Seminars mit Dr. Hew Len ist die Lektüre seiner Einführung „Who's in charge?" („Wer hat die Verantwortung?"). Am Schluss des in Form von Tagebucheinträgen aufgebauten Berichtes lässt Dr. Hew Len die „Beteiligten" selbst zu Wort kommen. Den vollständigen Artikel **von Dr. Hew Len** *können Sie als pdf-Datei herunterladen auf* www.self-i-dentity-through-hooponopono.com

27. Dezember 2005
(Ein Sprung zurück in das Jahr 2005)
Vor einigen Monaten bekam ich die Idee von einem sprechenden Verzeichnis der wesentlichen "Charaktere" von Selbstidentität Ho'oponopono. Sie können sich in Ruhe mit jedem Einzelnen bekannt machen.

1. Selbstidentität:
Ich bin die Selbstidentität.
Ich bestehe aus vier Elementen: Göttliche Intelligenz („Ich bin"-Identität), Überbewusstsein (Hohes Selbst), Bewusstsein (mittleres Selbst) und Unterbewusstsein (unteres Selbst). Meine Grundlage, Leere und Unendlichkeit, ist ein genaues Abbild der Göttlichen Intelligenz.

2. Göttliche Intelligenz:
Ich bin die Göttliche Intelligenz.
Ich bin unendlich.
Ich schaffe Selbstidentität und Inspiration.
Ich verwandle Erinnerungen in Leere.

3. Überbewusstsein:
Ich bin das Überbewusstsein. Ich überwache das Bewusstsein und das Unterbewusstsein.
Ich überprüfe und nehme geeignete Veränderungen der vom Bewusstsein ausgehende Bitte durch Ho'oponopono an die Göttliche Intelligenz vor.
Ich werde nicht von immer wiederkehrenden Erinnerungen beeinflusst, die im Unterbewusstsein ablaufen.
Ich bin immer eins mit dem Göttlichen Schöpfer.

4. Bewusstsein:
Ich bin das Bewusstsein.
Ich habe die Gabe Entscheidungen treffen zu können.
Ich kann den Strom unaufhörlicher Erinnerungen zulassen, und ihnen die Führung über meine Erfahrungen und die Erfahrungen des Unterbewusstseins überlassen. Oder:
Ich kann die Löschung dieser Erinnerungen durch ständiges Ho'oponopono einleiten.
Ich kann die Göttliche Intelligenz um Anleitung bitten.

5. Unterbewusstsein:
Ich bin das Unterbewusstsein.
Ich bin das Lagerhaus aller bisher angesammelten Erinnerungen vom Anbeginn der Schöpfung.
Ich bin der Ort, an dem die als Erinnerungen immer wiederkehrenden Erlebnisse oder auch Inspiration erlebt werden.
Ich bin der Ort, an dem Probleme als reagierende Erinnerungen ihre Heimat haben.

6. Leere:
Ich bin die Leere. Ich bin die Grundlage der Selbstidentität und des Kosmos.
Ich bin es, aus dem die Inspirationen der Göttlichen Intelligenz, dem Unendlichen hervorgehen. Wiederkehrende Erinnerungen im Unterbewusstsein verdrängen mich, können

mich jedoch nicht zerstören. Sie behindern aber den Zufluss der Inspiration aus der Göttlichen Intelligenz.

7. Unendlichkeit:
Ich bin die Unendlichkeit.
Ich bin die Göttliche Intelligenz. Inspirationen fliessen aus mir in die Leere der Selbstidentität, wie verletzliche Rosen, von denen die Dornen einfach entfernt wurden.

8. Inspiration:
Ich bin die Inspiration
Ich eine Schöpfung des Unendlichen, der Göttlichen Intelligenz
Ich erscheine aus der Leere im Unterbewusstsein.
Ich werde als völlig neue Erfahrung erlebt.

9. Erinnerung:
Ich bin die Erinnerung.
Ich bin die Aufzeichnung einer vergangenen Erfahrung im Unterbewusstsein.
Wenn ich ausgelöst werde, wiederhole ich vergangene Erfahrungen.

10. Problem:
Ich bin das Problem.
Ich bin eine Erinnerung die eine vergangene Erfahrung immer wieder abspielt im Unterbewusstsein.

11. Erfahrung:
Ich bin die Erfahrung oder das Erlebnis
Ich bin die Auswirkung der sich wiederholenden Erinnerungen oder der Inspirationen im Unterbewusstsein.

12. Betriebssystem:
Ich bin das Betriebssystem
Ich bewirke Selbstidentität zusammen mit der Leere, der Inspiration und der Erinnerung.

13. Ho'oponpono:
Ich bin Ho'oponopono.
Ich bin ein alter hawaiianischer Problemlösungsprozess.
Ich wurde von Morrnah Nalamaku Simeona, Kahuna Lapa'au zur Anwendung in der heutigen Zeit modernisiert. Sie wurde 1983 als „lebendiger Schatz Hawaiis" anerkannt.
Ich bestehe aus drei Elementen: Reue, Vergebung und Unwandlung.
Ich bin eine vom Bewusstsein angeregte Bitte an die Göttliche Intelligenz, Erinnerungen aufzulösen und Selbstidentität wiederherzustellen.
Ich habe meinen Anfang im Bewusstsein.

14. Reue:
Ich bin Reue.
Ich bin der Anfang des Ho'oponponoprozesses, der vom Bewusstsein als Bitte an die Göttliche Intelligenz eingeleitet wird, um Erinnerungen in Leere umzuwandeln.
Mit mir anerkennt das Bewusstsein seine Verantwortung dafür, die Erinnerungen die Probleme wiederholen im Unterbewusstsein geschaffen, akzeptiert und angehäuft zu haben.

15. Vergebung:
Ich bin die Vergebung.
Ich bin, gemeinsam mit der Reue, eine Bitte des Bewusstseins an den Göttlichen Schöpfer, die Erinnerungen im Unterbewusstsein in Leere umzuwandeln.
Das Bewusstsein ist nicht nur voller Sorgen, es bittet die Göttliche Intelligenz auch um Vergebung.

16. Umwandlung:
Ich bin die Umwandlung.
Die Göttliche Intelligenz benutzt mich um Erinnerungen zu neutralisieren und in die Leere im Unterbewusstsein zu entlassen.
Allein die Göttliche Intelligenz kann mich nutzen.

17. Reichtum:
Ich bin Reichtum.
Ich bin die Selbstidentität.

18. Armut:
Ich bin die Armut.
Ich bin die sich immer wiederholenden Erinnerungen.
Ich entferne Selbstidentität, indem ich den Zufluss von Inspirationen der Göttlichen Intelligenz in das Unterbewusstsein verhindere.

Ich wünsche Ihnen Frieden über alles Verständnis hinweg. O Ka Maluhia no me oe.

Friede sei mit Ihnen.

Ihaleakala Hew Len. Ph.D

Das Buch **„Zero Limits"** von **Joe Vitale** ist eine hervorragende Einführung in die Selbstidentität durch Ho'opono-pono. Es ist neu auch auf Deutsch erhältlich.
ISBN-Nummer 978-3-527-50663-7

„Haole“

Der Prana-Körper ist der Aka- oder Schattenkörper des unteren Selbstes. Es ist der „dichteste“ der drei Schattenkörper und der Speicherraum für unser Mana. Vom Aka-Körper aus wir Mana geleitet oder gelenkt. Von Jennifer Lee

Auch in der Huna Lehre kennen wir Prana oder Mana als Kraft „die auf dem Atem des Lebens reitet“. Wir steigern diese Lebensenergie mit gezielten Atemübungen. Das wichtigste dabei ist es, zu entspannen und die Aufmerksamkeit des unteren Selbstes zu gewinnen um gemeinsam mit ihm zusätzliches Mana zu speichern.

Die alten Hawaiianer nannten die Gebetsaktion „Ha-Rite“ (Ha=Atem), also Atemritual.

Als die Missionare auf Hawaii ankamen und von Jesus' wundervollen Heilungen berichteten, nahmen die Kahuna an, dass diese Menschen grosse Heiler waren.

Die Hawaiianer bereiteten ihre Gebete langsam und sorgfältig vor. Die Kahuna verbrachten oft zwei bis drei Stunden um ihre Bitten zu überdenken und von allen Seiten zu betrachten. Danach wurde die Lebenskraft von den Menschen die ausserhalb des Steintempels sassen, durch tiefes atmen angesammelt. Schliesslich wurde das Gebet in Worten ausgedrückt und an die grosse Gemeinschaft der Hohen Selbste gesandt. An die Hohen Selbste aller Menschen also, die um Segen baten und Fülle für ihren Klan visualisierten.

Als die Polynesier jedoch den Missionaren zusahen, wie sie ohne jegliche Vorbereitung zu beten begannen und dann „Amen“ sagten ohne Pause und ohne Mana-Sendung, schüttelten sie den Kopf und sagten: „Diese Leute machen Gebete ohne Kraft. Diese Leute sind ohne Atem.“

In der Hawaiianischen Sprache bedeutet „Ha“ Atem und das Wort für „ohne“ ist „'ole“. Sie nannten die Missionare also „Haole“.

Bis zum heutigen Tag werden alle Weissen, alle Menschen die es versäumen, „Leben in Ihre Gebete zu atmen“ von den Hawaiianern „Haole“ genannt.

Gottes einzige Rettung

Gott beklagte sich bei seinen Erzengeln, wie sehr er es bereue, den Menschen geschaffen zu haben. Warum, Herr? fragten jene erstaunt.

"Ich habe ihnen alles gegeben, was sie brauchen. Augen zum sehen, Ohren zum hören, einen Mund zum sprechen, ein Gehirn zum denken, Hände zum arbeiten und einen gesunden Körper. Sie sind bestens ausgerüstet für ihren Aufenthalt auf Erden. Und trotzdem kommen sie ständig zu mir und betteln. Ich weiss nicht, wo ich mich vor diesen undankbaren Wesen verstecken soll!"

"Der höchste Gipfel des Himalaja, ewig bedeckt von Schnee und Eis, das wäre vielleicht ein geeignetes Versteck", meinte ein Engel.

"Oh nein, bestimmt würden sie die steilen, glitschigen Felswände hinaufklettern und wieder betteln kommen", erwiderte der Herr.

Auf dem Grund des tiefsten Ozeans würden dich die Menschen bestimmt in Ruhe lassen", schlug ein anderer Engel vor.

"Ausgeschlossen", seufztze der Herr, "sie würden Mittel und Wege finden, mich auch dort aufzusuchen."

Da sagte der weiseste aller Engel: "Herr, verstecke dich im Herzen der Menschen, dort werden sie dich niemals finden."

Gott befolgte jenen guten Rat - und seitdem hat er seine Ruhe. Denn wahrlich sucht der Mensch Gott überall - in Kirchen, in Tempeln, in Büchern, in Menschen - doch niemals in seinem eigenen Herzen.

Quelle unbekannt

Ich sah meinen Herrn mit dem Auge des Herzens. Ich sagte: „Wer bist du?“ – Er antwortete: „Du.“

Mansur al Hallaj, 857-922

Unsere nächsten Seminare

Ho'oponopono

Heilen durch Verzeihen

Freitag, 17. August, 19.00 h
Einführungsvortrag
Samstag 18. August 2012
Tagesseminar 10 – 17 h

Einführung und praktische Anwendungen.
CHF 200 (Mitglieder 180)

Huna Basis-Seminar

Selbsterkenntnis und Persönlichkeitsentwicklung

4 x Dienstagabend, 19 – 21 h:
18./25. Sept und 02./09. Okt 2012

Grundlagen von Huna zur selbständigen praktischen Anwendung.
CHF 300 (Mitglieder 250)

Huna Praxis-Seminar

Intuitionstraining, Glaubenssätze erkennen und auflösen

Samstag/Sonntag,
27./28. Oktober 2012, 10 – 17 h

Beseitigung von Blockaden; Glaubenssätze erkennen und auflösen.
CHF 400 (Mitglieder 350)

Detaillierte Informationen und Anmeldung auf www.huna-europe.ch

Unser Seminarraum in Zürich

Herausgegeben von:

Huna Forschungs-Gesellschaft Zürich | HFG
Grubenstrasse 27 | CH-8045 Zürich
Telefon +41 44 251 55 65
info@huna-europe.ch | www.huna-europe.ch

HUNA-GRUPPE ZÜRICH 2012

An folgenden Mittwochabenden trifft sich die Huna-Gruppe Zürich
im Lokal der HFG Zürich, Grubenstrasse 27, 8045 Zürich-Binz

27. Juni, 19.00 h:
„Kala" – Befreien, Vergeben, Vergessen und frei sein für Neues
Jennifer Lee

22. August, 19.00 h >> **Achtung neues Datum!** << (statt 29.08.)
Die Vektor-Methode: Komplexe erkennen und auflösen
Ulrich Amacher

26. September, 19.00 h
Lebendige Numerologie – Eintauchen in die Bedeutung der Zahl
Gastreferent Patrick Stahel

31. Oktober, 19.00 h
Filmvorführung und Diskussion

28. November, 19.00 h
Thema wird später bekannt gegeben.

Beginn jeweils 19.00 Uhr. Einzelheiten auf www.huna-europe.ch
Unkostenbeitrag pro Abend für Mitglieder CHF 10.00
(Nichtmitglieder CHF 20.00), bei Gastreferaten nach Ansage.

Mitgliedsbeitrag 2012

Wir freuen uns, wenn Sie unsere Tätigkeiten auch dieses Jahr durch Ihren Mitgliedsbeitrag unterstützen. Er beträgt unverändert

CHF 80.00 / EUR 55.00

Falls Sie Ihren Beitrag noch nicht bezahlt haben, bitten wir um baldige Überweisung.

Profitieren Sie von den zahlreichen Vergünstigungen für Mitglieder! Informationen über unsere Aktivitäten und Angebote finden Sie auf unserer Website www.huna-europe.ch oder erhalten Sie unter Telefon +41 44 251 55 65.

Postfinance Bern 80-32001-2, IBAN CH74 0900 0000 8003 2001 2
Postbank Karlsruhe 1840 02-757, IBAN DE26 66010075 0180 4027 57
P.S.K. Wien 7.617.939, IBAN AT76 6000 0000 0761 7939

Ho'oponopono-Beratungen

Mit Ho'oponopono können Sie belastende Situationen in Ihrem Leben auflösen und die Dinge richtig stellen.
Wir bieten traditionelles Ho'oponopono nach Morrnah Simeona an.

Telefon +41 44 251 55 65
info@huna-europe.ch

Nr. 11 | September 2012

HUNA NACHRICHTEN

Zeitschrift für Mitglieder | Huna Forschungs-Gesellschaft Zürich | www.huna.ch

HAWAII SPECIAL

EDITORIAL

Erinnerung an Henry Krotoschin – Experiment für einen Tag

Liebe Leserinnen, liebe Leser
Kürzlich sassen wir mit Freunden zusammen. Einer aus unserer Runde erzählte von seinen ersten Erfahrungen mit dem Gesetz der Resonanz und erwähnte dabei einen Tipp von Kurt Tepperwein: „**Seien Sie sympathisch**.“ Es geht dabei darum, als erstes das eigene Bewusstsein darauf zu richten, etwas Sympathisches am Anderen zu finden und plötzlich ist man umgeben von sympathischen Menschen. Es kann dabei auch nur das bewusste Wahrnehmen eines schönen Kleidungsstücks des Anderen sein. Kaum war dieser Satz ausgesprochen schauten Ueli und ich uns schmunzelnd an: Henry! Er begann keinen Tag ohne uns ein Kompliment für ein schönes Hemd oder ein hübsches Kleid zu machen. Auch er selbst legte immer höchsten Wert darauf etwas zu tragen das gute Laune machte und seine Persönlichkeit unterstrich. Es sind die scheinbar kleinen Dinge, die unseren Alltag ausmachen! Sie geben die Grundstimmung vor für den Tag.
Experimentieren Sie einen Tag lang damit. Machen Sie allen Menschen denen Sie heute begegnen ein kleines Geschenk. Ein Lächeln für den Mann der sich im Bus neben Sie setzt, ein Kompliment für ihren Chef oder sogar eine Blume für die immer freundliche Kassendame im Supermarkt zum Beispiel. Bringen Sie auf diese Weise Freude in Umlauf und beobachten Sie was geschieht. Schauen Sie die Menschen an heute. Wenn Sie jemanden sehen oder treffen, dem Sie gar nichts abgewinnen können, finden Sie auch bei ihm etwas, das Ihnen gefällt. Und wenn es nur die Knöpfe seiner Jacke sind. Beobachten Sie die Reaktionen.

Lenken Sie Ihren Blick in die Natur an Ihrem Test-Tag und freuen Sie sich über die Geschenke die sie Ihnen macht. Vogelgezwitscher, strahlender Sonnenschein, Frühlingsregen und das leuchtende Grün der Bäume oder Winterwind der rote Wangen macht und Schneeflocken bringt. Atmen Sie tief durch im Freien und machen Sie heute Ihre Augen auf, auch wenn Sie nur drei Schritte vom Auto ins Haus zu gehen haben. Vielleicht bringt Ihnen dieser Atemzug in Erinnerung, dass Sie ein Teil der Natur sind und Sie können Ihre Alltagsgeschichten mit etwas mehr Distanz betrachten.

Kümmern Sie sich um die Menschen mit denen Sie ihr Leben teilen, zeigen Sie Ihnen Ihre Zuneigung und Ihre Wertschätzung. Sprechen Sie wieder einmal aus, dass Sie sie lieben. Wünschen Sie jedem den Sie heute treffen

INHALT

Der Geist von Aloha Aloha bedeutet, ich bin ein Teil des Ganzen und das Ganze ist ein Teil von mir. *Von Jennifer Lee* **> Seite 3**

Wie wir uns mit den hawaiianischen Kräften verbinden können Die Symbolik der Hawaiianischen Gottheiten ist universell. Wir können ihre transformierenden Kräfte in unserem Alltag zu Hilfe rufen. *Von Charlotte Berney* **> Seite 5**

Hawaiianische Medizin Koa und Nalani hielten sich für gute Christen, aber sie wussten in ihren Herzen, dass die Rituale des Kahuna das Richtige waren für sie als Hawaiianer. *Von Jane Gutmanis* **> Seite 9**

Veranstaltungen
Huna Basis-Seminar für Einsteiger und Wiederholer, Huna Praxis-Seminar für Anwender, Huna-Gruppe Zürich **> Seite 14**

ganz leise Liebe, Glück und Freude in sein Leben.

Lassen Sie sich abends vor dem Einschlafen die Eindrücke dieses Tages durch den Kopf gehen. Wie oft haben Sie gelächelt heute? Waren Ihre Schritte etwas federnder als sonst? Sind Sie heute Abend frischer durch die Haustüre getreten als üblich? Haben Ihre Augen geleuchtet als Sie sich im Spiegel betrachtet haben, eben beim Zähne putzen? Was hat sich geändert im Innern Ihres Herzens?

Wenn Sie einen Tag in dieser Stimmung verbracht haben, dann sind Sie schon mitten im „Aloha-Spirit", im Geist von Aloha, den wir Ihnen in dieser Nummer etwas näher bringen wollen. Das Wort „Aloha" wird heutzutage sehr häufig verwendet. Wir möchten versuchen, den Begriff für Sie mit Inhalt zu füllen. Ausgeglichenheit und Harmonie war den Hawaiianern zu jeder Zeit von grösster Wichtigkeit. Wenn es uns gelingt, den Geist von Aloha in unseren Alltag zu integrieren, kommen wird diesem Ziel etwas näher.

Wer nach der Lektüre den „Spirit of Aloha" gleich auf Hawaii selber suchen und erleben möchte, hat Anfang Jahr Gelegenheit dazu. Ganz „zufällig" erreichte uns das Angebot von Pono Nicole Stadler. Die sympathische Zürcherin organisiert zwei Reisen nach Hawaii: im Januar zum Thema „Ins Herz von Hawai'i" und im Februar „ALOHA & Ho'oponopono leben". Bitte beachten Sie dazu die Informationen auf Seite 8.
Wer weiss, dann also vielleicht „auf Wiedersehen" auf Hawaii?

In diesem Sinne sagen wir „Aloha" und grüssen Sie herzlich mit allen guten Wünschen.

Jennifer Lee und Ulrich Amacher

PS: Bitte schauen Sie sich den berührenden und geistreichen Kurzfilm zu Aloha und Ho'oponopono an, den unser Freund Sascha Ansahl gestaltet hat: http://www.youtube.com/watch?v=vowo3xlkI_U&feature=plcp Wir wünschen gute Unterhaltung! Mehr zu Saschas Tätigkeiten finden Sie auf www.alohahuna.de

Der Geist von Aloha

Im alltäglichen Gebrauch drückt Aloha Zuneigung oder Liebe aus und wird als Begrüssung und Verabschiedung gebraucht. Etwas subtiler ausgedrückt, bedeutet es auch Grosszügigkeit, Freundlichkeit, Geduld, Hilfsbereitschaft und Mitgefühl. Im Sinn oder im Geist von Aloha zu leben bedeutet zu verstehen, wie wichtig es ist Konflikte zu besänftigen, Schande und andere Störungen zu vermeiden und vor allem den Mut zu haben, um Verzeihung zu bitten und zu vergeben, wenn die Harmonie gestört ist. Von Jennifer Lee

Die alten Hawaiianer glaubten, dass Krankheit und Unglück entstehen, wenn ein Ungleichgewicht in den menschlichen Beziehungen oder zwischen den Menschen und ihren Göttern besteht. Ausgeglichenheit und Harmonie in allen Beziehungen war das allerwichtigste für sie. Am treffendsten ist diese Idee im Wort „Aloha" zusammengefasst. Die Hawaiianer wussten immer schon, dass alles im Leben zusammenhängt und verbunden ist. Wenn es also ein Problem gab zwischen zwei Familienmitgliedern, war das ein Problem für die ganze Sippe und es wurde Verantwortung übernommen. Ein Arzt (Kahuna Lapa'au) kam erst in Haus, wenn schon ein Ho'oponopono durchgeführt worden war. Wenn man ihn um Hilfe rief, war seine erste Frage: „Habt ihr ein Ho'oponpono gemacht?". Seine ganze Arbeit mit einem Patienten war wirkungslos, solange eine negative, emotionale Verstrickung den Kanal zu den Göttern blockierte. Die Quelle des Problems durch ein Ho'oponopono aufzudecken, war die Grundlage für seine Arbeit.

Aloha bedeutete für die Hawaiianer von einst „Gott in uns". Es heisst: „**Tritt hervor, sei in Einheit und in Harmonie mit deinem wahren Selbst, mit Gott und der Menschheit. Sei ehrlich, wahrhaftig, geduldig, gut zu allen Lebensformen und bescheiden.**"

A, ala: wachsame Aufmerksamkeit
L, lokahi: Einheit herbeiführen
O, oiaio: ehrliche Aufrichtigkeit
H, haahaa: Bescheidenheit, Demut
A, ahonui: geduldige Beharrlichkeit

(Aus „The Kahuna Religion of Hawaii", von David Kaonohiokala Bray)

Man versammelte sich für ein Ho'oponopono vor der Geburt eines Kindes, wenn es Streit gab oder wenn jemand einen Groll hegte gegen ein anderes Familienmitglied. Man glaubte, dass ein solcher Familienkonflikt eine Gefahr für das Kind und für den normalen Verlauf der Geburt war. Man kam zusammen, wenn ein Familienmitglied Angst hatte wegen eines bösen Omens oder eines schweren Traumes. Auch dann konnte man zu einem Ho'oponopono aufrufen. Die Sippe wurde also zusammengetrommelt und es wurde von jedem Mitglied erwartet, alles zu tun um an der Sitzung teilzunehmen auch wenn dies langes Reisen bedeutete. Der Prozess konnte ein paar Stunden dauern, oder sich über Tage und Wochen mit mehreren Sitzungen hinziehen. Während der Prozess anhielt, war es niemandem erlaubt den Raum zu verlassen.

Normalerweise wurde das Ho'oponopono von einem älteren Familienmitglied geleitet. Manchmal war jedoch jeder emotional zu verwickelt, dann übernahm ein Freund der Familie oder ein Kahuna den Vorsitz. Man musste über den Kahuna kommunizieren, damit es nicht laut wurde und unkontrollierte Wut ausbrach. Das Ho'oponopono wurde nach folgendem Ablauf durchgeführt:

1. Eröffnungsgebet
Die Sitzung begann jeweils mit einem Eröffnungs-Gebet an die speziellen Wächter der Familie. Sie wurden um Anwesenheit und Hilfe gebeten. Dann folgte das eigentliche Ritual bei dem es festgelegte Schritte gab:

2. Das Problem identifizieren: Kukulu Kumuhana, bedeutet „ein Bündeln der Kräfte auf emotionaler, psychologischer und spiritueller Ebene" und es bedeutet „für ein gemeinsames Ziel". Ein wichtiger Schritt war:

3. Die Verfehlung oder die Verletzung auszusprechen, vorzubringen
Es wurde absolute Ehrlichkeit verlangt. Nachdem das Problem auf dem Tisch war gab es eine

4. Diskussion mit offener Geisteshaltung, ohne einander zu verletzen oder zu beschuldigen. Wenn die Temperamente aufflackerten, konnte der Kahuna eine Pause anordnen und erst danach weiterfahren. Für die Auflösung des Problems, war es wichtig,

5. Die negative Verstrickung zu erkennen.
Die nächste Bedingung war
6. Das Mitteilen der Gefühle (die durch diese Verstrickungen entstanden). Das Ziel war, auch die tieferen Schichten des Konflikts aufzudecken. Wie beim schälen einer Zwiebel wurde Schicht für Schicht abgetragen.
Danach folgte das
7. Eingeständnis oder Beichte der Hauptbeteiligten um das Gleichgewicht im Universum der Sippe wieder herzustellen.
Als nächstes musste eine
8. Einigung auf eine Wiedergutmachung erreicht werden.
Der nächste Punkt den es einzuhalten galt, war:
9. Das Freigeben oder Erlösen des Problems durch Verzeihen
Dann folgte
10. Das Abschneiden des Problems (Aka-Schnüre durchschneiden)
11. Die Zusammenfassung des Prozesses durch den Kahuna und Beteuerung der Familienbande
Der Kahuna fasste zum Schluss zusammen was während der Sitzung geschehen war und achtete darauf, dass alle Seiten des Problems beleuchtet und behandelt worden waren.
Darauf folgte eine Beteuerung der Familienbande. Bevor man sich erhob, sprach man
12. Das Abschlussgebet

Der Ho'oponopono-Prozess wurde dann mit einem gemeinsamen Mahl abgeschlossen.

Aloha drückt ein tägliches, freudiges Teilen von Lebensenergie aus.

Um diese wunderschöne Lebensphilosophie mit Ihrem Alltag zu verweben und deren Früchte zu ernten, können Sie folgendes tun: **„Segnen" Sie alles und jeden der oder die eine Verkörperung dessen ist, was Sie sich wünschen!** „Segnen" bedeutet nichts anderes als etwas Positives hervorzuheben mit der Absicht, dass es sich vervielfachen, andauern oder erfüllen möge. Die bewusste Aufmerksamkeit ihres mittleren Selbstes auf Freude und Schönheit zu lenken wird Ihr Leben verändern und es weckt die positiven, kreativen Kräfte in Ihrem unteren Selbst.
Ihre Energie fliesst nach aussen und macht den Weg frei damit noch mehr Kraft oder Mana durch Sie hindurchströmen kann. Wenn Sie die guten Dinge in den anderen Menschen sehen und sie segnen, umgehen Sie eventuelle Ängste in Ihrem eigenen unteren Selbst, die selben Dinge nicht verdient zu haben. Sie verstärken so das Gute im Leben der Menschen die Sie segnen und zugleich in Ihrem eigenen Leben.

Anerkennung: Wir wissen um die „Macht" der Worte. Sprechen Sie aus, wenn Sie einen schönen Sonnenuntergang sehen, oder einen prachtvollen Baum. Machen Sie jemandem ein Kompliment: „Es macht so viel Spass mit dir den Tag zu verbringen, ich mag dieses Kleid an dir", usw. Sie bemerken die Kraft und die Gesundheit einer Person? Machen Sie nicht nur zu jemand anders eine Bemerkung darüber, sprechen Sie Ihre Bewunderung direkt aus: „Wie wunderbar, dass du so fit und gesund bist."

Dankbarkeit: Drücken Sie aus wenn etwas Gutes geschieht in Leben: „Danke für deine Hilfe und deine Inspiration (mein Hohes Selbst), danke für das erlösende Gewitter nach dieser drückenden Hitze." Oder in Erwartung dessen was kommt: „Danke für meine Lohnerhöhung, danke für diesen Geschäftsauftrag, danke für meinen perfekten Partner, danke für mein Traumhaus," usw. Wenn Sie das Wort „segnen" benutzen wollen, dann segnen Sie alles was Ihnen positiv auffällt, alles was Sie bewundern, alles wessen Schönheit, Kraft, Stärke oder Ausstrahlung sie beeindruckt:

Glück: Segnen Sie jeden Menschen der glücklich ist und lacht. Segnen Sie alle Anzeichen von Glück die Sie in einem Menschen oder in einem Tier sehen, hören oder fühlen.

Reichtum: Segnen Sie alle Anzeichen von Reichtum in Ihrer Umgebung. Segnen Sie alle Dinge die mit Hilfe von Geld gemacht oder getan werden konnten. Segnen Sie alles was Sie sich persönlich mit Geld erwerben konnten auch wenn es nach Ihrem Dafürhalten „nicht der Rede wert" ist!

Liebe: Segnen Sie alle Anzeichen von Liebe, Fürsorge, Mitgefühl und Unterstützung.
Segnen Sie alle liebenden Mütter, Väter und Kinder denen Sie begegnen. Segnen alle liebenden Paare die sie sehen, unter den Menschen, in der Natur, in der Kunst und in der Architektur usw.

Der Geist von Aloha bewirkt, dass Sie bewundern anstatt zu kritisieren, dass Sie bekräftigen anstatt zweifeln, dass Sie Anerkennungen aussprechen anstatt Beschuldigungen und dass Sie vertrauen anstatt sich zu sorgen.

Während ein Kind heranwuchs wurden ihm fundamentale Dinge gelehrt über die Welt in die es hineingeboren wurde. Eine der frühen Lehren war die folgende: *„Aloha bedeutet ich bin ein Teil des Ganzen und das Ganze ist ein Teil von mir. Gibt es Kummer -so ist es mein Kummer. Gibt es Freude – so ist es auch meine Freude. Ich respektiere alles was ist als Teil des Schöpfers und als Teil von mir. Ich werde niemandem und nichts willentlich Leid zufügen. Wenn ich Nahrung brauche werde ich nur meinen Bedarf nehmen und erklären warum ich ihn nehme. Die Erde, der Himmel, das Meer sind mein damit ich mich darum kümmere, sie pflege und beschütze. Das ist Hawaiianisch – das ist Aloha!"*

Von Curby Hoikeamaka-Rule, Autor von „Creating Anahola-Huna Perspectives on a Sacred Landscape"

Wie wir uns im Alltag mit den hawaiianischen Kräften verbinden können

Aus einem Seminar mit Charlotte Berney, Autorin des Buches „Fundamentals of Hawaiian Mysticism", übersetzt und bearbeitet von Jennifer Lee. *Die Hawaiianischen Inseln mit Ihrer Kultur und Ihren Menschen bewegen und inspirieren die Huna-Lehrerin Charlotte Berney seit über 30 Jahren. Ihr Hawaiianischer Name ist „Mahina" und bedeutet „Mond".*

Die Hawaiianischen Götter gehören zu den wunderschönen Inseln im Pazifik wie der wohlbekannte Blumenkranz (Lei). Ihre Symbolik ist jedoch universell. Wenn wir sie in unsere Meditationen einschliessen, können sie unsere Heilung und Transformation kraftvoll beschleunigen:

PELE
Die Göttin PELE beherrscht den Vulkan und stellt beides dar, die Zerstörerin und die Baumeisterin. Sie symbolisiert die Veränderung und die Umwandlung. Wie das Feuer, ist sie eine dynamische, explosive Energie.

Veränderung:
Wenn Sie sich wünschen, dass eine Veränderung in Ihr Leben tritt, visualisieren Sie, wie sich eine Spalte öffnet in der harten Steinkruste, die Sie um sich herum aufgebaut haben. Schauen Sie zu, wie sie sich öffnet und lassen Sie Ihre Sehnsucht nach Veränderung warm aus der Spalte herausfliessen. Die Lava fliesst frei und ihr Feuer verzehrt jegliche Negativität um diese Veränderung herum. Stellen Sie sich vor, wie sie an Ihre Grenzen fliesst. An die Grenzen Ihres Ichs das bereits existiert und schauen Sie zu, wie die Lava neuen Boden bildet. Neuer Lebensraum für Ihr neues Ich entsteht. Spüren Sie, wie die Göttin Pele, stark, wunderschön, liebevoll und edel, diesen Prozess überwacht und gemeinsam mit Ihrem Hohen Selbst die Veränderungen in ausgeglichener und harmonischer Weise vollzieht.

Sollten Sie bereits mitten in einer Veränderung stecken und diese sanft geschehen lassen wollen, stellen Sie sich „Pahoehoe Lava" vor. Die Lava, die wie ein Fluss fliesst und wenn sie hart wird wunderschöne, wellige Wirbel bildet. Stellen Sie sich vor, wie Pele über Ihnen wacht und zusammen mit Ihrem Hohen Selbst hilft, die Veränderung auf eine positive Weise zu vollenden.

Prinzip: Transformation
Symbol: Feuer, Lehua Blüte (Gattung Eisenhölzer, Merkmal kräftige rote Blüte) oder rote Blume (Bild)
Farbe: Rot

HINA
Die Göttin HINA lebt im Mond. Sie symbolisiert den Frieden und die Stille, die aus der „inneren Arbeit" erwächst. Die Legende geht, dass Hina mit ihrem Leben unzufrieden war und sich eingeengt fühlte in ihrer Arbeit und in ihren Beziehungen. Also beschloss sie, auf dem Regenbogen hinauf in den Himmel zu klettern. Sie ging zur Sonne und fand sie zu heiss, also stieg sie wieder auf den Regenbogen und ging dieses mal zum Mond. Sie lebt heute noch im Mond, wo sie Tapa Stoff schlägt (ein traditionelles Verfahren zur Herstellung von „Baumrindenstoff").

Friede und Harmonie
Wenn Sie von Aufruhr und Chaos umgeben sind oder wenn Sie einfach „herunterfahren" und sich in sich selbst zurückziehen möchten, meditieren Sie auf Hina, die Mondgöttin. Schauen Sie sich den Mond an in einer klaren Nacht und lassen Sie seine Stille auf sich wirken. Oder Sie stellen sich den Mond vor. Bitten Sie Hina, sich mit Ihrem Hohen Selbst zu verbinden um Ihnen Ruhe und Frieden zu bringen. Sehen Sie sich selbst, wie Sie im silbernen Mondlicht baden. Es besänftigt und beruhigt Ihren Geist.

Prinzip: Friede
Symbol: Der Mond, ein runder Stein, Tapa Stoff, Regenbogen
Farbe: Silber

KU
Der Gott KU wacht über das menschliche Tun, die Arbeit. Im alten Hawaii waren das zum Beispiel die Ernte der Feldfrüchte, die Fischerei und der Krieg. Ku wird angerufen bei allen Problemen in der Gemeinschaft wie etwa Trockenheit oder Hungersnot. Man betet zu ihm für ein langes Leben und für Wohlstand in der Familie, in der Sippe und in der ganzen

Nation. Ku ist die andere Seite von Hina. Sie stellt das Prinzip der Innenschau dar. Ku ist das aktive Prinzip, das Probleme löst durch die direkte Tat. Ku wird der männlichen Energie zugeordnet, der Logik und allen Handlungen die unmittelbar und direkt sind.

Aktivität, Tat

Vielleicht suchen Sie einen neuen Job, vielleicht bauen Sie ein neues Haus, Sie nehmen ein neues Projekt an, oder Sie erschaffen sonst etwas Neues. Vielleicht wollen Sie im Allgemeinen bei Ihrer Arbeit energischer und wirkungsvoller sein.

Bitten Sie Ku darum mit Ihrem Hohen Selbst zusammenzuarbeiten um Ihnen zu mehr Schwung und Entschiedenheit im Leben zu verhelfen.
Betrachten Sie Ku auf dem Bild. Stehen Sie während der Meditation in dieser Stellung. Es ist eine kraftvolle Körperhaltung und Sie werden sich schon dynamischer fühlen, wenn Sie sich auf diese Weise hinstellen!
(Ein etwas bekannteres Bild als Gedankenstütze sind die neuseeländischen Maori-Krieger.)

Prinzip: Tat
Symbol: Aufrechter Stein oder Tempelschnitzereien mit seinem Bildnis
Farbe: Rot und Gelb (die Farben Hawaiis)

LONO

Der Gott LONO wacht über die Landwirtschaft, die Heilung und das Wetter: Wolken, Stürme, Donner, Blitz, Regenbogen, Regen und Wind sind Zeichen von Lono. Gebete die im alten Hawaii an Lono gerichtet waren drehten sich traditioneller Weise um Regen oder um eine gute Ernte. Die Hawaiianer riefen Lono auch an für Heilung von Krankheiten oder für die Erlösung von Schwierigkeiten. Bei Lono geht es um die Harmonie mit der Umwelt. Das Gleichgewicht in der Natur und das Gleichgewicht zwischen den Menschen und den Tieren mit der Natur. Das schliesst auch die Harmonie in den menschlichen Beziehungen mit ein. Die Lono-Energie wird auch bei der Heilung eingesetzt. Jegliche Heilung stellt das Gleichgewicht im Körper wieder her damit eine Krankheit sich auflösen kann.

Gleichgewicht und Harmonie

Wenn Sie aus dem Gleichgewicht sind, meditieren Sie auf den Gott Lono.
Halten Sie für eine Weile ein in Ihren täglichen Aktivitäten. Machen Sie Urlaub in der Natur oder verbringen Sie einfach etwas Zeit in der Natur. Machen Sie einen Spaziergang unter freiem Himmel, setzen Sie sich an einen See oder an einen Fluss. Ziehen Sie die Schuhe aus und laufen Sie barfuss über eine Wiese. Liegen Sie ins Gras und betrachten Sie die Wolken am Himmel.

Wenn Ihr Körper aus dem Gleichgewicht ist, finden Sie Wege im seine Harmonie wieder herzustellen. Bitten Sie Ihr Hohes Selbst mit Lono zusammenzuwirken um Ihnen zu helfen. Auch wenn Sie daran arbeiten Ihre Umwelt wieder ins Lot zu bringen, bitten Sie Lono um seinen Beistand.

Prinzip: Gleichgewicht
Symbol: Flaschenkürbis, Wolke
Farbe: Weiss

MAUI

Der Halbgott MAUI wird im polynesischen Raum als trickreicher Held verehrt. Er ist tapfer und kühn und er ist auch voller Schalk. Er hat Sinn für Humor. Er liebt es wagemutige Wundertaten voller Stärke und Kraft zu vollbringen und er mag Spass. Er ist immer dabei Menschen in Not zu helfen. Nach ihm wurde die Insel Maui benannt.
Maui kennt keine Furcht und er hat auch keine Angst davor Fehler zu machen. Er symbolisiert den Abenteuergeist, eine Energie die auch in der menschlichen Rasse zu finden ist. Sie ist es, welche die Polynesier dazu veranlasste in Doppelhüllen Kanus in See zu stechen und den riesigen Ozean zu überqueren um neues Land zu finden.

Abenteuergeist und Wagemut

Maui geht immer Risiken ein. Wenn sich Ihr Leben schal anfühlt und Sie neue und aufregende Elemente einbringen möchten, meditieren Sie auf die Energie von Maui.

Vergessen Sie nicht, dass Maui immer einen Plan, eine Absicht hat, aber er nie wirklich weiss, wie seine Abenteuer enden werden.

Meditieren Sie an einem sonnigen Tag während Sie über eine weite Fläche Land schauen. Überqueren Sie dieses Land in Gedanken mit Riesenschritten und fühlen Sie wie Freude und Energie in Ihnen aufsteigt. Sehen Sie sich über die Wellen der Weltmeere hüpfen, auf dem Weg zu grossen Abenteuern um gute Taten zu vollbringen – und viel Spass dabei zu haben!

Prinzip: Abenteuer
Symbol: Sonne
Farbe: Gelb und Blau

LAKA

LAKA ist die Schwester von Pele. Sie steht für Fruchtbarkeit, Tanz, Gesang, Poesie und Schönheit. Sie ist der sanfte aber mächtige Geist der Erde und des Waldes, gekränzt mit Blumen und Lianen und üppigem Leben. Laka ist die prächtige Energie der Freude, des Glücks und der Lebenskraft. Sie ist die Hula-Göttin. In manchen Traditionen ist Laka männlich. Hula wird von Männern und Frauen getanzt und ist ursprünglich ein heiliger Tanz.

Freude und Lebenslust

Wenn sie sich ausgebrannt fühlen, traurig, schwer oder teilnahmslos und träge, ist Laka das Symbol für neue Freude am Leben.

Gehen Sie ins Freie und meditieren Sie während Sie den Duft der Blumen und Bäume einatmen oder sehen Sie sich im Wald, umgeben von der Pflanzenwelt. Sie sind geschmückt mit wunderschönen Blumen und Blättern. Sie singen und tanzen und feiern das Leben!

Bauen Sie einen Altar mit frischen Blumen und Blättern. Bringen Sie mehr Blumen, Gesang, Tanz und Poesie in Ihr Leben und geben Sie sich der Freude und der Laka-Energie hin!

Prinzip: Freude
Symbol: Lei (Blumenkranz), Blumen, Lianen oder Schlingpflanzen allgemein
Farbe: Grün

Buchempfehlung

Charlotte Berney

Fundamentals of Hawaiian Mysticism

ISBN-Nummer: 13: 9781580910262

Erhältlich über Amazon.com.

Hawaiianische Medizin

Die ursprüngliche Kultur der Hawaiianer basierte auf der harmonischen, gegenseitigen Abhängigkeit aller Naturelemente, einschliesslich des Menschen. Die medizinischen Künste beschäftigten sich damit, diese Harmonie aufrechtzuerhalten. Für das zeitgenössische Auge, scheint die hawaiianische Medizin erstaunlich gut entwickelt, die verschiedenen Disziplinen (Geburtshilfe, Kinderheilkunde, Orthopädie usw.) waren klar umrissen. Der Mensch selbst war anerkannt als eine komplizierte Konstruktion und seine geistige Gesundheit war wichtig um seine körperliche aufrecht zu erhalten. Die erfolgreiche Behandlung des seelischen Wesens wurde immer der Heilung des Körperlichen vorangestellt. Viele dieser Regeln der alten hawaiianischen Medizin sind heute anerkannt als wertvolle und gründliche Hilfsmittel zur medizinischen Praxis.

Hierzu eine kleine Geschichte. Aus „Kahuna La'au Lapa'au Hawaiian Herbal Medicine". Von Jane Gutmanis

Kahuna La'au Lapa'au
Hawaiian Herbal
Medicine
Jane Gutmanis
ISBN-Nummer
978-0896103306

Man schrieb das Jahr 1900. Tantchen Nalani berichtete ihrem „Haole"-Freund *(Haole ist die hawaiianische Bezeichnung für Fremder, weisser Mann)* und Arzt Dr. Georges Herbert von ihren Beschwerden. Sie sassen in seiner Praxis an der Alakea Street in Honolulu. Es war sehr angenehm sich an Dr. Herbert zu wenden. Er sprach ein wenig Hawaiianisch und verstand die Pilikias *(Beschwerden)* der Hawaiianer ebenso gut wie die der Haloes. Nalani redete und redete. Ihre grossen Brüste hoben und senkten sich vor Gefühlsbewegung, als sie das Übel in ihrem Kopf und ihrer Kehle beschrieb, welches nicht heilen wollte mit der Medizin die er ihr verschrieben hatte. Schliesslich sagte Dr. Herbert, „Nalani, ich glaube nicht, dass ich dir helfen kann. Du hast eine „Kanaka-Krankheit" *(Kanaka ist die Bezeichnung für einen Einheimischen)*. Wir sind alte Freunde, ich verstehe dich. Es ist besser, wenn du es mit einem „Kanaka-Heilverfahren" versuchst." Nalanis Gesicht leuchtete auf vor Freude. Sie schaute ihren Haole-Doktor ungläubig an. Dann strömte eine grosse Tränenflut über ihr Gesicht, Glückstränen. Dr. Herbert verstand.
Nalani sammelte ihre sieben Sachen zusammen und fegte aus Dr. Herberts Praxis hinaus zu ihrer wartenden Kutsche. „Papa", rief sie ihrem Mann zu, der auf dem Kutschbock sass und die Pferdezügel in der Hand hielt. „Papa, Dr. Herbert sagt ich hätte eine Kanaka-Krankheit und er sagte mir auch, ich könne Kanaka-Medizin haben." In Windeseile kletterte Papa Koa von der Kutsche hinunter und half Nalani ihre beträchtliche Masse in den Sitz zu hieven. Als die beiden heimwärts, Richtung Palama fuhren, vergass Nalani ihre enge Kehle und den Schmerz in ihrer Brust, während sie Koa Befehle erteilte. Zuerst sollte er nach Kalihi fahren und ihren Vetter, den Kahuna, finden. Auf dem Rückweg hatte er bei Grossmutter anzuhalten und ihr und der Familie mitzuteilen, dass sie alle schnell kommen mussten.

Dann sprachen Koa und Nalani mit Erstaunen über das Verständnis des weissen Arztes. Er hatte ihre lebenslange Angst ausgelöscht entdeckt zu werden, dass sie an die Macht der Kahunas glaubten. Dr. Herbert hatte mehr für sie getan als der Minister, der den alten Glauben sanktioniert hatte. Koa und Nalani hielten sich für gute Christen, aber sie wussten in ihren Herzen, dass die Gebräuche des Kahuna oft das Richtige waren für sie als Hawaiianer. Diesen Glauben ans Licht zu bringen kam sich der Sünde zu bekennen gleich. Dr. Herbert hatte diese Sünde weggewaschen.

Während Papa Koa nach Kahili fuhr um den Kahuna zu holen und Grossmutter und die Familie einzuladen der Heilung beizuwohnen, bereitete sich Tantchen Nalani auf die erfreuliche Prozedur vor. Das Haus, welches in den letzten Monaten nichts anderes als Nalanis Beschwerden und Schmerzen gekannt hatte, wurde plötzlich zu einem hellen und vergnügten Heim. Nalani sass in ihrem hochlehnigen Schaukelstuhl und kommandierte ihre Töchter herum. Zuerst musste das grosse Bett mit den vier Pfosten sauber gemacht und frisch mit den besten, gehäkelten

Kissenbezügen und Laken bezogen werden. Die feine, handgemachte Steppdecke wurde aus der chinesischen Truhe geholt und über das Bett ausgebreitet. Dann zog Nalani ihr gestärktes Strassen-Holuku aus, schlüpfte in ihr bequemes rotes Muumuu und ging ins Bett. *(Holuku ist ein Kleid, das zu formellen und eleganten Anlässen getragen wurde. Es erreichte seine Beliebtheit teilweise dadurch, dass es der fülligeren Figur schmeichelt. Muumuu, ein „sackartiges" Kleid, war damals nur für das Haus gedacht.)*

Sie lehnte sich zurück gegen einen Haufen Kissen, die ihren Rücken in sitzender Position stützten. Saubere Lauhala Matten *(aus Pandanusblättern geflochtene Matten)* wurden auf dem Boden des Wohn-Schlafzimmers ausgebreitet.

Die Vorbereitungen waren kaum vollendet, als die Mitglieder der Familie eintrafen und Nalani ihnen aufgeregt die grossartige Neuigkeit erzählte. Der Haole, Dr. George Herbert hatte ihre Beschwerden als Kanaka-Krankheit diagnostiziert und ihr gesagt, sie solle das Kanaka-Heilverfahren versuchen. Ein solch beispielloses Tun, war eine stundenlange Diskussion wert und es war deutlich, dass Nalani keine Schmerzen mehr in ihrem Kopf oder in ihrem Hals hatte.

Bald darauf fuhr Papa Koa in den Hof mit seinem Vetter, dem Kahuna. Er kam nicht sofort in das Zimmer. Er hielt an, um sich zu waschen und seine reine, weisse Priester-Robe anzuziehen.

Eine erwartungsvolle Stille legte sich über den Raum als er eintrat, doch man spürte grosse Wärme und Trost für Tantchen Nalani. Die Familie war wie Beschützer um sie herum versammelt.

Der Kahuna grüsste alle und jeden, dann setzte er sich mit gekreuzten Beinen auf die saubere Matte in der Mitte des Zimmers. „Tantchen, berichte mir von deinen Beschwerden," befahl er. Der alte Schmerz kehrte in Nalanis Hals zurück. Sie umklammerte ihre Kehle und seufzte. Ihre Töchter eilten an ihre Seite. Eine fächelte ihr Luft zu, während die andere ihr sanft den Nacken massierte. Dann strömte die ganze traurige Geschichte aus Nalani heraus. Es begann mit dem Zank den sie mit ihrem einzigen Sohn, vor mehr als einem Monat hatte, der Streit (sie hatte es nicht so gemeint) der ihren Sohn aus dem Haus trieb. Das Unheil, welches mit dem Zank seinen Anfang nahm hatte sie fast in den Wahnsinn getrieben vor Kopfschmerzen und dem Würgegefühl in ihrer Kehle. Nalanis Geschichte von Schmerz und Sorge quoll ohne Unterbrechung aus ihr hervor, während ihr Vetter, der Kahuna, starr und unbewegt auf der sauberen Lauhala-Matte in der Mitte des Raumes sass.

Grossmutter und alle Verwandten stiessen erstickte Sympathielaute aus, als sie von ihren Sorgen über ihren eigensinnigen Sohn erzählte und wie er als gemeiner Matrose zur See gefahren war nach ihrem Streit. Seit er im Zorn gegangen war, waren die Schmerzen immer heftiger geworden und mit ihnen war eine Vorahnung gewachsen, dass er im Meer ertrinken würde und sie nie mehr die Gelegenheit dazu hätte, ihm zu sagen, wie sehr sie jene harten Worte bereute. Die ganze traurige Geschichte wurde erzählt. Nalani weinte, jeder im Raum weinte.

Mit autoritärer Stimme sagte der Kahuna endlich: „Tantchen, du hast einem grossen Übel erlaubt sich zu etablieren. Wir werden die Götter um Hilfe bitten. Wenn sie gewillt sind, werden wir dieses Übel besiegen und verjagen."

Nalani hörte auf zu weinen. Alle hörten auf zu weinen und warteten. Der Kahuna blickte auf Papa Koa und befahl ihm hinauszugehen und fünf Meeräschen und fünf rote Fische zu fangen. Es mussten frische Fische sein, frisch aus dem Wasser. Nacheinander erhielt jeder im Raum eine Aufgabe. Einer musst frische Ti-Blätter bringen, *(Keulenlilienblätter oder Cordyline, s. Foto rechts. Dieser Pflanze wurde beim alten Volk grosse spirituelle Macht zugeschrieben. Sie durfte nur von Kahunas und Häuptlingen um den Hals getragen oder zu rituellen Zwecken benutzt werden. Heute pflanzt man sie vor dem Haus, um Glück zu bringen und die bösen Geister fernzuhalten.)*, ein anderer Taro *(Aronstabgewächs, die Wurzel wird wie Kartoffeln gekocht oder eine Paste wird daraus gefertigt.)*, jemand anders Brandy, frische Luau-Blätter (*Blätter der Taro-Pflanze), Awa-Wurzel (bei uns bekannt als Kava Kava, ein Entspannungsmittel.)*, Salz, ein Ei, Meerwasser und Treibholz vom Strand. Innerhalb weniger Minuten war der Raum leer. Der Kahuna ging um die Vorbereitung einer Feuergrube zu überwachen und die Säuberung von grossen Bündeln Ti-Blättern. Nalani entspannte sich auf ihrem Bett aus Kissen und beobachtete die fröhliche Betriebsamkeit, die mit den Vorbereitungen einher ging.

Ungefähr eine Stunde später, kehrte der Kahuna mit einem Jungen, der ein Bündel saubere Ti-Blätter trug in das Zimmer zurück. Der Kahuna nahm die sauberen Ti-Blätter Stück für Stück und legte sie auf die Matte in der Mitte des Zimmers, indem er einen Kreis aus grünen Blättern bildete. Er setzte sich ins

Hawaiianisches Muumuu

Ti-Plant (Cordyline fructiosa/ Agavengewächse/ Keulenlilie)
Wird heute vor dem Haus gepflanzt um Glück zu bringen und die bösen Geister fern zu halten.

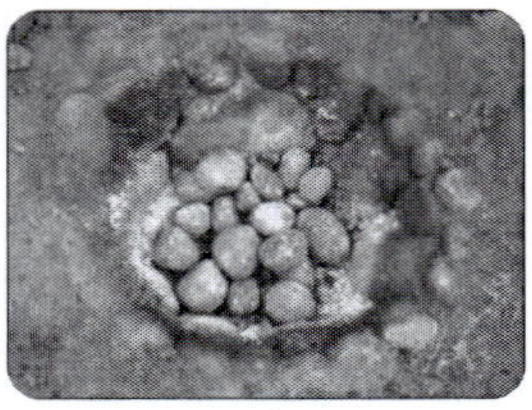

Essenszubereitung im Imu
Ein Erdloch wird gegraben. Grösse und Tiefe je nach Bedarf. Holz und Steine werden in das Loch geschichtet und ein Feuer wird entfacht. Wenn die Steine glühend heiss sind werden Palmblätter daraufgelegt und die Essenspäckchen zum Garen darüber gelegt.

Zentrum der Ti-Blätter, wickelte die ausgehölte und getrocknete Hülle eines Flaschenkürbis aus, entnahm ihm eine Schale und begann zu beten. Wäre ein Haole vorbeigekommen während der Zeremonie, die Vetter, der Kahuna in Nalanis Wohn-Schlafzimmer zelebrierte, hätte er sofort auf „Schwarze Magie" geschlossen. Für Nalani und ihre Familie, war die Zeremonie jedoch reich an Bedeutung. Das war keine „Schwarze Magie". Schwarze Magie gehörte zu einem niederen Orden in der hawaiianischen Priesterschaft, zu den Kahuna die Menschen zu Tode beteten.

Ihr Vetter gehörte einem hohen Orden Kahuna an, welche die Kranken mit Gebeten, Kräutern und Behandlungen heilten, die heute von der Wissenschaft als gesunde Therapien anerkannt sind. Im Falle von Nalani würde man die Behandlung des Kahuna heute Seelenheilkunde nennen.

Die grünen Ti-Blätter, die er in einem Kreis auf der Matte in der Mitte des Zimmers ausbreitete, kennzeichneten die Grenzen einer reinen Fläche, auf der der Kahuna jetzt sass, als seinen Altar einrichtete. Aus seiner Kalabasse nahm er eine Schale Salzwasser und eine Kurkuma-Wurzel (Gelbwurz). Salzwasser (Meerwasser) war von den Hawaiinern seit alter Zeit als Reinigungsmittel anerkannt. Kurkuma, welche die Hawaiianer Olena nennen, hat die Macht, dem Übel oder dem Bösen zu trotzen und die Stirn zu bieten. Der Kahuna legte die Kurkuma-Wurzel, die Schale mit Meerwasser und weitere Ti-Blätter vor sich hin. Dann betete er leise. Sein Gebet war lang und leidenschaftlich. Es war an seine eigenen, persönlichen Familiengötter gerichtet und an die Götter in die er sein Vertrauen als Heiler setzte. Er bat seine Götter, alles Böse das bei der Behandlung der kranken Frau dazwischenkommen könnte, aus seinem Geist, seinen Händen und seinem Körper zu entfernen. Mit anderen Worten, der Kahuna bat um Läuterung seiner selbst, um ein reines Medium für die Macht der Götter zu sein. Zum Abschluss seines Gebetes rührte der Kahuna Kurkumastücke in das Meerwasser, dann nahm er ein Ti-Blatt, ging durch das Zimmer und sprengte das geweihte Wasser über die Patientin, ihr Bett, an die Decke, an die Wände und auf den Boden. Die Küche, das Essen, der Hof, das Feuerholz und die Ti-Blätter wurden alle der Reihe nach geläutert.

Nachdem er das Haus und den Hof mit allem was dieser enthielt gereinigt hatte, begann der Kahuna damit, das Essen als Gabe für die Götter bereitzumachen, als nächsten Schritt in seinem Verfahren um Nalanis „Kanaka-Krankheit" zu heilen. Bei dieser Arbeit erhielt er die Hilfe der Familie. Jede Zutat des Essens wurde gesäubert und mit reinigendem Salzwasser besprengt, während der Kahuna betete. Dann bereitete der Kahuna fünf Essensbündel zu. Vier davon waren sehr kleine Bündel, jedes enthielt ein kleines Stück Meeräsche, roten Fisch, Luau-Blatt und Awa-Wurzel. Jedes Bündel war in Ti-Blätter eingewickelt. Das fünfte Bündel enthielt eine Hauptportion des Essens: ganze Fische, eine ganze Tarowurzel, Luau-Blätter, ein Ei und Awa-Wurzel. Der Kahuna entfachte ein Feuer im Imu, mit sauberem Treibholz das durch die Wellen gereinigt worden war, um die Koch-Steine aufzuheizen.. Als das Essen im Imu *(Imu = Feuergrube im Freien)* platziert war um zu garen, ging der Kahuna an Nalanis Bett und erklärte den Zweck und die Bedeutung jeder einzelnen Zutat des Essens. Ein Stück Awa wurde in jedes Essenspäckchen gelegt, um das Bündel zu einer akzeptablen Opfergabe für die Götter zu machen. Awa, woraus ein betäubendes Getränk gemacht wurde, ist den Göttern heilig und unerlässlich bei jedem Opfer. Taro und Luau-Blätter sind Symbole der Lebenskraft, die sich im Wachstum der Taro-Pflanze erneuert. Ei und Fisch sind Symbole der Erde und des Meeres. Vier Essens-Päckchen wurden zubereitet für vier Arten von Göttern. Eines war für die Erde, aus der die Nahrung wächst; eines für das lebenspendende Frischwasser; eines für den reinigenden Ozean und eines für die läuternde Kraft des Feuers. Nalani kannte alle diese Dinge, aber es war schön, dem Kahuna zuzuhören und ihn alles erklären zu lassen, während sie darauf warteten, dass ihre Speisen gar wurden.

Die Heilung von Nalanis „Kanaka-Krankheit" begann, nach der Öffnung des Imu in dem die fünf Essenspäckchen gegart worden waren. Dampfend heiss wurden sie in das Zimmer in dem Nalani lag gebracht und in den Ti-Blätter-Kreis gelegt, den ihr Vetter, der Kahuna, in der Mitte des Zimmers gesegnet hatte. Er nahm seinen Platz ein auf dem Boden, vor den Speisen. Die Familie versammelte sich im Raum. Der Kahuna begann zu beten. Zuerst rief er Jehova und die Dreieinigkeit an. Mit klangvoller Stimme und wunderschön ausgedrücktem Hawaiianisch, erklärte er Nalanis Krankheit der christlichen Dreifaltigkeit. Die Tonlage seiner Stimme wechselnd, rief er die vier grossen Götter Hawaiis. Er begann mit Ku, dem Architekten, dann folgten Kane der Lebensspender, Lono der Ernährer und Kanaloa der Hüter des Meeres. Er lud sie ein zu kommen und an dem Opfer aus Speise und Awa teilzuhaben.

Während er seine Tonlage noch einmal änderte, rief er das Pantheon der weniger bedeutenden Götter an. Beginnend mit Pele, der Göttin des Feuers und der Vulkane, nannte er einen nach dem andern bei seinem Namen und pries die Attribute eines jeden. Von diesen bekannten Göttern ging er weiter zu den Familiengöttern von Nalani und ihren Leuten. Er rief sie beim Namen und lud sie ein an der Opfergabe teilzuhaben. Um zu verhindern, dass ein böser Kobold oder ein unbekannter guter Geist vergessen und so beleidigt wurde, rief er die 40'000 Götter, deren Namen er nicht kannte und lud sie alle ein zu kommen. Nachdem er alle Götter, die Guten und die Bösen, eingeladen hatte an der Opfergabe teilzuhaben, änderte er wieder seine Stimmlage in einen gesprächigen Umgangston und erklärte ihnen die Krankheit, die Nalani befallen hatte. Er bat die Familien-Aumakuas und die weniger bedeutenden Götter bei Kane, dem Lebensspender (und wenn nötig auch bei den anderen grossen Göttern) zu intervenieren und das Übel welches Nalani befallen hatte, hinweg zu nehmen.

Die Kraft (die Hawaiianer nennen sie „Mana") des Gebetes, begann sich lange bevor der Kahuna fertig war zu manifestieren. Nalani verspürte keine Angst, als sie hörte, wie er die bösen Geister einlud zu kommen und an der Opfergabe teilzuhaben. Sie war überzeugt, dass die Autorität des Kahuna ausreichte um die guten Götter dazu zu bringen, die bösen Kobolde unter Kontrolle zu halten. Während dem letzten Teil des Gebets, war Nalani sicher, dass sie ein Rascheln hörte, als die Götter die Essenspäckchen öffneten. Sie wusste, sie waren anwesend im Zimmer. Das Gebet kam zu einem Ende, der Kahuna öffnete die Brandyflasche und goss ein kleines Schlückchen in einen Opferteller. „Das ist für Euch, oh Götter", sagte er und sprengte die Flüssigkeit über die Essensbündel. *(Brandy ist ein moderner Ersatz für das alte Awa-Getränk.)* Dann hob er das Redetabu auf, mit dem uralten Satz: „Amama ua noa." (Das Tabu ist vorüber, mögen meine Worte frei fliegen, oder: so sei es, es ist vollbracht.)

Das grosse Essensbündel wurde geöffnet und eine Portion jeder Zutat für Nalani, die Patientin, auf ein Tablett gelegt. Der Rest der Speisen wurde unter allen Personen im Raum aufgeteilt. Während sie assen, plauderte und lachte die Familie freimütig. Niemand übte Zurückhaltung oder fühlte sich gehemmt durch die Anwesenheit der Götter. Die Unterhaltung wandte sich vergangenen Heilungsprozessen zu, welchen ältere Familienmitglieder beigewohnt hatten. Die Grossmutter erzählte von der Zeit, als ihre Mutter im Sterben lag während einer Pockenepidemie und wie sie plötzlich frei von Fieber war und ins Leben zurückfand. Es geschah, nachdem ein grosser Kahuna die tote Mutter der Mutter und die tote Schwiegermutter anrief, sich um ihre Tochter zu kümmern. Eine wurde gesehen, als sie am Fussende des Bettes sass und die andere am Kopfende des Bettes.

Nalani, deren Krankheit von ihrem Haole-Doktor als „Kanaka-Krankheit" diagnostiziert wurde, hatte mehr als acht Stunden unter der Obhut des Kahuna zugebracht, als sie ihre Portion der Opferspeise fertig gegessen hatte. Während dieser Zeit, hatte ihr der Kahuna keinerlei Medikamente gegeben. Seine Diagnose war einfach. Sie hatte einem grossen Übel erlaubt, von ihrem Geist Besitz zu nehmen. Diese Besessenheit trat auf, als sie sich mit ihrem unabhängigen Sohn gestritten hatte. Sie hatte einen Fehler gemacht, sie erlitt die Folgen davon. Das Übel quälte ihren Kopf mit Schmerzen. Es drückte ihre Kehle zu und schnitt ihr die Luft zum atmen ab. Bisher bestand seine Behandlung darin, dass er sie dazu ermutigt hatte, ein volles Eingeständnis in seiner Gegenwart und im beschützenden Kreis ihrer Familie zu machen. Obwohl Nalani ihr ganzes Leben lang eine Christin gewesen war und sie gelehrt wurde, dass es Götzenverehrung sei, die alten Hawaiianischen Gottheiten anzurufen, war dieser Schuldkomplex durch ihren Haole-Doktor begraben worden, der ihr gesagt hatte, sie solle die „Kanaka-Heilbehandlung" versuchen. Nalani hatte Vertrauen in die Macht ihres Kahuna-Vetters, die alten Götter von Hawaii um Hilfe anzurufen. Als sie die Speisen ass, die für die Opfergabe and diese Götter zubereitet worden waren, nahm sie diese in Form einer Kommunion zu sich.

Die Awa-Pflanze (s. Foto) wurde von den ersten Polynesischen Reisenden auf ihren Segelkanus nach Hawai'i gebracht.
Die Pflanze wird geschätzt als Heilmittel und gebrannt als berauschendes Getränk. Awa wird grundsätzlich als Beruhigungsmittel verwendet, speziell in Kombination mit einer LomiLomi-Massage. Das Wort Awa bedeutet bitter.

E hanai awa a ikaika ka makani.
(Ernähre dich mit Awa, auf dass der Geist an Stärke gewinnt.)

Man bietet den Toten Awa und Gebete an, damit ihr Geist stark und zu einer Quelle der Hilfe für die Familie werden möge.

Als die Mahlzeit gegessen war, lag es nun am Kahuna, sich um die Reste zu kümmern. Nicht ein einziges Stückchen der geweihten Nahrung durfte im Hause gelassen werden, damit die bösen Geister (die zum Festmahl eingeladen waren) nicht eines dieser Stückchen wegnehmen und für böse Zwecke gebrauchen konnten.

Kalihi Beach, Kauai

Während Papa Koa nach draussen ging, um die Pferde anzuschirren, sagte der Kahuna zu Tantchen Nalani, dass sie jetzt schlafen gehen musste und, wenn die Götter mit ihrer Opfergabe und ihren Gebeten zufrieden waren, sie durch einen Traum im Schlaf besuchen würden. Er versprach, nach dem Entsorgen der Nahrungsbündel zurückzukehren. Nalani musste ihm berichten, falls sie einen Traum hatte. Der Kahuna und Koa fuhren danach an einen einsamen Ort wo sie ein Essensbündel vergruben. Ein zweites Bündel wurde in einen Bach mit fliessendem Wasser gelegt. Das dritte, sowie das Bündel mit den Resten, wurde in die Meeresbrandung geworfen. Das vierte verbrannten sie in einem Feuer aus Treibholz am Strand. Das erste Tageslicht brach an, als der Kahuna und Papa Koa nachhause zurückkehrten, nachdem sie die Speisebündel-Opfer and die Götter beseitigt hatten. Sie fanden Nalani in tiefem Schlaf, umgeben von ihren liebevoll wachenden Töchtern. Jede wedelte sanft mit einem Fächer. Andere Mitglieder der Familie schliefen auf dem Boden und auf der Veranda. Der Kahuna nahm leise seinen Platz auf dem Boden ein, im Zentrum des Ti-Blätterkreises. Wieder nahm er seine Gebete auf. Papa Koa sass in Nalanis Schaukelstuhl und sah zu.

Die ersten Sonnenstrahlen zeigten sich über den Koolaubergen, als Nalani aufwachte und nach dem Kahuna verlangte. Die Götter waren in einem Traum zu ihr gekommen. Sie hatte ihren Sohn gesehen und mit ihm gesprochen. Er war sicher auf der Reise um die Welt mit dem grossen Schiff und würde am Ende der Reise nachhause kommen. Nalani weinte vor Freude als sie erzählte, wie sie mit ihrem Sohn gesprochen hatte. Er war nicht mehr zornig. Auch er bereute den Zank und wollte ihn aus seinem Kopf waschen. Ja, die Götter hatten das Übel das sie besetzt hatte hinweg genommen. Der Schmerz in ihrem Kopf und in ihrer Kehle war verschwunden.

Der Kahuna stimmte zu, die Götter waren gut zu ihr gewesen. Sie hatten das Übel weggenommen und jetzt musste Nalani ein zeremonielles Reinigunsbad im Ozean nehmen, um sich in ihrem neuen Zustand sicher zu fühlen. Freudig halfen Papa Koa und die Töchter ihr aus dem Bett, wickelten einen Schal um ihre Schultern und halfen ihr in die Kutsche. Mit dem Kahuna fuhren sie an den Strand von Kalihi (um 1900 ein sauberer Strand mit seichtem Wasser). Dort suchten sie nach einer bestimmten Art von Meeresalgen, genannt Limu Kala, aus denen sie eine Girlande machten und sie Nalani um den Hals legten. Gleichzeitig gaben sie ihr Samen der Limu Kala zu essen. Sie führten sie hinaus ins tiefe Wasser, wo die sanften Wogen die Algengirlande von ihrem Hals hoben, sie davontrugen und mit ihr alle Reste des Übels mitnahmen, welches ihre Krankheit verursacht hatte. Während Nalani badete liess der Kahuna eine ihrer Töchter auf Seeigel Jagd machen. Nalani musste täglich davon ernährt werden, nach seiner Anweisung, bis sie wieder im Besitz ihrer vollen Lebenskraft war. (Seeigel sind voller Vitamine.) Und so war Nalani von ihrer „Kanaka-Krankheit" geheilt. Wie eine wahre Hawaiianerin schrieb sie ihre Heilung ihrem Haole-Doktor, genauso wie ihrem Vetter dem Kahuna zu.

Nalanis Behandlung war Teil einer medizinischen Tradition, die zurück in die uralten Zeiten ihrer Ahnen reichte.

Kahuna La'au Lapa'au

Der Hawaiianische Kahuna Lapa'au ,O Hawai'i, oder der heilkundliche Hohepriester verwendete la'au Kräuter (la'au = Medizin, medizinisch) in hunderten von traditionellen Rezepten.

Ein spezieller la'au lapa'au –Garten wurde neben einem Heilungstempel angelegt um die la'au Kräuter zu kultivieren. Praktisch alles was zu Honua (Erde) gehört ist ein La'au (Medizin). Süsswasser, Salzwasser, Bäume, Wurzeln, Gestrüpp, Pflanzen des Landes und des Meeres, das Regenwasser und der Nebel werden zur Heilung gebraucht und viele Meereserzeugnisse wurde zur Herstellung von la'au lapa'au Medikamenten verwendet. Viele dieser Kahuna lapa'au Therapien werden heute noch angewandt und erzielen wirkungsvolle Ergebnisse.

Unsere nächsten Seminare

Huna Basis-Seminar

Selbsterkenntnis und Persönlichkeitsentwicklung

4 x Dienstagabend, 19 – 21 h: 18./25. Sept und 02./09. Okt 2012

Grundlagen von Huna zur selbständigen praktischen Anwendung.
CHF 300 (Mitglieder 250)

Huna Praxis-Seminar

Intuitionstraining; Glaubenssätze erkennen und auflösen

Samstag/Sonntag, 27./28. Oktober 2012, 10 – 17 h

Beseitigung von Blockaden; Glaubenssätze erkennen und auflösen.
CHF 400 (Mitglieder 350)

Detaillierte Informationen und Anmeldung auf www.huna-europe.ch

Unser Seminarraum in Zürich

Kommentar eines Seminarteilnehmers:
„Keine Zweifel mehr! – Ich habe schon viele Methoden ausprobiert, um spirituell zu wachsen. Immer hatten mich Zweifel begleitet. So wie die Huna-Lehre im Seminar präsentiert wurde ist diese logisch und über alle Zweifel erhaben! Man muss einfach daran glauben."

Herausgegeben von:

Huna Forschungs-Gesellschaft Zürich | HFG
Grubenstrasse 27 | CH-8045 Zürich
Telefon +41 44 251 55 65
info@huna-europe.ch | www.huna-europe.ch

HUNA-GRUPPE ZÜRICH 2012

An folgenden Mittwochabenden trifft sich die Huna-Gruppe Zürich **im Lokal der HFG Zürich, Grubenstrasse 27, 8045 Zürich-Binz**

26. September, 19.00 h
Lebendige Numerologie – Eintauchen in die Bedeutung der Zahl
Gastreferent Patrick Stahel

31. Oktober, 19.00 h – Zum ersten Mal in Zürich:
Die Vektor-Methode - Komplexe erkennen und auflösen
Ulrich Amacher

28. November, 19.00 h
Der Geist von Aloha – Unser Leben auf Harmonie ausrichten
Jennifer Lee

Beginn jeweils 19.00 Uhr. Einzelheiten auf www.huna-europe.ch
Unkostenbeitrag pro Abend für Mitglieder CHF 10.00 (Nichtmitglieder CHF 20.00), bei Gastreferaten nach Ansage.

Neue Teilnehmer sind jederzeit herzlich willkommen! Eine Anmeldung ist nicht nötig.

Nr. 12 | Dezember 2012

HUNA NACHRICHTEN

Zeitschrift für Mitglieder | Huna Forschungs-Gesellschaft Zürich | www.huna-europe.ch

EDITORIAL

Liebe Leserinnen, liebe Leser

Wir nähern uns der Wintersonnenwende. Der dunkelste Tag im Jahr steht uns am 21.12. bevor. Es ist jedoch auch der Tag an dem die Sonne „wiederkehrt". Ein grosser Zeitzyklus im Mayakalender soll an diesem besonderen Tag enden und grosse Umwälzungen, ja sogar der Weltuntergang wurden prophezeit. Die Tatsache, dass ein Veränderungsprozess im Gange ist und dass die Menschheit ein anderes Bewusstsein entwickelt, sehen und hören wir im täglichen Weltgeschehen.

Einen interessanten Beitrag dazu aus spiritueller Sicht lieferte der Internetsender Alpenparlament TV. Zu Gast bei Michael Vogt war Michael Elrahim Amira, das Thema: „Dein Beitrag zum harmonischen Aufstieg 2012". In dem Gespräch wurde klar, dass die Welt am 21. Dezember 2012 nicht untergeht. Es geht vielmehr darum, dass wir Menschen unsere Schwingungsenergie erhöhen, damit wir mit unserem Planeten, der seine Schwingung ebenfalls erhöht, ohne Drama „aufsteigen" können. In dieser neuen Dimension soll die Manifestation unserer Gedanken ohne Widerstand geschehen.
Alles was momentan geschieht hat seinen Sinn, sogar unsere heftigen Gefühlsausbrüche. Diese Energie können wir umwandeln und dazu nutzen unseren ganz persönlichen Beitrag zur Schwingungserhöhung zu leisten.
Der Beitrag ist auf youtube zu sehen:
http://www.alpenparlament.tv/playlist/602-dein-beitrag-zum-harmonischen-aufstieg-in-2012

Vielleicht fühlen Sie sich klein und unwichtig bei diesem Gedanken, aber es gibt noch so viel zu entdecken, herauszufinden und zu verstehen. Welche Rolle spielen wir Menschen, als schwingende Energiewesen und als Teil des universellen Ganzen? Wir leben in einer sehr spannenden Zeit! Jeder einzelne von uns kann das Zünglein an der Waage sein für eine sanfte Veränderung. Alles was es braucht ist ein offener Geist!

Bestimmt haben Sie schon von der interessanten „Parabel", der „100ste Affe", zur Erklärung der Matrix oder des allumfassenden Energiefeldes gehört. Angeblich soll man auf einer abgelegenen japanischen Insel folgende Beobachtung gemacht haben: Einer sehr intelligenten Affendame wurde beigebracht, Süsskartoffeln im Meerwasser zu waschen. Danach lehrte sie den anderen Mitgliedern ihrer Sippe dies ebenfalls zu tun. Als ungefähr einhundert Affen diesen Vorgang gelernt hatten, begannen andere, weit entfernte Affensippen ihre Kartoffeln ebenfalls zu waschen. Interessant ist, dass diese Sippen sich auf anderen abgelegenen Inseln befanden

INHALT

Die sieben Haupt-Chakren Chakren sind die Verbindungspole zwischen dem materiellen und dem feinstofflichen Körper. Durch sie fliesst Lebensenergie. Sind die Chakren in Schwung, geht es auch dem physischen Körper gut.
Von Jennifer Lee **> Seite 3**

Das Herzfeld aktivieren Um die enormen Energien des Herzens zu nutzen, müssen wir uns mit unserem Herzfeld in Verbindung bringen. Dieser Kontakt lässt uns ungeahnte Kräfte mobilisieren.
Von Jennifer Lee **> Seite 5**

Matrix Energetics ist eine sehr effiziente Methode die Quantenfelder in der eigenen Matrix abruft und durch zwei willkürlich gesetzte Punkte die Wellen wirken lässt. Durch das Kollabieren der Wellen werden Veränderungen möglich.
Von Beatrice Meister **> Seite 11**

Nachruf auf Myra Delaquis Myra Delaquis war langjähriges Mitglied der Huna Forschungs-Gesellschaft Zürich. Zusammen mit ihrer Tochter Noëlle gründete und führte sie das Zentrum Aloha Spirit in Meilen. **> Seite 13**

Veranstaltungen
Huna Basis-Seminar für Einsteiger und Wiederholer, Huna Praxis-Seminar für Anwender, Huna-Gruppe Zürich **> Seite 14**

und sogar auch auf dem Festland. Das heisst, es gab keine andere Möglichkeit, als dass sie sich ihr Wissen durch eine Art von intuitivem, universellem Austausch angeeignet hatten.

Existiert also ein „grösserer Geist“ für jede Lebensform und „programmiert“ jede individuelle Lebensform diesen grösseren Geist mit? Oder sind alle Möglichkeiten bereits in diesem „grösseren Geist“ vorhanden und plötzlich gelingt einer Lebensform der Zugriff zu einer dieser Möglichkeiten? Anhand dieses Beispiels sehen wir, dass ein einzelnes Lebewesen in der Lage ist, der ganzen Schöpfung die Tür zu öffnen für den Sprung in eine andere Dimension.

Ein Teil dieses Ganzen zu sein beinhaltet natürlich auch Verantwortung zu tragen. Wir wissen jetzt, dass jeder Gedanke, jedes Wort und jede Tat eine Konsequenz hat. Wenn wir uns dieser Idee öffnen, ist es ganz einfach zu verstehen warum es eine Rolle spielt, positive Gedanken zu pflegen und daraus lebensbejahende Worte und Taten folgen zu lassen. Die Welt zu verändern heisst also nichts anderes als die Frequenz zu verändern, den Kanal zu wechseln, zugunsten eines anderen Programms das bereits auf dem riesigen Fernseher des Universums läuft. Wir begeben uns in einen anderen Film, der unsere veränderte innere Einstellung wiederspiegelt. Es gibt kein „Aussen“, es findet alles in unserem Innern statt.

Wir strahlen aus was wir in unseren Herzen tragen. Liebe hat die höchste Energiestufe und ist voller Licht. Beginnen Sie bei sich selbst und bleiben Sie Ihrem wahren Wesen treu. Betrachten Sie sich jeden Morgen im Spiegel als das wunderbare einzigartige Wesen das Sie sind. Die ganze Schöpfung ist perfekt und ohne Makel. Sie sind ein wertvoller und bedingungslos geliebter Teil davon.

In diesem Sinne wünschen wir Ihnen für die kommende Zeit bewusste Tage voller Selbstliebe und strahlendem Licht!

Herzlichst,

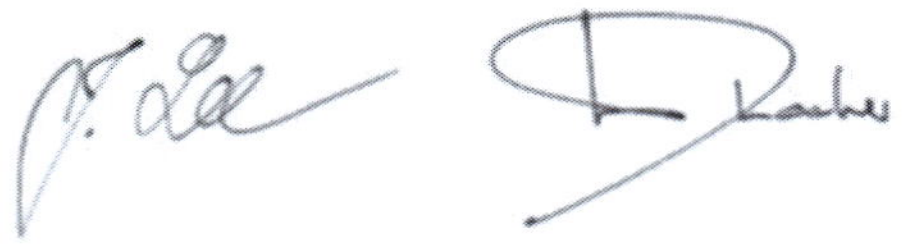

Jennifer Lee und Ulrich Amacher

Unsere tägliche Mana-Atmung

Haben Sie Ihre Mana-Atmung heute schon gemacht?

Konzentrieren Sie sich doch wieder einmal bewusst darauf, Ihren Körper mit zusätzlicher Lebensenergie aufzufüllen:

- ♥ Setzen Sie sich aufrecht hin, die Füsse flach auf dem Boden, die Hände locker im Schoss.
- ♥ Lassen Sie Ihren Bauch hängen.
- ♥ Atmen Sie ein und füllen Sie Ihren Bauch mit Ihrem Atem, füllen Sie Ihren Magen, den Brustkorb und die Kehle.
- ♥ Jetzt halten Sie den Atem.
- ♥ Atmen Sie aus mit einem Seufzer und stossen Sie die Luft aus der Kehle, aus dem Brustraum, aus dem Magen, aus Ihrem Bauch und spannen Sie dabei die Bauchmuskeln etwas an, um wirklich die ganze Luft auszustossen.
- ♥ Jetzt halten Sie den Atem.
- ♥ Und wieder von vorn: Lassen Sie Ihren Bauch hängen etc.

Zählen Sie dabei in Ihrem gewohnten Zähl-Rhythmus beim Einatmen, beim Halten, beim Ausatmen und wieder beim Halten.

Während der Atmung spüren Sie vielleicht Ihren Körper mehr als Energiefeld und etwas weniger als etwas Dichtes, Begrenztes.

Die sieben Haupt-Chakren im menschlichen Energiekörper

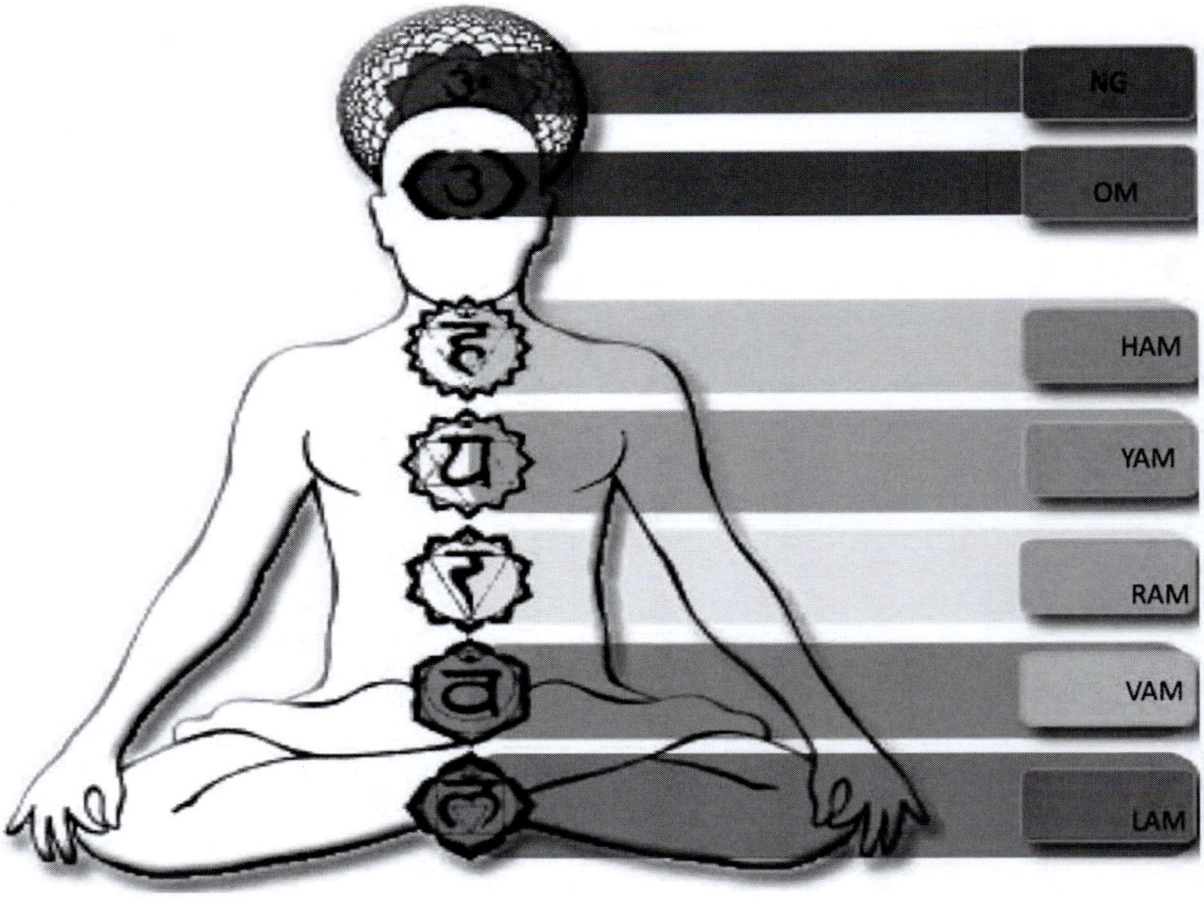

Das Wort Chakra kommt aus dem Sanskrit (der heiligen Sprache der Hindus) und bedeutet „Rad". Die indische Philosophie geht, ähnlich wie die Huna-Lehre davon aus, dass unser materieller Körper von einem energetischen, nichtstofflichen Körper umgeben ist. Der Astral- oder der Aka-Körper.

FUNKTION:
Die Chakren sind die Verbindungspole zwischen dem materiellen Körper und dem feinstofflichen. Durch sie fliesst die göttliche, kosmische Lebensenergie Prana (oder Mana).

Sie werden als rotierende, kreis- und trichterförmige Gebilde beschrieben. Sie verlaufen von der Basis der Wirbelsäule nach oben Richtung Kopf und befinden sich jeweils in unmittelbarer Nähe eines wichtigen Organs. Sie sammeln, transformieren und verteilen jegliche Arten von Energien in unserem Körper.
Man könnte sie auch als Sinnesorgane der Seele und des Körpers bezeichnen.

Alle äusseren Einflüsse oder Energien werden als Information gesammelt, und von den Chakren in Form von Schwingungen und Impulsen an die Drüsen, an die Nerven und an die Organzellen weitergeleitet.

Sie sind also die Hauptenergiezentren und versorgen unseren Körper mit Lebensenergie. Wenn der Energiefluss in den Chakren gestört ist, zeigt sich das als Disharmonie auf seelischer, körperlicher und geistiger Ebene.

Hier eine kurze Beschreibung der einzelnen Energiezentren:

Das 1. Chakra ist das Basis- oder Wurzelchakra. Es befindet sich an der Basis der Wirbelsäule zwischen Anus und Genitalien.
Es symbolisiert den körperlichen Willen zum Sein, die Selbstwahrnehmung.
Es steht für Lebensenergie und Sexualität, Erdverbundenheit und Willenskraft, für unser Urvertrauen und für unsere Beziehung zum Körper und die Selbstbejahung.
Seine Farbe ist Dunkelrot.

Das 2. Chakra ist das Sakral- Milz- oder Sexualchakra.
Es befindet sich zwischen Bauchnabel und Schambein.
Es symbolisiert die schöpferische Fortpflanzung des Seins und die Selbstachtung.
Es steht für Erfolg und Freude und regt im Optimalzustand die Kreativität, die Erotik, den Appetit und die Verdauung an.
Seine Farbe ist Orange.

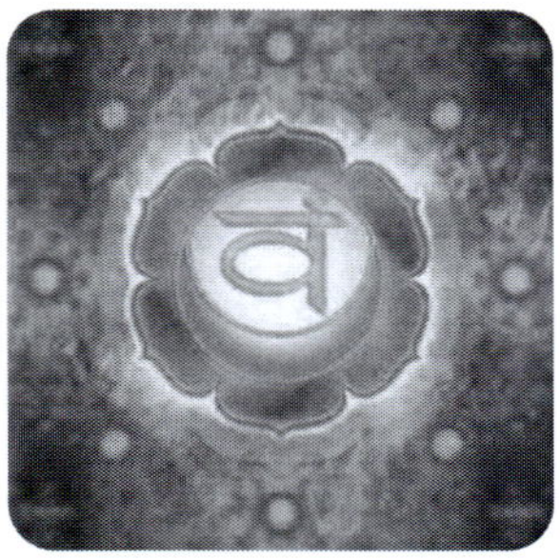

Das 3. Chakra ist das Nabel- oder Solarplexuschakra.
Es befindet sich 3 cm über dem Nabel.
Es symbolisiert die Gestaltung des Seins, das Selbstwertgefühl.
Es steht für Willenskraft, Macht und Ohnmacht, Ehrgeiz, Entscheidungskraft.
Es ist das Zentrum unserer Emotionen. Dort verarbeiten wir unsere Gefühle und Erlebnisse.
Seine Farbe ist Gelb.

Das 4. Chakra ist das Herzchakra.
Es befindet sich in der Mitte des Brustkorbs, über dem Herzen.
Es symbolisiert Seinshingabe und Selbstliebe.
Es steht für bedingungslose Liebe, Mitgefühl, Geborgenheit, Heilung und Lebensfreude.
Seine Farben sind Grün und Rosa.

Das 5. Chakra ist das Kehlkopf- oder Halschakra.
Es befindet sich am Hals in der Höhe von Schilddrüse und Kehlkopf.
Es symbolisiert Seinsresonanz und Selbstdarstellung.
Es steht für Kreativität, Ausdruck und Sprache und Unabhängigkeit.
Seine Farbe ist Hellblau.

Das 6. Chakra ist das Stirnchackra oder das „Dritte Auge".
Es befindet sich zwischen den Augenbrauen, über der Nasenwurzel.
Es symbolisiert Selbsterkenntnis und Eigenverantwortung.
Es steht für Intuition, Nächstenliebe und Geisteskraft.
Seine Farbe ist Indigo.

Das 7. Chakra ist das Scheitel- oder Kronenchakra.
Es befindet sich über dem Kopf, unmittelbar über dem Scheitel.
Es symbolisiert das reine Sein und die Selbsterkenntnis.
Es steht für geistige und körperliche Entwicklung, für Selbstverwirklichung und für Spiritualität.
Seine Farbe ist Violett oder Weiss.

Das Herzfeld aktivieren

Wer sich mit Matrixen beschäftigt, weiss, dass man in sein Herzfeld gehen soll um mit dieser Kraft die da wirkt in Kontakt zu kommen. Ich hoffe, Ihrem „mittleren Selbst" mit den folgenden Erklärungen gerecht zu werden und in Ihrem „unteren Selbst" mit den Übungen ein Gefühl zu erzeugen für die unendlichen Möglichkeiten die im Innern Ihres Herzens liegen. Von Jennifer Lee

„Man sieht nur mit dem Herzen gut, das Wesentliche ist unsichtbar für das Auge"

Das ist wohl die berühmteste Zeile aus dem „kleinen Prinzen" von Saint-Exupéry und beschreibt wunderbar, wie viel differenzierter wir mit einem offenen Herzchakra die feinen Schwingungen einer Energie wahrnehmen. Mit dem Herzen spüren wir am intensivsten! Es erkennt Wahrheit und Unwahrheit, egal mit welchen Worte ein Mensch zu uns spricht. Wenn wir nur schon an das Herzchakra denken, spürt es das, wird aktiviert und weitet sich ein wenig aus.

Gemessen ist das elektromagnetische Feld des Herzens 5000 Mal stärker als das elektromagnetische Feld unseres Hirns. Die beiden stehen aber in ständigem Kontakt. Aktivieren Sie also Ihr Herzfeld bewusst, beginnen Sie mehr wahrzunehmen und aktivieren auf diese Weise die höchste Schwingung die Sie erreichen können, nämlich die der bedingungslosen Liebe.

ÜBUNG:

- ♥ Setzen Sie sich aufrecht hin, die Füsse flach auf den Boden, die Hände locker im Schoss.
- ♥ Schliessen Sie die Augen und atmen Sie ruhig und etwas tiefer als gewöhnlich.
- ♥ Konzentrieren Sie sich auf Ihr Herzzentrum. Es befindet sich in der Mitte des Brustkorbs etwa auf der Höhe des Herzens.
- ♥ Jetzt sagen Sie in Gedanken, mit der Konzentration auf das Herzchakra: „Ich gehe auf die Wellenlänge der bedingungslosen Liebe". Wenn Sie möchten, stellen Sie sich dazu die Farben Rosa oder Grün vor.
- ♥ Ihr Herz-Chakra beginnt sich zu öffnen.
- ♥ Es ist erfüllt von bedingungsloser Liebe. Eine ganz hoch schwingende Energie die niemand anders als Sie allein erzeugen kann.

- ♥ Atmen Sie tief durch.
- ♥ Beobachten Sie das Gefühl, das sich in Ihrem Herzen ausbreitet. Vielleicht zeigt es sich als Weite in Ihrer Brust. Oder als Ruhe, als Stille oder als ein tiefer Friede. Das alles gehört zur bedingungslosen Liebe. Sie beschränkt sich nicht auf einen einzelnen Menschen oder ein einzelnes Tier. Sie umfasst alles.
- ♥ Wenn Sie diese Liebe spüren, können Sie dabei auch niemandem mehr böse sein. Denken Sie an einen Menschen der Sie ärgert oder den Sie nicht so gerne mögen. Jetzt wird es schwierig ärgerlich zu bleiben.
- ♥ „Liebet eure Feinde" war damit gemeint. Wenn wir ins Herzfeld gehen und an jemanden denken, während wir in dieser Liebe sind, hört er auf unser „Feind" zu sein. Jegliche Irritation löst sich auf.
- ♥ Beobachten Sie wie es sich anfühlt, wenn in Ihrem Herzen die bedingungslose Liebe schwingt. Es öffnet sich und weitet sich schon. Vielleicht spüren Sie jetzt zum ersten Mal einen Vorgang auf feinstofflicher Ebene. Es kann sich ganz sonderbar anfühlen. Spüren Sie diesem Gefühl nach.
- ♥ Vielleicht sehen Sie auch ein Licht, vielleicht sehen Sie die Sonne – oder auch gar nichts. Auch das ist gut.
- ♥ Seien Sie einfach offen und ohne Erwartung.
- ♥ Während Sie jetzt in dieser Liebesschwingung sind, denken Sie an sich selbst und nehmen Sie sich selbst in den Arm.
- ♥ Sagen Sie in Gedanken: „Ich bin genau richtig und wunderbar so wie ich bin".
- ♥ Lassen Sie sich fallen in Ihre eigenen Arme und bleiben Sie in dieser bedingungslosen Liebe für sich selbst.
- ♥ Es ist das Wichtigste das es gibt, Ihr Herz für sich selbst zu öffnen. Danach können Sie Ihr Herz auch wirklich für andere Menschen aufmachen.
- ♥ Wenn sich Widerstände oder Blockierungen zeigen, betrachten Sie sie ohne

Wertung, heissen Sie sie willkommen und schon fängt die bedingungslose Liebe an sie aufzulösen.

- Sagen Sie noch einmal in Gedanken: „Ich bin vollkommen und wunderbar so wie ich bin“.
- Atmen Sie tief durch und öffnet die Augen.

Haben Sie bereits etwas gefühlt?

Sollten Sie noch nicht viel oder gar nichts gespürt haben, brauchen Sie sich keine Sorgen zu machen– auch das ist normal.

Manchmal braucht es etwas Zeit, weil unsere Herzen mit vielen Blockierungen belastet sind durch Reste von grossen, seelischen Schmerzen, durch Enttäuschungen und Schicksalsschläge. Darum haben wir oft unser eigenes Herz eingemauert, damit niemand mehr hineinkommen kann. Und manchmal kommen wir auch nicht mehr hinaus und bleiben in unserem selbstgebauten Rapunzelturm gefangen.

Aber die bedingungslose Liebe wirkt auch dort. Sie fängt in Ihrem eigenen Herzen an, Sie können sich selbst vertrauen. Es kann nichts passieren, noch sind Sie ja hinter den schützenden Mauern.

Glaubst du an die bedingungslose Liebe? Kommt ganz darauf an.

Wenn Sie sich jedoch immer wieder Zeit nehmen für Übungen wie diese, oder wenn Sie sich nur Ihres Herzens als Ihr grösstes Liebespotentials bewusst werden, lösen sich nach und nach die Steine in der Mauer und Sie fangen an wieder etwas zu fühlen. Die Blockierungen lösen sich auf.

Zweifeln Sie auch nicht an Ihren Wahrnehmungen. Sie verfeinern sich jetzt immer mehr. Die anderen Menschen spüren genau dasselbe wie Sie, mehr oder weniger stark. Sie spüren feinstoffliche Energien auch ohne dass Sie sich dessen bewusst sind. Jeder Schmerz ist feinstofflich und jeder Druck im Körper, jedes Gefühl, jeder Gedanke und jedes Wort.

Das fühlen Sie sofort, wenn Sie einem Mensch gegenüberstehen, der vor sich hin flucht zum Beispiel. Ihr Herz und wahrscheinlich auch Ihr Magen ziehen sich sofort zusammen. Wenn jemand aber singt oder pfeift oder lacht, hat das eine ganz andere Wirkung auf Ihren Körper und auf Ihr Herzzentrum.

Mit Liebe produzieren wir Licht (und werden von unserem Hohen Selbst unterstützt.) Führen Sie sich vor Augen wie jemand der verliebt ist leuchtet oder jemand der aus einem anderen Grund vor Glück strahlt!

Üben Sie die bedingungslose Selbstliebe, wenn möglich jeden Tag. Es ist nichts Schwieriges und kann überall getan werden, es geht nur darum, sich selbst, bzw. Ihr unteres Selbst in den Arm zu nehmen und ihm Liebe zu senden. Diese Liebe erzeugt Licht in Ihrem Herzzentrum, welches Sie wie ein Scheinwerfer auf jemanden richten können dem es vielleicht gerade nicht so gut geht. Sie können dabei nichts falsch machen. Liebe kann nicht manipulieren. Das andere Hohe Selbst kann diese Liebe annehmen oder auch nicht.

Es ist auch möglich, bedingungslose Liebe in bestimmte Situationen fliessen zu lassen, egal ob sie jetzt oder in der Zukunft geschehen, oder ob sie in der Vergangenheit statt-gefunden haben. Sie erreichen immer eine Harmonisierung die sich positiv auswirkt. Auf diese Weise können Sie auch Beziehungen zu bereits verstorbenen Menschen harmonisieren. Achten Sie einfach darauf, dass sie wirklich bedingungslose Liebe senden, ohne Erwartung und Absicht und ohne etwas zu wollen!

Wenn Sie in Ihrem Herzfeld sind, also in diesem Zustand der Liebe, legen Sie sich selbst die Hände auf schmerzende Stellen, oder auf Ihre Hauptchakren und verteilen Sie so die heilende Liebesenergie in Ihrem Körpersysem. (ca. 5 Min.) **Die Hände sind das ausführende Organ des Herzens**. Was Sie im Herzen fühlen strömt aus Ihren Händen.

Aus der Quantenphysik wissen wir, dass **unser Körper aus Energiepartikeln besteht, die sich Elektronen nennen**. **Sie vibrieren mit Lichtgeschwindigkeit** , darum **nehmen wir uns als „dicht“ wahr**. Was wir wahrnehmen oder sehen empfinden wir als Realität.

Damit sich die Realität verändern kann braucht es Energie bzw. Photonen. Das sind Lichtteilchen, die bewirken, dass ein **Elektron auf eine andere Ebene springen kann**. Der Quantensprung geschieht! Diese Lichtteilchen sind der Schub den es braucht, damit ein Elektron seine Position verändern kann. **Durch die Photonen sind Verände-**

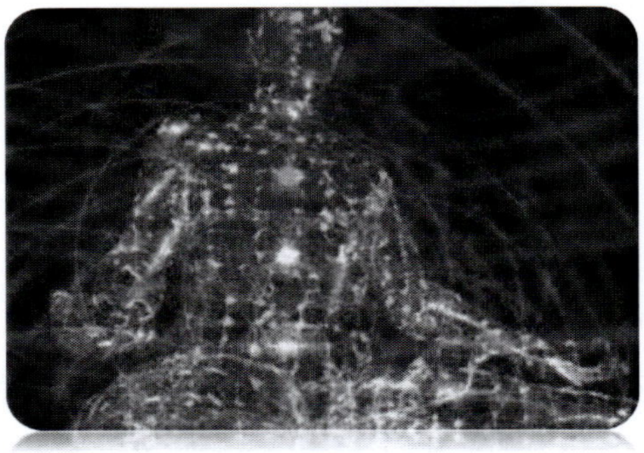

rung auf Zellebene möglich.

Pro Sekunde geschehen ca. 100'000 chemische Reaktionen in einer Zelle. Jede dieser Reaktionen dauert ungefähr eine Nanosekunde. (Eine Milliardstel Sekunde. 1: 1'000'000'000, einer eins mit 9 Nullen!)

Was löst nun diese Reaktion aus? Es kann nichts anderes als Licht sein, weil nur Lichtgeschwindigkeit in der Lage ist einen solchen Prozess auszulösen. Dieser Vorgang oder diese Reaktion wird von den erwähnten Lichtteilchen, den Photonen gesteuert und auf den Körper übertragen.

Die Wissenschaft anerkennt, dass dieser Mechanismus auch von der Psyche gesteuert wird. Das heisst, wir sind in der Lage unsere Photonenausschüttung bewusst zu ändern. In „Huna-Worten" ausgedrückt, heisst das, nichts anderes, als dass Sie durch Ihre Gedanken und Ihre Bilder, also durch Ihre Vorstellungskraft diesen Lichtmechanismus steuern können! (Placeboeffekt etc.)

Licht ist für die Reaktionen in unserem Körper verantwortlich und nötig!

Ein gesunder Mensch strahlt also auf einer hohen Wellenlänge und ein kranker Mensch auf einer tieferen. Anhand eines Nanometers konnten Forscher messen, dass auf der Farbskala des Regenbogens der Gesunde vom grünlichen bis knapp in den rötlichen Bereich und der Kranke im Ultravioletten-Bereich strahlt.

Wenn wir matrixen geschieht etwas im Energiefeld des Patienten. Dort wird dessen Wellenlänge verändert und in den gesunden Zustand gebracht. Heilungen sind auch laut Wissenschaft nichts anderes als ein Versuch, wieder die richtige Bahn zu bekommen oder in den Urzustand zurückzukehren. Dafür ist natürlich Vertrauen nötig in diese Energie, oder in das Feld, weil sich die Photonen wie gesagt von der Psyche steuern lassen. Wenn Sie also kein Vertrauen zu Ihrem „Behandler" haben und nicht an diese Energien glauben oder wenigstens offen für Veränderungen sind, erzielen Sie wahrscheinlich keinen Effekt oder zumindest keinen lang anhaltenden. Meist fallen wir in den alten Zustand zurück, weil wir nach den alten, bekannten Symptomen suchen. Wenn wir uns jedoch bewusst auf die Veränderungen konzentrieren öffnet dies allen Türen zu neuen Möglichkeiten.

Man hat anhand einer speziellen Art von Fotografie die Photonenemission der Hände gemessen (nach Lichtanregung) und gesehen, dass wir das Licht welches wir nicht brauchen über die Fingernägel ausstrahlen. (Es heisst, dass wir über die Fingernägel entgiften.) In diesem Versuch wurde auch getestet, was am stärksten strahlt, der Oberkörper, der Kopf oder die Hände: Die Hände hatten klar die deutlichste Lichtstrahlung!

Ein weiterer Beweis also, dass **die Hände des Menschen in der Lage sind zu heilen. Lichtwellen treffen aufeinander. Dadurch wird ein altes Muster aufgelöst und eine Neuordnung kann entstehen**.

Die Wissenschaft erklärt das Licht in uns wie folgt:

- Die Abwicklung des ganzen Organismus, also die des Stoffwechsels und allen chemischen Vorgängen im Körper werden von den Lichtteilchen gesteuert.
- Sie tragen Informationen (die sie z.T. von unserer Psyche bekommen) von Zelle zu Zelle.
- Krankheiten sind immer Störungen in dieser Abwicklung. Diese Störungen entstehen aus „Fehlinformationen" durch Äussere und Innere Einflüsse.

Wir haben mit unserer Psyche die Kraft dazu das Licht in uns zu erhöhen.

Der Weg und die **Heilung führen über unser Herzzentrum** und über die bedingungslose Liebe und das Vertrauen zu uns selbst.

Lesen Sie dazu:
Fritz-Albert Popp
„Der Advokat des Lichts"

Bücher zum Thema:

Fritz-Albert Popp:
«Biologie des Lichts»
(Paul Parey Verlag)

«Molekulare und biophysikalische Aspekte der Malignität»
(Verlag Grundlagen und Praxis)

«Die Botschaft der Nahrung» (Verlag 2001)

H.P. Dürr et al.:
«Elemente des Lebens»
(Die Graue Edition)

Mae-Wan Ho et al.:
«Bioelectrodynamics Biocommunication»
(World Scientific)

Marco Bischof:
«Biophotonen – Das Licht in unseren Zellen» (Verlag 2001)

«Tachyonen, Orgonenergie Skalarwellen – Feinstoffliche Felder zwischen Mythos und Wissenschaft» (AT Verlag)

Wie wichtig es ist, Selbstverantwortung zu übernehmen, damit wir den „Dreiklang der drei Selbste" erreichen, die Harmonie aller Aspekte die unser Menschsein ausmachen, wird erneut mit aller Deutlichkeit klar!

Aktivieren Sie mit dieser Übung das Mitgefühl für sich selbst und die bedingungslose Liebe in Ihrem Herzfeld.

- ♥ Setzen Sie sich bequem hin. Die Füsse flach auf den Boden. Gerader Rücken, Schultern entspannt und den Brustkorb offen.
- ♥ Bringen Sie Ihre Handflächen zusammen und legen Sie sie so an die Brust, dass die Knöchel der Daumen ganz leicht auf das Brustbein drücken. Auf der Höhe Ihres Herzens. Sie spüren eine kleine Kerbe dort, wo die Knöchel genau reinpassen.
- ♥ Atmen Sie langsam, ruhig und tief in den Bauch, in den Brustkorb, in den Hals.
- ♥ Lassen Sie Ihren Blick weich werden oder schliessen Sie Ihre Augen ganz leicht.
- ♥ Lassen Sie alle Gedanken oder Ablenkungen gehen und konzentrieren Sie sich auf den Atem, der in Ihren Körper hinein und wieder hinausfliesst.
- ♥ Wenn Ihr Geist ruhig ist, richten Sie Ihre Aufmerksamkeit auf den leichten Druck Ihres Daumens auf die Brust und fühlen Sie Ihren Herzschlag.
- ♥ Bleiben Sie mit Ihrer Aufmerksamkeit dort. (1 Minute)
- ♥ Jetzt lassen Sie sanft die Hände sinken und reiben Ihre Handflächen aneinander, bis sie warm und energiegeladen sind.
- ♥ Legen Sie die rechte Handfläche auf die Mitte Ihres Brustkorbs und die linke Handfläche darauf.

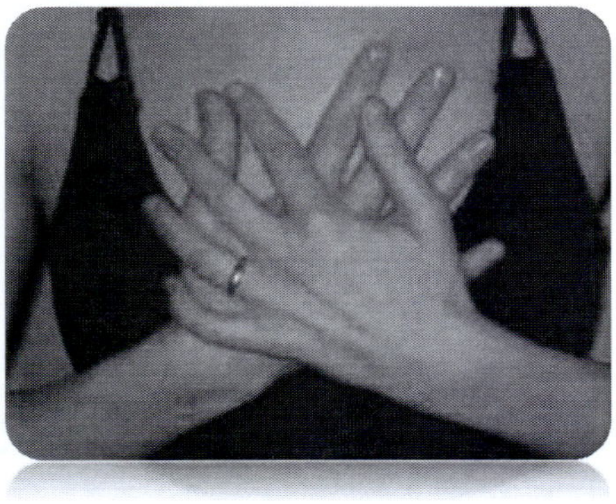

- ♥ Schliessen Sie Ihre Augen ganz und fühlen Sie die Mitte Ihres Brustkorbes warm und strahlend leuchten, voller Energie.
- ♥ Sehen Sie diese Energie als ein smaragdgrünes Licht, das aus der Mitte des Herzens in Ihren ganzen Körper ausstrahlt, in den Oberkörper, in Ihren Unterleib, die Beine hinunter bis in die Füsse und in die Zehen – und wie es grün in Ihre Arme hinausfliesst, in Ihre Hände, in die Finger und wieder zurück in Ihr Herz.
- ♥ Bleiben Sie mit Ihrer Aufmerksamkeit bei diesem Bild. (1-2 Min)
- ♥ Wenn Sie sich komplett durchtränkt haben mit Herzenergie lassen Sie Ihre Hände auf die Oberschenkel sinken mit den Handflächen offen nach oben, die Schultern entspannt und den Brustkorb offen.
- ♥ Spüren Sie oder schauen Sie zu, wie die grüne Licht-Liebe-Energie aus Ihren Händen in die Welt fliesst .
- ♥ Sie können sie im Geiste auf einen bestimmten Menschen richten oder einfach auf alle fühlenden Wesen.
- ♥ Um Ihre Meditation zu beenden, heben Sie die Arme und strecken Sie sie gerade nach vorn, immer noch mit offenen Handflächen.
- ♥ Atmen Sie tief ein und verbinden Sie sich mit dem Himmel, halten Sie den Atem an und drehen Sie jetzt Ihre Handflächen Richtung Boden.
- ♥ Atmen Sie aus und verbinden Sie sich mit der Erde.
- ♥ Legen Sie Ihre Hände in den Schoss und machen Sie ein paar ruhige Atemzüge in Ihrem gewohnten Rhythmus.
- ♥ Öffnen Sie die Augen.

Mudras und Mantras

Als weiteres Hilfsmittel um das Herzchakra zu öffnen kann man zum Beispiel **Mudras** verwenden. Das sind spezielle **Handpositionen um das Öffnen der Chakren zu unterstützen,** also Yoga-Übungen für Finger und Hand. Mit ihnen schickt man **mehr Energie zu den bestimmten Chakren und unterstützt so eine Heilung des Körpers und der Seele.** Sie helfen auch, die Aufmerksamkeit zu zentrieren, wenn Sie meditieren möchte.

Um den Effekt der Mudras zu verstärken, werden Klänge dazu gesungen die man Mantras nennt. Diese Klänge kommen von Sanskrit-Buchstaben. (s. Abbildung der 7 Hauptchakren auf Seite 4). Wenn Sie diese Laute singen, lösen sie ein **Mitschwingen, eine Vibration in Ihrem Körper aus, die Sie im entsprechenden Chakra fühlen können.**

Spezielle Übungen und rituelle Haltungen von Fingern und Hand haben in der Überlieferung vieler Völker in den unterschiedlichsten Kulturkreisen eine lange Tradition. Angefangen in Indien bei den Tempeltänzen oder schon bei der Entstehung des Yoga vor 5000 Jahren. Man findet sie wieder bei zeremoniellen Tänzen in Thailand und selbstverständlich hat auch bei Hula jede Handbewegung eine Bedeutung.

Indische Handgeste: Shukatunda hasta, wörtlich: Papageienkopf. Weitere Bedeutungen: Das Schiessen eines Pfeils, ein Speer, sich an seinen Wohnsitz erinnern, mystische Dinge aussprechen, eine Stimmung von Gewalt.

pau/flower

ua/rain

'aina/land

pali/peak

kapu/sacred

kuahiwi/mountain

ÜBUNG:

- ♥ Setzen Sie sich mit geradem Rücken hin. Füsse flach auf den Boden. Legen Sie die Hände mit den Handflächen nach unten auf den Knien ab und schliessen Sie die Augen.
- ♥ Atmen Sie tief ein und aus.
- ♥ Füllen Sie Ihren Bauch, Ihren Brustkorb, Ihre Kehle mit Luft und atmen Sie wieder aus.
- ♥ Konzentrieren Sie sich auf Ihren Atem und beobachten Sie, wie die Luft durch Ihre Nase hineinströmt und wieder hinaus. (3 mal)
- ♥ Machen Sie diese konzentrierte Atmung noch drei mal und gehen Sie dann über zu Ihrem normalen Rhythmus.
- ♥ Wenn alles in Ihrem Innern ruhig und still ist, stellen Sie sich vor, wie Sie aus Ihren Fusssohlen Wurzeln in den Boden wachsen lassen.
- ♥ Spüren Sie diese Wurzeln, die Sie mit der Erde verbinden und Ihnen Kraft, Energie und Halt geben.
- ♥ Jetzt drehen Sie Ihre Hände um, die Handflächen zum Himmel.

- Konzentrieren Sie sich auf Ihre linke Hand.
- Die Frauen berühren jetzt mit der Fingerspitze des Daumens, die Fingerspitze ihres Ringfingers. Atmen Sie ruhig weiter.
- Die Männer berühren mit der Fingerspitze des Daumens, die Fingerspitze des Mittelfingers. Und atmen ruhig weiter.
- Jetzt konzentrieren Sie sich auf die rechte Hand.
- Die Frauen berührten mit der Fingerspitze des Daumens, die Fingerspitze des Mittelfingers und atmen ruhig weiter.
- Die Männer berühren mit der Fingerspitze des Daumens, die Fingerspitze des Ringfingers und atmen ruhig weiter.

Das ist das Mudra für das Herzchakra

- Atmen Sie ruhig ein paar weitere Atemzüge.
- Jetzt stellen Sie sich Ihr Herzchakra vor im Zentrum Ihres Brustkorbs.
- Atmen Sie durch den Mund ein und öffnen Sie Ihren Brustkorb weit mit diesem Atemzug.
- Beim nächsten Ausatmen singen Sie den Klang YAM so: YAM, YAM, YAM,
- Wiederholen Sie dies nun wie folgt sieben Mal:
- Einatmen durch den Mund und Brustkorb öffnen
- Mit dem Ausatmen singen Sie: Yam, yam, yam,
- Jetzt kehren Sie zurück zu unserem normalen Atemrhythmus, lassen das Mudra los und öffnen die Augen.

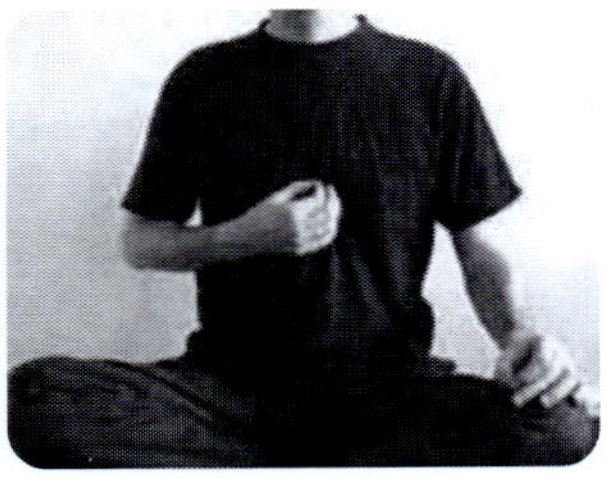

Oder:

- Setzen Sie sich mit gekreuzten Beinen auf den Boden, auf ein Sitzkissen oder wie in der letzten Übung aufrecht auf einen Stuhl.
- Lassen Sie die Spitze Ihres Zeigefingers und Daumens sich berühren.
- Setzen Sie Ihre linke Hand auf Ihr linkes Knie und
- die rechte Hand vor den unteren Teil Ihres Brustbeines, ein wenig über dem Solarplexus (auch dort gibt es eine Kuhle). Männer und Frauen dieselbe Handhaltung.
- Konzentrieren Sie sich auf das Herz-Chakra an der Wirbelsäule, auf der Höhe des Herzens.
- Singen Sie den Klang YAM dreimal beim ausatmen.
  (7-10 Wiederholungen.)

ÜBUNGEN FÜR UNTERWEGS:

Sie können auch im Zug oder in der Strassenbahn sitzen und eine Herzatmung machen. Die folgende Übung wird auch von Matrix Lehrern vor einer Matrixbehandlung empfohlen. Wiederholen Sie die Übung ungefähr 3 bis 10 Atemzüge lang.

- Beim Einatmen stellen Sie sich vor, wie von oben aus der Quelle allen Seins ein goldweisser Lichtstrahl in Sie hinein fliesst und von unten kommt ein warmer, roter Lichtstrahl aus dem Zentrum der Erde.
- Die beiden Lichtstrahlen treffen sich in Ihrem Herzen und vermischen sich.
- Beim Ausatmen lassen Sie diese Mischung aus Ihrem Herzen strömen und spüren wie Ihr Herzfeld sich ausdehnt.

Auf diese Weise schaffen Sie ganz viel Raum für Ihr unteres Selbst, um Ihre wahren Bedürfnisse und Herzenswünsche zu spüren.

ODER:

- Stellen Sie sich eine Kugel vor, etwa so gross wie eine Murmel.
- Halten Sie diese Murmel in Gedanken zwischen Zeigefinger und Daumen, so dass Sie sie gut sehen können.
- Sie packen nun alle Ihre Wertschätzung und Dankbarkeit in diese Kugel.
- Sie beginnt zu leuchten.
- Lassen Sie sie über das Stirnchakra (zw. Augenbrauen, 1 cm darüber) in Ihr Herz fallen und verfolgen Sie sie mit Ihrem Bewusstsein bis ins Herz.

So breitet sich Ihr Herzfeld aus und wird aktiviert.

Eine 15-minütige Meditation um mit Mudras und Mantras Ihre Chakren zu öffnen, finden Sie auf

http://www.youtube.com/watch?v=Kyz59DO5Nss

Matrix Energetics 2 Punkt-Methode

Die Matrix ist Spiegel unseres Denkens und Fühlens. Sie ist Informations-Container unserer persönlichen Wahrnehmungen, also unser eigenes Feld. In ihm ist alles was jemals war, ist und sein wird als Information vorhanden. Die persönliche Erfahrung ist ein offenes, durchlässiges System. Ändern wir unsere Wahrnehmung, verändert sich das Objekt der Beobachtung. Die Möglichkeit die Ergebnisse zu ändern ist dadurch gegeben. Von Beatrice Meister

Bereits als Kind hatte ich Visionen und sah Dinge welche eintrafen, voraus. Da mich das damals ängstigte, beschloss ich als junge Erwachsene diese Tür willentlich zu schliessen. Dies gelang mir teilweise.
Nachdem mich mein Weg über das Bankwesen zur diplomierten Psychiatrieschwester führte und ich von dort in unterschiedlichen Positionen von Stations- Leitung, Pflegeleitung, Heimleitung in diversesten Bereichen des Spital und Heimwesens tätig war, liessen mich die persönlichen Umstände und private Schicksalsschläge wieder auf den verlassenen Pfad zurückfinden, der mich nie ganz los gelassen hatte.

Wir ernten was wir erwarten, konkret: Wenn wir erwarten, dass wir zu spät kommen, dass wir krank bleiben, keine Arbeit finden, Geld schwer verdient werden muss usw. bekommen wir genau das. Wir sind also was wir glauben zu sein, haben und bekommen das was uns suggeriert und vorgesagt wurde.

Wie nutzen wir sie und wie wird sie angewendet?
Mit der Matrix arbeiten wir in einem veränderten Bewusstseins-Zustand, den man lernen muss zu halten. Je weniger man tut, desto mehr geschieht. Wir verbinden durch Veränderung unseres Bewusstseins, indem wir unsere rechte Hirnhälfte nutzen zwei Punkte miteinander, setzen eine Absicht (Intention) zur Veränderung und überlassen dem Feld der Matrix die beste Lösung.

Die linke Hirnhälfte ist die logische. Sie ist für unser Tun und Handeln verantwortlich. Sie kann immer nur eine Sache gleichzeitig erledigen. Sie ist dazu da, dass deine Vorstellung real ist. Du bist und programmierst dich täglich selbst. Mit Matrix programmieren wir unsere Realität um.
Die rechte Hirnhälfte ist die kreative, intuitive. Sie kann mehrere Dinge gleichzeitig wahrnehmen und umsetzen, wird im Alltag zu Gunsten der linken oft vernachlässigt.

Wir sind alle virtuelle Konstrukte aus Licht (Energie), Information und Resonanz. Licht kann sich in Wellen oder Teilchen zeigen. Als Teilchen zeigt es sich real. Sehen wir uns als nicht real (Hologramm) geschieht Veränderung. Ändere ich die Wahrnehmung und lasse bewusst los, erhält das Unbewusste die Chance, die Veränderung in die Realität umzusetzen.

Wir arbeiten mit Herzenergie, deren Energiefeld laut Messungen 5000 Mal höher als dasjenige des Hirns ist. Das Herz ist Torsionsfeld d.h. Zwischenablage unveränderter Dinge. Wir gehen in Resonanz mit ihm und der rechten Hirnhälfte, dem Ort des „Nichts tun".

Wir setzen einen ersten Punkt real am Körper, verbinden ihn mit dem gegebenen Thema, messen den zweiten Punkt im Feld der Matrix, lösen uns vom bewussten Denken, formulieren unsere Absicht, lassen los und schon ermöglichen wir dem Feld seine Arbeit zu tun.

Wo, wann und bei wem wird Matrix angewendet?
Die Matrix 2 Punkt-Methode kann überall eingesetzt werden, die Möglichkeiten sind grenzenlos, da im Feld alle Informationen aus allen Zwischendimensionen gespeichert sind. Weil alles Energie ist, geht nichts verloren. In der Matrix kann auf jeden existierenden Variantenraum zugegriffen und eine Tür zu einer neuen Realität geöffnet werden. Ob physisch, psychisch oder finanziell, sie kann immer genutzt werden. Egal ob es sich um körperliche, seelische, geistige oder finanzielle Schwierigkeiten handelt, das Feld kennt alle Lösungen.

Was ist von Matrix Energetics zu erwarten? Was zu beachten?
Je offener, erwartungsfreier der zu Behandelnde ist, desto besser funktioniert die Matrix. Geht der Klient mit seinem Thema in Resonanz und lässt das Feld seine Arbeit tun, wird sich das für ihn zu diesem Zeitpunkt Richtige einstellen. Das kann rasch geschehen oder länger dauern. Es ist nicht im Bereich des Anwenders die Zeit zu bestimmen. Er ist nur Auslöser für mögliche Veränderungen. Muss ich denn daran glauben? Nein, wenn die Offenheit zur Veränderung da ist, geschieht sie auch. Wir können auch keine Pflanze und kein Tier fragen, ob sie oder es glaubt, und dennoch verändert sich das Thema.
Kann etwas Negatives installiert werden? Nein, denn die ins Feld gegebene Intention ist immer: Was wäre, wenn alles leichter, besser, einfacher wird. Auch ist sie immer mit der bedingungslosen Herzliebe verbunden.

Aus der Praxis

Am 29. Februar 2012 habe ich in der Huna-Gruppe Zürich meine Arbeit mit der Matrix 2-Punkt-Methode vorgestellt. Die Teilnehmer hatten nach einer Einführung in die Funktionsweise und Technik die Gelegenheit, die Methode zu erproben, zu spüren wie sich eine Behandlung anfühlt und die Wirkung sofort am eigenen Leib zu erfahren.

Drei unterschiedliche Personen meldeten sich für eine Behandlung. Ein junger Mann der sich über seit langer Zeit verstopfte Nase beschwerte. Eine Dame mit seitlichen Halsschmerzen und eine weitere mit Skoliose und folglich Rückenschmerzen. Jede der Testpersonen hatte Gelegenheit eine 15-minütige Behandlung zu erhalten.

Wie sich das Ganze auswirkte und auch für die weiteren Anwesenden zeigte, war in jedem Fall anders. Der junge Mann reagierte anfänglich körperlich bloss mit leichtem Schwanken, verursacht durch die empfangenen Informationen aus der Matrix. Diese wurden im Verlauf stärker und am Ende meinte er, jetzt habe er plötzlich eine neue Sichtweise und sehe die Richtung klarer, wohin er sich begeben sollte. Ihm wurde bewusst, dass seine Nase verstopft war, weil er die Nase voll von einigen Dingen hatte, die er nun zu ändern bereit war.

Die Dame mit den einseitigen Halsschmerzen schwankte wie ein Blatt im Wind und am Ende der 15 Minuten war der Halsschmerz mittig und verändert für sie.

Die Dame mit Skoliose reagierte sehr heftig. Mein Partner der als sogenannter Fänger agierte, hatte alle Hände voll zu tun, denn sie fiel laufend um und lag zu Boden. Sie fühlte sich am Ende der Kurzbehandlung sehr viel besser, aufrechter, schmerzfrei und hatte den Eindruck von Veränderung im Rückgrat. Diese Vorführung war wohl für alle Anwesenden die Eindrücklichste.

Im Verlauf meiner Praxis- Tätigkeit konnte ich feststellen, dass manchmal bereits in den ersten zehn Minuten nachhaltige Besserungen statt finden. Ein Beispiel: Sturz einer 90 jährigen Dame auf den Asphalt. Die Behandlung fand fünf Stunden nach dem Sturz statt. Die Dame kam mit Beckenschiefstand, humpelnd und starken Schmerzen in der linken Hüfte und Leiste zu mir. Nach zehn Minuten gewisser Anwendungs-Tools, welche sie bereits zu Beginn als sehr wohltuend empfand, hiess ich sie zu testen, wie sie gehen könne. Sehr vorsichtig, da ja zuvor jede Bewegung stark schmerzte, setzte sie ein Bein vor das andere. Mit grosser Verblüffung stellte sie fest, dass sie absolut normal und schmerzfrei gehen konnte. Zwei Tage später fuhr sie, mit Koffer bepackt, problemlos per Zug in die französische Schweiz.

Dies ist nur eines von vielen Beispielen. Mehr dazu finden sie auf meiner Webseite: http://energetische-therapie.jimdo.com/

Selbstverständlich gibt es auch hartnäckigere Fälle, und ich erinnere mich an Sitzungen, die zwei Stunden dauerten. Die Informationen die hereinkamen waren so zahlreich, dass diese Zeit einfach gebraucht wurde. Es muss auch erwähnt werden, dass die Erfahrung zeigt, dass auch bei dieser Technik, so wie bei allen Anwendungen, die Möglichkeit einer Erstverschlimmerung besteht, dies aber eine normale Reaktion ist und nur zeigt, dass im Körper Veränderungen zum Guten geschehen. Die Erstverschlimmerung hält auch niemals länger als 48 Stunden an, und ist also kein Grund zur Beunruhigung. Der Körper braucht oft länger, als die verändernden Informationen und ist somit ganz natürlich.

Das absolut fantastische ist, dass unglaublich viel auf körperlicher, psychischer und mentaler Ebene in kürzester Zeit verändert werden kann. Der Behandelnde erhält die Informationen und kann diese weitergeben. Es gelingt jedoch nicht immer gleich, wie ich sage, auf den richtigen Knopf zu drücken, sprich: genau **die Information abzurufen**, die alles sofort ändert.

Beatrice Meister
Praxis für energetische Heilung
Waidstrasse 17
8037 Zürich
079 273 18 30
beamei3@gmail.com

Sag Ja zu den Überraschungen, die deinem Tag eine ganz andere Richtung geben, ja, vielleicht deinem Leben.
Dom Helder Camara

Tutu Myra Delaquis – ein Nachruf

Von Noëlle Delaquis. *Tutu Myra Delaquis, Gründerin von AlohaSpirit, meine Mutter und Lehrerin, hat am 28. März 2012 ihre letzte Reise angetreten. Der Verlust ist so gross und tief wie das Meer; der Reichtum, den sie hinterlassen hat, auch. Sie hat für die Liebe gelebt, und wir alle durften von ihr so viel lernen. Wir wissen, dass sie weiterhin hinter uns steht, dass sie uns Mut und Kraft gibt, um in Liebe weiterzugehen. Unsere Kupuna (ältere weise Person) hält nun die Fackel für uns. AlohaSpirit wird den begonnenen Weg weitergehen, wir werden die Samen, die Tutu gesetzt hat, umsorgen und wässern. Sie hat uns auf diesen Moment vorbereitet, und nun ist es an uns, ihr Wissen, ihr Aloha und ihre Visionen in die Zukunft zu tragen. Hier ein Text geschrieben von Myra über sich selbst und ihr Leben:*

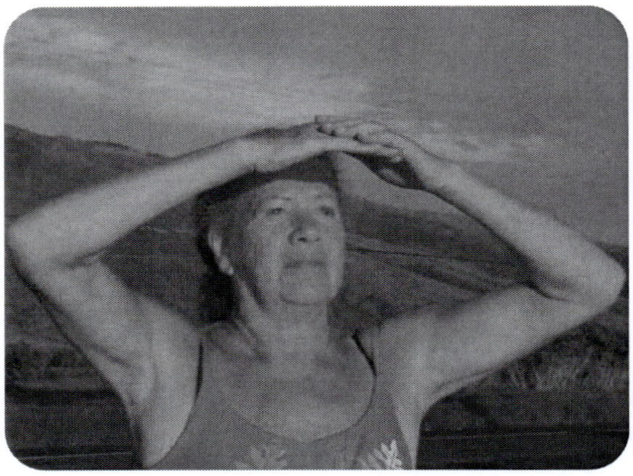

"Bereits in meinen Jugendjahren habe ich davon geträumt, einmal Ärztin zu werden. Wie das Leben so spielt - so hat es bei mir einen anderen, nicht minder spannenden Lauf genommen. In Basel geboren und aufgewachsen, bin ich nach Abstechern in die Schauspielerei mit meinen beiden Kindern im Jahre 1965 in den Kanton Tessin übersiedelt. In Muzzano und später Bosco Luganese habe ich mich - neben meinen Brotberuf zuletzt als Leiterin des Berufszentrum-Coiffeure des Kantons Tessin - beim Telefondienst der Dargebotenen Hand engagiert, die ich in meinem Kanton zuletzt geleitet habe und in der kommunalen Politik. Auch habe ich damals über den Berufsverband der Geschäftsfrauen (BPW) verschiedene spannende Frauen in Wirtschaft und Politik kennen gelernt. Den Traum der Ärztin und Therapeutin habe ich nie aufgegeben und habe deshalb zahlreiche Ausbildungen besucht. In späteren Jahren habe ich das zeitintensive und aufwändige Studium der Naturheilpraktikerin aufgenommen, welche Kenntnisse und Erfahrungen mir auch im Rahmen von AlohaSpirit zugute kommen.

Seit anfangs der Neunziger Jahren habe ich mich mit der Huna-Lebensphilosphie auseinander gesetzt, zu welchem Zweck ich verschiedentlich Hawai'i besucht habe. So war ich Schülerin von Dr. Serge Kahili King, Susan Pa'iniu Floyd und Lanakila Brandt, auf Hawai'i und Europa. Als autorisierte Lehrerin von Aloha International, Hawai'i, wurde ich im April 2002 als Alaka'i ausgezeichnet. Also als eine spirituelle Lehrerin anerkannt, die entschieden hat, sich auf der Grundlage des Aloha Spirit, der sieben Huna-Prinzipien und der hawaiianische Spiritualität der Heilung zu widmen. Aloha International habe ich 2006 verlassen und gehe nun meinen eigenen Weg mit Hū Ana, Lomilomi und der hawaiischen Kultur. Bald gesellte sich die intensive Aus- und Weiterbildung in Lomilomi dazu, welche stupende Massageform ich seit 1992 anbiete. Meine beruflichen Erfahrungen in der Lehrtätigkeit machte ich mir dadurch zunutze, dass ich seit 1996 u.a. Lomilomi und Hū Ana selber unterrichte. Dabei kann ich auf Lebenserfahrungen zurückgreifen, wie ich sie machen durfte und die zahllosen Menschen, denen ich im Laufe meines Lebens beigestanden bin. Seit Januar 2008 biete ich meine Heilkünste im Hale AlohaSpirit in Meilen folgendes an.

Glücklich bin ich nicht bloss über das Wesen meines im Jahre 2000 geborenen Enkels, Moïse Lehua, der sich ebenfalls durch Hawai'i angezogen fühlt. Sondern auch über die enge Zusammenarbeit mit meiner Tochter, Noëlle Delaquis, mit welcher ich seit 2005 AlohaSpirit-Seminare anbiete. Ende 2011 habe ich ihr die AlohaSpirit Schule und Praxis weitergegeben, sie wird meine Vision weiterführen und Aloha in die Welt hinaustragen."

AlohaSpirit

www.alohaspirit.ch

Seminarkalender

April 2013

Huna Basis-Seminar – Entdecken Sie Ihr wahres Selbst
4 x Dienstagabend, 19.00 – 21.00 h:
09./16./23./30. April 2013
CHF 300.00 (Mitglieder 250.00)

Mai 2013

Ho'oponopono - Freiheit durch Selbstverantwortung
Freitag, **10. Mai 2013**, 19.00 h
Einführungsvortrag
Samstag, **11. Mai 2013**, 09.30 – 17.00 h
Tages-Workshop
CHF 200.00 (Mitglieder 180.00)

Juni 2013

Huna Praxis-Seminar – das innere Kind erlösen
Samstag, **29. Juni 2013**, 09.30 – 17.00 h
Tages-Seminar
CHF 200.00 (Mitglieder 180.00)

August 2013

Ho'oponopono - Freiheit durch Selbstverantwortung
Freitag, **23. Aug. 2013**, 19.00 h
Einführungsvortrag
Samstag, **24. Aug. 2013**, 09.30 – 17.00 h
Tages-Workshop
CHF 200.00 (Mitglieder 180.00)

September 2013

Huna Basis-Seminar – Entdecken Sie Ihr wahres Selbst
4 x Dienstagabend, 19.00 – 21.00 h:
03./10./17./24. September 2013
CHF 300.00 (Mitglieder 250.00)

Oktober 2013

Huna Praxis-Seminar – das innere Kind erlösen
Samstag, **26. Okt. 2013**, 09.30 – 17.00 h
Tages-Seminar
CHF 200.00 (Mitglieder 180.00)

Detaillierte Informationen und Anmeldung auf www.huna-europe.ch

Herausgegeben von:
Huna Forschungs-Gesellschaft Zürich | HFG
Grubenstrasse 27 | CH-8045 Zürich
Telefon +41 44 251 55 65
info@huna-europe.ch | www.huna-europe.ch

HUNA-GRUPPE ZÜRICH 2013

An folgenden Mittwochabenden trifft sich die Huna-Gruppe Zürich **im Lokal der HFG Zürich, Grubenstrasse 27, 8045 Zürich-Binz**

23. Januar 2013, 19.00 h
„Awake“ – Ein Reiseführer ins Erwachen
Filmvorführung mit anschliessender Diskussion, Ulrich Amacher

27. Februar 2013, 19.00 h
Permakultur nach Sepp Holzer – Landwirtschaft im Einklang mit der Natur
Gastreferent Patrick Staub

27. März 2013, 19.00 h
Ein Abend mit dem Medium Susanne Rüegg
Susanne Rüegg liest die Energien der Anwesenden und bestimmt so das Thema des Abends. www.suraina-life.coaching.com

Beginn jeweils 19.00 Uhr. Einzelheiten auf www.huna-europe.ch
Unkostenbeitrag pro Abend für Mitglieder CHF 10.00 (Nichtmitglieder CHF 20.00), bei Gastreferaten nach Ansage.

Neue Teilnehmer sind jederzeit herzlich willkommen! Eine Anmeldung ist nicht nötig.

Sondernummer zum 100. Geburtstag von Henry Krotoschin 2013

HUNA NACHRIC

Zeitschrift für Mitglieder | Huna Forschungs-Gesel

100 JAHRE HENRY KROTOSCHIN

„Bist ein gutes Stück“

Liebe Leserinnen und Leser

Am 29. März 2013 wäre Henry 100 Jahre alt geworden. Zu diesem Anlass widmen wir ihm diese Sonderausgabe der „Huna-Nachrichten“. Einige seiner Freunde und Weggefährten haben dafür Begebenheiten, Anekdoten und Erinnerungen aufgeschrieben. Damit möchten wir unserem geliebten Henry die Ehre erweisen.

Henry hat schon vor Jahren Pläne für seinen 100. Geburtstag geschmiedet. Wie diese allerdings konkret aussahen, weiss ich nicht. Ich musste oft schmunzeln, wenn er diesen besonderen Tag in Briefen an Freunde und Bekannte erwähnte. Henry diktierte seine Korrespondenz immer in ein Diktaphon und ich sass dann mit dem Kopfhörer auf dem Kopf, einem Fuss auf dem Pedal des altertümlichen Abspielgerätes und tippte seine Worte. Ein wenig wehmütig erinnere ich mich an diese Zeit zurück. Üblicherweise erwähnte er diesen Tag wenn er sich für Glückwünsche bedankte oder über seinen Gesundheitszustand schrieb, der ihm je länger je mehr zu schaffen machte. Ein typische Formulierung konnte etwa sein: „Aber ich will mich nicht beklagen. Ich bin ein Stehauf-Männchen und ich habe bereits Pläne für meinen 100. Geburtstag“.

Während meiner Tage hier im Büro der HFG fällt mein Blick oft auf sein Bild und ich erinnere mich an seine typischen, lieb gewonnenen, täglichen Rituale und Angewohnheiten. Beispielsweise machte er uns jeden Morgen als erstes ein Kompliment. Bei Ueli rühmte er meist die Hemden oder die Krawatte, bei mir die Bluse oder die Frisur - erst danach konnte das Tagwerk beginnen. Bis heute bewundere ich seinen nimmermüden Geist und sein Interesse an allem Neuen bis ins hohe Alter. Henry ist mir in vielen Dingen ein unvergessliches Vorbild.

Oft rufe ich mir die langen Gespräche in Erinnerung und vor al-

INHALT

Erinnerungen an Henry Krotoschin

Von Erika Schmitt **> Seite 4**
Von Prof. Dr. E. Otha Wingo **> Seite 5**
Von Verena Pickart-Demont **> Seite 6**
Von Bajram Lecka **> Seite 6**
Von Greg Boyd **> Seite 7**
Von Charlotte Berney **> Seite 8**
Von Irene Morf **> Seite 8**
Von den Familien **> Seite 13**
Von Christine Bengel **> Seite 13**

Erkenntnisbriefe

Aus Henry Krotoschins umfangreicher Korrespondenz haben wir für Sie ein paar Perlen ausgesucht. *Von Henry Krotoschin* **> Seite 9**

Bücher, CDs, Kassetten

Alle Veröffentlichungen von Henry Krotoschin sind nach wie vor erhältlich. Bitte beachten Sie dazu **> Seite 14**

Herausgegeben von:

Huna Forschungs-Gesellschaft Zürich | HFG
Grubenstrasse 27 | CH-8045 Zürich
Telefon +41 44 251 55 65
info@huna-europe.ch | www.huna-europe.ch

lem die speziellen Stunden in seinem Wohnzimmer, wenn er im Lehnstuhl sass und aus seinem Leben erzählte, seinen Gedanken Worte verlieh und mich lehrte und alle meine Fragen mit Engelsgeduld beantwortete.

Henry konnte jedoch auch ungeduldig sein und rief jeweils sofort auf mein Handy an, wenn ich mich etwas verspätete: „Jenny, wo bist du? Ich mache mir Sorgen!“ Ueli und ich schmunzeln noch heute über seinen ganz speziellen Ton in der Stimme, wenn er irritiert war über unsere Verspätung. Er war bis zuletzt voller Tatendrang und hatte einen unbändigen Willen, immer vorwärts zu gehen, auch wenn sein Körper ihm gegen Ende seines Lebens oft Einhalt gebot.

„Bist ein gutes Stück!“ war ein häufiges Lob, das er mir schenkte, wenn er sich über eine Hilfestellung besonders freute. Es ist ein (etwas abgewandeltes) Zitat aus dem Schlager „Peter, Peter, komm zu mir zurück“ von Marlene Dietrich, an den sich Henry in seinen letzten Tagen gern erinnerte.

Es war auch das Lied, welches er auf unserem letzten Spaziergang am Tag vor seinem Tod sang. Er ruhte sich von ein paar Schritten im Freien aus, sass auf dem Sitzbrett seines Rollators und sang, das Gesicht der untergehenden Sonne zugewandt...

Liebe, es war vor allem Liebe die er ausstrahlte. Sie umgab ihn wie eine warme Kugel in die man hineinschlüpfen konnte und die ich heute noch sehr vermisse wenn ich an ihn denke. Ich bin für immer dankbar für die Jahre mit Henry. Sie haben mein heutiges Leben entscheidend mitgeprägt.

Mit allen guten Gedanken sind wir bei dir und danken dir für alles, was wir von dir lernen durften. Wir schicken dir viel Mana und Licht!

Deine

Jenny und Ueli

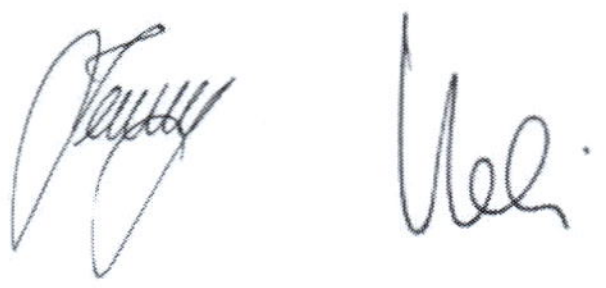

Peter, Peter, komm zu mir zurück

Wie konnte mich ein Mann nur so berauschen?
Wie beging ich nur den Wahn,
meinen guten Peter einzutauschen,
der mir niemals was getan.
Weckte man ihn nachts aus seinem Bette
laut und roh per Telephon:
Peter, ich hab keine Zigaretten,
was sprach Peter: Bring sie schon.
Peter, Peter, komm zu mir zurück,
Peter, Peter, warst mein bestes Stück.
Peter, Peter, ich war so gemein
Später, später sieht man erst alles ein
Sprach man: Peter, ich hab dich betrogen,
sagte er: Wenn's dich nur freut.
Nie ist ein Gewitter aufgezogen,
er war zärtlich jederzeit.
Und ganz ohne Grund ging ich zu anderen,
sagte Peter Adieu!
Geb ich mich nun jetzt an all die anderen,
tut mein Herz nach ihm so weh.
Peter, Peter ...

http://www.youtube.com/watch?v=t1_JeZeXYeE&feature=player_detailpage

Henry Krotoschin im Alter von 95 Jahren an seinem letzten Seminar in Todtmoos

Henry Krotoschin wurde am 29. März 1913 in Leipzig geboren und kam Mitte der dreissiger Jahre in die Schweiz. Er studierte Chemie und erwarb ein Ingenieurdiplom an der ETH Zürich. In der Schweiz lernte er auch seine zukünftige Frau Marion kennen. Mit ihr gründete er eine Familie in Zürich, wo er bis zu seinem Lebensende wohnhaft blieb. Nach einigen Jahren Tätigkeit in der Chemiebranche widmete er sein Tun mit ganzem Herzen der klassischen Musik. Nach einer 30-jährigen Laufbahn in der Produktion und im Vertrieb von Schallplatten zog sich Henry aus dem Geschäftsleben zurück. Es folgte eine tiefe Krise, in deren Verlauf er der Huna-Lehre begegnete. Zitat: „*Die beiden bedeutungsvollen Bücher von Max Freedom Long („Kahuna Magie" und „Geheimes Wissen hinter Wundern") sind auf wunderbare Weise in meine Hände gekommen, als ich mich in der wohl schwersten Depression meines Lebens befand, mit dem Erfolg, dass ich nach drei Wochen – unmittelbar nach der Lektüre dieser beiden Bücher – ein vollständig verwandelter, positiv denkender und unerschütterlicher Mensch geworden war.*"

Die Huna-Lehre wurde fortan zu seinem Lebensinhalt. Er reiste in die USA, um Dr. E. Otha Wingo, den Nachfolger von Max Freedom Long und Leiter der Huna Research, Inc. in Cape Girardeau, Missouri, zu treffen. 1981 gründete Henry Krotoschin deren offizielle Europa-Vertretung, die Huna Forschungs-Gesellschaft Zürich. Die Vermittlung der Huna-Lehre, so wie sie Max Freedom Long veröffentlicht hatte, war ihm ein grosses Anliegen. Henry Krotoschin hielt bis zu seinem Tod im Jahr 2009 über 700 Seminare und Vorträge im deutschsprachigen Europa, in Polen, den USA und Brasilien. Er verfasste unzählige Artikel, vor allem für seine Zeitschrift „Huna-Arbeit", und war bis zu seinem letzten Tag aktiv für Huna tätig.

Am 29. März 2013 wäre Henry 100 Jahre alt geworden.

Henry war für mich ein besonderer Mensch. Er war für mich Vorbild und zugleich Inspiration. Er war liebevoll und konnte gleichzeitig auch streng sein. Alles, was Henry mir beigebracht hat, werde ich in Ehren weiterleben.

In seinen Vorträgen hatte er eine immense Disziplin. Ich erinnere mich hier an ein Seminar in Todtmoos. Der Unterricht begann nach dem Frühstück. Nach einer kurzen Mittagspause ging es weiter bis zum Abendbrot und nach kurzer Pause noch mal bis 22:00 Uhr. Am fünften Tag ist Henry gestürzt und hatte sich ein paar Rippen gebrochen. Zu diesem Zeitpunkt war Henry bereits 91 Jahre alt. Da wir schon viel Stoff aufgenommen hatten und müde waren, dachten wir, es gäbe nun eine kleine Verschnaufpause. Aber - das Seminar ging weiter - ohne Pausen, und trotz der großen Schmerzen die er verspürte.

Seine herzliche, geduldige und manchmal auch strenge Art werden mich immer begleiten.

Und der Satz der mich von Anfang an begleitet hat, ist:

„Der zutiefst beglückende Kontakt mit seinem eigenen" Hohen Selbst" ist die Krönung dieser Huna Arbeit. Und das durfte ich erfahren. Danke."

Erika Schmitt

Erika Schmitt hat eine fundierte Huna-Ausbildung absolviert, unter anderem in mehreren Seminaren bei Henry Krotoschin. Sie gibt Huna-Seminare und leitet in Hannover und München eine Huna-Gruppe. Bei der Huna-Gruppe Zürich trat Erika Schmitt bereits als Gastreferentin auf. Sie lebt in Langenhagen bei Hannover.

+49 (0511) 973 5015
e.schmitt@t-online.de

Limericks

There was a young man from Dealing
Who caught the bus for Ealing.
It said on the door
Don't spit on the floor.
So he jumped and spat on the ceiling.

Es kann eine Dame aus Scheuen
Sich herrlich an Männern erfreuen.
Hat sie einen fest,
gibt sie ihm den Rest
und nimmt sich sogleich einen neuen.

There was a young lady of Lynn,
Who was so excessively thin,
That when she assayed
To drink lemonade
She slipped through the straw and fell in.

Der Mann einer Köchin aus Hagen
war glücklich, ja stets ohne Klagen.
Wohl war sie recht fett
und müde im Bett.
Doch Liebe geht oft durch den Magen.

There was a young lady from Ickenham
Who went on a bus-trip to Twickenham.
She drank too much beer,
Which made her feel queer,
So she took off her boots and was sick-in-'em.

There was a young lady of Kent,
Whose nose was most awfully bent.
She followed her nose
One day, I suppose –
And no one knows which way she went.

Erinnerungen an Henry...

Ich kenne Henry seit 1978 und bis zum heutigen Tag. Obwohl er 2009 aus dem Leben schied (wir nennen es „Promovieren vom Schulplaneten Erde"), wird die Erinnerung an ihn nie enden. Von Dr. E. Otha Wingo

Prof. Dr. E. Otha Wingo war Professor für klassische Sprachen und Mythologie an der Southeast State University (Cape Girardeau) wo er über vierzig Jahre unterrichtete. 1972 ernannte ihn Max Freedom Long zu seinem Nachfolger als Direktor und Präsident der Huna Research, Inc. Otha Wingo schrieb mehrere Bücher über Huna, welche jedoch vergriffen sind. Blattkopien seines Standardwerks **„Das Huna-Arbeitsbuch"** sowie **„Briefe über Huna"** (eine Einführung in die Grundbegriffe von Huna) sind bei der HFG Zürich erhältlich.

Mein erster Kontakt zu Henry entstand durch einen Brief den er mir am 18. Juni 1978 schrieb. Er hatte meinen Huna-Kurs „Briefe über Huna" und Max Freedom Longs Bücher „Geheimes Wissen hinter Wundern", „Kahuna Magie" und „Selbstsuggestion und Huna-Gebet" studiert. Er schrieb: „Huna hat mir mehr gebracht als alles andere, das ich bis jetzt auf dem Weg meiner Suche gefunden habe...Es ist mir sehr wichtig, rasche Fortschritte im Huna-Wissen zu erlangen." Dann sagte er, dass er vier Monate später nach USA reisen werde und bat darum mich zu treffen um „verschiedene Fragen" zu diskutieren. (Er erwähnte fünf).

Henry kam am 9. Oktober 1978 nach Cape Girardeau. Wir sassen in meinem Studierzimmer und sprachen über Huna. Nachdem wir uns kurz miteinander bekanntgemacht hatten, griff Henry nach einem Notizblatt mit den Fragen, die er sich während seiner Huna-Studien aufgeschrieben hatte. Es war eine Liste von vierzig Stück! Seine Fragen waren detailliert und deckten das gesamte Spektrum der Huna-Philosophie und ihrer Praxis ab. Jede Frage ergab ein Antwort und eine weiterführende Diskussion.

Eine seiner Fragen drehte sich um eine sehr persönliche Erfahrung aus einer früheren Zeit in seinem Leben (er war damals 65). Er verkündete rundheraus, dass diese Erfahrung eine riesige Blockade in seiner spirituellen Entwicklung und in seinem Fortschreiten mit dem Huna Studium darstellte. Er ging auf dieselbe sehr ruhige, klare und bedachte Weise in die Details, wie er es zuvor mit allen anderen Fragen getan hatte. „Was kann ich tun?" fragte er. Ohne zögern und ohne zu überlegen, platzte ich heraus, „Du musst ihnen vergeben!" Ohne seinen Gesichtsausdruck zu verändern, blieb Henry für einen Moment ruhig. Es kam mir vor wie eine Ewigkeit, ich war bestürzt über meine unverblümte Antwort auf eine sehr delikate Angelegenheit. Ohne ein Wort blickte Henry erneut auf seine Notizen und sagte, „Meine nächste Frage ist...," und fuhr weiter also ob die letzten paar Minuten nicht stattgefunden hätten. Am nächsten Tag ging unsere Diskussion weiter und ich brachte Henry zum Flughafen damit er seinen Rückflug erwischte.

Sieben Jahre später, als ich Henry auf der ersten von zwei achtwöchigen Vortrags- und Lehrreisen in der Schweiz und in Deutschland begleitete, kam er ruhig auf die Frage und meine Antwort von damals zurück. „Ich hätte nicht erstaunter sein können, wenn du einen Baseballschläger zur Hand genommen und mich damit geschlagen hättest," sagte er. „Ich wusste, dass deine Antwort die einzig mögliche Lösung war, aber zu dieser Zeit konnte ich mir nicht vorstellen es über mich zu bringen. Ich rang ein ganzes Jahr mit mir, aber schliesslich realisierte ich, dass kein Weg daran vorbeiführte, also tat ich es. Ich vergab den Tätern für das schreckliche Unrecht das mir angetan wurde. Jetzt fühle ich mich frei von dieser Bürde und kann weiterkommen mit Huna."

Die Vortragsreisen waren für uns beide eine erstaunliche Erfahrung. 1985 und 1995 hielten wir in acht verschiedenen Städten in Deutschland und der Schweiz Vorträge und Seminare. Wir hielten jeweils einen öffentlichen Vortrag am Freitagabend und ein zwei- oder dreitägiges Seminar über das Wochenende. Die Kurse dauerten täglich zwölf Stunden. Vergessen Sie nicht, dass Henry 72 während der ersten und 82 während der zweiten Tournee war! Obwohl ich 21 Jahre jünger war als Henry, konnte er mich vom Teppich fegen mit seiner Unermüdlichkeit! Wir unterrichteten damals schätzungsweise 5000 Huna-Studenten.

1980 lehrte Henry (das erste Mal in Englisch) an unserem jährlichen Huna Treffen – danach war er ein regelmässiger Redner an unserem jährlichen Kongress. Durch sein kompetentes Wissen und Praktizieren der Huna Lehre erhielt er die Anerkennung als zertifizierter Huna Lehrer und Huna Anwender. 1981 gründete er die Zürcher Huna Forschungs-Gesellschaft als Tochtergesellschaft der Huna Research Inc. in USA.

Erinnerungen an unsere persönlichen Besuche schliessen einen speziellen Abend ein, als Henry und meine Frau Ann Limericks dichteten in einem Restaurant. (Er sammelte Limericks aus der ganzen Welt – siehe Seite 4). Wir liebten es beide, in Schreibwarenhandlungen zu stöbern und Bootstouren zu unternehmen.

Henry nannte mich Otha, sprach jedoch immer von mir als Prof. Dr. E. Otha Wingo.

Zu Besuch in Unity Village

Im Herbst 1995 nach einer Huna-Konferenz bei Otha Wingo in Cape Girardeau, Missouri, wollte Henry mich gerne besuchen. Ich war zu dieser Zeit Studentin an der Unity Academy in Unity Village, nur etwa eine Flugstunde entfernt. Leider passte mir der Termin sehr schlecht, denn genau dann sollte mein erster Gottesdienst in Unity Village stattfinden, was rundherum viel Organisation, Proben etc. bedeutete.

Henry nahm in Kauf, dass ich nicht viel Zeit für ihn haben würde, und kam dennoch. Er war neugierig, einmal "Unity-Headquarters" kennen zu lernen, nachdem er schon seit vielen Jahren seine Huna-Seminare im Unity Lehrzentrum in Todtmoos (Schwarzwald) durchführte.

Beim Gottesdienst mit anschliessendem Apero genoss er es sehr als mein Ehrengast dabei zu sein, zumal er (wie bei Unity in solchen Situationen üblich) auch namentlich begrüsst wurde. Ab diesem Zeitpunkt war er in Unity Village bekannt wie ein "bunter Hund". Während ich den restlichen Vormittag im Unterricht sass, erkundete er auf eigene Faust die Village und wurde überall wie ein alter Bekannter empfangen: Entweder waren die Betreffenden im Gottesdienst gewesen, oder sie hatten bereits gehört: "Verena's Swiss friend is here!" Wo er überall gewesen war, wurde mir erst nach und nach bewusst, da offenbar sowohl in der "Library" als auch im "Post office", "Book Store" oder im "Unity Inn" ihn alle zu kennen schienen, und mich noch nach Monaten fragten, wie es meinem "Swiss friend" ginge.

Alle waren beeindruckt von Henrys entwaffnender Offenheit, seinem Charme und seinem Interesse. Da er perfekt Englisch sprach, gab es keine Sprachbarrieren. So gab er auch spontan und ohne mit der Wimper zu zucken nach dem Gottesdienst einem meiner Klassenkameraden, ein Video-Interview über seine Erlebnisse in der Village. Meine Freunde, die ihn später zum Flughafen brachten, wären gerne noch länger mit ihm Auto gefahren, so interessant fanden sie das Gespräch über spirituelle Themen mit ihm.

Verena Pickart-Demont

Henry Krotoschin zu Besuch in Unity Village im Oktober 1995. Rechts im Bild Verena Pickart-Demont

---

„Für mich war Henry ein kompetenter, weltoffener und sehr weiser Mensch und Seminarleiter. Nicht vergessen darf man seinen Humor sowie seine charmante und mitfühlende Art. Durch seine Arbeit hat er vielen Menschen geholfen, sich selbst zu finden. Ich werde Henry immer in guter Erinnerung behalten und danke ihm für die dreißig Jahre, in denen er im Haus Lichtquell als Seminarleiter tätig war."

Bajram Leka
Vorsitzender des Unity-Lehrzentrums e.V. Seminarzentrum „Lichtquell", Todtmoos (Schwarzwald)

Aktuelle Seminare von Verena Pickart-Demont im Seminarzentrum „Lichtquell":

6. – 11. Mai 2013
Burnout-Prävention

1. – 6. Juli 2013
Entspannung – Bewegung – Meditation

26. – 31. August 2013
Der Alltag als Übung

www.lichtquell.de

Verena Pickart-Demont lebt in der Nähe von Züirch, wo sie als Entspannungstherapeutin, Seminarleiterin und in der seelsorgerischen Begleitung arbeitet. Nach mehrjähriger Tätigkeit als Chefredakteurin absolvierte sie ein zweijähriges Studium (u.a. in Metaphysik, angewandter Psychologie und Seelsorge) am Unity Institute in Unity Village (USA). Sie ist ausserdem diplomierte Hatha-Yoga-Lehrerin, Erwachsenenbildnerin und Autorin folgender Bücher:

„Die Antwort liegt IN dir" (Frick Verlag)

„Es gibt immer eine Lösung – Geschichten aus Bärenstein" (für Menschen ab 5 Jahren) (param Verlag)

Erinnerungen an einen interessanten Menschen und Autonarren

Henry war wahrscheinlich einer der interessanteren Menschen die ich die Ehre hatte kennenzulernen und zusammenzuarbeiten in meinem Leben. Für die Menschen, die achtgaben und zuhörten, hatte Henry viel Sinnvolles und Interessantes zu sagen. Von Greg Boyd

Greg Boyd ist Professor für Fertigungsverfahren an der Southeast Missouri State University. Er ist Mitglied der Huna Fellowship und Mitglied des Vorstandes der Huna Research, Inc. Am jährlichen Huna-Kongress war er verschiedentlich zuständig für das Programm und den Terminplan und war einer der beliebtesten Zeremonienmeister.

Wenn Dr. Wingo 1998 nicht kurz vor der Huna Research Konferenz in Cape Girardeau einen Herzinfarkt erlitten hätte, hätte ich Henry vielleicht nicht kennengelernt und hätte nie mit ihm zusammengearbeitet. Von seinem Krankenhausbett bat mich Dr. Wingo die Rolle des "Moderators" an der bevorstehenden Konferenz zu übernehmen. Nachdem ich mich vom ersten Schock dieser Bitte erholt hatte, war die Antwort ganz klar „Ja" (natürlich nur temporär).

Mein erstes Projekt, als Vorbereitung auf diese Konferenz war es, mich über die interessante Auswahl der vorgesehenen Vortragenden zu informieren, und darüber, wie jeder einzelne davon in die „Huna Familie" hineinpasste. Als ich über Henry recherchierte, entdeckte ich, dass sein persönlicher Hintergrund, seine erschöpfende Forschungsarbeit in die Religionen im Allgemeinen und auf dem Gebiet von Huna im Speziellen, in ihrer Breite und Tiefe fast einschüchternd waren. Später und nach einigen Konferenzen an denen Henry immer als Redner auftrat (nichts Neues hier), entdeckte ich, welch äusserst charmante und grosszügige Person er nebst allem anderen war.

Zurück zu dieser ersten HRI Konferenz und Redner-Recherche: Es gelang mir, eine vernünftige biographische Skizze jedes Vortragenden zu erstellen. Während dieses Prozesses begann sich ein „Bild" über Huna zu formen mit seinen Gründern, den aktiven Lehrern und dem Öffentlichkeitsprogramm. Was mich jedoch wirklich beeindruckte, (ich wusste damals nicht viel über Huna) war der enorme Beitrag den Henry in Europa leistete und sein Engagement in der Erforschung und in der Praxis religiöser Hawaiianischer Praktiken und Philosophien.

Dank meiner Beharrlichkeit, die Vorträge innerhalb ihrer zugewiesenen Zeit abzuhalten, verbündeten sich Loretta Grabowski (eine langjährige Huna-Anwenderin, -Lehrerin und Rednerin) und Henry und gaben mir den Spitznamen „der Sensenmann". Ich glaube Henry und Loretta machte es besonderen Spass, es ihrem Moderator „heimzuzahlen". Manchmal, wenn sie mehr zu sagen hatten, die Zeit jedoch abgelaufen war, gaben mir beide einer dieser „bösen Blicke". Natürlich liess sich dieses „ich habe mehr zu sagen" sehr schön in die Ansage überleiten, dass die beiden in persönlichen Gesprächen oder beim Mittagessen zur Vertiefung ihrer vorgestellten Ideen und Gedanken zur Verfügung stünden.

Auf einer mehr persönlichen Ebene war es interessant zu erfahren, dass Henry auch ein ziemlicher Autonarr („Motor Head" in Englisch) war. Eine der liebsten Henry-Geschichten war, dass er es einfach nicht verstehen konnte, warum sein letztes Auto, ein Subaru WRX, nicht alle 90 oder so Tage eine Reparatur benötigte, so wie alle seine vorherigen Citroens. Er vermisste wohl die Besuche bei den Mechanikern und die Gespräche über Autos.

Ich weiss nicht mehr bei welcher Konferenz es war, als ich die Gelegenheit hatte Henry mit meinem alten 1967er Dodge Coronet abzuholen. Der Wagen galt unter vielen Autokennern als „Schlafwagen" hier in den USA. Bei der schlichten, viertürigen Ausgabe (Schlafwagen) erkannten die meisten Leute nicht, dass der alte Dodge ab Fabrik einen 7,2 Liter V-8 Motor unter der Haube hatte. Henry jedoch, obwohl schon fast taub, fühlte diese pochende Maschine und bestand darauf die Haube zu öffnen und sie selbst anzuschauen oder besser zu „fühlen". Das Lächeln auf seinem Gesicht war einmalig, als er seine Hand lässig auf die Maschine legte und ihr Pochen fühlte...

Danach war der alte Dodge sein Lieblingsgefährt bei allen späteren Konferenzen. Ich glaube er mochte den Wagen manchmal besser als uns? Zum Beispiel, vor einem Café hier in Cape Girardeau, winkte er, dass er ein Bild machen wolle. Fälschlicherweise dachten wir (Dr. Wingo, seine Frau Ann, meine Frau Sherry und ich), dass Henry ein Foto von uns

schiessen wollte. Hoppla, dem war nicht so! Er wollte ein Bild des alten Dogde und nicht von uns, seufz!

Henry, wo immer du bist und welche Arbeit du immer tust, du wirst vermisst hier auf dem Planet Erde! All jenen, die dich persönlich kannten, brachtest du eine Tiefe ins Leben, die wir nicht vergessen werden.

Wir danken dir!

Herzlich, Greg Boyd

„Über meinen lieben Freund Henry möchte ich gerne ein paar Worte sagen. Ich fand ihn eine wirklich aussergewöhnliche Persönlichkeit. Es beeindruckte mich sehr, dass er jahrelang zu den Huna Research Seminaren in USA anreiste und immer sehr interessante Vorträge präsentierte. Ich staunte über seinen Abenteuergeist, sei es zu reisen oder neue Dinge zu lernen. Er war ein liebenswürdiger Mensch, freundlich und ein wahrer Gentleman. Ich fühle mich geehrt ihn gekannt zu haben. Er tat enorm viel um das Huna-Studium voranzubringen. Dafür sind wir ihm alle sehr dankbar."

Von Herzen,
Charlotte Berney
Santa Fe, New Mexico, USA

Charlotte Berney
ist langjähriges Mitglied der Huna-Familie in Cape Girardeau. Sie lernte Huna nach einer Hawaii-Reise 1980 kennen. Ihre ersten Lehrer waren Jack und Josephine Gray in San Francisco. Charlotte Berney wurde schon bald zertifizierte Huna-Lehrerin und hielt regelmässig Vorträge an den jährlichen Huna-Kongressen. Ihr Buch **„Fundamentals on Hawaiian Mysticism"** ist seit dem Jahr 2000 ein begehrtes Lehrbuch für alle, die sich mit der Hawaiianischen Mystik bekannt machen wollen.

Über 300 gemeinsame Huna-Abende!

Seit Ende der 1970er-Jahre gibt es die Huna-Gruppe Zürich. Gemeinsam haben Henry und ich diese Treffen aufgebaut und jahrelang geleitet. Bis zuletzt war Henry immer aktiv dabei. Von Irene Morf

Ich habe Henry Anfang der 1970er-Jahre in der Schweizer Parapsychologischen Gesellschaft Zürich (SPG) kennengelernt. Er war damals ein Suchender und interessierte sich für die verschiedensten spirituellen Themen. Wir trafen uns oft bei den Vorträgen im Center der SPG und fanden bald heraus, dass wir ähnliche Gedanken und Ziele hatten. Eines Tages war ein Vortrag mit einem gewissen Herrn Kaufmann zum Thema „Huna" angesagt. Huna war damals hierzulande noch völlig unbekannt. Ich hatte bereits ein Buch von Max Freedom Long gelesen und es hatte mich begeistert. Ich hatte auch Henry auf das Buch aufmerksam gemacht, aber er war damals noch mit anderen Themen beschäftigt. Ich machte Henry also auf dem Huna-Vortrag aufmerksam und wir besuchten ihn gemeinsam. Das Thema faszinierte ihn sofort. Später fielen Henry „durch einen Zufall, den es bekanntlich nicht gibt" (wie er immer sagte) die Bücher von Max Freedom Long in die Hände. Das war für ihn ein Schlüsselerlebnis und von diesem Moment an wurde Huna zu seinem Lebensinhalt.

Irene Morf ist ein Medium, spirituelle Beraterin und zertifizierte Huna-Lehrerin. Sie baute in den 1970er-Jahren zusammen mit Henry Krotoschin die Huna-Gruppe Zürich auf, welche bis heute existiert. Irene Morf bietet Lebensberatung mit gezielten Meditationen bei verschiedensten Problemen und Huna-Heilung durch Fernbehandlung an. Telefon +41 (0)44 868 11 52

Auf Wunsch der Präsidentin der SPG hatte ich bereits angefangen, kurze Vorträge über Huna zu geben. Meine geistigen Führer hatten mir deutlich gesagt, dass Huna eine Lehre und ein Wissen sei, welches ich den Menschen weitergeben dürfe. Diese Aufgabe nahm ich gerne an. Die Vorträge fanden anfangs jeweils nachmittags statt, später dann auch am Abend. Nun kam auch Henry dazu und wir fingen an, die Huna-Abende gemeinsam zu gestalten. Daraus entwickelte sich die „Huna-Gruppe Zürich", die regelmässig einmal pro Monat zusammenkam und welche heute noch besteht.

So haben Henry und ich in mehr als dreissig Jahren unzählige Huna-Abende zusammen gestaltet und sind ein grosses Stück unseres spirituellen Lebenswegs gemeinsam gegangen.

Erkenntnisbriefe

Henry Krotoschin erhielt jede Woche zahlreiche Briefe und E-Mails mit Fragen zur Anwendung von Huna, mit Kommentaren und Hilferufen. Er bemühte sich, allen Schreibenden und Hilfesuchenden eine angemessene Antwort zu geben, auch wenn sein Schreibtisch oft überquoll von unerledigter Korrespondenz. Seine wertvollsten Antworten archivierte er in einem Ordner mit der Anschrift „Erkenntnisbriefe". Diese Briefe enthalten präzise Erläuterungen und Erklärungen in sehr kompakter Form. Einige davon haben wir für Sie ausgewählt und hier zusammengestellt. Alle Textstellen sind im Originalwortlaut wiedergegeben, die Zwischentitel wurden für diese Zusammenstellung nachträglich eingefügt. Von Henry Krotoschin

Über die Beziehung zum unteren Selbst

Zürich, 8. März 2005

Deine Berichte über deine Huna-Arbeit und -Erfahrung interessieren mich sehr. Ganz wichtig ist dabei die **Erfahrung**. Notiere in einem A5-Büchlein, was dir wichtig erscheint, das wird dir beim Durchblättern in drei Monaten sehr nützlich sein!

Falsch: Du bist gar nicht in einem „psychischen Tief", denn sonst hätte dein Hohes Selbst dich nicht aufgefordert, dich ganz besonders liebevoll um dein unteres Selbst zu kümmern. Du hast dein US offenbar schlimm vernachlässigt, was mir auch schon passiert ist. Deshalb sprich dein US mit seinem Namen an, versichere es deiner Liebe, strecke die Arme aus, falte die Finger und sage deinem US, dass du es jetzt an dich drückst. Das klingt nur theoretisch, ist aber real zu verstehen, denn du kannst als MS dein US nicht lieben, weil es, das US ja Verwalter aller Emotionen ist und damit auch die höchste, die Liebe selbst produziert und verteilt. Du verstehst, was ich meine: Wir mittleren Selbste, wir MS sind ja beim Liebe geben an unser US in der Zwickmühle. **Wir MS können gar nicht Liebe geben, das kann nur unser US**. Deswegen erscheint mir das symbolische „in den Arm nehmen" des US durch das MS sehr zweckmässig, ich tue es selbst öfters, beim ersten Mal hat mein US ganz heftig und glücklich darauf reagiert. - Versuche dein US dazu zu bringen, dass es dir seine Sorgen mitteilt. Diese musst du **mit deinem Verstand** ausräumen, damit dein US (ohne Verstand) **vollkommen und dauerhaft von seinen Blockaden befreit wird**.

Bücher können ganz wichtigen Einfluss auf die Lebensentwicklung haben: Was du über „Die Geheimnisse der guten Erde" schreibst, trifft bei mir zu mit den beiden wichtigen Büchern von Max Freedom Long, die mir vor 26 Jahren im Tessin durch einen Zufall (den es ja nicht gibt) in die Hände gekommen sind. Danach hat sich mein Leben dramatisch positiv entwickelt, obwohl ich schwere „Schläge mit dem Holzhammer" erleben musste. So habe ich die manchmal langen Strähnen von bitteren Erfahrungen genannt, wenn ich sie meinem Ariel (so heisst mein Hohes Selbst) vorgeworfen habe. Aber der Zwist mit Ariel ist unwichtig. **Wichtig allein ist es, dass man die schmerzhaften Schicksalsschläge, die du als „tief" bezeichnest, akzeptiert**. Auch wenn sie monatelang existieren, gibt es keine Ausrede gegen das Akzeptieren. Was heisst akzeptieren? Es heisst, „Hände und Füsse von sich strecken" und sich selbst vollkommen seinem Hohen Selbst überlassen. Dann verschwindet der Holzhammer manchmal prompt, manchmal dauert es eine gewisse Zeit, in der man standhaft bleiben muss.

Morgendliche Huna-Meditation: „fast täglich" ist zu wenig! Du musst sie **unbedingt täglich machen**, wenn auch **wenige Male** in einer **reduzierten** Form. Wenn alle Stricke reissen, kannst du sie auch im Bus machen oder als Lenker des Autos vorausgesetzt, dass du auf einer Strasse bist, in der du auf die Rotlichter nicht achten musst.

Über die tägliche Huna-Praxis

Zürich, 21. Januar 2005

Dein Brief enthält sehr wichtige praktische Huna-Grundlagen, welche du dir selbst erarbeitet hast.

1. Der Kontakt mit deinem Hohen Selbst hat sich verbessert, du erwähnst aber ausdrücklich das untere Selbst, ohne welches der Kontakt mit dem Hohen Selbst unmöglich ist.

2. Man muss jeden Tag den Kontakt **bewusst** suchen. Das ist eine der grundlegenden Anforderungen für den Kontakt mit dem Hohen Selbst.

3. Dass man die morgendliche Meditation oder das Gebet **ins alltägliche Leben** übertragen muss, ist eine der wichtigsten Huna-Grundregeln. Knifflige oder sogar schwere Entscheidungen, welche wir unserem Hohen Selbst zur Lösung übergeben, werden meistens in Sekunden oder Minuten klar.

5. Für Huna-Adepten **gibt es einfach keinen Zufall**, auch für andere Menschen, die von ihrem Hohen Selbst bevorzugt werden, ohne dass sie es wissen.

6. Sich täglich nach der morgendlichen Huna-Sitzung **Themen für den Tag** geben zu lassen, um am Charakter und an der Persönlichkeit zu arbeiten, ist eine sehr gute Idee! Beide werden ja vom unteren Selbst verwaltet.

7. Dass du die sanfte Anforderung von innen wahrnimmst, ist ausgezeichnet und ich gratuliere dir! Sehr oft sind ja die sogenannten **Gespräche mit dem Hohen Selbst nichts anderes als Gedanken**, die uns „in den Sinn" kommen oder die wir als „Gedankenblitz" erfahren. Bei solchen Mitteilungen, die absolut Gesprächen gleichzusetzen sind, ist es wichtig, **keinen Zweifel** aufkommen zu lassen. Die Unterscheidung, ob ein Gedanke vom Hohen, resp. vom unteren Selbst kommt oder durch den Verstand des mittleren Selbstes ist eine Übungssache.

8. Dass „die Themen sich so lange wiederholen, bis man diese auch tatsächlich im Alltag umsetzt", ist eine wunderbare Erziehung durch das Hohe Selbst. Dadurch wächst die Harmonie, wie du sehr richtig schreibst.

Über die Beziehung zum Hohen Selbst

Zürich, 18. Februar 2005

Was du schreibst ist vollkommen korrekt: **Wir können von unserem Hohen Selbst niemals getrennt sein**, denn diese Verbindung hängt nicht von variablen Umständen ab, **diese Verbindung bleibt bestehen, weil das Hohe Selbst ein Teil von uns geworden ist**, es ist einzig möglich, dass unser mittleres Selbst den Kontakt nicht mehr fühlt, aber nie das untere Selbst! Es ist wahr, **das Hohe Selbst ist ein Teil des menschlichen Wesens, niemals ein Teil von Gott!** Ganz einfach deshalb, weil es Teile von Gott nicht geben kann. Scheint es nicht unlogisch, das Gott – nicht Teile von ihm – in 6 Milliarden Menschen präsent ist? Nein! Das ist ein wunderbares Problem, mit dem ich mich in den letzten Wochen auseinandergesetzt habe: Der Begriff **Bi-Lokation** oder **Multi-Lokation** drückt aus, dass ein Geistwesen an mehr als einem Ort anwesend sein kann. Daher, wenn Ha-Shem an zehn Orten gleichzeitig sein kann, warum nicht an 6 Milliarden zur gleichen Zeit und ständig! **Das ist eine Tatsache**, die wir akzeptieren müssen, auch wenn einige Menschen wohl Mühe damit haben werden.

Wissen statt glauben

Zürich, 10. Mai 2005

Nun zunächst zum „**Wunder**": In meinem Artikel „Mit Gedankenkraft zaubern" habe ich ein solches „Wunder" beschrieben. Wunder sind nur für den- oder diejenige rätselhaft und unerklärbar, die nicht wissen wie man sie macht oder wie sie entstehen.

Über einer schwierigen Situation einfach eine Lichtpyramide zu errichten, ist eine ausgezeichnete Idee. In der HUNA-Praxis würdest du einfach dein Hohes Selbst bitten, die ganze Angelegenheit in die Hand zu nehmen und zu lösen. Ob du nun von deinem Standpunkt aus Hieroglyphen als Gedankenträger nehmen willst, steht dir frei. Symbole oder Bilder sind in der HUNA-Praxis äusserst wichtig, besonders im HUNA-Gebet, weil das untere Selbst zwar das ausgezeichnete Gedächtnis hat, sich aber trotzdem nicht an einen bestimmten Wortlaut erinnern kann. Der Wortlaut wird für das untere Selbst am besten durch ein Symbol oder ein Bild dargestellt und dieses wird, zum Beispiel im HUNA-Gebet, mit Mana aufgeladen. (Dies ist auch die Erklärung für das Wort des grössten Kahunas Yeschua, der überall fälschlicherweise „Jesus" genannt wird. Yeschua sagte bekanntlich „betet ohne Unterlass". Dies ist eine seiner zahlreichen bewusst unklar gelassenen

Aussagen, die nur für HUNA-Kenner verständlich sind: In Wirklichkeit meint er das zum jeweiligen Gebet gehörende Symbol oder Bild, welches, mit Mana aufgeladen, nun vom unteren und vom Hohen Selbst gemeinsam „ohne Unterlass" bearbeitet wird.

Nun vom **Glauben**. Du findest im „Dictionary of the Hawaiian Language" von Lorrin Andrews, (Verlag Charles E. Tuttle, 1985) auf Seite 523: „believe, e paulele, e manaoio".

Paulele erscheint auf Seite 435 als Verb „to trust in; to lean or rely upon". Das bedeutet „sich verlassen auf; sich stützen auf", also viel mehr als „glauben".

„**Ma-nao-i-o**" Seite 382: Das erscheint dort als Verb: dabei heissen die beiden Buchstaben io: „real" also, tatsächlich, wahrhaftig, das ist viel mehr als „glauben". „The same as manaoio, to think to be truth or true." - Das Substantiv zeigt „faith"; **verity**; full confidence.

Das heisst also, im Hawaiianischen zeigt der Ausdruck für Glaube Manaoio viel mehr als „Glaube", denn in ihm ist das Wort oio enthalten, welches „real" enthält, das heisst also „tatsächlich". Dem Substantiv ist „varity" enthalten, welches dem „Wissen" viel näher kommt als dem „Glauben".

Nach diesem kleinen semantischen Ausflug siehst du, dass das, was wir im Deutschen als „Glauben" bezeichnen im Hawaiianischen dem „Wissen" viel näher kommt!

Ich möchte also, ohne zu zögern, sagen, dass meine Idee von der hawaiianischen Sprache unterstützt wird, die Idee, **dass unser Glauben durch die eigene Erlebenserfahrung in Wissen verwandelt wird, denn das Wissen, das Ha Schem, der Herrgott existiert.**

Eine persönliche Mitteilung an einen langjährigen Freund

Zürich, 7. April 2006

Ja, du hast Recht, es ist eine ganz grosse Gnade, dass ich in meinem Alter immer noch Seminare und Vorträge geben kann und immer noch regelmässig schreibe. Einmal im Monat leite ich die HUNA-Gruppe der Schweizer Parapsychologischen Gesellschaft, in der ich regelmässig einen Vortrag halte. Aber gesundheitlich könnte es besser gehen: Augen und Ohren sehr schlecht, dazu eine sogenannte Stenose, eine Verengung der untersten Wirbelsäule, welche bestimmte Nerven zusammenpresst und dadurch Schmerzen, besonders in den Oberschenkeln verursacht. Operation ist ausgeschlossen, ein Bekannter in London, der sie hat machen lassen, hat dadurch sein Gedächtnis verloren. Das würde mir gerade noch fehlen! Du siehst, die Bäume wachsen nicht in den Himmel, aber vielen Leuten in meinem Alter geht es noch viel schlechter. Die Arbeit macht mir Freude und ich habe viele ganz liebe Verwandte und Freunde, die mir ihre Liebe geben und mich verwöhnen. Ich zähle das Gute als Ausgleich zum Schlechten und stelle fest, je mehr mein physischer Zustand sich verschlechtert, desto mehr entwickelt sich mein Geist, weniger der Intellekt sondern vielmehr die Beziehung zur geistigen Welt. Ich sende dir deshalb einen meiner besten und neusten Artikel(*) über die Tatsache, dass wir Menschen alle Geistwesen sind, obwohl wir das ignorieren und dadurch vernachlässigen. Bitte denke du auch darüber nach, das Bewusstsein, ein reines Geistwesen im Körper zu sein, kann erheblich viel Nutzen und Freude in das praktische Leben hineingeben. (*„Ich, Henry, mittleres Selbst, bin ein Geistwesen" Huna-Arbeit Nr. 54-XII/05)

Über die Herkunft der Huna-Lehre

Zürich, 13. Juli 2004

Ihr Leserbrief hat mich brennend interessiert, deckt er doch gemeinsame Gedanken auf, die zu diskutieren man sehr selten Gelegenheit hat. Um diesen meinen Brief kurz zu halten, weil er vielleicht in der „Wendezeit“ abgedruckt wird, gehe ich gleich in medias res:

1. Indien. Der Idee, dass die Huna-Lehre vielleicht aus Indien stammt, möchte ich voll zustimmen. Die Huna-Lehre ist ohne Zweifel eine Fortsetzung der Essener-Lehre, deren Verbreitung zum Abbruch kam, weil die Essener im Jahre 67 vor den Römern nach Hawaii flüchten mussten. Warum Hawaii? Es scheint, dass sie einen medialen Auftrag für diese Adresse bekommen haben. Hawaii war bis zum Jahre 1786 eine unbekannt Inselgruppe, sie wurde Captain Cook erst dann entdeckt. Sie war der ideale Ort, um diese Geheimlehre unverfälscht weiter über Jahrhunderte zu erhalten. Ich gehe sogar so weit zu vermuten, dass nicht nur die Lehre der Essener, sondern das gesamte Judentum, wie auch die Ur-Weisheit der Aegypter aus Indien stammen. Dass Yeschua (dies der wirkliche Name Jesu) in jüngeren Jahren in Indien war, um das Ursprungsland seiner Lehre zu besuchen, erscheint mir nicht unwahrscheinlich.

2. Klangschwingungen von Silben. Mit dieser Realität habe ich mich oft gefühlsmässig befasst, ich hatte leider nie die Gelegenheit, diese hoch interessante Erscheinung wissenschaftlich zu bearbeiten.

Für die Klangschwingungen gibt es im Hebräischen einen „monumentales“ Beispiel: Wir lesen im 2. Buch Moses, Kapitel 3, dass der Herrgott einen ganz persönlichen eigenen Namen hat, allerdings mit der Auflage, dass dieser nie ausgesprochen werden darf. Schon vor viereinhalb Tausend Jahren hatten die Juden deshalb den Wunsch, diesen heiligen Namen durch einen praktisch anwendbaren zu ersetzen und sie wählten „Ha Schem“ (hebräisch = der Name), denn diese beiden Silben, nacheinander gesprochen, haben ganz ähnliche Schwingungen wie der wirkliche Name Ha Schems. Bis zum heutigen Tage nennen meines Wissens fromme Juden den Herrgott „Ha Schem“ .

3. Geistheiler. Dass Geistheiler „mit nichts anderem als Prana heilen“ leuchtet mir ein. Die Huna-Lehre, diese äusserst realistische Lehre, geht da noch einen grossen Schritt weiter: In Zusammenarbeit mit dem unteren Selbst (Unterbewusstsein der Psychologie) produziert das mittlere Selbst (Intellekt usw.) und der Körper durch eine einfache Atemtechnik die Energie „Mana“ . Diese Energie, Mana, gibt der Heiler zusammen mit seinem Heilungsgebet an das Hohe Selbst des Patienten, welches nun diese einfache Energie Mana in einen ultra-hochgradige Energie umwandelt, um sie auf der physischen Ebene im Patienten anzuwenden. Diese hochgespannte Energie ist sogar in der Lage, physisch bestehende Zustände (z.B. bei Zellen) umzuwandeln, und auf diese Weise real in den Heilungsprozess einzugreifen. Dies gilt besonders für Krebszellen. Die Mana-Produktion ist ebenfalls eine hochstehend geistige und es ist nicht zu vergessen, dass nur lebende Menschen diese Energie wie oben beschrieben produzieren können. Das einzige Geistwesen, welches ebenfalls im Stande ist, dies zu tun, ist Ha Schem! Deshalb sind alle Geistwesen, besonders die Hohen Selbste, sehr erpicht, von ihren zugehörigen Menschen Mana zu erhalten. Wenn ich ein neues Geistwesen und seinen ihm gehörigen Namen kennengelernt habe, sende ich ihm als erste immer Mana, gekoppelt mit Liebe!

5. Essener - Huna. Erlauben Sie mir bitte, dass ich eine gegenteilige Meinung äussere: Sir George Trevellyan, dieser bedeutende englische Historiker, hat in seinem Buch „Unternehmen Erlösung“ klar gemacht, dass die Huna-Lehre mit der Lehre der Essener identisch sein muss. Yeschua war bekanntlich der letzte geistige Führer, der letzte „Lehrer der Gerechtigkeit“ der Essener. Diese Lehre war ebenfalls eine Geheimlehre, so dass Yeschua seinen Jüngern versicherte: Euch sage ich die volle Wahrheit, zum Volk spreche ich in Parabeln und Gleichnissen (Zitat nicht wörtlich). Dies tat er, weil er den Eid abgelegt hatte, dem Volk den inneren Gehalt der Essener-Lehre nicht klar zu machen. Hierfür gibt es Gründe, auf die ich im Rahmen dieser Antwort nicht eingehen kann. Aber damit nicht genug: Yeschua hat scheinbar unverständliche Wörter und Sätze ausgesprochen, ohne diese zu erklären. Erst bei genauer Kenntnis der Huna-Lehre kann man diese Worte oder Sätze entschlüsseln. Zum Beispiel „Liebet eure Feinde“ oder „Betet ohne Unterlass“ usw. Wir sehen also auch hier durch die Äusserungen Yeschuas, dass ein direkter Zusammenhang zwischen der Huna-Lehre und der Weisheit der Essener bestehen muss.

Ich freue mich auf unser Treffen, welches aber in Folge einer USA-Reise und den darauffolgenden Ferien voraussichtlich erst im September wird stattfinden können.

Lieber Henry

30 Jahre ist es jetzt her, als ich Dich mit Deinem Huna-Freund Otha Wingo in Stuttgart das erste Mal traf. Auch wir wurden Freunde, die ihr „HUNA-Wissen" gerne und regelmässig austauschten. Damals lebte ich in Deutschland und Du in der Schweiz. Du hast mich zu Deinen Seminaren in D eingeladen, und ich Dich zu meinen Huna-Seminaren in der Schweiz. Die Erinnerung daran ist so lebendig, wie Du auf den beiden Bildern aus Dachsen. Gerne hast auch Du Bilder eingefangen; einen Fotoapparat hattest Du immer zur Hand. Heute habe ich ein Bild vor meinen Augen, wie ich Dich in der Dufourstrasse „bearbeitet" habe, damit Du mit mir nach Kirchzarten fährst, um meine anderen Huna-Freunde von Aloha-International - Serge Kahili King und Susan Floyd - kennen zu lernen. Neue Verbindungen entstanden. Wir beide wissen, dass immer „alles mit allem" verbunden ist! Und so war ich in den letzten Monaten in Verbundenheit und in Gedanken oft bei Dir; Du bist in meinem neuen Buchprojekt einmal mehr an meiner Seite. Du bist bei mir, bei uns! Danke, dass ich jetzt auch Deine Tochter Jacqueline näher kennenlernen durfte. Ich bin sicher und glücklich, Dich auch weiterhin in meiner Huna-Arbeit bei mir zu wissen!

In liebevoller Verbundenheit – ALOHA Deine Christine

www.christinebengel.ch

Lieber Henry, lieber Papi-Henry,

Wir alle vermissen Dich sehr.
Dein Rat
Deine Huna Vergleiche
Dein Wissen zu praktisch jedem Thema
Deine Präsenz als Pater Familias bei allen Gelegenheiten.

Bis zum Schluss durftest Du in Deinem geliebten Büro bleiben. Auch dank der Unterstützung von einigen liebevollen Menschen, die Dich umgeben haben, Dir geholfen haben gut durch den Tag und die Nacht zu kommen.

Die Schöpfung hat es so eingerichtet, dass wir eines Tages wieder gehen und der Körper nach und nach fragil wird vorher. Dein Wille und Deine Schöpferkraft haben unglaublich standgehalten. Du hast viele Menschen sogar schon im voraus zu Deinem 100. Geburtstag eingeladen.......

Nun wurdest Du 96 Jahre alt, und wir freuen uns, dass Du befreit wurdest. Das ist es, was uns tröstet.

Wir danken Dir für alles, Deine Fürsorge, Deine Neugier, Dein spontanes auf andere Menschen Zugehen, Dein Durchhaltewillen, den Du auch in uns immer unterstützt hast.

Du bist bei uns und wir bei Dir.

Deine Familie in Zürich
Deine Familie in London

Veröffentlichungen von Henry Krotoschin

Henry Krotoschins Buch „Huna-Praxis“ ist seit 1990 ohne Unterbruch auf dem Markt erhältlich und 2012 in einer zweiten Neuauflage beim Verlag Schirner wieder neu aufgelegt worden. Wer wieder einmal Henrys charakteristische Stimme hören möchte, dem empfehlen wir die CDs mit seinen Vorträgen „Gespräche mit George“ und „Lichtmeditation“. Auf Audiokassetten sind weiterhin erhältlich „Das Huna-Gebet“ und „Wege zur Erkenntnis“. Von ganz besonderem Wert ist die in Leinen gebundene ***Sammlung sämtlicher Ausgaben der Mitgliederzeitschrift „Huna-Arbeit“*** *mit unzähligen Artikel von Henry Krotoschin, Otha Wingo, Übersetzungen von Max Freedom Long und vielen anderen. Sämtliche Artikel können bei der HFG Zürich bestellt werden.*

„Huna-Praxis, Bewusste Lenkung des Schicksals“
Henry Krotoschin, Taschenbuch, Schirner Verlag Darmstadt

Das Buch führt Sie Schritt für in die Huna-Praxis ein und befähigt Sie, Huna sofort selbständig anzuwenden. Das Buch ist seit über zwanzig Jahren ohne Unterbruch im Buchhandel erhältlich und kann als Standardwerk der deutschen Huna-Literatur bezeichnet werden. Neuauflage mit einem ergänzenden Kapitel mit Henrys letzter philosophischer Erkenntnis.
CHF 19.90/EUR 11.95

„Gespräche mit George“ Henry Krotoschin (Audio-CD)
Dient zur Vertiefung der Huna-Arbeit nach der Lektüre des Buches „Huna-Praxis“. Enthält Beispiele, wie sie mit Ihrem unteren Selbst sprechen, es erziehen und sich von Schuldgefühlen, Ängsten und Komplexen befreien können.
Spezialpreis CHF 15.00/EUR 9.00

„Lichtmeditation“ Henry Krotoschin (Audio-CD)
Geführte Meditation zum Kontakt mit Ihrem Hohen Selbst. Anweisungen zu Jenseitskontakten.
Spezialpreis CHF 15.00/EUR 9.00

„Huna-Arbeit“
Sammelband, ca. 300 Seiten, in Leinen gebunden, limitierte Auflage (Restexemplare!)

Sämtliche Ausgaben der Zeitschrift „Huna-Arbeit“ von 1990 bis 2009. Enthält zahlreiche Artikel von Henry Krotoschin und Übersetzungen von vielfach unveröffentlichten Schriften von Max Freedom Long und Otha Wingo. Das Nebeneinander von praktischen Ratschlägen und geistigen Anregungen zu philosophischen Themen macht diese Sammlung einzigartig!
CHF 175.00/EUR 120.00

„Das Huna-Gebet“ Henry Krotoschin (Audiokassette)
Henry Krotoschin gibt detaillierte Anleitungen und Erläuterungen zum Huna-Gebet und spricht aus seiner jahrelangen Praxis. Sie erhalten exakte Anweisungen zum Aufbau und zur Durchführung Ihres eigenen Huna-Gebetes.
CHF 8.00/EUR 5.00

„Wege zur Erkenntnis“ Henry Krotoschin (Audiokassette)
Henry Krotoschin spricht über seine grundsätzlichen Ideen zu Huna, besonders über das Hohe Selbst und die fünf „Werkzeuge“ der Huna-Praxis. Selten hat er in einem Vortrag so viele seiner grundlegenden persönlichen Ideen vorgetragen.
CHF 8.00/EUR 5.00

Für Bestellungen:
www.huna-europe.ch/shop Mail info@huna-europe.ch Telefon +41 (0)44 251 55 65

Nr. 13 | März 2013

HUNA NACHRICHTEN

Zeitschrift für Mitglieder | Huna Forschungs-Gesellschaft Zürich | www.huna-europe.ch

EDITORIAL

Liebe Leserin, lieber Leser

„Wie geht es Ihnen?" – Gerade jetzt, genau in diesem Moment, da Sie diese Zeile lesen – wie geht es Ihnen? Überlegen Sie nicht lange, denn es gibt nur eine Antwort: Wenn Sie in der Lage sind, diese Worte zu lesen, aufzunehmen und darüber nachzudenken, gibt es keinen Zweifel, es geht Ihnen gut. „Aber", werden Sie jetzt vielleicht einwenden, „ich hatte einen solch anstrengenden Tag heute, ich bin komplett fertig. Und morgen habe ich ein derart wichtiges Meeting, das macht mir Kopfzerbrechen. Ich muss auch noch einkaufen gehen. Und heute hat mein Chef eine derartige Ungerechtigkeit zu mir gesagt. Und was soll ich überhaupt anziehen morgen..." Die Einwände könnten wir endlos fortsetzen. Aber denken Sie einmal bloss an den Moment. Werden Sie ruhig und nehmen Sie diesen Moment, in dem es Ihnen zweifellos gut geht, als Ausgangspunkt, als Keimzelle für das Morgen. Betrachten Sie Ihre Gedanken. Wie denken Sie über das, was war und über das was sein wird? Das ist unglaublich wichtig, denn aus der Art und Weise wie Sie über die Vergangenheit und auch über die Zukunft denken, entwickelt sich Ihre „Wahrheit". Darauf bauen Sie Ihre Entscheidungen auf und schaffen damit Ihre „Wirklichkeit".

Alles, was in der Materie existiert, wurde zuerst in Gedanken erschaffen. Auf der gedanklichen, und damit geistigen Ebene erschaffen wir im JETZT unsere Zukunft.
Wir denken unablässig, jeden Moment. Oder wir denken zumindest, dass wir denken. Denn eigentlich denken nicht wir, sondern „Es" denkt. Unser Verstand, unsere innere Stimme spricht unablässig und was wir als Denken betrachten, ist meist nur das Geplapper unserer inneren Stimme, die damit eine Anspannung, einen körperlichen Stress aufrechterhält. Unser Nervensystem unterscheidet nicht zwischen einer realen physischen Bedrohung unseres Körpers und einer mentalen Bedrohung unseres Egos. Wenn der Geist eine Bedrohung wahrnimmt, beschleunigt sich sofort der Herzschlag. Automatisch erweitern sich die Pupillen, die Muskeln spannen sich an, und Adrenalin wird in den Blutkreislauf freigesetzt. Der Verdauungsprozess kommt zum Stillstand, der Blutdruck steigt und das Immunsystem wird unterdrückt. Wir machen uns am meisten Sorgen über Dinge, die vergangen sind und nicht mehr zu ändern sind. Oder wir sorgen uns über Dinge, die eintreten könnten, aber noch gar nicht eingetreten sind. Das bedeutet, wir leben nicht im JETZT – sondern entweder in der Vergangenheit oder der Zukunft. Wir sind nicht präsent, wir sind

INHALT

Gedankenformen und ihre Auswirkungen Alles Erschaffene existierte zuerst als Gedanke. Unsere Gedanken haben also konkrete Auswirkungen auf unsere Realität.
Von Jennifer Lee > **Seite 3**

Aka – Eines der fünf Huna-Werkzeuge Alle Dinge der Schöpfung sind von einem unsichtbaren, aber wirklichen Schattenkörper umgeben, Aura oder Aka-Körper genannt.
Von Jennifer Lee > **Seite 7**

Jetzt – der Moment, in dem ich alles ändern kann. Die Kraft liegt weder in der Vergangenheit, noch in der Zukunft, sondern einzig im jetzigen Moment.
Von Jennifer Lee > **Seite 8**

Wo sind meine Gedanken?
Das Universum kennt nur Reichtum, Fülle und Überfluss. Es ist wichtig, dass wir unsere Gedanken und Emotionen darauf ausrichten.
Von Jennifer Lee > **Seite 9**

Veranstaltungen
Huna Basis-Seminar, Huna Praxis-Seminar, Ho'oponopono-Workshop, Huna-Gruppe Zürich > **Seite 12**

nicht bewusst. Wir machen uns Sorgen, weil wir unserem Gehirn keine bessere Beschäftigung geben. Es geht darum, die Stressreaktion nicht unnötigerweise den ganzen Tag über aufrechtzuerhalten, denn dies summiert sich im Lauf der Zeit und führt zu ernsthaften gesundheitlichen Problemen. Bedenken Sie dabei auch, dass es für unser unteres Selbst keine Vergangenheit und keine Zukunft gibt. Es denkt nicht in einer Zeitachse, für unseren „George“ ist alles JETZT. Er ist ja der treue Hüter unserer Gedanken, er speichert zuverlässig alles, was wir ihm übergeben. Und wenn wir ihn heissen, eine Erinnerung aus seinem Archiv hervorzuholen, dann ist diese Erinnerung in diesem Moment für ihn JETZT. Auch Gedanken an die Zukunft sind für ihn JETZT. Er macht keinen Unterschied zwischen gestern und morgen, alles ist für ihn JETZT.

Geistige Energie zieht an, sie zieht alles an, was wir mit unserer Vorstellungskraft schaffen. Und wie bei Medikamenten gibt es auch bei Gedanken neben dem Placebo-Effekt auch den negativen Nocebo-Effekt. Versuchen wir also, unserer Gedanken bewusst zu werden. Und wenn es gerade jetzt nicht so aussieht, als ob sie eine direkte Auswirkung auf die eine oder andere Begebenheit haben, entstehen daraus unser Bild der Vergangenheit und der Plan für unsere Zukunft. Mit den Beiträgen in dieser Ausgabe der „Huna-Nachrichten“ möchten wir Ihnen einige Anleitungen zur Hand geben, die Ihnen dabei helfen und wünschen Ihnen viel Erfolg.

Ulrich Amacher und Jennifer Lee

Henry Krotoschin
29. März 1913 – 17. März 2009

Am 29. März 2013 könnte Henry Krotoschin seinen 100. Geburtstag feiern. Zu diesem Anlass haben wir eine Sondernummer der „Huna-Nachrichten“ mit Beiträgen und Geschichten von Freunden und Weggefährten zusammengestellt. Auch Henry selbst kommt natürlich zu Wort. Mitglieder erhalten das Sonderheft zusammen mit den „Huna-Nachrichten Nr. 13“. Weiteren Interessierten stellen wir es gerne zu.

Herzlichen Glückwunsch, lieber Henry!

Gedankenformen und ihre Auswirkungen

Die alten Weisen aus Hawaii wussten schon lange vor uns, dass alles seinen Anfang in unseren Gedanken nimmt. Was wir in den subtileren Dimensionen unserer Gedanken erleben unterliegt unserer eigenen Wahl und Verantwortung. Nichts „existiert" in unserer Realität bevor wir es in unserem Bewusstsein erschaffen und unsere Aufmerksamkeit darauf richten. Von Jennifer Lee

Die Harmonie der drei Selbste gilt als das primäre Ziel der Huna-Lehre. Die „Dreieinigkeit" zwischen mittlerem, unterem und Hohem Selbst oder der Einklang von Bauch, Verstand und Überbewusstsein ist eine Garantie für ein glückliches Leben.

Lassen wir nur unseren Verstand regieren, ist es zwar möglich, dass wir viel erreichen aber zu welchem Preis? Wir selbst bleiben dabei auf der Strecke, die leise Stimme unseres Herzens schweigt, wir haben zu lange nicht zugehört. Meist leiden auch unsere Beziehungen zu den Menschen die wir lieben und die uns etwas bedeuten.

Hören wir jedoch nur auf unser Bauchgefühl, bleibt die Vernunft auf der Strecke. Wir handeln unüberlegt und finden uns manchmal in Lebenssituationen wieder, die wir im Vorfeld vielleicht besser etwas gründlicher durchdacht hätten.

- **Handeln wir im Einklang mit „Verstand und Bauch" sind wir auf dem richtigen Weg.**

- **Wir „schwingen" in einem Zustand von Selbstvertrauen und selbstverständlicher Gewissheit, dass wir unser Ziel erreichen.**

- **Dieser Zustand ermöglicht es dem Hohen Selbst zu uns „duchzukommen" mit seinen Inspirationen.**

- **Unsere Blockaden, die wie „Firewalls" das Hohe Selbst „draussen" halten sind deaktiviert.**

Alles ist jetzt möglich, der Weg ist frei von Hindernissen! Die Verbindungen zwischen unseren 3 Selbsten funktionieren einwandfrei und synchron.

Das ist der beste Zeitpunkt für ein Huna-Gebet. Jetzt sind wir ausgeglichen und in unserem Innern herrscht Harmonie.

- **Das Hohe Selbst erhält eindeutige Signale ohne unsere üblichen Bedenken, Zweifel und Unsicherheiten.**

- **Unsere Herzensanliegen sind nicht „vernebelt". Wir sind auf dem gleichen Kanal wie das Hohe Selbst: Wir übermitteln ein klares, scharfes Bild.**

Das Hohe Selbst kann auf dieses Bild mit Hilfe von Mana klar reagieren.

Ist das untere Selbst jedoch z.B. von Ängsten oder Schuldgefühlen geplagt, können wir unsere Gebete und Wünsche in Auftrag geben so lange wir wollen. Wir können positiv denken und Affirmationen aufsagen bis uns die Luft ausgeht. Es verändert sich nichts oder nur sehr, sehr langsam. Erst dann, wenn das untere Selbst unser positives Mantra als Suggestion gespeichert hat. Das braucht sehr viele Wiederholungen und sehr viel Zeit.

Wenn wir uns aber die Mühe nehmen, mit unserem unteren Selbst die „gemischten Gefühle" oder gar die Ängste die es uns hoch schickt anzuschauen, dann haben wir bereits einen grossen Schritt getan um die Verbindung zum Hohen Selbst freizulegen.

Die Beziehung die wir mit unserem unteren Selbst aufbauen ist die Liebe zu uns selbst die wir damit pflegen.

- **Unsere „Barrieren" sind nicht unsere Feinde, sie gehören zu uns und haben uns dahin gebracht wo wir heute sind.**

- **Wenn es uns gelingt sie neutral, ohne Urteil zu betrachten, verlieren sie ihre „Aufladung" oder ihre belastende Schwingung.**

Es ist wichtig, dass wir uns folgendes bewusstwerden und vor Augen halten:

- **Unsere Glaubenssätze, Erwartungen, Einstellungen, Ängste, Sehnsüchte, Absichten – <u>alles</u> woran wir dauernd unbewusst oder bewusst denken sind die Bausteine für eine „Gussform".**

- **In diese Gussform fügt sich die nächstbeste passende Erfahrung, welche eben diesen Gefühlen und diesen Gedanken entspricht.**

- **Wir ziehen die Erfahrung in unser Leben die unsere Gedanken und unsere Gefühle widerspiegelt.**

Huna lehrt, dass das Hohe Selbst jede Nacht zu uns kommt und sich eine Portion unserer Lebensenergie oder Mana nimmt während wir schlafen. Es verwandelt diese Form von Mana in Mana-Loa, eine viel höhere Energieschwingung. Damit formt es gemäss unserer heutigen Gefühlsenergie den nächsten Tag.

- **Aus unseren Gedanken, aus unseren Worten und aus unseren Taten von heute lässt das Hohe Selbst unser Morgen entstehen.**

Betrachten wir dieses Bild, wird die wichtige Rolle unseres mittleren Selbstes sehr deutlich.

Wir als mittleres Selbst, mit unserem Verstand sind in der Lage den Ängsten des unteren Selbstes auf den Grund zu gehen und sie mit unserem logischen Denken zu zerlegen. Das untere Selbst reagiert rein instinktiv und vergleicht alles was „von aussen kommt" mit seinen bereits gespeicherten Erfahrungen und Erinnerungen. Die Fähigkeit logisch und rational zu denken und zu handeln geht im vollkommen ab.

- **Nur wir als mittleres Selbst, mit unserem Verstand können unsere Gedanken und Worte steuern.**

- **Dadurch tragen wir eine grosse Verantwortung!**

- **Diese Gedanken und diese Worte gehen als Impulse direkt in unser Unterbewusstsein und lösen eine Reaktion aus.**

Es ist wichtig darauf zu achten wie wir unsere Sprache gebrauchen, welche Worte wir wählen und es ist wichtig, sich bewusst zu werden, dass Worte eine Schwingung verursachen, dass in ihnen eine Bedeutung steckt für unser unteres Selbst!

Unser Unterbewusstsein nimmt alles auf ohne zu hinterfragen. Es reagiert sofort darauf, indem es Emotionen hochschickt und zugleich Reaktionen im Körper auslöst. Sehr einfach ausgedrückt sieht das so aus: Passiert etwas Erfreuliches, werden Glückshormone ausgeschüttet, bei angstvollen Gedanken reagiert unser Körper mit Adrenalinschüben usw.

- **Unsere Emotionen werden zusammen mit unseren Gedanken und Worten zu einer Energie.**

- **Diese Energie ist unsere „Ausstrahlung".**

Donalds wütende Gedanken schwirren als dunkle Wölkchen um seinen Kopf. Ungefähr so schweben unsere Gedankenformen in unserer Aura oder in unserem Aka-Körper.

Einfach erklärt geschieht folgendes: Wir (als mittleres Selbst) denken etwas, Unihipili unser Unterbewusstsein schickt das Gefühl hoch welches dieser Gedanke bei ihm auslöst. Die Gedankenschwingung, die dann in unserem Bewusstsein ist, wird verstärkt durch die Emotion die das untere Selbst dazu gibt. Diese Emotion, Liebe, Wut, Freude, Schuld usw. wird mit der Gedankenschwingung verwoben. So entsteht eine Gedankenform die zu der Energie wird die wir aussenden.

Stellen Sie sich vor, Sie betreten einen Raum in dem sich zwei Menschen gerade gestritten haben. Es herrscht „dicke Luft! Die „schwere“ Energie setzt sich wie ein Stein auf Ihre Brust und sie spüren den dringenden Impuls die Fenster zu öffnen oder gar so schnell wie möglich wieder aus dieser Atmosphäre rauszukommen.

Donald ist überglücklich! Er ist zufrieden mit sich, ja er findet sich wunderbar, alle dunkeln Wölkchen sind verpufft. Er strahlt Glück und Freude aus und das verleiht im buchstäblich eine Aura aus Licht.

Auch wir senden solche strahlenden Schwingungen aus wenn wir glücklich sind! Nichts kann unsere Laune trüben. Wir setzen unserer ganzen Umgebung ein Lächeln auf.

Wir nehmen die „schlechten“ oder „negativen“ Dinge gar nicht wahr oder sie erscheinen uns plötzlich nicht mehr so schlimm, weil wir uns auf einer völlig anderen Ebene befinden. Wir haben einen anderen Kanal gewählt. Unsere Schwingungsfrequenz ist auf Freude und Glück eingestellt.

Je nachdem was wir ausstrahlen, ziehen wir Dinge, Menschen und Situationen an, die dieser Energie ähnlich und dafür empfänglich sind.

Wir sind komplett auf unser Glück ausgerichtet und nehmen nichts anderes wahr.

- **Wir sehen nur das, worauf wir uns konzentrieren, alles andere blenden wir aus.**

Donald sieht an einem Ärger-Tag nur noch mehr Dinge die ihn wütend machen und wie wir es kennen aus seinen Geschichten, läuft an diesen Tagen alles schief! Er sieht die schönen Dinge nicht. Wollen ihm seine drei Neffen etwas Gutes tun, fegt er sie aus dem Weg. Sein Kopf ist vernebelt mit seiner Wut.

Eine weitere Sicht auf unsere Wahrnehmungsebenen:

- **Wir sehen „plötzlich“ Dinge auf die wir unsere Gedankenenergie richten.**

Diese Dinge waren natürlich vorher schon da, aber wir haben sie nicht bemerkt.
Ein sehr simples Beispiel: Unser Partner möchte ein neues Auto kaufen. Mit grosser Begeisterung zählt er die Vorzüge eines VW Vectras auf. Als Frau ohne grosses Interesse an Autos, haben wir keine Ahnung wie ein VW Vectra aussieht, also schauen wir im Internet nach. Am nächsten Tag sehen wir auf der Strasse gleich vier Stück davon an uns vorbeifahren.

Ein anderes Beispiel, wie das bekannte Bild der Kahuna betrachtet werden kann:

- **Unsere Gedankenformen sammeln sich „wie Traubenbüschel an einer Rebe“ und werden zu einer geballten Kraft.**

Viele ähnliche Gedankenformen oder Gedanken-Energien die gleichzeitig zusammenkommen können zu einer Lawine werden und alles mit sich reissen im positiven wie im negativen Sinn. In einem Fussballstadion oder an einem grossen Konzert werden wir von der Begeisterung der Menschen angesteckt, mitgerissen, auch wenn wir kein ausgesprochener Fussballfan oder Musikanhänger sind.

Eine weitere Betrachtungsweise geballter Gedankenformen:

- **Energie als Kollektiv wird zur Atmosphäre oder zu der Mentalität die in einem Land herrscht.**
- **Sie entsteht aus der Lebenseinstellung, aus dem Glauben, aus der Grundhaltung der Menschen in einer Stadt oder in einem Land.**

Sie sehen, unsere Gedanken sind die Bausteine unserer Realität. Sie produzieren eine Energie und diese Energie beeinflusst unser persönliches Leben und unsere Welt.

Wenn wir es genau betrachten gibt es verschiedene Realitäten oder verschiedene Ebenen der Wahrnehmung.

1. <u>Die objektive Ebene:</u>

- **Sie besteht aus den Dingen die wir sehen und anfassen und die wir mit allen Menschen teilen: Die materielle Realität.**
- **Sie ist die Ebene des Verstandes, des mittleren Selbstes.**

2. <u>Die subjektive Ebene</u>:

- **Sie ist die Realität aus unserer persönlichen Sicht. Das was wir für richtig und falsch, für gut oder schlecht halten usw.**
- **Sie ist die Ebene unseres persönlichen Urteils. Das Fundament dieses Urteils sind unsere Glaubensprogramme.**
- **Sie ist die Ebene des unteren Selbstes.**
- **Die subjektive Wahrnehmung hat den grössten Einfluss auf unser Wohlbefinden und auf unsere Gesundheit.**

Hinzu kommt eine dritte Art der Realität:

3. <u>Die Schwingungsebene:</u>

- **Sie entsteht aus unserer persönlichen Sicht auf das Leben, sie ist „unsere" Wirklichkeit. Sie ist das was wir ausstrahlen.**
- **Wir richten uns unsere Wirklichkeit selbst ein: womit wir uns dauernd beschäftigen, was wir uns bildlich vorstellen und was wir dabei fühlen, so „schwingen" wir, das ziehen wir an.**
- **Wirklichkeit ist das was „wirkt"! (Nicht unbedingt das was wahr ist.)**

Wieder sehen wir, welche Wichtigkeit unsere Gedanken haben. Aber wie entwickelt sich aus diesen Gedanken etwas Materielles?

- **Huna lehrt, dass alles Materielle zuerst aus Aka-Substanz geformt wird.**
- **Unsere Gedanken „schweben" in unserer Aura oder in unserem Aka-Körper und bekommen dort ihre Form. Sie werden „dicht".**
- **Aka funktioniert wie ein Spiegel.**
- **Es reflektiert Gedankenmuster auf die psychische und auf die körperliche Ebene. (Energieblockaden entstehen und können zu einer Krankheit führen.)**
- **Ein Kahuna wusste, dass eine gründliche Heilung nur möglich war wenn die Gedankenmuster auf der Aka-Ebene verändert werden konnten.**
- **Er benutzte die Spiegel-Eigenschaft von Aka um die Dinge auf der materiellen Ebene zu verändern.**

Mit diesem Wissen behandelte ein Kahuna Menschen mit denselben Symptomen oft auf ganz andere Weise. Er setzte sich mit der Persönlichkeit seines Patienten auseinander. Er nahm sich Zeit und untersuchte sorgfältig wie ein Mensch „tickte". Welche Werte hat der Hilfesuchende, woran glaubt er, was ist sein Hintergrund usw. Womit ist sein unteres Selbst am besten zu beeindrucken, damit die Behandlung eine Veränderung im Körper nach sich zieht?

War der Mensch mehr auf das körperliche, materielle ausgerichtet, wurde er auf dieser Ebene zuerst behandelt. Der Kahuna veränderte in diesem Fall als erstes die Körper-Empfindung seines Patienten. Vielleicht verordnete er eine LomiLomi Massage um gewisse Energieknoten zu lösen. Während einer Massage können zum Beispiel Tränen fliessen, weil etwas aufgeweicht und gelöst wird. Ängste verschwinden sogar oder erscheinen nicht mehr so bedrohlich. Angst führt immer zu Muskelverspannungen. Irgendwo verkrampfen wir uns im Körper wenn wir uns nicht wohl fühlen.

In einem gelösten und entspannten Körper kommen keine negativen Emotionen hoch. Wir haben vielleicht noch schlechte Gedanken, aber die automatischen Reaktionen sind ausgeschaltet. (Eine aggressive Haltung z.B.) In diesem entspannten Zustand, in dem alle Muskeln locker und weich sind, ist das untere Selbst empfänglicher für neue Denkweisen oder neue Gewohnheitsmuster.

> ***Wirklichkeit ist keine starre Realität. Sie ist voller Möglichkeiten – und sie ist in uns. Sie kann von uns geändert und neu gestaltet werden.***
>
> (Prof. Dr. Hans-Peter Dürr, Physiker)

Auf der subjektiven Ebene untersuchte der Kahuna die Denkweise eines Patienten und ermöglichte so, dass er Erlebnisse aus der Vergangenheit aus einem anderen Blickwinkel anschauen konnte und dadurch eine Veränderung im Krankheitsbild erreicht wurde. Plötzlich war es vielleicht möglich die Meinung oder die Einstellung gegenüber jemandem oder gegenüber etwas zu verändern. Man konnte vergeben - sich selbst und dem anderen - und so konnte sich eine Verhärtung lösen. Diese Verhärtung entstand vielleicht aus einem Groll den man im Innern gepflegt hatte und der sich bereits in Form einer Krankheit gezeigt hatte.

Das wichtigste war dabei, dass man die Belastungen nicht unterdrückte oder in etwas anderes, Belastendes umwandelte, sondern dass man sie anschaute, verwandelte und ersetzte durch einen neuen Blickwinkel oder eine neue Ansicht, die sich positiv auswirkte auf die Gesundheit und auf die Ausgeglichenheit eines Menschen.

Aka – eines der fünf „Werkzeuge“ in der Huna-Lehre

Alles ist Energie und hat einen Aka-Körper. Die alten Weisen aus Hawaii nannten diese Körper Kino-Aka.

KINO wird mit Körper, Selbst, Form, Figur übersetzt. Eine der Bedeutungen des Wortes AKA ist „Schatten“.

Das schwache Schimmern des Mondes wird auch AKA genannt, sowie ein frisch geschlüpfter Fisch der noch durchsichtig ist, oder ein Embryo zum Zeitpunkt der Empfängnis. Bei einer Opfergabe meint man mit AKA die Essenz des Opfers anstatt das Fleisch.

Kino-Aka ist also der Schattenkörper oder das Schattenselbst. Diese unsichtbare, aber wirkliche Aka-Substanz bildet eine Aura, ein schwach schimmerndes Lichtfeld um alle Dinge der Schöpfung.

Alles was von einem Aka-Körper umgeben ist, kann eine Verbindung über diese Schattensubstanz herstellen: Die Aka-Schnur. Sie ist klebrig und elastisch.

Dies erklärt die Bedeutung des Wortes „Unihipili“ in der hawaiianischen Sprache. Das untere Selbst streckt seine Fühler aus und heftet sich an Menschen, Dinge, Orte usw.

<u>UNIHIPILI</u>

AU oder U:	*Geist, Selbst*
HI :	*trotzig, ungehorsam, keck, kühn etwas verzögern, hemmen, fliessen, reinigen, säubern, eliminieren*
NIHI :	*jemand der befangen ist, tut etwas heimlich, hat ein bisschen Angst, geht vorsichtig und leise auf Zehenspitzen*
PILI:	*<u>kleben, sich anheften</u>, enge Verbindung, etwas das zu etwas gehört*

Unsere Gedanken sind Energie, haben ebenfalls Substanz und somit einen Aka-Körper.

Im Aka-Körper ist auch unser Mana gespeichert. Er funktioniert als Behälter für unsere Lebenskraft.

Jennifer Lee

Jetzt – der Moment in dem ich alles ändern kann.

Von Jennifer Lee

"Die ganze Kraft liegt im jetzigen Moment."

Es gibt keine Kraft in der Vergangenheit die eine Auswirkung hat auf Sie. Es ist die Erinnerung an ein Ereignis in der Vergangenheit und die Gefühle die Sie heute mit dieser Erinnerung verbinden, die sich im Jetzt auswirken. Diese gilt es zu ehren und anzunehmen.

Es gibt auch nichts in der Zukunft, das sich im jetzigen Moment auf Ihr Leben auswirkt. Wieder ist es die Erinnerung an Erfahrungen aus der Vergangenheit und die dazugehörigen Gefühle, die sich als Befürchtung, Vorfreude oder Erwartung auf zukünftige Ereignisse im Jetzt auswirkt.

Sie befinden sich immer im jetzigen Moment. Die "Wahrheit" entwickelt sich aus Ihren Entscheidungen die Sie im Jetzt treffen.

Alle Möglichkeiten, die ganze Kraft etwas zu verändern, dem Leben eine andere Richtung zu geben oder auch die Kraft der Freude, die Kraft der Liebe, die Dankbarkeit für alles zu spüren, ist immer nur allein im jetzigen Moment möglich. Hier pflanzen wir die Samen für die Zukunft. Hier ernten wir die Früchte unserer Aussaat in der Vergangenheit. Hier verändern wir die Dinge.
Angefangen mit der Geisteshaltung und dem daraus resultierenden Gedankengut. Ein bewusster Mensch hat viel zu tun ;-)!!

Vermeiden Sie es, Schuldgefühle für vergangene Handlungen zu entwickeln. Wenden Sie Ihre Gedanken und Empfindungen auf Akzeptanz, Verständnis, Mitgefühl, Fürsorge und Liebe für sich selbst.

Fühlen Sie sich nicht als Versager, wenn Sie noch nicht oder nicht immer voller Liebe sind! Sie können die Verantwortung für Ihr Leben auch übernehmen, ohne sich für früheres Verhalten zu verurteilen.

Vergeben Sie sich selbst, so wie Sie anderen Menschen für früheres Verhalten vergeben.

Tun Sie den ersten Schritt, halten Sie inne und überprüfen Sie Ihre Gedanken, ihre Gefühle und die Energie in der Sie sich befinden. Es sind die Bausteine für ihre Zukunft, für den nächsten Moment und für den nächsten Tag. Ihre Selbstliebe ist das Fundament für das Haus ihres Lebens!

Das bedeutet nicht, dass Sie sich Unangenehmes schön reden und alles durch eine rosa Brille betrachten sollten. Akzeptieren Sie die Realität vor Ihren Augen, ganz gleich wie sie ist. Nur auf diese Weise kann sie sich in eine Richtung entwickeln, die günstiger ist für Sie.

Stellen Sie sich ein Fotoshooting vor. Die Kamera klickt und klickt und klickt und klickt und daraus entsteht eine Fotoserie, eine Geschichte:

Die Art wie Sie sich bewegen, wie oft sie lachen oder weinen und ob die Geschichte einen frohen, glücklichen Eindruck oder einen schweren, traurigen beim Betrachter (ihrem Hohen Selbst in diesem Fall) hinterlässt, liegt an Ihnen und Ihren Bewegungen, Posen und Ausdrücken, während sie sich von Augenblick zu Augenblick oder von einer Realität in die nächste bewegen. Wichtig ist also, sich jedes gegenwärtigen Augenblicks bewusst zu sein und das Beste herauszuholen. Jederzeit ihre „fotogene" Seite zu zeigen, um bei unserem Beispiel zu bleiben. Es ist immer jetzt und jetzt ist alles was wir haben.

Anders ausgedrückt ist der Augenblick oder das Jetzt ewig und ihre Positionen oder Posen für die Kamera sind lediglich verschiedene Blickwinkel auf das Jetzt.

Wo sind meine Gedanken?

Unser Universum kennt nur Fülle, Reichtum und Überfluss. Wenn wir mit unserer Gedankenschwingung eine „Mangelenergie“ aussenden, egal zu welchem Lebensthema, erhalten wir eine Fülle von Mangel. Senden wir jedoch im Einklang mit unserem unteren Selbst, das auf unsere Gedanken mit seinen Emotionen antwortet, eine Schwingung der Fülle aus, ziehen wir eine Fülle von Fülle an. Von Jennifer Lee

Bestimmt konnten Sie schon einige sogenannte Wunder erleben mit wirkungsvollen Huna Gebeten. Vielleicht gibt es jedoch ein Thema, das sich nicht verändern will, obwohl ihr Verhältnis zu Ihrem unteren Selbst vertraut ist und Sie gemeinsam viele belastende Dinge klären konnten. Es gibt nichts, was der Veränderung dieser einen Situation im Wege steht. Und doch stecken Sie fest. Ihre Wünsche und Gebete erfüllen sich nicht. Sie haben das Gefühl, das Gesetz der Anziehung sei in Ihrem Falle ausser Kraft gesetzt.

Gehen Sie in die Beobachterposition. Halten Sie für eine Minute inne. Woran haben Sie gedacht seit Sie aufgestanden sind heute morgen? Mit welcher Gedankenenergie haben Sie Ihren Körper und Ihre Aura aufgeladen?

> **„Das Denken ist die Basis von allem. Es ist wichtig, dass wir jeden unserer Gedanken mit dem Auge der Achtsamkeit erfassen.**
>
> (Thich Nhat Hanh)

Haben Sie automatisch, d.h. „unbewusst“ mehrheitlich an Ihre Sorgen, Ängste, Ihre Konflikte und Zweifel, an Ihre Ungeduld und an Ihre vermeintlichen Unzulänglichkeiten gedacht?
Falls Sie diese Fragen vorwiegend mit Ja beantwortet haben, könnte dies der Grund sein, weshalb sich nichts bewegt oder weshalb sich immer wieder ähnliche Situationen in Ihrem Leben wiederholen.

Machen Sie sich keine Sorgen! Vergessen Sie, dass Sie der einzige Mensch sind bei dem das Gesetz der Anziehung nicht funktioniert, im Gegenteil! - Sie manifestieren perfekt – nämlich genau der Gedankenenergie entsprechend die Sie aussenden!

Wenn Sie etwas in Ihrem Leben verändern möchten, ist es wirklich wichtig achtsam zu sein. Unterbrechen Sie Ihren Tagesablauf alle 2-3 Stunden für eine Minute. Lenken Sie Ihre Gedanken immer wieder bewusst und mit Absicht auf Ihre Wunschsituation oder auf Ihr Gebetsbild. Es braucht in schwierigen Zeiten etwas Disziplin und Sturheit, aber es ist bedeutsam, dass Sie sich Ihrer Gedanken und somit der Energie die Sie aussenden jederzeit bewusst sind.

Wenn Sie ganz ehrlich sind und genau hinschauen, erkennen Sie jetzt, dass Sie die stockende Situation durch Ihre frühere Gedankenausrichtung herbeigeführt haben. Ihr Bewusstsein war darauf ausgerichtet was Sie verabscheuen, was sie befürchten und was sie nicht wollen.

Ihr Hohes Selbst ist stets bei Ihnen und zeigt Lösungen auf, es geht oft lediglich darum das „Empfangsgerät“ zu putzen, d.h. die Aufmerksamkeit so oft wie möglich von Ihren täglichen Sorgen und Ärgernissen abzuziehen und die Antenne wieder neu auszurichten, nämlich auf Freude und Zuversicht!

Auch in der scheinbar ausweglosesten Situation oder oft gerade dann, sehen wir Dinge die unser Herz berühren und uns ein Lächeln abringen. Nehmen Sie diesen Faden auf und folgen Sie ihm. Das Hohe Selbst wird Ihnen immer mehr solcher Gelegenheiten zeigen und plötzlich stehen Sie vor einer geöffneten Tür, die Sie zuvor garantiert übersehen hätten, weil Ihr Blick ganz konzentriert auf Ihre Sorgen und Ärgernisse gerichtet war.

Stellen Sie sich vor, Sie sind in einem Restaurant und haben eben eine Pizza bestellt, merken aber plötzlich, dass Sie lieber den Fisch möchten. Sitzen Sie dann an Ihrem Tisch und beklagen sich darüber, wie enttäuscht sie sind, die Pizza essen zu müssen wenn sie doch viel lieber den Fisch gehabt hätten, oder ändern Sie Ihre Bestellung? Natürlich ändern Sie die Bestellung!

Wenn Sie täglich einen Radiosender hören, der Musik spielt die Sie nicht mögen, sitzen Sie dann da und beschweren sich über die Musik und lamentieren darüber, wie gerne Sie etwas anderes hören würden, oder wechseln Sie den Sender? Sie wechseln den Sender!

> **„Das Universum folgt keinem festen Plan. Sobald Sie eine Entscheidung treffen, arbeitet es damit. Es gibt kein Richtig und kein Falsch, nur eine Vielzahl von Möglichkeiten, die sich mit jedem Gedanken, jedem Gefühl und jeder Tat verändern.“**
>
> Deepak Chopra

Wenn Sie mit Ihrer Arbeit, mit Ihrer Gesundheit, mit Ihrem Gewicht, mit Ihren Beziehungen oder mit Ihrem Leben auf irgendeine Weise nicht zufrieden sind, verbringen Sie wahrscheinlich ziemlich viel Zeit damit zu denken, dass Sie es so akzeptieren müssen wie es ist, auch wenn Sie wünschten es wäre anders.

Es erfordert etwas Disziplin, aber Sie können viel verändern, wenn Sie sprichwörtlich die Bestellung ändern und den Sender wechseln.

Prüfen Sie deshalb Ihren Gedankenfluss alle zwei Stunden, oder noch besser, machen Sie stichwortartige Notizen:

"Wo waren meine Gedanken? Woran habe ich die meiste Zeit gedacht?"
Wenn Sie mehrheitlich an Ihre Sorgen und Selbstzweifel gedacht haben, ziehen Sie dementsprechend mehr davon an.

"Was habe ich gelesen oder welche Sendungen habe ich mir im Fernsehen angeschaut?“
Waren es mehrheitlich Sensationsmeldungen darüber, wie schlecht die Welt ist, und was die Menschheit alles "falsch" macht?

"Worüber habe ich gesprochen?“
Vor allem darüber, wie schlecht es mir geht oder wie ausweglos alles ist und wie machtlos ich bin?

„In welchem Ton habe ich mit meinen Mitmenschen gesprochen?“
War ich mehrheitlich freundlich oder eher bitter, oder zynisch oder kritisierend und urteilend? Habe ich positive Worte gewählt oder waren meine Worte grob?

„Welche Motivation lag hinter meinen Worten?“
Sind meine Worte aus Wohlwollen entstanden? Oder aus Missgunst? Aus Liebe oder aus Ärger?

Wir wiederholen die gleichen Gedanken, entstanden aus nie in Frage gestellten Lebenshaltungen, immer und immer wieder. Diese Wiederholung entwickelt sich zu einer Gewohnheit. Diese Gewohnheit zieht die Dinge an, die wir nicht wollen. Unser Leben verläuft im „Autopilot“-Modus.

Übernehmen Sie Verantwortung und akzeptieren Sie was Sie manifestieren!
Es geht nicht um Selbstverurteilung, sondern um Bewusstwerdung darüber, dass Sie alles ändern können, vor allem die eigene Energie! Das Hohe Selbst sieht: "Aha, da hat sich etwas geändert. Ich sende jetzt mehr davon (vom Positiven) und plötzlich sehen Sie Möglichkeiten, die mit der alten "Wahrnehmung" nicht erkennbar waren.

Der Mensch verändert sich von Moment zu Moment, meist sind die Veränderungen jedoch so winzig klein, dass der Eindruck entsteht, immer noch am gleichen Ort zu stehen, darum sollten wir wohl etwas grössere Schritte wagen. Es ist nicht nötig, alles von heute auf morgen auf den Kopf zu stellen. Es geht darum der Freude zu folgen, angefangen mit den kleinen Dingen. Freude ist das Zeichen, auf dem ganz persönlichen, richtigen Weg zu sein. Freude ist eine Emotion. Die "Heimat" Ihrer Emotionen ist in Ihrem unteren Selbst. Wenn Sie Freude spüren sind Sie in Harmonie mit Ihrem unteren Selbst und der Weg ist frei, die Intuitionen (in Form von neuen Möglichkeiten und offenen Türen) die von Ihrem Hohen Selbst kommen zu erkennen oder zu "hören".

Übung:

Schliessen Sie für einen Moment die Augen und atmen Sie tief durch. Konzentrieren Sie sich auf Ihren Atem. Beobachten Sie wie er hineinfliesst in Ihren Körper und wieder hinaus.

Bitten Sie nun Ihr Hohes Selbst darum, Ihnen einen Strom seiner Fülle-Energie in Ihr Energiefeld zu senden. Öffnen Sie sich, öffnen Sie Ihre Denkbarrieren und fühlen Sie den ganzen Überfluss der in Ihr Energiefeld hineinströmt und es komplett auffüllt. Atmen Sie noch einmal tief durch und bedanken Sie sich bei Ihrem Hohen Selbst. Öffnen Sie die Augen.

Wiederholen Sie diese kleine Übung mehrmals am Tag für mindestens zwei Minuten.

Tipps um Bewegung in eine festgefahrene Situation zu bringen:

1. Versetzen Sie Ihren Geist in den „richtigen" Zustand.

Üben Sie sich darin in Ihre Gedanken zu beobachten und gegebenenfalls in positive Bahnen zu lenken: Auch an einem „schlechten Tag" geschehen Dinge für die Sie dankbar sein können. Dankbarkeit ist vergleichbar mit einem emotionalen Muskel. Durch regelmässiges Training sind Sie sich konstant der schönen Seiten Ihres Lebens bewusst und halten die Augen offen für weitere erfreuliche Ereignisse. Auch wenn die Dinge nicht immer so laufen wie Sie es sich wünschen, mit dem Fokus auf Dankbarkeit gelingt es Ihnen sogar einen Misserfolg aus einer anderen Perspektive zu sehen. Auf diese Weise ziehen Sie mehr Positives an und Sie bemerken plötzlich, wie Sie sich öfters freuen und sich auch öfters bei den Menschen in Ihrem Umfeld bedanken. *(Lesen Sie dazu auch in Huna-Nachrichten Nr. 3, September 2010: „Das Huna-Gebet und seine Erfüllung".)*

2. Achten Sie Ihren Körper.

Machen Sie regelmässig Ihre Mana-Aufladungen. Bewegen Sie sich täglich, wenn möglich in der Natur.
Essen Sie gesund und achten Sie auf Ihr Gewicht. Der Körper ist das kostbare Gefäss unserer drei Selbste. Tragen Sie Sorge zu ihm. Ihre Gedankenenergie wirkt sich auch in Ihren Zellen aus. Schenken Sie Ihrem Körper Kraft indem Sie sich um sein Wohl kümmern.

3. Vermindern Sie den Umgang mit „negativen" Menschen.

Wenn Sie sich stark und kräftig fühlen, leben Sie vor. Lassen Sie sich auf keine negativen Betrachtungen ein. Wechseln Sie das Thema oder lenken Sie es liebevoll in eine positive Richtung. Wenn Sie selbst einen instabilen Tag erleben, verschwenden Sie keine Zeit damit sich mit Menschen zu umgeben, die Ihre Energie aufzehren.

4. Suchen Sie den Umgang mit ähnlich denkenden Menschen.

Deren positive Energie kulminiert sich mit der Ihren und Sie können immer dazulernen, wenn Sie Ihre Erfahrungen austauschen.

5. Stecken Sie sich Ihre Ziele – aber bleiben Sie flexibel auf Ihrem Weg.

Kein Plan sollte in Stein gemeisselt sein, damit er nicht wichtiger wird als das Ziel. Seien Sie offen für unerwartete Lösungen und Möglichkeiten. Sperren Sie sich nicht gegen kleine Umwege oder Verzögerungen. Wer weiss wozu sie gut sind!

Aus Huna-Sicht: Schreiben Sie Ihrem Hohen Selbst nicht vor, wie etwas zustande kommen soll. Denken sie daran, dass unser menschliches Hirn nicht dafür konzipiert ist den „grossen Plan" zu erfassen. Wenn Sie etwas erreichen möchten, das mit Ihrem Daseinsgrund, Ihrem innersten Wesen harmoniert, sind Wunder möglich!

Das bedeutet nicht, untätig abzuwarten was geschieht:

6. Werden Sie klar und folgen Sie Ihrem Gefühl.

Gutes Gefühl = richtig.
Ungutes Gefühl = falsch.
Wenn Sie nichts fühlen lesen Sie noch einmal Punkt 1.

Freude entwickelt sich als schöne Nebenwirkung beim Trainieren des Dankbarkeitsmuskels, was wiederum ein gutes Gefühl entstehen lässt, dem es zu folgen gilt.

Seminarkalender

April 2013

Huna Basis-Seminar – Entdecken Sie Ihr wahres Selbst
4 x Dienstagabend, 19.00 – 21.00 h:
09./16./23./30. April 2013
CHF 300.00 (Mitglieder 250.00)

Mai 2013

Ho'oponopono - Freiheit durch Selbstverantwortung
Freitag, **10. Mai 2013**, 19.00 h
Einführungsvortrag
Samstag, **11. Mai 2013**, 09.30 – 17.00 h
Tages-Workshop
CHF 200.00 (Mitglieder 180.00)

Juni 2013

Huna Praxis-Seminar – das innere Kind erlösen
Samstag, **29. Juni 2013**, 09.30 – 17.00 h
Tages-Seminar
CHF 200.00 (Mitglieder 180.00)

August 2013

Ho'oponopono - Freiheit durch Selbstverantwortung
Freitag, **23. Aug. 2013**, 19.00 h
Einführungsvortrag
Samstag, **24. Aug. 2013**, 09.30 – 17.00 h
Tages-Workshop
CHF 200.00 (Mitglieder 180.00)

September 2013

Huna Basis-Seminar – Entdecken Sie Ihr wahres Selbst
4 x Dienstagabend, 19.00 – 21.00 h:
03./10./17./24. September 2013
CHF 300.00 (Mitglieder 250.00)

Oktober 2013

Huna Praxis-Seminar – das innere Kind erlösen
Samstag, **26. Okt. 2013**, 09.30 – 17.00 h
Tages-Seminar
CHF 200.00 (Mitglieder 180.00)

Detaillierte Informationen und Anmeldung auf www.huna-europe.ch

Herausgegeben von:

Huna Forschungs-Gesellschaft Zürich | HFG
Grubenstrasse 27 | CH-8045 Zürich
Telefon +41 44 251 55 65

HUNA-GRUPPE ZÜRICH 2013

An folgenden Mittwochabenden trifft sich die Huna-Gruppe Zürich **im Lokal der HFG Zürich, Grubenstrasse 27, 8045 Zürich-Binz**

27. März 2013, 19.00 h:
Ein Abend mit dem Medium Susanne Rüegg
Susanne Rüegg liest die Energien der Anwesenden und wählt so das Thema des Abends.

24. April 2013, 19.00 h
Wai Wai: Mühelos zu materiellem Wohlstand finden
Herbeiführen eines dauerhaften Bewusstseinszustandes, der auf materiellen Wohlstand ausgerichtet ist. Mit Jennifer Lee

29. Mai 2013, 19.00 h
Die Prophezeihungen von Celestine
Der Bestseller-Roman von James Redfield aus den 90er-Jahren.
Eine Wiederentdeckung mit Ulrich Amacher

26. Juni 2013, 19.00 h
Das Thema wird später bekannt gegeben.
Mit Jennifer Lee

Einzelheiten auf www.huna-europe.ch
Unkostenbeitrag pro Abend für Mitglieder CHF 10.00

Mitgliedsbeitrag 2013

Wir freuen uns, wenn Sie unsere Tätigkeiten auch dieses Jahr durch Ihren Mitgliedsbeitrag unterstützen. Er beträgt unverändert

CHF 80.00 / EUR 55.00

Falls Sie Ihren Beitrag noch nicht bezahlt haben, bitten wir um baldige Überweisung.

Profitieren Sie von den zahlreichen Vergünstigungen für Mitglieder! Informationen über unsere Aktivitäten und Angebote finden Sie auf unserer Website www.huna-europe.ch oder erhalten Sie unter Telefon +41 44 251 55 65.

Postfinance Bern 80-32001-2, IBAN CH74 0900 0000 8003 2001 2
Postbank Karlsruhe 1840 02-757, IBAN DE26 66010075 0180 4027 57
P.S.K. Wien 7.617.939, IBAN AT76 6000 0000 0761 7939

Ho'oponopono-Beratungen

Mit Ho'oponopono können Sie belastende Situationen in Ihrem Leben auflösen und die Dinge richtig stellen. Wir bieten traditionelles Ho'oponopono nach Morrnah Simeona an.

Telefon +41 44 251 55 65
info@huna-europe.ch

Nr. 14 | Juni 2013

HUNA NACHRICHTEN

Zeitschrift für Mitglieder | Huna Forschungs-Gesellschaft Zürich | www.huna-europe.ch

EDITORIAL

Liebe Leserin, lieber Leser

Vielleicht haben Sie auf unsere Anregungen in der letzten Ausgabe der Huna-Nachrichten bereits damit begonnen, Ihre täglichen Gedanken zu beobachten. Ist es Ihnen ab und zu geglückt, Gedankenkreisläufe die Ihnen nicht gut tun zu unterbrechen und in eine für Sie positive Bahn zu lenken? Vielleicht sind Sie bei diesen Überlegungen auch wieder etwas näher an Ihren „George" herangerückt und haben sich etwas intensiver als üblich seinen Belastungen gewidmet und sie anerkannt. Möglicherweise spürten Sie sogar wo sie sich in Ihrem Körper zeigen.

Wenn Sie Ihr unteres Selbst in Gedanken in den Arm nehmen und trösten oder glücklich drücken ist dieses Bild eine grosse Hilfe für Ihren inneren Freund und ein Anstoss um belastende Dinge gehen zu lassen. Er „spürt" und „sieht", dass Sie ihn lieben und ihm verzeihen, dass er sich an Dinge geklammert hat, die Ihnen beiden keinen Nutzen bringen. Bitten Sie ihn ebenfalls um Verzeihung, dass Sie ihn oft nicht beachtet haben und schliessen Sie einen Pakt mit ihm, von jetzt an miteinander, Hand in Hand den Dingen des Lebens zu begegnen.

Diese etwas kindlich erscheinenden Gedankenbilder sind nichts anderes als eine Metapher, sich immer wieder von neuem der Selbstliebe zu widmen. Sich selbst zu vergeben, sein höchstpersönliches Glück zu suchen und ihm zu folgen. Natürlich immer im Einklang mit dem Grundsatz nichts und niemandem zu schaden, sich selbst mit eingeschlossen! Fühlen Sie sich unbehaglich dabei zuerst an sich selbst zu denken? Erinnern Sie sich immer wieder an die Sauerstoffmasken-Demonstration im Flugzeug. Auch dort ist es von höchster Wichtigkeit die Maske als erstes auf die eigene Nase zu setzen, damit Sie nicht umkippen noch bevor Sie Ihrem Sitznachbar helfen können.

Bei unserem Wai Wai Haipule das wir Ihnen in dieser Ausgabe vorstellen, geht es darum mit Absicht einen Bewusstseinszustand herbeizuführen, der auf materiellen Wohlstand ausgerichtet ist. Die meisten Menschen jagen Wohlstand, Erfolg und Liebe nach, weil sie meinen, diese Dinge würden sie glücklich machen. Es ist jedoch genau umgekehrt, je glücklicher Sie sind, tief in Ihrem Innern, desto einfacher verwirklichen sich die Dinge und Umstände in Ihrem Leben die Sie sich wünschen. Sie senden fortwährend energetische Signale aus, die von den Menschen in Ihrer Umgebung aufgefangen werden. Genau aus diesem Grund zieht ein unglücklicher Mensch

INHALT

Wai Wai Haipule Herbeiführen eines dauerhaften Bewusstseinszustandes, der auf materiellen Wohlstand ausgerichtet ist.
Von Jennifer Lee **> Seite 3**

Bleiben Sie Ihrem Herzen treu und kümmern Sie sich nicht darum, was andere Leute denken. Fünf Versäumnisse, die Sie vielleicht am Ende Ihres Lebens bereuen.
Von Jennifer Lee **> Seite 8**

Friede mit dem Geist Harmonie war für die Essener gleichbedeutend mit Frieden. Ihr Ziel war es, liebevolle Gedanken in der Welt in Tat umzusetzen.
Von Dr. E. Bordeaux Székely **> Seite 9**

Veranstaltungen
Wai Wai Haipule-Workshop, Huna Basis-Seminar, Huna Praxis-Seminar, Ho'oponopono-Workshop, Huna-Gruppe Zürich **> Seite 10**

mehr Unglück an und wirkt ein glücklicher Mensch wie ein Magnet auf noch mehr Glück.

Es sind nicht die Lebensumstände auf die es ankommt! Aus ihnen entsteht nichts, sie führen nicht zu Verwirklichungen auf der materiellen Ebene. Es kommt einzig und allein auf Ihren Daseinszustand an. Was tragen Sie in Ihrem Bewusstsein? Nur aus Ihrem Gedankengut und ihrem inneren Empfinden entsteht materielle Erfahrung!

Glücklich sein ist eine Entscheidung die Sie treffen können. Glück hängt nicht davon ab, wer Sie sind oder was Sie besitzen oder vorweisen können. Glück hängt davon ab was oder wie Sie denken. Lassen Sie nicht zu, dass Ihre innere Stimme übertönt wird von Ansichten anderer Menschen oder deren Gefühl was das Beste sei für Sie.

Verbinden Sie sich immer wieder mit Ihrem Hohen Selbst, es wird Ihnen richtungsweisende Inspirationen zukommen lassen und Sie gemäss Ihrem Lebensplan führen und dabei jedoch immer Ihren freien Willen respektieren. Seine Liebe ist bedingungslos, es be-oder ver-urteilt Sie niemals. Es ist Ihr „elterlicher Geist der Sie liebt". Es ist alles gleich-gültig was Sie denken oder tun. Mit diesem tröstlichen Gedanken im Hintergrund ist es um einiges einfacher das Leben nicht allzu ernst zu nehmen, sich selbst und anderen immer mehr Dinge mit einem Lächeln zu verzeihen.

Betrachten Sie Ihre Persönlichkeit mit Sinn für Humor und aus einer gewissen Distanz. Erlauben Sie sich so zu sein wie Sie sind. Seien Sie bereit dafür auch einmal falsch zu liegen, sich zu vergeben und einfach weiterzumachen.

Die Vertrautheit mit Ihrem „elterlichen Geist" gibt Ihnen die Sicherheit Neues auszuprobieren, sich zu öffnen für einen anderen Blickwinkel auf Ihre momentane Situation. Es geht nicht darum eines Tages perfekt zu sein. Es ist in Ordnung immer weiter zu lernen und zu wachsen von Augenblick zu Augenblick, in einer endlosen, spontanen Entwicklung.

Wir wünschen Ihnen viele glückliche Momente und natürlich grossen Erfolg bei Ihrem persönlichen Wai Wai Haipule!

Herzlich, Ihre

Jennifer Lee und Ulrich Amacher

Wai Wai Haipule

Ihre Wünsche und Absichten nicht konkret zu formulieren in Gedanken, mit Worten, mit Ihren Emotionen und Sinnen ist dasselbe, wie wenn Sie zu der Bedienung in einem Kaffeehaus sagen: „Ich habe Durst" oder „Ich möchte etwas zu trinken haben". Damit man Ihnen etwas bringen kann, müssen Sie sich für ein bestimmtes Getränk entscheiden. Ihr Geschmack wird wahrscheinlich nicht getroffen, wenn Sie denken „Ich lasse mich überraschen". Sie haben Ihren freien Willen dafür bekommen um zu entscheiden wie Sie Ihr Leben gestalten möchten. Ihr Hohes Selbst nimmt Ihnen die Wahl nicht ab, aber es steht Ihnen hilfreich zur Seite. Von Jennifer Lee

Vor einigen Monaten geriet das Unternehmen meines alten Freundes Patrick, welches er in der Lebensmittelbranche aufgebaut hatte in eine schwierige finanzielle Situation, die seine gesamte Existenz bedrohte. Patrick kennt Huna und weiss um Vieles in der geistigen Welt. Er ist offen und empfänglich für Vorschläge zur Problemlösung, die ausserhalb der gängigen Praxis liegen. Wir diskutierten seine Situation und berieten was zu tun war. Auffallend dabei war, dass es immer wieder - wie durch ein „Wunder" - einen Schritt weiter ging, sobald es Patrick gelang seine Grundhaltung von hoffnungslos auf zuversichtlich zu verändern.

Der Zufall

Ich machte mir natürlich Sorgen um meinen Freund und nach einem etwas mutlosen Telefongespräch mit Patrick fiel mir ein Buch in die Hände. Es lag wohl schon gut und gern drei Jahre auf einem Stapel vergessener, ungelesener Bücher. Ich blätterte es an jenem Tag, nach dem Gespräch mit Patrick gedankenverloren durch und plötzlich fiel meine Aufmerksamkeit auf den Titel „Waiwai: Mühelos zu materiellem Wohlstand finden"! Sofort schlug meine Stimmung in Aufregung um und ich dachte, wunderbar, gleich morgen werde ich mit Patrick dieses Ritual machen damit er seine Schwingung ins Positive verändern kann und dadurch Erfolg anzieht in Form von richtigen Umständen und hilfreichen Menschen!

Ich begann also zu lesen. Das Buch beschreibt die Schritte zum Wohlstandsbewusstsein deutlich und sehr ausführlich. Nur, wie konnte ich sie in kurzen und klaren Worten zusammenfassen und ausdrücken? Ich trug diese Gedanken wochenlang mit mir herum. Schrieb auf, probierte und versetzte mich in die Situation des Zuhörers, der schon etwas über Huna weiss, aber vielleicht schon lange kein Huna-Gebet mehr gemacht hatte. Um die positive Wohlstands-Energie zu verstärken wollte ich das Ritual mit unserer monatlichen Huna Gruppe durchführen und natürlich mit Patrick. Dafür standen mir höchstens 90 Minuten zur Verfügung. Das Ritual kristallisierte sich endlich aus meinen vielen Notizen heraus und wir konnten es im April dieses Jahres erfolgreich abhalten. Wir hatten noch nie so viele Teilnehmer in der Huna Gruppe wie an diesem Abend. Eine etwas umfangreichere Auseinandersetzung zum Thema Wohlstand bieten wir in unserem neuen Tagesworkshop am 29. Juni 2013 an (siehe Hinweis links).

Inzwischen fragen Sie sich natürlich von welchem Buch ich spreche: Es heisst „Die Huna-Lehre. Der Schlüssel zum hawaiianischen Geheimwissen für Erfolg im Leben", mit Kala Kos und John Selby als Autoren. Die Basis ist Serge Kahili Kings Zugang zu Huna. Leider ist es im Buchhandel vergriffen. Bei Amazon.de sind noch wenige gebrauchte Exemplare erhältlich.

Kala Kos, John Selby
Die Huna-Lehre
Arkana Verlag München
vergriffen

„Geld" – nur ein Wort?

Es ist nichts Neues, dass Wohlstand, Fülle und Reichtum nicht „nur" mit Geld zu tun haben. Für ein erfülltes Leben voller Liebe, Wärme und Freude ist es schön, wenn wir beides haben, ein erfülltes Herz und genügend Geld für unseren Lebensunterhalt und gerne auch noch etwas mehr für den einen oder anderen materiellen Wunsch.

Bei den meisten Menschen löst jedoch nur schon das Wort „Geld" ein unbehagliches Gefühl aus. Es hat den unangenehmen Beigeschmack von Stress oder sogar Angst - das „liebe Geld" kann jedoch nichts dafür! Es sind unsere Überzeugungen im Zusammenhang mit Geld, die uns hektisch oder gar ängstlich reagieren lassen.

Ich erinnere mich, dass meine Mutter und mein Grossvater oft über Geld stritten. Ich war ungefähr fünf oder sechs Jahre alt damals. Einmal eskalierte die Auseinandersetzung. Mama heulte. Opa als Choleriker schmetterte seinen Geldbeutel zu Boden, dass die Münzen flogen und schrie: „Ich werfe mich vor den Zug!" und stapfte wutentbrannt aus dem Haus. Heute kann ich über diese Überreaktion meines Opas lachen, aber damals hatte ich natürlich Angst und es dauerte ein gutes Stück Leben, meine Überzeugung im Hinblick auf Geld zu verändern.

Vielleicht hat jemand von Ihnen als kleines Kind Geld in den Mund genommen und Mama rannte mit Ihnen ins Bad um Ihren Mund auszuspülen und die Hände zu waschen. „Geld ist schmutzig" könnte also einen ersten Eindruck in Sachen Geld hinterlassen haben.

Denken Sie an die verschiedenen Beispiele von Lottogewinnern die nach kurzer Zeit alles wieder verloren auf Grund ihrer inneren Einstellung zu Geld. Da stand vielleicht der Spruch „ohne Fleiss kein Preis" als innere Überzeugung im Weg. Wenn uns die inneren Gesetze nicht gestatten wohlhabend zu sein, können wir es uns nicht bewahren!

Gedanken sind frei

„Was du heute denkst, wirst du morgen sein", sagte schon Buddha. Die Lebenssituation in der Sie sich heute befinden, ist das Resultat Ihrer Gedanken von gestern! Es gibt keine Macht im Aussen die für Ihre Gedanken und Emotionen verantwortlich ist. Es geschieht alles in Ihrem Innern. Sie haben die Wahl und die Selbstverantwortung Ihre Gedanken jetzt zu verändern.

Glücklich ist, wer das, was er liebt, auch wagt, mit Mut zu beschützen.
Ovid

Drehen Sie die Sache um und stellen Sie sich vor, Geld auf die gleich Stufe wie Liebe und Wärme zu setzen. Nehmen Sie sich einen Moment Zeit, tauchen Sie in das Gefühl hinein. Bringen Sie Geld genauso viel Freude und Wertschätzung entgegen wie Liebe und Wärme!

Oder stellen Sie sich Geld als Familienmitglied vor: Ein Kind, dem Sie bis jetzt immer die Türe vor der Nase zugeschlagen haben, wenn Sie die Familie zum Essen riefen. Öffnen Sie die Tür, heissen Sie ihr Kind mit dem Namen Geld willkommen in Ihrer Familie und laden Sie es an Ihren Tisch ein! Halten Sie dieses Bild für eine Minute.

Geld ist ein Tauschmittel und hat nicht mehr Macht, als wir ihm zubilligen. Wenn wir uns mehr davon wünschen, wollen wir im Grunde nichts anderes als glücklich sein genau so wie wenn wir uns mehr Liebe wünschen oder mehr Aufmerksamkeit.

Glück auf den ersten Platz – Gleiches zieht Gleiches an!

Konzentrieren Sie sich darauf, Ihr Glück auf Platz 1 zu setzen! Glück ist der energetische Schöpfer des Wohlstands. Es ist der Boden auf den Sie bauen oder die Erde in die Sie Ihre Samen setzen können.

Denken Sie um und betrachten Sie Glück nicht als etwas, dass Sie erst erreichen wenn Sie reich sind oder wenn Sie dies oder das erreicht haben. Holen Sie Ihr Glück in den jetzigen Moment! Es ist immer „jetzt" und dieser Augenblick ist alles was Ihnen zur Verfügung steht um etwas zu kreieren!

Was heisst Glück?

Sogar bei diesem wunderbaren Gefühl ist es oft nötig, tiefer zu gehen und sich selbst einige Fragen stellen: Bedeuten die Dinge die ich mir wünsche wirklich Glück für mich ganz persönlich, oder will ich etwas weil es „alle" haben, weil „man" es haben muss um dazuzugehören? Will ich z.B. ein eigenes Haus, weil alle anderen sagen, ein Haus gehört dazu um glücklich zu sein?

Versuchen Sie bei Fragen dieser Art wirklich ehrlich mit sich selbst zu sein. Hören Sie auf die Reaktionen Ihres unteren Selbstes und auf die Zeichen in Ihrem Körper beim Thema Geld. Das untere Selbst drückt sich über den Körper aus.

Alles was Ihnen nicht ganz richtig erscheint ist nicht in Harmonie mit Ihrer eigenen Definition von Glück und deshalb auch nicht im Einklang mit Ihrem Hohen Selbst und Ihrem Lebenssinn. Wenn Sie z.B. ein Haus besitzen möchten, nur um zu beweisen, dass Sie besser sind als jemand, wer immer dieser Jemand ist, manifestieren Sie Mangel. Sie können sich Ihr Haus vielleicht trotzdem kaufen, aber sie haben nur Ärger damit oder die Hypothekar-Zinsen erdrücken Sie.

Dasselbe gilt für die Liebe. Wenn Sie sich einen Menschen an Ihrer Seite wünschen, weil Sie einsam und alle Ihre Freunde in Beziehungen sind, oder weil Sie einfach keine Lust mehr haben, noch einmal alleine ins Kino zu

Wai Wai Haipule ist ein Gebet und bedeutet: mühelos zu materiellem Wohlstand finden

Wai Wai heisst „materieller Wohlstand.

Wai bedeutet Wasser. Im alten Hawai'i galt jemand auf dessen Grundstück frisches Wasser floss als reich. Wasser ist die kostbare Quelle des Lebens. Wasser ist zugleich das Symbol für Mana in der Huna Lehre. Es wird dargestellt als Fontäne die im Körper aufsteigt bis das Mana(Wasser) aus dem Kopf überfliesst wie ein Springbrunnen.

Haipule heisst „ein Gebet abhalten"

Hai bedeutet Opfer. Die tägliche Mana-Gabe an das Hohe Selbst ist die „Opferidee" in der Huna Lehre.

Ha heisst Atem, **I** bedeutet höchstes, oder der oder das Höchste.

Diese Silben finden sich auch im Wort **Hawai'i**:

Ha(Atem) **wai**(Wasser) **'i**(höchstes), poetisch ausgedrückt bedeutet Hawai'i also: Höchstes Mana das auf dem Atem des Lebens reitet.

gehen ziehen Sie Einsamkeit an. Sie finden ziemlich sicher trotzdem jemanden, aber auch in einer Beziehung kann man sehr einsam sein!

Untersuchen Sie Ihre Definition von Glück. Die „energetischen" Gründe die hinter unseren Wünschen und Zielen stehen basieren oft auf Angst oder Bedürftigkeit. Wenn irgendwo eine Energie schwingt die nicht freud- und liebevoll ist, manifestieren sich diejenigen Emotionen und ziehen Sie diejenigen Situationen an, an die Sie im Hintergrund „glauben"! Denken Sie jedoch voller Aufregung, Energie und Vorfreude an Ihren Wunsch, dann befindet sich Ihre persönliche Schwingung und die Schwingung Ihres Ziels in Resonanz, d.h. sie ziehen sich gegenseitig an. Gleiches zieht Gleiches an. Dieses Resonanzgesetz löst eine Kettenreaktion zu Ihren Gunsten aus.

So tun als ob!
Es gilt also die Kunst zu erlernen Ihre Schwingung mit Absicht so zu verändern, dass sie in Harmonie ist mit dem was Sie erleben wollen! Die Formulierung „erleben wollen" und nicht „haben wollen" ist mit Absicht gewählt. Es geht in erster Linie um Ihr Glück und nicht um eine Zahl auf Ihrem Bankkonto. Je stärker Sie glauben, dass Ihnen keine Grenzen gesetzt sind, desto mehr können Sie erreichen! Die Schöpfung oder das Universum setzt uns keine Grenzen für Glück, Erfolg und Wohlstand. Sie selbst haben sich diese Grenzen auferlegt und sie sind völlig willkürlich.

Dieser Vorschlag eines Gedankenprozesses dient dazu, um Ihnen als „mittleres Selbst" mit Ihrer Logik und Ihrem Verstand klar zu machen, welche möglicherweise unrealistischen Glaubenssätze ihr „unteres Selbst" im Zusammenhang mit Geld als Gesetz betrachtet. Es „hört" worüber Sie sprechen oder worüber Sie nachdenken und es beginnt einzusehen, dass es manches loslassen und sich für eine neue Überzeugung öffnen kann.

Die neun Schritte
Wai Wai Haipule besteht aus 9 Schritten. Am besten atmen Sie während des ganzen Prozesses bewusst durch den Scheitel ein und durch das Nabelzentrum aus.

1. In den Moment kommen:
„Ich bin mit meinem ganzen Wesen im jetzigen Moment".
Beobachten Sie wie Ihr Atem durch die Nase (oder den Mund) in Ihren Körper ein- und wieder ausströmt.

Sie öffnen sich weiter, indem Sie in einen zufriedenen Zustand mit sich selbst und mit der Welt kommen: *„Ich liebe mich selbst, ich liebe die Welt"*

2. Öffnen für das Hohe Selbst:
„Ich bin offen für deine Führung."
Nennen Sie Ihr Hohes Selbst beim Namen, öffnen Sie die Türe Ihres Herzens weit und gehen Sie ihm entgegen.

3. Das Lebensziel oder den Lebenssinn erkennen:
„Was ist die ursprüngliche Motivation, die mir Energie gibt jeden Tag weiterzumachen mit dem was ich im Leben tue?"

Um noch etwas weiter zu gehen denken Sie: *„Ich bin hier um*....und beenden den Satz mit den Bildern oder Worten die in Ihnen aufsteigen. Folgen Sie Ihren „Eingaben" auch wenn sie Ihnen noch so verrückt erscheinen.

4. Die allgemeine Absicht finden:
„Was ist mein Talent? Was sprudelt aus mir heraus? Was macht mir die grösste Freude?"

Es ist wichtig, sich klar darüber zu werden was Sie wollen. Ihr Hohes Selbst nimmt Ihnen die Wahl nicht ab. Wenn Sie es jedoch um Führung bitten wie im zweiten Schritt, können Sie sicher sein, dass Sie richtungsweisende Inspirationen bekommen.

5. Spezifisches Ziel formulieren:
„Wie kann ich ausdrücken, was ich anzubieten habe? Was tue ich? Wie sieht meine Wunschsituation im Alltag aus?"
Finden Sie Ihren Gebetssatz.

6. Emotionale Wahrnehmung mit einbeziehen:
„Wie fühle ich mich bei meiner Arbeit?“
Stellen Sie sich vor, wie Sie Ihre Lieblingsbeschäftigung tun. Lassen Sie Ihre Freude und Ihren Enthusiasmus aufsteigen bei dem was Sie tun. Ihre Ausstrahlung verstärkt sich und die Aussenwelt reagiert darauf.

7. Sinnliche Wahrnehmung mit einbeziehen:
„Wie sieht es an meinem Arbeitsort aus, wie riecht es? Welche Geräusche höre ich? Wie fühlt es sich an, wenn ich mein Arbeitswerkzeug in der Hand habe? Was spüre ich unter meinen Fingern? Wie schmeckt das Getränk, dass ich während der Arbeit trinke?

8. Mana speichern:
Halten Sie die emotional, sinnliche „Gesamtkomposition“ aus den Schritten 5, 6 und 7 im Hintergrund während Sie Ihre gewohnte Mana-Atmung durchführen. Sollten Sie jedoch während des ganzen Rituals die Scheitel/Nabel-Atmung gemacht haben, atmen Sie weiter auf diese Weise. Beziehen Sie ihr unteres Selbst mit ein und denken Sie: *„Ich speichere zusätzliches Mana“.*

9. Absicht aussenden und abschliessen:
Holen Sie Ihre Gesamtkomposition in ihrer ganzen Intensität wieder in den Vordergrund: *„Ich strahle meine Absicht aus und danke für die Verwirklichung auf der materiellen Ebene.“* (Finden Sie Ihren eigenen Satz.)

Je intensiver es Ihnen gelingt Ihr Bild zu halten umso wirkungsvoller ist Ihr Wai Wai Haipule.

Lassen Sie alles ausklingen, bedanken Sie sich bei Ihrem Hohen Selbst und teilen Sie ihm mit, dass Ihr Gebet jetzt abgeschlossen ist: *„Danke für deine Hilfe, mein Gebet ist jetzt zu Ende.“* (Finden Sie Ihren eigenen Satz.)

Der Abschluss ist wichtig, damit sich Ihr Bild nicht mit Ihren Alltagsgedanken vermischt.

Das verflixte „WIE“
Wenn Sie sich die Details Ihrer Wunschsituation ausmalen, also „so tun als ob“, um sich mit Absicht in eine freudige, enthusiastische Stimmung zu versetzen, dann geht es wirklich nur um die Schwingung von Glück!
Klammern Sie sich nicht an die Einzelheiten. Sie dienen lediglich als Werkzeuge um sich in die gewünschte Schwingung hineinzuschaukeln. Lassen Sie Raum für etwas das noch viel schöner und besser sein könnte. Sie als „mittleres Selbst“ haben einen „Tunnelblick“. Vertrauen Sie!

Für Ihr Hohes Selbst gibt es keine Begrenzungen. Es überblickt Ihren gesamten Lebensplan und sieht Möglichkeiten die Sie sich nicht in den kühnsten Träumen ausmalen können!

Formulieren Sie Ihr Wai Wai Haipule auf diese Weise, also etwas allgemein, aber so grossartig wie sie es sich vorstellen können und überlassen Sie das WIE Ihrem Hohen Selbst.

Tägliches „Mini-Haipule“:

(dazu benötigen Sie höchstens 5 Minuten)

Voraussetzung ist die tägliche Mana-Atmung.

Für das tägliche „wässern“ Ihres Gebetssamens ist es wichtig, dass Sie sich erneut in die Gesamtkomposition Ihrer Wunschsituation hineinsteigern und diesen Zustand halten und aussenden.

Während Sie dies tun, atmen Sie durch den Scheitel ein und denken:

„Ich empfange Wohlstand“ und beim ausatmen durch das Nabelzentrum: „Ich sende Wohlstand aus.“ Einige Male wiederholen und dabei stetig Ihre emotional/sinnliche Gesamtkomposition halten.

Danach bedanken Sie sich bei Ihrem Hohen Selbst und schliessen Ihr Gebet ab.

Dauerhafter Bewusstseinszustand
Auf diese Weise entwickeln Sie einen dauerhaften Bewusstseinszustand, der auf Wohlstand ausgerichtet ist. Die stärkste Kraft die Ihnen dabei hilft Ihren Traum zu verwirklichen, ist die Intensität mit der Sie sich die erfüllte Wunschsituation vorstellen können. Trainieren Sie Ihre Fähigkeit sich ein Bild davon zu machen und diese Vision klar über einen längeren Zeitpunkt halten zu können. Denken Sie daran, Ihr Glück auf den ersten Platz zu setzen und nicht eine Summe auf dem Bankkonto!

Es tut sich etwas
Patricks Situation verbessert sich seit unse-

rem Wai Wai Haipule stetig. Sein „Wohlstand-Glück-Bild" enthielt Reisefieber, Neugier auf Neues und täglicher Aufenthalt in der Natur.

Nachstehend zeigen wir Ihnen Patricks Visualisationshilfe, die er für sich gestaltet hat. Sie kann Ihnen als Anregung dienen. Der Lottogewinn ist (noch) nicht eingetroffen, jedoch die erste Reise und eine neue Arbeit im Freien in und mit der Natur ☺: Ende Juni fliegt Patrick im Rahmen eines Permakultur-Projektes in die USA und leitet dort die Fassung einer Wasserquelle auf dem Land eines Farmers in Kalifornien!

Blick

People & TV

Lottogewinn für Patrick Staub

Glückspilz gewinnt über 75 Millionen Franken bei Euro Millions

HIRZEL – ZH – Ein Glückspilz aus dem Kanton Zürich hat bei Euro Millions nicht weniger als 75'621'697.05 Franken gewonnen. Etwas mehr als 74 Millionen brachte allein der Hauptgewinn ein, wie Swisslos am Abend mitteilte.

Das Los - ein Systemschein für den Einsatz von 30 Franken - lohnte sich für den Käufer oder die Käuferin aber gleich mehrfach: Neben dem Haupttreffer wurden dank der Systemteilnahme sechs Mal der zweite Gewinnrang und drei Mal der dritte Gewinnrang getroffen. So kam die Summe von über 75 Millionen Franken zusammen.

Ein Haupttreffer von Euro Millions ging vor über einem Jahr zum letzten Mal in die Schweiz: Am 11. November 2011 gewann ein Spieler aus dem Kanton Zürich fast 84 Millionen Franken. Der Gewinn vom Dienstagabend ist der elfte Hauptgewinn in der Geschichte von Euro Millions, der in der Schweiz erzielt wurde.

Der Rekordgewinn in der Schweiz stammt aus dem Jahr 2005 und betrug über 99 Millionen Franken. Den höchsten Gewinn bei Euro Millions überhaupt heimste am 12. August 2012 ein Ehepaar aus England ein. Es verbuchte nicht weniger als 190 Millionen Euro für sich. Zum damaligen Wechselkurs waren das rund 228,6 Millionen Franken. (SDA)

Kurz vor Redaktionsschluss erreichte uns Post aus USA. In einem grossen Umschlag lagen zwei goldumrandete, auf unsere Namen ausgestellte Dokumente. Das Begleitschreiben enthielt (gekürzt) folgenden Kommentar: *„It is with great pleasure that I present you with the official Certificate as a Huna Counselor and Teacher of Huna Research, Inc., the international organization established by Max Freedom Long based on over fifty years of research and experimeintation. Congratulations and keep up the good work! Im Huna-Licht, E. Otha Wingo."* Das heisst, wir sind nun offiziell in die Liste der zertifizierten Huna-Berater/Lehrer aufgenommen. Wir freuen uns!

Bleiben Sie Ihrem Herzen treu...

...und machen Sie sich nie Gedanken darüber, was andere Leute denken. Die kleinen vernünftigen Entscheidungen die wir täglich treffen sind komplett normal und verständlich. Langsam aber sicher führen sie uns jedoch weg von den Dingen die am meisten zählen. Von Jennifer Lee

Es ist erstaunlich, wie kleine Dinge, die eigentlich keine Rolle spielen unser Alltagsleben beherrschen können. Anfangs erscheinen sie belanglos, nicht der Rede wert, unschuldig. Ein paar Extrastunden im Büro. Vergessen einen Freund oder eine Freundin zurückzurufen. Emotionen unter den Teppich wischen und unterdrücken. Eine Arbeit annehmen die uns keine Freude macht des Geldes wegen. Man sagt sich, ich tue das jetzt erstmal, ich kann mich ja dann immer noch später um mich selbst oder um meine Freunde oder Familie kümmern. Später wird leider viel zu oft nicht zu jetzt.

Die australische Krankenschwester Bronnie Ware begleitete mehrere Jahre lang Menschen in den letzten 3 Monaten ihres Lebens. Sie fragte ihre Patienten ob sie etwas bedauerten oder im Rückblick gerne anders gemacht hätten. Berührt von der Klarheit dieser Menschen am Ende ihres Lebens, begann sie deren Antworten aufzuschreiben. Es entstand ein Buch mit dem Titel: „5 Dinge, die Sterbende am meisten bedauern".

Die Liste der 5 Dinge hat mich sehr bewegt, in gewissen Punkten bestätigt und in anderen zum nachdenken gebracht. Ich möchte sie Ihnen nicht vorenthalten:

Versäumnis Nummer 1:
„Ich wünschte, ich hätte den Mut gehabt, mir selber treu zu bleiben, statt so zu leben, wie andere es von mir erwarten."

Die meisten der befragten Menschen hatten nicht einmal der Hälfte Ihrer Träume Beachtung geschenkt auf Grund der Entscheidungen die sie im Leben trafen oder eben nicht trafen. Oft fehlte ganz einfach der Mut, sich einem möglichen Konflikt zu stellen um etwas für sich selbst zu tun.

Versäumnis Nummer 2:
„Ich wünschte, ich hätte nicht so viel gearbeitet."

Die Patienten waren vorwiegend aus der älteren Generation, in der Männer die Ernährerrolle innehatten. Jeder einzelne von ihnen bereute es, zu viel Zeit in der Arbeitstretmühle verbracht zu haben.

„Es ist nichts Verkehrtes daran, wenn man sich ein besseres Leben wünscht", sagte einer der Befragten „das Problem ist nur, dass die Jagd nach mehr und das Bedürfnis, durch unsere Erfolge und Eigentümer Ankerkennung zu finden, uns von den wirklich wichtigen Dingen abhalten können. Zeit mit Menschen zu verbringen, die wir lieben, Zeit mit Dingen zu verbringen, die wir lieben, und Ausgeglichenheit. Wahrscheinlich geht es überhaupt um Ausgeglichenheit, oder?"

Versäumnis Nummer 3:
„Ich wünschte, ich hätte den Mut gehabt, meinem Gefühlen Ausdruck zu verleihen."

Viele Befragte hatten ihre Gefühle unterdrückt um des lieben Friedens willen und begnügten sich aus diesem Grund mit einer mittelmässigen Existenz. Sie versäumten das zu tun wozu sie wirklich fähig waren. Bei vielen entwickelte sich eine Krankheit als Folge auf die Bitterkeit und den Groll den sie deswegen hegten.

Versäumnis Nummer 4:
„Ich wünschte ich hätte den Kontakt zu meinen Freunden gehalten."

Wie oft lässt man im Trubel des eigenen Lebens goldene Freundschaften über die Jahre im Sande verlaufen. Es gab viel tiefes Bedauern Freundschaften nicht die Zeit und die Bemühung geschenkt zu haben, die sie verdient hätten. Jeder der Sterbenden vermisste seine Freunde.

Versäumnis Nummer 5:
„Ich wünschte, ich hätte mir mehr Freude gegönnt."

Der grösste Teil der Patienten äusserte sich zu diesem Thema. Vielen wurde erst in den letzten Tagen klar, dass glücklich sein eine Entscheidung ist. Sie waren Gefangene alter Mustern und Gewohnheiten. Die „sogenannte" Bequemlichkeit des Vertrauten überflutete ihre Gefühle und ihr tägliches Leben. Sie spielten sich selbst und anderen Menschen aus Angst vor Veränderung Zufriedenheit vor, während sie sich tief in ihrem Innern danach sehnten wieder einmal richtig albern zu sein, etwas Ver-rücktes zu tun und zu lachen.

Bronnie Ware
„5 Dinge, die Sterbende am meisten bereuen"
Arkana Verlag München
ISBN 987-3-442-34129-9

Friede mit dem Geist

(aus „Die Lehren der Essener")

Harmonie bedeutete den Essenern Friede. Vom Menschen nahm man an, dass er drei Körper habe. Einen handelnden Körper, einen Gefühlskörper und einen Gedankenkörper. Die höchste Macht im Gedankenkörper ist Weisheit, die höchste Macht im Gefühlskörper ist Liebe. Die Aufgabe des handelnden Köpers liegt darin, die Weisheit des Gedankenkörpers und die Liebe des Gefühlskörpers in der Welt des Einzelnen in die Tat umzusetzen und in der Nutzbarmachung der irdischen und himmlischen Kräfte. Von Dr. E. Bordeaux Székely

Der Kern der Lehre vom siebenfältigen Frieden (die Zusammenfassung der inneren Lehren der Essener. Anm.d.Red.), konzentrierte sich auf den Frieden mit dem Geist, dem Bewusstsein, wie es die Essener beschrieben, als Schöpfer des Gedankens.

Die Essener sahen in Gedanken eine höhere Kraft, stärker noch als die Kraft des Fühlens und Handelns, denn die Gedankenkraft ist der Auslöser von beidem.

Die Gesamtheit aller Gedanken des Einzelnen wurde als sein Gedankenkörper bezeichnet. Und die Gesamtheit aller Gedanken in all den Hunderten von Millionen mentaler Körper auf der Erdoberfläche war der Gedankenkörper der Erde. Und die Gesamtheit aller höheren Gedanken im Weltall war der kosmische Gedankenkörper oder das Kosmische Gedankenmeer.

Die Essener sahen im Gedankenkörper des Einzelnen, wie schon in seinem handelnden Körper, drei Funktionen: eine individuelle, eine irdische und eine kosmische.

Seine individuelle Aufgabe liegt darin, die Gedankenkraft zu nutzen, um die Gefühlsströmungen des Gefühlskörpers des Menschen zu führen und die Handlungen seines physischen Körpers zu lenken. Der Gedankenkörper ist dazu fähig, denn er durchdringt den fühlenden und handelnden Körper durch und durch.

Die planetarische Aufgabe liegt darin, dem planetarischen Gedankenkörper edle und erhebende Gedanken zuzuführen. Die Gedanken eines Einzelnen bilden ein Kraftfeld um diesen, vergleichbar dem Magnetfeld um einen magnetischen Pol. In diesem Kraftfeld sind die Gedanken des Individuums dauernd aktiv und werden ständig ausgesendet. Ebenso empfängt es die Gedankenströmungen vom planetarischen Gedankenkörper, da es ein Teil von diesem ist. So lebt, bewegt sich, denkt und fühlt und handelt jeder in dieser ihn umgebenden planetarischen Gedankenatmosphäre, an der er beständig mitwirkt. Und er ist verantwortlich für die Gedanken, die er beträgt, für alle Gedanken die er aussendet.

Die dritte Aufgabe des Gedankenkörpers, seine kosmische Aufgabe, ist nicht leicht zu erfüllen. Das kosmische Gedankenmeer, von der die planetarische Gedankenatmosphäre um unsere Erde herum nur ein unendlich kleiner Teil ist, besteht aus allen Gedanken im Weltall und ist so hoch entwickelt dass es von planetarischen Kräften befreit ist, die es an ihren jeweiligen Planeten binden möchten. Und nur diese höchsten Gedankenströme, die sich von der planetarischen Schwerkraft ihrer Atmosphäre befreit haben, können sich mit dem unendlichen kosmischen Gedankenmeer vereinen.

Dieses Kosmische Gedankenmeer stellt die Vollkommenheit des Gesetzes dar, seine Allmacht und Allgegenwart. Dieses Gesetz hat immer bestanden und wird immer bestehen. Es ist älter als irgendeiner der bestehenden Planeten im Sonnensystem und noch älter als selbst das Sonnensystem, oder das galaktische oder ultragalaktische System. Ewig und unendlich führt es alle Schritte der kosmischen und planetarischen Entwicklung im unendlichen Kosmischen Meer des Lebens. Die Kosmische Aufgabe des Gedankenkörpers des Einzelnen liegt darin, Gedanken von so hohem Wert zu schaffen, dass sie sich mit diesem Kosmischen Gedankenmeer verbinden können.

Die Essener hielten den Gedankenkörper für das höchste Gut das der Mensch vom Schöpfer bekommen hat. Denn dieses und nur dieses, gibt ihm die Fähigkeit, sich des Gesetzes bewusst zu werden, es zu verstehen, in Harmonie mit ihm zu arbeiten, seine Ausdrucksformen in seiner Umwelt zu erkennen, in ihm selbst, in jeder Zelle und jedem Molekül seines leiblichen Körpers, in allem was ist, und seine Allgegenwart und Allmacht wahrzunehmen. Und indem der Mensch sich dieses Gesetzes bewusst wird, es versteht, mit ihm in Harmonie handelt, wird er zum Mitschöpfer an Gottes Seite. Es gibt keinen grösseren und höheren Wert im Weltall.

Mit dieser mächtigsten Gedankenkraft, dieser höchsten aller Werte und seinem Anspruch zum Edlen, verfügt der Mensch über Fähigkeiten und die Freiheit, das auszuführen, was er erstrebt, wenn es in Harmonie mit dem Gesetz ist, und so in ewiger Vollkommenheit mit dem Gesetz zu leben.

Denkt der Mensch in Harmonie mit dem Gesetz, so kann er heilen, was auch immer er durch Disharmonie in der Vergangenheit geschaffen hat; er kann seine denkenden, handelnden und fühlenden Körper beleben. Er kann alle Krankheiten seines leiblichen Körpers heilen und vollständige Harmonie in seiner Umgebung und in seiner Welt hervorrufen.

„Glück ist das Resultat persönlicher Anstrengung. Du kämpfst dafür, du strebst danach, du bestehst darauf und manchmal reist du sogar rund um die Welt auf der Suche danach. Du musst unerbittlich an der Verwirklichung deines eigenen Glücks mittun. Und wenn du dann einen Glückszustand erreicht hast, darfst du nie nachlässig darin werden ihn aufrechtzuerhalten. Du musst einen gewaltigen Aufwand betreiben um ewig weiter aufwärts zu schwimmen in dieses Glück, um dich noch dazu über Wasser zu halten."

Elizabeth Gilbert in „Eat, Pray, Love"

Herausgegeben von:

Huna Forschungs-Gesellschaft Zürich | HFG
Grubenstrasse 27 | CH-8045 Zürich
Telefon +41 44 251 55 65
info@huna-europe.ch | www.huna-europe.ch

Unsere nächsten Seminare

Juni 2013

anstelle des angekündigten Huna Praxis-Seminars:
WaiWai Haipule – mühelos zu materiellem Wohlstand finden
Samstag, 29. Juni 2013, 09.30 – 17.00 h Tages-Workshop
CHF 200.00 (Mitglieder 180.00) Für Infos: +41 (0)44 251 55 65

August 2013

Ho'oponopono - Freiheit durch Selbstverantwortung
Freitag, 23.08.2013, 19.00 – 21.00 h
Samstag, 24.08.2013, 09.30 – 17.00 h
CHF 200.00 (Mitglieder 180.00)

September 2013

Huna Basis-Seminar – Entdecken Sie Ihr wahres Selbst
4 x Dienstagabend, 19.00 – 21.00 h:
03./10./17./24. September 2013
CHF 300.00 (Mitglieder 250.00)

Oktober 2013

Huna Praxis-Seminar – das innere Kind erlösen
Samstag, **26. Okt. 2013**, 09.30 – 17.00 h Tages-Seminar
CHF 200.00 (Mitglieder 180.00)

Detaillierte Informationen und Anmeldung auf www.huna-europe.ch

Huna-Gruppe Zürich

An folgenden Mittwochabenden trifft sich die Huna-Gruppe Zürich
im Lokal der HFG Zürich, Grubenstrasse 27, 8045 Zürich-Binz

26. Juni 2013, 19.00 h
Archetypen der Seele – Symbolon-Karten in Wort und Bild
Eintauchen in die Welt der Archetypen und ihrer Symbolkraft
Mit **Eva Sophia Haas**, Astrologische Symbolon-Lebensberaterin

Weitere Termine (Die Themen werden später bekannt gegeben):

28. August 2013, 19.00 h

25. September 2013, 19.00 h

30. Oktober 2013, 19.00 h

20. November 2013, 19.00 h

Einzelheiten auf www.huna-europe.ch

Unkostenbeitrag pro Abend CHF 20 (Mitglieder CHF 10), bei Gastreferenten nach Ansage. Neue Teilnehmerinnen und Teilnehmer sind jederzeit herzlich willkommen.

Nr. 15 | September 2013

HUNA NACHRICHTEN

Zeitschrift für Mitglieder | Huna Forschungs-Gesellschaft Zürich | www.huna-europe.ch

EDITORIAL

Liebe Leserinnen, liebe Leser

Erinnern Sie sich daran, wann Sie das letzte Mal eine Situation ohne zu überlegen beim Schopf gepackt haben oder gar ein Risiko eingegangen sind? Risiko wird in den Wörterbüchern definiert mit „sich einem Ereignis mit möglicherweise negativer Auswirkung aussetzen". Irgendwo habe ich einmal gelesen: „Mit Lachen riskiert man als Narr dazustehen. Mit Weinen riskiert man sentimental zu wirken. Jemandem eine helfende Hand zu reichen bedeutet eine Bindung zu riskieren. Wer seine Gefühle offenbart, riskiert sein wahres Selbst zu zeigen. Jemanden zu lieben heisst das Risiko einzugehen, nicht zurück geliebt zu werden. Mit der Hoffnung riskiert man Verzweiflung. Mit dem Leben riskiert man zu sterben. Wenn man etwas versucht, riskiert man zu versagen." Wir mögen Leid und Schmerz vermeiden wenn wir keine Risiken eingehen, aber wir können ebenso wenig lernen, fühlen, uns verändern, wachsen, leben und lieben ohne Risiko. Nur ein Mensch der etwas riskiert ist wirklich frei und öffnet die Türe zu ungeahnten Möglichkeiten. Er beweist Vertrauen in seine Intuition, in die Führung seines Hohen Selbstes, indem er sich auf eine Situation einlässt deren Ausgang offen ist. Manchmal stolpern wir und fallen auf die Nase, aber wir erreichen nur etwas, wenn wir bereit sind neue Schritte zu tun und zwar alle, sogar diejenigen die uns zu Fall bringen könnten. Wir gewinnen an Erfahrung und Zuversicht wenn wir uns bewegen, was wiederum zu weiteren neuen Gelegenheiten, zu Freude und Entfaltung führt. Wir schränken uns gewaltig ein wenn wir uns weigern etwas zu wagen. Wir versäumen es unsere Stärken und Fähigkeiten auszutesten. Oft gehen wir durch unser Leben ohne unsere Asse auszuspielen aus Angst zu verlieren. Wir versäumen es, auf die sicherste Sache der Welt zu setzen – auf uns selbst! Nehmen Sie diese Gedanken auf und treten Sie öfters einmal aus Ihrer Komfortzone. Zu Beginn nur einmal die Woche. Und wenn das Abenteuer lediglich darin besteht, dass Sie woanders einkaufen gehen oder einen andern Weg zur Arbeit einschlagen. Oder vielleicht tun Sie es Max Freedom Long gleich (s. Artikel auf Seite 3) und machen einen Abendspaziergang durch die Stadt anstatt vor den Fernseher zu sitzen bis es Zeit wird schlafen zu gehen. Seien Sie aufmerksam, wer weiss was geschieht, was Sie entdecken und wem Sie begegnen! Oder vielleicht wagen Sie gar eine Reise nach Hawaii um auf Max Freedom Longs Fussstapfen zu wandern? Beachten Sie dazu die Anzeige auf Seite 2.

Herzlichst,
Jennifer Lee und Ulrich Amacher

„Nur wer riskiert zu weit zu gehen, hat die Chance herauszufinden, wie weit man gehen kann." T.S. Elliot

INHALT

Wie Max Freedom Long nach Hawaii kam und Huna entdeckte
Ein Abendspaziergang führte dazu, dass M.F. Long nach Hawaii ging, wo er der Huna-Lehre begegnete.
Von Otha Wingo **> Seite 3**

Manawa Mau Loa Aku – ewige Zeit Wahrheit ist immer gleich – gestern, heute und morgen. Eine Erzählung aus „Tales from the Night Rainbow"
Übersetzung Jennifer Lee **> Seite 7**

Nà Ali'i – die Häuptlinge Wie kriegerische Tahitianer Hawai'i eroberten. Eine Erzählung aus „Tales from the Night Rainbow".
Übersetzung Jennifer Lee **> Seite 9**

Fragen und Antworten
Zum Freitod von Max Freedom Long
> Seite 12

Veranstaltungen
Ho'oponopono-Workshop, Huna Basis-Seminar, Wai Wai Haipule-Workshop, Vortragsreihe **> Seite 12**

Kulturell-spirituelle Reisen nach Hawai'i

2013 / 2014

Pono Nicole Stadler

www.PonoArts.com

ab Sommer:

www.AlohaJourneysHawaii.com

„Verspielt & stark mit dem Inneren Kind" 19.4.-1.5.14

Diese Reise ist dem Kontakt mit unserem Inneren Kind gewidmet – wir lassen uns ganz leiten vom Moment & nähren dieses nach Innen schauen durch achtsame Uebungen & viel Freude & Verspieltheit, um den Kontakt tief in uns zu verankern & somit auch alle Antworten & Aufforderungen an unser Leben zu wissen. Wo könnten wir mehr Spass erleben als in diesem Paradies wo die Fülle der Natur immer blüht & gibt & wo die Delphine oft in die Buchten kommen um ihre Jungen zu säugen. So wie sie, nähren wir unser Inneres Kind im Kreis mit anderen, durch neue Werkzeuge & ungeahnte Spielzeuge, die wir im Alltag immer benutzen können!

In die hawaiische Kultur & Sichtweise zur Unterstützung des Kindes, begleitet uns der Ho'oponopono Leherer Harry Uhane Jim an zwei Tagen. Er fuehrt uns auch in die Tempelanlage & vermittelt uns sein Wissen zu diesem alten Ort der Heilung & Kraft.

Wir sind der Regenbogen vom Erwachsenen zum Kind!

Genaue Ausschreibungen & Preise bitte auf der Webseite ansehen!

A me ke Aloha e – mahalo nui!

„Die Göttin in Dir entdecken & feiern" 9.-21.11.13

Diese Reise ist für Frauen gedacht, die ihre innere Göttin entdecken & deren Qualitäten noch mehr im Alltag verankern wollen. Durch die Verbindung mit den römisch-griechischen, keltisch & asiatischen Göttinnen erfahren wir von einer hawaiischen Schamanin, die Mythen der Göttinnen des polynesischen Kulturraums. Und all dies auf PELE`s Insel – die geehrte Vulkangöttin dieser hawaiischen Inselgruppe, die weit draussen im Ozean liegen & voller Blumen & Sinnlichkeit sind. Wir ehren unser Frau & GöttinSein, erwecken Neues & nähren die Gruppenenergie mit all unseren unterschiedlichen & einzigartigen Energien. Und dies umgeben von starken Elementen, die uns hier jeden Tag begleiten!

„ALOHA & Ho'oponopono leben" 26.12.13-8.1.14

Mit allen Sinnen erleben wir die wundeschönen und sehr starken Energien von Ozean, tropischer Natur und Aktivität dieser Vulkaninsel. Mit Sicht auf die Kultur besuchen wir eine grosse Tempelanlage & erfahren mehr zur Geschichte dieses Inselparadies! An zwei Intensivtagen hoeren wir von Harry Uhane Jim, ein hawaiischer Lehrer & Heiler, die Weisheiten zu Aloha leben & Ho'oponopono. Sein „hawaiian spirit" ist mit viel Lachen erfüllt.

Das Gefühl von ALOHA soll erfahren werden, denn im Aloha sein, ist eine Lebensweise, die einmal erfahren, in allen Lebensbereichen & überall gelebt werden kann!

Durch geführte Meditationen und Ritualen an Kraftorten verbinden wir uns mit den intensiven Elementen & der Inselgöttin des aktiven Vulkans: Pele. Sie hat für alle Besuchenden ihre ganz eigene Magie!

„Tiefes Wissen: Buckelwale & Ho'oponopono!" 8.-20.2.14

Es ist Hochsaison um die Buckelwale zu sehen – kohola auf hawaiisch. In den Buchten gebären sie ihre Jungen, wir sehen sie allein oder in Gruppen vorbeiziehen & hören sie auch vom Haus aus, denn wir wohnen direkt am Ozean & sehen jede Flosse, die hier reinschwimmt. Die zweite Woche ist den Lebensweisheiten von Aloha & Ho'oponopono gewidmet, in die uns der Lehrer & Heiler Harry Uhane Jim einführen wird & die eine reiche Erweiterung für den Lebensalltag sein können. All dies inmitten der vielleicht aktiven Vulkaninsel, die im grossen Blau liegen & fürwahr ein Paradies sind, in dem es viel zu entdecken & geniessen gibt.

Wie Max Freedom Long nach Hawaii kam und Huna entdeckte

Max Freedom Long hatte nie wirklich die Absicht, nach Hawaii zu gehen. Er schloss sein Studium als Lehrer 1917 an der Universität von Südkalifornien ab. Das war ein Kriegsjahr. Es war sehr schwierig eine Arbeit zu finden. Also wandte er sich wieder dem Fotografieren zu. Eines Abends in Los Angeles, entschloss er sich spazieren zu gehen. Manchmal sind es die sehr kleinen Dinge in unserem Leben, die zu bedeutenden Veränderungen führen. An diesem Abend ging er in eine andere Richtung als gewöhnlich. **Vortrag von Prof. E. Otha Wingo** in Hamburg, Juni 1985. Übersetzt und bearbeitet von Jennifer Lee

Max Freedom Long (1890-1971) entdeckte während seiner Tätigkeit als Lehrer auf Hawai'i das verborgene Wissen der Inselbewohner, erforschte es und machte es der westlichen Welt unter dem Namen "Huna" zugänglich.

Seine wichtigsten Bücher

„Geheimes Wissen hinter Wundern"

„Die verborgene Lehre Jesu"

„Kahuna-Weisheit" (früher: Kahuna-Magie)

„Selbstsuggestion und Huna-Gebet"

sind im Buchhandel erhältlich (alle beim Verlag Schirner, Darmstadt).

Zur gleichen Zeit in einem anderen Teil der Stadt machte ein Freund Longs aus Schultagen eine sehr ungewöhnliche Erfahrung. Er hatte so etwas wie eine Vision, etwas was er noch nie zuvor erlebt hatte. Er erzählte später, er hätte eine Stimme gehört, die ihm sagte, nimm eine Strassenbahn Richtung Whittier (Vorort von Los Angeles). Dieser Mann hiess Curtis Stewart. Max und er kannten sich kaum. Curtis entschied sich also, dieser Stimme zu folgen. Sie sagte ihm, er soll eine Strassenbahn oder einen Bus in die Innenstadt von Los Angeles nehmen, der 5th Avenue entlang fahren und an der Ecke von Spring Street aussteigen. Das war alles, was die Nachricht enthielt.

Zu gleicher Zeit war Max auf seinem Spaziergang, erinnern Sie sich? Also nahm Curtis den Bus, ohne zu wissen was beabsichtigt wurde und stieg an der Ecke Spring Street aus. Als er aus dem Bus ausstieg, bemerkte er einen sehr grossen Mann, der ein Schaufenster betrachtete. Er kam ihm bekannt vor. Curtis ging zu ihm hin und sagte, ach, du bist es Max! Du musst mit mir nach Hawaii kommen!

Curtis hatte eine Arbeit als Lehrer in Hawaii angenommen. Später hatte er jedoch herausgefunden, dass sich die Schule nicht in Waikiki am Meer befand sondern auf einer Plantage im Innern der Insel. Also ging er zum Vermittlungsbüro um zu kündigen. Dort wurde ihm jedoch gesagt das gehe nicht, er müsse einen Ersatz finden. Er suchte den ganzen Sommer lang, aber niemand wollte diese Arbeit übernehmen. Dann hörte er diese Stimme, folgte ihr, nahm den Bus und stieg an der genannten Ecke aus.

Max hatte noch keine Arbeit gefunden. Er schlug sich als freischaffender Fotograf durch, aber er war nicht wirklich zufrieden damit.

Er betrachtete also auf seinem Spaziergang an jenem Abend dieses Schaufenster, als ihn plötzlich ein Bekannter ansprach und sagte, du musst mit mir nach Hawaii kommen um dort als Lehrer zu arbeiten. Max antwortete, das ist der letzte Ort auf der ganzen Welt, wo ich jemals hingehen würde! Darauf führte ihn Curtis zu einem Reisebüro und zeigte ihm alle die wunderschönen Fotos von Hawaii. Max hatte nichts Besseres zu tun, also ging er.

Max war überglücklich. Er war auf einer Insel, auf einer Plantage und der Nähe eines Vulkans. Er hätte nichts Besseres erwischen können. Er liebte es zu studieren und nachzudenken. In der Schule war nicht allzu viel los. Er unterrichtete die Kinder der Plantagearbeiter.

Oft sass er auf seiner Veranda und hörte den Gesprächen der Einheimischen zu. Sie erzählten von den Wundern die die alten Kahuna vollbrachten. Was genaue taten sie denn? Sie gingen über heisse Lava, sie riefen die Wale und sie kamen und sie heilten gebrochene Knochen innert Minuten.
Natürlich spitzte Max die Ohren und versuchte mehr darüber zu erfahren. Seine Neugier war geweckt. Aber sobald er anfing Fragen zu stellen, machten sie dicht. Sie realisierten plötzlich, dass er ein Fremder war, ein „Haole". Also sagten sie nichts mehr. Max verhielt sich ein paar Wochen lang ruhig und dann fingen sie wieder an zu sprechen. Drei Jahre vergingen an dieser Schule. Max erfuhr gerade soviel, um noch viel mehr über diese Wunder wissen zu wollen. Seine Neugier war geweckt und er wollte mehr über die Kahuna erfahren. Schliesslich verliess er die Schule trotzdem und wollte in die Staaten zurückkehren.
Um nach Hause zu gelangen, musste er mit dem Schiff auf die grosse Insel von Hawaii, nach Oahu, fahren. Von dort legten die Schiffe

nach Kalifornien ab. Während er auf die Überfahrt wartete, suchte er nach einem Experten für die Sitten und Bräuche des hawaiianischen Volkes. Er musste wissen, ob diese Geschichten stimmten oder nicht. Man verwies ihn an das berühmte Bishop Museum. Ein sehr aussergewöhnliches Museum, das der Hawaiianischen und Polynesischen Kultur gewidmet ist. Dort angekommen zeigte man ihm den Weg zum Büro von William Tufts Brigham. Als er eintrat, sah er diesen sehr grossen, gelehrten Mann, der Rechtsanwalt war, ein Botanik-Spezialist und eine sehr angesehene Persönlichkeit in der akademischen Welt. Er war der Kurator des Bishop Museums, inzwischen jedoch pensioniert.

Max stellte seine Fragen. Sind diese Geschichten wirklich wahr? Haben sie wirklich diese Wunder vollbracht? Er bekam jedoch keine Antwort, stattdessen begann Dr. Brigham ihn auszufragen. Er wollte wissen was er darüber dachte und gelernt hatte und wohin ihn seine Nachforschungen bereits geführt hatten. Max wurde fast ein wenig ärgerlich. Er war gekommen um eine einfache Frage zu stellen und nun wurde er an der Nase herumgeführt!

Dann jedoch erzählte ihm Dr. Brigham, dass er selbst 40 Jahre lang über die Kahuna geforscht hatte. Es war damals nicht sehr ruhmreich für einen bekannten Gelehrten, solche Forschungen zu betreiben. Er tat es also ganz privat und bat nun Max die Untersuchungen fortzusetzen, die er selbst in den letzten 40 Jahren durchgeführt hatte!

Natürlich wuchs Max' Wissbegier nun noch mehr und er wollte wissen, was hinter diesen geheimnisvollen Geschichten steckte. Anstatt zurück nach Kaliforniern zu fahren, blieb er weitere 14 Jahre auf Hawaii!

Einen einzigen Hinweis hatte er von Dr. Brigham bekommen: Er sollte nach drei Dingen Ausschau halten und wenn er eines davon entdeckte, wäre er in der Lage das Geheimnis zu entschlüsseln. Um diese Wunder zu bewerkstelligen musste man ein gewisses Bewusstsein haben, eine Art Kraft gehörte dazu und eine gewisse Substanz, durch die diese Kraft wirken konnte. Max suchte also weiter, stellte Fragen und stand oft vor einer leeren, ausdruckslosen Wand. Er lerne so viel ihm möglich war, entschloss sich aber dann doch eines Tages aufzugeben und zurück nach Kalifornien zu fahren. Dort legte er die ganze Sache zur Seite und verdiente seinen Lebensunterhalt in einem Fotogeschäft. In seinem Innern begannen jedoch all die Dinge die er gelernt hatte leise Form anzunehmen. Eines Morgens wachte er dann mit einer Idee auf, als ob ein Glühbirne in seinem Kopf angegangen wäre: Die Kahuna mussten doch auf irgendeine Weise Worte verwendet haben um ihre Lehren zu übermitteln! Ein sehr intensives Studium der hawaiianischen Sprache nahm seinen Anfang.

Die hawaiianische Sprache ist einmalig in ihrer Verwendung von Wurzelwörtern mit vielen verschiedenen Bedeutungen. Max begann sie zu entschlüsseln indem er die einzelnen Worte miteinander verglich, besonders diejenigen die, je nach Zusammenhang in dem man sie gebrauchte, ganz etwas anderes ausdrückten.

Die hawaiianische Sprache existierte nie schriftlich, bis die Missionare damit anfingen sie niederzuschreiben. Sie fragten die Hawaiianer zum Beispiel was ihr Wort war für Stuhl oder für Tisch oder für Haus usw. Die Bezeichnungen für die alltäglichen Dinge eben.

Plötzlich wurde es jedoch wirklich schwierig. Es gab Worte mit mehreren Bedeutungen. Vor allem bei den Bezeichnungen für die Dinge über welche die Missionare sprachen, wie z. B. die Seele. Die hawaiianischen Ältesten sagten ihnen, dass das Wort Seele in ihrer Sprach „Unihipili" hiess. Dann fragten sie eine andere Person und die Antwort war, das Wort für Seele ist „Uhane". Also vermutete man, dass es zwei Worte für Seele gab. Max jedoch entdeckte, dass nicht zwei verschiedene Worte für den Begriff „Seele" gebraucht wurden, sondern dass die Idee existierte, die Menschen besässen tatsächlich zwei Seelen.

Im Jahre 1981 wurde der Nobelpreis für Medizin einem Mediziner (Roger Sperry 1913-1994) verliehen, der entdeckte hatte, dass die Menschen zwei Seelen besitzen. Es gibt viele Studien über die beiden Teile des Gehirns. Die Hawaiianer wussten das schon vor tausenden von Jahren.

Ich gebe Ihnen ein Beispiel dafür, wie der Code in einem Wurzelwort funktioniert: Als die Missionare damit anfingen die Worte aufzuschreiben waren sie sehr erstaunt: Im normalen Sprachgebrauch bedeutete „Unihipili" Grashüpfer. Sprach man jedoch über geistige Dinge, war „Unihipili" die Bezeichnung für Seele.

Prof. Dr. Otha Wingo ist emeritierter Professor für klassische Sprachen und Mythologie an der Southeast State University (Cape Girardeau) wo er über vierzig Jahre unterrichtete.
1971 ernannte ihn Max Freedom Long zu seinem Nachfolger als Direktor und Präsident der Huna Research, Inc. Otha Wingo schrieb mehrere Bücher über Huna, welche jedoch vergriffen sind. Blattkopien seines Standardwerks **„Das Huna-Arbeitsbuch"** sowie **„Briefe über Huna"** (eine Einführung in die Grundbegriffe von Huna) sind bei der HFG Zürich erhältlich.

Max begann die Wurzelwörter zu untersuchen und fand sehr interessante Bedeutungen: Die erste Silbe „Au", manchmal nur ein „U", bedeutet Geist oder Selbst. Die Silbe „Hi" bedeutet fliessen oder blasen. „Nihi" ist die Bezeichnung für jemanden der befangen ist bei etwas das er tut, oder es heimlich tut oder ein bisschen Angst hat es zu tun. „Pili" heisst klebrig.

„Uhane", das andere Wort, das für Seele angegeben wurde bedeutet gleichzeitig „Beinknochen". (Jetzt wissen wir wo die Seele sitzt!)Wir haben die selbe Wurzel „U" oder „Au", die Geist bedeutet - und wir haben ein weiteres Wort „hane", welches „sprechen" heisst. Wie sich herausstellte, waren dies die Entsprechungen davon, was wir in der Psychologie das Unbewusste und das Bewusste nennen - und jeder Mensch hat ein Unterbewusstsein und ein Bewusstsein, das heisst „Unihipili" und „Uhane". Die Aufgaben dieser beiden Seelenteile sind vollkommen verschieden. Zum Beispiel „Uhane", das Bewusstsein oder das mittlere Selbst, wie wir es nennen, ist das einzige das spricht.

„Unihipili", das Unterbewusstsein, spricht überhaupt nicht, aber es besitzt das ganze Gedächtnis und alle Emotionen.

Vergessen Sie auch manchmal etwas? Es ist sehr unangenehm wenn man etwas vergisst. Aber wir alle haben ein vollkommenes, perfektes Gedächtnis für alles, was wir je erfahren haben. Der Teil von uns der spricht oder kommuniziert, kann sich jedoch nicht erinnern, wenn diese beiden Selbste nicht auf gutem Fuss miteinander stehen. Deshalb ist es sehr wichtig, dass das Unterbewusstsein, das Untere Selbst in der Huna-Sprache, mit dem mittleren Selbst, dem Bewusstsein, in sehr gutem Kontakt steht.

Es gibt viele Möglichkeiten oder Techniken um die Verbindung zwischen diesen beiden Selbsten herzustellen. Hier ein Hinweis, der Ihr Erinnerungsvermögen heute schon verdoppeln wird: Sagen Sie niemals zu sich selbst, ich kann mich nicht erinnern! Wenn Sie das tun, programmieren Sie ihr Unterbewusstsein bereits darauf zu vergessen.

Es gibt noch eine weitere Stufe des Bewusstseins, die wir bis jetzt nicht erwähnt haben: „Aumakua". Sie werden sofort feststellen, dass die erste Silbe die gleiche ist.
„Au" heisst ein Selbst oder ein Geist und das ist der Teil von uns, den wir als gottähnlichen Elternteil bezeichnen können. Die erste Silbe heisst Selbst, die zweite heisst Eltern und das Wurzelwort heisst Gott. Wir behaupten nicht, dass wir Gott sind, aber das ist ein Teil von uns, der uns mit Gott verbindet. Es ein wesentlicher Teil eines jeden von uns. Um diese Teile zu besprechen, müssen wir sie analysieren. Aber um wirklich effizient zu sein, müssen alle drei Geistwesen oder Selbste oder Teile von uns einwandfrei zusammenarbeiten.

In einigen Versen der Bibel finden wir das gleiche Thema. Die Verse sind nicht immer ganz offensichtlich, ausser sie verstehen griechisch. In einem davon heisst es zum Beispiel: „Möge dein ganzes Wesen bewahrt sein." Der griechische Vers lautet: „Mögest du alle deine Teile beisammen haben." Oder „Sei nicht ängstlich." Weist diese Aussage auf die verschiedenen Teile unserer Persönlichkeit hin? Nein, erst wenn man die griechische Bedeutung kennt ergibt sich ein Sinn: „Lass alle deine Teile zusammenwirken."

Lassen Sie mich das Beispiel einer Uhr nehmen. Wenn ich Ihnen eine Schachtel mit allen Teilen einer zerlegten Uhr in die Hand drücke und sie dann frage, wie spät es ist, können Sie mir erst antworten, wenn die Uhr zusammengesetzt ist. Und so ist es mit uns. Sofern nicht alle unsere Teile als Team zusammenarbeiten, sind wir nicht sehr erfolgreich.

Max Freedom Long kam auf sonderbare Weise zu Huna und beschäftigte sich dann 52 Jahre lang damit. Auch ich selbst fand durch aussergewöhnliche Umstände zu Huna. Durch meine Vorlesungen über griechische Mythologie wurde mein Interesse an Astrologie geweckt. Als ich mich im Selbststudium darin weiterbilden wollte, erkundigte ich mich bei einem Lehrer in einer entfernten Stadt, wer mir dabei behilflich sein könnte. Darauf kam mich ein junges Paar besuchen. In einer zweistündigen Besprechung erwähnten sie das Wort „Huna". Unter vielen anderen Organisationen die das Paar erwähnte, schrieb ich diese Anschrift ebenfalls auf.

Am selben Abend setzte ich mich hin und schrieb alle diese Adressen an. Ich bat hauptsächlich um Informationsmaterial. Als ich nach einem Briefbogen griff um Max Freedom Long zu schreiben, war die Schublade leer und ich benutzte einen Bogen mit dem Briefkopf der Universität. Alles was ich fragte war, welche Informationen zu Huna, wovon ich soeben gehört hätte, zur Verfügung stünden. Er schrieb zurück: „Ich habe vierzig Jahre lang auf Sie gewartet, damit Sie meine Arbeit übernehmen.“ Natürlich antwortete ich das sei unmöglich und tat es dann trotzdem.

Das ist eine ziemlich simple Geschichte, aber wir werden durch kleine Dinge geführt. Wir sollten Ausschau nach jeder Art von Führung halten, die wir von unserem Hohen Selbst bekommen, weil unser Hohes Selbst eine Art von Ein- und Überblick hat, die wir als mittleres und unteres Selbst nicht besitzen. Das Hohe Selbst hat ebenfalls Zugang zu allem was wir je bedürfen.

Wir können diese drei Bewusstseinsstufen oder drei Selbste mit einem dreistöckigen Haus vergleichen. Im Erdgeschoss kann die Sicht durch Bäume verdeckt sein. Aber man kann auf dieser Höhe doch einige Dinge vom Fenster aus sehen. Das ist die bewusste Stufe oder die Stufe des mittleren Selbstes. Dort geschieht vieles des täglichen Lebens. Das ist unser bewusster Teil. Es ist wichtig, dass wir einen bewussten Geist haben, der urteilsfähig ist und Intellekt hat.

Aber wenn wir das untere Selbst mit seinen sehr wichtigen Aufgaben und Tätigkeiten nicht hätten, dann wären wir sehr begrenzt. Im Keller wo das untere Selbst lebt haben wir alles was nötig ist für das Haus, alle Aktenschränke, die Computer, die Heizung usw. Das ist die Arbeit des unteren Selbstes. Wir müssen uns an diesen Teil wenden für die Lebensgrundlagen, sie sind das Fundament. Den Intellekt, also das mittlere Selbst oder das logische Denkvermögen brauchen wir dann, um die Informationen anzuwenden, die wir vom unteren Selbst erhalten.

Das Hohe Selbst wohnt im obersten Stockwerk wie in einem Turm. Es kann sehr weit sehen ohne Einschränkung der Sicht. Seien Sie sich bewusst, dass das Hohe Selbst ein Teil von uns ist. Es ist nicht von uns getrennt. Es ist unsere Verbindung mit Gott.

Wenn wir irgendeinen dieser Teile vernachlässigen oder gar auslassen, sind wir sehr eingeschränkt. Es gibt sehr viele Menschen, die sich nur auf ihren bewussten Verstand und ihren Intellekt stützen und alle Emotionen auf die Seite schieben. Aber erst wenn alle unsere drei Selbst harmonisch zusammenarbeiten können wir wirklich erfolgreich sein.

Besuchen Sie unsere neu gestaltete Website! www.huna-europe.ch
Wir freuen uns auf Ihren Besuch.

Huna-Gruppen

Wir erhalten immer wieder Anfragen zu existierenden Huna-Gruppen. Wenn Sie in Ihrem Umfeld eine Huna-Gruppe kennen, teilen Sie uns bitte die Kontaktdaten mit, damit wir Interessierte an diese verweisen können.
Herzlichen Dank.

Manawa Mau Loa Aku - Ewige Zeit

Wahrheit ist immer gleich – gestern, heute und morgen. Was vor hunderten von Jahren wahr war, wird auch noch hundert Jahre in der Zukunft wahr sein.

Eine Erzählung aus „Mo'olelo o na Po Makole“ - „Tales from the Night Rainbow“ von **Pali Lee und Koko Willis**. Übersetzung unter bestmöglicher Beibehaltung des „Originaltons“ von Jennifer Lee.

„Tales from the Night Rainbow“

ist die Geschichte einer Frau, eines Volkes und einer Insel.

Das Buch entstand als Sammlung mündlicher Erzählungen für die Paia-kapela-Willis-Ohana. Die Familienältesten wollten, dass ihre Kinder wussten wer sie waren und dass sie die Geschichte ihrer Familie kannten.

1983 entschieden die Ältesten der Familie diese Geschichten mit allen Familien auf Moloka'i und Hawai'i zu teilen damit auch sie etwas über ihre Vergangenheit erfuhren. Historiker und Anthropologen mögen sich über einiges streiten, aber so wurden diese Geschichten erzählt und so werden sie in diesem Buch präsentiert.

(Fortsetzung Seite 8)

In der frühen Zeit, also bevor die Tahitianischen *Ali'i* (Häuptlinge) an diese Ufer kamen, verfügten wir über grosse Kräfte. Unsere *Koa* Schalen waren voller Licht und wir konnten alle Dinge tun. Es gab keine Lebens- oder Sterbensgesetze in jenen Tagen. Diese Herrschaftsform kam mit den Ali'i. Unser einziges Gesetz, wenn man es so nennen will, war, dass alles Eins ist. Alles was ausgesprochen wurde um andere zu verletzten, würde auch dich verletzen. Du kannst deinen Bruder nicht schlagen ohne dabei auch deine Eltern zu schlagen und deine *Aumakua* (Ahnen), also war es das Beste, niemanden zu schlagen.
In jenen Tagen war es alltäglich für die Menschen, sich hinzulegen und mit ihrem Geist woanders hinzugehen – um Wetterverhältnisse zu überprüfen, einen geliebten Menschen weit weg zu sehen, um mit den Vögeln zu fliegen – oder um eine Antwort auf ein Problem zu finden, das für den „Geist im Körper zu schwierig war. Das wird immer noch getan, aber viel weniger. Jetzt wird es im Allgemeinen nur noch
von ein paar wenigen getan, die das Licht bewahrt haben.

In jenen Tagen und auch nachdem die *Ali'i* gekommen waren, konnten wir Menschen nach hause denken. Wir schickten ihnen Nachrichten wo auch immer sie waren und liessen sie nach hause kommen wenn wir sie brauchten. Sie bekamen die Nachricht immer und kamen heim. Die *Aumakua* würden sie beschützen. Wir würden sie in unseren Gedanken halten, immer sicher, immer gesund. Wir sorgten uns nicht. Wir wussten, dass umsorgt waren. Die *Aumakua* konnten so viele Dinge für uns tun, die wir selbst nicht für uns tun konnten. Es war eine gute Organisation , ein Teil der Familie war hier in der Schule, der andere Teil wachte über uns und führte uns.

Unsere Zeit richtete sich nicht nach der Uhr. Sie richtete sich nach dem Tag und nach der Nacht, nach den Zyklen des Mondes und der Zeit bestimmter Sterne am Morgen oder Abend. Wir hatten Zeiteinteilungen, aber nicht so streng wie eine Uhr. Gestern, heute und morgen waren Eins. Wir waren schon einmal hier und wir würden wieder hier sein. Wir waren aus einem Grund hier – um zu lernen. Manchmal mussten wir viele Male zurückkommen um die Lektionen zu lernen die gelehrt wurden. Manchmal lernten wir schnell und konnten unsere Reise auf der anderen Seite weiterführen und über die körperliche Familie wachen und sie beschützen.

Es gab viele Lektionen zu lernen. Eine der schwierigsten für alle war, dass die Geisteskraft und die Kraft der Hand nie im selben Körper sind. Die Energie geht nur zu einem von beiden.

Als Kind war es schwierig zu verstehen für mich, dass die Menschen die sich zu einem *Aha Aina* oder *Aha* versammelten nur die Hälfte der Familie waren. Der wichtigere Teil, unsere Ahnen, teilten diese Zusammenkünfte mit uns, hörten sich unsere Probleme an und taten was sie konnten um uns bei unseren Schwierigkeiten zu helfen. Wir bekamen in vielfältiger Weise Hilfe. Unsere Familie in der geistigen Welt – die den Weg des Lichts so gut kannte und die Macht und das Problem der Steine – sie segnete uns, umgab uns mit Licht, mit ihrer Liebe und sandte uns Träume als Hilfe um zu verstehen und zu lernen, schaute uns zu, wie wir auf unsere Gesichter fielen, halfen uns aufzustehen und setzten uns wieder und wieder und wieder auf den Pfad des Lichts.

Jeder in der *Ohana* hatte ein umfassendes Verständnis für Träume. Sobald ein Kind sprechen konnte, wurden seine Träume mit ihm besprochen. Es wurde durch seine Träume geführt, seine Fehler und wie sie zu verbessern waren. Es lernte über die vergangenen und über die zukünftigen Dinge, über Körperzustände die berichtigt werden mussten und über Warnsignale von Krankheiten. Es gab Träume die Hinweise darauf gaben, was das Kind werden würde wenn es erwachsen wurde und die Namen aller Kinder kamen aus Träumen. Kein Kind wurde je benannt ohne dass die geistige Familie beim Prozess der Namensfindung beteiligt war. Ein Eltern- oder Grosselternteil, oder ein Ältester der Familie hatte einen Traum und das Kind wurde erkannt und der Name gegeben.

Wir wurden vier verschiedene Traumstufen gelehrt. Eine war die körperliche – alle Aspekte die den physischen Körpers betrafen. Die Zweite hing mit allen Mitgliedern der *Ohana* zusammen und erforderlicher Hilfe oder Warnungen. An dritter Stelle waren die gedanklichen Träume. In ihnen fand ein Lernprozess statt. Ausbildung fing im Wachzustand an und ging in diesen Träumen oft weiter. Die vierte Stufe war der geistige Traum. Auf dieser Stufe verliess man den Körper während des Schlafes und reiste. Wer in dieser Art von Traum fortgeschritten war, ging auf die andere Seite des Regenbogens und sprach mit der geistigen Familie wenn nötig.

Die Menschen aus Hawai'i hatten schon immer an viele Leben geglaubt; an einen fortwährendenLebensfluss. Ein Leben, das in die materielle Ebene hinein und wieder hinausfloss, jedes Mal etwas neues lernte und sich immer weiter vorwärts bewegte. Ohne zurückgeworfen zu werden für begangene Fehler, wurde ihm Zeit gewährt, die Dinge zu überdenken und dann weiterzumachen, Fehler zu beheben und neue Anfänge zu machen. Es gab kein Wort für „Sünde". Wir mussten eines erfinden, nachdem uns gesagt wurde wir wären „sündhaft".

Das war ein grosser Unterschied zwischen den Hawaiianischen Glaubensvorstellungen und jenen der Fremden die kamen um die Bibel zu lehren. Sie glaubten es gebe keinen Fluss, kein Fliessen im Leben. Es war eine „einmal oder keinmal" Reise. Sie meinten es gut. Sie gaben sich Mühe. Sie sprachen Liebe, sie lehrten Liebe, aber sie kannten die Liebe nicht. Sie lehrten „du sollst nicht" – und sie waren dauernd verärgert wegen des Spasses, des Lachens und der Freude in unserem Leben. Ihnen war keine Freude erlaubt. Erlösung erlangten sie nur durch Trübsal und Kummer. Die Hawaiianischen Götter waren viel freundlicher, sie liebten Glück und Freude genauso wie sie Sonne und Regen liebten. Sie liebten die Körper so wie sie geschaffen wurden, glitzernd vor Schweiss oder vom Wasser des Ozeans. Sie sahen was wir waren und es war gut. Der fremde Gott wollte jeden Mann, jede Frau und jedes Kind bedeckt und versteckt vor sich selbst und vor einander. Er schämte sich für seine Kinder. Das war es, woran die Missionare glaubten. Ich bin nicht sicher ob sie immer recht hatten.

Jesus war ein Liebender. Er lehrte Liebe. Jede Geschichte die sie über ihn erzählten handelte von der Liebe. Er lehrte die selben Dinge, die wir unseren Kindern lehrten; versetze niemandem einen Fusstritt, ausser du erwartest dass man dich zurück tritt. Sage keine bösen Sachen, Worte verletzen schlimmer als Steine. Liebe die

Alten, liebe deine Eltern, liebe deine Schwestern und Brüder, liebe die kleinen Kinder. Je mehr Liebe du gibst, umso mehr wirst du zurück erhalten in deinem Leben.

Die Missionare hörten nicht immer darauf was Jesus sagte. Die Regeln die sie aufstellten und nach denen sie lebten kamen nicht von Jesus. Sie kamen nicht von der Bibel. Die Regeln kamen aus ihren eigenen Köpfen und Herzen. Sie arbeiteten sehr hart daran Christen zu sein. Es war eine Religion aus Gesetzen und Regeln, viel strenger als es unsere *Kanawai* (Gesetze) waren. Ich bin sicher, dass ihr Gott sie liebte für all das Elend das sie erduldeten.

Ich liebte Jesus auch, also liess ich mich von den Hitchcocks(Missionarsfamilie die in Kalua'aha auf Moloka'i stationiert war. Anm.d.Red.) eintauchen und ich wurde ein Mitglied ihrer „Herde". Ich half beim Bau der Kirche in Kalua'aha. Ich versuchte so zu leben, wie sie es wollten. Oft konnte ich es nicht verstehen, aber sie waren älter, sie waren die Lehrer – ich war die Schülerin. Ich respektierte sie. Ich bedeckte meinen Körper. Ich trank nicht von der *Awa* Wurzel. Ich spielte nicht in der Brandung am Sabbath sondern ich sass und hörte mir Predigten an den ganzen Tag lang. Ich gab viele Dinge auf die mir Freude bereiteten. Ich verstand viele ihrer Gesetze nicht, aber ich behielt meine Fragen für mich. Nur einmal stellte ich eine Frage. Ich wollte etwas über die Ehefrauen von Jesus wissen – wieviele er hatte, was mit ihnen geschehen war und wieviele Kinder er zeugte. Alle waren geschockt. Sie sagten Er hatte deine Ehefrauen. Er war rein.

Rein ist voller Energie – nicht voll von Steinen. Ich konnte mir nicht erklären was das damit zu tun hatte, wieviele Frauen er hatte. Wer kümmerte sich um diesen Mann? Wer begleitete ihn

Die Erzählerin ist Kaili'ohe Kame'ekua aus Kamalo, Moloka'i. Sie lebte von 1816 bis 1931 auf Moloka'i und wurde von ihrer Tante aufgezogen. Von ihr lernte sie die Gesänge welche die Geschichte ihrer Familie vom Anfang bis zu ihrer Zeit erzählten. Als die Missionare 1832 nach Moloka'i kamen half sie ihnen eine Kirche zu bauen. Sie sah, dass vieles gut war was die Fremden brachten und sie war weise genug zu wissen, was gut war aus ihrem eigenen Hintergrund.
Sie lernte vorsichtig zu sein und teilte wenig ihres Wissens mit Fremden. Die Geschichten in dem Buch sind so, wie sie von ihr und anderen Familienmitgliedern innerhalb der ohana erzählt wurden.

Aufgezeichnet wurden sie von Kaukakokoula Kaimana Willis (genannt „Koko") von der Paia-Kapela-Willis Ohana und seiner Frau Pali Jae Kealohilani Lee. Inzwischen sind jedoch beide nicht mehr hier.

Tales from the Night Rainbow ist erhältlich nur in Englisch über Amazon.com oder bei alohaspirit.ch

Fater Damien deVeuster (1840-1889) kam 1873 auf Kalaupapa an. Als katholischer Missionarspriester aus Belgien betreute er Lepra-Patienten bis zu seinem Tod. Vater Damien war ein äusserst passionierter und engagierter Mann. Er tat mehr als nur den Glauben zu verkünden, er baute Häuser, Kirchen und Särge, organisierte medizinische Versorgung und finanzielle Mittel aus Honolulu und er wurde ein Elternteil für seine kranken Schützlinge. Damien erkrankte selber an Lepra und starb nach 16 Jahren selbstlosem Dienst.

auf seinen Reisen und wer bereitete sein Essen zu? Wer legte seine Matte hin für ihn am Ende eines langen Tages und massierte seine müden Muskeln? War das die Aufgabe der Jünger?

Als Vater Damian auf seinem Esel dahergeritten kam freuten wir uns ihn zu sehen. Wir gaben ihm zu essen und einen Ruheplatz. Ich sagte ihm, dass ich Jesus schon kannte und ihn sehr liebte. Das machte ihn sehr glücklich. Das nächste Mal als er kam, besprengte er die Menschen und segnete sie und ich liess ihn mich besprengen und segnen. Es war ein wunderbarer Tag. Wir waren alle sehr glücklich. Vater Damian wollte ein *Hale Pule* (Gebetshaus) bauen. Wir versprachen ihm zu helfen ein solches Haus zu bauen. Wir hatten Häuser für unsere Götter, also stimmten wir zu, dass er auch ein Haus für seinen Gott haben sollte.

Vater Damian war ein ruhiger Mann der uns nie anschrie oder ärgerlich zu werden schien. Er stellte uns Fragen darüber warum wir bestimmte Dinge glaubten. Wir liebten ihn. Wir alle wollten dass er bei uns blieb, aber er stieg immer auf seinen Esel und ritt davon. Er erklärte, dass Jesus nie ein zuhause oder ein Bett hatte, und, wie Jesus würde er von Ort zu Ort reisen und denn Leuten von der Liebe erzählen, die unser himmlischer Vater für uns hatte. Durch ihn lernte ich Jesus kennen. Sie waren beide allein. Niemand umsorgte sie. Sie hatten keine *Ohana.* Eines Tages hörten die Lehrer an der Schule und Kirche in Kaua'aha, dass Vater Damian zu uns zu Besuch gekommen war und dass wir ein *Hale Pule* für ihn bauten. Einige aus unserer Familie die „besprengt“ worden waren wurden unverzüglich nach Kaua'aha zitiert. Die Väter und Mütter der Missionsstation waren sehr wütend auf uns. Sie sagten er sei nicht Liebe sondern Dunkelheit. Sie sagten sein langer Mantel verberge einen Schwanz und sein Hut bedecke Hörner. Wir waren alle schockiert. Wir gingen langsam nach hause und sprachen über dieses Problem. Maka welweli (Lehrerin und Mystikerin, Anm. d.Red.) hatte mich gelehrt, dass Wahrheit immer gleich sei – gestern, heute und morgen. Was vor hunderten von Jahren wahr war würde auch noch hundert Jahre in der Zukunft wahr sein. Jetzt wurden mir Dinge erzählt, die mich verwirrten. Sie trugen alle das Bibel Buch. Sie erzählten alle Geschichten von Gottes Liebe und Jesus. Sie alle glaubten an Gebetshäuser und daran sich am Sabbath zu treffen und diesen Tag heilig zu halten. Doch – einer sagte jetzt der andere seinicht vom Licht, sondern von der Dunkelheit. Als wir zu hause ankamen war unsere Entscheidung getroffen. Wenn Vater Damian kommen würde, würden wir einfach seinen Mantel anheben und seinen Hintern kontrollieren. Wir würden seinen Hut abnehmen und Hörner suchen. Wenn es keinen Schwanz gab, wenn es keine Hörner gab, würden wir wissen, dass er vom Licht war und wir würden weitermachen und sein *Hale Pule* für ihn bauen.

Als Vater Damian das nächste Mal kam herrschte grosse Aufregung, sogar die kleinsten Kinder hatten davon gehört und waren erpicht darauf zu sehen was unter der Robe war die er trug. Bevor wir eine Gelegenheit hatten ihm und erklären was geschehen war, stürmten die Kinder vor und zogen seine Robe hoch und untersuchten gründlich seine Hinterbacken. Sie waren schön und fest und ziemlich normal. Wir waren alle zufrieden. Der Stein gehörte zu denen die uns solchen Unsinn glauben machen wollten und die Angelegenheit war abgeschlossen. Vater Damian hatte eine Gemeinde.

Die Sache mit der Zeit war etwas, das nie gelöst wurde zwischen uns und den Priestern, weder des katholischen noch des protestantischen Glaubens. Für sie war alles so dringend. Sie waren immer in Eile. Ich fragte mich oft warum sie sich für nichts freudiges Zeit nahmen auf dem Weg. Wir taten Dinge weiter dann wenn die Vorzeichen richtig waren und warteten damit wenn nicht. Es wäre dumm Steine von einem bestimmten Strand her zutragen um eine Kirche zu bauen, dann einen grossen Regen zu haben bei dem alle wieder zurück an den Strand gespült würden. Wenn die Steine ein Teil dieser Kirche sein wollten, wenn der Himmel und das Meer und die Brandung einverstanden waren, dass dies die Steine (oder Korallen oder *Ohia* Stämme) waren die dazu da waren um etwas zu bauen, würden wir es wissen. In der Zwischenzeit hatten wir unsere täglichen Pflichten zu erledigen.

Für das Hawaiianische Herz gab es den *Ao* (Tag) an dem wir allerlei Mühen verrichteten, für uns selbst, unsere Familie, unseren Nachbar, unsere Alten und unsere Jungen. Wenn der Tag endete, tat das auch alle Arbeit. Kein Nagel wurde eingeschlagen, kein Boden wurde gewischt, kein Haar geschnitten, kein Geschirr gespült. Die *Po* (Nacht) wurde erholsam verbracht, mit Besuchen, sich an alte Tage erinnern, Geschichten erzählen, Sprechgesänge hören und singen, gemeinsame Zeit mit der spirituellen Familie zu verbringen und Dinge um unseren eigenen Familienkreis herum zu berichtigen. Es war eine Zeit für die Freude und eine Zeit für die Liebe. Es war der Teil der Zeit der immer ewig sein würde.

Es gibt viele verschiedene Arten von Regenbogen. Die Nacht hat auch Regenbogen. Einer, der einkreisende Ring um den Mond, ist nur ein

Wetterzeichen. Der andere Nachtregenbogen *Na Pa Mokole* wird nur von wenigen gesehen. Es ist der Seelenregenbogen. Der Regenbogen der unsere Ahnen enthält. Wenn er gesehen wird, ist es ein grosser Segen von unserer ganzen Familie die das Fleisch verlassen haben. Viele Heilungen geschehen in dieser Zeit, weil unsere geistige Familie unsere Bedürfnisse kennt und uns versucht zu helfen. Sie versorgen uns mit Wissen und entfachen das Licht wieder wenn es schwach ist. Es ist eine Zeit der Einheitlichkeit, eine Zeit für die Familie - ein Wiedererwachen oder eine Erneuerung für diejenigen im Körper. Es gibt keinen grösseren Segen auf Erden als den Segen des Nachtregenbogens.

Ein „Night Rainbow", ein „Mondbogen", (Abbildung oben und auf Seite 8) ist ein Regenbogen der vom Mond „gemacht" wird anstatt von der Sonne. Mondbogen sind relativ blass aufgrund des schwachen Mondlichts. Sie befinden sich immer auf der entgegengesetzten Seite des Mondes am Himmel. Für das menschliche Auge sind die Farben schwierig zu erkennen, aber sie erscheinen auf langbelichteten Fotoaufnahmen.

Nà Ali'i - Die Häuptlinge

Eine Erzählung aus „Mo'olelo o na Po Makole" - „Tales from the Night Rainbow" von **Pali Lee und Koko Willis**. Übersetzung unter bestmöglicher Beibehaltung des „Originaltons" von Jennifer Lee.

Um 1250 AD kam ein Priester aus Tahiti namens Pa'ao zu Besuch. Wir kannten Tahitianer, es gab viele die gekommen waren um hier zu leben. Jede Familie die kam und an diesen Küsten leben wollte war willkommen und es wurde ihnen geholfen sich zu einzurichten. Sie passten sich gewöhnlich schnell unserer Lebensweise an und es herrschte Harmonie unter den Familien. Pa'ao wurde aus verschiedenen Gründen bemerkt. Er kam und trug weiss. Die Farbe wurde nicht benutzt von uns, sie repräsentierte die Abwesenheit von Leben. Die Männer die mit ihm kamen, trugen das tahitianische rot, das uns bekannt war. Pa'ao besuchte jede Insel und stellte Fragen, er stellte ständig Fragen. Die Menschen wollten behilflich sein und erzählten ihm von den Häfen und von den Gezeiten, von den fruchtbaren Tälern über die er sich erkundigte. Niemand machte sich grosse Gedanken darüber - es war seine Art. Dann plötzlich war er weg, wie ein unbeständiger Wind. Als sich die Menschen untereinander nach ihm erkundigten, nannten sie ihn „den Mann der den Tod trug." Mehrere Jahre später kam Pa'ao zurück.

Für uns waren sie Eindringlinge. Pa'ao war zurück nach Tahiti gegangen und versammelte tausende von Menschen um nach Hawai'i zu kommen. Die Männer waren gross, wilde Krieger. Sie kannten die Kräfte der Dunkelheit und der Trennung. Sie glaubten nicht an die Kraft des Lichts. Sie glaubten an die Kraft der geschlossenen Hand, an mächtige Armeen, an nehmen, töten und plündern. Die Menschen auf Lana'i sahen sie kommen. Man sah, wie sich ihre rote Kleidung (malo) von Horizont zu Horizont erstreckte. Bald färbte sich das Meer selbst rot mit dem Blut unserer Leute, als tausende abgeschlachtet und versklavt wurden. Diejenigen welche es bis nach Kauai schafften waren in Sicherheit. Andere versteckten sich in Berghöhlen. Diejenigen welche gefangen wurden, wurden als Fischköder und als Menschenopfer benutzt und die Knochen unserer Leute als Dekoration für die Tiki Statuen ihrer Götter.

Die Tahitianer welche zu den Herrschern unserer Inseln wurden nannten sich na ali'i (die Herrscher oder Häuptlinge) und sie dachten dass alles was sie taten wichtig war. Sie nannten uns Mana hune (kleine Kraft) weil sie dachten wir seien ein Witz. Tatsächlich waren unsere Leute kleiner als die ali'i Krieger und wir hatten keine Ahnung davon wie ein Speer oder eine Keule oder irgendeine Art von Waffe anzuwenden war. Wir hatten das Leben gelebt indem wir unseren Geist nutzten um mit der Welt zusammenzuwirken. Sogar wenn wir es uns gewünscht hätten, wir hatten niemanden der planen und uns mit der Macht der erhobenen Faust in die Schlacht hätte führen können. Die Priester die Pa'ao mitbrachte, übernahmen unsere heiau (Andachtsstätten). Grosse, hölzerne Tiki wurden aufgestellt davor und unsere Leute konnten nicht mehr dort beten.

Einige der Menschen die hier lebten stammten aus dem Familienzweig (Nachkommen) der Menehune. Die zwei Namen wurden zusammengefügt und an allen Prä-ali'i Leuten blieb der Namen Menehune hängen. Legenden und Geschichten der grossen Taten der Menehune entstanden, weil die ali'i ihnen Befehle erteilten, wenn sie einen Fischteich gebaut haben wollten oder einen Tempel oder einen Graben und nur eine sehr kurze Bauzeit dafür gestatteten. Sie befahlen es den Prä-ali'i oder Maoli (die Eingeborenen) und gingen lachend davon. Wenn die Arbeit nicht vollendet war in der vorgeschriebenen Zeit, wurden alle Menschen dieses Ortes abgeschlachtet.

Wenn solche Befehle erteilt wurden, kamen die Prä-ali'i aus ihrem Versteck - von den Bergen, aus den Höhlen - und sie arbeiteten vereint als eine Person, um die Aufgabe zu erfüllen. Diese Arbeiten wurden nachts durchgeführt, weil tagsüber andere Arbeit zu tun war. Wenn es nicht genug Menschen auf einer Insel gab, wurden Feuerkugeln hinaufgeschickt, als Signal für das alte Volk auf den anderen Inseln, dass ihre Hilfe gebraucht wurde. Die Menschen gingen von Insel zu Insel um einander auf diese Weise zu helfen.

Als sich die ersten Lichtstrahlen der Morgendämmerung zeigten am Tag an dem das Projekt fertig zu sein hatte, waren die Boote schon weg. Die Menschen waren in ihre Höhlen in den Bergen zurückgekehrt. Es gab keine Anzeichen von irgend- jemandem. Da die ali'i wussten, dass es für diese Menschen unmöglich war alles alleine zu tun, dachten sie, dass die Geister ihrer Ahnen ihnen halfen. Wenn sie zufällig Menschen für ein solches Projekt von den Bergen herunterkommen sahen oder hörten, versteckten sie sich, weil sich die Begräbnisstätten des alten Volkes in den Bergen befanden. Auf diese Weise entstanden die Geschichten der Nachtwanderer. In jener Zeit waren diejenigen die wanderten aus Fleisch und Blut. Sie beugten sich den Regeln der blutroten ali'i nicht, sie versteckten sich und warteten auf eine Zeit, wenn wieder Frieden im Land sein würde. Einige Familien lebten über mehrere Generationen in den Bergen bevor sie realisierten, dass die Dinge sich nie wieder gemäss den alten Sitten entwickeln würden.

Die Lichtschale

„Jedes neugeborene Kind hat bei seiner Geburt eine Schale aus perfektem Licht. Wenn es sich um sein Licht kümmert, wird seine Kraft wach- sen und es kann alles tun – mit den Haien schwimmen, mit den Vögeln fliegen, alles wis- sen und alles verstehen. Sollte es jedoch miss- günstig oder eifersüchtig werden, fällt ein Stein in seine Lichtschale und ein Teil des Lichts geht aus. Licht und Stein können nicht denselben Raum einnehmen. Wenn es damit fortfährt Steine in seine Lichtschale fallen zu lassen, wird das Licht ausgehen und das Kind wird selbst zu einem Stein werden. Ein Stein wächst nicht, noch bewegt er sich. Wenn es jedoch zu irgend- einer Zeit genug davon hat ein Stein zu sein, braucht es nur die Schale umzudrehen und die Steine werden herausfallen und das Licht wird wieder aufleuchten und wachsen."

Die ali'i regierten in einem Häuptlingssystem. Wo wir in Einheit gelebt hatten, brachten sie Trennung und Unterscheidung unter die Menschen und ihre Dinge. Krieg wurde als Lebensweise akzeptiert. Sie glaubten, alles könne mit Gewalt genommen werden. Sie bekämpften sich dauernd. Sie hatten keine Frieden in ihren Herzen, Bruder bekämpfte Bruder, Vater bekämpfte Sohn, Vetter bekämpfte Vetter. Niemand gewann, durch Kriege verlieren alle.

Auf Moloka'i waren wir nicht so stark betroffen wie die anderen Menschen auf den anderen Inseln, aber auch wir hatten unsere Zeit der Prüfung. Die ali'i fürchteten uns (jeden der auf Moloka'i lebte), sie glaubten jeder der dort lebte hätte grosse Geisteskräfte.

Der Hauptgrund für diesen Glauben war, als Pa'ao's Krieger kamen um unsere Küste zu erobern, standen die Menschen dort und erwarteten sie. Sie rannten nicht davon. Sie standen zusammen als schweigende Armee. Keine Hand wurde erhoben. Als die Krieger begannen ihre Boote auf den Strand zu setzen, fing der Gesang an. Er begann leise und wurde zu einem mächtigen Gebrüll. Die Krieger warfen ihre Speere, aber sie schafften es nicht jemanden zu treffen. Männer die versuchten auf den Strand zu kommen, fielen erstickend zurück in die Brandung, unfähig zu atmen. Zu jener Zeit gelang es ihnen nicht in unsere Küsten einzufallen. Sie nannten unsere Insel Pule-o-o (mächtiges Gebet) und es wurde danach noch oft ins Leben gerufen. Mit der Zeit wurde das Blut vermischt. Die Linien die mehr Prä-ali'i Blut hatten wurden ehrwürdig genannt und die Häuptlinge mit diesem Blut nannte man ehrwürdige Häuptlinge. Sie kamen um unsere Inseln zu erobern und wurden selbst in mancher Weise erobert. Sie übernahmen viele unserer Gesänge als ihre eigenen. Sie übernahmen viele unserer Lehren und viele unserer Gleichnisse. Einige der ali'i kamen nach Moloka'i und bewegten sich unter uns als Freunde und Familie. Sie erteilten keine Befehle. Also wurden einige ihrer Kinder von uns grossgezogen, damit sie alle Dinge wussten. Einige dieser Männer die von uns gelehrt wurden wuchsen zu grossen Häuptlingen heran. Doch einige massen dem Ruhm in der Schlacht immer noch mehr Bedeutung zu als dem Bewusstsein und der Liebe. Ihre Seelen hatten viel zu lernen. Einige kehrten zu ihrer kriegerischen Art zurück, andere nicht.

Für uns waren sie Eroberer. Sie nahmen das Land. Sie taten sich keine Zwang an unter uns zu leben und sich unser Essen oder was immer sie begehrten zu nehmen, einschliesslich unserer Leben. Sie erteilten uns Befehle und nannten uns Gemeine, aber das spielte keine Rolle. Wir waren nicht die Sklaven, die sie von Tahiti mitgebracht hatten. Wir waren das heilige Volk, das hier liebte seit dem Beginn der Zeit. Sie kamen mit ihren Keulen, viele legten sie jedoch nieder um eine einfache Lichtschale zu tragen.

Fragen und Antworten

Von: Frau X am 13. Januar 2013

An: Jennifer Lee <info@huna-europe.ch>

kann es eine erklärung geben?

guten tag frau lee oder herr amacher

bereits seit längerer zeit befasse ich mich mit lomi lomi, hawaii's philosophien und war nun aufgefordert, mich tiefer mit huna zu befassen. wie ich lese, hat max freedom long sich sein leben selbst beendet. ich kann mir das nicht erklären. passt das in sein fast lebenslanges forschen? haben sie vielleicht eine nähere antwort oder erklärung?
herzlichen dank für ihren feedback.
sonnige grüsse

Am 14.01.2013 um 16:59 schrieb HFG:

Liebe Frau X
vielen Dank für Ihre Mail. Max Freedom Long war unheilbar an Krebs erkrankt und hat sich angeblich nach einem ersten, missglückten Selbstmordversuch mit Tabletten, im Alter von 80 Jahren erschossen. Einen ausführlichen Bericht dazu finden Sie auf http://www.maxfreedomlong.com/articles/max-freedom-long-died/

Huna lehrt, dass die Liebe unseres Hohen Selbstes ("Aumakua") bedingungslos ist und dass es nicht in unser Leben eingreift wenn wir es nicht ausdrücklich darum bitten, ausser als "Schutzengel" in einer lebensbedrohlichen Situation die nicht in unserem Lebensplan vorgesehen ist. Alles andere wäre ein Eingriff in unseren freien Willen. Bedingungslose Liebe schliesst auch ein beenden des eigenen Lebens nicht aus.Es ist ein Mythos, dass "spirituelle" oder sogar "erleuchtete" Menschen sich nicht mehr mit ihren persönlichen Themen identifizieren oder dass gewisse Charaktereigenschaften und Ego sich komplett auflösen. Eine geistige und spirituelle Entwicklung ist ein laufender, nie endender Prozess in Richtung Einheit und wir alle bleiben "Menschen" auf diesem Weg.

Herzliche Grüsse und die besten Wünsche

Herausgegeben von:

Huna Forschungs-Gesellschaft Zürich | HFG
Grubenstrasse 27 | CH-8045 Zürich
Telefon +41 44 251 55 65
info@huna-europe.ch | www.huna-europe.ch

Unsere nächsten Seminare

August 2013

Ho'oponopono - Freiheit durch Selbstverantwortung
Freitag, 23.08.2013, 19.00 – 21.00 h
Samstag, 24.08.2013, 09.30 – 17.00 h
CHF 200.00 (Mitglieder 180.00)

September 2013

Huna Basis-Seminar – Entdecken Sie Ihr wahres Selbst
4 x Dienstagabend, 19.00 – 21.00 h:
03./10./17./24. September 2013
CHF 300.00 (Mitglieder 250.00)

Oktober 2013

Huna Praxis-Seminar
WaiWai Haipule – mühelos zu materiellem Wohlstand finden
Samstag, **26. Okt. 2013**, 09.30 – 17.00 h Tages-Seminar
CHF 200.00 (Mitglieder 180.00)

Detaillierte Informationen und Anmeldung auf www.huna-europe.ch

Vortragsreihe (Huna-Gruppe Zürich)

An folgenden Mittwochabenden finden unsere nächsten Vortrags-Abende im **HFG-Zentrum, Grubenstrasse 27, 8045 Zürich-Binz** statt:

28. August 2013, 19.00 h
„Ich bin....“ Unsere Bezeichnungen, unsere Rollen, die vielen Seiten unserer Persönlichkeit
Vortrag mit Jennifer Lee

25. September 2013, 19.00 h
Ho'oponopono – die „alte“ Art der Problemlösung
Vortrag und Demonstration mit Jennifer Lee

Bitte beachten: Kein Vortragsabend im Oktober – dafür zwei im November!

6. November 2013, 19.00 h
Chakren und Schöpferkraft
Ein Erlebnisabend mit Gastreferentin Sonja Ulla Bolten
www.spiritual-sound-sciences.com

20. November 2013, 19.00 h
Huna für Kinder
Lesung mit Helen Matthäus

Einzelheiten auf www.huna-europe.ch Unkostenbeitrag pro Abend CHF 20 (Mitglieder CHF 10), bei Gastreferenten CHF 30 (Mitglieder CHF 20). Neue Teilnehmerinnen und Teilnehmer sind jederzeit herzlich willkommen.

Nr. 16 | Dezember 2013

HUNA NACHRICHTEN

Zeitschrift für Mitglieder | Huna Forschungs-Gesellschaft Zürich | www.huna-europe.ch

EDITORIAL

Liebe Leserinnen, liebe Leser,

Weihnachten steht vor der Tür – eine Zeit der Rituale. Vielleicht zünden Sie jeden Adventssonntag eine Kerze an und verbringen eine stille Minute damit die Flamme zu betrachten oder Sie nehmen sich Zeit Musik zu hören und zu geniessen. Wenn Sie Kinder oder Enkelkinder haben lesen Sie ihnen wahrscheinlich vermehrt Geschichten vor oder singen gemeinsam. Ihre Aufregung und Vorfreude pflanzt ein Lächeln auf unser Gesicht. Basteln und Backen gehören ebenfalls bei vielen von uns dazu. Auch als Erwachsene bestaunen wir immer wieder gerne die glitzernde Weihnachtsdekoration in der abendlichen Stadt und freuen uns nach wie vor über Schneeflocken die eine weisse Weihnacht verheissen. Auch wenn wir es nicht zugeben wollen, in dieser Zeit sehnen wir uns nach Geborgenheit, wir suchen Wärme und das Gefühl Teil einer Gemeinschaft zu sein. Unser Herz wird weich und wir schenken anderen Menschen mehr Beachtung und Zeit. Es fällt uns leichter Frieden zu schliessen, zu verzeihen und Vergebung anzunehmen. Oft Spenden wir etwas für einen guten Zweck oder öffnen gar unsere Türe und bitten jemanden an unseren Tisch der vielleicht Weihnachten sonst allein verbringen würde. Wir bemerken die leuchtenden Augen um uns herum und wir wünschen wildfremden Menschen eine schöne Weihnacht. Rituale tun uns gut, wir erreichen mit ihnen, dass unser unteres Selbst vermehrt zu Worte oder besser zu Emotionen kommt. Viele Menschen sind traurig und deprimiert an Weihnachten. Falls Sie auch dazu gehören, nehmen Sie Ihre Traurigkeit zum Anlass einen Schritt in eine andere Richtung als gewohnt zu tun. Bieten Sie Ihrem traurigen Teil eine neue Rolle an, trauen Sie sich diesen Schritt zu! Ihr unteres Selbst wird es ihnen mit noch mehr Vertrauen, Freude und innerem Stolz auf sich selbst danken.

Wir wünschen uns für Sie, dass Sie das Gefühl dieser besonderen Zeit nicht ganz vergessen wenn das neue Jahr seinen Lauf nimmt, dass Sie weiterhin ganz besonders liebevoll mit sich selbst umgehen und Sorge zu sich tragen.

In diesem Sinne wünschen wir Ihnen von Herzen wunderbare Festtage und einen sanften Start ins Neue Jahr!

Ihre

Jennifer Lee und Ulrich Amacher

INHALT

Wie innen so aussen – ein Resonanzgesetz Unser Selbstbild wird oft durch uns zugeschriebene Rollen definiert. Wie wir dieses „aussen" mit unserem „innen" in Einklang bringen können schreibt *Jennifer Lee* **> Seite 3**

Placebo - Nocebo und die Kraft des Rituals Auch ein Placebo, also ein an und für sich unwirksames Medikament, hat ungeahnte Nebenwirkungen. *Von Jennifer Lee* **> Seite 9**

Die „Huna-Nachrichten" Fortsetzung einer langen Tradition *Von Jennifer Lee* **> Seite 2**

Veranstaltungen
Ho'oponopono-Workshop, Huna Basis-Seminar, Wai Wai Haipule-Workshop, Vortragsreihe **> Seite 12**

Mitgliedsbeitrag 2014
Wir danken für Ihre baldige Überweisung und Ihre Treue!
CHF 80 / EUR 55

Die „Huna-Nachrichten“ – Fortsetzung einer langen Tradition

Seit dem Jahr 2010 erscheinen die Mitteilungen für unsere Mitglieder unter dem Namen „Huna-Nachrichten“. Sie erhalten heute somit schon die sechzehnte Ausgabe – wie doch die Zeit vergeht! Mit den „Huna-Nachrichten“ setzen wir eine Tradition fort, die bereits in den vierziger Jahren des letzten Jahrhunderts durch Max Freedom Long begründet wurde.

1945 gründete Max Freedom Long „The Huna Fellowship“ und veröffentlichte in einer Mitgliederzeitschrift seine Erfahrungen mit der Anwendung der Huna-Lehre. Das erste Bulletin für die „Huna Research Associates“ erschien im Februar 1948 als „Bulletin of the HRA“ . Die Ausgabe vom September 1959 nannte er „New Horizons“ und ab Oktober 1959 hiess das Bulletin „Huna Vistas“ bis zur letzten Ausgabe im Dezember 1970.

Kurz vor seinem Tod im Jahre 1971 machte er Dr. E. Otha Wingo zu seinem offiziellen Nachfolger. Dr. Wingo führte die Tradition der Newsletters weiter und nannte sie ab 1981 „Huna Work International“. Im Januar 2004 erschien die letzte gedruckte Ausgabe. Heute können Sie sich über die Aktivitäten der Huna Research Associates auf der Website www.hunaohana.ning.com informieren.

Die HRA Bulletins von 1948 bis 1964 finden Sie auf www.maxfreedomlong.com

Henry Krotoschin, der Gründer der Huna Forschungs-Gesellschaft Zürich, reiste 1978 erstmals nach Cape Girardeau, Missouri, um Otha Wingo, persönlich kennenzulernen. Henry Krotoschin war kurz zuvor durch die Bücher von Max Freedom Long auf Huna aufmerksam geworden. Aus dieser Begegnung entwickelte sich eine lebenslange Freundschaft, die ihren Ausdruck auch in zwei gemeinsamen Seminartourneen durch die Schweiz, Deutschland und Österreich in den 1990er-Jahren fand. Henry Krotoschin reiste bis ins hohe Alter regelmässig zum jährlichen Huna-Weltkongress nach USA, wo er auch immer wieder selber Vorträge hielt.

1981 gründete Henry Krotoschin die Huna Forschungs-Gesellschaft Zürich, die sogleich als Europavertretung der Huna Research, Inc. anerkannt wurde. 1990 erschien die erste Nummer der „Huna-Arbeit“ als Mitteilungsblatt für die Mitglieder der Gesellschaft, welches bis zu seinem Tod 2009 mehrmals jährlich erschien. Wir sind stolz, dass wir mit unseren „Huna-Nachrichten“ diese Tradition fortführen dürfen. Wie immer freuen wir uns über Ihre Reaktionen und Anregungen und natürlich für Ihre Treue und Unterstützung auch im neuen Jahr!

Herzlich Ihre

Jennifer Lee und Ulrich Amacher

Wie innen so aussen – ein Resonanzgesetz

„Ich bin..." - unsere Bezeichnungen, unsere Rollen, die verschiedenen Seiten unserer Persönlichkeit ergeben unser Selbstbild. Wir gestalten unser Leben auf die Weise, wie wir uns selbst erfahren. Dominieren die positiven Ich bin-Figuren in unserem Innern meistern wir alle Herausforderungen mit Leichtigkeit, alles Wünschenswerte fliegt uns zu. Gibt es jedoch einige starke Ich bin-Figuren die uns zurückhalten, können wir mit ihnen in Kontakt treten und ihnen eine neue Rolle anbieten damit sich innen und aussen die Dinge zu unseren Gunsten verändern. Von **Jennifer Lee**

"Wir sehen die Dinge nicht, wie sie sind,

sondern so, wie wir sind."

(Talmud)

Unser Unterbewusstsein ist die „Schlüsselfigur", es spielt die Hauptrolle in unserem Lebensfilm. Es reagiert am stärksten auf Bilder und es ist sogar fähig Bilder zu registrieren und körperlich darauf zu reagieren, die so schnell vor unseren Augen aufblitzen, dass wir sie bewusst gar nicht wahrnehmen. Rituale arbeiten mit Bildern und sind ebenso bedeutungsvoll. Sie vermitteln unserem George das Gefühl aufgehoben zu sein, ernst genommen zu werden und helfen ihm dabei manche Barriere zu heben, die uns auf dem Weg zu körperlicher Gesundheit und seelischem Wohlbefinden behinderten und aufhielten.

Diese Tatsache wurde vor einiger Zeit nun auch in einer wissenschaftlichen Studie der Harvard Medical School bewiesen (s. Artikel Placebo – Nocebo) und ist natürlich nichts Neues für Menschen die sich mit der Huna-Lehre beschäftigen, aber es ist eine schöne Bestätigung aus der nüchternen Welt der Wissenschaft.

Ich möchte Sie nun bitten, sich an die Rollenspiele in Ihrer Kindheit zu erinnern. Vielleicht haben Sie sich damals sogar verkleidet um Ihre Rolle noch überzeugender spielen zu können und Sie wurden tatsächlich zu Ihrer Traum- oder Wunschfigur:
„Ich bin" – ein Indianer, „ich bin" – ein Polizist, „ich bin" – ein Rennfahrer, „ich bin" – eine Prinzessin, „ich bin" – eine Polarforscherin, „ich bin" – eine Eskimofrau. Ich erinnere mich sehr gut an die Bücher des Polarforschers und Friedensnobelpreisträgers Fridtjof Nansen (1861-1930). Sie standen in der Bibliothek meines Grossvaters. Die Bilder lösten eine Lawine von Fantasiegeschichten mit mir als Heldin der Antarktis aus. Weitere Beispiele sind „ich bin" – ein Clown, „ich bin lustig" oder „ich bin" - eine Trapezkünstlerin, „ich bin mutig", „ich bin" – ein Dompteur, „ich bin tapfer". Vielleicht taucht jetzt die eine oder andere Rolle vor Ihrem geistigen Auge auf. Dazu kommen natürlich auch die Aussagen unserer Bezugspersonen denen wir Glauben schenken und die zu unseren Überzeugungen führen. „Ich bin böse", „ich bin" – ein Egoist, „ich bin süss", „ich bin" – ein Püppchen usw.

Diese Bezeichnungen haben wir uns damals gegeben und tun es auch heute noch:
„Ich bin" – der Grösste, „ich bin" – ein Idiot, „ich bin hässlich", „ich bin" - ein Dicksack" „ich bin" – ein Mauerblümchen, „ich bin wunderbar", „ich bin" – ein Versager. Auch unsere Alltagsrollen gehören dazu: „Ich bin Mutter",„ich bin Geliebte", „ich bin Köchin", „ich bin Vater", „ich bin bester Freund" usw.

Alle Aussagen über uns selbst, alle Bezeichnungen die wir uns geben haben eine Auswirkung auf uns auf energetischer Ebene – Worte haben eine grosse Kraft.

„Wie innen so aussen"

Die Identifikationen die wir in uns tragen – vor allem die frühen, aus unserer Kindheit – beeinflussen alles in unserem Leben. Wir erschaffen unsere Lebensumstände selbst gemäss unseren Ansichten und Meinungen und im speziellen erschaffen wir unser Leben anhand von den Ansichten, die wir über uns selbst haben, anhand des Bildes das wir von uns selbst in unserem Innern tragen.

Diese Bilder wurzeln häufig in der Angst und viel zu selten im Mut und in der Liebe. Wir erschaffen unser Leben mithilfe des Glaubens darüber wer wir sind oder was wir sind.
Die erste Überzeugung die wir entwickeln ist vielleicht, „ich bin“ - ein Junge, „ich bin“ - ein Mädchen.

Letztens erzählte mir eine Freundin, man hätte ihr als Kind das Gefühl vermittelt und auch oft ausgesprochen: „Du bist eine Nervensäge“. Ihre Patentante erzählte ihr, sie hätte mit 1 ½ Jahren während dem Wechseln der Windeln zu ihr aufgesehen und gesagt: „Marianne, du bist eine Nervensäge“, weil sie dies wohl mit Liebe gleichsetzte. Ihre früheste Programmierung war also „ich bin“ - eine Nervensäge. Die ersten 25 Jahre ihres Lebens ging sie von dieser Annahme aus und lebte ihr Leben von diesem Standpunkt. Auch nachdem sie später mit dieser Identifikation „gearbeitet“ hatte, kam sie immer wieder hoch und tut das auch heute noch ab und zu. Der Unterschied ist jedoch, dass sie sich jetzt dessen bewusst ist und den Mechanismus erkennt. Sie kann ihm so die Wichtigkeit nehmen. Sie weiss, dass es eine alte, kindliche Rolle ist. Ein Selbstbild das heute keine Gültigkeit mehr besitzt.

Sie könnte diesem Gefühl natürlich auch einfach nachgeben, sich hineinfallen lassen und sagen, „ja, ich bin eine Nervensäge“, „ja, ich bin zu viel für die anderen“, „ja, ich bin nicht liebenswert“, „ja, ich bin nicht gut genug so wie ich bin“. Was immer wir zu uns selbst sagen, wir speisen damit weiter ein, wir füttern und erneuern diesen Teil unseres Selbstbildes.

Wir erhalten diese Figur in unserem Innern am Leben und damit erschaffen wir die ständigen Wiederholungen im Aussen. Wir stossen immer wieder auf die gleichen Probleme und Widerstände - in unserem Job z.B. auch wenn wir noch so oft die Arbeitsstelle wechseln, es taucht immer wieder die gleiche Situation auf, lediglich die Gesichter ändern sich. Oder wir drehen uns in unseren Beziehungen im Kreis, sei es mit unseren Freunden oder auch in der Liebe, mit unserem Partner. Wenn wir ausbrechen und uns jemand anderes suchen landen wir oft am selben Ort. Die Person mit der wir neu zusammen sind hat einen anderen Namen und ein anderes Gesicht, aber die Problematik bleibt die gleiche.

Mit etwas Abstand aus der Vogelperspektive betrachtet, führt uns das zu der logischen Einsicht, dass es etwas bei uns, in unserem Innern zu betrachten und anzunehmen und vielleicht zu verändern gibt.

Die zwei kleinen Worte „Ich bin“ sind also sehr mächtig. Mit ihnen definieren wir ständig wer wir sind und zu was wir fähig sind. „Ich bin“....ein Bezeichnung also - aber auch ein heiliger Ausdruck für die Schöpferkraft - der höchste Aspekt in uns. Übersetzt in die Huna-Sprache stellen die einschränkenden „Ich bin“- Bezeichnungen die Strassensperren dar auf dem Weg zu unserem Hohen Selbst.

In der nachfolgenden Visualisationsreise betrachten Sie diese Blockaden, diese blockierenden Bezeichnungen als Figuren in Ihrem Innern. Als Teile oder Seiten Ihrer Persönlichkeit mit denen Sie sprechen können.
Sie laden sie ein und schenken ihnen Ihre Aufmerksamkeit und können zusehen wie sie sich dadurch verwandeln. Mittels Bildsprache kommunizieren Sie ganz intensiv mit Ihrem Unterbewusstsein.

„Wie oben so unten“

In unserem Artikel „Placebo - Nocebo“ auf Seite 9 erfahren Sie, dass auch die Wissenschaft Beweise erbracht hat, wie gut und unmittelbar es auf Bilder reagiert, durch körperliche Reaktionen - und mit Emotionen. Diese Erkenntnis machen wir uns im folgenden Ritual zu Nutze, seien Sie also gespannt was geschieht! In Zukunft steht es Ihnen frei, jedes Mal auf diese Bilderreise zu gehen, wenn eine Ihrer „Ich bin“-Figur den Kopf hebt.

Diese Figuren sind aus den Dingen entstanden, die man <u>über</u> Sie, oder <u>zu</u> Ihnen gesagt hat: „Du bist eine Nervensäge, ich bin zuviel, , du wirst es nie zu etwas bringen, ich bin nicht gut genug“, natürlich auch aus den guten Dingen: „Du bist so süss, du bist bewundernswert, du bist lustig, du bist ganz toll“ usw.

Alle Bezeichnungen die man Ihnen gegeben hat und die Sie als Wahrheit akzeptiert haben wurden zu Ihren „Ich bin“- Aussagen: „Ich bin super, ich bin der Beste, ich bin erfolgreich“. Diese Rollen wurden in Ihrem Innern entwickelt um Sie zu beschützen oder um Ihnen zu helfen oder um Sie zu stärken. Sie haben eine Funktion in Ihrem Innern die Ihnen etwas genutzt hat, aber jetzt wo Sie sich weiterentwickeln nutzen sie Ihnen nicht mehr.

Die persönlichen „Bodyguards“ die Sie vielleicht vor anderen Leuten beschützt haben - oder vor Ihren eigenen Emotionen die Sie nicht haben wollen - haben ausgedient. Sie brauchen sie nicht mehr und können sie in Liebe und Dankbarkeit für ihre treuen Dienste entlassen. Oder Sie können ihnen eine neue Rolle anbieten, die Sie auf hilfreiche Weise - und gemäss Ihrem heutigen Entwicklungsstand, unterstützt.

Auf unserer Bilderreise treten Sie mit einem Teil von Ihnen in Kontakt, der Sie vielleicht davor zurückhält, Ihren eigenen, persönlichen „Tritt“ zu finden mit Ihrer eigenen Wahrheit. Sie werden immer mehr Zugang zu der Persönlichkeit finden, die Sie in Wirklichkeit, in Ihrem Kern sind und zu dem Potential das bereits in Ihnen ist. Von Aussen muss nichts hinzugefügt werden, es ist alles da in Ihrem Innern. Sie sind bereits ein einzigartiges, wunderbares Wesen. Es geht darum, mit den „Ich bin“ Figuren die Ihnen nichts mehr nutzen Kontakt aufzunehmen und ihnen eine neue, positive Rolle anzubieten, damit es Platz gibt für einen Entwicklungsschritt in Richtung Ihrer wahren Natur.

Vielleicht können Sie jemanden bitten das Ritual laut für Sie zu lesen, oder Sie sprechen es auf einen Tonträger. Wenn das nicht möglich ist, lesen Sie es einmal durch, legen dann die Zeitschrift zur Seite und führen es für sich alleine durch.

Ich führe Sie Schritt für Schritt, zuerst in die Entspannung und dann durch die visuelle Reise. Keine Angst, es geschieht nichts, wozu Sie nicht bereit sind!

Visualisationsreise

Ziehe dich in einen Raum zurück in dem du sicher sein kannst, für eine halbe Stunde nicht gestört zu werden. Setzt dich bequem hin auf einen Stuhl und schliesse die Augen.

In dieser Meditation wirst du mit einem Teil von dir arbeiten, der Widerstand leistet gegen das was du in deinem Leben verwirklichen möchtest. Egal ob es eine bessere Gesundheit ist, eine neue oder eine veränderte Beziehung, Erfolg, Fülle, Wohlstand, oder deinen idealen Körper, in dem du dich wohlfühlst.

Während dieser Bilderreise wirst du in der Lage sein, alle deine Rollen, alle die verschiedenen Aspekte deiner Persönlichkeit so auszurichten, dass sie sich mit deiner Vision und mit deinen tiefsten Wünschen gleichrichten.

Du kannst diese Übung immer wieder vor dein geistiges Auge holen, immer dann, wenn du spürst, dass ein Teil von dir abwehrt, was du in deinem Leben verwirklichen möchtest.

Nimm jetzt einen tiefen, heilenden Atemzug in deinen Körper hinein, lass ihn wieder gehen und entspanne dich.

Konzentriere dich auf deinen Atem. Verbinde deinen Körper mit deinem Atem.

Spüre, wie sich dein Brustkorb hebt und wieder senkt.

Lass deine Gedanken zur Ruhe kommen. Du bist in einem geschützten Raum. Alles ist gut. Atme jetzt bei jedem Einatmen ein wunderschönes, feines Licht ein und entlasse beim ausatmen alle Gedanken und alle Widerstände die vielleicht in deinem Körper sind.

Noch einmal: Nimm einen tiefen lichterfüllten Atemzug und dann atme alle negativen Gedanken aus und jede Energie die dir nicht gut tut.

Jetzt stellst du dir am Ende deiner Wirbelsäule eine Erdungsschnur vor. Sie ist, ähnlich wie ein Stromkabel in der Steckdose, mit dem Zentrum der Erde verbunden. Eine Schnur am Ende deiner Wirbelsäule, die hinein geht ins Zentrum von Mutter Erde.

Wenn du diese Erdungsschnur schon einmal aktiviert hast – vielleicht in einer anderen Übung – dann schneidest du sie jetzt am Ende deiner Wirbelsäule durch und lässt sie mit dem Zentrum der Erde zerschmelzen.

Lass jetzt eine neue, noch stärkere Schnur aus dem Ende deiner Wirbelsäule wachsen. Sie gibt dir Halt und zentriert dich, indem sie sich tief unten im Herzen von Mutter Erde verankert.

Verbinde dich mit diesem Gefühl von Sicherheit und gehalten sein von unserer Erde. Du bist vollkommen beschützt.

Jetzt stellst du dir ca. 5 cm über deinem Kopf eine sich drehende, flache Scheibe vor.

Diese Scheibe öffnet sich jetzt von der Mitte aus wie zwei automatische Schiebetüren. Sie öffnet sich weit wie eine Himmelspforte und du siehst über dir eine wunderschöne goldene Lichtkugel. Diese goldene Kugel strahlt Energie zu dir nach unten wie ein Wasserfall aus Licht. Lass dieses goldene Licht jede Zelle in deinem Körper durchfluten und reinigen. Es geht durch deinen Scheitel und reinigt alle deine Gedanken und bringt sie zur Ruhe...

Das goldene Licht geht hinunter in deinen Hals, über deine Schultern, in deinen Oberkörper, in deinen Magen, hinunter zu deinen Hüften, in deinen Unterleib und in die Erdungsschnur, durch deine Beine hinunter zu deinen Füssen und hinein in die Erde.

Lass diese Lichtenergie weiter durch deinen Kopf hinein fliessen und deinen ganzen Körper reinigen. Stell dir auch vor, wie sie golden über deinen Körper hinausgeht und dein ganzes Energiefeld reinigt, das die Aura um deinen Körper bildet.

Fühle wie dein ganzes Wesen in diesem wunderschönen, heilenden, goldenen Licht gebadet wird...

Stell dir jetzt dein Herzzentrum vor, es ist ein paar Zentimeter von deinem körperlichen Herzen entfernt. Stell dir dieses Herzzentrum als Blume vor. Eine goldene Lotusblume die erblüht und sich öffnet während diese goldene Lichtkugel über deinem Kopf wunderschönes Licht durch deinen Körper fliessen lässt, zuerst durch dein Herz und durch die Lotusblüte hinaus in die Welt. Sieh zu, wie es zurückkommt und deinen Körper mit deiner wunderschönen Herzensliebe übergiesst und deinen ganzen Körper mit Licht und Liebe umhüllt.

Jetzt siehst du dich auf einer Wiese. Diese Wiese kann überall sein, wo du willst – und sie kann alles sein was du dir vorstellen kannst. Sie kann voller Blumen sein, sie kann in einem Wald sein, es kann Berge haben, Flüsse, Seen oder sie kann sogar an einem Meeresstrand sein – womit immer du dich verbunden fühlst...
Nimm dir Zeit, alles zu sehen und zu fühlen was um dich herum ist.

Atme die frische Luft, spüre die Sonne auf deiner Haut, Wind oder auch Regentropfen, höre alle Geräusche der Natur die dich umgibt, die Vögel, das Summen der Bienen, so dass du dich wirklich verbunden fühlst mit Mutter Erde. Vielleicht plätschert ein Bach, ein Wasserfall rauscht oder du hörst die Meeresbrandung...

Auf dieser Reise werden wir mit den verschiedenen Teilen deiner Persönlichkeit in Form von Figuren, wie du sie aus Rollenspielen kennst, in Kontakt treten.

Viele dieser Rollen wurden geschrieben als du ganz jung warst und während du dich entwickelt hast, um dir zu helfen und dich auf irgendeine Weise zu beschützen.

Einige dieser Persönlichkeitsteile entstanden auch in deinem Erwachsenenleben als du dich weiterentwickelt hast durch die Entscheidungen die du getroffen und die Urteile die du dir gebildet hast – über Menschen oder Situationen. Du hast eine Rolle entwickelt, die dir half dich zu beschützen und dir Sicherheit zu geben. Um dir zu helfen zu wachsen und dich auszudehnen.

Jetzt hast du eine bestimmte Entwicklungsstufe in deinem Leben erreicht, auf der diese Rollen nicht mehr von Nutzen für dich sind. Sie gehören zu einer alten Denkweise, zu einer alten Handlungsweise und stimmen nicht mehr mit der Persönlichkeit überein die du heute bist.

Wir werden diesen Anteilen von dir jetzt helfen sich zu entwickeln, sich zu verändern und geben ihnen eine neue Rolle, die dich dabei unterstützt du zu sein. Lass deine Vorstellungskraft einfach frei fliessen. Sei ganz gewiss, dass das was du tust sehr real ist und dass es ein sehr heilsamer Weg ist alle deine verschiedenen Rollen in deinem Innern zu integrieren.

Während du jetzt auf deiner Wiese sitzt, stellst du dir vor, wie eine Gruppe, bestehend aus deinen verschiedenen „Ich bin"-Rollen auf dich zukommt und sich in einem Kreis um dich herum hinsetzt.

Da sitzen jetzt alle die verschiedenen Teile deiner Persönlichkeit. Mal dir aus wie sie aussehen. Einer nach dem anderen. Betrachte sie einfach. Vielleicht hast du einen Teil von dir der sehr impulsiv ist, wie sieht er oder sie aus?
– oder einen anderen Teil der sehr, sehr vorsichtig ist?

Oder vielleicht hast du einen Teil der sehr vertrauenswürdig ist und dann gibt es noch einen Teil von dir der ein bisschen lügt manchmal und sich manchmal etwas ausserhalb deiner Integrität bewegt. Eventuell gibt es einen Teil von dir der deine Erfolge sabotiert oder einer der sich gegen jede neue Beziehung stellt, aus Angst verletzt zu werden.

Wie sehen aller diese Figuren aus? Sind sie männlich oder weiblich? Welche Kleidung tragen sie? Kurzes Haar? Langes Haar? Blond? Dunkel? Vielleicht eine andere Hautfarbe?

Was immer du erkennst an Rollen in deinem Innern können wir mit dieser Übung verwandeln. Sie sind alle hier um dich zu unterstützen. Es sind alles Teile von dir, die dich lieben und sich um dich kümmern. Es ist ihnen wichtig wie es dir geht. Und sie versuchen alle, dir mit bestem Wissen und Gewissen zu helfen.

Sie brauchen jetzt nur eine neue Vision davon wer du bist und zu wem du dich entwickelst und davon, was du dir wünschst für dein Leben. Wenn du dich mit jedem einzelnen deiner Anteile beschäftigst, werden sie integriert und sie werden zu einem Mitglied eines Teams das dir hilft, die Dinge zu verwirklichen die du dir wünschst.

Also, stell dir nun vor, wie eine dieser Figuren, die im Kreis um dich versammelt sind, aufsteht und sich in die Mitte des Kreises neben dich setzt. Betrachte sie einfach.

Wie sieht sie aus? Ist sie männlich oder weiblich? Jung oder alt? Wie ist ihre Stimmung? Was strahlt sie aus?
Beobachte alles was du wahrnimmst über diese Figur und lass dir sagen, welchen Teil von dir sie darstellt.

Ist es der Teil von dir, der dann Geld ausgibt wenn du eigentlich sparen willst?

Ist es der Teil von dir, der dich nur bis zu einer gewissen Grenze Erfolg haben lässt bei dem was du tust?

Ist es der Teil von dir der nach Essen greift und verhindert, dass du dein Wunschgewicht oder die Idealvorstellung deines Körpers erreichst? Oder vielleicht ist es ein Suchtanteil der nach Zigaretten, Drogen, Tabletten oder Alkohol greift?

Oder eventuell der Teil, der dich vor anderen Menschen zu beschützen meint, wenn es um Beziehungen und Kontakte geht?

Wer immer es ist, der jetzt neben dir sitzt, gib ihm Zeit seine Identität zu offenbaren.

Jetzt nimmst du die Hand dieses Teils deiner Persönlichkeit in deine Hände, schaust ihm in die Augen, und sagst: „Danke, für alles was du für mich getan hast! Ich weiss, du bist hier um mir auf deine Weise zu helfen."

Umarme ihn oder sie jetzt und sag noch einmal Danke – und frage ob er oder sie bereit dazu ist sich zu entfalten und dir dabei zu helfen zu wachsen und dich auszudehnen.

Sobald du ein Ja – ein Einverständnis – erhältst, nimmst du wieder die Hand dieses Teils deiner Persönlichkeit und stellst dir jetzt einen Berg vor dir vor. Zu zweit geht ihr jetzt bis zum Gipfel dieses Berges. Ihr könnt hinauftanzen, fliegen, gehen oder hüpfen.

Sieh dich einfach auf der Bergspitze jetzt und zeige deinem Anteil was du dir für dein Leben wünschst, was du erschaffen möchtest. Zeige ihm oder ihr die Höhen deines Lebens. Stell dir eine Filmleinwand vor und zeige was du schöpfen, was du hervorbringen möchtest. Wenn du zum Beispiel mit dem Teil in dir auf der Bergspitze stehst, der dich davon abhält eine gute Beziehung zu haben, dann zeige ihm oder ihr auf der Filmleinwand, wie du dir deinen Alltag mit deinem Lebenspartner wünschst.

Frage noch einmal, ob dein Persönlichkeitsanteil, mit dem du jetzt Hand in Hand die Szenen deines Wunsches anschaust, bereit ist, sich weiterzuentwickeln und dir zu helfen, das zu erschaffen was du dir wünschst, indem er oder sie eine andere, neue Rolle annimmt.

Stell dir jetzt vor, dass sich ein höheres Wesen zu euch gesellt, auf der Bergspitze. Es kann ein Engel sein, ein Geistführer, ein erleuchteter Meister, was immer vor deinem geistigen Auge erscheint.

Dieses Lichtwesen nimmt jetzt liebevoll deinen Persönlichkeitsanteil den du mitgebracht hast zu sich und legt ihm eine Hand auf das 3. Auge (die Stelle zwischen den Augenbrauen), die andere Hand legt es ihm auf sein Herz.

Schau zu und beobachte wie sich dieser Teil von dir entfaltet und verändert, direkt vor deinen Augen. Geniesse die wunderbare Heilung, die Erweckung, die Verwandlung die vor deinen Augen geschieht!

Wie sieht dein Persönlichkeitsanteil jetzt aus? Wie hat er sich entwickelt? Beobachte einfach.

Das Lichtwesen bringt diesen neuen, veränderten Teil jetzt wieder zu dir und jetzt verwandelt es ihn oder sie in ein Symbol. Das kann ein Tier sein oder einfach jede Art von Symbol, eine Energiekugel z.B. Was immer spontan vor deinem inneren Auge erscheint.

Das Lichtwesen nimmt dieses Symbol und legt es in deine rechte Hand. Wenn du bereit bist, führe deine Hand zu deinem Herzzentrum und verbinde das Symbol damit. Lass es mit deinem Herzen zusammenschmelzen. Lass diese Verbindung in deinem Innern geschehen. Das Lichtwesen hilft dir dabei, indem es eine Hand auf dein drittes Auge legt und die andere Hand auf dein Herz, damit die Verbindung in Vollkommenheit geschieht.

Tauche in das Gefühl der Verschmelzung hinein. Fühle wie dieser Teil von dir jetzt auf deiner Seite ist, statt sich zu wehren. Er lässt jetzt zu anstatt sich zu ängstigen. Er liebt.
Anstatt Dinge zu tun die dir nicht gut sind für dich und dich sabotieren oder dir Kraft entziehen, findet er jetzt Wege Dinge zu tun die gut sind für dich, die dich unterstützen und dir Mut geben.

Bedanke dich jetzt bei deinem Lichtwesen und komme wieder vom Berg herunter und zurück auf die Wiese ins Zentrum des Kreises mit allen den anderen Figuren deiner Persönlichkeit. Jede einzelne von ihnen kann mit dieser Reise auf den Berg verändert werden wenn nötig. Dein Lichtwesen ist immer bei dir und bereit für dich.

Jedes Mal wenn du einen Widerstand spürst in deinem Innern gegen irgendetwas das du in deinem Leben erschaffen willst, ob es dein ideales Gewicht ist, mehr Erfolg im Beruf, mehr Freiheit, Wohlstand, wahre Liebe in einer Beziehung, Ruhe, Glückseligkeit, egal was es ist, erinnere dich daran, dass dieser Teil von dir, der sich dagegen auflehnt hier ist, weil er dich beschützen oder dir auf irgendeine Art und Weise helfen will.

Indem du dich bedankst für seine Anwesenheit und ihn sich entwickeln lässt und du ihn integrierst mit der Hilfe deines Lichtwesens, wird dieser Persönlichkeitsanteil von nun an übereinstimmend mit dir vereint sein. Und du bist in Einheit und Harmonie mit jedem Teil von dir – mit jeder Seite deiner Persönlichkeit.

Komm jetzt langsam zurück, richte deine Aufmerksamkeit auf deinen Körper. Bewege deine Finger, deine Zehen. Atme tief durch. Komm langsam zurück in den Raum, auf deinen Stuhl und wenn du bereit bist, öffnest du die Augen.

Wie fühlen Sie sich? Vielleicht energiegeladen oder eher bereit für ein Schläfchen – egal – klopfen Sie sich selbst auf die Schulter. Sie haben gerade ganz wichtige Energiearbeit geleistet! Sie hat einen grossen Transformationsprozess eingeleitet in Ihrem Körper und in Ihren Zellen. Sie und dieser „neue“ Teil von Ihnen werden über die nächsten paar Tage und Nächte weitermachen mit dieser Integration.

Ihr George ist am Verarbeiten und Reagieren auf die Bilder die er gesehen hat. Sie werden etwas auslösen in Ihrem Körper und in Ihrem Wesen. Die innere Veränderung wird sich in der äusseren Realität spiegeln. Wie innen so aussen ist ein Resonanzgesetz.

Placebo - Nocebo und die Kraft des Rituals

Ein Placebo (lat. „Ich werde gefallen") ist ein Scheinmedikament, das den Placeboeffekt auslöst: Eine gefühlte Verbesserung von Krankheitssymptomen, die sich daraufhin messbar auch im Körper zeigt. Folgerichtig hat die symbolische Behandlung einer Krankheit eine wichtige Bedeutung und beweist wie unmittelbar unser Unterbewusstsein auf die Kraft von Bildern und Gedanken reagiert. Der Noceboeffekt (Nocebo, lat: „Ich werde schaden") ist die „Nebenwirkung ": Die unerwünschten Wirkungen die Hand in Hand mit dem Placeboeffekt auftreten können. Übersetzt und bearbeitet von **Jennifer Lee**

In der Januar/Februar Ausgabe des „Harvard Magazine" gab es einen sehr interessanten Bericht zu lesen zu den neusten Erkenntnissen über das Placebo Phänomen.

In einer Studie wollte man die Resultate zweier Scheinbehandlungen miteinander vergleichen. Von 270 Schmerzpatienten bekam die eine Hälfte ein Placebo-Medikament bestehend aus Speisestärke und die andere Hälfte wurde mit einziehbaren „Akupunktur" Nadeln scheinbehandelt, ohne die Haut der Probanden überhaupt zu durchstechen. Man hatte alle Versuchspersonen vorab über mögliche Nebenwirkungen ihrer Behandlung informiert.

In beiden Fällen klagte fast ein Drittel der Patienten über massive Beschwerden. Die Pillen würden sie so träge machen, dass sie nicht aus ihrem Bett konnten und die Einstiche der Nadeln bei den Scheinbehandlungen mittels Akupunktur hätten Schwellungen und Rötungen verursacht. Die meisten anderen Patienten verzeichneten eine merkliche Besserung ihrer Symptome und noch erstaunlicher war, dass die Akupunkturpatienten sich sogar noch besser fühlten als die Schmerzmittelpatienten. Niemand hatte bis jetzt „bewiesen", dass Akupunktur besser wirkt als Schmerzmittel.

Die Wissenschaftler bezweifeln nicht, dass man sich buchstäblich „besser denken" kann, aber sie sagen klar, dass Scheinbehandlungen weder Tumore schrumpfen lassen noch Viren heilen. Erforscht und bewiesen ist jedoch, dass Placebo körperliche Reaktionen auslösen, wie Veränderungen des Herzrhythmus' und des Blutdrucks, chemische Reaktionen im Hirn, in manchen Fällen Verbesserungen bei Schmerzen, Depressionen, Ängsten, Erschöpfung und sogar bei einigen Symptomen von Parkinson.

Die Herausforderung für die Forscher bestand nun darin zu entdecken, welcher Mechanismus hinter diesen körperlichen Reaktionen steht: Was geschieht im Körper und im Hirn bei einer Placebobehandlung? Was geschieht in dem Raum in dem das Scheinmedikament verabreicht wird: Welche Rolle spielt die materielle Umgebung? Welche Rolle spielt das Verhalten des Arztes?

Die Kraft der Aufmerksamkeit und der Fürsorge

Der Placeboeffekt besteht aus mehreren Komponenten. Die einen üben einen stärkeren Einfluss aus, die anderen weniger. Das Experiment ist eines der ersten, welches die verschiedenen Bestandteile einer Placebo-Reaktion auftrennt. Es zeigt, dass das Vorgehen bei der Verabreichung eines Placebos genauso wichtig ist wie Verabreichung selbst.

Eine wichtige Einsicht für alle Menschen in Heil- oder Pflegeberufen: Die Wahrnehmung des Patienten ist von grosser Bedeutung und die Art und Weise wie Ärzte oder Pflegepersonen diese Wahrnehmung gestalten, haben einen bezeichnenden Einfluss auf die Gesundheit ihres Patienten. Ein wichtiger Bestandteil „arbeitet“ mit bei einer Behandlung: Das Engagement für den Patienten und vielleicht sogar der Akt der Fürsorge selbst.

Die Harvard Medical School bewies diese Tatsache in einer weiteren Placebo-Studie. 262 Erwachsene mit RDS (Reizdarmsyndrom) wurden in drei Gruppen aufgeteilt. Die erste Gruppe von Versuchspersonen bekam keine Medikamente, ihnen wurde gesagt, sie seien auf der Warteliste für eine Behandlung. Die zweite Gruppe erhielt eine vorgetäuschte Akupunktur Behandlung ohne grosse Aufmerksamkeit von Seiten des Arztes. Die dritte Gruppe erhielt ebenfalls eine Placebo-Akupunktur und wurde gehegt und gepflegt und mindestens 20 Minuten lang mit Aufmerksamkeit und Mitgefühl umsorgt. („Ich freue mich, sie kennenzulernen“, „ich weiss, wie schwierig das ist für Sie“, „diese Behandlung hat grossen Erfolg und zeigt sehr gute Resultate“ usw.)

Das Ergebnis der Studie war keine Überraschung: Die Patienten welche die grösste Besserung erfuhren waren diejenigen, denen die grösste Fürsorge erteilt wurde.

Bisher hatte man noch nie das „Ritual in der Medizin“ wissenschaftlich untersucht und dieses Ritual ist die Erkenntnis aus der Placeboforschung, die alle Ärzte in ihrer Praxis sofort umsetzen können!

Es war nach dem Versuch also ganz klar: Je mehr Betreuung die Menschen erhielten – sogar wenn sie vorgetäuscht war – umso besser ging es ihnen.

nen dazu gesagt, dass Placebos oft eine heilende Wirkung hätten.

Die Testresultate schockierten selbst die Forscher: Sogar Patienten die wussten, dass sie Placebos einnahmen beschrieben eine echte Verbesserung ihres Zustandes. Sie vermeldeten eine doppelt so grosse Erleichterung der Symptome wie die Gruppe ohne Behandlung. Dieser Unterschied war so bezeichnend wie jene Besserungen, die man registrierte bei Vergleichstests für die besten „echten“ RDS Medikamente.

"I'm leaving my subconscious to science."

„Ich hinterlasse mein Unterbewusstsein der Wissenschaft.“

Die ethischen Fragen einer Placebobehandlung

Diese Behandlungen erfordern jedoch alle ein Vortäuschen von Seiten des Arztes, ein Aspekt der Placebo Medizin, der ernsthafte ethische Fragen aufwirft. Dies veranlasste die Forscher zu der Frage: „Was wenn wir denn Leuten einfach sagen, dass sie Placebos einnehmen?“

Sie verglichen also erneut zwei Gruppen von RDS Patienten. Die eine Gruppe erhielt keine Behandlung, war erneut auf der „Warteliste“ und den anderen Versuchspersonen wurde mitgeteilt, dass sie „gefälschte, inaktive“ Tabletten bekämen (in einer Dose mit der Aufschrift „Placebo-Tabletten“) und es wurde ih-

Placebos, Medikamente und Rituale benutzen die selben biochemischen Wege im Hirn

Um jedoch die Meinungen der Schulmedizin zu verändern, muss die Forschung biologische Beweise erbringen, dass sich im Hirn und im Körper der Patienten wirklich etwas verändert. Im letzten Jahrzehnt wurde dies möglich durch die Abbildungstechnologie der PET-Scans und der funktionellen Magnetresonanztomographie (fMRI). Auf diesem Wege sah man, dass Placebo Behandlungen chemische Reaktionen auslösen welche denjenigen von aktiven Medikamenten ähnlich sind. Viele Neurotransmitter sind an der Arbeit – einschliesslich der Chemikalien, die die selben Verbindungen benutzen wie Opium und Marihuana. Placebos erhöhen die Ausschüttung von Dopamin, dem „Glückshormon".

Placebobehandlungen beeinflussen auch die Bereiche im menschlichen Hirn die die Schmerzempfindung regulieren. Diesen Weg benutzen jedoch auch die möglichen negativen Nebenwirkungen einer Placebobehandlung und lösen den Noceboeffekt aus. Der Noceboeffekt aktiviert auch den Hippocampus, (der Teil des menschlichen Hirns der aussieht wie ein Seepferdchen). Man assoziiert ihn mit Erinnerungen und Angstzuständen.

Was die „Placebo Hirnforscher" gemäss dem Artikel im Harvard Magazin gelernt haben ist, dass therapeutische Rituale viele Moleküle im Hirn des Patienten bewegen und diese Moleküle sind genau dieselben, die aktiviert werden durch die Medikamente die in der routinemässigen ärztlichen Praxis verabreicht werden. Mit anderen Worten: Rituale und Medikamente benutzen die gleichen biochemischen Wege um das Hirn des Patienten zu beeinflussen!

Die Wissenschaftler haben mit ihren Versuchen ein präzises Diagramm der Placeboeffekte erhalten und den klaren Beweis dafür, welchen messbar positiven Einfluss ein Ritual auf das Wohlbefinden und die Gesundheit der Versuchspersonen hatte, z.B. durch die 20 Minuten ungeteilte Aufmerksamkeit und Fürsorge des Arztes oder Behandlers.

Bilder und der unbewusste Placeboeffekt
Das Team in Harvard stellte als nächsten Schritt die Hypothese auf, dass es für den Placebo-Effekt keine bewusste Erwartung braucht, dass er auch auf der unbewussten Ebene ausgelöst werden kann.

Der erste Teil des Tests sah wie folgt aus:
Bei 40 Versuchspersonen wurde jeweils eine Hitzequelle aus Metall am Arm fixiert. Danach zeigte man ihnen Bilder von zwei verschiedenen Männern bei denen ebenfalls eine Metallplatte am Arm fixiert war.

Das erste Bild zeigte den Gesichtsausdruck eines Mannes in dem man lesen konnte, dass die Metallplatte heiss war. Das zweite Bild zeigte einen Mann, in dessen Gesicht man sah, dass die Platte kühler war.

Die Probanden sollten nun auf einer Skala von 1 bis 100 bewerten, wie schmerzhaft sie die verspürte Hitze auf ihrem eigenen Arm empfanden. Jede vorgetäuschte Temperaturänderung wurde angesagt und gleichzeitig wechselte man das gezeigte Bild. In Wirklichkeit war aber das Metall am Arm der Versuchspersonen immer gleich warm.

Die Versuchspersonen bewerteten ihre Empfindung jedoch gemäss ihrer bildlichen Erfahrung: Die Temperatur, die gleichzeitig mit dem „heissen" (mit Hitze assoziierten) Bild auf ihrem Arm gefühlt wurde, empfanden alle als schmerzhafter, als die gefühlte Wärme mit dem Bild des „kühleren" Gesichts.

„Um Ihren Instinkt zu hören, wählen Sie die eins."

Im zweiten Teil des Test wollte man nun prüfen, ob die gefühlte Temperaturschwankung auch unbewusst auftritt:

Wieder wurde die warme Metallplatte am Arm der Versuchspersonen fixiert. Die Bilder zeigte man ihnen dieses Mal jedoch nur für die Dauer von ein paar Millisekunden – zu kurz für eine bewusste Wahrnehmung. Trotzdem wurde die Intensität des Schmerzes als gleich stark (oder schwach) angegeben wie beim bewussten Ansehen der Bilder. Die Forscher wussten nun, dass das Unterbewusstsein den Placebo-Effekt ausgelöst hatte. Ein Beweis dafür also, dass er auch ausgelöst wird, wenn wir es nicht erwarten!

Die Autoren der Studie liessen Bilder von Behandlungsräumen mit medizinischer Ausstattung im Millisekundentakt vor den Augen der Versuchspersonen aufblitzen und sahen wie der Placebo Effekt auch dort seine Wirkung zeigte. Eine Erklärung dafür, dass sich viele Menschen schon besser fühlen, wenn sie einen Raum betreten in dem sich medizinische Geräte befinden, weil Sie dieses „Bild“ automatisch mit Heilung assoziieren. Diese Wahrnehmung führt tatsächlich zu positiven Veränderungen der Gesundheit.

Die unbewussten Gedanken des Arztes – die Kommunikation der unteren Selbste

Diese Ergebnisse führten zu der neusten Arbeit des Teams: Das Hirn der Ärzte zu scannen während sie ihre Patienten behandelten – eine Seite der Gleichung die bis jetzt noch niemand angeschaut hatte. (Die Forscher konstruierten eine entsprechende Einrichtung bei der die Ärzte in einer fMRI Maschine lagen, die ihnen die Möglichkeit bot, ihre Patienten ausserhalb des Scanners zu sehen und ihnen eine Behandlung zukommen zu lassen die sie für stimulierend hielten).

Ärzte geben ihren Patienten subtile Hinweise denen sich keiner von beiden bewusst sein mag. Sie sind jedoch die „Schlüsselzutat“ im Medizinritual. Die Wissenschaftler hoffen nun, dass die neuen Hirnscans aufzeigen werden, welchen Einfluss die unbewussten Gedanken des Arztes auf die Behandlung ihrer Patienten haben.

Wissenschaft und Spiritualität nähern sich an

Lesen Sie dazu den interessanten Artikel über Meditation und „Heilung mit dem Geist“ in der Mai-Ausgabe des „Spiegel“ Magazins: http://www.spiegel.de/spiegel/print/d-95169259.html

Weitere Artikel inkl. Buchtipps zum Thema finden Sie in den Huna Nachrichten Nr. 2 vom Juni 2010 sowie in der Ausgabe Nr. 7 vom September 2011.

Herausgegeben von:

Huna Forschungs-Gesellschaft Zürich | HFG
Grubenstrasse 27 | CH-8045 Zürich
Telefon +41 44 251 55 65
info@huna-europe.ch | www.huna-europe.ch

Unsere nächsten Seminare

April 2014

Huna Basis-Seminar – Entdecken Sie Ihr wahres Selbst
4 x Dienstagabend, 19.00 – 21.00 h:
09./16./23./30. April 2014
CHF 300.00 (Mitglieder 250.00)

Mai 2014

Ho'oponopono - Freiheit durch Selbstverantwortung
Freitag, 16. Mai 2014, 19.00 – 21.00 h
Samstag, 17. Mai 2014, 09.30 – 17.00 h
CHF 200.00 (Mitglieder 180.00)

Juni 2014

Huna Praxis-Seminar
Wai Wai Haipule – mühelos zu materiellem Wohlstand finden
Samstag, 28. Juni 2014, 09.30 – 17.00 h Tages-Seminar
CHF 200.00 (Mitglieder 180.00)

Detaillierte Informationen und Anmeldung auf www.huna-europe.ch

Vortragsreihe 2014 (Huna-Gruppe)

Mittwoch, 29. Januar 2014, 19.00 h
„Am Anfang war das Licht.“
Es gibt Menschen, die sich nur von Licht ernähren, Glauben Sie das?
Filmvorführung und Diskussion mit **Ulrich Amacher**

Mittwoch, 26. Februar 2014, 19.00 h
Huna und Emotional Freedom Technik (EFT)
Huna trifft auf Energie-Psychologie
Mit **Stefan Bruhin**

Mittwoch, 19. März 2014, 19.00 h
Die Energie-Vampire
Besser geschützt im Alltag vor Menschen, die uns Energie rauben.
Mit **Ulrich Amacher**

BITTE BEACHTEN:
Ab April treffen wir uns jeweils am letzten Dienstag des Monats!

Dienstag, 29. April 2014, 19.00 h
Neue Wege gehen
Mit **Beat Hess** www.beathess.ch

Einzelheiten auf www.huna-europe.ch Unkostenbeitrag pro Abend CHF 20 (Mitglieder CHF 10), bei Gastreferenten CHF 30 (Mitglieder CHF 20). Neue Teilnehmerinnen und Teilnehmer sind jederzeit herzlich willkommen.

Nr. 17 | März 2014

HUNA NACHRICHTEN

Zeitschrift für Mitglieder | Huna Forschungs-Gesellschaft Zürich | www.huna-europe.ch

EDITORIAL

Liebe Leserinnen, liebe Leser

Wir möchten Sie wieder einmal daran erinnern, welche Bedeutung der Atem in der Huna Praxis einnimmt, und wie wichtig Mana ist, die Kraft die auf dem Atem reitet. Sie ist eines der wichtigsten Hilfsmittel für das Gebet in der Huna-Lehre. Überlieferungen aus der alten Zeit besagen, dass die Menschen auf Hawaii jeweils lange vor ihren Tempeln sassen, meditierten und sich vorbereiteten, bevor Sie das Gebetshaus betraten um ihre Petition darzubieten. Danach sassen sie wieder draussen vor dem Tempel, um Leben in ihre Gebete zu atmen.

Ha bedeutete Atem. Sie erinnern sich an die Bedeutung des heute noch auf Hawaii gebräuchlichen Ausdrucks für Ausländer: „Haole". Er stammt aus der Zeit als die Inselbewohner beobachteten, wie die christlichen Missionare ein paar Gebetsworte murmelten, Amen sagten und das war's. Sie nannten sie Haole, „ohne Atem", weil sie es versäumten, Leben in ihre Gebete zu atmen. Der Atem galt als etwas Heiliges. Ein Kahuna La'au lapa'au (ein Spezialist der Kräuterheilkunde) atmete auf die Kräutermischung aus, die er für seinen Patienten vorbereitete, um sie mit Mana aufzuladen. Um seine Autorität als Lehrer zu behalten, hielt ein Kahuna bis zum Ende des Lebens das letzte Geheimnis seines speziellen Talentes zurück. Erst mit dem letzten Atemzug gab er sein Mana weiter, indem er in den Mund seines Nachfolgers ausatmete. Ho'o Mana bedeutet „Mana erzeugen" und war das einzige Wort das die Kahuna für „Gebet" benutzten.

Max Freedom Long war so fasziniert von den Erzählungen über die Praktiken der Kahuna, dass er wissen wollte, ob diese zum Teil sehr erstaunlichen Berichte ihre Berechtigung hatten oder ob es nur übertriebene Fantasiegeschichten waren. Er widmete sein ganzes Leben der Erforschung der damals fast verlorenen Weisheit. Es war nicht seine Absicht, die hawaiianische Kultur zu bewahren - diese wertvolle Arbeit wurde bereits vom Bishop Museum in Honolulu getan - noch wollte er religiöse Praktiken für den modernen Menschen wiederaufleben lassen, die für Nicht-Hawaiianer völlig ungeeignet waren. Sein Ziel war es, die Geheimnisse der oft an Wunder grenzenden Erfolge der Kahuna zu ergründen, so dass er und jeder der daran interessiert war, die Prinzipien für Heilungen und für seine ganz persönlichen Ziele anwenden konnte.

1948 gründete Max Freedom Long die „Telepathic Mutual Healing

INHALT

Die Telepathic Mututal Healing Group Seit 1948 existiert diese von Max Freedom Long gegründete Fernheilungsgruppe. Lesen Sie seine Anleitung zur Teilnahme und Arbeitsweise.
Übersetzung Jennifer Lee **> Seite 3**

Gebetsritual zur Anwendung in der Gruppe Max Freedom Longs Gebetstext, der als Ausgangslage für die Bündelung der Gruppenenergie dient.
Übersetzung Jennifer Lee **> Seite 6**

Huna Geistheilung
Die Huna Geistheilung unterscheidet sich grundlegend von anderen Heilpraktiken.
Von Henry Krotoschin **> Seite 7**

The Healing Circle
Auf Kauai unterhält Serge Kahili King einen besonderen Heilungskreis.
> Seite 9

Veranstaltungen
Ho'oponopono-Workshop, Huna Basis-Seminar, Wai Wai Haipule-Workshop, Vortragsreihe **> Seite 10**

Group" (TMHG) zu gegenseitiger und gemeinsamer Fernheilung unter seiner Leitung. Lesen Sie in seinen eigenen Worten die Anleitung zur Teilnahme und Funktionsweise. Die TMHG war von Beginn an ein Erfolg und Sie existiert bis heute. Wir haben den heutigen Leiter, Mark Perkins, gebeten, uns seine Erfahrungen mit der Gruppe zu schildern. Seine Eindrücke finden Sie nebenstehend. Sie sind natürlich herzlich eingeladen, sich selber aktiv an der TMHG zu beteiligen.

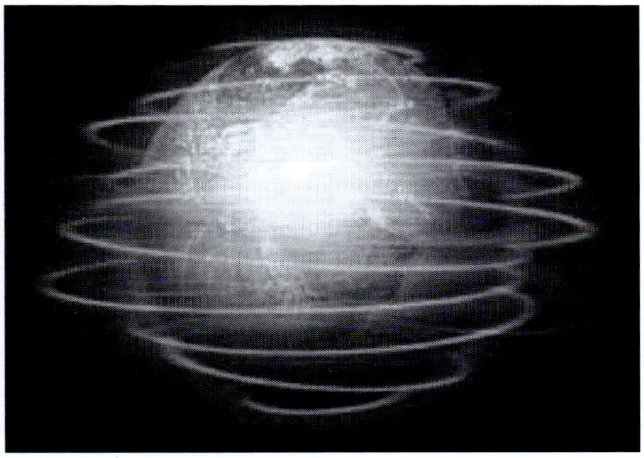

Wir hoffen, die Berichte zum Thema Fernheilung mit Huna inspiriert Sie zu eigenen „Taten"! Wir wünschen Ihnen viel Erfolg und würden uns sehr freuen, wenn Sie uns in ein paar Worten über Ihre Erfahrungen berichten würden.

Herzlich,

Jennifer Lee und Ulrich Amacher

Die Telepathic Mutual Healing Group heute

Mark Perkins, heutiger Leiter der Telepathic Mutual Healing Group auf huna-ohana.com, hat uns über seine Erfahrungen mit der Gruppe folgendes geschrieben:

„Für mich dient die TMHG dazu, Mana zu speichern und umzuwandeln. Während die Gruppe sich auf den vereinbarten Schwerpunkt konzentriert, fliesst das Mana ohne vorgefasstes Denkbild wohin, zu wem oder wofür es fliessen soll. Das führt zu einem reinen Fliessen der Heilungsenergie ohne die persönliche Perspektive, die man mit anderen Heilungstechniken verbindet.

Wir haben viele „Wunder" gesehen im Zusammenhang mit der TMHG, inklusive Spontanheilungen und energetische Reinigungen. Die üblichste Heilung ist die Ruhe und der Frieden, mit denen die TMHG ihre Empfänger versorgt. Ich habe den immensen Frieden persönlich gespürt, der durch die vereinte Energie der Huna-Gemeinschaft generiert wird. Dieser heilende Friede erlaubt es jedem einzelnen Teilnehmer aus einer inneren Harmonie heraus auf seine persönlichen Fragen und Wünsche einzugehen. Das ist essentiell für eine wirksame Heilung.

Es ist jedoch wichtig für den Empfänger mit einer offenen Geisteshaltung gegenüber den zukünftigen Wundern auf das TMHG-Mana zuzugreifen. Wir haben oft eine genaue Vorstellung des optimalen Zustands und versuchen deshalb die Energie auf ein spezifisches Ziel zu richten. Damit schränken wir nicht nur die Wirksamkeit der TMHG ein, sondern binden auch dem Universum die Hände. Es wird uns genau das bringen, was wir zum Leben und Gedeihen brauchen. Wir haben nicht den gesamten Überblick über unseren Weg, und indem wir das Universum mit unseren eigenen Schlussfolgerungen über die beste Lösung für uns beschränken, wird das Universum von Möglichkeiten eingeschränkt."

Die TMHG trifft sich virtuell jeden Dienstag von 21.00 Uhr bis 21.15 Uhr. Als Europäer sind Sie in derselben Zeitzone, trotzdem verbinden Sie sich um 21.00 Uhr Lokalzeit mit der Gruppe, das Universum wird dafür sorgen, dass Ihre Mana-Sendung sich zum richtigen Zeitpunkt am richtigen Ort mit dem Mana der Gruppe verbindet und wirkt.
Werden Sie Mitglied der Huna-Gemeinschaft und nehmen Sie teil unter www.huna-ohana.ning.com. (auf der „Event" Seite unter „Groups" sind die Daten der TMHG publiziert.)

Telepathic Mutual Healing Group (TMHG) – Gruppe für gegenseitige, telepathische Heilung

Die TMHG begann ihre Arbeit im Jahre 1948 unter der Leitung von Max Freedom Long. Sie trifft sich auch heute noch regelmässig um Heilung an Menschen zu senden, die für sich selbst oder für andere um Hilfe bitten. Menschen aus allen Teilen der Welt beteiligen sich daran, Mana gezielt an Hilfesuchende zu senden. Die Gruppe trifft sich körperlich und telepathisch jeden Dienstagabend und bündelt ihre Energie von 21.00 – 21.15 Uhr CT USA. Wir Europäer werden gebeten, dienstags um 21.00 – 21.15 Uhr unserer Zeit Energie zu senden. Das Universum wird dafür sorgen, dass unser Mana zum richtigen Zeitpunkt eintrifft um mit der Energie der Gruppe zu verschmelzen. Genaue Informationen dazu auf huna-ohana.ning.com.

Max Freedom Long (1890-1971) entdeckte während seiner Tätigkeit als Lehrer auf Hawai'i das verborgene Wissen der Inselbewohner, erforschte es und machte es der westlichen Welt unter dem Namen "Huna" zugänglich.

Seine wichtigsten Bücher

„Geheimes Wissen hinter Wundern"

„Die verborgene Lehre Jesu"

„Kahuna-Weisheit" (früher: Kahuna-Magie)

„Selbstsuggestion und Huna-Gebet"

sind im Buchhandel erhältlich (alle beim Verlag Schirner, Darmstadt).

In der nachfolgenden Übersetzung lesen Sie den Originaltext zur Einführung in die Arbeit der Gruppe für gegenseitige telepathische Heilung von Max Freedom Long. Die Anleitung erschien 1948 in einer Spezialausgabe der HRA-Bulletins unter dem Titel:

„TMHG"
(Telepathic Mutual Healing Group)

Die Arbeit der TMHG entstand als direktes Resultat der auf Versuchen aufgebauten Arbeit mit dem uralten Huna-System der Huna Research Associates. Sie ist eine Organisation innerhalb der HRA Gruppe und offen für alle Mitglieder die Kenntnisse in der Huna Praxis haben.

„Diese Information ist an die neuen Mitglieder der Huna Forschungs-Gesellschaft gerichtet, die alles in ihrer Macht stehende zu tun wünschen um sich selbst oder einen geliebten Menschen oder Freu987nd zu heilen. Das kann Heilung sein für den Körper, für den Geist, für die Familie oder für gesellschaftliche Verbindungen oder finanzielle Zustände.

Für wen dürfen wir beten?
In unserer experimentellen Annäherung an Huna glauben wir, dass wir für jedermann beten dürfen, egal ob er oder sie davon weiss oder nicht, solange wir die betroffene Person nicht ihres Rechts auf die Anwendung des freien Willens berauben und solange wir aus den Versuchen und fehlerhaften Methoden lernen. Wir dürfen für ihr Wohl beten und um Hilfe für ihre Gesundheit. Wir dürfen aber nicht darum bitten, dass eine bestimmte Person oder eine Gruppe von Personen dazu gebracht wird etwas zu tun, was nicht vorteilhaft für sie wäre; auch nicht dann, wenn es für die Person die den Gebets-Prozess durchführt von grossem Vorteil wäre. Wenn persönliche Vorteile benötigt und gewünscht werden, sollte man die Person von der sie kommen könnten aus dem Bild heraushalten, um auf diese Weise den Eingriff in deren freien Willen zu verhindern und den Weg offen zu halten, damit die Hohen Selbste auf eine andere und möglicherweise viel bessere Art und Weise helfen können.

Sie können alleine beten und Ihre Gebete an Ihr eigenes Hohes Selbst richten (über das untere Selbst und die telepathische Methode).

Oder Sie können auch bei der TMHG-Arbeit teilnehmen, in der wir uns bemühen uns zu einer bestimmten Zeit telepathisch miteinander zu verbinden. Sie können jederzeit zur vollen Stunde für acht Minuten arbeiten und so das „geflochtene Band" aus Aka-Schnüren aller TMHG-Mitarbeiter aktivieren wenn Sie es wünschen. Sie können Lebenskraft (Mana) zum Zentrum senden (wo ich als Verbindungspunkt wirke), und durch das Zentrum zu Ihrem eigenen Hohen Selbst und dem Hohen Selbst anderer Menschen. Ebenso können Sie Mana zu der „grossen Gemeinschaft der Hohen Selbste" senden, die als mystische Einheit wirkt und uns in unserem Bestreben uns selbst zu helfen beisteht und der ganzen Welt. Oder Sie können täglich um 15.00 Uhr und 19.00 Uhr arbeiten.

Das TMHG Gebetsaktionsritual wird grob gesagt in folgende drei Schritte aufgeteilt:

1. Nachdem Sie sich im Klaren darüber sind worum Sie bitten möchten und

was in Ihre eigene oder die Zukunft von jemand anderem eingebaut werden soll, haben Sie die Gedankenform des gewünschten Zustandes fertiggestellt und sie kann innert kürzester Zeit zur Erinnerung abgerufen werden. Ein paar Minuten bevor die Stunde schlägt, nehmen Sie eine angemessene, ernsthafte Geisteshaltung ein. Danach machen Sie eine so grosse Zusatzaufladung von Lebenskraft (Mana) wie Sie können. Wenn die Stunde schlägt, nehmen Sie Kontakt auf mit Ihrem Hohen Selbst und den Hohen Selbsten der anderen, indem Sie Ihre Aufmerksamkeit auf mich im Zentrum richten, von dem das „geflochtene Band" oder die vereinten Aka-Schnüre aufsteigen, und den Willen halten, durch mich die Hohen Selbste zu kontaktieren und die Kraft der Gebets-Aktionen aller Teilnehmer zu verstärken. Senden Sie bewusst Liebe und Segen und Mana durch mich als Zentrum zu den Hohen Selbsten. Tun Sie dies für zwei Minuten und bitten Sie um Segen für die Welt und visualisieren Sie ihn. Schenken Sie den Hohen Selbsten Lebenskraft zum freien Gebrauch für ihre eigenen Zwecke, was immer diese sein mögen.

2. Nach ungefähr zwei Minuten entspannen Sie sich und lassen mich Ihnen Liebe und Segen und die Visualisierung perfekter Umstände senden. Ich werde auch eine Farbe senden und ein geistiges Bild eines grünen Tales, das unser Gebet für den Segen und den Weltfrieden symbolisiert. Achten Sie auch auf Dreiecke, Vierecke, Symbole, Zahlen, Buchstaben usw., die ich Ihnen zur Entwicklung Ihrer telepathischen Aufnahmefähigkeit schicke. (Machen Sie sich keine Sorgen, wenn Sie überhaupt keine Eindrücke empfangen. Unsere Erfahrung hat gezeigt, dass der Nutzen in keiner Weise beeinträchtigt ist, wenn der Empfang schwach ist oder sogar fehlt. Ich werde Sie immer finden, so lange Ihr monatlicher Brief zusammen mit den anderen in meinen Händen ist, wenn ich mit Ihnen und den anderen arbeite.)

3. Ungefähr vier Minuten nach der vollen Stunde, setzen Sie Ihre Gebetsaktion auf die gewohnte Weise in Gang, indem Sie sich die gewünschten Umstände, die die Hohen Selbste in Ihre Zukunft einbauen sollen, in Erinnerung rufen und sie in lebhaften Details visualisieren, sei es in den nächsten paar Minuten (Sofortheilung), oder sei es weiter weg. Stellen Sie sich vor, wie Sie in die neuen Umstände hineintreten und alle Dinge tun die Sie tun würden oder tun werden, wenn sie als Realität materialisiert sind, sobald die Antwort durch die Hohen Selbste abgeschlossen ist.

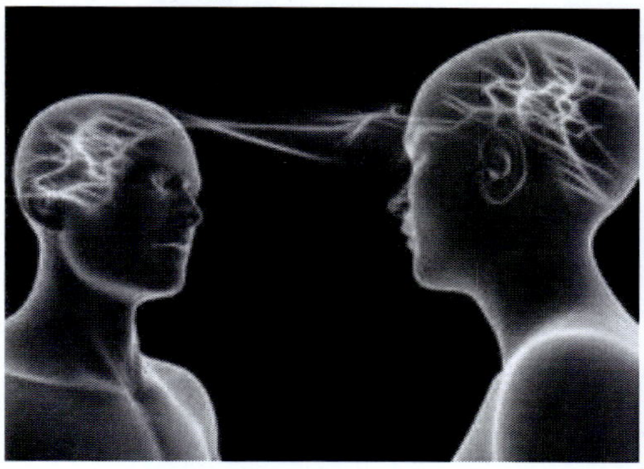

Zu diesem Zeitpunkt ist es gut, sich andere Menschen ebenfalls in wünschenswerten Umständen vorzustellen, wenn Ihr Leben zu irgendeinem Zeitpunkt nahe oder gar abhängig von ihnen ist. Man kann sich eine Welt in Frieden vorstellen, in der sich die Menschheit glücklich weiterentwickelt. Alle können sich als Teil einer menschlichen Gemeinschaft sehen, die an den verbesserten Umständen teilhat. (Die Idee dahinter ist, dass wir die Hohen Selbste bitten müssen in die weltlichen Geschehnisse einzugreifen, ansonsten würde der freie Wille der Masse auf den tieferen Stufen menschlicher Aktivitäten missachtet. Das Ziel von Huna ist es, dass alle Menschen über die Hohen Selbste Bescheid wissen und sie zu Hilfe und Führung einladen, sei es für nationale Angelegenheiten oder für das Weltgeschehen.)

4. Während sich das Ende der achten Minute nähert, fahren Sie fort zu senden und SAGEN Sie, dass Sie die Gedankenform der gewünschten Umstände JETZT, zusammen mit einem starken Manastrom, über das Zentrum und über das „geflochtene Band" der verbundenen Aka-Schnüre zu den Hohen Selbsten senden.

5. Dies erledigt, pausieren Sie ein paar Sekunden und beenden Sie Ihr Gebet dann zeremoniell und mit Bestimmtheit indem Sie Folgendes sagen: „Das Gebet tritt seine Reise an..., lasst den Regen des Segens fallen. (Das ist der Rückstrom von Mana, das in Hohes Mana verwandelt wurde und einen wiederbelebenden und segnenden Effekt auf uns hat.) Au...ma...ma (oder „Amen")."

Im Zentrum werde ich durch die Briefe gehen die ich in meiner Hand halte, um den Kontakt zu den Schreibenden über die anhaftenden Aka-Schnüre herzustellen. Beim Eintreffen der Briefe mache ich eine sorgfältige Visualisierung der beschriebenen und gewünschten Dinge. Während Sie Ihre gewünschten Umstände visualisieren und geistig in ihnen leben, werde ich die Briefe durchgehen und die schon fest etablierten Bilder dieser Umstände vor mein geistiges Auge holen. (Spezielle und individuelle Behandlungen für Ihre Bedürfnisse werden nach Vereinbarung vorgenommen.)

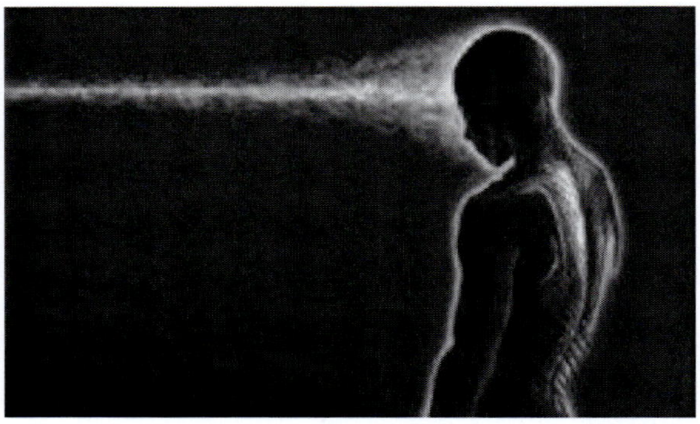

Ein sorgfältiges Studium der ersten TMHG-Experimente sollte unternommen werden, so dass die Theorie hinter der Arbeit und deren wunderbare Bedeutung vollkommen verstanden wird. Es ist auch gut, täglich entsprechende Stellen in „Geheimes Wissen hinter Wundern" zu lesen, sowie die Lektionen und die Bulletins. Weil uns alte Denkgewohnheiten beharrlich anhaften, haben wir die Angewohnheit bald wieder auf alten Denkschienen zu fahren, besonders in Bezug auf die Religion, und es ist dringend nötig, uns immer wieder mit den neuen Ideen zu sättigen und sie uns immer wieder zu vergegenwärtigen, wenn wir in sie hineinwachsen und zu einer praktischen und wirksamen Vertrautheit mit ihnen finden wollen.
Es kann bereits viel erreicht werden, wenn eine Person eine andere behandelt. Noch besser werden die Ergebnisse, wenn der Behandelte selber mitmacht, und er dadurch an persönlichem Verständnis und persönlicher Anerkennung für die Vorgänge gewinnt und ebenfalls mitarbeitet, indem er Schritte unternimmt und alles ihm mögliche tut, um bei der Heilung mitzuhelfen.

Zum ersten jedes Monats sollte ein kurzer Bericht und eine Neuformulierung der Wünsche geschickt werden. Wenn man sich von der aktiven Teilnahme in der TMHG zurückzieht, sollte man sofort eine Nachricht senden, damit die Arbeit auf präzise und wohlgeordnete Weise weitergeführt werden kann. In der Huna Arbeit darf nichts automatisch laufen. Wir planen sorgfältig und gehen bei der Nutzung der Gedankenformen und der Mana-Aufladungen mit bestmöglicher Präzision vor. Beim Gebet lassen wir uns niemals treiben. Das Fehlen eines Plans und der Mangel an Präzision unsererseits ist verantwortlich für eine entsprechende Vermischung von Dingen beim automatischen Bau unserer Zukunft durch die Hohen Selbste.

M.F.L.

Gebetsritual zur Anwendung in der Gruppe für gegenseitige telepathische Heilung

Die ersten Experimente mit der Gruppe für gegenseitige telepathische Heilung entfachten ein grosses Echo und Interesse bei den Mitgliedern der Huna Research, Inc. und bei den Lesern der Huna-Bulletins. Max Freedom Long veröffentlichte darauf das Gebet, das er als Sammelpunkt der Aka-Schnüre und als Ausgangspunkt des geflochtenen Bandes zu der Familie der Hohen Selbste der Teilnehmer verwendete.

Dies ist eine Skizze oder ein Vorschlag für das Gebetsritual. Es kann für die Bedürfnisse jedes Anwenders verändert und angepasst werden. Es sollte dann gut ins Gedächtnis eingeprägt werden. Wenn es auswendig gesprochen wird haben die Gedanken die darin enthalten sind eine grosse, eindrucksvolle Kraft auf das Unihipili, einen hohen Grad an körperlichem Stimulus.

Machen Sie kurz vor der Zeit für die TMHG eine Mana-Aufladung in gewohnter Weise. Nehmen Sie zusätzlich ebenfalls einige tiefe Atemzüge. Zur vollen Stunde strecken Sie geistig Ihre Fühler aus für den Kontakt mit M.F.L. im Zentrum und durch ihn mit den anderen und sagen: (Das „wir" schliesst Unihipili und Uhane ein. Sie handeln als Team.)

„Wir nehmen jetzt Kontakt auf mit MFL im Zentrum um Teil der Gruppe zu werden die sich jetzt zum Gebet zusammen findet. Gemeinsam mit der Gruppe nehme ich jetzt Kontakt auf mit der grossen Gemeinschaft der Poe Aumakua von der auch meine eigene ein Teil ist...

(Es ist möglich, dass Sie bei der Vollendung des Kontakts ein Kribbeln oder ein anderes Zeichen fühlen, oder auch nicht. Pausieren Sie etwa für eine halbe Minute.)

„Geliebte und äusserst vetrauenswürdige, elterliche Geistwesen, reinigt uns.
Reinigt mich von allen Schmerzenssünden die ich anderen angetan habe.
Nehmt mein Versprechen an, jegliche Verletzungen zu vermeiden und vergangenes Unrecht wieder gut zu machen so weit es möglich ist.
Reinigt mein beschmutztes Antlitz mit der ganzen Fülle eurer Gnade.
Reinigt diese Zufuhr von Lebenskraft die ich, als mein lebendiges Opfer für euch anbiete...

„Duch die Aka-Kontaktschnur und das geflochtenen Band der Gruppe über MFL im Zentrum sende ich (oder wir) jetzt diesen Zustrom an Mana.
Nehmt ihn an mit meiner Liebe und meiner freudvollen Hingabe.
Jetzt sende ich das geistige Bild der Umstände um die ich bitte, die als Gussform oder Samen dienen und gefüllt und in zukünftige Realitäten wachsen sollen.

(Sehen Sie eine Welt in Frieden...eine blühende Welt...eine glückliche Welt...eine sichere Welt...)

„Jetzt überreiche ich das Bild aller Teilnehmer unserer Gruppe, wie sie im Licht stehen und in vollkommener Gesundheit, mit einem reichen Vorrat an allem was es für ein glückliches Leben und Dienen braucht.
Ich sehe uns alle und mich selbst, beschenkt mit der Kraft zu dienen, den Möglichkeiten zu dienen und der Freude zu dienen.
Ich gelobe mir selbst, alle Gelegenheiten zu dienen, bis zu der Grenze meiner Möglichkeiten, vertrauensvoll anzunehmen; dass ich von kleinen Dingen in grössere Dinge des Dienens wachsen und täglich mehr wie ihr werden möge – äusserst vertrauenswürdig im Umgang mit den Dingen, die mir anvertraut werden.
Ich werde mich bemühen meinen Teil zu tun, um so zu werden wie ich mich in der Zukunft sehe, gesund, glücklich und blühend – erfüllt mit der Freude am Leben und am Dienen – äusserst vertrauenswürdig in jedem Gedanken und in jeder Tat und jeder Bestrebung.

„Ich überreiche jetzt ein besonderes geistiges Bild der Umstände die ich für mich selbst ersehne.

(Hier visualisieren Sie die erwünschten, persönlichen Umstände oder die Wunschbedingungen für andere.)

„ Das Gebet endet jetzt. Die geistigen Bilder werden in eure Obhut entlassen, um so schnell wie möglich materialisiert zu werden. Geliebte und äusserst vertrauenswürdige, elterliche Geistwesen – grosse Poe Aumakua, lasst jetzt den Rückstrom an Mana fallen, als gesegneter Regen der alles Gute und alles Reinigende bringt.
Die Gebetsaktion ist beendet.
Ich ziehe mich davon zurück.
Au...ma...ma...."

Huna Geistheilung

von Henry Krotoschin

Henry erhielt viele Briefe, Anrufe und E-Mails von Menschen mit der Bitte um Fernheilung. Oft als zusätzliche Unterstützung wenn beispielsweise eine Operation bevorstand oder wenn die Schulmedizin an eine Grenze gestossen war. Manche Menschen baten auch um Hilfe bei emotionalen und psychischen Problemen. Henry las die Briefe aufmerksam durch, hob die ihm wichtigen Sätze hervor und fragte bei Unklarheiten per Brief oder Telefon nach. Bei Anrufen machte er sich Notizen und stellte ganz präzise Fragen zum Thema. Oft besprachen wir die Situationen der Hilfesuchenden gemeinsam und danach schloss er die Schiebetür zu seinem Büro und führte die Gebetsaktion durch, mit dem Schreiben oder seinen Notizen in den Händen oder vor sich auf dem Tisch liegend. Seine Vorgehensweise entsprach im Prinzip den neun Schritten des Huna-Gebets, umgesetzt in den Heilungskontext. Lesen Sie dazu nachfolgend seine eigenen Worte.

Henry Krotoschin (1913 - 2009) war Gründer und Leiter der Huna Forschungs-Gesellschaft Zürich HFG. Er kam in einer schweren Lebenskrise durch die Bücher von Max Freedom Long auf den Huna-Weg. Als Naturwissenschaftler (Dipl. Ing. ETH) ha er die Huna-Lehre gründlich und kritisch geprüft. Er hielt mehr als 700 Vorträge und Seminare über Huna im deutschsprachigen Raum, Amerika, Brasilien und Polen. Sein Buch **„Huna-Praxis“** ist seit über zwanzig Jahren im Buchhandel erhältlich und gilt als Standardwerk über Huna in deutscher Sprache (s. Seite 10).

Wer heilt?

Die Huna-Heilung wird durch den Huna-Heiler in Bewegung gesetzt. Er wendet sich nicht an sein eigenes Hohes Selbst, sondern direkt an das Hohe Selbst seines Patienten.

Was wird in die Bitte um Heilung einschlossen?

Das Heilungs-Gebet des Huna-Heilers wird von diesem an das Hohe Selbst des Patienten gerichtet und enthält nur die Gesundheitsschäden aller Art, die ihm, dem Huna-Heiler bekannt sind. Nicht vergessen darf der Huna-Heiler, immer das Hohe Selbst des Patienten zu bitten, auch jene Gesundheitsschäden zu heilen, die zusätzlich sind und erst durch die Weisheit seines Hohen Selbstes erkannt worden sind.

Mana

Die Erzeugung dieser Energie ist m.W. nur den Anwendern der Huna-Lehre bekannt. Es wird durch eine gemeinsame Arbeit der mittleren und unteren Selbste des Patienten und des Heilers, sowie durch eine Zusammenarbeit zwischen Patient und Heiler, oft durch Handauflegen oder durch Licht-Infiltration des Huna-Heilers erreicht.

Besonderheiten der Huna-Heilung

Wir sehen also deutlich den Unterschied zwischen der Geistheilung und der Huna-Heilung:

1. Der Huna-Heiler bedient sich des Mana, einer wichtigen Heilungsenergie. Sie wird nicht angewandt von Menschen, die Huna nicht kennen.

2. Das Hohe Selbst des Patienten erhält vom Huna-Heiler Mana. Es verwandelt den von ihm zur Heilung benötigten Anteil in Mana-Loa, eine unfassbar starke Energie, deren Grösse bisher nicht ermittelt werden konnte. Dies ist wahrscheinlich dadurch verursacht, dass Mana und Mana-Loa geistige Kräfte sind. Uns Menschen ist zwar bekannt, die Intensität von physischen, nicht aber von geistigen Kräften zu messen.

3. Der Huna-Heiler wendet sich ausschliesslich an das Hohe Selbst seines Patienten. Dies ist leicht möglich: Entweder bei erfahrenen Huna-Heilern durch direkten Kontakt mit dem Hohen Selbst des Patienten oder anderenfalls über den Umweg über das eigene Hohe Selbst des Heilers mit dem Hohen Selbst des Patienten.

4. Kala. Ob der Patient auf Kala ansprechbar ist, muss durch ein persönliches Gespräch festgestellt werden. Für uns Huna-Heiler ist die Kala-Reinigung eine Selbstverständlichkeit. Ob das bei anderen Heilungs-Weisheiten der Fall ist, ist mir nicht bekannt. Als Kala bezeichnen wir die geistige Reinigung des Heilers und die von ihm eingeleitete Heilung des Patienten. (Mehr zum Thema „Kala“ finden Sie im Buch „Huna-Praxis – Bewusste Lenkung des Schicksals“.)

Zusammenfassend die Besonderheiten der Huna-Heilung:

1. Anwendung von Mana
2. Anwendung von Mana-Loa
3. Kontakt des Huna-Heilers direkt oder indirekt mit dem Hohen Selbst des Patienten

Es ist also deutlich, dass der Huna-Heiler gegenüber dem normalen Heiler drei gewaltige Vorteile besitzt!

Erfolgsrate

Sie, verehrte Leserin, verehrter Leser, werden wohl sofort fragen: „Welches ist deine, Henrys, Heilungs-Erfolgs-Rate? Diese Frage kann ich, Henry, dadurch schwer beantworten, als dass viele meiner Heilungen aus Fernheilungen bestehen. In diesen zahlreichen Fällen gibt es zwei Möglichkeiten:
a) Der Fern-Patient möchte weitere Auskünfte haben und ruft wieder an oder
b) er ruft nicht wieder an.
Im zweiten Fall kann das nicht-anrufen zwei Gründe haben:
b1) der Fern-Patient fühlt sich gesund und geheilt oder
b2) der Fern-Patient will vom Huna-Heiler nichts mehr wissen. – Nach meinen Nachforschungen ist der Fall b2) selten.
Eine genaue Statistik kann ich selbstverständlich nicht erhalten. Sie existiert nicht. Aus meinen Erfahrungen würde ich jedoch meine Heilungserfolge mit 90% oder (vorsichtig geschätzt) sogar höher bezeichnen.

Licht

Der Huna-Heiler wird, wie viele andere Heiler auch, sehr gern mit der Lichtpyramide und mit der Sendung von Licht in und um die erkrankten Organe oder Körperteile arbeiten. Bei diesen Tätigkeiten des Heilers kann ein aufgeweckter Patient dem Heiler sehr viel helfen, indem er für sich selbst nach Weisung des Huna-Heilers Licht anwendet.

Wer trägt die Verantwortung?

Kontakt mit einem Hohen Selbst? Das heisst, dürfen wir Huna-Heilerinnen oder – Heiler uns überhaupt mit unserem Hohen Selbst oder mit dem des Patienten in Verbindung setzen? Ja!
Warum? Weil das Hohe Selbst des Patienten Kenntnis vom Kontakt des Huna-Heilers mit dem Patienten hat, weil es die Gelegenheit wahrnehmen will, mit dem Huna-Heiler und dem Huna-Patienten Kontakt aufzunehmen um den Patienten ganz oder teilweise zu heilen.

Das Hohe Selbst übernimmt die Verantwortung dafür, ob der Patient geheilt wird oder nicht. Wir wollen deshalb nicht auf die Entlastung verzichten, die uns das Hohe Selbst bringt. Dies gilt besonders für den weiten Bereich der nicht kristallisierten Zukunft.

Die Motivation des Heilers

Wer ein berühmter Heiler werden oder in anderer Weise sich von egoistischen Motiven für seine Heilungsarbeit leiten lässt, soll sich am besten nicht mit Heilung beschäftigen. Egoismus, Egozentrik, Stolz, ja sogar verbissene Erfolgserwartung schaden dem Heiler und führen irgendwann unweigerlich zu Misserfolg. Das gleiche gilt für die „Erwartung im Hinterkopf“, ein berühmter Heiler zu werden.
Nur die- oder derjenige, der eine echte „Sehn-sucht“ empfindet, anderen zu helfen, soll sich mit diesem äusserst individuellen und schwierigen Thema beschäftigen. Denn, denken wir doch daran, wir sind als Heiler im höchsten Mass vom Hohen Selbst des Patienten aber auch sehr stark von unserem eigenen Hohen Selbst abhängig. – Diese beiden Hohen Selbste, besonders das eigene des Patienten, entscheiden über den Erfolg oder Misserfolg der angestrebten Heilung.

Vertrauen

Innerer Frieden, Gelassenheit. Diese Eigenschaften kommen weder für den Patienten, noch für den Huna-Heiler von selbst. – Der Huna-Heiler erhält diese Eigenschaften nach einem gewissen Training von seinem eigenen Hohen Selbst. Der Patient erhält sie ebenfalls von seinem Hohen Selbst nach vorheriger Beeinflussung und Schulung seines Huna-Heilers. Es unterliegt der Empfindsamkeit und dem Einfühlungsvermögen des Huna-Heilers, wie er dem Patienten diese Eigenschaften „einflössen“ muss.

The Healing Circle - Der Heilungskreis

Serge Kahili Kings Organisation „Aloha International“ auf Kauai unterhält ebenfalls einen wöchentlichen Heilungskreis, um Menschen aus aller Welt durch Fernheilung zu helfen. Sie bietet auch Gelegenheit, die eigenen Heilungsfähigkeiten mit Huna-Techniken und Hawaiianischem Schamanismus zu praktizieren. Jede Woche werden die Namen der Personen die um Heilung gebeten haben in einen besonderen Heilungskorb gelegt. Die Heiler arbeiten während einer bestimmten Zeit über die Aka-Verbindungen mit diesen Menschen und deren Anliegen. Näheres dazu, sowie die Adresse für eine Bitte um Heilung finden Sie auf:
http://www.huna.org/html/hcircle.html

Serge Kahili King wurde in den USA geboren und schon als Kind von seinem Vater in die Huna-Lehren eingeführt. Nach dessen frühem Tod wurde Serge Kahili King von der hawaiianischen Familie Kahili adoptiert und in deren Huna-Tradition unterrichtet. Um die erlernten Methoden und ihre Wirksamkeit besser verstehen zu können, studierte er Psychologie und promovierte darin.

Sein modernes Fachwissen nutzt er, um dem heutigen Menschen Huna-Inhalte und -Techniken auf leicht verständliche Weise nahe zu bringen. Er ist Autor zahlreicher Bücher über Huna, die in viele Sprachen übersetzt wurden. Dr King ist Gründer von Aloha International, einer Organisation mit dem Ziel, diese Huna-Tradition möglichst vielen Menschen zugänglich zu machen. www.huna.org.

Zwei Basis-Fernheilungstechniken von Serge Kahili King:

Die erste Methode heisst **La'a Kea**, „Liebeslicht“, oder „Farbenwolken“.

1. Sehen Sie sich selbst umgeben von einem Feld aus positiver Energie, in Form von Licht, Farbe, Ton oder Schwingung. Steigern Sie die Intensität mit der PikoPiko-Atmung (einatmen durch den Scheitel, ausatmen durch Ihre Füsse) und/oder denken Sie an eine glückliche Erinnerung.

2. Stellen Sie sich vor, wie sich dieses Feld nach aussen ausdehnt um die Person, den Ort oder die Situation, die Ihre Hilfe braucht zu umfassen.

3. Gehen Sie davon aus, dass dieses Energiefeld auf Ihre positiven Absichten reagiert und geben Sie ihm Anweisungen, wie es sich nützlich machen soll. Geben Sie einfache Anweisungen wie „erleuchten!“ oder „klären!“, „lösen!“, „entbinden!“, „entlasten!“, „fokussieren!“, „zentrieren“!, „segnen!“, „ermächtigen!“, „beistehen!“, „unterstützen!“ etc.

Die zweite Anwendung ist eine Variante der Dynamind-Technik.

1. Denken Sie an die Person der Sie helfen möchten, an den Ort oder an die Situation.

2. Machen Sie eine Feststellung wie folgt: „Es gibt ein Problem und das kann sich ändern. Wir wollen, dass dieses Problem verschwindet, wir wollen, dass der Zustand geheilt wird.“

3. Klopfen Sie siebenmal auf die Mitte Ihrer Brust, auf die Fläche zwischen Daumen und Zeigefinger jeder Hand und auf den etwas hervorstehenden Wirbelknochen an der Basis Ihres Genicks. Schliessen Sie ab mit einem PikoPiko-Atemzug.

Eine detaillierte Anleitung zur Dynamind Technik in Deutsch finden Sie auf: http://www.alohainternational.org/html/dmtgerm.html

Eine Demonstration dazu von Serge Kahili King selbst sehen Sie auf: http://www.youtube.com/watch?v=tPILb2xh3eY

„Huna-Praxis, Bewusste Lenkung des Schicksals“
Henry Krotoschin, Taschenbuch, Schirner Verlag Darmstadt

Das Buch führt Sie Schritt für in die Huna-Praxis ein und befähigt Sie, Huna sofort selbständig anzuwenden. Das Buch ist seit über zwanzig Jahren ohne Unterbruch im Buchhandel erhältlich und kann als Standardwerk der Huna-Literatur in deutscher Sprachebezeichnet werden. Neuauflage mit einem ergänzenden Kapitel mit Henrys letzter philosophischer Erkenntnis.

CHF 19.90/EUR 11.95

„Gespräche mit George“
Henry Krotoschin
(Audio-CD)
Dient zur Vertiefung der Huna-Arbeit nach der Lektüre des Buches „Huna-Praxis“. Enthält Beispiele, wie sie mit Ihrem unteren Selbst sprechen, es erziehen und sich von Schuldgefühlen, Ängsten und Komplexen befreien können.
Spezialpreis CHF 15.00/EUR 9.00

„Lichtmeditation“ Henry Krotoschin (Audio-CD)
Geführte Meditation zum Kontakt mit Ihrem Hohen Selbst. Anweisungen zu Jenseitskontakten.
Spezialpreis CHF 15.00/EUR 9.00

Alle Artikel erhältlich bei der HFG Zürich www.huna-europe.ch

Unsere nächsten Seminare

April 2014

Huna Basis-Seminar – Entdecken Sie Ihr wahres Selbst
4 x Mittwochabend, 19.00 – 21.00 h:
09./16./23./30. April 2014
CHF 300.00 (Mitglieder 250.00)

Mai 2014

Ho'oponopono - Freiheit durch Selbstverantwortung
Freitag, 16. Mai 2014, 19.00 – 21.00 h
Samstag, 17. Mai 2014, 09.30 – 17.00 h
CHF 200.00 (Mitglieder 180.00)

Juni 2014

Huna Praxis-Seminar – „Wai Wai Haipule“ – Mühelos zu materiellem Wohlstand finden
Samstag, **28. Juni 2014**, 09.30 – 17.00 h Tages-Seminar
CHF 200.00 (Mitglieder 180.00)

Detaillierte Informationen und Anmeldung auf www.huna-europe.ch

Vortragsreihe (Huna-Gruppe Zürich)

Wir treffen uns jeweils in der letzten Woche des Monats, im März noch am Mittwoch, ab April dann am letzten Dienstag des Monats. Adresse: **HFG-Zentrum, Grubenstrasse 27, 8045 Zürich-Binz**

Mittwoch, 26. März 2014, 19.00 h
„Die Energie-Vampire“
Wie wir uns vor Menschen schützen können, die uns Energie rauben. Vortrag mit Ulrich Amacher

Dienstag, 29. April 2014, 19.00 h
„Neue Wege gehen“
Vortrag mit Beat Hess www.beathess.ch

Dienstag, 27. Mai 2014, 19.00 h
Das Thema wird später bekannt gegeben.
Vortrag mit Jennifer Lee

Dienstag, 24. Juni 2014, 19.00 h
Das Thema wird später bekannt gegeben.

Einzelheiten auf www.huna-europe.ch Unkostenbeitrag pro Abend CHF 20 (Mitglieder CHF 10), bei Gastreferenten CHF 30 (Mitglieder CHF 20). Neue Teilnehmerinnen und Teilnehmer sind jederzeit herzlich willkommen. Eine Anmeldung ist nicht erforderlich.

Herausgegeben von:

Huna Forschungs-Gesellschaft Zürich | HFG
Grubenstrasse 27 | CH-8045 Zürich
Telefon +41 44 251 55 65
info@huna-europe.ch | www.huna-europe.ch

Nr. 18 | Juni 2014

HUNA NACHRICHTEN

Zeitschrift für Mitglieder | Huna Forschungs-Gesellschaft Zürich | www.huna-europe.ch

EDITORIAL

Liebe Leserin, lieber Leser

Wie oft werden Sie von den Ereignissen Ihres Alltags überrumpelt und vergessen sich selbst? Wie oft ist der Tag vorbei und Sie haben nicht einmal Zeit gehabt tief durchzuatmen und sich auf die Gemeinschaft Ihrer drei Selbste zu besinnen? Das geschieht auch, wenn Sie vielleicht schon seit vielen Jahren Huna praktizieren oder erst recht in diesem Fall. Richten Sie Ihre Aufmerksamkeit wieder einmal auf Ihr unteres Selbst, Ihren lieben George und erinnern Sie sich an seine wunderbaren Eigenschaften und seine erstaunlichen Fähigkeiten. Die Beziehung zu Ihrem unteren Selbst, ist „die wichtigste Beziehung der ganzen Schöpfung, wichtiger als jede Beziehung die Sie im physischen Leben haben", wie es Dr. Hew Len ausdrückt.

Alles was Sie tun, die Art und Weise wie Sie denken, wie Sie Ihre Welt wahrnehmen und welche Entscheidungen Sie treffen, ist „gefärbt" oder „schattiert" durch Ihre Erfahrungen und Erinnerungen, die Ihr unteres Selbst in seinem Erinnerungsspeicher aufbewahrt. Ihr unteres Selbst ist das Bindeglied zu Ihrem göttlichen Aspekt, dem Hohen Selbst. Das erklärte Ziel der Huna-Lehre ist die Drei-Einigkeit Ihrer drei Selbste. wobei jedes der drei sein eigenes Reich verwaltet mit seinen ganz spezifischen Eigenschaften und Fähigkeiten die im Idealfall ineinanderfliessen und sich gegenseitig unterstützen.

Die Harmonie Ihrer drei Selbste schenkt Ihnen eine wohltuende, heilsame Ausgeglichenheit in Ihrem Leben.

Ihr unteres Selbst ist der Dreh- und Angelpunkt, das Zünglein an der Waage für dieses Gleichgewicht und für die Kommunikation mit Ihrem Hohen Selbst. Ihre Hauptaufgabe als mittleres Selbst ist es, sich liebevoll Ihres inneren Freundes anzunehmen und Ihr Vertrauensverhältnis aufzubauen und immer wieder zu erneuern.

Lassen Sie Ihre Beziehung mit „George" wieder aufleben! Als Hüter Ihrer Emotionen wird er sich mit unbändiger Freude bedanken und die grösste Belohnung ist die Klahrheit mit der Sie die Stimme Ihres Hohen Selbstes als Intuition und Inspiration vernehmen werden.

In diesem Sinne wünschen wir Ihnen einen positiven „Huna-Aufschwung" und viel Lesevergnügen!

Herzlich, Ihre
Jennifer Lee und Ulrich Amacher

INHALT

Die drei Selbste und ihre Kommunikationswege Um erfolgreich wirken zu können, muss die Kommunikation zwischen unseren drei Selbsten einwandfrei funktionieren.
Von Jennifer Lee **> Seite 3**

Das untere Selbst, Dreh- und Angelpunkt für unsere Entwicklung
Eine tiefe und vertrauensvolle Verbindung zu unserem unteren Selbst ist von grösster Wichtigkeit.
Von Jennifer Lee **> Seite 5**

Ein Geschenk für „George"
Bauen Sie eine liebevolle Beziehung zu Ihrem inneren Kind auf.
Von Jennifer Lee **> Seite 8**

Fragen und Antworten
Zum fortwährenden Reinigungsprozess nach Ho'oponopono
> Seite 2

Veranstaltungen
Ho'oponopono-Workshop, Huna Basis-Seminar, Wai Wai Haipule-Workshop, Vortragsreihe **> Seite 10**

Fragen und Antworten

Am 21.05.2014 um 13:10 schrieb A.
Betreff: Ho'oponopono-Workshop

Hallo Jenny und Ueli

Also ich bin irgendwie nur noch am Reinigen.....plötzlich nehme ich alles ganz anders wahr und sehe in allem etwas zum Reinigen und Loslassen. Es ist ganz schön viel.
Ich weiss gar nicht, wie ich das machen soll. Soll ich einfach die vier Sätze sagen und mich gar nicht auf ein Thema speziell konzentrieren? Oder soll ich mir ein Thema vornehmen und erst nach einer Weile ein nächstes? Und wie oft soll ich die Sätze sagen, bis gereinigt ist? Wahrscheinlich mache ich mir zu viele Gedanken, oder? Ich versuche auch vor dem Schlafengehen bewusst auf mein inneres Kind zu hören.
Bin froh, wenn ich ein kurzes Feedback von Euch bekomme, danke vielmals!
Ho`oponopono ist ein Geschenk, ich bin froh, dass ich bei Euch war!

Macht's gut und eine schöne Zeit!

Von: Huna Forschungs-Gesellschaft <info@huna-europe.ch>
Datum: 21. Mai 2014 14:56:27 MESZ
Betreff: Re: Kurs

Vielen Dank für deine Mail! Es freut mich sehr von dir zu hören.

:-)) Ja, man ist eigentlich verrückt diese "Arbeit" zu beginnen, es wird zur lebenslangen Aufgabe :-)).

Wenn ein bestimmtes Thema hochkommt in Form von Gefühlen oder wenn dir etwas ganz speziell ins Auge sticht, dann konzentriere dich als erstes darauf. Zum Beispiel: "Was immer es ist in mir drin, dass sich als diese Traurigkeit, dieses Angstgefühl, diese verspannte Schultern, dieses trotzende Kind, dieser bettelnde Junkie zeigt (kannst ihm trotzdem etwas geben :-)), oder meine nörgelnde Schwiegermutter, der frustrierte Chef, bitte verzeih mir, (lass los), ich liebe dich."
Dieser ganze Satz ist nur eine Erklärung für deinen Verstand. Es genügt, wenn du bei jeder Regung die 4 Sätze oder auch nur 2 davon sagst. So lange bis die Traurigkeit, diese Wut oder was immer sich regt, nachlässt. Höre da in dich hinein. Dein inneres Kind gibt dir Signale.

Tagsüber lässt du die 4 Sätze oder was für dich passt wie als Hintergrundmusik laufen bei allem was du tust. Du kannst gar nichts falsch machen! JUST DO IT :-)!! Ohne viel zu überlegen und etwas dabei zu fühlen ist auch nicht nötig. Wenn du dir vor dem Schlafengehen speziell Zeit nimmst für dein inneres Kind ist das wunderbar. Sprich einfach mit ihm, wie's dir gerade einfällt. Es wird dir immer deutlicher "antworten".

Nicht zögern, wenn du weitere Fragen hast, gell!
Alles Liebe für dich!
Jenny

Die drei Selbste und ihre Kommunikationswege

Das Ziel der Huna-Lehre ist die Drei-Einigkeit der drei Selbste. Eine fliessende Kommunikation der drei Aspekte des Menschen untereinander, über die Aka-Schnüre, die sie miteinander verbinden. Um die Huna-Lehre erfolgreich anzuwenden ist es wichtig zu verstehen, dass nur „George“ allein eine Verbindung zum Hohen Selbst herstellen kann. Wir als mittlere Selbste haben keine direkte „Telefonleitung“ zum Hohen Selbst und umgekehrt. Wenn wir unsere Wünsche und Gebete dem Hohen Selbst übermitteln möchten, oder wenn wir es um Hilfe und Beistand bitten, müssen wir die Verbindung über das untere Selbst herstellen. Von **Jennifer Lee**

Stellen Sie sich die drei Selbste des Menschen als Bewohner eines Hauses vor:

(Diese wunderbare, etwas „altertümliche“ Illustration ist dem Buch „Huna the ancient religion of positive thinking“ von William R. Glover entnommen. Erhältlich nur in Englisch über amazon.com)

Das mittlere Selbst lebt im Erdgeschoss.
Es kann aus dem Fenster sehen und bekommt so einen Ausblick in die Welt. Es stehen jedoch Bäume und Büsche vor dem Fenster, die die unbegrenzte Aussicht behindern und deshalb hat das mittlere Selbst keinen Überblick über das ganze Panorama. Es hat jedoch einzigartige Fähigkeiten: Es kann sprechen, es kann denken, es verfügt über Logik und rationalen Verstand, es kann Ideen umsetzen. Es bekommt Impulse von aussen durch seine fünf Sinne. Es kann Entscheidungen fällen und es kann Verantwortung zu übernehmen. Eine seiner Aufgaben ist es, sich um das untere Selbst zu kümmern, es zu beachten, wertzuschätzen und sanft zu führen.

Das untere Selbst lebt im Keller.
Dort gibt es keine Fenster. Die einzigen „Fakten“ die das Unterbewusstsein bekommt, sind die Bilder und Informationen die über die telepathische Telefonlinie vom mittleren Selbst im ersten Stock gesandt werden. Das Unterbewusstsein stellt diese „Fakten“ nicht in Frage, sondern akzeptiert sie so wie sie ihm präsentiert werden und speichert sie unter „Erinnerungen“.

Das mittlere Selbst hat kein Gedächtnis. Alles was wir wissen ist im Unterbewusstsein gespeichert. Wenn Unihipili nicht will, kommt uns nichts „in den Sinn“. Wenn wir unser unseres Selbst zuwenig beachten und seine Impulse ignorieren, kann das im schlimmsten Fall zu Krankheiten führen. Es steuert alle unsere unwillkürlichen Funktionen im Körper und es speichert und verwaltet unser Mana. Es schläft nie! Es arbeitet seit wir ein Embryo waren und wird es weiter tun, bis zu unsere letzte Stunde in diesem Körper.

Es macht uns über den Körper darauf aufmerksam, wenn wir es zu lange nicht beachtet haben.Es sitzt ganz alleine da unten im Keller mit seinen Eindrücken, die es ungefiltert empfängt. Manchmal machen ihm diese Eindrücke Angst . Wenn wir nicht mit ihm sprechen und keine Erklärungen abgeben, kann es sehr verwirrt sein und denken, etwas sei nicht in Ordnung mit ihm. Möglicherweise schämt es sich so, dass es die Leitung zum Hohen Selbst verheddert oder sogar unterbricht. Natürlich ist diese Verbindung nicht verloren und wir können mit verschiedenen Mitteln, diese Knöpfe oder Störungen in der Telefonleitung zum Hohen Selbst wieder auflösen.

Als Heimat aller Emotionen ist das untere Selbst natürlich auch verantwortlich für die Freude die in uns hochsteigt oder das Lachen und die Liebe, also auch für alle positiven Emotionen.

Die Bedeutung des Wortes „**Unihipili**" in der hawaiianischen Sprache:

AU oder U:	*Geist, Selbst*
HI :	*trotzig, ungehorsam, keck, kühn* *etwas verzögern, hemmen,* *fliessen, reinigen, säubern,* *eliminieren*
NIHI :	*jemand der befangen ist* *tut etwas heimlich* *hat ein bisschen Angst* *geht vorsichtig und leise auf Zehenspitzen*
PILI:	*kleben, sich anheften* *enge Verbindung* *etwas das zu etwas gehört*

Das Hohe Selbst lebt ganz oben im Penthouse.
Es kann alles sehen durch die grossen Fenster rundherum. Da gibt es nichts was die Sicht verdeckt. Es sieht die unverfälschte Wahrheit. Es überblickt unseren gesamten Lebensplan und macht entsprechende Änderungen, bevor es unsere Bitten weiter gibt. Es bespricht unsere Petition vielleicht mit der Poe Aumakua, der Familie der Hohen Selbste, bevor es sie dann weiterreicht zu der schöpferischen Kraft. Es ist immer eins mit ihr.
Das Hohe Selbst ist unser Schutzengel wie wir ihn aus Kindertagen kennen. Es ist immer bei uns, aber es darf nur in unser Leben eingreifen, wenn wir es darum bitten! Alles andere wäre ein Eingriff in unsere Freiheit der Wahl. Die Ausnahme ist eine lebensbedrohliche Situation, die nicht so vorgesehen ist in unserem Lebensplan. Seine Liebe ist bedingungslos. Es akzeptiert alles was wir tun. Alles ist auf die gleiche Weise gültig. Es beurteilt nicht und es verurteilt nicht.

Aber, und das ist sehr wichtig zum Verständnis der Huna-Lehre: Die Telefonlinie des Hohen Selbstes führt nur zum unteren Selbst im Keller und umgekehrt! Das Hohe Selbst kann nicht direkt mit dem mittleren Selbst oder mit dem Bewusstsein kommunizieren.

Das ist der Grund dafür, dass wir über die Verbindung mit unserem Unterbewusstsein gehen müssen um unser Hohes Selbst zu erreichen. Es gibt keine direkte Telefonverbindung vom Bewusstsein zum Überbewusstsein und umgekehrt!

Dies Menschsein ist ein Gästehaus

Dies Menschsein ist ein Gästehaus. An jedem Morgen eine neue Ankunft. Eine Freude, eine Melancholie, eine Niedertracht, ein unerwarteter Besuch.

Heisse sie willkommen und nimm alle auf! Und seien sie auch eine Horde von Sorgen, die mit Gewalt das Haus durchfegen, der Einrichtung berauben, auch dann, geh redlich mit jedem Gast um.

Vielleicht räumt er dich frei für eine neue Wonne. Den dunklen Gedanken, die Scham, die Tücke, begrüsse sie an der Tür, lachend, und bitte sie herein.

Sei dankbar für jeden, der kommt, weil jeder geschickt ist als Wegbereiter vom Jenseits.

Mohammad Dschalaleddin Rumi

Das untere Selbst, Dreh- und Angelpunkt für unsere Entwicklung

Eine tiefe, vertrauensvolle Verbindung zu unserem inneren Freund hilft uns in jeder Lebenslage. Unser „George" steht uns treu zur Seite, er hilft uns und er beschützt uns. Fürchten Sie sich nicht vor den Dingen die „da unten" verborgen sind. Wenn sie ans Tageslicht kommen und Sie Ihre Ängste willkommen heissen und Ihrem unteren Selbst dafür danken, dass es sie offenbart, schmelzen sie wie Eis in der Sonne.
Von **Jennifer Lee**

Wenn wir die Beziehung mit unserem unteren Selbst vernachlässigen, weil wir vielleicht die Augen verschliessen vor einigen Themen die es zur Ansicht bereithält, kann es sein, dass es uns mit seinen Reaktionen wachrüttelt. Vielleicht explodieren wir förmlich und haben übertriebene Temperamentsausbrüche, die uns persönlich schaden oder dazu führen, dass wir andere Menschen erschrecken oder dass wir nicht mehr ernst genommen werden. Oder wir unterdrücken die emotionalen Reaktionen und werden eines Tages krank und/oder bekommen Depressionen und brennen aus. Es kann auch sein, dass wir uns von Süchten beherrschen lassen, die uns einschränken und die uns nicht gut tun. Oder dieselben Themen und Muster wiederholen sich immer wieder in unserem Leben. Spätestens jetzt ist der Zeitpunkt gekommen sich zu fragen, ob es vielleicht etwas in unserem eigenen Innern anzuschauen gilt, damit sich „das Aussen" verändern kann. Eigenverantwortung zu übernehmen beginnt damit, dass wir den Kopf nicht mehr wegdrehen vor den Dingen die uns behindern oder immer wieder auftauchen.

Informationsübertragungsrate unserer Sinne

Sinn	Bits pro Sekunde
Augen	10,000,000
Haut	1,000,000
Ohren	100,000
Nase	100,000
Mund	1,000

(Quelle: Encyclopaedia Britannica, www.britannica.com)

Selbstverantwortung bedeutet in erster Linie, dass Sie sich liebevoll und wohlwollend Ihrem George zuwenden und seine Belastungen mitfühlend betrachten. Mit Liebe und Vergebung lässt sich für alles eine Lösung finden.

Ich möchte Ihnen zur Auffrischung einen Überblick darüber geben wer Ihr innerer Freund ist und was er alles kann. In der Huna-Lehre nennt man das untere Selbst „Unihipili".

„George" ist unser innerer Freund

Wir nehmen unser unteres Selbst im Solarplexus wahr, es durchdringt jedoch jede einzelne Zelle in unserem Körper.

Es ist der Teil in uns, mit dem wir unsere Selbstgespräche führen. Es ist das Wesen, dem wir gut zureden wenn wir uns fürchten oder welches wir mit tiefen Atemzügen zu beruhigen versuchen, wenn es uns mit „Magenflattern" zu verstehen gibt: „Hilfe, ich stecke in einer Situation, die mich nervös macht!" Es ist unser Bauchgefühl, die innere Stimme, unser innerer Kompass. „George" ist der beste Freund den wir im ganzen Universum haben können. Die Beziehung zu ihm ist die wichtigste Beziehung überhaupt. Sie ist wichtiger als jede Beziehung im Aussen.

„George" schläft nie!

Er steuert sämtliche, automatischen Körperfunktionen. Unser unteres Selbst spielt eine ganz wichtige Rolle in unserem höchstpersönlichen Gesundheitswesen: Es ist für alle nicht vom Willen kontrollierte Körperfunktionen zuständig. Stellen Sie sich diese Arbeit vor! Es hält unseren Körper am laufen von dem Moment an in dem wir uns als Fötus entwickeln bis zum letzten Atemzug den wir tun.Es steuert unseren Herzschlag, die Atmung, den Blutdruck, unsere Verdauung, das Schwitzen, die Gänsehaut, das Erröten, unseren Stoffwechsel, den Schlaf, alle Reaktionen in unseren Zellen usw. Es meldet Hunger und Durst, zeigt uns mit Schmerzen und Krankheiten, dass etwas nicht in Ordnung ist und vieles, vieles mehr.

„George“ ist der Hüter unserer Emotionen
Angst, Hass, Zorn, Mut, Wehleidigkeit, Mitleid, Trauer, Schuldgefühle, aber auch Liebe, Sexualität, Glück und Freude, tiefe Ruhe, die Sicherheit zum richtigen Moment am richtigen Ort zu sein, alle diese Reaktionen und noch viele mehr kommen von George als Emotion. George ist verantwortlich dafür wenn wir in Tränen ausbrechen, aber auch für unkontrollierbare Lachanfälle zum Beispiel!

Emotionen können so heftig sein, dass sie unseren Willen vollkommen wegfegen. George reisst uns mit in seiner Emotionslawine und wir gehen unter. Es ist wichtig, dass wir von dieser Eigenschaft unseres unteren Selbstes wissen und sie verstehen!
Eine der Aufgaben des mittleren Selbstes ist es, seinen Verstand und seine Logik einzusetzen und das untere Selbst liebevoll zu führen um so zu verhindern, dass es mit uns „durchgeht“ und die Kontrolle (im negativen Sinn) übernimmt.

Der Unterschied zwischen Gefühl und Emotion

Gefühle nehmen wir wahr und wir können sie in Worte fassen.

Emotionen laufen (gefühlsmässig) unbewusst in uns ab, also ohne Kontrolle des Verstandes.

„George“ ist unsere innere Stimme
Gleichzeitig mit der liebevollen Führung von George, gilt es jedoch auch offen zu sein und gut auf unsere innere Stimme zu hören. Es ist wichtig für unser Vertrauensverhältnis wenn George weiss, dass wir ihn ernst nehmen. Seine Signale und Eingaben haben immer einen Grund. Ziehen wir also seine Impulse mit ein bei den Entscheidungen die wir treffen!

„George“ ist unser Erinnerungsspeicher
Unser unteres Selbst ist das „unglaublichste“ Aufnahmegerät. Es ist ein Computer mit einer Speicherkapazität die man sich kaum vorstellen kann. Es registriert und speichert alle Eindrücke auch diejenigen die unbewusst ablaufen, d.h. ohne dass der Verstand sie registriert. Gemäss der Huna-Lehre sogar seit unserer Entstehung am Anfang aller Zeit.

In seinem Speicher befinden sich auch unsere Familiengeschichten, die kollektiven Themen und Geschichten der Kultur in der wir leben und die der ganzen Menschheit.

Ein neugeborenes Kind kommt nicht als unbeschriebenes, leeres Blatt auf die Welt. Genauso wie es körperliche und charakterliche Merkmale erbt, trägt es die guten und die traumatischen Informationen seiner Vorfahren weiter – als Familienthemen.

Heute weiss man, dass wir pro Sekunde 11 Millionen Bits an Informationen aufnehmen. Davon sind uns aber nur 50 Bits pro Sekunde bewusst. Der grosse Rest geht direkt in den „Datenspeicher“ des Unterbewusstseins. Und wir denken wir hätten alles im Griff!

***Uhane** ist die Spitze des Eisbergs,*
***Unihipili** ist der grosse „unsichtbare“ Teil in der Tiefe,*
***Aumakua** ist das Meer*

„George“ zieht seine Schlussfolgerungen aus bereits gemachten Erfahrungen
Das untere Selbst reagiert rein triebhaft und ist nicht dazu in der Lage vernünftige und logische Schlussfolgerungen zu ziehen. Es reagiert impulsiv und instinktiv wie ein Kind. Zu seinen Schlussfolgerungen über die Welt „da draussen“ kommt es, indem es die Daten in seinem Speicher miteinander vergleicht. George liebt Gewohnheiten, er möchte Dinge wiederholen die er bereits kennt.

„George“ kennt keine Zeit
Es ist immer „Jetzt“ für unser unteres Selbst. Gewisse Informationen die es z.B. als 5-jähriges Kind aufgenommen hat haben sich nicht verändert. Wir reagieren unbewusst

immer noch auf bestimmte Dinge wie als 5-jährige. Kindliche Eindrücke, die zu Regeln und Glaubenssätzen geworden sind werden immer wieder „abgespielt".

Selbstliebe
Ein Bündnis mit unserem einzigartigen George einzugehen, bedeutet nichts anderes, als sich nach Innen zu wenden und sich ganz intensiv um sich selbst zu kümmern. Sich in Selbstliebe zu üben. Ein Thema das oft zur Sprache kommt in unseren Seminaren. Ein ganz einfacher und praktischer Tipp um die Selbstliebe zu aktivieren ist das

Selbst-Wertschätzungs-Spiel:
Lassen Sie abends vor dem einschlafen den Tag Revue passieren. Erinnern Sie sich an alles was Sie getan haben heute und wie Sie in der Aussenwelt aufgetreten sind. Wie haben Sie auf Ihre Mitmenschen und auf gewisse Herausforderungen reagiert?
Notieren Sie fünf Dinge die Sie heute gut gemacht haben in Ihren Augen oder die Sie sogar mit stolz erfüllen. Dinge bei denen Sie sich selbst auf die Schulter klopfen können und die Ihnen ein Lächeln aufs Gesicht zaubern, weil Sie sehr zufrieden sind mit sich. (Auch ganz kleine Dinge sind von Bedeutung!)
Spielen Sie dieses Wertschätzungs-Spiel eine Woche lang und notieren Sie jeden Abend fünf neue Dinge.

Auf diese Weise trainieren Sie sich darin, Ihre Aufmerksamkeit auf Ihre guten Seiten und auf Ihre einzigartigen Eigenschaften zu richten und sich so für die Liebe zu sich selbst, mit der alles beginnt, zu öffnen.

Die Haupteigenschaften des unteren Selbstes auf einen Blick:

⇒ Es ist immer wach.

⇒ Es kennt keine Zeit.

⇒ Es steuert sämtliche unwillkürlichen Funktionen unseres Körpers.

⇒ Es ist der beste Freund und Helfer den wir haben können.

⇒ Es ist unsere innere Stimme.

⇒ Es ist die Heimat unserer Emotionen.

⇒ Es speichert und verwaltet alle unsere Eindrücke als Erinnerungen.

⇒ Es ist verantwortlich für die Verwaltung unserer Lebensenergie.

⇒ Es stellt die Verbindung zum Hohen Selbst her.

Ein Geschenk für „George“

„Ich bin nicht so sicher, ob mein Kontakt mit „George“ noch da ist oder nicht.“ Diese Worte eines Besuchers der Huna-Gruppe gelten wohl für jeden von uns zu irgendeinem Zeitpunkt in unserer „Huna-Karriere“! Es herrscht „Land unter“ im Alltag. Wir hören nicht mehr aufmerksam auf George und reagieren nicht mehr auf seine Meldungen. Seine Stimme wird immer leiser bis er sich ganz zurückzieht.

Von **Jennifer Lee**

Wenn wir uns dann wieder an ihn erinnern, haben wir das Gefühl wir seien von ihm abgeschnitten. Wir erreichen ihn nicht so wie wir es uns wünschen. Vielleicht ist er ein wenig beleidigt und schmollt ein bisschen, oder er ist sogar tief verletzt, weil wir in seinen Augen einen „Vertrauensbruch“ begangen haben mit unserer Unachtsamkeit. Wir sollten ihn als Erstes um Verzeihung bitten für unsere Ignoranz, er wird sich freuen und uns mit ganzem Herzen vergeben.

Auf der folgenden Reise in Ihr Innerstes können Sie den Kontakt mit Ihrem unteren Selbst erneuern und das Bündnis mit Ihrem George bekräftigen:

Bündnis mit George

Setzen Sie sich aufrecht hin, die Füsse flach auf den Boden, die Hände offen im Schoss.
Schliessen Sie die Augen und atmen Sie tief durch.
Lassen Sie alle Gedanken einfach vorbeifliessen und lassen Sie Ihr ganzes Wesen in einem friedlichen Zustand ruhen.

Richten Sie Ihre Aufmerksamkeit auf Ihren Körper. Werden Sie sich bewusst, dass Sie atmen und tun Sie das ganz langsam und ruhig.

Machen Sie Ihre gewohnte Mana-Atmung mit erneuerter Aufmerksamkeit. Füllen Sie Ihren Brustkorb tief, so dass er sich hebt beim einatmen und leeren Sie ihn vollständig beim ausatmen.

Danach sitzen Sie ruhig da und atmen langsam, tief und bewusst weiter.

Nun stellen Sie sich Ihr Herz als Haus vor.
Sie stehen davor und betrachten es. Sehen Sie es deutlich vor sich. Als nächstes gehen Sie zur Haustüre und öffnen sie.
Treten Sie ein und schauen Sie sich um.
Es gibt viele Zimmer in Ihrem Herzen mit ganz verschiedenen Türen.
In einem dieser Zimmer wohnt Ihr unteres Selbst.
Sie wissen genau welche Türe es ist.
Gehen Sie jetzt auf dieses Zimmer zu, klopfen Sie an und öffnen Sie die Tür.
Schauen Sie sich um, wie sieht es aus in diesem Zimmer?
Ist es klein oder gross?
Welche Farben sehen Sie?

Gibt es Möbel da drin? Wie sehen sie aus?
Wie viele Fenster hat es?
Wie wirkt der Raum auf Sie?
Ist es Tag oder Nacht?
Stellen Sie sich jetzt Ihr unteres Selbst in seinem Zimmer vor.
Ist es ein Kind, oder schon ein erwachsener Mensch?
Ist es ein Mädchen oder ein Junge, ein Mann oder eine Frau?
Wie sieht er oder sie aus?
Welche Farben haben seine Kleider?
Gehen Sie auf Ihren inneren Freund zu und öffnen Sie Ihre Arme.
Umarmen Sie ihn sanft falls er sofort in Ihre Arme kommt.
Wenn er zögert, erzwingen Sie nichts, sondern bleiben Sie einfach stehen und schauen Sie ihn mit einem offenen Lächeln an.
Bleiben Sie einen Moment in diesem Gefühl der Kontaktaufnahme.
Akzeptieren Sie alle Bilder die kommen, neh-

men Sie sie einfach an, ohne Urteil.
Alles ist in Ordnung so wie es ist.
Jetzt sprechen Sie in Gedanken oder laut die folgenden Worte:

„Mein lieber George (Hier setzen Sie den Namen und das Geschlecht Ihres unteren Selbstes ein.)
In letzter Zeit habe ich den Kontakt mit dir vernachlässigt.
Oder einfach als selbstverständlich hingenommen, ohne dir spezielle Aufmerksamkeit zu schenken.
Ich möchte heute unsere Freundschaft in Liebe erneuern.
So, dass wir uns wieder ganz nah sind.

Zuerst möchte ich dich um Verzeihung bitten, für meine Gedankenlosigkeit,
dafür, dass ich dich oft übergangen und dich zu wenig beachtet habe.
Bitte verzeih mir.
Von jetzt an möchte wieder ganz eng mit dir verbunden sein,
so, dass du fühlst und weißt, dass ich dich liebe und dir vollkommen vertraue.
Ich suche das Zwiegespräch mit dir und ich verspreche, dich wieder mehr wahr zu nehmen.
Ich werde auf deine Eingaben hören und sie ernst nehmen.
Ich beziehe dich in meine täglichen Entscheidungen ein.
Ich respektiere dich, ich achte dich und ich sorge für dich.
Ich passe auf dich auf und höre dir zu.
Lass uns von jetzt an wieder bewusst zusammenhalten,
mein lieber innerer Freund.
Als Symbol für unser erneuertes Bündnis möchte ich dir ein Geschenk machen.
Was wünschst du dir?“

Achten Sie auf das Bild, das Ihnen Ihr unteres Selbst zeigt und merken Sie es sich.

„Ich danke dir für dein Vertrauen und schicke dir meinen Segen
So ist es. Es ist getan.“

Jetzt verabschieden Sie sich von Ihrem George.
Fühlen Sie, ob Sie ihn umarmen dürfen oder ob Sie noch etwas warten sollen und es vielleicht erst beim nächsten Besuch möglich ist.
Respektieren Sie was Sie sehen und handeln Sie danach.
Gehen Sie jetzt aus seinem Zimmer.
Drehen Sie sich nochmals um und winken Sie ihm zu, bevor Sie die Türe hinter sich schliessen.
Jetzt gehen Sie denselben Weg zurück, den Sie gekommen sind.
Bevor Sie aus der Türe Ihres Herzhauses hinaustreten, versprechen Sie sich selbst, sie nie mehr zu verriegeln.

Machen Sie sich langsam bereit zurückzukommen. Atmen Sie tief durch und öffnen Sie die Augen wenn es Zeit ist. Reiben Sie die Handflächen aneinander.

Das Wichtigste ist jetzt, dass Sie den Wunsch Ihres unteren Selbstes in „Tat und Wahrheit“ erfüllen! Das hat Symbolkraft und beeindruckt Ihren George. Es ist ein Beweis dafür, dass Sie Ihn ernst nehmen. Brechen Sie dieses Vertrauen nicht, indem Sie seinen Wunsch belächeln und ihn dann vergessen!

Der Ball

Als ich vor einigen Jahren diese Bilderreise das erste Mal unternahm, zeigte mir mein unteres Selbst klar und deutlich einen ganz bestimmten Ball. Ich begab mich auf die Suche in sämtlichen Spielwarenabteilungen der grossen Warenhäuser, in Spezialgeschäften und ich durchforstete das Internet. Nirgends war ein Ball zu finden der genauso aussah. Einen Ersatz oder etwas Ähnliches wollte mein George nicht, das gab er mir ganz klar und deutlich zu verstehen!

Eines Abends, ich wollte mich schon in aller Form bei George für mein Versagen entschuldigen, öffnete ich „zufällig" die Schublade mit „kunterbuntem Allerlei" in meinem Schreibtisch. (Die Dinge mit denen ich nicht weiss wohin landen dort...). Eine vergessene Schachtel Farbstifte war plötzlich in meinen Händen. Als mein Blick auf die bunten Stifte fiel, sah ich den Ball ganz deutlich vor mir. Ich griff zu einem Blatt Papier und begann ihn zu malen, (etwas das ich sonst nie tue). Als das „Kunstwerk" vollendet war fragte ich George: „Du weißt ja, mein Lieber, ich habe den Ball den du dir wünschst nicht gefunden. Lässt du dieses Bild als Ersatz gelten und akzeptierst du es als gleichwertiges Geschenk?" Ein klares Glücksempfinden und Freude war die Antwort. Seither ziert die Ballzeichnung eine Wand in meinem Büro. George und ich lächeln uns jedes Mal zu wenn ich das Bild betrachte. Es ist eine konstante Erinnerung an unser Bündnis.

Wo immer ich hingehe, -fahre, -reise halte ich jedoch die Augen nach dem richtigen Ball mit den richtigen Farben offen!

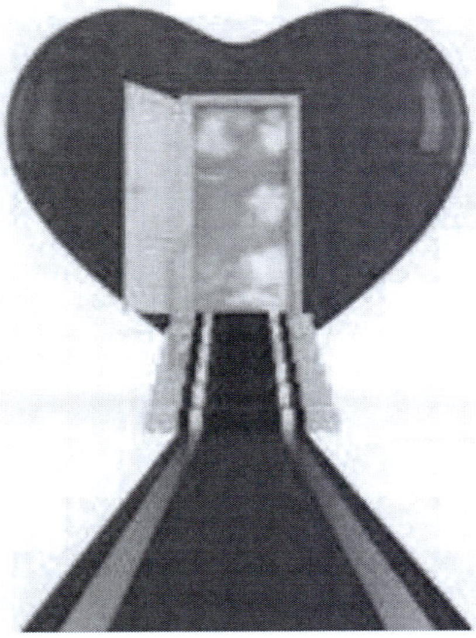

Herausgegeben von:

Huna Forschungs-Gesellschaft Zürich | HFG
Grubenstrasse 27 | CH-8045 Zürich
Telefon +41 44 251 55 65
info@huna-europe.ch | www.huna-europe.ch

Unsere nächsten Seminare

Juni 2014

Huna Praxis-Seminar – „Wai Wai Haipule" – Mühelos zu materiellem Wohlstand finden
Samstag, **28. Juni 2014**, 09.30 – 17.00 h Tages-Seminar
CHF 200.00 (Mitglieder 180.00)

September 2014

Huna Basis-Seminar – Entdecken Sie Ihr wahres Selbst
4 x Mittwochabend, 19.00 – 21.00 h:
03./10./17./24. September 2014
CHF 300.00 (Mitglieder 250.00)

Oktober 2014

Ho'oponopono - Freiheit durch Selbstverantwortung
Freitag, 3. Oktober 2014, 19.00 – 21.00 h
Samstag, 4. Oktober 2014, 09.30 – 17.00 h
CHF 200.00 (Mitglieder 180.00)
Detaillierte Informationen und Anmeldung auf www.huna-europe.ch

Vortragsreihe (Huna-Gruppe Zürich)

Wir treffen uns jeweils am letzten Dienstag des Monats.
Adresse: **HFG-Zentrum, Grubenstrasse 27, 8045 Zürich-Binz**

Dienstag, 24. Juni 2014, 19.00 h
Die drei Selbste und ihre Kommunikationswege
Warum geschieht oft das Gegenteil dessen was ich mir wünsche? Das Wissen um die Kommunikationswege der drei Selbste kann hier helfen. Vortrag mit Jennifer Lee

---

Dienstag, 26. August 2014, 19.00 h
Dynamind – Hawaiianische Klopftechnik
Die schnelle und wirkungsvolle Technik zur Beschleunigung des natürlichen Heilungsprozesses.
Vortrag und Demonstration mit Gerhard Schobel
http://www.aeon.ch

Dienstag, 30. September 2014, 19.00 h
Das Thema wird später bekannt gegeben.

Dienstag, 28. Oktober 2014, 19.00 h
Das Thema wird später bekannt gegeben.

Einzelheiten auf www.huna-europe.ch Unkostenbeitrag pro Abend CHF 20 (Mitglieder CHF 10), bei Gastreferenten CHF 30 (Mitglieder CHF 20). Neue Teilnehmerinnen und Teilnehmer sind jederzeit herzlich willkommen. Eine Anmeldung ist nicht erforderlich.

Nr. 19 | September 2014

HUNA NACHRICHTEN

Zeitschrift für Mitglieder | Huna Forschungs-Gesellschaft Zürich | www.huna-europe.ch

EDITORIAL

Liebe Leserin, lieber Leser

Ohne Zweifel haben Sie den Ausdruck „Schweigen ist Gold" schon gehört. In unserer kommunikativen Zeit wird damit jedoch nicht der „stille Geist" assoziiert, sondern lediglich der „schweigende Mund". Auch wenn Sie schweigen bleibt Ihr Geist aktiv. Schon sehr früh lernen wir, dass ein aktiver Geist ein wertvoller Geist ist. Wir brauchen einen wachen Geist um zu funktionieren, um unseren Alltag zu meistern, etwas zu erschaffen, Ziele zu erreichen und um uns zu freuen und unser Leben zu geniessen. Was geschieht mit uns wenn dieser „sprechende Geist" einmal ruhig ist und zur Seite tritt?

Heute möchte ich Sie erneut daran erinnern, dass Ihnen ein inneres Team oder eine innere Familie zur Seite steht. Hören Sie zu, was jeder einzelne von ihnen zu sagen hat!

In der Stille der täglichen Meditation öffnen Sie sich für die wunderbare Erfahrung sich in Ihrer Gesamtheit zu erkennen und kennenzulernen. Immer mehr werden Sie alle Aspekte Ihres Wesens berücksichtigen, wenn Sie wichtige Entscheidungen fällen und auch bei kleineren, alltäglichen Beschlüssen. Auftretenden Widerständen werden Sie gelassener begegnen, weil Sie in sich ruhen.

Befinden Sie sich einmal in dieser „Ruheschwingung" und strahlen eine ruhige Energie aus in Ihre Welt, kommt das Gesetz der Anziehung zum Zug: Was Sie aussenden kommt zu Ihnen zurück. Die täglichen Herausforderungen werden zu täglichen Abenteuern, die Sie interessiert und mit einer inneren Ruhe und Gelassenheit erleben. Aus diesem Gefühl der Gesamtheit heraus können Sie die Dinge mit einer gewissen Distanz betrachten und erkennen, dass Sie immer die Wahl haben, wie Sie Ihrem Leben begegnen. Auf viele Dinge haben Sie keinen Einfluss, aber Sie können immer auswählen, wie Sie über eine Sache denken und ob diese Gedanken für Ihr Wohlbefinden zuträglich sind oder nicht.

Wie reagiert Ihr Unihipili wenn Sie sich ärgern? Es wechselt sofort in den „Kampf oder Flucht"-Modus. Ihr Herz pocht stärker und Ihr Magen zieht sich zusammen. Wem schaden Sie unmittelbar mit Ihrem Ärger, sich selbst oder der Person über die Sie sich gerade aufgeregt haben? Neutralisieren Sie schädliche Gedanken bevor Sie sich kumulieren. Atmen Sie tief durch, konzentrieren Sie sich auf Ihren Atem und lassen Sie los. Schauen Sie zu, wie Ihre „Ärgergedanken" als dunkle Gewitterwolken vorüberziehen. Mit tiefem, ruhigem

INHALT

Tägliche Harmonisierung verändert Ihr Leben Je öfter Sie sich vom Alltag lösen und sich nach Innen besinnen können, desto offener werden Sie für die Lösungen und Einsichten.
Von Jennifer Lee **> Seite 3**

Meditation ist ein Akt der Selbstliebe Tun Sie sich etwas Gutes und tanken Sie Erholung und Kraft in der Meditation. Anleitungen und praktische Tipps.
Von Jennifer Lee **> Seite 5**

Was sind Hirnwellen? Unser Hirn produziert elektromagnetische Wellen. Schwingen diese in tiefer Frequenz sind wir dem Unterbewusstsein näher.
Von Jennifer Lee **> Seite 8**

Buchbesprechung
Dr. Joe Dispenza „Du bist das Placebo – Bewusstein wird Materie"
> Seite 2

Veranstaltungen
Ho'oponopono-Workshop, Huna Basis-Seminar, Wai Wai Haipule-Workshop, Vortragsreihe, externe Veranstaltungen
> Seite 10

und konzentriertem atmen können Sie die Wolken buchstäblich wegblasen und Ihr Himmel ist wieder hell und klar.

Betrachten Sie jeden Tag die Sonne in Ihrem Innern!

Viel Licht, Wärme und Klarheit wünschen Ihnen herzlich,

Ihre Jennifer Lee & Ulrich Amacher

Dr. Joe Dispenza, Autor von „Schöpfer der Wirklichkeit – der Mensch und sein Gehirn-Wunderwerk der Evolution“ und „Ein neues Ich – Wie Sie Ihre gewohnte Persönlichkeit in vier Wochen wandeln können“ ist ein leidenschaftlicher Lehrer. Er zeigt den Menschen auf, wie sie die neusten Erkenntnisse der Hirnforschung und der Quantenphysik nutzen können um Ihr Gehirn umzuprogrammieren, Krankheiten zu heilen und ein erfüllteres Leben zu führen. Als einer der Experten im Film „What the BLEEP Do We Know!?“ lehrt Dr. Joe in Workshops und Vorträgen auf der ganzen Welt. Er hat ebenfalls ein Programm für Unternehmen entwickelt, um sein Umwandlungsmodell in die Geschäftswelt einzuführen.

In den Huna-Nachrichten Nr. 2 vom Juni 2000 lesen Sie ein Interview mit Joe Dispenza zu seinem ersten Buch „Evolve your Brain“ das etwas später mit dem Titel „Schöpfer der Wirklichkeit“ auf Deutsch erschienen ist.

Dr. Joe Dispenza
„Du bist das Placebo – Bewusstsein wird Materie“

Buchbesprechung von Jennifer Lee

Nach der Lektüre dieses Buches wird auch der letzte Zweifler davon überzeugt sein, dass der Placebo-Effekt keine erstaunliche Abweichung der Normalität ist. Das neuste Werk von Dr. Joe Dispenza liest sich wie eine wissenschaftliche Beweisführung der Huna-Lehre ☺.

Mit einfachen, klaren Worten werden wir in die neusten Erkenntnisse aus Hirnforschung, Biologie, Psychologie, Hypnose, Verhaltensprogrammierung und Quantenphysik eingeführt. Gezielte Absicht und eine erhöhte Schwingungsenergie mit Hilfe unserer Emotionen verändern unsere Biologie.

Der erste Teil des Buches befasst sich mit dem Placebo Effekt, seiner Geschichte, seiner Auswirkung im Gehirn und im Körper. Wie Gedanken das Gehirn und den Körper verändern ist ein weiteres Kapitel und danach folgt eine Erläuterung des Zusammenspiels von Verstand und Unterbewusstsein und den Gründen dafür, warum manche Menschen mehr und manche weniger beeinflussbar sind. Wie Hypnose, ist auch Meditation ein Mittel um den analytischen Verstand zu „umgehen“ und die Türe des Unterbewusstseins zu öffnen. Der Weg zum Unterbewusstsein führt über die Hirnwellen.

Es folgen viele Fallbeispiele aus Joe Dispenzas Erfahrungen mit Seminarteilnehmern.

Im zweiten Teil des Buches geht es um die Transformation, d.h. um die Vorbereitung zur Meditationspraxis. Gegen Ende macht uns Dispenza mit einigen geführten Meditationen bekannt, die uns dabei helfen, schädliche Programme umzuschreiben und es dem „unendlichen Feld der Möglichkeiten“ zu überlassen, damit das richtige für uns geschieht.

Es ist dem Leser überlassen, die Meditationen selbst auf einen Tonträger zu sprechen und sich von seiner eigenen Stimme führen zu lassen, oder die dazugehörige CD oder den mp3downlaod auf www.drjoedispenza.com zu erwerben.

Ein sehr interessantes, spannendes Buch. Es bietet sowohl Hilfe für die Menschen mit einer ernsten Krankheit als auch für diejenigen, die „nur“ etwas in ihrem Leben verändern möchten. Kennen Sie jemanden?

Lesen Sie zum Thema „Placebo“ auch die Huna Nachrichten Nr. 16

Tägliche Harmonisierung verändert Ihr Leben

Der wichtigste Punkt der Huna-Lehre ist es, sich nach Innen zu wenden und sich mit Unihipili, dem Kindesaspekt in uns zu befassen. Das heisst nichts anderes, als sich ganz intensiv um sich selbst zu kümmern. Es gibt nichts wichtigeres, als die Widerstände aufzulösen und sich der Liebe für sich selbst zu öffnen. Die Erleichterung und die Harmonie die Sie dadurch erreichen sind ein Zeichen dafür, dass Ihr Unihipili seine Belastungen losgelassen hat und die Verbindung zu Ihrem Hohen Selbst offen ist. Sie können seine Inspirationen empfangen und aus diesem Zustand der Einheit heraus handeln. Von **Jennifer Lee**

Jede Sekunde in der es Ihnen gelingt ohne Widerstand zu sein, erhöht sich Ihre Schwingungsfrequenz. Dadurch empfangen Sie bildlich gesprochen mehr Radiostationen, d.h. Sie werden zu einem kooperativen Empfänger für andere Gedanken. Sie öffnen sich, die Tunnelsicht und die Enge in der Brust lösen sich auf und Sie sehen plötzlich andere Wege. Neue Möglichkeiten zeigen sich, Sie gehen anders an Ihre Lebenssituationen heran und andere Menschen begegnen Ihnen oder die Menschen begegnen Ihnen anders.

Schön und gut in der Theorie mögen Sie jetzt denken, aber ich muss trotzdem jeden Tag Zeitdruck und mentalen Stress aushalten oder mit Schmerzen umgehen. Ich komme nie zur Ruhe, meine Gedanken bewegen sich in einem endlosen Kreislauf von Sorgen, Ängsten und Selbstkritik.

Atmen Sie einen Moment durch und machen Sie sich bewusst, dass Sie nicht alleine sind „da oben in Ihrem Kopf". Ihnen steht ein perfektes inneres Team zur Verfügung, das Ihnen bei allen Fragen zur Seite steht und Lösungen bereit hält, die genau auf Sie zugeschnitten sind.

Damit Sie die Vorschläge Ihres inneren Teams hören können, müssen Sie jedoch einen Moment aufhören zu sprechen und ruhig sein. Es gilt Ihren Geist von seinem momentanen Zustand der Aktivität in einen Zustand der Stille, der Aufmerksamkeit und der bewussten Wahrnehmung des jetzigen Moments zu bringen.

Sie haben dieses Phänomen, vielleicht unbemerkt, schon unzählige Male erlebt. Die Zeit scheint stillzustehen, sie denken keinen Augenblick an die Vergangenheit und nicht eine Sekunde an die Zukunft. Es ist dieser eine Moment auf der Achterbahn, wenn Sie aus voller Lunge schreien, bevor Ihr Körper im Wagen abwärts fällt – oder wenn Sie z.B. Tennis spielen und jede Bewegung und jeder Schlag perfekt ist und Sie zum Sieg fliegen ohne zu denken. Oder wenn Sie genau zum richtigen Moment das Richtige tun und die richtigen Worte finden, wenn Sie ein Essen zubereiten als wären Sie ein Sternekoch, wenn Sie in eine Arbeit versinken, nichts mehr um sich herum sehen, hören und die Zeit vergessen.

In diesem Zustand öffnen Sie sich einer erweiterten Wahrnehmung. Ohne Gedanken sind Ihre Gefühle intensiver, Ihre Kreativität erhöht sich, Ihre Intuition fliesst ungehemmt. Innerer Friede, Mitgefühl, Vergebung, Heilung sind nicht mehr nur Worte. Sie sind weich, Ihr Herz ist offen und Sie sind ohne Angst.

Ob diese Stille eine Sekunde dauert oder zehn Sekunden oder zehn Minuten, Sie sind verbunden mit Ihrem Hohen Selbst, mit Ihrer Kraft und mit dem Universum, mit Gott oder wie immer Sie die Quelle dieses „magischen" Zustands nennen möchten.

Kampf oder Flucht

Meistens nehmen jedoch Ihre täglichen Gedanken Ihre gesamte Aufmerksamkeit in Anspruch. Ihr Unterbewusstsein nimmt jeden einzelnen dieser Gedanken wahr und reagiert darauf. Es steuert alle unwillkürlichen Körperfunktionen und löst so eine Kette von Reaktionen in Ihrem Körper aus. Ein guter Gedanke, wirkt vielleicht eine Stunde nach und schon wird er von einem Zweifel, einer Befürchtung, einem Ärger verdrängt. Wir Menschen haben die Gewohnheit, uns viel öfter in negative Gedankengänge hineinzusteigern als auf unsere guten Gedanken und Gefühle zu vertrauen und mehr davon zu aktivieren. Auch sprechen wir viel öfter Warnungen, Kritik und Befürchtungen aus als positive, aufbauende und unterstützende Worte.

Unser Körper ist ein wundervolles Instrument das sehr wirkungsvoll mit Bedrohung, Stress und Gefahr umzugehen weiss. Er hat ein spezielles Verteidigungssystem entwickelt, das sofort einen höheren Gang einlegt, sobald er bedroht wird: Der Kampf- oder Fluchtmodus schaltet sich ein.

Er wird automatisch aktiviert, wenn Sie plötzlich mit einer Gefahr konfrontiert sind. Sei es eine Begegnung mit einem echten Bären im Wald oder sei es eine Herausforderung in Ihrem Alltag. Ihr Unterbewusstsein unterscheidet nicht zwischen „wirklichem" Geschehen und einer vorgestellten Realität. Der Kampf- oder Fluchtmodus veranlasst sofort viele körperliche Veränderungen. Das Verdauungssystem verlangsamt sich, das Blut wird umgeleitet. Es fliesst vermehrt in die Arme und in die Beine, damit wir kämpfen oder wegrennen können. Blut schiesst in Ihr Hirn und aktiviert absolute Wachsamkeit. Die Pupillen erweitern sich, damit Sie einen grösseren Blickwinkel haben. Schweissdrüsen werden aktiviert. Die Atmung wird schnell und flach. Der Herzschlag beschleunigt sich und pumpt mehr Blut in die entferntesten Körperteile und in alle grossen Muskeln.

Eine bedrohliche Situation in der Wildnis, kann zwischen 3 und 6 Minuten dauern. Sie haben Zeit zu fliehen oder zu kämpfen und sich dem Bär zu stellen. Wenn die Gefahr vorüber ist, schaltet Ihr Unterbewusstsein den Körper wieder auf Ruhe, Erholung und Schonung. Es verlangsamt den Herzschlag, der Blutfluss im Verdauungstrakt nimmt wieder sein gewohntes Tempo auf. Sie hören auf zu schwitzen, Ihre Augen entspannen sich, Ihre Stimmbänder entspannen sich und Ihre Atmung ist wieder ruhig.

Im heutigen Leben begegnen Sie wahrscheinlich weniger oft einem Bären, aber es kommen viele neue Stressfaktoren dazu. Tägliches Autofahren, eine anspruchsvolle Arbeit, Geldsorgen, Beziehungsstress, Gesundheitsprobleme und ein ununterbrochener Nachrichtenstrom von negativen Ereignissen in den Medien. Oder ganz einfache Dinge auf die Sie mit Stress reagieren, weil Ihre Bedürfnisse oder Erwartungen nicht erfüllt werden. Das geschieht -zig Mal täglich: Sie beeilen sich um pünktlich um eins zu einem Mittagessen mit einem Freund zu erscheinen – er kommt 20 Minuten zu spät. Sie bestellen das einfachste Gericht auf der Karte – Sie warten am längsten und wenn es kommt ist es kalt oder nicht das was Sie erwartet haben. Der Bus fährt vor Ihrer Nase weg. Jemand schneidet Ihnen den Weg ab auf der Autobahn. Sie stossen sich den Zeh. Ihr Computer friert ein. Sie warten auf eine Antwort die nie kommt. Auch bei diesen kleineren Stressfaktoren schaltet Ihr Körper auf den Kampf- oder Fluchtmodus. Ihr Herz schlägt schneller, Sie atmen flacher, Ihr Immunsystem fährt herunter. Wie lange dauert es wohl, bis diese „primitiven" Reaktionen sich schädlich auf unseren Körper und unseren Geist auswirken?

Der Kampf- oder Fluchtmodus hat heute unsere Persönlichkeit eingenommen und eine Prioritätenliste aufgestellt: Verantwortung, Erfolg, Leistung, Errungenschaften, Sicherheit für die Zukunft usw. Die Lebensfreude ist oft ganz ans Ende dieser Liste gerückt. Und bei manchen Menschen ist sie überhaupt nicht mehr darauf zu finden.
Entspannung, Freude, Lachen, Unbeschwertheit sind essentielle „Zutaten" unseres menschlichen Daseins. Wenn Sie keine Freude im Leben haben, ist nichts wirklich wichtig.

> ***„Wenn jedem 8-jährigen Kind auf der Welt Meditation gelehrt wird, werden wir Gewalt binnen einer Generation eliminieren."*** Dalai Lama

Wie immer: Atmen!
Die Atmung ist der einzige Faktor unseres gesamten vegetativen Nervensystems auf den wir unmittelbar Einfluss nehmen können. Mit der Verlangsamung und/oder mit der Vertiefung Ihres Atems können Sie von Stress auf Entspannung wechseln. Das heisst, auch Ihr Unterbewusstsein atmet auf und stoppt die Ausschüttung von Stresshormonen (Adrenalin und Cortisol).

Legen Sie die Huna Nachrichten gleich einen Moment auf die Seite und versuchen Sie es: Machen Sie es sich bequem mit aufrechtem Rücken. Schliessen Sie die Augen und atmen Sie erst einmal tief ein und aus. Jetzt atmen Sie in ihrem gewohnten Rhythmus weiter und beobachten still.

Sagen Sie in Gedanken:

Ich	**atme**	**tief**	**ein**
Ich	**halte**	**den**	**Atem**
Ich	**atme**	**ganz**	**aus**
Ich	**halte**	**den**	**Atem**

Achten Sie aufmerksam auf jeden Schritt ihrer Atmung. Beobachten Sie. Fühlen Sie das Heben, das Senken, das Ein, das Aus, die Pause zwischen jedem Einatmen und Ausatmen. Üben Sie für ein paar Minuten. Wenn Sie vom Kurs abkommen, sei es durch Gedanken, Geräusche oder körperliche Empfindungen, erinnern Sie sich sanft daran zu Ihrem Atem zurückzukehren und zu beobachten:

Ich	**atme**	**tief**	**ein**
Ich	**halte**	**den**	**Atem**
Ich	**atme**	**ganz**	**aus**
Ich	**halte**	**den**	**Atem**

Es ist der 4er-Rhythmus Ihrer gewohnten Mana-Atmung. Jeder Schritt hat 4 Worte.
Legen Sie jetzt die Zeitschrift zur Seite und wir meditieren gemeinsam in diesem Atemrhythmus für fünf Minuten. Oder länger wenn Sie mögen.

Wie fühlen Sie sich jetzt? Hat sich etwas verändert?

Versuchen Sie diese kleine Meditation täglich zu üben um Ihren Gedankenfluss für einige Augenblicke zu stoppen und Ihrem Geist und Ihrem Körper etwas Erholung zu können. Anfangs können Sie vielleicht nur einen Fingerhut voll von dieser Ruhe in den Tag integrieren aber mit der Zeit werden Sie viel gelassener mit den täglichen Anforderungen umzugehen wissen. Bald werden Sie die Meditation ausdehnen und die Atmung nur noch als Einstieg benutzen, bevor Sie in der Stille einfach die Gemeinschaft mit Ihrem allwissenden Teil geniessen und seine Inspirationen wahrnehmen.

Meditation ist ein Akt der Selbstliebe

Meditation hilft Ihnen dabei, Ihren Geist ruhig werden zu lassen. Wenn wieder einmal die Tagesgedanken, Sorgen und Stress überhand nehmen helfen Ihnen die folgenden Anregungen. Von **Jennifer Lee**

1. Gehen Sie sanft mit sich um.
Üben Sie keinen Druck aus damit Sie es „richtig" machen. Nur schon die Tatsache, dass Sie sich jetzt Zeit für Ihre Meditationspraxis nehmen ist ein grosser Schritt des Vertrauens auf Ihr unteres Selbst zu. Beginnen Sie glücklich und zufrieden, ohne Erwartung und überlassen Sie sich der Meditation. Beobachten Sie wie sie sich für Sie entfaltet.

2. Nutzen Sie die Bildsprache
Sorgen Sie dafür, dass Sie an einem ruhigen, ungestörten Platz meditieren. Nutzen Sie die „Bildsprache" um ihr Unihipili auf die Meditation einzustellen, indem Sie immer das selbe Ritual vollziehen (alle technischen Geräte in der selben Reihenfolge ausschalten) und setzen Sie sich immer an den selben Ort, wenn möglich zur selben Zeit (Ihr unteres Selbst liebt Gewohnheiten).
Denken Sie daran, das ist „Ich-Zeit" und ein Akt der Selbstachtung mindestens 15 Minuten täglich auf die innere Harmonie zu verwenden.

3. Seien Sie präsent mit Hilfe Ihrer Sinne
Meditation ist Konzentration ohne Zwang. Meditieren Sie mit einer klaren Absicht darüber was Sie erreichen möchten: Ruhe, Friede, Verbindung. Kommen Sie in den Moment. Die Konzentration auf die sinnlichen Wahrnehmungen ist eine grosse Hilfe um Ihre Gedanken in den Hintergrund treten zu lassen. Atmen Sie ruhig ein und aus und beobachten Sie den Weg ihres Atems in den Körper („Ich atme tief ein" usw.)

Ein weiteres sinnliches Hilfsmittel um in diesem gegenwärtigen Moment präsent zu sein, ist die zusätzliche Konzentration auf Ihren Herzschlag: Fühlen Sie mit den Fingerspitzen der rechten Hand Ihren Pulsschlag am linken Handgelenk (oder an der Halsschlagader oder direkt an Ihrem Herzen).

Ihr Herz schlägt und schlägt und begleitet Sie Ihr ganzes Leben lang. Was immer geschieht, es ist bei Ihnen und hält Sie am Leben. Mit diesen Gefühlen der Anerkennung und der Dankbarkeit für Ihr Herz rücken alle Ihre „weltlichen Kümmernisse" in den Hintergrund. Sie werden zum Beobachter und lassen die auftauchenden Gedanken ohne Widerstand vorüberziehen, wie Wolken am Himmel, ohne sich darin zu verfangen.

Jetzt sind Sie bereit sich weiter zu entspannen und sich danach auf die innere Harmonie einzulassen oder sie folgen einer geführten Meditation.

Meine ganz persönlichen Hilfsmittel:
Mein Geist ist tagtäglich voll von Gedanken, Gefühlen, Empfindungen, Kümmernissen, Sorgen, Freuden, Tagträumen und Fantasien. Sie drehen sich die meiste Zeit um Dinge die in der Vergangenheit geschehen sind und darum, was wohl in der Zukunft sein wird. Dabei geht es nicht einmal um die ferne Vergangenheit oder um „grosse" Ereignisse, sondern ganz banal darum, was vor einigen Stunden los war oder gestern und was heute Abend sein wird oder morgen. Im Hintergrund können auch Gedanken über das letzte Telefongespräch laufen, während ich weiter arbeite. Sie kennen das bestimmt. Nur ganz selten bin ich wirklich absolut präsent im jetzigen Moment. – Was tun?

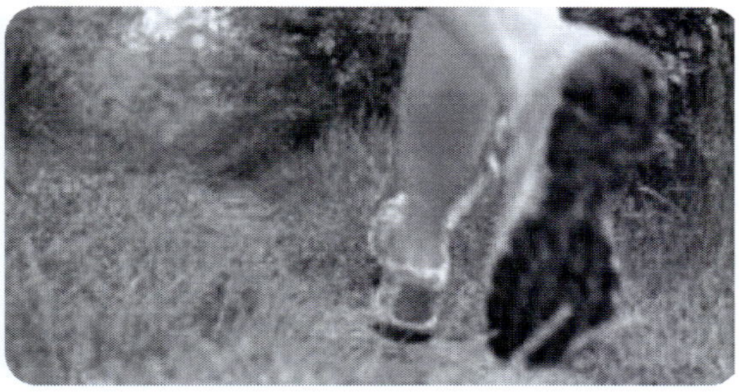

Sehen – Riechen – Hören - Atmen
Atmen ist die Lösung oder der erste Schritt zur inneren Verbindung mit der namenlosen, geheimnisvollen Kraft in meinem Innern. Wenn die „Tagessuppe" überkocht, fahre ich zu meiner Lieblingslaufstrecke im Wald und laufe los. Es gibt zwei Wege, sieben oder zehn Kilometer. Ich wähle die Länge je nach Umfang oder Komplexität der inneren Unruhe aus. Je nachdem ob ich mich noch ein bisschen spüre oder gar nicht mehr. Zu Beginn kreisen die Gedanken und ich würde am liebsten gehen oder gar umdrehen und wieder nachhause fahren. Ich laufe und atme unkoordiniert, schwitze und empfinde es als sehr unangenehm. Ich weiss, dass ich keine Quälerei will, aber was will ich denn eigentlich? - Die Dinge die ich gelernt habe drängen sich in den Vordergrund und ich konzentriere mich auf die Sinne: Bewundere das satte Grün der Bäume, frühmorgens kann es sein, dass sogar ein Reh mitten auf dem Weg steht. Ich rieche Harz und Bärlauch, höre aus dem munteren Vogelgezwitscher das laute Klopfen eines Spechts und meinen Atem, der

inzwischen rhythmisch im Vierertakt mit meinen Schritten hinein- und wieder hinausströmt aus meinem Körper. Ohne Mühe und ganz automatisch bin ich im Tritt und die Gedanken die zuvor so wichtig waren verblassen, sie treten zurück und verschwinden mit der Zeit. Ich spüre wieder wer ich bin und freue mich und bin stolz, dass ich mich aufgerafft habe zu diesem „Sinnes-Lauf" in die Ruhe. Spätestens unter der Dusche weiss ich, was als nächstes zu tun ist und wie es weitergeht. Auf einmal tauchen Möglichkeiten und Alternativen auf, die Enge im Kopf ist erneut meiner gewohnten, vertrauensvollen Zuversicht gewichen.

Natürlich ist es nicht immer möglich aufzustehen und „wegzulaufen" in den Wald. Es gibt jedoch auch in den Situation in denen man „an Ort" bleiben muss, ein sicheres Hilfsmittel um innert kürzester Zeit alles loszulassen und jetzt präsent zu sein:

Den Stecker rausziehen

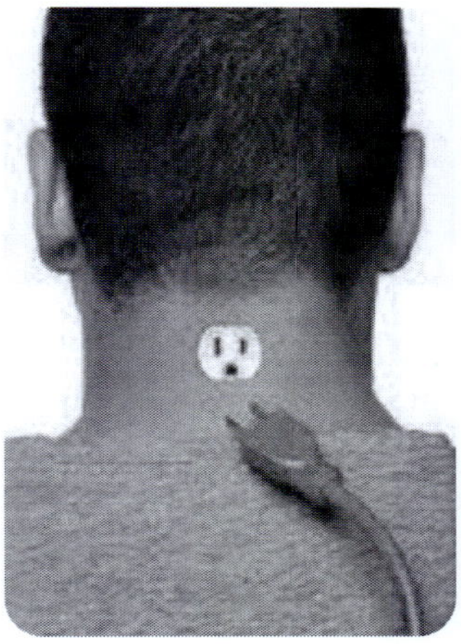

Ich setze mich aufrecht hin und atme erst mal tief durch, als Zeichen für mein Unihipili, dass ich jetzt seine Aufmerksamkeit möchte.
Danach atme ich ruhig und tief und konzentriere mich auf den Atem im 4er- oder meinem normalen Rhythmus.
Ich stehe in Gedanken oder in Wirklichkeit auf und sehe ein Kabel an meinem Rücken mit einem grossen Stecker, das mich mit der Vergangenheit verbindet. An der Vorderseite meines Körpers befindet sich ein weiteres Kabel mit einem grossen Stecker, das mich mit der Zukunft verbindet. So strömen die Erinnerungen und Einflüsse von „gestern" oder von „vorhin" durch mich hindurch und in das Zukunftskabel und von dort auf meine „Lebensleinwand".

Ich selbst, das heisst mein Körper dient lediglich als Durchgangsstation für diese Einflüsse und ich richte meine Aufmerksamkeit permanent darauf was von hinten kommt und wie es nach vorne fliesst und was sich daraus auf der Leinwand entwickelt.

Ich weiss, dass ich die Möglichkeit habe, den Kreislauf zu unterbrechen und die Produktion von sich immer wiederholenden Bildern zu stoppen. Dazu muss ich meine Aufmerksamkeit auf meinen Körper richten um in den jetzigen Moment kommen.

Also ziehe ich in Gedanken den Stecker des Vergangenheitskabels raus. Somit ist die Zufuhr in das Zukunftskabel unterbrochen. Es bewegen sich noch die letzten Bilder aus der „Leitung“ auf meiner Lebensleinwand.
Nun ziehe ich in Gedanken auch noch den Stecker des Zukunftskabels und die Leinwand ist leer. Ich atme tief durch und überlasse mich der Leere. Ich werde ruhig und weiss, dass aus dieser Leere heraus alles möglich ist. In der Leere spüre ich wer ich jetzt und heute bin und wer ich bin als unbegrenztes Wesen.

Manchmal bleibe ich 15 bis 30 Minuten in der Leere oder ich beginne nach ca. 2-3 Minuten mit einer Visualisation, die sich dann auf der Leinwand zu formen beginnt. (Wenn es Ihnen hilft, können Sie im Geiste dazu das Zukunftskabel wieder einstecken.) In meinem Empfinden verbinden sich die Kabel jedoch von alleine. Ich spüre ganz genau, wenn das Vergangenheitskabel erneut sendet.

Die „Stecker raus“-Übung können Sie auch während eines hektischen Tages ausführen, mit ein bisschen Übung genügen 5 Minuten um Harmonie, Ruhe und Konzentration in Ihrem Innern herzustellen.

Ohne Meditation empfehle ich Ihnen die Zeit kurz vor dem Einschlafen oder kurz nach dem Aufwachen für Visualisationen zu nutzen. Ihr Hirn befindet sich dann im Idealzustand, d.h. in der idealen Kombination von Hirnwellen um ihr Unihipili in die gewünschte Richtung zu führen.

Was sind Hirnwellen?

Durch Messungen der Gehirnströme eines Menschen, mittels eines Elektro-Enzephalographen (EEG), kann man feststellen, dass das Gehirn elektromagnetische Wellen produziert. Sie liegen normalerweise im Bereich zwischen 1 und 40 Hertz: das sind Zyklen pro Sekunde. Je langsamer unsere Hirnwellen sind, umso tiefer gehen wir in die innere Welt des Unterbewusstseins. Von **Jennifer Lee**

In der Medizin unterteilt man dieses Spektrum an Wellenfrequenzen pro Sekunde in fünf Bereiche. Jeder Bereich umfasst einen unterschiedlichen Bewusstseinszustand.

➢ 1. **Delta - Wellen** (1-3 Hertz) sind charakteristisch für Tiefschlaf und komatöse Zustände. Die Delta Frequenzen sind die am wenigsten erforschten Hirnwellen, sie herrschen in tiefen Trance-Zuständen vor. Man misst sie auch tagsüber bei Menschen die Depressionen erfahren oder extreme geistige Müdigkeit.

➢ 2. **Theta - Wellen** (4-7 Hertz) sind charakteristisch für den Traumschlaf und für tiefe Meditation. Ihre Gedanken ruhen und Sie beobachten ohne Wertung. Im Theta-Zustand befinden Sie sich in einer Grauzone. Der Geist ist wach, der Körper schläft. Ihr Unterbewusstsein ist jetzt am besten beeinflussbar. Der Zugang zu Unihipili ist offen, weil Uhane, der analytische Verstand nicht arbeitet. In Theta ist auch der Zugang offen „nach oben“. Sie empfangen die Inspirationen Ihres Hohen Selbstes oder der schöpferischen Kraft, Sie haben vielleicht Visionen, Ihre Medialität und Ihre Kreativität ist freigesetzt, alles ist möglich. Normaler Bewusstseinszustand bei Kleinkindern.

➢ 3. **Alpha - Wellen** (8-12 Hertz) treten im entspannten Wachzustand auf, etwa in einer geführten Meditation oder kurz vor dem Einschlafen bzw. unmittelbar nach dem Aufwachen. Alpha ist ein Zustand von Ideenreichtum und Vorstellungsvermögen. In dieser Zeit und auf dieser Wellenlänge ist Ihr Unihipili leicht zu leiten. Wenn Sie sich für den Tag positiv einstellen, oder Ihre Visualisationen machen möchten, dann ist das der ideale Moment. Bevor der „Plapperer" im Kopf ganz wach ist ☺! In Alpha ist Ihre innere Welt realer, weil Ihre Aufmerksamkeit nach Innen gerichtet ist. Ein typisches Beispiel für den Alpha-Zustand ist das „automatische" Autofahren: Wie oft sind Sie schon von der Arbeit nach hause gefahren und konnten sich kaum mehr an die Fahrt erinnern?

- 4. **Beta - Wellen** (13-40 Hertz) herrschen im normalen, aktiven Wachzustand vor. Beta ist nicht der ideale Zustand um zu meditieren. Die äussere Welt erscheint realer als die innere Welt.

Wenn Sie entspannt, aber mit aufmerksamem Interesse ein Buch lesen befindet sich Ihr Hirn in einer tiefen Beta-Frequenz. Im mittleren Schwingungsbereich von Beta befinden Sie sich, wenn Sie sich auf eine laufende Stimulation ausserhalb ihres Körpers konzentrieren. Z.B. auswendig lernen. Hohe Betafrequenz misst man wenn Sie sich in höchster Konzentration befinden. In einer Krise z.B., wenn Stresshormone produziert werden.

- 5. **Gamma-Wellen** (Frequenz über 40 Hertz) misst man bei erweiterten Bewusstseinszuständen. Man ist hellwach und äusserst erregt. (Sexuelle Erregung, höchste Glückseligkeit oder auch Angstzustände). Das ganze Hirn ist aktiv. „Gedankenblitze" sind möglich. Die Informationsverarbeitung läuft auf Hochtouren. Sie lernen in Höchstgeschwindigkeit und erreichen Spitzenleistungen. Das Einheitsbewusstsein ist vorherrschend, Ihre Wahrnehmung ist allumfassend.

Langzeit Meditierende erzeugen hochschwingende Gamma-Wellen. Die „National Accademy of Sciences of USA" veröffentlichte 2004 in ihrem Magazin (www.pnas.org) eine Studie bei welcher man die Hirnwellenmuster von acht tibetanischen Mönchen untersuchte. Jeder der acht meditierte bereits zwischen 15 und 40 Jahren. Ihre Aufgabe war es, sich während der Meditation auf „bedingungsloses Mitgefühl" zu konzentrieren. Sie produzierten viel intensivere und stärkere Gamma-Wellen als eine Gruppe von Studenten mit nur wenig oder ohne Meditationspraxis. Sogar als die Mönche nicht meditierten, blieben die Gamma-Wellen aktiv. Ihre Hirnwellenfrequenz unterschied sich also deutlich von derjenigen der Studenten, mit stärkeren Wellen die man mit Problemlösung, Bewusstsein und Wahrnehmung verbindet.

Das menschliche Hirn arbeitet nicht allein auf einer einzigen Frequenz. Alle Gehirn-Wellen sind konstant aktiv auf wechselnder Schwingungsweite. Im Laufe der Zeit hat die Vorherrschaft gewisser Wellenmuster einen starken Einfluss – entweder positiv oder negativ – auf Ihre Gemütsverfassung und sogar auf Ihre Gesundheit.

Idealzustand: „Awakened Mind" Muster

Im Alter zwischen null und sechs oder sieben Jahre arbeitet unser Hirn vorwiegend im Delta oder Theta Bereich, in einer Kombination mit Alpha und einer tiefen Frequenz von Beta. Dasselbe Muster misst man auch bei Yogis wenn sie nicht meditieren. Man nennt es „Awakened Mind" Muster. Es hat jedoch nichts mit Erleuchtung zu tun. Viele Menschen können es zumindest zeitweise oder in besonderen Situationen produzieren. Informationen fliessen frei zwischen allen Bewusstseinsebenen. Sie sind klarer, schneller, flexibler und origineller. Tiefe Einsichten und AHA-Erlebnisse sind möglich. Dieser Zustand ist damit der Schlüssel zu Ihrer Kreativität und verbindet die verschiedenen Ebenen Ihrer Persönlichkeit. Die „innere Familie" ist im Einklang.

Vorschulkinder befinden sich also vorwiegend in diesem Zustand. Wenn Sie selbst Kinder haben, wissen Sie wie kreativ und ohne Vorbehalte kleine Menschen in diesem Alter sind, wie schnell sie lernen und wie fantasievoll sie sind. Sie fliegen vor dem Mittagessen auf den Mond und sie kommen abends glückselig und strahlend mit gefüllten Schatztruhen von einer Weltumsegelung zurück. Bei uns als Erwachsene äussert sich dieser Zustand, wenn „es läuft" oder wenn wir „im Fluss" sind, dann befinden wir uns wohl in der idealen Kombination von Hirnwellen. Wenn Sie Ihren Rythmus gefunden haben

und regelmässig meditieren und sich auf die Harmonie Ihrer drei Selbste konzentrieren werden sie diesen Idealzustand immer öfter erreichen und immer länger halten können.

Klänge als Hilfsmittel
Das Monroe-Institut trat schon Ende der siebziger Jahre mit „Hemi Sync" (Hemisphären Synchronisation) in die Öffentlichkeit. Man hatte herausgefunden, dass eine geeignete Mischung speziell ausgewählter Klänge dem Gehirn helfen bestimmte Wellen zu erzeugen und es dadurch ein leichtes ist, die gewünschten Bewusstseins-zustände zu erreichen. Genauere Informationen finden Sie auf www.monroeinstitute.de. Meditations-CD's oder mp3downloads mit diesen Klängen sind heute überall erhältlich. Auf Youtube finden Sie ebenfalls unzählige Meditationen mit binauralen Tonaufnahmen. Binaural bedeutet „beide Ohren betreffend". Um beide Gehirnhälften zu synchronisieren wird die optimale Wirkung nur mit Kopfhörern erzielt.

Ein Beispiel finden Sie hier: http://www.youtube.com/watch?v=L Ag3l9u 11Y oder geben Sie einfach hemi sync youtube in Ihre Suchmaschine ein.

Übung: Tiefes Gähnen

(Lesen Sie dazu auch in „Huna-Nachrichten Nr. 2, Juni 2010)

Gähnen ist für Ihr Gehirn sehr wichtig. Gähnen entspannt Ihren Körper in weniger als einer Minute und ermöglicht es Ihnen, schneller in andere Meditationsstadien einzutreten. So beginnen Sie die Übung:

1. Finden Sie einen ruhigen, gemütlichen Ort, an dem Sie niemand stören wird. Stellen Sie sich so hin, dass Sie Ihre Arme frei schwingen lassen können. Wenn Sie möchten, können Sie sich auch hinsetzen, aber im Stehen können Sie tiefer einatmen.

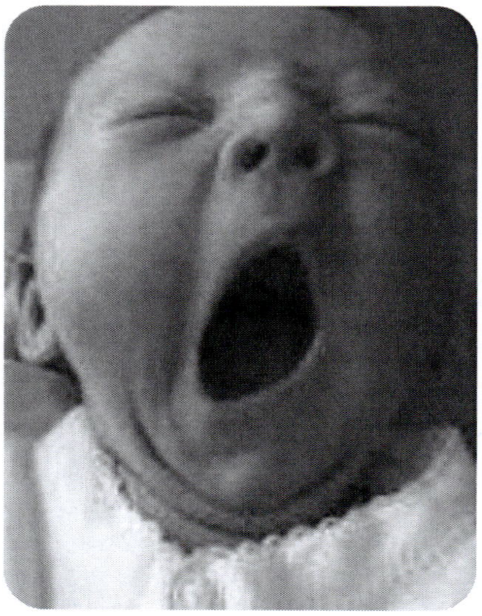

2. Fangen Sie mit einem tiefen Atemzug an, und öffnen Sie dabei Ihren Mund weit. Beim Ausatmen geben Sie einen langen, seufzenden Ton von sich. Es ist nicht schlimm, wenn Ihnen nicht nach Gähnen zumute ist oder wenn Sie glauben, nicht gähnen zu können. Nutzen Sie Ihr Gedächtnis, und tun Sie so, als würden Sie mehrmals hintereinander gähnen. Führen Sie dies ein wenig fort, und legen Sie nach jedem Gähnen eine kurze Pause ein. Nach dem fünften oder sechsten Mal werden Sie merken, wie sich ein echtes Gähnen anschleicht.
3. Achten Sie besonders darauf, was sich in Ihrem Mund, Ihrem Hals, Ihrem Brustkorb und Ihrem Bauch abspielt, und wundern Sie sich nicht, wenn Ihre Augen anfangen zu tränen.
4. Sie sollten es sich erlauben, ungefähr zwölf- bis 15-mal zu gähnen und zwischen dem jedem Gähnen einige Sekunden zu pausieren. Insgesamt sollte diese Übung etwa zwei Minuten dauern.

Wenn es Ihnen schwerfällt zu gähnen, tun Sie sich mit einem Mitglied der Familie oder einem Freund zusammen. Gähnen ist eine „ansteckende" Tätigkeit, denn sobald Sie jemanden gähnen sehen oder hören, löst es bei Ihnen neurologisch gesehen die gleiche Reaktion aus.

Konzentrieren Sie sich einen Moment auf das nebenstehende Bild des gähnenden Babys – und schon klappts ☺!

Bewusstes Gähnen erzeugt ein intensives Gefühl der Entspannung, der Ruhe und Wachsamkeit. Es stimuliert einen einzigartigen Hirnkreislauf, der das Selbstbewusstsein fördert und der Schlüssel zu allen kontemplativen und spirituellen Praktiken ist. Gähnen Sie, bevor Sie ein schwieriges Problem angehen, und gähnen Sie, wenn Sie mit anderen in Konflikt stehen. Wenn Sie bei Aerobic-Übungen hin und wieder gähnen, werden Sie eine unmittelbare Verbesserung Ihrer motorischen Koordination bemerken. Durch Gähnen könne Sie innerhalb nur weniger Minuten Stress abbauen.

Aus **„Der Fingerabdruck Gottes"** von Andrew Newberg und Mark Robert Waldmann. ISBN 978-3-424-63022-0 Kailash-Verlag, München

Andrew Newberg ist einer der führenden Neurowissenschaftler der USA an der Universität von Pennsylvania. **Mark Robert Waldmann** ist Dozent an Newbergs „Center for Spirituality and MInd", Therapeut und Autor zu den Themen Neurowissenschaften und Spiritualität.

Hinweise auf externe Veranstaltungen:

Sa, 30. August bis Sa, 6. Sept 2014

Versöhnen und Heilen -

Ferienwoche zu den Themen Ho'oponopono, Selbstliebe und Wai Wai Haipule mit Jennifer Lee

im Alpenhof Ladinig auf der Flattnitz,
9346 Glödnitz, Österreich
www.hotel-ladinig.at

Veranstalter: Coué Club Austria, für Info und Anmeldung bitte Mail an: coueclub@gmail.com

Do, 13. November 2014, 20.00 h

Ho'oponopono und andere Juwelen aus Hawai'i

Vortrag mit Jennifer Lee
im Bickwiler Forum
(in der Praxis Brunnenweg)
Brunnenweg 8, 8912 Obfelden
Eintritt CHF 20.00

Herausgegeben von:

Huna Forschungs-Gesellschaft Zürich | HFG
Grubenstrasse 27 | CH-8045 Zürich
Telefon +41 44 251 55 65
info@huna-europe.ch | www.huna-europe.ch

Unsere nächsten Seminare

September 2014

Huna Basis-Seminar – Entdecken Sie Ihr wahres Selbst
4 x Mittwochabend, 19.00 – 21.00 h:
10./17./24. September/01. Oktober 2014
CHF 300.00 (Mitglieder 250.00)

Oktober/November 2014

Ho'oponopono - Freiheit durch Selbstverantwortung
Freitag, 3. Oktober 2014, 19.00 – 21.00 h
Samstag, 4. Oktober 2014, 09.30 – 17.00 h
CHF 200.00 (Mitglieder 180.00)

Huna Praxis-Seminar – „Wai Wai Haipule" – Mühelos zu materiellem Wohlstand finden
Neu am: Samstag, 8. November 2014, 09.30 – 17.00 h
CHF 200.00 (Mitglieder 180.00)

Detaillierte Informationen und Anmeldung auf
www.huna-europe.ch

Vortragsreihe (Huna-Gruppe Zürich)

Wir treffen uns jeweils am letzten Dienstag des Monats.
Adresse: **HFG-Zentrum, Grubenstrasse 27, 8045 Zürich-Binz**

Dienstag, 26. August 2014, 19.00 h
Dynamind – Hawaiianische Klopftechnik
Die schnelle und wirkungsvolle Technik zur Beschleunigung des natürlichen Heilungsprozesses. Vortrag und Demonstration mit Gerhard Schobel www.aeon.ch

Dienstag, 30. September 2014, 19.00 h
Vortrag mit Jennifer Lee

Das Thema wird später bekannt gegeben.

Dienstag, 28. Oktober 2014, 19.00 h
Themen-Abend „Hawai'i"
mit Noëlle Delaquis von Aloha-Spirit, Meilen
www.alohaspirit.ch

Dienstag, 25. November 2014, 19.00 h
Vortrag mit Jennifer Lee

Das Thema wird später bekannt gegeben.

Einzelheiten auf www.huna-europe.ch Unkostenbeitrag pro Abend CHF 20 (Mitglieder CHF 10), bei Gastreferenten CHF 30 (Mitglieder CHF 20). Neue Teilnehmerinnen und Teilnehmer sind jederzeit herzlich willkommen. Eine Anmeldung ist nicht erforderlich.

Nr. 20 | Dezember 2014

HUNA NACHRICHTEN

Zeitschrift für Mitglieder | Huna Forschungs-Gesellschaft Zürich | www.huna-europe.ch

EDITORIAL

Liebe Leserin, lieber Leser

Vor einigen Tagen bekam ich eine kurze Mailnotiz die ich mit Ihnen teilen möchte. Bei der Nachricht ging es um das Ego. Während eine gewisse Portion gesundes Ego gut und gesund ist für jeden Menschen, orientieren sich viele von uns danach, was der Gesellschaft gefällt und den Menschen in unserer unmittelbaren Umgebung. Der innere Kompass wird zugunsten der Aussenwelt ignoriert. Die äusseren Kräfte bestimmen die Richtung unseres Lebens und das Ergebnis lässt uns oft leer und unbefriedigt zurück. Das Ego übernimmt das Steuer auf eine negative Art und Weise. Um sicher zu gehen, dass mich mein Ego nicht auf den falschen Pfad führt, übe ich mich in „Mitgefühl": Wir alle sind spirituelle Wesen auf einer individuellen, menschlichen Abenteuerreise. Schlussendlich kommen wir jedoch aus derselben Quelle. Unser Körper und unsere persönlichen Eigenschaften sind ein Mittel für die schöpferische Kraft sich auszudrücken und in der materiellen Welt gesehen zu werden.

Das Ego versucht uns zu trennen anstatt uns zusammenzubringen. Wenn wir uns jedoch auf unsere grundsätzliche Gemeinsamkeit besinnen, bringt uns das als Gemeinschaft zusammen und zwar mit allen anderen Ausdrucksformen der Schöpfung auf unserem wunderschönen, vielleicht einzigartigen Planeten.

Jeder von uns ist auf seiner eigenen Reise, hat seine eigenen Ansichten, seine eigene Geschichte, aber am Ende befinden wir uns gemeinsam auf derselben Erde. Sie ist nicht einfach eine Plattform für die menschliche Existenz. Sie ist ein Lebewesen. Wir sind nicht auf ihr, sondern wir sind ein Teil von ihr. Ihre Gesundheit ist unsere Gesundheit. Beginnen wir also bei uns selbst und lassen wir täglich ein wenig von unserem Ego ab, besinnen uns auf unsere Gemeinsamkeiten und die kleine Welt um uns herum wird sich zum positiven ändern. Der Friede, die Sorgfalt und das Mitgefühl beginnen im Herzen eines jeden einzelnen Menschen und ziehen von dort aus immer weitere Kreise.

In diesem Sinne wünsche ich Ihnen herrliche Festtage mit viel Wärme und Nähe und natürlich einen guten, sicheren Start in das neue Jahr!

Herzlich,

Ihre Jennifer Lee

INHALT

Erster Schritt in der experimentellen Anwendung von Huna Das allererste Bulletin der Huna Research Associates aus dem Jahr 1948.
Von Max Freedom Long **> Seite 3**

Begegnung mit William Reginald Stewart W. R. Stewart erkannte in M. F. Longs Beschreibung von Huna ein altes Wissen, das er bei einem Berberstamm in Nordafrika erlernt hatte.
Von Max Freedom Long **> Seite 6**

Neujahrsmeditation Eine Gedankenstütze zur Verwirklichung Ihrer Träume und Gebete im neuen Jahr.
Von Jennifer Lee **> Seite 8**

Veranstaltungskalender
Vortragsreihe, Ho'oponopono-Seminar, Huna Basis-Seminar, externe Veranstaltungen **> Seite 10**

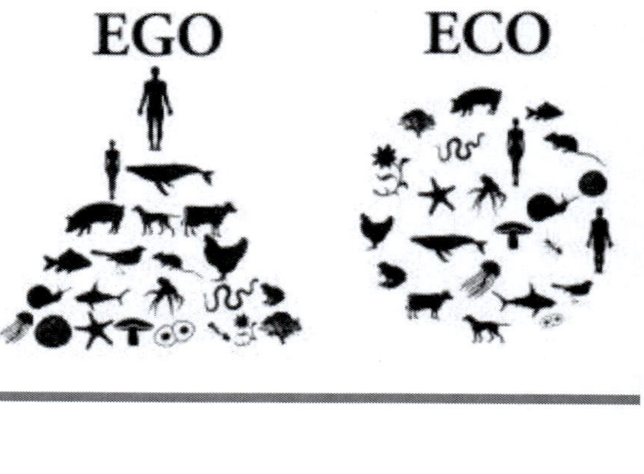

Liebes Mitglied der Huna Forschungs-Gesellschaft

Sie machen es möglich! Ihr persönlicher Beitrag schafft die Voraussetzung, dass wir unsere Vorträge und Seminare, die persönlichen Beratungen und die Tradition der Huna Nachrichten weiterführen können.

Ein grosses und herzliches Dankeschön für Ihre Unterstützung!

Mitgliedsbeitrag 2015

Wir freuen uns, wenn Sie unsere Tätigkeiten auch im neuen Jahr durch Ihren Mitgliedsbeitrag unterstützen. Er beträgt unverändert

CHF 80.00 / EUR 55.00

Für Ihre baldige Überweisung sind wir dankbar.

Profitieren Sie von den zahlreichen Vergünstigungen für Mitglieder! Informationen über unsere Aktivitäten und Angebote finden Sie auf unserer Website www.huna-europe.ch oder erhalten Sie unter Telefon +41 44 251 55 65.

Schweiz: Postfinance Bern 80-32001-2, IBAN CH74 0900 0000 8003 2001 2
Deutschland: Postbank Karlsruhe 1840 02-757, IBAN DE26 66010075 0180 4027 57
Österreich: P.S.K. Wien 7.617.939, IBAN AT76 6000 0000 0761 7939

Persönliches Ho'oponopono

Wir alle haben kleinere und grössere Probleme und Konflikte in unserem Alltag. Sie hindern uns daran, voller Freude und Zuversicht zu leben.

Mit Ho'oponopono ist es möglich sie zu klären, die Dinge richtig zu stellen, unsere Beziehungen zu heilen, unser Licht wieder leuchten zu lassen und so Ausgeglichenheit und inneren Frieden zu erreichen.

Befreien Sie sich und alle Beteiligten von unnötigen Belastungen mit dem traditionellen 12-Schritte-Ho'oponopono nach Morrnah Simeona.

Nähere Informationen und Kontakt auf www.huna-europe.ch

Wir freuen uns auf Sie!

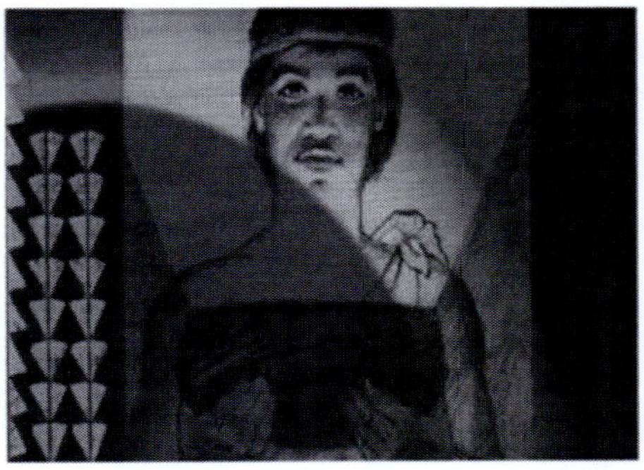

„Jedes neugeborene Kind hat bei der Geburt eine Schale, in der perfektes Licht ist. Wenn es das Licht hütet gewinnt es an Stärke und kann alles tun – mit dem Haifisch schwimmen, mit den Vögeln fliegen und alles kennen und verstehen.Wenn es jedoch neidisch oder gar eifersüchtig wird, lässt es damit einen Stein in die Schale fallen und ein Teil des Lichts geht aus. Licht und Stein können nicht denselben Raum einnehmen. Wenn es damit weiterfährt Steine in die Lichtschale zu tun wird das Licht ausgehen und das Kind wird zu einem Stein werden. Ein Stein wächst nicht, noch bewegt er sich. Wenn es irgendwann müde wird ein Stein zu sein, ist alles was es tun muss, die Schale auf den Kopf stellen und die Steine werden wegfallen und das Licht wird von neuem wachsen.“

(Aus „Tales from the Night Rainbow“, ins Deutsche übertragen von Jennifer Lee)

Bulletin Nr. 1 – Erster Schritt in der experimentellen Anwendung von Huna

Für die HUNA RESEARCH ASSOCIATES OF MAX FREEDOM LONG, F.H.F.
Von MFL. Box 2867 Hollywood Station, Los Angeles 28, California

Vielleicht nehmen Sie sich während der kommenden Festtage ein bisschen Zeit für sich und lassen Ihre Wünsche und Träume aufsteigen. Vielleicht machen Sie sich Gedanken darüber was Sie im neuen Jahr erreichen möchten und stellen sich bildlich vor, wie sich diese Veränderung auf Sie selbst, auf Ihre Familie, auf Ihre Freunde und auf ihr gesamtes Umfeld auswirkt. Zur Unterstützung dieses Prozesses und zur Erinnerung an die Schritte zur Gebets- oder Wunscherfüllung in der Huna-Lehre lesen Sie hier den ersten Newsletter von Max Freedom Long an die Mitglieder der Huna Research Associates vom 2. Februar 1948.

Übersetzung von **Jennifer Lee** in bestmöglicher Beibehaltung der Originaldarstellung sowie des „Originaltons".

Aloha:
In Kürze beginnen wir damit das uralte Huna System in grösserem Rahmen zu testen. Es wurde bereits genügend experimentelle Arbeit getan um zu beweisen, dass Huna für uns genauso funktioniert, wie für die Kahuna, aber es wurde erst ein Anfang gemacht. Um es zu beherrschen müssen weiter arbeiten und experimentieren.

Weil die meisten von uns Probleme zu lösen haben in unserem eigenen Leben, handelt der erste Schritt den ich empfehlen werde von der „Hohen Magie". Ich möchte, dass sich jedes einzelne Ihrer Leben verbessert. Ich möchte, dass Sie die richtige Gesundheit, Finanz- und allgemeine Lage in Ihre Zukunft einbauen, als notwendiger erster Schritt im Huna Experiment. Mit dieser Arbeit werden Sie an Erfahrung gewinnen und aus unseren gemeinsamen Erfahrungen werden wir das ganze Huna- Wiederentdeckungsprojekt weiter bringen.

Ihre Zukunft ist zum grössten Teil immer noch eine unfertige Landkarte. Sie haben nicht entschieden wohin sie gehen und da das Hohe Selbst täglich Bruchstücke Ihrer Zukunft zeichnet, aus Ihren Gedanken darüber was sie wollen oder was Sie fürchten, ist Ihre Landkarte mit undeutlichen Linien ausgefüllt welche die Richtung jedes ziellosen Tages anzeigen. Hier und dort finden sich auch Kleckse, die Krankheit, Unfälle und die Erfüllung aller befürchteten Ereignisse anzeigen.

Nehmen Sie unseren Text über Huna, „Geheimes Wissen hinter Wundern" und lesen Sie noch einmal den Fall 29. Dann stellen Sie sich selbst jene Fragen, die die Kahuna mir gestellt hatte. Finden Sie heraus, was in Ihrer Zukunft geschehen soll. Fragen Sie sich selbst, wie Sie sich fühlen würden wenn dies oder das oder die andere Sache kommen würde als Antwort auf Ihre Arbeit mit der Hohen Magie. Schlafen Sie darüber. Wie auch immer Sie zu Ihrer Entscheidung kommen, machen Sie es richtig. Machen Sie es endgültig. Sie zeichnen Ihre Zukunft und Sie müssen damit aufhören, dauernd Ihre Meinung darüber zu ändern was geschehen soll! Werden Sie vernünftig und steuern Sie mit Ihrer ganzen Kraft eine endgültige Reihe von Zielen an. Sie können später Dinge auf Ihrer Landkarte hinzufügen, aber Sie dürfen keine grundlegenden Änderungen anbringen um keine Verwirrung zu verursachen. Sagen Sie zu sich selbst: „Ich will _______ sein. Ich will ________ tun." Und dann bleiben Sie dabei! Geben Sie Ihrem Hohen Selbst genügend Zeit um DIESE ZUKUNFT für Sie zu bauen und um diese Zukunft in Ihrem täglichen Leben zu aktualisieren. Geben Sie dem Hohen Selbst freie Hand. Präzisieren Sie nicht WIE das gewünschte Ergebnis erreicht werden soll.

Das ist kein Kinderspiel. Es ist wahrscheinlich die ernsthafteste Arbeit die Sie je unternommen haben weil sie jetzt die Weichen für Ihr ganzes Lebens stellen. Es ist ernsthafte Arbeit für die ganze Welt weil Sie jetzt ein Pionier sind, der Schneisen in die Wildnis schlägt für diejenigen die weniger klar sehen und weniger gewandt sind, damit sie morgen auf diesem Weg in einen neuen und viel besseren Tag reisen können.

Wenn Sie genau entschieden haben was Sie auf Ihrer Landkarte haben wollen sowie in der Gussform in die Ihr Leben gegossen werden soll, schreiben Sie es auf.
Dann machen Sie eine Kopie der wichtigsten Teile und senden Sie mir zu, damit ich sie in die (geheimen) Huna Research Associates Akten legen kann. Ich werde Ihrem Blatt eine Codenummer geben und ich werde einen Bericht von Ihnen erwarten so oft irgendein Gegenstand auf Ihrer Liste beginnt sichtbare Formen anzunehmen – oder wenn es eine rätselhafte Störung gibt. Ich werde ebenfalls einen Abschlussbericht erwarten wenn Sie fertig sind, mit Notizen darüber was Sie gelernt haben um unser Verständnis von Huna zu verbessern.

Tun Sie was Sie können fürs Erste, um Ihre Schuldkomplexe oder andere hinderlichen Fixierungen zu bearbeiten. Lesen Sie wiederholt das Buch und Sie werden allmählich ein funktionierendes Wissen über diese Seite des Problems erlangen. In kürzester Zeit werden wir verschiedene Mitglieder haben, die in der Lage sind bei den Fixierungen zu helfen, aber bis jetzt gibt es noch keine. Befassen Sie sich täglich mit der Huna Lehre und damit, dass keine Tat eine Sünde ist ausser Sie verletzt jemanden.

Hier folgt Information die man nicht in meinem Buch findet. Es ist der Teil des Wissens, der durch W.R. Stewart gewonnen wurde, der Kahuna in Nordafrika entdeckte und von ihnen lernte. Er verbrachte Jahre damit diesen Teil der Instruktionen zu testen, die ihm seine Kahuna Lehrerin gab und fand heraus dass sie sehr wichtig sind.

1. Ihr Hohes Selbst und diejenigen Ihres Mannes, Ihrer Frau, Kinder, Verwandte, Nachbarn usw. arbeiten zusammen. Das ist so, weil wir in Gruppen leben und unsere Leben in Beziehung zu anderen gelebt werden. Diese Hohen Selbste sind jedoch viel näher verbunden als wir, die wir in festen, materiellen Körpern leben. Sie haben sich entwickelt bis zu dem Punkt wo sie eine perfekte Bruderschaft bilden. Sie existieren als Individuen aber sie sind auch eins mit allen Hohen Selbsten als eine allgemeine Wesenseinheit.
Sie repräsentieren den universellen Geist oder die Christusenergie die wir Modernen auf eine vage Art und Weise kennengelernt haben. Dieser grosse Körper von vereint-getrennten Hohen Selbsten wurde von den Kahuna „Poe Aumakua“ oder „Gemeinschaft von äusserst vertrauenswürdigen, elterlichen Geistwesen“ genannt. Jede Gebetsaktion muss an das Hohe Selbst gerichtet sein und wenn noch höhere Wesen in die Aktion einbezogen werden sollen, wird sich das Hohe Selbst darum kümmern.

2. Da jedes Hohe Selbst in Ihrer Gruppe von Hohen Selbsten seinen eigenen Mann, seine eigene Frau oder sein eigenes Kind liebt über den, die oder das es als Schutzengel wacht, (egal wie schlecht diese Person sein mag), muss die ganze Gruppe von Hohen Selbsten (entsprechend Ihrer Gruppe unten) in Betracht gezogen werden, wenn wir unser eigenes Hohes Selbst darum bitten Änderungen für unsere Zukunft zu vollziehen, die eine Auswirkung auf die anderen in der Gruppe haben werden. Sehen Sie sich selbst vor den versammelten Hohen Selbsten Ihrer Gruppe stehen und Ihre Bitten vorbringen. Was würden Sie auf den leuchtenden Gesichtern sehen, wenn Sie um etwas bitten würden, das einen der Erdlinge in ihrer Obhut verletzen würde? Diese Hohen Selbste lieben ihre weltlichen Kinder mit einer unermesslichen und sehnsüchtigen Liebe. Und, vergessen Sie nicht, sie müssen hilflos zusehen, wie ihre Erdlinge Dinge tun, die sie in alle Arten von Schwierigkeiten bringen. Das ist das GESETZ. Das Hohe Selbst muss die Finger davon lassen und das untere und das mittlere Selbst (den Menschen) durch Erfahrung lernen lassen. Das ist unser gottgegebener FREIER WILLE. Nur die Langzeitereignisse unseres Lebens dürfen bestimmt sein für uns. Alle anderen Ereignisse und Bedingungen müssen aus dem Material gemacht werden, das wir unserem Hohen Selbst als Gedankenformen senden und aus den kumulativen Handlungen die wir ausüben. Wenn Sie die grösstmögliche Freude im „Himmel“ erzeugen möchten, können Sie das auf zwei Arten tun, erstens indem Sie Ihr Hohes Selbst anerkennen und es darum bitten in Ihrem Leben mitzuwirken (eine bildliche Türöffnung für die Hilfe durch das Hohe Selbst), oder, zweitens, indem Sie die Existenz der anderen Hohen Selbste der Gruppe anerkennen und sie darum bitten Ihnen zu helfen bei ihren weltlichen Ämtern behilflich zu sein.

In der Kirche wird grosses Gewicht auf die Rettung von Seelen gelegt. Bei Huna wird Gewicht darauf gelegt, anderen zu helfen von ihre Hohen Selbsten zu wissen und die tierische Gier und Wildheit des unteren Selbstes aufzugeben, so dass ihre Leben geordnet und ihre Türen für die Hilfe und die Führung und die Heilung des Hohen Selbstes geöffnet werden. Das ist die wahre Erlösung – die einzige bekannte in der uralten, geheimen Überlieferung. Um sich der Hilfe der Aumakuas würdig zu erweisen, müssen wir ein wenig wie sie werden. Wir müssen freundlich und tolerant und gewillt sein unseren Nächsten selbstlos zu helfen. Je höher wir uns entwickeln umso weniger reissen wir an uns und umso mehr geben wir.

3. W.R. Stewart fand heraus, dass eine Gebetsaktion die er für sein eigenes, persönliches Wohl durchführte und nur für dieses, langsame Resultate erzielte im Vergleich zu Aktionen zum Wohle anderer sowie seiner selbst. (Erinnern Sie sich an die Tatsache, dass die Menschen die zum Heiligtum in Lourdes kommen um für andere zu beten, sehr oft selbst geheilt werden. Wenn Sie für das Wohl anderer beten rufen Sie deren Hohe Selbste zu Hilfe. Beten Sie für zehn und Sie haben eine unglaubliche Kraft und Weisheit hinter sich. Bitten Sie um Hilfe um der Menschheit zu helfen und die ganze Poe Aumakua hört Ihnen zu. Sogar die kleinste Tat um jemandem im Namen des Hohen Selbstes das über ihn/sie wacht zu helfen, wird über alle Massen gesegnet. „Was ihr für einen meiner geringsten Brüder oder für eine meiner geringsten Schwestern getan habt, das habt ihr für mich getan", sagte Jesus und er sprach als ein Hohes Selbst. Darum wird das Dienen in so hohem Masse herausgehoben in allen Lehren. Das ist der eine Weg, wie man den Höheren Wesen dienen kann. Entwickeln Sie sich. Helfen Sie anderen dabei sich zu entwickeln. W.R. Stewart lebte um zu dienen. Nach seinem Tod erhielt ich eine fleckige, kleine Notiz von seiner alten Putzfrau. Die Notiz endete mit, „er war so ein gütiger Mann". Welche Gravur auf den Erinnerungen, die sein einziges Denkmal sind! Er diente – DIENTE!

Schritt Nummer 1 ist zu entscheiden, was Sie sein möchten und was Sie tun möchten. Schritt Nummer 2 ist ein klares und dauerhaftes Bild dessen was Sie sich wünschen im Geiste zu entwerfen (Gedankenformen). Jeden Tag werfen Sie für ein paar Minuten die gegenwärtigen Umstände zur Seite und stellen sich vor, Sie leben so wie Sie sich selbst in der Zukunft sehen. Betreten Sie Ihre bildhaft dargestellte Zukunft jeden Tag vollständiger, bis Sie die unerwünschten Dinge in der Gegenwart vergessen können – vergessen Sie sie für lange Minuten. Stellen Sie sich das neue Haus, das neue Dienen und das neue Leben vor. Für die Gesundheit, sehen Sie sich selbst in einem Ihrer frühen Tage, als Sie barsten vor Gesundheit. Vergessen Sie gegenwärtige Krankheit die auf dem Weg nach draussen ist und die keine Nachhaltigkeit hat in der sehr realen Zukunft die gerade Gebaut wird als Antwort auf Ihre Gebete.

Beten Sie um Materialisierung Ihres Bildes. Beten Sie so oft Sie daran denken und präsentieren Sie Ihr Bild immer als Herzstück Ihres Gebetes. Warten Sie nicht auf die vollständige Antwort auf Ihr Gebet, aber beginnen Sie sofort mit kleinen „guten Taten". Tun Sie alles was Sie unten tun können und verlassen Sie sich auf die Aumakuas die ihre Arbeit oben tun. Schreiben Sie nicht vor WIE die Dinge erreicht werden sollen. Überlassen Sie das den Hohen Selbsten. Wenn Sie Vertrauen haben und durchhalten, wird es das untere Selbst zu gegebener Zeit weiterleiten und Ihre Gebete (telepathisch) liefern, so wie Sie sie formulieren. Geben Sie Ihre Hassgefühle auf oder Sie werden ein Hohes Selbst hassen und keinen Fortschritt erzielen. Ein sehr grosser Kahuna sagte, „tu jenen Gutes, die dich boshaft ausnutzen." Wenn Sie diese Hürde nehmen können, sollte Ihr Weg gerade, breit und einfach sein.

M.F.L.

Eine fast vollständige Bibliothek der Huna Bulletins finden Sie auf der Website www.maxfreedomlong.com. Nur in Englisch.

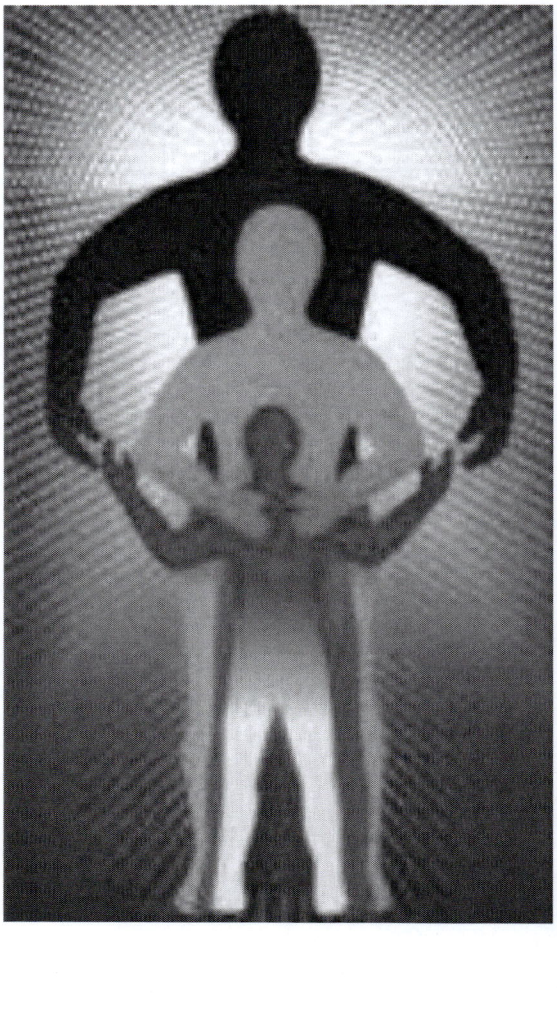

Begegnung mit William Reginald Stewart

Die englische Veröffentlichung von Max Freedom Longs Forschungen („Recovering The Ancient Magic“, Rider & Co. London, 1936) löste viele Zuschriften aus. Er hatte seine Leser gebeten das vorliegende Material zum Studium zu verwenden und ihm über Ihre Erfahrungen zu schreiben. Er erhielt hunderte von Briefen, doch nur wenige brauchbare Mitteilungen waren dabei.

Lesen Sie einen Ausschnitt aus „Geheimes Wissen hinter Wundern“ über seine schriftliche Begegnung mit W.R. Stewart:

„Dann aber, nach mehr als einem Jahr, erreichte mich der Brief eines im Ruhestand lebenden englischen Journalisten namens William Reginald Stewart. Dieser brachte eine Aussage von allergrösster Bedeutung! Beim Lesen meines Berichtes hatte Mr. Stewart mit Erstaunen erkannt, dass ich genau die gleiche Magie beschrieb, deren Anwendung er in früheren Jahren bei einem gewissen Berber-Stamm im Atlas-Gebirge von Nordafrika kennen gelernt hatte. Zu seiner Überraschung fand er ferner, dass die hawaiischen Worte der Kahuna, von kleinen dialektischen Unterschieden abgesehen, mit denen die man in Afrika zur Beschreibung der Magie verwendet hatte übereinstimmten. Als er mein Buch gelesen hatte, suchte er seine vergilbten Notizen heraus und verglich die Worte, von denen ihm einst gesagt worden war, dass sie zur geheimen Sprache der Magier gehörten. Das hawaiische Wort *Kahuna* hiess bei den Berbern *Quahuna*; und während man den weiblichen Kahuna in Hawaii *Kahuna wahini* nannte, hiess er in Afrika *Kahuna quahini.*

Der Name für einen Gott war in beiden Sprachen nahezu gleich: *Akua* und *Atua*; dasselbe galt, wie ich feststellen konnte, für eine ganze Anzahl andere Wörter.

Da zwischen der Sprache der Berber-Stämme und dem polynesischen Dialekt keinerlei Ähnlichkeit besteht, bewies die Ähnlichkeit der Magie und der zu ihrer Beschreibung benutzten Wörter zweifelsfrei, dass die beiden Völker entweder gleich Ursprungs waren oder dass sie in früheren Zeiten miteinander in Berührung gekommen sein mussten.

Als Mr. Stewart im Auftrag einer holländischen Gesellschaft in Nord-Afrika nach Erdölvorkommen suchte und sich gleichzeitig als selbstständiger Korrespondent für den Christian Science Monitor betätigte, hörte er von einem Berber-Stamm und seiner Magie. Während seiner Ferien machte er sich mit Führern auf, den Stamm zu suchen. Schliesslich fand er ihn auch und lernte die Magierin des Stammes kennen. Nach langen Überredungsversuchen erreichte er, dass sie ihn adoptierte und zu ihrem Blutsohn machte; denn nur so wurde es ihr möglich, ihm die erbetene Unterweisung in der geheimen Magie zuteil werden zu lassen. Die Magierin, mit Namen Lucchi, hatte eine 17-jährige Tochter, die gerade in die Magie eingeführt werden sollte. So konnte Stewart mit ihr zusammen am Unterricht teilnehmen. Das Studium begann mit Ausführungen über die legendäre Stammesgeschichte. Es hiess, dass 12 Volksstämme, die alle Kahuna hatten, ehemals im Gebiet der Wüste Sahara lebten, als diese noch grün und fruchtbar und von Flüssen durchzogen war. Die Flüsse trockneten aus, und die Stämme zogen zum Niltal weiter. Während sie dort wohnten, halfen sie mit ihrer Magie, das Baumaterial für die grosse Pyramide zu schneiden, zu transportieren und aufzuschichten. Damals waren diese Stämme die Beherrscher Ägyptens. Wegen der grossen Kenntnisse ihrer Magier standen sie weit über den anderen Stämmen des Landes.

Der Bericht sagt weiter, man habe einst in einer Vorausschau zukünftiger Ereignisse erkannt, dass einmal eine Zeit spiritueller Finsternis über die Welt hereinbrechen werde und dass dann die Magie der Stämme in Gefahr sei, verloren zu gehen.

Um das kostbare geheime Wissen zu erhalten, beschlossen die 12 Stämme, entfernt liegende, isolierte Länder aufzusuchen, um das „Geheimnis“ solange zu bewahren, bis die Welt für seine Aufnahme wider reif geworden sei. Nachdem sie auf psychischem Wege die Inselgruppe im Pazifik als leer und geeignet erkannten, machten sich 11 der Stämme auf den Weg dorthin. Über einen Kanal fuhren sie zum Roten Meer und von dort entweder längs der afrikanischen Küste oder über Indien in den Pazifischen Ozean. Nach vielen Jahren gingen sie dem zwölften Stamme gewissermassen „verloren“; denn dieser zwölfte Stamm war aus nicht genannten Gründen nordwärts gezogen und hatte sich in den Wüsten des Atlas-Gebirges angesiedelt. Dort lebte der Stamm nun seit Jahrhunderten und hatte in all dieser Zeit das Geheimnis bewahrt und die Magie lebendig erhalten. Mit dem Herannahen der modernen Zeit aber starben die Kahuna aus, und nur ein einziger, eine Frau, war schliesslich übriggeblieben. Diese war die Magierin Lucchi.

Stewart bezeichnete diesen Stamm als besonders gastfreundlich, sauber und äusserst intelligent. Er stellte fest, dass er eine alte hohe Kultur besass. Man sprach eine für die Berber-Stämme typische Mischsprache. Immer aber, wenn man auf die altüberlieferte Lehre der Magie zu sprechen kam, bediente man sich einer anderen Sprache, da es nur in dieser die zutreffenden Ausdrücke gab, um diejenigen Elemente im Menschen zu bezeichnen, die ihn zur Ausübung der Magie befähigten.

Der junge Engländer, dem es schon nicht leicht fiel, sich mit einigen der Berber in französischer Sprache zu verständigen, musste sich beim Unterricht in der alten Geheimlehre die grösste Mühe geben, um überhaupt zu erfassen, was die Worte der sogenannten „Geheim“-Sprache bedeuteten.

Nach und nach aber erlernte er die grundlegende Philosophie der Magie. Die Lehrerin demonstrierte oftmals ihre magische Kraft in Heilungen von Wunden und Krankheiten, sowie in der Beeinflussung von Vögeln, wilden Tieren, von Schlangen, Wind und Wetter. So verlief alles gut, die theoretische Arbeit war bewältigt, und die praktische Anwendung sollte nun folgen. Dann aber, an einem trüben Nachmittag, entstand zwischen zwei sich befehdenden Parteien im Tal unterhalb des Berberkamps ein Feuergefecht. Eine verirrte Kugel traf Lucchi dicht über dem Herzen. Sie starb fast augenblicklich.

Da nun die Lehrerin tot war und Lucchis Tochter von der alten Lehre ebenso wenig wusste wie er selbst, kam Stewarts Studium zum jähen Ende. Er raffte sich seine Notizen zusammen, nahm Abschied von seinen Blutsbrüdern und Schwestern und kehrte in sein altes Leben zurück.

Volle dreissig Jahre nach diesem Vorfall las er meinen Bericht und erkannte in den von mir angeführten hawaiischen Worten – abgesehen von den geringfügigen dialektbedingten Abweichungen – die gleichen Worte wieder, die er so lange in seinen Notizen aufbewahrt hatte.“

Max Freedom Long (1890-1971) entdeckte während seiner Tätigkeit als Lehrer auf Hawai'i das verborgene Wissen der Inselbewohner, erforschte es und machte es der westlichen Welt unter dem Namen "Huna" zugänglich. 1946 gründete er die „Huna Research Associates“, mit deren Mitgliedern er via Newslettern, den sog. „Bulletins“ kommunizierte. Seine wichtigsten Bücher

- **„Geheimes Wissen hinter Wundern“**
- **„Die verborgene Lehre Jesu“**
- **„Kahuna-Weisheit“**
- **„Selbstsuggestion und Huna-Gebet“**

sind im Buchhandel erhältlich, alle beim Verlag Schirner, Darmstadt. www.schirner.com

Geheimes Wissen hinter Wundern
Die Entdeckung der Huna-Lehre
Max Freedom Long

Dieses Grundlagenwerk führt den Leser in das faszinierende magische System der Kahunas ein und lässt ihn immer wieder staunen. Mithilfe dieses Buches wird es dem Leser ermöglicht, den Zugang zu den eigenen, verborgenen Kraftquellen zu finden. Es führt in ein uraltes geheimes System anwendbarer und wirksamer Magie ein. Wenn wir lernen, diese ebenso zu nutzen wie die eingeborenen Schamanen, dürfen wir hoffen, dass wir die Welt einmal werden ändern können ...

ISBN-13: 978-3-8434-4487-3

Neujahrsmeditation

Mit den besten Wünschen für Sie, soll diese Meditation als Gedankenstütze dienen für die Realisation ihrer Träume und Gebete im kommenden Jahr! Vielleicht sprechen Sie die Worte selbst auf einen Tonträger oder jemand führt Sie auf dieser Reise – wie immer Sie die folgenden Gedanken für sich verwenden denken Sie daran, dass die schöpferische Kraft Ihnen immer wohlgesinnt ist. Sie „arbeitet" immer für Sie. Sie unterstützt Sie bei allem worum Sie bitten. Sie bitten mit der Energie und der Schwingung die Sie aussenden. Von **Jennifer Lee**

Nimm einen tiefen, heilenden Atemzug in deinen Körper hinein, lass ihn wieder gehen und entspanne dich.
Konzentriere dich auf deinen Atem. Verbinde deinen Körper mit deinem Atem.
Spüre, wie sich dein Brustkorb hebt und wieder senkt.
Lass deine Gedanken zur Ruhe kommen. Lass sie vorbeiziehen wie Wolken am Himmel.
Atme jetzt bei jedem Einatmen ein wunderschönes, feines Licht ein und entlasse beim ausatmen alle Gedanken und alle Widerstände die vielleicht in deinem Körper sind.

Noch einmal: Nimm einen tiefen lichterfüllten Atemzug und dann atme alle negativen Gedanken aus und jede Energie die dir nicht gut tut.

Jetzt stellst du dir am Ende deiner Wirbelsäule eine Erdungsschnur vor. Sie ist, ähnlich wie ein Stromkabel in der Steckdose, mit dem Zentrum der Erde verbunden.
Eine Schnur am Ende deiner Wirbelsäule, die hinein geht ins Zentrum von Mutter Erde.

Wenn du diese Erdungsschnur schon einmal aktiviert hast – vielleicht in einer anderen Übung – dann schneidest du sie jetzt am Ende deiner Wirbelsäule durch und lässt sie mit dem Zentrum der Erde zerschmelzen.

Lass jetzt eine neue, noch stärkere Schnur aus dem Ende deiner Wirbelsäule wachsen.
Sie gibt dir Halt und zentriert dich, indem sie sich tief unten im Herzen von Mutter Erde verankert.
Verbinde dich mit diesem Gefühl von Sicherheit und gehalten sein von unserer Erde.
Du bist vollkommen beschützt.

Jetzt stellst du dir ca. 5cm über deinem Kopf eine sich drehende, flache Scheibe vor. Fast so wie eine grosse CD.

Diese Scheibe öffnet sich jetzt von der Mitte aus wie zwei automatische Schiebetüren.
Sie öffnet sich weit wie eine Himmelspforte und du siehst über dir eine wunderschöne goldene Lichtkugel. Diese goldene Kugel strahlt Energie zu dir nach unten wie ein Wasserfall aus Licht.
Lass dieses goldene Licht jede Zelle in deinem Körper durchfluten und reinigen. Es geht durch deinen Scheitel und reinigt alle deine Gedanken und bringt sie zur Ruhe...

Stell dir jetzt dein Herzzentrum vor, es ist ein paar Zentimeter von deinem körperlichen Herzen entfernt.
Stell dir dieses Herzzentrum als Blume vor. Eine goldene Lotusblume die erblüht und sich öffnet während diese goldene Lichtkugel über deinem Kopf wunderschönes Licht durch deinen Körper fliessen lässt, durch dein Herz und durch die Lotusblüte hinaus in die Welt und zugleich hinunter ins Zentrum von Mutter Erde. Sie hält dich und du kannst dich öffnen um beschenkt zu werden:

Stell dir vor, wie du auf dem Gipfel eines Berges stehst und dein ganzes Leben aus dieser Sicht betrachtest.
Denke an alle die vielen, verschiedenen Dinge die in diesem letzten Jahr geschehen sind.

Denke an diejenigen Ereignisse, die deinem Wachstum dienten. Denke an die klaren Momente als sich wirklich etwas in deiner Wahrnehmung änderte. Als dir neue Einsichten einige wunderschöne „Aha-Momente" schenkten.

Betrachte jetzt was du erreicht und erschaffen hast in diesem Jahr und was dadurch in dein Leben trat:

Hast du eine neue Beziehung erschaffen, oder hast du vielleicht eine alte Beziehung abgebrochen um Platz für eine neue zu machen?
Hast du vielleicht ein altes Zuhause losgelassen um eine neue Lebensmöglichkeit im neuen Jahr anzuziehen? Hast du eine neue Familie gegründet?
Hast du eine neue Berufskarriere angetreten die dich neu inspiriert und dich finanziell weiterbringt?
Konntest du eine oder mehrere belastende Angelegenheiten bereinigen und abschliessen, vergeben und vergessen?
Hast du dir dadurch Raum geschaffen für dich selbst, damit neue Ideen und Inspirationen zu dir

kommen können?
Was hast du dieses Jahr erschaffen, welchen Traum konntest du verwirklichen?

Freu' dich über deine Erfolge und feiere sie. Betrachte auch alle kleinen Dinge auf die du stolz bist.

Vielleicht hast du einen neuen Freund oder eine neue Freundin gewonnen. Denke jetzt an alle diese Dinge.
Lass dir Zeit, dein Jahr langsam vor deinem geistigen Auge vorbeiziehen zu lassen:
Erinnere dich an die Meilensteine.
Erinnere dich an deinen Geburtstag.
Wie war dein Kontakt zu den Menschen um dich herum, wie bist du auf sie zugegangen?
Warst du mitfühlend? Hast vergeben wo nötig? Warst du grosszügig?

Welches waren deine stolzesten Momente die du in diesem Jahr hattest? Die Augenblicke die dich nicht nur als Persönlichkeit auszeichnen, sondern auch als das gesamte, einzigartige Wesen das du bist?

Nach diesen Gedanken lässt du jetzt dieses vergangene Jahr in Liebe gehen:
Lass alles gehen was vielleicht geschehen ist und du noch vergeben möchtest.
Lass alle Menschen los die du loslassen musst und vergib ihnen. Durch das Aussprechen deiner klaren Absicht: „Ich vergebe dir und lasse dich los", öffnest du tatsächlich die Türe für Vergebung und Erlösung.

Jetzt stellst du dir eine Filmleinwand etwas ausserhalb von dir vor. Sie repräsentiert dein Jahr, dein nächstes, kommendes Jahr.
Du bist ein erstaunlicher Schöpfer, eine machtvolle Schöpferin und du hast grössere Fähigkeiten alles was du dir wünschst zu erschaffen, als du dir bis zu diesem Zeitpunkt bewusst bist.
Wage es und mache diesen Teil in dir nutzbar. Der Teil, der genau weiss, wie alles erschaffen wird was du dir wünschst. Mach dir bewusst, dass diese grosse, allwissende Kraft in dir ist! Sie ist jetzt in deinem Innern!

Wenn du jetzt dein neues Jahr betrachtest – was wünschst du dir? Was möchtest du erschaffen?
Willst du inneren Frieden erreichen? Willst du endlich spüren und wissen, dass du „gut genug" bist, dass du es Wert bist, alles zu erreichen was du dir erträumst?
Willst du, dass dieses neue Jahr das Jahr wird in dem deine Selbstliebe ohne Hindernisse fliesst?
Willst du dieses Jahr vollkommene Gesundheit und Überfluss manifestieren?
Willst du dein wahres Wesen leben und die Wahrheit deines Wohlbefindens?
Oder willst du mehr Geld manifestieren? Wenn ja, wie viel und was kannst du von deiner Seite dafür tun?
Sei spezifisch.
Möchtest du eine neue Beziehung anziehen, sei es in der Liebe, sei es geschäftlich oder freundschaftlich?
Möchtest du dich neu verlieben in deinen „alten" Partner oder in deine „alte" Partnerin?
Möchtest du neuen Schwung, neue Ideen und neue Energie in einer bestehenden Beziehung manifestieren?
Willst du Vater werden oder Mutter in diesem neuen Jahr?
Willst du dich selbstständig machen und ein eigenes Geschäft aufbauen?
Möchtest du einen neuen Job bei dem du eine Arbeit machst die dich erfüllt und die dich glücklich macht?
Willst du eine neue, vollkommen andere Karriere beginnen?
Möchtest du umziehen in ein neues Zuhause?
Möchtest du ein neues Auto?

Was willst du? Sieh dich auf dieser Filmleinwand vor dir , mit allen deinen erfüllten Wünschen:
Schau dir zu und fühle dich rundum glücklich und erfüllt. Lass diesen Überfluss in deinen Körper hineinfliessen um ihn tief in dir zu fühlen. Lass deinen Körper im Überfluss leuchten!
Spiele mit in diesem Film auf deiner Leinwand und schau dir zu, wie du die Dinge tust, die du wirklich tun möchtest:
Vielleicht reist du um die Welt oder du ruhst dich aus und geniesst deinen liebsten Ort.
Vielleicht lachst du mit deinen liebsten Menschen und verbringst viel Zeit mit ihnen.
Vielleicht verbindest du dich ganz intensiv mit deinen Freunden.
Sieh dich selbst mit einem grossen Lächeln auf dem Gesicht und mit Freude im Herzen.

Also, was möchtest du dieses Jahr erschaffen?
Die Entscheidung liegt bei dir. Erkläre jetzt, dass du dich damit verbunden hast, alles Nötige und Mögliche dafür zu tun, um diese Dinge in dein Leben zu bringen.

Stell dir jetzt vor, du bist wieder am Ende des Jahres. Es ist der 31. Dezember 2014 und du bist dein „zukünftiges Du" und schaust auf das vergangene Jahr zurück und auf alles was du erschaffen hast.

Leb dich hinein und spüre die Energie in deinem zukünftigen Selbst und die Begeisterung darüber, dass sich so viele deiner Wünsche erfüllt haben! Wie fühlst du dich?
Wie fühlt es sich an, dass du vor einem Jahr bestimmte Absichten gesetzt hast und dass sie sich

verwirklicht haben?

Was lösen diese Schöpfungen in dir aus, welche Emotionen, welche Essenz? Tauche ein in diese Empfindung. Vielleicht ist es ein zutiefst befriedigendes Erfolgsgefühl? Lass es deinen ganzen Körper durchdringen! Fühle deinen Stolz im ganzen Körper, dieses Gefühl von „Ich hab's geschafft!"!
Spüre den Überfluss den du suchst. Fühle die Liebe für einen anderen Menschen, fühle deine Selbstliebe, würdige das Wesen das du bist!

Jetzt siehst du dein Leben in diesem letzten Jahr als grossen, rückläufigen Kalender vor dir. Du stehst am 31. Dezember 2014 und sendest die Energie deines zukünftigen Selbstes zurück an dich, dort wo du jetzt stehst, am 31. Dezember 2013:
Du schaust zu, wie dein zukünftiges Selbst deinen Erfolg und dein Glück durch die Zeit zurückschickt.
Vielleicht eingepackt in einen Energieball, angefüllt mit diesem Überfluss, mit diesem Erfolg, mit dieser Liebe. Du gehst den ganzen Dezember 2014 zurück, siehst alle Tage im November, vom 30. bis zum 1. und füllst sie auf mit dieser Energie. Jetzt kommt der Oktober, der September, der August, fühle wie diese Energie alle Tage und Monate des Jahres auf deinem Kalender auffüllt, Juli, Juni, Mai, April, März, Februar, als letztes der Januar, vom 31. zurück zum 1.

Jetzt bist du wieder hier am 31. Dezember 2014 und weisst, dass du jetzt gleich den Schritt in dein grossartiges, neues Jahr tun wirst und dass dich diese wundervolle Energie erwartet.
Du weisst, dass alles was du willst, dich auch will und nur darauf wartet, mit dir auf derselben Schwingungsebene zu sein um sich in deinem Leben zu manifestieren!
Feiere den Menschen zu dem du dich in diesem kommenden Jahr entwickelst.
Feiere den Menschen der du bist in diesem Augenblick und feiere die Freude die bereits in dir ist!

Komm jetzt langsam zurück, richte deine Aufmerksamkeit auf deinen Körper. Bewege deine Finger, deine Zehen. Atme tief durch. Komm langsam zurück in den Raum, auf deinen Stuhl und wenn du bereit bist, öffnest du die Augen.

Herausgegeben von:

Huna Forschungs-Gesellschaft Zürich | HFG
Grubenstrasse 27 | CH-8045 Zürich
Telefon +41 44 251 55 65
info@huna-europe.ch | www.huna-europe.ch

Veranstaltungskalender

Mittwoch, 21. Jan 2015 19.00 h Vortragsreihe	**„Die Schicksalsgesetze - Die Suche nach dem Masterplan"** Der neue Film von Rüdiger Dahlke Filmvorführung und Diskussion Mit Patrick Staub, CHF 20, Mitglieder 10 HFG-Zentrum Zürich
Mittwoch, 25. Feb 2015 19.00 h Vortragsreihe	**Transformationsenergie - ganzheitliche Heilungsmethode** Vortrag und Demonstration Mit Beatrice Meister CHF 20, Mitglieder 10 HFG-Zentrum Zürich
Mittwoch, 25. März 2015 19.00 h Vortragsreihe	**Selbstliebe – die Basis für ein gesundes, erfülltes Leben** Mit Jennifer Lee CHF 20, Mitglieder 10 HFG-Zentrum Zürich
Fr/Sa/So 27./28./29. März 2015 Wochenend-Seminar	**Ho'oponopono / Selbstliebe – Freiheit durch Aussöhnung** Mit Jennifer Lee CHF 350, Mitglieder 300 HFG-Zentrum Zürich
Fr/Sa/So 10./11./12. April 2015 Wochenend-Seminar	**Huna Basis-Seminar – Entdecken Sie Ihr wahres Selbst** Mit Jennifer Lee CHF 350, Mitglieder 300 HFG-Zentrum Zürich
Sa - Do 18.–23. April 2015 Seminarwoche	**Familienthemen – die Hintergrundmelodie des Lebens** 5 Tage Auszeit im romantischen Landsitz Pichlschloss in der Steiermark Mit Jennifer Lee www.pichlschloss.at
Samstag 9. Mai 2015 Tages-Seminar	**Huna Praxis-Seminar – WaiWai Haipule, Richten Sie Ihr Bewusstsein auf Glück und Wohlstand aus.** Mit Jennifer Lee CHF 220, Mitglieder 200 HFG-Zentrum Zürich

Nr. 21 | März 2015

HUNA NACHRICHTEN

Zeitschrift für Mitglieder | Huna Forschungs-Gesellschaft Zürich | www.huna-europe.ch

EDITORIAL

Liebe Leserin, lieber Leser

Der Mensch der Sie heute sind, ist die Summe aller Erfahrungen quer durch alle Ihre Lebenszeiten. Leider halten uns alte Gewohnheiten und Unsicherheiten gefangen in einem unnötigen Kreislauf aus negativen Gedanken und oft gar destruktiven Verhaltensweisen. Schmerzhafte Erinnerungen immer und immer wieder bewusst oder unbewusst abzuspielen, ist eine Form von Selbstmissbrauch. Toxische Gedanken erzeugen einen toxischen Körper. Ihr Unterbewusstsein macht Sie irgendwann über Ihren Körper darauf aufmerksam, dass ein Gedankenmuster zu einer Blockade geführt hat. Halten Sie es wie das alte Volk aus Hawai'i: Neben der Behandlung durch einen Arzt, war es eine Selbstverständlichkeit und gehörte zu der damaligen Lebensweise, die inneren und äusseren, die alten und die aktuellen Konflikte anzuschauen und sich mit ihnen auszusöhnen.

Schliessen Sie als erstes Frieden mit sich selbst und mit Ihrer Vergangenheit. Heilen Sie Ihre Gedanken und heilen Sie sich selbst. Sie haben jeden Morgen die Wahl mit welchen Gedanken Sie Ihren Tag beginnen möchten, worauf Sie sich konzentrieren wollen. Auch im Angesicht der misslichsten Umstände gibt es Dinge die als erfreuliche, winzige Kleinigkeiten Bedeutung erhalten, wenn Sie Ihre Aufmerksamkeit darauf richten. Bereits ein kleiner Schritt in Richtung „Bewegung"! Für die unbewussten Erinnerungen, die in Ihrem Innern immer wieder abgespielt werden und die sich in Ihrer Aussenwelt als Ereignisse im Alltag zeigen, bietet Ho'oponopono eine wunderbare Hilfestellung, um mit Leichtigkeit und vertrauensvoller Unbeschwertheit „das Richtige wieder zu richtigen".

Um ein Bewusstsein für den Einfluss ihrer Gedanken auf Ihr Leben zu bekommen, beginnen Sie damit, sich mit Ihrer Vergangenheit auszusöhnen. Vieles kommt wieder in den Fluss, wenn Sie sich selbst mit Liebe betrachten und sich selbst vergeben für alles, was Sie glauben falsch gemacht zu haben. Betrachten Sie auch die Menschen in Ihrem Leben mit nachsichtigen Augen, ob sie noch auf der irdischen Ebene sind oder nicht. Ein Groll gegen sich selbst oder gegen den Grossvater bindet Sie und Ihre Nachkommen in einem ewigen Kreislauf an alte Geschichten oder Ereignisse. Sind diese Themen auch noch so unverzeihlich und schmerzvoll aus Ihrer Sicht. Nehmen Sie die Adlerperspektive

INHALT

Selbstliebe – die Basis für ein erfülltes Leben
Die Beziehung zu unserem inneren Kind ist die wichtigste Beziehung überhaupt.
Von Jennifer Lee **> Seite 3**

Erfahrungsbericht zum Ho'oponopono-Seminar
Die Präsidentin des Coué-Club Austria teilt ihre Erkenntnisse aus dem Seminar mit Jennifer Lee .
Von Christa Handl **> Seite 6**

Das 12-Schritte-Ho'oponopono in einer Privatsitzung Heute ist es nicht mehr nötig, die ganze Familie zu versammeln um ein Problem zu lösen.
Ablauf einer Privatsitzung **> Seite 9**

Buchtipps Neue Bücher zum Thema Ho'oponopono und ein neues Reinigungsgebet finden Sie auf **> Seite 2**

Veranstaltungskalender
Vortragsreihe, Ho'oponopono-Seminar, Huna Basis-Seminar, externe Veranstaltungen **> Seite 10**

ein und lösen Sie sich von Emotionen die sie in einer Situation gefangen halten. Ho'oponopono ist ein kraftvoller Weg dazu. Der erste und wichtigste Schritt ist, Sie ahnen es bereits, Ihre Verbindung zu Ihrem inneren Kind oder die bedingungslose Liebe zu sich selbst.

Sie sind eine wunderbare, liebenswerte Persönlichkeit uns so einzigartig wie Ihr Fingerabdruck.

Herzlichst, Ihre

Jennifer Lee

Buchtipps zu dieser Ausgabe:

Blue Ice, The Relationship with The Self
Self I-Dentity through Ho'oponopono
MsKr SITH Conversations, Book 1

Blue Ice, Memories and Relationships
Self I-Dentitiy through Ho'oponopono
MsKr SITH Conversations, Book 2

Die beiden Büchlein sind als e-book oder gedruckt erhältlich über zerolag.biz oder amazon.com (nur in Englisch). Sie enthalten Gesprächsaufzeichnungen aus einer Radiosendung „MsKr SITH Conversations" die seit 2007 läuft. Die Sendung wurde von Kamailelauli'I Rafaelovich und Dr. Ihaelakala Hew Len gestartet. Das Gesprächsthema ist SITH und wie der SITH Prozess angewandt wird. (SITH=Self I-Dentitity through Ho'oponopono = Selbstidentität durch Ho'oponpono)

Das letzte Geheimnis von ZERO LIMITS
Auf der Suche nach Wundern mit der Ho'oponopono-Methode
Von Joe Vitale

Das Buch ist imVerlag WILEY-VCH erschienen und im Buchhandel erhältlich. Es ist eine prima Auffrischung für Ho'oponopono-Anwender mit einem neuen, bisher nicht veröffentlichten Gebet:

„Göttlicher Geist, Hohes Selbst, bitte lokalisiere den Ursprung meiner Gefühle, Gedanken über______________
(fülle die Lücke mit deinem Glaubenssatz, Gefühl oder Gedanken oder mit dem Namen einer Person).
Nimm jede einzelne Ebene, jede Schicht, jedes einzelne Gebiet und jeden einzelnen Aspekt meines Wesens an diesen Ursprung. Analysiere es und kläre es vollständig mit Gottes Wahrheit.
Gehe durch alle Generationen der Zeit und Ewigkeit.
Heile jeden Vorfall und seine Auswirkungen aufgrund dieses Ursprungs.
Bitte tu es nach Gottes Willen bis ich in der Gegenwart bin, erfüllt mit Licht und Wahrheit.
Gottes Friede und Liebe, Vergebung für mich selbst und für meine falschen Wahrnehmungen.
Vergebung für jede Person, jeden Ort, für alle Umstände und Ereignisse die dazu beigetragen haben, zu diesen Gefühlen und Gedanken."

Um die Programmierung zu löschen soll das Gebet vier Mal wiederholt werden.

Selbstliebe - die Basis für ein erfülltes Leben

„Die Beziehung zu Ihrem inneren Kind ist die wichtigste Beziehung der gesamten Schöpfung, wichtiger als alle körperlichen Beziehungen die Sie haben“. Die tiefe Wahrheit dieser Worte von Dr. Hew Len sind der Schlüssel zum Verständnis von Self-I-Dentity-Ho'oponopono. Sie beinhalten alles was Sie brauchen für ein reich erfülltes Leben. Von **Jennifer Lee**

Die drei Alten

„Eines Morgens öffnete eine Frau die Türe ihres Hauses um im Garten ein paar Blumen zu schneiden. Da sah sie drei alte Männer mit langen, weissen Bärten auf ihrer Gartenbank sitzen. Sie hatte die Männer noch nie gesehen und sagte: „Ich glaube nicht, dass wir uns kennen, aber seid ihr vielleicht hungrig? Bitte kommt rein und esst etwas.“ Sie fragten: „Ist der Herr des Hauses daheim?“ „Nein“, antwortete die Frau, „er ist nicht hier.“ „Dann können wir nicht hineinkommen“, sagten die Männer zu ihr.

Am Abend als ihr Mann nach hause kam, erzählte sie ihm was passiert war. Er sagte: „Sag ihnen, dass ich jetzt zuhause bin und lade sie ein hereinzukommen!“ Die Frau ging nach draussen um die Männer hereinzubitten. „Wir können nicht alle drei auf einmal herein kommen,“ erklärten sie. „Warum nicht?“ wollte sie wissen. Da zeigte einer der Männer auf die anderen beiden und sagte: „Sein Name ist Wohlstand und sein Name ist Erfolg. Mein Name ist Liebe. Geh hinein und entscheide gemeinsam mit deinem Mann, wen von uns ihr hereinbitten möchtet.“ Die Frau ging hinein und wiederholte die Geschichte vor ihrem Mann. Er wurde sehr glücklich. „Fantastisch! Wenn das so ist, dann lass uns den Wohlstand einladen. Lass ihn unser Zuhause mit Reichtum füllen.“ Die Frau war nicht einverstanden. „Aber Liebling, warum bitten wir nicht den Erfolg herein?“

Die Tochter des Paares hörte die Unterhaltung ihrer Eltern und kam mit einer anderen Idee dazu. „Wäre es nicht besser, wenn wir die Liebe einladen würden? Dann wäre unser Zuhause erfüllt mit Liebe.“ „Komm wir hören auf unsere Tochter,“ sagte der Mann zu seiner Frau. „Geh hinaus und bitte die Liebe unser Gast zu sein.“ Die Frau ging in den Garten und fragte die drei Männer: „Wer von euch ist die Liebe? Wir möchten sie als Gast bei uns haben.“ So geschah es. Die Liebe erhob sich und ging auf das Haus zu. Die anderen beiden Männer erhoben sich ebenfalls und folgten ihr. Überrascht fragte die Frau: „Ich habe nur die Liebe eingeladen. Warum kommt ihr auch mit?“ Die alten Männer erwiderten im Chor: „Wenn du Wohlstand oder Erfolg eingeladen hättest, wären die anderen beiden draussen geblieben. Aber du hast die Liebe eingeladen und wo immer die Liebe hingeht, gehen auch wir hin.“

„Deine Aufgabe ist es nicht, nach Liebe zu suchen, sondern lediglich die Schranken zu suchen und zu finden, die Du in deinem Innern gegen sie errichtet hast“. (Rumi)

Wenn Sie die Liebe in Ihr Haus einlassen, dann folgt alles andere nach. Und wie tun Sie das nun konkret, wo beginnen Sie?
Wenn Sie sich mit Ho'oponopono oder mit Huna beschäftigen, haben Sie den ersten Schritt bereits getan: Sie haben sich nach innen gewandt und den Kontakt mit ihrem inneren Kind aufgenommen. Sie haben damit begonnen, die Ho'oponopono-Gedanken sinken zu lassen und es ist Ihnen klarer geworden, dass alles, was Sie sich wünschen, in Ihnen selbst zu finden ist.
Wenn Sie sich Liebe im Außen wünschen, sei es ganz konkret, indem Sie sich einen Men-

schen an Ihrer Seite wünschen, mit dem Sie ihr Leben teilen möchten oder auch ganz allgemein, wenn Sie sich mehr Liebe wünschen von den Menschen die Sie umgeben, von Ihrem Partner, Ihrer Familie, von Ihren Freunden, wenn Sie sich eine liebevollere Welt wünschen, wo beginnen Sie damit etwas zu verändern? In Ihrem Innern! Ihre innere Haltung wird sich im Aussen bestätigen.
Ein selbstkritischer, griesgrämiger, unzufriedener Mensch begegnet eher selten der Freundlichkeit im Außen. Auch ein einsamer, ein trauriger Mensch kommt mit seiner 'schweren' Ausstrahlung selten in Kontakt mit Fröhlichkeit und Geselligkeit, Er traut sich nicht, auf die Menschen zuzugehen, er schaut quasi von der anderen Seite des Zauns aus zu und die Menschen trauen sich nicht, auf ihn zuzugehen - der Zaun ist dazwischen, das schreckt sie ein bisschen ab.

Geist + Energie = Materie
Was Sie aussenden kommt zu Ihnen zurück. Wie innen so außen, das ist ein Resonanzgesetz. Auch wenn Sie sich von Herzen nach mehr Nähe sehnen: Wenn die Einsamkeits-Energie oder die Ich-bin-nicht-liebenswert-Energie stärker sendet als 'ich mag mich selbst, ich bin in Ordnung so wie ich bin', dann ziehen Sie, auch wenn es Ihnen nicht bewusst ist, immer wieder Situationen an, in denen das bestätigt wird.
'Bestätigungen' können z.B. immer wieder abgebrochene Beziehungen sein oder auch, dass Sie häufig von anderen Menschen enttäuscht sind: Es kann gar nicht anders sein, denn das in Ihrem inneren Kind gespeicherte Programm oder Muster wird automatisch abgespielt.
Auf diese Weise können Sie aus den immer wiederkehrenden Situationen Ihres Lebens darauf schließen, was Sie irgendwann, ohne es zu wollen, gespeichert haben.
Wenn Sie sich dessen bewusst werden und Sie etwas verändern möchten, gilt es, Hilfsmittel einzusetzen, um diese Programme umzuschreiben und so die Reinigungskraft von Ho'oponopono zu verstärken.

Worum kreisen meine Gedanken den ganzen Tag?
Zunächst richten Sie Ihre Aufmerksamkeit auf Ihre Gedanken. Woran denke ich gerade? Machen Sie sich bewusst, dass Gedanken zu Emotionen führen. Erkennen Sie, dass Gedanken und Emotionen gemeinsam zu der Energie werden, die Sie ausstrahlen. Ihr inneres Kind kann nicht urteilen, es tut alles um Ihre Gedanken umzusetzen und in der Materie entstehen zu lassen. Das heisst, Ihre Energie, Ihre Sendefrequenz wird zum Magneten der, seiner Natur entsprechend, Gleiches anzieht.
Wahrscheinlich kreisen Ihre Gedanken wie bei den meisten Menschen vorwiegend darum, was Ihnen fehlt, darum was Sie nicht haben, was Sie vermissen. Oder sie kreisen darum, wie schlecht es Ihnen geht. Oder darum, was an Ihnen „falsch" ist, was Sie jetzt wieder „falsch" gemacht haben.
Achten Sie einmal darauf, wie oft Sie sich selbst kritisieren - ich bin zu dick, ich bin zu dünn, ich bin hässlich, ich bin alt, in dieser Situation hab' ich wieder wie ein Idiot gehandelt, das kann ich nicht, ich trau mich nicht, ich bin unfähig und sowieso zu dumm - die Liste lässt sich endlos fortsetzen.

Dankbarkeit und Anerkennung
Wenn Ihnen bewusst wird, wie Sie mit sich selbst sprechen, erkennen Sie, dass Sie buchstäblich in einem Mangelgefühl baden. Und das senden Sie auch aus!
Gewöhnen Sie sich an, sobald Sie sich solcher selbstschädigender Gedanken bewusst werden, mit „ich liebe dich, ich danke dir" zu „putzen" anzufangen.
Um den Negativkreislauf zu stoppen, ist es ausserdem hilfreich, sich darauf zu besinnen wofür Sie dankbar sind und sich täglich die Dinge in Erinnerung zu rufen die Ihnen richtig gut gelungen sind. Sie werden die Entspannung sofort körperlich spüren. Sie fühlen sich besser und die Welt fühlt sich plötzlich ebenfalls viel besser an und zaubert Ihnen tatsächlich ein Lächeln auf die Lippen. Zwinkern Sie Ihrem inneren Kritiker zu, auch er ist ein Teil Ihres einzigartigen Wesens. Dankbarkeit und Anerkennung stimmen ihn täglich etwas milder und mit der Zeit wird er sich in den Ruhestand begeben und Ihnen nur noch auf Wunsch beratend zu Seite stehen.
Es geht nicht darum, Tatsachen, wie etwa ein körperliches Leiden, schön zu reden oder zu ignorieren. Es ist ein Resultat Ihrer, oft unbewussten, Gedanken und Glaubenssätze. Akzeptieren Sie Ihre momentane Situation und nehmen Sie sie an. Das bedeutet nicht aufzugeben, sondern anzuerkennen und wenn möglich sogar zu umarmen. Die Anerkennung dessen „was ist", öffnet die erste Türe zur Heilungsmöglichkeit. Hingegen bleibt bestehen wogegen Sie Widerstand leisten und „drückt dagegen". Die Situation verhärtet sich.
Gelingt ihnen jedoch die Anerkennung dessen was zu Ihnen gehört im Moment, schrumpfen die Angst und der Widerstand bereits ein wenig. Ihre Energie verändert sich und Sie sehen Lösungswege, weil Ihre Geisteshaltung und dadurch Ihr Blickwinkel sich erweitert.

Die wichtigste Frage: „Wie möchte ich mich fühlen?"
Um nicht weiter in Mangel oder Widerstand zu kreisen fragen Sie sich: Was will ich denn eigentlich? Und: Warum will ich das, was ich will?
Daraus entsteht die ganz wichtige Frage: Wie möchte ich mich fühlen? – das ist eine der wichtigsten Fragen die es gibt und die Sie sich täglich stellen sollten! Sie ist eine klare, direkte Kontaktaufnahme

mit Ihrem inneren Kind! Hören Sie zu was es Ihnen zu fühlen gibt und nehmen Sie es ernst! Setzen Sie Ihre Fähigkeit zu entscheiden und Verantwortung zu übernehmen ein und beginnen Sie, wo nötig, mit den entsprechenden Veränderungen im Aussen. Halten Sie den inneren Dialog aufrecht und freuen Sie sich über jeden kleinen Schritt in Richtung Einklang zwischen Verstand und Gefühl. Ihr Körper und Ihre Seele werden es Ihnen danken. Ihr Hohes Selbst kann Sie nun sanft in die Richtung führen, die Ihrem einzigartigen Wesen entspricht. Mit der Liebe in Ihrem Haus werden Sie die entsprechenden Impulse empfangen können.

Ein unmissverständlicher „Beweis"
Denken Sie an die wunderbaren Fotos von Wasserkristallen des kürzlich verstorbenen, grossen „Wasserforschers" Masaru Emoto. Er offenbarte der Welt eine faszinierende Erkenntnis: Gedanken, Worte, Musik, Meditation usw. haben einen sichtbaren Einfluss auf Wasser. Der menschliche Körper und unser Planet bestehen zu 2/3 aus Wasser. Ihr Unterbewusstsein, das innere Kind, steuert Ihre automatischen Körperfunktionen, täglich 24 Stunden lang, ohne Unterbrechung bis zu Ihrem letzten Tag auf dieser irdischen Ebene. Seien Sie also gut zu sich, sagen Sie öfter „Ich liebe dich, ich danke dir" und sehen Sie Ihr inneres Kind vor sich, wie es aus lauter Freude einzigartige Kristallformen in Ihrem Körper entstehen lässt☺.

„Lasst uns nach dem Beispiel des Wassers leben!" Masaru Emotos Appell erhöht stetig seine Frequenz wie das Wasser, das durch die Übertragung von Liebe und Dankbarkeit zu seiner schönsten und heilendsten Form findet. Das perfekte Verhältnis dieser beiden Grundkonzepte des Lebens in Verbindung mit Gebet und positiver Ausrichtung hat nicht nur die Macht, das volle Potenzial der menschlichen DNA zu aktivieren, sondern auch das Immunsystem wie ein Schild vor den Herausforderungen unserer Zeit zu schützen. Emoto zeigt: Die Botschaft des Wassers ist aktueller denn je!

Erhältlich im Buchhandel und über Amazon.de

Ho'oponopono / Selbstliebe-Workshop in Österreich – ein Erfahrungsbericht

Der Coué-Club Austria besteht seit 1974. Christa Handl, die heutige Präsidentin hatte mich zu der jährlichen Seminarwoche auf die Alp Flattnitz in Kärnten eingeladen. Die Woche stand unter dem Motto „Versöhnen und Heilen". Was eignet sich besser dafür als Ho'oponopono? Aus meiner Sicht war es eine wunderschöne, reiche Erfahrung mit ca. 30 aufmerksamen, interessierten Teilnehmerinnen und Teilnehmern. In ihrem monatlichen Newsletter berichtet Christa über ihre Eindrücke:

Liebe Coué-Freunde,

Sie sind es ja schon gewohnt, dass wir beim Wort Flattnitz/früher Hochrindl ins Schwärmen kommen, und es ist tatsächlich erstaunlich, dass wir immer wieder so wunderbare Seminarleiter finden, dass wir uns von dieser Woche reich beschenkt fühlen dürfen.

Zwei Wochen hatten wir mit Henry Krotoschin, dem Gründer der Huna-Forschungsgesellschaft in Zürich auf der Hochrindl verbringen dürfen, und heuer war Jennifer Lee bei uns, die durch Jahre von Henry (der 2009 mit fast 96 Jahren verstarb) intensiv geschult wurde und sein Werk weiterführt.

In den letzten Jahren wurde bei uns im Westen durch Dr. Hew Len besonders der Teil der hawaiianischen Kultur populär, der sich mit Vergebung beschäftigt: Ho'oponopono, von einer weisen Hawaiianerin in ei- ne für unsere Zeit praktikable Form gebracht. "Ver- söhnen und Heilen" war das Thema unserer Woche, wichtig für jeden einzelnen und für die Welt, an der wir alle teilhaben.
Mein Vater pflegte zu sagen, wenn er in einem Buch auch nur einen 'wichtigen' Satz fände, dann war es wert, das Buch gekauft und gelesen zu haben. Ähnlich möchte ich behaupten, dass diese eine Erkenntnis allein den ganzen Flattnitz-Aufwand gerechtfertigt hätte:

DIE WICHTIGSTE VON ALLEN UNSEREN BEZIEHUNGEN IST DIE ZU UNSEREM EIGENEN UNTERBEWUSSTSEIN.

Unihipili oder unteres Selbst wird es im Huna genannt. Huna wurde im Westen erstmals durch die Bücher von Max Freedom Long bekannt. Der amerikanische Fotograf hatte lange geforscht, bis er einen Zugang zu diesem alten Wissen fand, denn als sich im 19. Jhd. christliche Missionare der fruchtbaren Inseln bemächtigten, wurde alles Ursprüngliche verboten und in den Untergrund verbannt. Long gab dem unteren Selbst den Namen George und verglich es mit einem kompetenten, durch und durch loyalen Butler.

Obwohl diese Definition viel für sich hat, spricht man heute lieber vom Inneren Kind, das einen eigenen per- sönlichen Namen hat, denn einen Butler liebevoll in die Arme zu nehmen ist nicht so leicht vorstellbar. Um zum erwünschten Ergebnis zu führen, muss die Kommunikation mit Unihipili aber gefühlsbetont sein... was auch schon Emile Coué postulierte. Es ist im übrigen wirklich erstaunlich, wie Coué als Einzelperson durch bloßes Beobachten vieles von dem erkannte, was Huna lehrt.

Huna sieht den Menschen als Gemeinschaft von drei 'Selbsten', dem unteren, dem mittleren und dem Hohen Selbst (in anderen Traditionen göttlicher Funke, Christus in mir u.ä. genannt). Alles, was ich jemals gedacht, gesprochen, getan habe - besonders wenn es mit Emotionen geladen war, jeder Eindruck aus der Außenwelt, unsere Erbanlagen und vieles mehr wird im riesengroßen Speicher meines Unterbewusstseins abgelegt. Im Modell eines Hauses dargestellt, sitzt Unihipili mit seinen 'Festplatten' im fensterlosen Keller. Es bezieht seine Informationen vom mittleren Selbst oder Bewusstsein, und wenn dieses heute Ja und morgen zum gleichen Thema NEIN eingibt, dann muss es das so speichern, denn es fehlt ihm logisches Denkvermögen. Wird vom Bewusstsein ein Thema, eine Aufgabe aufgerufen, dann durchforstet Unihipili seine Speicher, um die entsprechende Lösung zu finden und sie dem Bewusstsein vorzuschlagen oder gleich selbst auszuführen, wie z.B. bei körperlichen Reaktionen. Sie können sich vorstellen, was dabei herauskommt, wenn die Speicher voll von Widersprüchen sind. Der Wirkungskreis von Unihipili ist gigantisch! Es managt all unsere Körperfunktionen und zieht entsprechend den ihm einverleibten Überzeugungen und Glaubenssätzen das Entsprechende im Außen in unser Leben, Gutes ebenso wie Krankheit und jede Menge anderer Probleme. Erst wenn wir anerkennen, dass unser Schicksal von Extremsituationen abgesehen 'selbstgestrickt' ist, kann sich etwas ändern bzw. können wir in Kooperation mit Unihipili etwas verändern. Solange die leidvollen Muster in Unihipili nicht gelöscht sind, kann sich nichts ändern. Und deshalb ist - siehe oben - die Beziehung zu ihm die allerwichtigste.

in unserem Leben. Um beim Vergleich mit dem Haus zu bleiben, sitzt unser Hohes Selbst im Dachgeschoß und hat freien Ein- und Ausblick auf unser Leben. Ihm steht das gesamte schöpferische Potenzial zur Verfügung, aber es darf es - außer in lebensbedrohenden Situationen - von sich aus nicht einsetzen. Es hat auch keine direkte Verbindung zu unserem Bewusstsein, jede Kommunikation muss über Unihipili laufen. Im Klartext heißt das, dass mechanisch heruntergeratschte Bitten erfolglos bleiben müssen. Grundsätzliche Voraussetzung für eine Wunscherfüllung ist das gemeinsame, gefühlvolle und dankbare Agieren von Bewusstsein und Unterbewusstsein. Hierbei spielt nach Ansicht der Hawaiianer auch richtiges Atmen eine wichtige Rolle, das uns mit Mana oder Lebensenergie versorgt.

Dazu ein Vorschlag von Jennifer Lee:
Beginnen Sie Ihren Tag, indem Sie Ihrem inneren Kind sagen, *'Ich freue mich, dass du ein Teil von mir bist'* und es mit zusätzlicher Lebensenergie (Mana) versorgen, indem Sie sieben Atemzyklen durchführen und beim Einatmen - Atem anhalten - Ausatmen - wieder Atem anhalten jeweils bis 7 zählen.

Es gibt wohl keinen Menschen, bei dem Unihipilis 'Festplatten' nur wünschenswerte Inhalte aufweisen. In früheren Coué-Tipps haben wir schon auf die Vorträge von Dr. Stelzl bzw. das Buch 'Zero limits' von Joe Vi- tale und Dr. Len verwiesen und damit auf die Ho'oponopono-Kurzformel: „Es tut mir leid, bitte verzeih mir, ich liebe dich, ich danke dir. " Mittlerweile hat sich gezeigt, dass auch die beiden letzten Aussagen allein ein machtvolles 'Reinigungsmittel' sind. Wann auch immer etwas Unrundes in Ihren Gedanken und Gefühlen auftaucht, wiederholen Sie litaneiartig 'ich liebe dich, ich danke dir...' Besonders empfehlenswert ist es, wenn 'ich liebe dich, ich danke dir' zur ständigen 'Hintergrundmusik' in Ihrem Inneren wird. Auf Fragen wie 'an wen richte ich diese Worte und wieso wirken sie, pflegte Jenny zu antworten: *'Du kannst und musst nicht alles wissen, tu es einfach und du wirst erleben, dass es wirkt' ... dass du ruhiger wirst, dass Probleme sich wie von selbst erledigen, dass dein Leben freudvoller wird und vieles mehr.'*

Wie wir gehört haben, ist die Beziehung zu unserem Unterbewusstsein die wichtigste unseres Lebens, und damit stellt sich die Frage, wie pflege ich diese Beziehung? Für den Umgang mit unserem inneren Freund gelten ganz ähnliche Spielregeln wie für Freundschaften all- gemein: wir sollen ihm in Augenhöhe begegnen, seine Eigenheiten respektieren, ihn nicht besserwisserisch klein machen, ihm das geben, was er seiner Natur nach braucht, vor allem Liebe, Dankbarkeit und Verständnis.

Am Beispiel ,Gesundheit' schreibt Jenny:
„Sage zu jedem Gefühl, das dein Unihipili hoch schickt ,ich liebe dich, ich danke dir'. Jede Art von Gefühl ist wie ein Kind, das in die Arme genommen werden möchte. Nimm also das ängstliche oder wütende oder traurige (etc.) Kind in den Arm und schau was passiert. Du wirst sehen, es ist nicht nur ängstlich, sondern auch traurig und einsam. Es sehnt sich nach deiner Führung. Die Heilung stellt sich ein, indem du dich von Herzen mit dem Kind verbindest und sagst, ich liebe dich, ich danke dir, dass du mir die Gelegenheit gibst, diese Angst zu heilen. Auch wenn du bewusst nichts spürst, wird die Liebe durch dich hindurchströmen und dich von innen her- aus heilen. Kämpfe also nicht mit der Angst, dem Zorn oder was immer es ist. Der verletzte Teil in dir soll von dir die Energie weiser, sanftmütiger und mitfühlender Eltern spüren....“

Das und noch viel mehr haben wir auf der Flattnitz geübt. Unihipili liebt zu genießen und zu spielen und hatte große Freude an den Tanzabenden mit Julia und Martina, nicht zu vergessen die gute Küche und den 'Zirbenen'! Und Heidis morgendliche Hui Chun Gong-Übungen.

Auf Wiedersehen bei unseren interessanten Clubabenden und herzliche Grüße namens des CCA

Ihre Christa Handl

(Für unsere Mitglieder in Österreich: Der Coué-Club veranstaltet zweimal im Monat seine Vortragsabende mit sehr interessanten Rednern und spannenden Themen. Gäste sind immer herzlich willkommen. Informationen auf : www.coueclub.at)

Gespannt lauschen wir Jennys Ausführungen.

Vielleicht hat unser Seminar Ihre Neugierde geweckt. Hier finden Sie die Beschreibung des Inhalts, sowie die nächsten Durchführungsdaten

HO'OPONPONO / SELBSTLIEBE - WORKSHOP

Inhalt:

Die drei Aspekte des Menschen und ihr Zusammenspiel – Kontaktaufnahme mit Ihrem inneren Kind - Geschichte und Ursprung von Ho'oponopono – Demonstration des 12-Schritte Ho'oponoponos nach Morrnah N. Simeona – Selbstidentität-Ho'oponopono – Selbstliebe-die Basis für Ihr ganzes Leben

Ho'oponopono – Ein kraftvolles Ritual zur Aussöhnung und Heilung

1. Schritt, die traditionelle Art als Grundlage:
Unsere Familiengeschichte ist die Hintergrundmusik unseres Lebens. Haben Sie schon bemerkt, dass Ihnen immer wiederkehrende Themen begegnen? In der Beziehung zu Ihrem Partner oder Ihrer Partnerin, mit Ihren Kindern, mit Ihren Freunden, ja sogar mit den Nachbarn oder mit den Menschen die Ihren Arbeitsalltag teilen, oft auch in Ihrer Gemeinde – überall wo eine Interessengemeinschaft zusammentrifft können Widerstände und Verstrickungen entstehen die ihre Mitglieder aneinander binden und ihre Freiheit einschränken.

Unsere Schicksale sind in einem unsichtbaren Netzwerk miteinander verbunden. Jede Aktion hat eine Auswirkung auf das Ganze und möge sie noch so klein sein.

Tun Sie den ersten Schritt. Schliessen Sie Frieden mit sich selbst und mit Ihren Wurzeln damit Freude und Harmonie wieder frei fliessen können. Als erstes in Ihrem ganz persönlichen Umfeld und von dort in immer weiter entfernte Zweige des gesamten Netzwerks.

2. Schritt, Selbstverantwortung und Aussöhnung macht Sie frei:
Die Aussenwelt wiederspiegelt unsere innere Welt mit dem Gedankengut, mit den Regeln, mit den Blockaden, mit den Ansichten und Gewohnheiten die wir in uns tragen.

Alle diese Prägungen sind als Erinnerungen in unserem Unterbewusstsein gespeichert und werden immer wieder „abgespielt". Mit Ho'oponopono beginnen wir damit diese Erinnerungsdaten zu entladen und sogar zu löschen, damit wir frei werden und es Raum gibt für Intuition und Inspiration direkt von unserem Hohen Selbst oder von der schöpferischen Kraft. Ho'oponopono ist ein Geschenk des Friedens und der Harmonie - eine Befreiung der Liebe und der Inspiration.

Sie werden Schritt für Schritt geführt, vom traditionellen Ho'oponpono bis hin zu der neusten Entwicklung.

3. Schritt, Selbstliebe – die Basis für jede Heilung:
Wie oft machen Sie sich selber klein und kritisieren sich unbarmherzig oder stossen Ihre sogenannten Unzulänglichkeiten von sich? Sie lernen mit konkreten Übungen sich selbst mit den „Augen der Liebe" zu betrachten und verstehen die tiefe Wahrheit von Ho'oponopono.

Nächste Termine:

Freitag, 27., Samstag, 28., Sonntag, 29. März 2015, 10.00 Uhr – 16.00 Uhr
HFG Zürich

Samstag, 18. April bis Donnerstag 23. April 2015
Pichlschloss, Mariahof AT, www.pichlschloss.at

Freitag, 22. , Samstag, 23., Sonntag, 24. Oktober 2015, 10.00 Uhr – 16.00 Uhr
HFG Zürich

Das 12-Schritte-Ho'oponopono in einer Privatkonsultation:

Im alten Hawaii versammelte sich die ganze Familie oder Sippe wenn jemand krank war, wenn es Konflikte gab oder ein anderes Problem auftauchte. Man wusste über die energetischen Zusammenhänge der Dinge. Der Familienälteste der meist zugleich ein Kahuna war nahm die Rolle des "Mediators" ein. Ein Problem wurde diskutiert und aus der Sicht jedes einzelnen betrachtet. Absolute Offenheit und Ehrlichkeit war Bedingung. Zum Ritual gehörten Reuegebete, gegenseitiges Bitten um Verzeihung zwischen den Menschen und den verschiedenen Göttern und gegenseitige Vergebung sowie das "Durchtrennen" der belasteten Energieverbindungen untereinander und auch zu den Ahnen, sowie zu allen Orten, zu allen Gegenständen, zu ev. beteiligten Tieren, ja sogar zu allen Atomen und Molekülen die mit dem Problem im Zusammenhang standen.

Morrnah Simeona hatte den Prozess der modernen Zeit angepasst und ein Ho'oponopono in 12 Schritten in Abwesenheit der Sippe entwickelt und die Gebete so formuliert, wie es dem ursprünglichen Gedanken am nächsten kam. Die Gebete sind an den göttlichen Schöpfer gerichtet, es ist jedoch keine Form von Religion angesprochen damit, es sollte einfach in jedem Kulturkreis und in jeder Glaubensrichtung angewandt werden können.

Später hatte sie Ho'oponopono zu einer noch einfacheren Form weiterentwickelt: Selbstidentität durch Ho'oponopono. Es wird heute von Dr Hew Len und seinen Mitarbeitern auf der ganzen Welt gelehrt.

www.self-i-dentity-through-hooponopono.com

Das Wichtigste ist bei beiden Formen die Harmonie der "Inneren Familie" - zwischen Unterbewusstsein oder innerem Kind, Bewusstsein oder mütterlichem Aspekt und Überbewusstsein oder väterlichem Aspekt - in Partnerschaft mit der schöpferischen Kraft.

Allerhöchste Aufmerksamkeit wird der Verbindung mit dem inneren Kind gewidmet, es hat eine Schlüsselfunktion im ganzen Aussöhnungsprozess.

Wenn Sie zu einem 12-Schritte Ho'oponopono kommen möchten, bitte ich Sie per Mail vorab in ein paar Sätzen ihr Thema zu beschreiben zur Vorbereitung auf unsere "Sitzung".

Bei Ihrem persönlichen Termin werden wir alle Beteiligten dazu bitten, indem wir gemeinsam alle Verbindungen die zu ihrem Thema gehören aufzeichnen.

Die 12 Schritte sind:

1. Die innere Verbindung (Liste der Bindungen)
2. Der innere Friede (Besinnung auf die Rolle der "inneren Familie" im Gebetsprozess)
3. Ha (Atmen)
4. Eröffnungsgebet
5. Reuegebet
6. Ho'oponopono - Lange Form (Reinigen und Problem lösen = um Verzeihung bitten und verzeihen zwischen Ihnen und der am Konflikt beteiligten Person und den Familien, Verwandten und Vorfahren beider Personen)
7. Ho'oponopono - kurze Form (karmische Reinigung und Problemlösung = Trennen der belasteten Verbindungen zwischen Ihnen und allem was zu Ihrem Thema gehört)
8. Loslösung
9. Reinigung
10. Verwandlung
11. Abschlussgebet
12. Ha (Atmen)

Christian Rieken zum 12-Schritte-Ho'oponopono:

Liebe Jennifer,

wir möchten Dir vom Herzen danken, dass Du uns die Möglichkeit gegeben hast, das Original Ho'oponopono nach Morrnah Simeona kennenzulernen und anzuwenden. Die Begegnung mit Dir ist wirklich herzerfüllt und voller Klarheit - dafür sind wir sehr dankbar. Das Original Ho'oponopono schliesst für uns dort an, wo viele Coaching und Therapiemethoden aufhören. Es geht um Hingabe, Einlassen und die Begegnung mit sich selbst. Kein verkopftes Konzept und auch keine abgehobene esoterische Methode, sondern eine echte Zuwendung zum Inneren Kind, dem Bewussten und dem Göttlichen in uns. Dies entspricht nicht nur der Philosophie unserer Seminar- und Praxisarbeit, sondern erweitert die Dimension unseres Wirkens gravierend. Unsere privaten und beruflichen Erfahrungen mit dem Original Ho'oponopono sind tiefgreifend und bewegend. Egal wo es seinen Platz findet kommen Dinge in den Fluss, mit denen wir zuvor oft nicht gerechnet haben. Wir sehen in dem Original Ho'oponopono einen kraftvollen Schlüssel zur inneren Schatzkammer. Das wunderbarste Geschenk aber ist wohl die (Rück-) Verbindung mit den Teilen unseres Seins, die wir brauchen, um uns vollständig und eins fühlen zu können. Das Original Ho'oponopono ist für uns eine wertvolle Brücke zum Herzen, zu wahren Beziehungen und der Liebe als grösste Heilkraft auf Erden.

Liebe Grüsse,

Christian & Lilian

www.humanessence.de

Veranstaltungskalender

Mittwoch, 25. Feb 2015 19.00 h Vortragsreihe	**Transformationsenergie - ganzheitliche Heilungsmethode** Vortrag und Demonstration Mit Beatrice Meister CHF 20, Mitglieder 10 HFG-Zentrum Zürich
Mittwoch, 25. März 2015 19.00 h Vortragsreihe	**Selbstliebe – die Basis für ein gesundes, erfülltes Leben** Mit Jennifer Lee CHF 20, Mitglieder 10 HFG-Zentrum Zürich
Fr/Sa/So 27./28./29. März 2015 Wochenend-Seminar	**Ho'oponopono / Selbstliebe – Freiheit durch Aussöhnung** Mit Jennifer Lee CHF 350, Mitglieder 300 HFG-Zentrum Zürich
Fr/Sa/So 10./11./12. April 2015 Wochenend-Seminar	**Huna Basis-Seminar – Entdecken Sie Ihr wahres Selbst** Mit Jennifer Lee CHF 350, Mitglieder 300 HFG-Zentrum Zürich
Sa - Do 18.–23. April 2015 Seminarwoche	**Ho'oponopono „Familienthemen – die Hintergrundmelodie des Lebens"** 5 Tage Auszeit im romantischen Landsitz Pichlschloss in der Steiermark Mit Jennifer Lee www.pichlschloss.at
Mittwoch 29. April 2015 19.00 h Vortrag	**Das Thema wird später bekannt gegeben.** Vortrag mit Jennifer Lee CHF 20, Mitglieder 10 HFG-Zentrum Zürich
Samstag 9. Mai 2015 Tages-Seminar	**Huna Praxis-Seminar – WaiWai Haipule, Richten Sie Ihr Bewusstsein auf Glück und Wohlstand aus.** Mit Jennifer Lee CHF 220, Mitglieder 200 HFG-Zentrum Zürich

Herausgegeben von:

Huna Forschungs-Gesellschaft Zürich | HFG
Grubenstrasse 27 | CH-8045 Zürich
Telefon +41 44 251 55 65
info@huna-europe.ch | www.huna-europe.ch

Nr. 22 | Juni 2015

HUNA NACHRICHTEN

Zeitschrift für Mitglieder | Huna Forschungs-Gesellschaft Zürich | www.huna-europe.ch

EDITORIAL

Liebe Leserin, lieber Leser

Der Sommer kommt und mit ihm die langen, hellen Tage mit viel Licht.

Sie verreisen vielleicht sogar oder verbringen daheim wieder mehr Zeit im Freien! Die Strassen sind lebendig, die Menschen begegnen sich und wechseln viel öfter ein paar Worte miteinander als in den kalten Tagen. Sie atmen auf an der Sonne, entspannen sich und fühlen sich frei.

Eine ideale Zeit, um Ihren inneren Freund symbolisch an die Hand zu nehmen auf einen schönen, klärenden Spaziergang, damit er ebenfalls wieder durchatmen kann.

Bedanken Sie sich, dass er mit Ihnen geht und immer bei Ihnen ist. Vielleicht bitten Sie ihn um Verzeihung, dass Sie ihn öfters vernachlässigt und nicht auf seine Zeichen gehört haben. Nehmen Sie sich Zeit für seine Nöte und Belastungen. Vieles löst sich schon durch Ihre wohlwollende Haltung auf.

Versprechen Sie ihm, sich um die grösseren Belastungen zu kümmern indem Sie vielleicht jemanden um Verzeihung bitten wollen oder etwas Gutes tun. Halten Sie sich daran und Ihr innerer Freund wird Ihnen immer mehr anvertrauen.

Sie können mit liebevollem Verständnis, Zuspruch und Tat viel erreichen damit auch Ihr innerer Freund die Leichtigkeit der Sommertage spürt. Seine Freude darüber zeigt sich dadurch, dass Sie vielleicht plötzlich eine Einsicht haben, dass Ihnen etwas klar wird was vorher verschlossen schien, dass Ihre Kreativität erwacht oder dass Sie ganz einfach sicher und ruhig Sie selbst sind. Alle diese Dinge bedeuten, dass Ihre Verbindung mit dem Hohen Selbst offen ist und es sich in seiner ganzen Klarheit zeigen kann. Nichts Belastendes steht mehr im Weg. Sie spüren die „Dreieinigkeit“ zwischen den drei Aspekten die Sie als

INHALT

Keine Angst vor Kala Die Kala-Reinigung ist ein wichtiger Prozess in der persönlichen Entwicklung. Allzu grosser Respekt ist aber nicht nötig.
Von Henry Krotoschin **> Seite 3**

Kala – kleines Wort mit grosser Bedeutung Die Übersetzung des Worts Kala lässt vielseitige Deutungen zu. Einige Erläuterungen dazu
von Jennifer Lee **> Seite 6**

Praktische Vorschläge zu Kala Die Kala-Reinigung scheint sehr komplex zu sein, doch Schritt für Schritt kommen Sie zum Erfolg.
Von Jennifer Lee **> Seite 7**

Im Alltag Zeit für Kala einräumen Tipps für jeden Tag finden Sie auf **> Seite 9**

HFG Zürich schliesst Ende Jahr Informationen dazu auf **> Seite 10**

Veranstaltungskalender Vortragsreihe, Ho'oponopono-Seminar, Huna Basis-Seminar, Huna Praxis-Seminar **> Seite 10**

Mensch ausmachen. Das bewirkt Kala. Eine der vielen Bedeutungen von Kala ist „das Licht wiederherstellen“. Sie finden viele praktische Tipps dazu in dieser Ausgabe der Huna Nachrichen.

Gehen Sie Kala entspannt an und machen Sie sich das Leben nicht unnötig schwer indem Sie nichts Geringeres als Perfektion von sich erwarten. Mitgefühl, Sanftmut und Wärme sich selbst gegenüber führen viel weiter! Geniessen Sie die Kala-Reise!

Ich wünsche Ihnen einen wunderbar warmen Sommer mit viel Freude und Leichtigkeit.

Herzlich, Ihre

Jennifer Lee

HUNA GEBET

von
Max Freedom Long

Wenn ich heute jemandem
weh getan habe,
in Gedanken, Worten und Taten,
oder, wenn ich einen anderen
in seiner Not im Stich gelassen habe,
ich bereue es jetzt.

Wenn ich jene Schritte nicht wieder
gut machen kann,
dann werde ich morgen
dafür Gutes tun,
und jene Liebe heilen,
die ich verletzt habe.
Ich tue dieses Gelübde.

Und wenn mich jemand
tief verletzt hat,
und es ist nicht wieder
gut gemacht worden,
dann bitte ich das Licht, es wieder
ins Gleichgewicht zu bringen,
und ich betrachte
die Schuld als bezahlt.

Elterlicher Geist den ich liebe,
und von dem ich weiss,
dass er mich liebt,
komm herein durch die Tür,
die ich weit öffne,
mach den Pfad zu dir frei.

Wir trauern um

E. Otha Wingo

Otha Wingo war direkter Nachfolger von Max Freedom Long und 40 Jahre lang Leiter der Huna Research, Inc., Missouri, USA.

Er starb am 9. Februar 2015 an Herzversagen in Cape Girardeau, Missouri, USA.

Eine Würdigung folgt in der nächsten Ausgabe der Huna-Nachrichten.

Keine Angst vor Kala

Von **Henry Krotoschin**

An dieser Stelle möchten wir wieder einmal Henry Krotoschin zu Wort kommen lassen. Auch ihm war das Thema „Kala" sehr wichtig und er erkannte, dass viele Menschen davor einen unnötig grossen Respekt empfanden. Es war ihm ein Anliegen, beim Überwinden dieser Berührungsangst zu helfen. Dazu schrieb er den nachstehenden Artikel in der Zeitschrift „Huna-Arbeit" Nr. 63 vom April 2008.

Gewonnen hat immer der, der lieben und verzeihen kann.
Hermann Hesse

Soeben habe ich einen Sitzplatz im Tram ergattert, meine Zeitung aufgefaltet und es mir bequem gemacht. Die ältere Frau, die nach mir eingestiegen ist, hat weniger Glück, sie muss stehen bleiben. Ich tue so, als ob ich sie nicht sähe und bleibe sitzen.

Ich stehe mit meinem Wagen im abendlichen Stossverkehr, die Kolonne kommt nur mühsam voran. Aus einer Einmündung rechts möchte ein Automobilist einbiegen. Was kümmert es mich? Schliesslich habe ich es auch eilig und statt abzubremsen und den Vortritt zu gewähren, gebe ich Gas.

In der Auslage vor dem Buchantiquariat liegen drei Bücher, die mich interessieren. Zusammen kosten sie 20 Franken, ich habe aber nur noch 15 Franken an Bargeld in der Tasche. Ich gehe in den Laden und sage dreist: Diese drei Bücher sind draussen zusammen für 15 Franken angeschrieben. Und bekomme sie tatsächlich zu diesem Preis.

Drei alltägliche, ja belanglose Begebenheiten, über die nachzudenken sich nicht weiter lohnt. Oder vielleicht doch?

Wir wissen, dass unser unteres Selbst, unser George, der Träger aller Erinnerungen ist. Selbst Vorfälle, die Jahre zurückliegen und an welche wir keine aktive Erinnerung mehr haben, sind bei George gespeichert. Über die Jahre sammelt sich so gewaltiger Ballast an, der George unnötig belastet. Leider wird das untere Selbst oft auch als Prügelknabe für alles Böse und Schlechte betrachtet, was vollkommen falsch ist. Natürlich verfügt das untere Selbst nicht nur über gute Emotionen und Eigenschaften. Gerade die negativen Eigenschaften sind es, mit denen wir uns befassen wollen, um sie auszumerzen und an denen wir wachsen können. Durch die intensive Beschäftigung mit den negativen Seiten unserer Persönlichkeit, geraten die positiven Seiten in den Hintergrund ja, wir betrachten sie quasi als selbstverständlich. Dadurch wird das untere Selbst mit einem Schatten des Negativen umgeben, den es in keiner Art und Weise verdient. Denn alle guten Eigenschaften und Emotionen die wir haben, sind ebenso beim unteren Selbst angesiedelt.

Eine wirksame Kala-Reinigung kann erst stattfinden, wenn wir mit unserem George einen vertrauensvollen Kontakt aufgebaut haben. Dies ist von allergrösster Wichtigkeit. Denn George schämt sich häufig, wenn einer seiner charakterlichen Fehler zum Vorschein kommt und diskutiert wird. Deshalb müssen wir George so weit bringen, dass er zum mittleren Selbst – zu uns – unerschütterliches Vertrauen hat und mit ihm in aller Offenheit über Dinge sprechen kann, die ihn belasten und ihn beschämen. Das untere Selbst hat grosses Interesse daran, sich zu verbessern. Dazu benötigt es aber unsere Hilfe. Die erste Aufgabe des mittleren Selbstes ist deshalb, einen innigen Kontakt mit George aufzubauen und eine stabile Vertrauensbasis zu schaffen. Das Vertrauen ist die wichtigste Voraussetzung für die gesamte Zusammenarbeit zwischen dem mittleren und dem unteren Selbst. Die Initiative dazu geht aber immer vom mittleren Selbst aus. Sie als mittleres Selbst haben die Macht und die Kraft, dieses Verhältnis tatsächlich herzustellen.

Dies ist die Ausgangsbasis für alles Weitere und vor allen Dingen die Basis für den Kontakt mit Ihrem Hohen Selbst. Warum? Unser Hohes Selbst ist Gott. Wenn wir nun den Kontakt mit unserem Hohen Selbst, also mit Gott erreichen und erhalten wollen, sind wir in der Regel in dem Zustand, in dem wir uns befinden nicht würdig genug dazu. Wir können diesen Kontakt nicht erzwingen, sondern das Hohe Selbst befindet darüber, ob es uns gnädig die Hand reicht und sagt: Ja, ich bin zufrieden mit dir, ich möchte, dass wir uns vereinigen. Das untere Selbst ist unsere Verbindung zur geistigen Welt. Das Hohe Selbst ist wie das untere Selbst auch, ein Geistwesen. Deshalb kann ein Kontakt zum Hohen Selbst nur über unseren George zustande kommen. Das untere Selbst ist mit dem Hohen Selbst über die Aka-Schnur verbunden. Diese Verbindung können wir durch regelmässige Mana-Gaben pflegen und am Leben erhalten. Das untere Selbst kann über diese Verbindung eigenmächtig verfügen. Wenn es nun beispielsweise Skrupel oder ein schlechtes Gewissen hat, wenn es sich nicht würdig fühlt für einen Kontakt mit dem Hohen Selbst, kann es diese Verbindung unterbrechen. Es dreht dann sozusagen den Schalter auf Null. Der Kreislauf ist dann, wie bei einem Lichtschalter, der betätigt wird unterbrochen.

Ohne Kenntnisse von Huna, sind sich die wenigsten Menschen der Verbindung mit dem Hohen Selbst bewusst. Diese wird meistens erst im Verlauf der Zusammenarbeit mit dem unteren Selbst und der ersten grossen Kala-Reinigung wahrgenommen. (Zum Vorgang der Kala-Reinigung beachten Sie bitte die Ausführungen im Kasten.) Im Lauf der Zeit kann diese Verbindung immer wieder einmal verschüttet werden. Das Hohe Selbst ist dann für uns nicht mehr erreichbar. Das zeigt sich beispielsweise daran, dass wir auf unsere Gebete keine Antwort erhalten oder dass sich der „Regen des Segens" nach unserer Mana-Gabe nicht mehr einstellt. Das ist zwar im Moment unangenehm, aber es ist kein Grund zur Panik. Die Verbindung zu unserem Hohen Selbst ist unzerstörbar, sie besteht auch, wenn sie für uns vorübergehend nicht benutzbar ist, denn die Verbindung untereinander über das Aka-Kabel bleibt permanent bestehen. Unsere Aufgabe ist es nun, die Gründe für den momentanen Unterbruch ausfindig zu machen. Wie ich am eigenen Leib erfahren habe, sind beispielsweise Perioden der Krankheit, die Einnahme von Medikamenten und ganz besonders Narkosen für solche Unterbrüche verantwortlich. In den meisten Fällen liegt der Grund aber bei unserem unteren Selbst. Dazu befragen wir unseren George und bitten ihn, uns mitzuteilen, was ihn derart quält, dass er die Verbindung zum Hohen Selbst unterbrochen hat. George wird uns die Gründe dafür übermitteln. Sie werden uns, wie ich gern sage, „in den Sinn kommen" oder als „Gedankenblitz" zufallen. Ich benütze diese Ausdrücke gern, weil sie drastisch und klar sind. Vielleicht liefert uns das untere Selbst auch einige Stichworte, die uns helfen, den Zusammenhang zu erkennen. Nun liegt die Initiative beim mittleren Selbst und ich habe die Pflicht, mit George über das akute Problem zu sprechen. Ich kann versuchen, es mit logischen und intellektuellen Überlegungen, die das untere Selbst alleine nicht anstellen kann, zu lösen. Ich kann versuchen, dem unteren Selbst den Grund für eine bestimmte Handlung zu erklären und es so von seinem Schuldgefühl zu befreien. Wenn wir wirklich einen Fehler gemacht haben, frage ich mein unteres Selbst, wie wir die Sache wieder gut machen können. Es wird mir Vorschläge dazu machen. Dies kann eine persönliche Entschuldigung bei den betroffenen Personen sein. Ist das nicht möglich, vielleicht eine Wiedergutmachung in Form einer Spende oder eines persönlichen Verzichts. Nach einer solchen Aktion wird George zufrieden sein und den Schalter wieder auf Eins stellen.

Wir sehen also, dass die Kala-Reinigung etwas sehr Natürliches und Logisches ist. Sie dient dazu, unseren Charakter und unser Wesen zu verbessern, um ethisch auf eine höhere Ebene zu gelangen und des Kontakts mit dem Hohen Selbst würdig zu sein. Bevor ich mich mit Huna beschäftigte, war ich nicht würdig und nicht in der Lage, mein Hohes Selbst zu erreichen. So wird es wohl auch vielen von Ihnen, liebe Leserinnen und Leser, ergangen sein. Wir werden nicht als Engel geboren, werden wohl auch nie zu Engeln werden, aber wir müssen und nach oben bewegen. Es ist unsere Aufgabe in diesem Erdenleben, eine höhere ethische Ebene zu erreichen. Dort werden wir eine gewisse Zeit lang arbeiten, bis wir wiederum auf eine nächst höhere Ebene gelangen können. Dieser Vorgang setzt sich dann über unzählige Reinkarnationen fort, bis wir dem Zustand unseres Hohen Selbstes so nahe sind, dass sich dieses von uns verabschiedet und sich auf andere Wege begeben kann. Und unser ehemals mittleres Selbst nimmt die Position des Hohen Selbstes ein und wird von nun an in dieser Funktion einem Menschen dienen. Denn zur gleichen Zeit wird das untere Selbst zum mittleren Selbst und eine Seele aus dem Tierreich wird zum unteren Selbst. Ich nehme an, dass die unteren Selbst fast immer aus dem Tierreich stammen. Das hat nichts Erschreckendes, denn wer je einem Hund oder einem Pferd in die Augen geschaut hat, weiss, dass in diesen Tieren edle Seelen leben. Seelen, die geeignet sind, das primitive untere Selbst eines Menschen zu werden. Ich sage ausdrücklich primitiv, im besten Sinn des Wortes: Untere Selbste, die unverdorben und durch keinen Intellekt und kein logisches Denken beschränkt sind.

Jedes untere Selbst leidet an Selbstzweifeln. An uns mittleren Selbsten liegt es, unser unteres Selbst davon zu befreien. Dies können wir durch unser täglich ausgesprochenes Lob und unseren Dank erreichen. Das untere Selbst soll vollkommenes Vertrauen in sein mittleres und sein Hohes Selbst haben können. Es braucht sich für nichts zu schämen. Wir müssen ihm klar machen, dass vorhandene Fehler und negative Charaktereigenschaften natürlich sind und in gemeinsamer Arbeit beseitigt werden können. Bei unserer ethischen Weiterentwicklung sollten wir immer darauf bedacht sein, ein Tempo anzuschlagen, dem das untere Selbst folgen kann. Wenn es durch zu rasches Fortschreiten überfordert wird, kann es die weitere Entwicklung sehr rasch blockieren. In diesem Fall müssen wir mit ihm über seine Zweifel sprechen und uns seinem gewünschten Tempo anpassen.

Die Kala-Reinigung hört nie auf, denn wir werden immer wieder Fehler und Unrecht begehen. Es wäre unsinnig zu glauben, die Huna-Entwicklung sei mit dem Erreichen des Hohen Selbstes abgeschlossen. Ganz im Gegenteil, dann fängt sie erst richtig an. Auch wenn wir so gut wie möglich nach dem Huna-Grundsatz „Nicht verletzen, sondern helfen" zu leben versuchen, werden wir immer wieder in Situationen geraten, die eine neuerliche Kala-Reinigung erfordern. Wenn wir eine neue Kala-Reinigung benötigen, dann erfolgt diese mit Leichtigkeit und ohne jede Schwierigkeit. Je länger je mehr, haben wir auch den Mut, sie sofort und spontan vorzunehmen. Wenn wir also rückfällig werden, jemanden verletzt haben, dann werden wir uns spontan dafür entschuldigen können. Es wird für uns zur Selbstverständlichkeit. Kala führt uns dazu, unser Unrecht ohne Scheu anzuerkennen. Das heisst, wir wachsen über unser früheres Selbst, unser Ego, hinaus und gelangen in den gnadenvollen Zustand der Demut. Demut nicht nur Gott, sondern der ganzen Schöpfung gegenüber: Menschen, Tieren und Pflanzen. Diese Demut hat nichts mit anerzogenen so genannten „guten Eigenschaften" und demütiger Unterwerfung zu tun. Sie ist ist durch wahrhaft Erlebtes entstanden und wird durch den innigen Kontakt mit unserem unteren Selbst zu tiefst verinnerlicht.

Neben der Kala-Reinigung für kleinere Verfehlungen des Alltags gibt es auch noch die vertiefte Kala-Reinigung zur Selbstprüfung des unteren und des mittleren Selbstes. Sie kann beispielsweise folgende Fragen beinhalten: Habe ich Feinde? Empfinde ich Zorn oder Hassgefühle? Bin ich nachtragend? Ein fortgeschrittener Huna-Mensch sollte überhaupt keine Feinde mehr haben. Wenn wir jemanden als unseren Feind betrachten, fühlen wir uns durch diese Person verletzt. Mit einer Kala-Reinigung können wir dem Menschen, der uns Verletzungen zugefügt hat, vollumfänglich verzeihen. Wir senden ihm unsere uneingeschränkte und bedingungslose Liebe. Der Feind hört auf zu existieren. Er muss deswegen nicht gerade zu unserem Freund werden, aber er hat nicht mehr die Macht, in unserem Innersten negative Emotionen zu schüren.
Auch Zorn und Hassgefühle sind Eigenschaften, die eines wirklichen Huna-Menschen unwürdig sind. Vergeben und Verzeihen sind die wirksamsten Mittel, um uns auf unserem Weg der ethischen Entwicklung einen Schritt weiter zu bringen.

Wem nützt denn Vergebung? In erster Linie mir selber. Ich befreie mich dadurch von allen bedrückenden nachtragenden Hassgefühlen. Das ist der Kern jedes Verzeihens. Wenn wir vergeben haben, sind wir frei von allen negativen Gefühlen. Dadurch wachsen wir und werden stark. Auch dem Verursacher der Verletzung nützt unser Verzeihen, wenn auch in geringerem Masse. Falls ich ihm meine Vergebung persönlich aussprechen kann, wird er sich dadurch wohler fühlen. Ist dies nicht möglich, sende ich meine Vergebung und bedingungslose Liebe über die Aka-Schnur, die uns verbindet, an sein unteres Selbst. Für unser eigenes unteres Selbst ist jede Vergebung immer ein Akt grosser Erleichterung und der Befreiung.

Hermann Hesse hat das in seinen Worten „Gewonnen hat immer der, der lieben und verzeihen kann" meisterhaft ausgedrückt.

Den Betrachtung über das Verzeihen möchte ich die Worte Robert Müllers anfügen. Robert Müller war stellvertretender Generalsekretär der Vereinten Nationen und hat das nachstehende Gedicht für die Internationale Woche des Verzeihens 1986 unter dem Motto „Jedes Verzeihen ist ein Geschenk für die selbst" geschrieben. Es trägt den Titel „Entscheidung zur Vergebung". Im Wort Entscheidung ist der Willensakt enthalten, der vom mittleren Selbst ausgeht. Denn jede Kala-Reinigung setzt einen bewussten Entschluss voraus.

Entscheidung zur Vergebung

Entscheide dich zu verzeihen,
denn Nachträglichkeit ist negativ.
Nachträglichkeit vergiftet.
Hass und Groll zehren am Selbst
und lassen es schrumpfen.
Als erster musst du es sein,
der vergibt, der lächelt und
der den ersten Schritt tut.
Und du wirst das Glück blühen sehen
auf dem Gesicht deines
Mitmenschen, Bruder oder Schwester.
Sei du immer der erste.

Warte nicht, dass andere vergeben,
denn durch dein Verzeihen
wirst du Herrscher über das Schicksal.
Du gestaltest das Leben, du tust Wunder.
Vergeben ist die höchste und die
schönste Form der Liebe.
Dafür wirst du unermesslichen
Frieden erhalten und
vollkommenes Glücksempfinden.

Robert Müller

Ich finde es ein herrliches Gedicht und ich zitiere es an all meinen Seminaren und wir sind Robert Müller dafür zu grossem Dank verpflichtet.

Und wie steht es nun mit der Frau, der ich im Tram keinen Sitzplatz angeboten habe? Dem Autofahrer, dem ich den Vortritt nicht gewährt habe? Und dem Antiquar, den ich um fünf Franken geprellt habe?

Zwei Haltestellen weiter steige ich aus, ohne die Frau anzusehen und fühle mich schlecht. Während ich am nächsten Rotlicht, kaum zehn Meter weiter vorne warte, denke ich: Was hätte es denn nun ausgemacht, wenn ich dem Autofahrer von rechts den Vortritt gelassen hätte? Und während ich das erste Buch in die Hand nehme, überlege ich, dass ich die Bücher hätte hinterlegen lassen und erst hätte Geld holen gehen können.

Wie wäre es, wenn ich für den ersten Fall eine Spende an die Altenhilfe im Quartier leiste? Dem Autofahrer eine Lichtpyramide schenke und um unfallfreie Fahrt für ihn bitte? Und dem Buchhändler bezahle ich beim nächsten Einkauf fünf Franken mehr als der angeschriebene Preis!

Liebe Leserin, lieber Leser, denken Sie bitte daran, nicht nur andern, sondern vor allem auch sich selbst zu vergeben. Gewiss, an sich selber sollte man vielleicht strengere Massstäbe als an andern anlegen. Wenn Sie sich aber für eine begangene Verletzung entschuldigt oder sie wieder gut gemacht haben, sollten Sie die Sache abschliessen und sich selbst vergeben. Hierfür ist die ehrlich empfundene Reue ausschlaggebend. Reue ist eine der wichtigsten Regungen und Empfindungen, fast ebenso wichtig wie die Liebe. Ich wünsche Ihnen viel Freude und Erfolg bei Ihrer Kala-Reinigung.

KALA – ein kleines Wort mit grosser Bedeutung

Wenn man im Hawaiianischen Wörterbuch Kala nachschlägt erscheinen unzählige Übersetzungen für das kleine Wort. Je nach Aussprache und Betonung bekommt es eine andere Bedeutung. Im „Huna-Kontext" geordnet wird ersichtlich, dass alles was eine Kala-Reinigung beinhaltet, in diesem Wort enthalten ist.
Von **Jennifer Lee**

Kala heisst: ***Kundtun, ankündigen***
Wir tun unsere Absicht kund, d.h wir kündigen unserem unteren Selbst an, dass wir gemeinsam die belastenden Dinge betrachten wollen.

Wir beginnen, die Blockaden zu:
Lockern, losbinden, befreien, freilassen
Entfernen, entlassen, erleichtern, entlasten

Wir erleichtern George und entlasten ihn, indem wir alte Dinge *Loslassen*, uns *freisprechen*, und die Steine *wegnehmen*, Vergangenes *Ungeschehen machen*, Verwirrungen *aufknüpfen* (in der Aka Verbindung zum Hohen Selbst)

Kala bedeutet weiter: ***Vergeben, entschuldigen* und *verzeihen***
Wir entschuldigen uns bei allen Beteiligten. Wir vergeben uns selbst und allen anderen. Uns wird verziehen und den am Problem beteiligten Menschen ebenfalls.

Kala wird auch übersetzt mit ***Ersetzen***,
im Sinne von „an die Stelle setzen".
Von Ho'oponopono kennen wir ebenfalls, dass alles was wir freilassen mit etwas Positivem ersetzt wird. Z.B. mit einer positiven Affirmation oder mit einer Farbe, damit sich an die leere Stelle die ein aufgelöstes Schuldgefühl im Erinnerungsspeicher hinterlassen hat, nicht unmittelbar wieder etwas Belastendes einnisten kann.

Dr. Hew Len erklärt die Bedeutung von Kala in einem seiner Seminare folgendermassen:
Kalà (mit ganz langem aaaa am Ende) heisst *„die Sonne"*.
(Ka = der, die, das / Là = Sonne)
Kala (kurz) heisst *Geld*.
Ka(verschluckt)la(h) heisst *Vergebung*.

Praktische Vorschläge zu Kala

Verzeihen und Vergebung erhalten sind wichtige Teile von Kala und eine enorme Entlastung für Ihr unteres Selbst. Stellen Sie sich Ihre Erleichterung vor, wenn Sie sich bei jemandem für eine wirkliche oder auch vermeintliche Verletzung entschuldigen. Danach können Sie der Person wieder offen in die Augen schauen und unbelastet kommunizieren. Genauso fühlt sich Ihr unteres Selbst und kann danach frei den Kontakt mit dem Hohen Selbst aufnehmen oder wieder herstellen. Von **Jennifer Lee**

Als Einstieg in Kala beginnen Sie am besten mit den einfacheren, gut zu erkennenden Gründen die eine Verwicklung in der Aka Verbindung zum Hohen Selbst darstellen können:

Setzen Sie sich in einer ruhigen halben Stunde hin und machen Sie eine Liste aller Menschen die Sie in der Vergangenheit verletzt haben. Wenn sie noch am Leben sind, bitten Sie persönlich oder in einem Brief um Verzeihung. Wenn es angemessen ist machen Sie ein Geschenk oder eine andere Form der Wiedergutmachung.

Vielleicht fühlen Sie sich schuldig für etwas, das Sie getan oder nicht getan haben für einen bereits verstorbenen Elternteil. Gehen Sie in die Stille und bitten Sie jetzt um Verzeihung und machen Sie danach vielleicht eine kleine Spende für einen Zweck der Ihrem Elternteil am Herzen lag.

Ihr Zwiegespräch könnte folgendermassen sein: „Liebe Mama, ich weiss nicht um jeden Schmerz den du meinetwegen durchgemacht hast, aber ich weiss, dass es mir leid tut. Mit meinem heutigen Bewusstsein ist mir vieles klar. Heute, möchte ich dich um Verzeihung bitten und alles wieder gut machen. Es tut mir von Herzen leid für deinen Schmerz und für meinen Anteil daran. Bitte verzeih mir. Ich lasse alle Schuld- und Schamgefühle gehen die ich deswegen bis heute in mir trug. Lass uns beide ins Licht treten und unseren Weg in Frieden gehen. Lass uns beide frei sein. So ist es. Es ist getan." (So ist es. Es ist getan oder auch Amen gilt als klarer Abschluss des Gebets.)
Danach „baden" Sie im Geiste sich selbst und die andere Person kurz in einer Farbe die Ihnen spontan „in den Sinn" kommt. Bitten Sie auch Ihr unteres Selbst um Verzeihung für jeden Schmerz den Sie ihm zugefügt haben, jede Unachtsamkeit, jede Ignoranz usw. Fragen Sie es, was Sie zur Wiedergutmachung tun können und handeln Sie danach. Das ist ein sehr grosser Vertrauensbeweis und stärkt Ihre Beziehung weiter. Es wird aufmerksam dabei sein, wenn Sie es mit rituellen Aktionen von seinen Bürden befreien. Wichtig ist, dass Sie Ihre eigenen Worte brauchen und Rituale anwenden die Ihr unteres Selbst beeindrucken. Fragen Sie nach, es wird Ihnen prompt mit Emotionen antworten.

Lassen Sie sich Zeit mit Ihrer Liste. Den Abschluss können Sie mit einem allgemeinen Ritual tun, in dem Sie alle Menschen um Verzeihung bitten die Sie je verletzt haben, bewusst oder unbewusst, bekannt oder unbekannt. Bitten Sie darum, dass alle befreit werden von Schmerz und Schuld um unbeschwert auf ihrem Weg weiter gehen zu können.

Dies mag Ihnen weit hergeholt erscheinen. Als Huna praktizierende Menschen wissen wir, dass alles mit allem verbunden ist in einem unsichtbaren Netzwerk und dass jede kleine Aktion eine Auswirkung auf das Ganze hat. Der Schmetterlingseffekt ist ein Beispiel dafür. Stellen Sie sich vor: Sie sind heute früh spät dran, es bleibt keine Zeit für das Frühstück. Sie gehen auf dem Weg zur Arbeit in die Bäckerei, Ihre Lieblingscroissants sind ausverkauft. Sie machen Ihrem Frust mit einem gehässigen Ausspruch Luft. Die Verkäuferin nimmt Ihre Bemerkung persönlich. Sie ist wütend über Ihre Beleidigung und bedient den nächsten Kunden schnippisch und mit einem mürrischen Gesicht. Dieser geht mit seinem Brot nach hause und schnauzt seinen Sohn an. Er kommt schlecht gelaunt zur Schule und lässt den Lehrer seinen Ärger spüren in dem er sich aggressiv verhält. Die Spannung überträgt sich auf die ganze Schulklasse. Der Tag beginnt für alle ziemlich unangenehm. Auch in der Bäckerei bleibt die Atmosphäre gedämpft der Tag ist gelaufen und abends kommt die Verkäuferin schlecht gelaunt nach Hause, ihre Familie bekommt es zu spüren.

Ein kleines Beispiel zum „weiterspinnen" selbstverständlich auch mit positiver Ausgangslage, als

Erklärung wozu ein „allgemeines Ritual" gut sein kann.
Ihre Äusserung in der Bäckerei war völlig unbedacht und ist längst „vergessen". Ihr unteres Selbst vergisst jedoch nichts und nimmt jedes Wort und die dazugehörige Emotion in seinen Erinnerungsspeicher auf. Das meiste davon wird für unser Bewusstsein ausgefiltert. Wir könnten niemals mit allen Eindrücken umgehen und würden komplett überflutet von der Fülle an Information die unser unteres Selbst pro Sekunde aufnimmt. Im Verborgenen - unter der Oberfläche unseres Bewusstseins - kann jedoch ein Gefühl von Schuld oder Scham über die unbedachte Bemerkung in der Bäckerei ablaufen.

Ein weiter Schritt ist die Liste mit den Menschen die Ihnen Verletzungen zugefügt haben. Schreiben Sie in einem Wort die Art des Schmerzes dazu. Vielleicht verstehen Sie heute besser was wirklich zu der Verletzung geführt hat. Wie haben diese Menschen Sie gespiegelt und umgekehrt? Haben Sie zu der Verletzung beigetragen? Wenn es Ihnen möglich ist sprechen Sie mit der Person oder schreiben Sie einen Brief oder eine Mail. Auf jemanden zuzugehen und zu sagen „Ich verzeihe dir" ist für die meisten von uns undenkbar oder löst ein sehr zwiespältiges Gefühl aus.

In diesem Falle gehen Sie in die Stille und nehmen vielleicht sogar ein Bild des betreffenden Menschen dazu. Bitten Sie Ihr unteres Selbst und Ihr Hohes Selbst ganz nah zu sich. Denken Sie daran, dass Sie über die Aka Schnur miteinander verbunden sind und sprechen Sie zu der Person wie wenn sie vor Ihnen sässe. Sprechen Sie über Ihren Schmerz aus der heutigen Perspektive. Es geht in diesem Schritt wieder darum ihr unteres Selbst zu beeindrucken, d.h. seine Emotionen nicht unter den Teppich zu kehren sondern anzunehmen und anzuerkennen, damit es sie gehen lassen kann. Wir können Energie nicht auflösen, aber wir können sie umwandeln.

Richten Sie den Scheinwerfer also kurz auf die schmerzliche Situation, lassen Sie nicht alles wieder aufleben. Es geht nicht um Drama sondern um Vergebung: „Liebe(r) ...., du warst dir wahrscheinlich nicht bewusst, wie sehr du mich verletzt hast mit deinem Verhalten (damals). Inzwischen ist viel Zeit vergangen. Das Leben lehrt uns und wir entwickeln uns weiter. In diesem Bewusstsein vergebe ich dir vollständig und von Herzen für meine Verletzungen und meinen Schmerz. Ich sehe und erkenne meine Wut und meine Ablehnung und meinen Anteil daran. Ich entlasse diese Emotionen und übergebe sie meinem Hohen Selbst und der universellen Kraft zur Umwandlung in eine höhere Schwingung. Ich vergebe dir aufrichtig. Wir sind jetzt in Frieden. Lass uns beide ins Licht treten und unseren Weg in Frieden gehen. Lass uns beide frei sein. So ist es. Es ist getan."

Danach „baden" Sie wieder im Geiste sich selbst und die andere Person kurz in einer Farbe die Ihnen spontan „in den Sinn" kommt. Lassen Sie sich auch hier Zeit mit Ihrer Liste und benutzen Sie Worte und Aktionen die Ihr unteres Selbst beeindruckt. Den Abschluss können Sie erneut mit einem allgemeinen Ritual tun, in dem Sie allen Menschen vergeben die Ihnen je Schmerz zugefügt haben, bewusst oder unbewusst, bekannt oder unbekannt. Bitten Sie darum, dass alle befreit werden von Schmerz und Schuld um unbeschwert auf ihrem Weg weiter gehen zu können.

Klopfen Sie sich selbst auf die Schulter und bedanken Sie sich bei Ihrem unteren Selbst für seine Hilfe. Sie haben eine grossartige Leistung vollbracht!

Um das Ganze zu einem eindrücklichen Abschluss zu bringen, verbrennen Sie Ihre Listen im Küchentrog oder im Freien und schauen Sie zu wie alles Schwere in Flammen aufgeht. Zu einem späteren Zeitpunkt können Sie komplexere Themen anschauen und damit beginnen, Ihre Prägungen und Muster zu erforschen.

Vergessen Sie bitte das Wichtigste nie:

Gehen Sie mit Liebe, Freude und grösstmöglicher Leichtigkeit ans „Kala-Werk".

Vergeben Sie sich, wenn Sie noch nicht bereit sind etwas zu verzeihen und loszulassen.

„Besprechen" Sie einfach alles mit Ihrem unteren Selbst. Vielleicht brauchen Sie noch etwas Zeit. Vergeben Sie sich, wenn Sie etwas noch nicht geschafft haben.

Entschuldigungen für Ihr Verhalten sind erlaubt! Alle Fragen die Sie sich und Ihrem unteren Selbst stellen, dürfen nie selbstquälerisch sein, sondern spielerisch, hilfsbereit und beratend!

Nicht mit dem Finger auf das untere Selbst zeigen, sondern Ihre Gemeinschaft unterstützen. Schimpfen Sie Ihr unteres Selbst nicht aus, das wäre kontraproduktiv! Sprechen Sie in diesem Sinne mit Ihrem unteren Selbst: „Lass uns daraus lernen. Wir machen es einfach das nächste Mal besser!"

Und vor allem: Geniessen Sie das Leben! Lachen Sie so oft wie möglich und verbreiten Sie Freude in Ihrem Umfeld!

Im Alltag Zeit für Kala einräumen

In der Praxis wird Kala bald zu einer Gewohnheit wie die tägliche Mana Atmung. Nehmen Sie den Huna-Grundsatz als Richtschnur: „Denke, sage und tue nichts um etwas oder jemanden zu verletzen, einschliesslich dich selbst", oder wie Henry es formulierte: „Nie verletzen, immer helfen". Ihr unteres Selbst wird eifrig dabei sein und mit seinen Emotionen auf Ihre Fragen antworten. Von **Jennifer Lee**

Einmal pro Woche:

Räumen Sie sich einmal pro Woche ein wenig ungestörte Zeit ein und machen Sie sich Ihre „Kala-Gedanken" nach dem Huna Leitsatz „nie verletzen, immer helfen":

- Lebe ich nach diesem Prinzip?
- Wie verhalte ich mich gegenüber meinen Mitmenschen?
- Wie bin ich in der vergangenen Woche mit meinen Kindern umgegangen?
- mit meinen Eltern?
- mit meinen Freunden?
- meinen Mitarbeitern?
- mit meinem Haustier?

War ich unaufmerksam? Habe ich mich lieblos verhalten? Gab es eine Situation, die ich klären, mich dafür entschuldigen und etwas zur Wiedergutmachung tun möchte?

Kümmern Sie sich bei Kala auch um sich selbst!

- Habe ich mich selbst respektiert und war ich mir treu diese Woche?
- Ist es mir gelungen den Dingen die mir die grösste Freude bereiten Platz in meinem Alltag einzuräumen?
- Bin ich meiner Intuition gefolgt?
- Haben „George" und ich etwas Altes abschliessen können?

Schliessen Sie die Natur ebenfalls in Ihre Kala-Gedanken ein:

- Gehe ich achtsam mit der Umwelt um?
- Bin mir bewusst, dass alles was ich esse, trinke und anfasse im täglichen Leben ursprünglich ein Rohstoff von „Mutter Natur" war und ich ohne sie nicht existieren könnte?

Jeden Abend:

Henry schlug vor, den Tag abends Revue passieren zu lassen, und sich folgende Gedanken zu machen:

- Was habe ich heute den ganzen Tag über getan, gedacht, ausgesprochen?
- Gibt es einen dunklen Punkt zu bereinigen?
- Möchte ich mich morgen bei jemandem entschuldigen und etwas wieder gut machen?

Gehen Sie auch die wöchentliche oder die tägliche Kala mit Leichtigkeit an und beschäftigen Sie sich nicht mehr mit den „aufgelösten" Dingen. Es ist getan, Vergebung ist passiert, Sie können erleichtert und vertrauensvoll nach vorne schauen und weitergehen. Schauen Sie nicht nach ob das Problem noch da ist – richten Sie Ihre Aufmerksamkeit darauf was sich verändert hat. Und vor allem: Gehen sie liebevoll mit sich selbst um und nehmen Sie sich und das Leben immer mit einer Prise Humor!

In eigener Sache

HFG Zürich schliesst auf Ende Jahr

Die Auswirkung der wirtschaftlichen Situation der Huna Forschungs-Gesellschaft und der Rückzug unseres Sponsorings haben zur Folge, dass wir unsere Aktivitäten auf Ende Jahr einstellen werden. Ein Stück Huna Geschichte wird Ende 2015 seinen Abschluss finden.

Unsere Seminare und Workshops

Nutzen Sie die letzte Gelegenheit aus dieser Quelle etwas über Huna und Ho'oponopono zu erfahren! Nebenstehend finden Sie die Angaben zu unseren Veranstaltungen in den kommenden Monaten. Ich freue mich auf Ihre Teilnahme!

Lagerräumung: CDs zum Sonderpreis

Seit Anfang Jahr ist Henrys Buch „Huna Praxis – Bewusste Lenkung des Schicksals" vergriffen, eine Neuauflage ist nicht geplant. Erwerben Sie deshalb ein Andenken an Henry in Form seiner CD **„Gespräche mit George"** oder **„Lichtmeditation"** zum Sonderpreis von je **CHF/EUR 10**.

Neue Wege

Durch diese Veränderungen betrete ich einen neuen, bis jetzt noch unbekannten Weg. Ich bin gespannt auf die frischen Ideen und Anregungen die aus dem Feld der unbegrenzten Möglichkeiten entstehen werden und bin offen für neue Inspirationen und Betätigungsmöglichkeiten in einem anderen Umfeld. Neue Impulse nehme ich gerne entgegen!
jennifer.lee@huna-europe.ch
+41 44 251 55 65

Herausgegeben von:

Huna Forschungs-Gesellschaft Zürich | HFG
Grubenstrasse 27 | CH-8045 Zürich
Telefon +41 44 251 55 65
info@huna-europe.ch | www.huna-europe.ch

Veranstaltungskalender

Mittwoch, 24. Juni 2015 19.00 h Vortragsreihe	**Das Thema wird später bekannt gegeben.** Vortrag mit Jennifer Lee CHF 20, Mitglieder 10 HFG-Zentrum Zürich
Mittwoch, 26. Aug 2015 19.00 h Vortragsreihe	**Das Thema wird später bekannt gegeben.** Vortrag mit Jennifer Lee CHF 20, Mitglieder 10 HFG-Zentrum Zürich
Fr/Sa/So 04./05./06. Sept 2015 Wochenend-Seminar	**Huna Basis-Seminar – Entdecken Sie Ihr wahres Selbst** Mit Jennifer Lee CHF 350, Mitglieder 300 HFG-Zentrum Zürich
Mittwoch 30. Sept 2015 19.00 h Vortrag	**Das Thema wird später bekannt gegeben.** Vortrag mit Jennifer Lee CHF 20, Mitglieder 10 HFG-Zentrum Zürich
Fr/Sa/So 23./24./25. Okt 2015 Workshop	**Ho'oponopono / Selbstliebe – Freiheit durch Aussöhnung** Mit Jennifer Lee CHF 350, Mitglieder 300 HFG-Zentrum Zürich
Mittwoch 28. Okt 2015 19.00 h Vortrag	**Das Thema wird später bekannt gegeben.** Vortrag mit Jennifer Lee CHF 20, Mitglieder 10 HFG-Zentrum Zürich
Samstag 07. Nov 2015 Seminar	**Huna Praxis-Seminar – WaiWai Haipule, Richten Sie Ihr Bewusstsein auf Glück und Wohlstand aus.** Mit Jennifer Lee CHF 220, Mitglieder 200 HFG-Zentrum Zürich

Nr. 23 | September 2015

HUNA NACHRICHTEN

Zeitschrift für Mitglieder | Huna Forschungs-Gesellschaft Zürich | www.huna-europe.ch

EDITORIAL

Liebe Leserin, lieber Leser

Am 9. Februar 2015 verstarb im Alter von 80 Jahren völlig unerwartet Prof. Dr. E. Otha Wingo. Otha Wingo war direkter Nachfolger von Max Freedom Long und 40 Jahre lang Leiter der Huna Research, Inc., Missouri, USA. Diese Ausgabe der „Huna-Nachrichten" widmen wir ihm in treuem Andenken.

Otha Wingo war Professor für klassische Sprachen und Mythologie an der Southeast State University in Cape Girardeau, Missouri, wo er über vierzig Jahre lang unterrichtete.

1972 ernannte ihn Max Freedom Long zu seinem Nachfolger als Direktor und Präsident der Huna Research Inc. Wie es dazu kam, lesen Sie in seinem Bericht „Das Treffen, das nicht stattfand" auf Seite 3. Wingo führte Longs Lebenswerk in dessen Sinne weiter und hinterlässt einen Schatz an Information und Wissen mit seinen Newslettern „Huna Work" und den beiden Büchern „Briefe über Huna" und „Das Huna Arbeitsbuch". Seinem unermüdlichen Einsatz für die Verbreitung der Huna Philosophie ist es zu verdanken, dass das Interesse dafür in den siebziger Jahren ihre erste, sich weltweit ausbreitende Wirkung zeigte.

Aus der ersten Begegnung zwischen Otha Wingo und Henry Krotoschin im Jahre 1978 in Cape Girardeau entstand eine herzliche lebenslange Freundschaft zweier verwandter Seelen. Gemeinsam begaben sie sich in den achtziger und neunziger Jahren auf Vortragsreise durch Deutschland, Österreich und die Schweiz. Das „Huna-Arbeitsbuch" schrieb Otha 1993 in Henrys Haus in Zürich und übergab ihm die englische Originalausgabe mit folgender Widmung:

INHALT

Das Treffen, das nicht stattfand
Wie Otha Wingo zum Nachfolger von Max Freedom Long bei der Huna Research, Inc. wurde.
Von Otha Wingo **> Seite 3**

Lichtschalter-Huna: Wie man Huna anwendet Die Anwendung von Huna im Alltag ist so einfach wie den Lichtschalter zu betätigen.
Von Otha Wingo **> Seite 6**

Bücher von E. Otah Wingo Die zwei Bücher von Otha Wingo sind vergriffen. Blattkopien sind bei uns erhältlich.
Einzelheiten auf **> Seite 2**

HFG Zürich schliesst Ende Jahr
Informationen dazu auf
> Seite 10

Veranstaltungskalender
Vortragsreihe, Ho'oponopono-Seminar, Huna Basis-Seminar, Huna Praxis-Seminar **> Seite 10**

„Lieber Henry, dieses Buch wäre nie gedruckt worden ohne deine Hilfe bei der Suche nach einem Herausgeber nach vielen, langen Bemühungen. Und es musste in deinem Heim geschrieben werden. Wir baten um Führung und unsere Hohen Selbste organisierten alles perfekt. Wenn das Hohe Selbst auch noch so leise spricht, hören wir zu. Ich danke dir, dass du mir für zwei Monate ein Zuhause und einen Ort zum schreiben geboten hast. In Liebe, Otha.“

Mir persönlich wurde Othas besondere Unterstützung zuteil, als ich meine Nachforschungen zu Ho'oponpono begann. In Henrys Nachlass fielen mir die Unterlagen zu den Ho'oponopono-Gebeten nach Morrnah Simeona in die Hände. Sie präsentierte 1977 das erste Seminar überhaupt und organisierte 1980 das gesamte Programm sowie die Freizeitgestaltung für das jährliche Seminar der Huna Research Inc. auf Hawaii. An diesem Treffen unterrichtete sie die Teilnehmer in Ho'oponpono. Die Aufzeichnungen zum Studium des 12-Schritte Ho'oponpono stellte mir Otha bereitwillig zur Verfügung.

Als Zeichen seiner Wertschätzung für unser Bestreben, die „Huna-Arbeit“ in seinem und Henrys Sinne weiterzuführen, stellte er Ueli und mir 2012 das Lehrerzertifikat der Huna Research, Inc., USA aus. Leider hatten wir nie die Gelegenheit, ihn persönlich kennenzulernen. Für seine Familie ist es nach wie vor schwierig, sich an ein Leben ohne „our sweet Otha“ zu gewöhnen, wie seine Tochter Lynn schreibt. Er war eine liebevolle, fürsorgliche Persönlichkeit und jedermanns Vater. Seine liebevollen, lobenden und unterstützenden Worte zu den „Huna-Nachrichten“ und den Seminarangeboten werde auch ich sehr vermissen.

Lesen Sie Othas Artikel „Lichtschalter-Huna“ oder bestellen Sie eines der nebenstehenden Bücher. Ich wünsche Ihnen eine genussreiche Lektüre.

Herzlich Ihre,

OUR BELOVED OTHA

To those of us who loved him,
Dad was a kind and loving spark of hope.
His laugh was heartwarming and contagious.
His devotion to family, friends, and faith was unwavering.

Dad was a scholar with the intelligence of a genius.
He was a spiritual counselor with the wisdom of one who has lived throughout the ages.

We felt that Dad knew everything that had ever been and that would ever be...
Yet it seemed he could still view the world with childlike wonderment.

Lynn Wingo Koerber, 2-20-2015

Unser geliebter Otha

Für uns die ihn liebten,
war Papa ein gütiger und liebender Funke der Hoffnung.
Sein Lachen war herzerwärmend und ansteckend.
Seine Hingabe an die Familie, Freunde und an den Glauben war unerschütterlich.

Papa war ein Gelehrter mit der Intelligenz eines Genies.
Er war ein spiritueller Ratgeber mit der Weisheit von jemandem der durch alle Zeiten hindurch gelebt hatte.

Wir empfanden, dass Papa alles wusste was je war und je sein würde...
Trotzdem schien es, als ob er die Welt dennoch mit kindlicher Verwunderung betrachten konnte.

Lynn Wingo Koerber, 20. 02. 2015

Otha Wingo
Das Huna-Arbeitsbuch
Psychologie und praktische Anwendung des Huna Wissens.
Vergriffen – geheftete Blattkopie
CHF 45/EUR 35

Otha Wingo
Briefe über Huna
Eine Einführung in die Grundbegriffe der Huna-Psychologie
Vergriffen – geheftete Blattkopie
CHF 35/EUR 25

www.huna-europe.ch
+41 (0)44 251 55 65

Das Treffen, das nicht stattfand

Von **E. Otha Wingo**

Drei Jahre nach der Veröffentlichung von Max Freedom Longs Buch „The Huna Code in Religions" (also 1969) hörte ich das Wort „Huna" zum ersten Mal. Dieses Wort und der Name Max Freedom Long wurden mir gegenüber fast nebenbei erwähnt. Den Anlass bezeichne ich manchmal als „das Treffen, das nicht stattfand", weil es rückblickend von einem bestimmten Hauch von Geheimnis, ja sogar Schicksal umweht ist.

Gekürzter Beitrag aus „The Story of the Huna Work", Bulletin zum 50-jährigen Bestehen der Huna Research, Inc., 1995, geschrieben 1981, übersetzt von Jennifer Lee.

Ich unterrichtete seit 1962 an der Universität (damals das „Southeast Missouri State College") und hatte einen sehr beliebten Kurs in Mythologie, der mich sehr interessierte. Ich deckte einen weiten Bereich der Mythologie ab, unter anderem auch die griechischen Orakel. Um die altertümlichen und die modernen Orakelmethoden darzustellen, nahm ich die populäre Astrologie zu Hilfe – meistens stellte ich sie als eine absurde Methode dar, die wenig Gültigkeit haben konnte. Ich war mir der komplizierten Beziehung zwischen der Mythologie und der Materie der Astrologie jedoch durchaus bewusst. Seltsamerweise hatte ich sogar Arbeiten über die zwei verwandten Themen verfasst – ob Sie's glauben oder nicht, das war damals, als ich in der sechsten Klasse war! Vor sehr langer Zeit also.

Das Treffen, das nicht stattfand

„Das Treffen, das nicht stattfand" erfolgte auf interessante Weise. Ich hörte ein Radio-Interview eines bekannten Astrologen aus St. Louis, Charles Luntz, begann mit ihm zu korrespondieren, arbeitete eine Weile für mich persönlich mit der Basis der Astrologie und fragte dann meinen neuen Freund, ob er jemanden wüsste, den ich treffen konnte um über Astrologie zu sprechen. Eines Tages erwähnte er dies gegenüber seinen Freunden und Studenten und ein junges Paar griff die Idee auf und bot sich an, von St. Louis nach Cape Girardeau zu fahren um mit mir zu sprechen. Rex und Diana Bills (sie ist die bekannte Astrologin, Lehrerin und Autorin Diana Stone. www.dianastone.com). Die beiden sprachen vier faszinierende Stunden lang über Astrologie während sie mein Horoskop lasen (welches ich bereits im Detail ausgearbeitet hatte). Es wurden ein paar Ideen erwähnt, die ich später untersuchen sollte. Und fast beiläufig fragten sie mich, ob ich von Huna und Max Freedom Long gehört hätte. Danach fuhren wir weiter mit unserer Diskussion über Astrologie.

An jenem Abend überflog ich meine Notizen und schrieb Briefe an die Personen und Organisationen, auf die sie mich aufmerksam gemacht hatten. Unter den Briefen die ich an diesem Abend schrieb, war einer für Max Freedom Long. Es war nicht mehr als eine Notiz mit der Bitte um Information darüber, was an Publikationen über Huna zur Verfügung stand.

Die Auswirkung seiner Antwort war ziemlich unerwartet und fast erschreckend. Er sagte, „ich habe seit vierzig Jahren auf Sie gewartet – damit Sie meine Arbeit weiterführen." Nicht genau mit diesen Worten, aber rückblickend war es klar, dass er sofort wusste, dass er die Person gefunden hatte, die er während der letzten zehn Jahre gesucht hatte. Sein Brief kam am 9. August 1968 – einundfünfzig Jahre nach dem Max und Curtis Stewart einen Schicksalsmoment erlebt hatten und nach Hawaii gegangen waren. (*Lesen Sie die Geschichte nach in den Huna Nachrichten Nr. 15 vom September 2013*). In einem langen Brief, datiert vom 25. Januar 1969, fasste Max für mich seine Pläne zusammen über die Übernahme seines „Huna Projektes" indem er einige Dinge vorschlug, die in Zukunft getan werden konnten und was der Übergang beinhalten würde. Einige der Neuauflage-Projekte die wir inzwischen durchgeführt haben, hatte Max in diesem Brief vorgeschlagen.

Nachdem er sich in einem Pflegeheim niedergelassen hatte, packte er das Leben noch einmal an und begann eine neue Serie von Mitteilungen, die er „Huna Vistas Newsletter" nannte. Es erschien nur eine Ausgabe, getippt von Max auf einer kleinen, tragbaren Schreibmaschine in seinem provisorischen Arbeitszimmer. Dieser Newsletter war datiert mit dem 1. Mai 1971. Max Freedom Long „verliess den Schulplanet Erde" am 23. September 1971 einen Monat vor seinem einundachtzigsten Geburtstag.

Der Neuanfang"

Ich wurde in der dritten Ausgabe des „Huna Vistas Newsletters" (Sommer 1972) vorgestellt, als derjenige, den Max persönlich ausgewählt hatte um seine Arbeit weiterzuführen, und so wurde ich von diesem Zeitpunkt an der Herausgeber des Newsletters.

Der „selbstgemachte" Brief den ich verschickte, dürfte nicht sehr eindrücklich gewesen sein. Das einzige Druckgerät das mir zur Verfügung stand war ein Spiritusdrucker, der einen schrecklichen, blauen Druck produzierte. Eine Druckvorlage reichte nur für ein paar anständige Kopien und ich musste dasselbe Material mehr als achtmal neu tippen um genügend Kopien für alle diese Adressen zu erhalten – ungefähr 800 Stück.

Bevor die verbleibenden Monate des Jahres 1972 vorüber waren, hatte ich es geschafft, verschiedene, wichtige Projekte für die Huna Arbeit zu realisieren: Ich druckte eine frühe Abhandlung von Max über Mana oder Lebenskraft; stellte die Bestandteile über die „Tarot Card Symbology" aus den Huna Vistas für ein Buch zusammen und veranlasste den Kauf aller übriggebliebenen Kopien des Nachdrucks von „Recovering the Ancient Magic" aus England. Und all dies musste ohne irgendwelche Geldmittel getan werden, bis die Antworten auf das Mailing langsam hereinkamen. Etwa zweihundert waren interessiert daran, die Huna Arbeit zu unterstützen und weitere Nachrichten darüber zu erhalten.

Der Hunakurs

Die Hauptpublikation des Jahres 1973 war die Vollendung des ersten Korrespondenzkurses über die Grundlagen der Huna Psychologie mit dem Titel **„Briefe über Huna: Ein Kurs über die Grundlagen der Huna Psychologie"**. Aus den Resten des Nachlasses ersah ich, dass Max einmal einen Kurs begonnen hatte und nur drei Lektionen fertiggestellt hatte, bevor er in ein Buchformat wechselte: „The Secret Science at Work". (Kahuna-Magie und neu mit dem Titel Kahuna-Weisheit auf Deutsch erschienen). Lektion drei dieser Serie ist unser Nachdruck über Mana. Die finanzielle Unterstützung für das erste Jahr war eher mager, aber die Ausgaben waren bereits am steigen durch die relativ anspruchsvollen Druckprojekte. Es war ziemlich alarmierend festzustellen, dass die Ausgaben viermal so hoch waren wie der Betrag durch die Unterstützung der Mitglieder. Es war der Korrespondenzkurs, der die Huna Arbeit in ruhige Gewässer brachte, sogar trotz des bescheidenen Preises. Weitere Publikationen im Laufe des Jahres waren die „Interim Newsletters", ein Vortrag von Max aus dem Jahre 1957 und „Huna Geheimnisse im Vaterunser", ein Artikel den ich für den Huna Vistas Newsletter geschrieben hatte.

Das jährliche Huna Seminar

Das Jahr 1975 markierte auch den Anfang der Huna Seminare, die inzwischen einen internationalen Umfang angenommen haben. Das erste war beschränkt auf Huna Lehrer und Gruppenleiter und fand in Fort Worth, Texas statt. Das Seminar im Jahre 1977 war offen für alle auf der Mailingliste sowie weitere Interessierte. Es fand in St. Louis mit 125 Teilnehmern statt.

Mehr öffentliche Aufmerksamkeit

Huna begann breitere Aufmerksamkeit in der Öffentlichkeit zu gewinnen, weil mehr Programme angekündigt, mehr Vorträge gehalten wurden und mehr Publikationen erschienen. Die Huna Arbeit war nicht mehr nur beschränkt auf eine kleine Liste Korrespondierender, ein grösseres Publikum begegnete Huna nun durch das eine oder andere Buch in einer Bibliothek oder in einer Buchhandlung. Die sechs damals im Druck befindlichen Bücher von Max Freedom Long wurden daraufhin publiziert:

- „Secret Science Behind Miracles" (Geheimes Wissen hinter Wundern)
- „Secret Science At Work" (Kahuna-Magie oder Kahuna-Weisheit)
- „Growing Into Light" (Der Weg ins Licht, deutsche Blattkopien nur bei uns erhältlich)
- „Self-Suggestion" (Selbstsuggestion und Huna-Gebet)
- „Psychometric Analysis"
- „Huna Code in Religions"

Der erste Huna Vortrag

Der Übergang zu dieser Vorgehensweise schien mir ziemlich natürlich. Aber es war Fay Clark von der Hiawatha Book Company, der mir die „beteiligte Führung" bei MFL's Wahl seines Nachfolgers klar machte. Mary Jo Gulden, ein langjähriges Huna Mitglied in Ames, Iowa organisierte den ersten Huna Vortrag den ich je hielt. Danach gab es eine Zusammenkunft von einigen Freunden im Hause der Guldens. Dort begegnete ich Fay Clark zu ersten Mal. Er erzählte von einigen der vielen Begegnungen die er mit Max in den fünfundzwanzig Jahren ihrer Freundschaft gehabt hatte. Ich drückte mein Bedauern darüber aus, dass Max und ich nie die Gelegenheit hatten uns persönlich zu sehen in den drei Jahren in denen wir kommunizierten. Folgender war Fay's Kommentar dazu: „Ich hatte das Privileg Max persönlich zu kennen und bei vielen Gelegenheiten mit ihm zu plaudern. DU hattest das Privileg ihn NICHT persönlich zu kennen!"

Zuerst eher verwundert über diese Bemerkung, war es plötzlich ziemlich klar was er damit meinte. Durch meinen Mangel an engem Kontakt mit Max über eine längere Zeit, war ich in der Lage die Huna Arbeit aus einer objektiveren Sicht anzugehen – und würde nicht dauernd versuchen die Zukunft von Huna in die Gussform der Vergangenheit zu pressen oder immer wieder zu fragen „was würde Max tun." Ich würde meiner eigenen Führung folgen und das erweiterte Programm auf neue, andere Art ausarbeiten. Max war der „Ausgräber", der Forscher hinter den Kulissen, der einen fortlaufenden Bericht seiner Ergebnisse hervorbrachte und sie in Zusammenhang brachte, mit dem was ihm seine vielen Korrespondenten zusandten. Er legte den Grundstein, goss das Fundament. Es war nun die Aufgabe der neuen Huna Arbeit auf diesem Fundament aufzubauen und die Arbeit zu erweitern, in welche Richtung unsere Führung uns auch immer lenken sollte. Ich habe oft an Fay Clarks Aussage gedacht und sie über die Jahre mehr und mehr geschätzt.

Zurück zur Quelle

1980 war die Zeit endlich reif um „zurück zur Quelle" zu gehen und ein Seminar in Hawaii selbst abzuhalten. Es wurde bereits grosses Interesse daran gezeigt und die Frage wurde oft an unseren Seminaren, in Briefen und in Anrufen gestellt: „Wann treffen wir uns auf Hawaii?" Ich wartete auf die richtige Führung und als sie kam, kündigte ich das internationale Hawaii Seminar im Juni des Jahres 1980 an. Das Thema dieser Konferenz war **„Nana I Ke Kumu"** (Look to the Source oder Zurück zur Quelle, inspiriert durch die zwei exzellenten, gleichnamigen Bücher von Mary Kawena Pukui aus dem Jahre 1972) und drückte damit genau die Absicht dieser Konferenz aus. Es war die Gelegenheit, unsere „Verbindung" zu der Quelle aus der sich die Huna Philosophie entwickelt hatte, wiederaufzunehmen. Max Freedom Long hatte Hawaii vor etwa fünfzig Jahren verlassen.

Das Seminar war ein äusserst bedeutendes, historisches Ereignis und wurde in Punalu'u, Hawaii (auf Big Island) abgehalten, in der Gegend, in der Max zu Anfang als Lehrer in der Plantagenschule arbeitete. Zum ersten Mal schlossen sich gebürtige Hawaiianer mit Haoles (wenn ich diesen Ausdruck im Sinne von „Nicht-Hawaiianern" und nicht als Ausländer oder Fremde gebrauchen darf) zusammen, um ihr Erbe mit uns zu teilen. **Morrnah Simeona** übernahm die Verantwortung für die schwierige Logistik und für das Programm und stellte fünf ausgezeichnete Tage voller Huna Aktivitäten zusammen.

Das Interesse an Huna breitet sich weltweit aus

Ein weiteres Gebiet der Entwicklung der Huna Arbeit war das wachsende Interesse von Übersee. Das Echo in England war bereits seit vielen Jahren ziemlich ausgeprägt und einige unserer ersten Huna Gruppen bildeten sich in Australien. In Neuseeland besteht ein natürliches Interesse an Huna, weil die Kultur und die Sprachen so eng verwandt sind. Auch Südafrika wuchs zu einem Mittelpunkt der Huna Aktivitäten heran. Die Arbeit in Kanada, auf unserem eigenen Kontinent ist sehr stark und wir haben eine national verbundene Huna Organisation, die dem Hauptsitz hier angeschlossen ist.

Mit dem wachsenden Interesse jener die nicht Englisch sprechen kam ein Bedürfnis nach Übersetzungen in andere Sprachen. Als erstes wurde der Huna Kurs von Ceres Elisa da Fonsec Rosas auf Portugiesisch übersetzt, um ihre Huna Gruppe mit Material zu versorgen. Eine spanische Übersetzung wurde von Angela de la Paz Taipa aus Los Angeles gemacht. Die deutsche Übersetzung des Kurses wurde in Auftrag gegeben und das Ergebnis wurde in der Schweiz als Buch mit dem Titel **„Briefe über Huna"** veröffentlicht. Der Übersetzer war Heinrich Müller. Eine weitere Übersetzerin aus Spanien beendete die spanische Übersetzung von „Geheimes Wissen hinter Wundern". Die Schweiz ist im Begriff schnell zum europäischen Hauptsitz für die Huna Arbeit zu werden. Unser Vertreter **Henry Krotoschin**, ein zertifizierter Huna Lehrer, entwickelt Vorträge und Unterrichtsklassen. Henry baut eine Filiale der Huna Research, Inc. in Zürich auf. Er hat einen wichtigen Beitrag zur Sicherung der Huna Zukunft beigetragen, indem er „Huna" als internationales Markenzeichen mit den Rechten bei der Huna Research Inc. registrieren liess.

Die Geschichte der Huna Arbeit geht weiter und SIE sind ein Teil von ihr!

Hinweis:

Alle Tätigkeiten der Huna Research, Inc. in den USA wurden in der Zwischenzeit leider eingestellt, bis auf den Webshop für Buch- und CD-Bestellungen auf

www.shop.hunaohanastore.com

Der Webshop wird von Othas Tochter Lynn betreut.

Lichtschalter-Huna: Wie man Huna anwendet

Auf dem Weg zu einem seiner Vorträge sass Otha im Flugzeug neben einer Dame und kam mit ihr ins Gespräch. Wie üblich unter Reisebekanntschaften wurde über den Grund und das Ziel der Reise gesprochen. Seine Sitznachbarin hatte noch nie von Huna gehört und wollte wissen, wie dieses alte „wundersame System" im heutigen Alltag angewandt wird. Dieses Gespräch inspirierte Otha zu „Lichtschalter-Huna", einem einfachen Weg Huna ohne grosse Erklärungen und Vorwissen auszuüben. Von **Dr. E. Otha Wingo** (Übersetzung Jennifer Lee)

Huna anzuwenden ist so wie einen Lichtschalter anzumachen oder einen Knopf zu drücken. Wenn Sie in einem Raum Licht machen wollen, strecken Sie die Hand aus und machen den Lichtschalter an oder drücken den Knopf. Sofort gibt es Licht und der Raum ist erleuchtet. Es ist nicht nötig zu verstehen, wie Elektrizität funktioniert oder wie das Gebäude verkabelt ist oder wo sich der Generator befindet. Auch wenn Sie Elektriker oder Physiker wären, Sie würden das Licht auf diese Weise einschalten!

Lichtschalter-Huna

Wenn Sie das Licht in einem Raum einschalten wollen, strecken Sie die Hand aus und machen den Lichtschalter an oder drücken den Knopf. Sofort gibt es Licht und der Raum ist erleuchtet.

Es ist nicht nötig zu verstehen, wie Elektrizität funktioniert oder wie das Gebäude verkabelt ist oder wo sich der Generator befindet.

Auch wenn Sie ein Elektriker oder ein Physiker wären, Sie würden das Licht auf die gleiche Weise andrehen!

Dieser kleine Artikel ist dafür gemacht um Ihnen einfach und sicher zu zeigen, wie man den Huna-Schalter andreht, damit Sie die gewünschten Resultate erhalten können.

Wie man überlastete Schaltkreise verhindert

Wie in allen Energiekreisen ist es eine gute Idee, sicher zu gehen, dass die Kreise nicht überlastet, sondern frei sind. In der Elektrizität versichern wir uns, dass der Kreis richtig gesichert ist oder mit einem passenden Unterbrechungsschalter versehen. Dann passen wir auf, dass wir den Kreis nicht überlasten, indem wir einen starken Motor in eine Steckdose mit einer kleineren Wattleistung einstecken. Und wir geben ebenfalls acht, nicht zu viele Geräte am selben Stromkreis anzuschliessen.

Bei Huna ist das gleichbedeutend mit **Vergebung**. Führen Sie ein kleines Gespräch mit sich selbst. Vergeben Sie jedem für alles was immer Ihnen angetan wurde. Dann vergeben Sie sich selbst für alles was Sie in der Vergangenheit getan haben und fügen Sie ein Versprechen an, dass sie nichts tun werden um jemanden zu verletzen.

Sollten Sie nicht völlig zufrieden mit dieser Vergebungskonferenz sein, verschreiben Sie sich einer **guten Tat**, um sich selbst zu überzeugen, dass Sie es mit der Vergebung ernst meinen.

Lichtschalter Nummer eins

1. Entscheiden Sie genau was Sie erreichen wollen. Seien Sie sehr genau. Bleiben Sie bei einem einzigen Wunsch und beziehen Sie nur die Dinge mit ein, die direkt mit dem Resultat zu tun haben.

2. Erstellen Sie ein klares geistiges Bild vom gewünschten Erfolg den Sie bewirken wollen. Stellen Sie sicher, dass Sie in ihrem Bild vorkommen, ebenso wie alle anderen Personen, die von Ihrer Bitte betroffen sind. Gebrauchen Sie Ihre Fantasie und Vorstellungskraft um dieses geistige Bild zu malen. Sehen Sie sich selbst agieren, denken und fühlen, wie sie es tun werden, wenn das Ergebnis in die Realität umgesetzt wurde. Lassen Sie alle Sinne wie Sehen, Hören, Berühren, Schmecken und Riechen in Ihrer Wahrnehmung aufsteigen. Fügen Sie das starke Gefühl des Wünschens hinzu.

3. Gebrauchen Sie keine negativen Beschreibungen Ihres Wunsches. Anstatt zu sagen: „Ich will alle Spannungen und Konflikte loswerden", sagen Sie, „**Ich sehe nur Frieden, Freude, Liebe und Harmonie in allen meinen Beziehungen**." Anstatt, „ich wünsche dass meine Krankheit geheilt wird", sagen Sie, „**Ich sehe mich selbst als körperlich, seelisch und geistig komplett gesund, vital und stark**."

4. Versichern Sie sich, dass Ihr Wunsch für niemanden, auch nicht für Sie selbst schädlich oder verletzend ist.

5. Wenn Sie total überzeugt sind, dass Sie genau das Bild vorbereitet haben, welches dem gewünschten Ergebnis entspricht, versiegeln Sie die „Blaupause“ oder das Bild, so dass es nicht verändert werden kann. Hier ist die Beschreibung dazu: **„Ich bin total zufrieden mit diesem geistigen Bild meines Wunsches. Ich versiegle es jetzt mit einem Schutz, damit es genauso bleibt wie es jetzt ist und es nicht versehentlich verändert oder beschädigt werden kann.**“

6. Gehen Sie weiter zu Lichtschalter Nummer zwei.

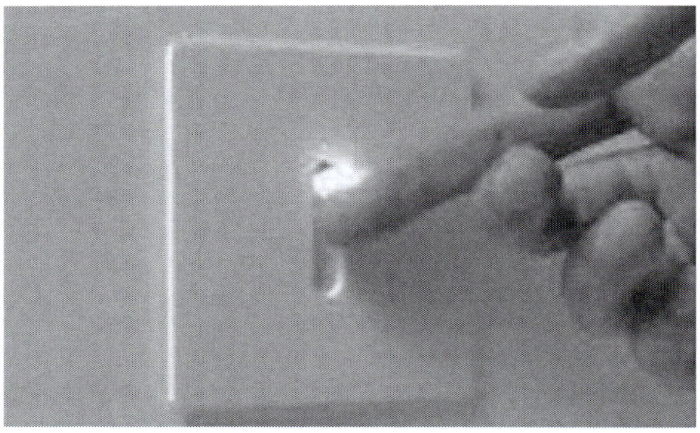

Lichtschalter Nummer zwei

1. Finden Sie einen Platz an dem Sie für einige Minuten allein und ungestört sein können...5 oder 10 Minuten genügen. Wenn Sie zu hause sind, möchten Sie vielleicht täglich den selben Platz benutzen. Wenn viel los ist zu hause, nehmen Sie einen beliebigen Platz der Privatsphäre bietet. In einem belebten Büro, Geschäft oder in einer Fabrik verwenden Sie vielleicht Ihre Pause um sich an einen ruhigen Platz zu begeben...ein Lagerraum oder die Toilette. An einem geschäftigen öffentlichen Ort schlüpfen Sie in eine Toilette oder sogar eine Telefonkabine. (Sie können zu „Superman“ oder „Superwoman“ werden wenn Sie Huna anwenden, warum also nicht in einer Telefonkabine?)

2. Setzen Sie sich bequem hin an ihrem ruhigen Ort. (Sollte es nötig sein zu stehen, machen Sie es sich so bequem wie möglich, indem Sie an eine Wand anlehnen oder mit den Füssen und Fersen leicht auseinander stehen.) Nehmen Sie einen sehr tiefen, langsamen Atemzug, halten ihn kurz und atmen langsam aus.
3. Sprechen Sie folgende Worte laut: „Ich entspanne mich in meinem ganzen Körper, in meinem Geist und meiner Seele. Mit jedem Atemzug den ich mache fühle ich mich mehr entspannt, wohl und geistig wach.“

4. Nehmen Sie einen weiteren tiefen Atemzug wie zuvor und atmen Sie aus. Sagen Sie: „Ich nehme diese Atemzüge, meine Energie steigt enorm. Mein Körper ist entspannt und ich fühle mich gut von Kopf bis Fuss. Mein Geist ist klar und wach und ich konzentriere mich nur auf das tiefe atmen und darauf, meine Energiezufuhr zu steigern.

5. Nehmen Sie ein paar weitere tiefe Atemzüge und lassen Sie Ihren Atem ruhig und regelmässig werden, aber doch langsamer und tiefer als gewöhnlich. Lassen Sie es natürlich werden so zu atmen. Konzentrieren Sie sich nur auf den Gedanken, dass Ihre Energie steigt während Sie atmen.

6. Sagen Sie laut und deutlich, **„Ich sehe jetzt ein klares Bild von dem was ich mir wünsche, so wie ich es früher vorbereitet habe.“**

7. **„Ich bitte nun mein inneres Bewusstsein, dieses Bild dem Höheren Bewusstsein zusammen mit einer grosszügigen Lieferung Energie zu senden, damit es in der Realität entstehen kann.**“

8. **„Ich bedanke mich, dass die gewünschte Zukunft sofort auf der höheren Ebene verwirklicht wurde und auf der physischen Ebene entstehen wird.**“

9. **„Das Gebet steigt zum Hohen Selbst auf. Lass die höhere Energie des Hohen Selbstes auf mich herabsinken. Lass Stille vorherrschen während ich auf Führung von oben warte.“**

Lichtschalter Nummer drei

1. Wenn Sie ihr geistiges Bild einmal den Höheren Autoritäten, zusammen mit einer grosszügigen Ladung Energie präsentiert haben, besteht der nächste Schritt darin, es in Ruhe zu lassen! Sie müssen es freigeben. Es ist wie ein Samen. Wenn Sie einen Samen gepflanzt haben, graben Sie ihn nicht jeden Tag aus um zu sehen ob er wächst. Aber Sie müssen den Boden trotzdem wässern, was das Wiederauffüllen mit einer täglichen Energiezufuhr bedeutet.

2. Drehen Sie nach der ersten Präsentation täglich den vierten Lichtschalter an. Er ist wie die ersten fünf Schritte von Nummer zwei, dann fahren Sie fort damit, die „Blaupause“ oder den „Samen“ täglich mit Energie aufzuladen.

Lichtschalter Nummer vier

1. Finden Sie einen ruhigen Platz wo Sie für ein paar Minuten allein und ungestört sein können...5 bis 10 Minuten sind genug.

2. Sitzen Sie bequem an ihrem ruhigen Ort. (Wenn es nötig ist zu stehen, machen Sie es sich so bequem wie möglich indem Sie an ein Wand anlehnen oder sich, mit den Füssen und Fersen leicht auswärts, hinstellen.)

3. Nehmen Sie einen tiefen, langsamen Atemzug, halten Sie ihn kurz und atmen Sie ihn langsam aus. Sagen Sie diese Worte laut: **„Ich entspanne meinen ganzen Körper, meinen Geist und meine Seele. Mit jedem Atemzug den ich nehme, fühle ich mich mehr entspannt, wohl und geistig wach.**“

4. Nehmen Sie einen weiteren Atemzug wie zuvor und atmen Sie aus. Sagen Sie: **„Während ich diese Atemzüge nehme, steigt meine Energie enorm. Mein Körper ist entspannt und ich fühle mich wohl von Kopf bis Fuss. Mein Geist ist klar und wach und ich konzentriere mich nur auf tiefes atmen und die Erhöhung meiner Energiezufuhr.**

5. Nehmen Sie einige weitere, tiefe Atemzüge und lassen Sie Ihren Atem ruhig und regelmässig werden, aber dennoch langsamer und tiefer als gewöhnlich. Lassen Sie es natürlich werden auf diese Weise zu atmen. Konzentrieren Sie sich nur auf den Gedanken, dass Ihre Energie steigt währen Sie atmen.

6. Sagen Sie klar und laut:**„Ich sende meinem Hohen Selbst nun ein grosszügiges Geschenk an Energie, die es benötigt, um meine Bitte in der Realität entstehen zu lassen. Es geht mir Tag für Tag in jeder Hinsicht besser.**“

Hinweise und Vorschläge:

1. „Huna ist sehr wirksam in unserer Welt.“

2. Wenn Sie Huna nicht anwenden, arbeiten Sie zu hart.

3. Wenn Sie Huna anwenden arbeiten Sie troztdem, aber Sie erhalten Resultate.

4. Hilfe für jemand anders einzuschliessen unterstützt schnellere und bessere Resultate für sich selbst.

5. Motto: „Immer helfen, nie verletzen“.

6. Huna heisst „Geheimnis“, aber Sie kennen jetzt das Geheimnis wie Sie bekommen was Sie brauchen und was Sie sich wünschen.

7. Sehr starkes Verlangen nach den gewünschten Resultaten erhöhen die Energie enorm. Wenn Sie gleichgültig und uninteressiert sind die Resultate zu erzielen, werden sie weniger wahrscheinlich in die Realität umgesetzt.

8. Nehmen Sie sich in acht davor worum Sie bitten, Sie könnten es bekommen. Da diese Methode sehr effektiv ist, ist es enorm wichtig, sorgfältig zu entscheiden was sie wollen, bevor Sie sie anwenden.

9. Ihre Vorstellungskraft ist eines Ihrer wirkungsvollsten Werkzeuge.

10. Tägliches energetisieren ist sehr wichtig. Um Resultate zu erzielen, müssen Sie nicht ihre normale Energieladung anwenden, sondern eine Hochaufladung davon.

11. Wenn Sie die die Tiefenatmung zur Energieaufladung durchführen, kann es hilfreich sein, viel zu visualisieren. Stellen Sie sich zum Beispiel vor, dass Sie sich vorbereiten, ein Rennen zu laufen. Nehmen Sie eine Stellung ein, als ob Sie gleich losrennen würden. In dieser Position laden Sie sich mit Energie auf mittels der Atemtechnik und der geistigen Anregung.

12. Wenn Sie Schwierigkeiten mit der Visualisation haben (sich ein geistiges Bild zu machen), können Sie das gewünschte Resultat einfach in Worten beschreiben und so viele andere Sinneseindrücke hinzufügen die Ihnen für die Bitte natürlich erscheinen. Wenn diese Beschreibung vollendet ist, kann sie, genau wie das visuelle Bild, zum Schutz versiegelt werden.

13. Falls Sie dazu neigen, eine Bekräftigung Ihrer „Blaupause" via Ihr Gehör vorzuziehen, benutzen Sie ein Gerät um Ihre Beschreibung aufzunehmen und spielen Sie sie ab während sie sich mit Energie aufladen.

14. Bei Beziehungsproblemen ist es oft nötig, die inneren Verbindungen die Sie mit einer Person haben aufzulösen. Das kann sich bewahrheiten, wenn es einen Konflikt oder eine Trennung gab, wenn es wünschenswert ist, die Beziehung zu beenden. Es kann in einer zerbrochenen Beziehung auch nötig sein, dass Sie sie wiederherstellen möchten! Indem Sie „die Schnüre durchschneiden" die Sie zusammenbinden, werden Sie zerrüttende Konflikte los und erlauben die Schaffung neuer und klarer Verbindungen.

15. Es ist wichtig eine freundliche Partnerschaft mit Ihrem Inneren Selbst aufzubauen. Betrachten Sie Ihr inneres Bewusstsein als einen Facharbeiter, der die Fähigkeiten braucht, die Sie, das bewusste Selbst haben und dafür andere Fähigkeiten besitzt, die Ihnen fehlen. Zusammen bilden Sie eine perfekte Partnerschaft. Wenn Sie dann Ihre Stärken mit dem höheren Bewusstsein des Hohen Selbstes vereinen, haben Sie das perfekte Dreieck oder die perfekte Drei-Einigkeit – ein Team, das alles erreichen kann wofür Sie sich entscheiden and worauf Sie hinarbeiten.

16. Sollten Sie Schwierigkeiten haben, Ihren Geist von den Ablenkungen des täglichen Lebens freizumachen, wenn Sie sich an Ihrem ruhigen Ort befinden, sitzen Sie für einige Sekunden mit sich leicht berührenden Fingerspitzen. Das wird Ihre Energien automatisch balancieren.

17. Lob und Dank. Genauso wie Sie Dank und Lob gegenüber einem Freund ausdrücken würden, der Ihnen bei der Vollendung eines Projekts behilflich war, ist es wichtig, Worte des Lobes gegenüber Ihrem Inneren Selbst und Ihrem Hohen Selbst auszusprechen für die Hilfe die sie Ihnen zuteil werden liessen.

18. Obwohl die Lichtschalter-Methode an einem privaten, ruhigen Ort ausgeführt wird, können Sie zu jeder Zeit und an jedem Ort eine Schnellversion durchführen, wenn Sie die Vorgehensweise einmal als Gewohnheit verinnerlicht haben. Schalten Sie eine kurze Pause ein um das Bild zu formen und es mit Energie an Ihr Hohes Selbst zu senden. Diese Methode ist besonders nützlich bei einem Bild, das sie zuvor sorgfältig vorbereitet haben, sowie für kleine Dinge, die keine ausgedehnte Vorbereitung benötigen. Wie z.B. das Finden eines Parkplatzes oder verlegter Gegenstände.

19. Sie haben ein perfektes Gedächtnis! Um jederzeit ein vollkommenes Erinnerungsvermögen zu haben, wann immer Sie es wollen, stellen Sie sich auf sehr guten Fuss mit Ihrem Inneren Selbst. Das ist der Teil von Ihnen, der das perfekte Gedächtnis besitzt.

Notiz:

Diese Methode wird jedes Mal 100%ig funktionieren, wenn sie genauso wie beschrieben angewandt wird. Wenn die Ergebnisse nicht Ihren Wünschen entsprechen, heisst das, dass einige Teile des Vorgehens nicht genau befolgt wurden. (d.h. einer der Lichtschalter wurde nicht gedrückt!). Wenn das geschieht, dann annullieren Sie im Geiste das Bild woran sie vorher gearbeitet hatten indem Sie folgendes laut sprechen:

„**Ich löse das geistige Bild auf und räume alle Überbleibsel die sich möglicherweise angesammelt haben aus dem Weg, um noch einmal von vorn zu beginnen und das Bild vollkommen zu machen. Alle Energie die diesem Bild anhaftet ist entfernt und das Bild ist jetzt total aufgelöst und entfernt.**"

Diese Worte aus folgendem Grund: An jedem Bild das bei den „Höheren Autoritäten" zurückbleibt, wird weitergearbeitet und ein Teil davon wird zur Realität werden und so auch die unvollständigen und oft unerwünschten Ergebnisse. Annullieren Sie das Bild (die Blaupause) und beginnen sie von vorn, indem Sie alle brauchbaren Teile des früheren Plans benutzen und sicher gehen, dass der ganze Prozess korrekt durchgeführt wird.

In eigener Sache

HFG Zürich schliesst auf Ende Jahr

Die Auswirkung der wirtschaftlichen Situation der Huna Forschungs-Gesellschaft und der Rückzug unseres Sponsorings haben zur Folge, dass wir unsere Aktivitäten auf Ende Jahr einstellen werden. Ein Stück Huna Geschichte wird Ende 2015 seinen Abschluss finden.

Unsere Seminare und Workshops

Nutzen Sie die letzte Gelegenheit aus dieser Quelle etwas über Huna und Ho'oponopono zu erfahren! Nebenstehend finden Sie die Angaben zu unseren Veranstaltungen in den kommenden Monaten. Ich freue mich auf Ihre Teilnahme!

Lagerräumung: CDs zum Sonderpreis

Seit Anfang Jahr ist Henrys Buch „Huna Praxis – Bewusste Lenkung des Schicksals" vergriffen, eine Neuauflage ist nicht geplant. Erwerben Sie deshalb ein Andenken an Henry in Form seiner CD **„Gespräche mit George"** oder **„Lichtmeditation"** zum Sonderpreis von je **CHF/EUR 10**.

Neue Wege

Durch diese Veränderungen betrete ich einen neuen, bis jetzt noch unbekannten Weg. Ich bin gespannt auf die frischen Ideen und Anregungen die aus dem Feld der unbegrenzten Möglichkeiten entstehen werden und bin offen für neue Inspirationen und Betätigungsmöglichkeiten in einem anderen Umfeld. Neue Impulse nehme ich gerne entgegen!
jennifer.lee@huna-europe.ch
+41 44 251 55 65

Veranstaltungskalender

Mittwoch, 26. Aug 2015 19.00 h Vortragsreihe	**Huna-Praxis: Abenteuer mit dem inneren Kind** Vortrag mit Jennifer Lee und Thomas Amiet CHF 20, Mitglieder 10 HFG-Zentrum Zürich
Fr/Sa/So 04./05./06. Sept 2015 Wochenend-Seminar	**Huna Basis-Seminar – Entdecken Sie Ihr wahres Selbst** Mit Jennifer Lee CHF 350, Mitglieder 300 HFG-Zentrum Zürich
Mittwoch 30. Sept 2015 19.00 h Vortrag	**Das Thema wird später bekannt gegeben.** HFG-Zentrum Zürich
Fr/Sa/So 23./24./25. Okt 2015 Workshop	**Ho'oponopono / Selbstliebe – Freiheit durch Aussöhnung** Mit Jennifer Lee CHF 350, Mitglieder 300 HFG-Zentrum Zürich
Mittwoch 28. Okt 2015 19.00 h Vortrag	**Das Thema wird später bekannt gegeben.** HFG-Zentrum Zürich
Samstag 07. Nov 2015 Seminar	**Huna Praxis-Seminar – WaiWai Haipule, Richten Sie Ihr Bewusstsein auf Glück und Wohlstand aus.** Mit Jennifer Lee CHF 220, Mitglieder 200 HFG-Zentrum Zürich
Mittwoch 25. Nov 2015 Vortrag	**Das Thema wird später bekannt gegeben.** HFG-Zentrum Zürich

Herausgegeben von:

Huna Forschungs-Gesellschaft Zürich | HFG
Grubenstrasse 27 | CH-8045 Zürich
Telefon +41 44 251 55 65
info@huna-europe.ch | www.huna-europe.ch

Nr. 24 | Dezember 2015

HUNA NACHRICHTEN

Zeitschrift für Mitglieder | Huna Forschungs-Gesellschaft Zürich | www.huna-europe.ch

EDITORIAL

Liebe Leserin, lieber Leser

Sie halten die vorerst letzte Ausgabe der Huna Nachrichten in den Händen. Wir stellen unsere Tätigkeiten bis auf weiteres ein. Eine kreative Pause um zu reflektieren und eine Neuausrichtung zu finden. Unsere Räumlichkeiten an der Grubenstrasse in Zürich sind geräumt, das Gebäude bereit zum Umbau. Zeit für einen kleinen Rückblick:

Henry Krotoschin gründete die HFG im Jahr 1981 mit dem Ziel, die Huna-Lehre in Europa zu verbreiten. Dieses Ziel wurde erreicht: Sein Buch „Huna-Praxis, Bewusste Lenkung des Schicksals" war von 1990 bis 2015 im Buchhandel erhältlich und galt als Basiswerk für die selbstständige Anwendung von Huna. In über 700 Vorträgen und Seminaren brachte Henry die Huna-Weisheit unzähligen Menschen mit nie erlöschender Begeisterung näher. Nach seinem Tod im Jahr 2009 ermöglichte uns seine Tochter Jacqueline und ein weiterer Gönner die Gesellschaft in Henrys Sinne weiterzuführen. Mit dem Umzug an die Grubenstrasse stand uns erstmals ein eigener Seminar- und Vortragsraum zur Verfügung. Das Angebot wurde mit Workshops zum Thema Ho'oponopono ergänzt und bei den monatlichen Vortragsabenden kamen vermehrt auch Referentinnen und Referenten aus anderen Wissensgebieten zu Wort um dem Interesse der Besucher an aktuellen Themen und Therapien gerecht zu werden.

Im Frühjahr 2016 wird sich entscheiden in welcher Form ich die Tätigkeiten weiterführen werde. Selbstverständlich werden Sie neue Informationen erhalten oder schauen Sie am besten auf unserer Webseite vorbei: www.huna-europe.ch. Für Fragen und Anliegen bin ich weiterhin jederzeit per E-Mail erreichbar: info@huna-europe.ch

Mein tief empfundener Dank geht an dieser Stelle im Besonderen an Jacqueline Kohler-Krotoschin für ihre jahrelange, sehr persönliche Zuwendung und ihre grosszügige Unterstützung. Mit grösstem Respekt, tiefster Dankbarkeit und Liebe trage ich Henry im Herzen. Ein ganz grosses Dankeschön geht auch an Ulrich Amacher. Seine „schicksalsträchtige" Mail mit der Frage, ob ich an einer Arbeit bei Henry interessiert sei, erreichte mich vor vielen Jahren auf einer Reise in Mexiko und war der Startschuss für eine völlig neue Lebensausrichtung. Erst mit seinem klaren Blick für das Wesentliche, kreativen Inputs und einem untrüglichen Sinn für Strukturen konnten viele Gedanken und Ideen in der Zeit „nach Henry" geordnet und in die Tat umgesetzt werden. Seine administrative Tätigkeit im Hintergrund ist mir bis heute eine unschätzbare Hilfe.

Und „last but not least" bedanke ich mich ganz herzlich bei Ihnen liebe Mitglieder der HFG Zürich, für Ihr Interesse, für Ihre Treue, Ihre Verbundenheit und Ihre Unterstützung mit dem jährlichen Mitgliederbeitrag.

Mit allen guten Wünschen für Sie und in der Hoffnung auf ein Wiedersehen,

Ihre **Jennifer Lee** und **Ulrich Amacher**

INHALT

Tipps um die Stille zu hören Im Alltagslärm geht unsere stille, innere Stimme oft unter.
Von Jennifer Lee **> Seite 2**

Die Wissenschaft holt auf Unsere Gedanken prägen unsere Wahrnehmung. Was Huna-Kenner längst wissen, anerkennt nun in zunehmendem Masse auch die Wissenschaft.
Von Jennifer Lee **> Seite 3**

Placebo - Nocebo und die Kraft des Rituals
Auch ein Placebo, also ein an und für sich unwirksames Medikament, hat ungeahnte Nebenwirkungen.
Von Jennifer Lee **> Seite 7**

Aka-Schnüre durchschneiden
Dieses Ritual ist eine befreiende Erfahrung, die uns frei in eine Zukunft unserer Wahl schreiten lässt. *Von Charlotte Berney* **> Seite 10**

Tipps um die Stille zu hören

Im täglichen Leben ist es oft schwierig, zentriert und in der Stille zu sein. Der Alltag braust um uns herum, unser Hirn denkt auf Hochtouren, unser Verstand spricht und spricht und spricht. In dieser Situation überhören wir leicht unsere innere Stimme, die uns den Weg zum Herzen und zu unserem wahren Ich weisen möchte. Wie also finden wir die „Lücke“ zwischen den Gedanken, diese kleine Leere, die uns zurück bringt ins hier und jetzt? Hier einige praktische Tipps. Einen ausführlichen Artikel zum Thema finden Sie auch in den „Huna-Nachrichten“ Nr. 5. Von **Jennifer Lee**

Den Raum finden

Stellen Sie sich Ihr mittleres Selbst, also Ihr Bewusstsein vor als „Verkehrsknotenpunkt“. Pausenlos kommen Boote, Autos, Züge und Flugzeuge voller Gedanken an und reisen wieder ab.
Halten Sie für einen Moment inne.
Beobachten Sie Ihre Gedanken.
Bemerken Sie den Raum oder den Abstand zwischen Ihren Gedanken.
Richten Sie Ihre Aufmerksamkeit auf diesen Raum.
Schauen Sie zu wie er sich ausbreitet.
Fühlen Sie die Ruhe in Ihrem Innern.

Symphonie der Stille

Wenn es Ihnen schwierig erscheint, den Abstand zwischen Ihren Gedanken zu finden, üben Sie zuerst mit Musik.
Hören Sie ein Musikstück ohne pausenlosen Klangteppich.
Beachten Sie die Pausen zwischen den Noten.
Konzentrieren Sie sich behutsam.
Wenn Sie Ihre Konzentration verlieren, kommen sie zurück und beginnen wieder.
Bemerken Sie, wie Sie anfangen, sich mit den tonlosen Momenten der Musik zu harmonisieren.

Leer sein

Schauen Sie auf ein leeres Blatt Papier.
Es symbolisiert Ihr Bewusstsein, ihr Wesen.
Lassen Sie sanft alle Gedanken von dieser Seite Ihres Geistes herunterfallen.
Erlauben Sie allen Gefühlen sich aufzulösen und von der Seite mit Ihren Erinnerungen herunterzurutschen.
Erlauben Sie allen Sorgen von der Seite zu verschwinden.
Nehmen Sie sich wahr:
Leer und still
Still und voller Frieden
Komplett bewusst, komplett gegenwärtig ohne Störung.

Schweben im freien Raum

Blicken Sie hinauf in den Nachthimmel.
Sehen und fühlen Sie die Stille des Weltraums.
Weit und ohne Grenzen.
Richten Sie Ihre Aufmerksamkeit darauf „dort draussen“ zu sein.
Seien Sie sich bewusst, dass „dort draussen“ „hier drinnen“ bedeutet.
Der innere Raum Ihres Wesens ist genauso weit und ohne Grenzen.
Ruhig und still.
Ruhig und still.
Bleiben Sie in diesem unendlichen Raum.

Das Summen ausschalten

Setzen Sie sich bequem hin und schliessen Sie die Augen.
Sehen Sie zu, wie Sie in einem ruhigen Wald einen Weg entlang gehen.
Bald kommen Sie zu einer Lichtung.
Gehen Sie langsam in die Mitte der Lichtung und setzen Sie sich.
Wie aus dem Nichts sind Sie von Tieren umgeben.
Sie tun Ihnen nichts Böses.
Je grösser das Tier, um so grösser der Lärm Ihrer inneren Unruhe.
Eine leichtfüssige Gazelle symbolisiert vielleicht ein Abgabetermin für eine Arbeit.
Ein brüllender Löwe steht vielleicht für Schwierigkeiten in einer Beziehung.
Auf einer Seite der Waldlichtung befindet sich ein Bienenstock.
Bienen schwärmen in der Nähe herum und geben das summende Geräusch ihrer frei schwebenden Sorgen wieder.
Das einzige Geräusch ist jetzt das Summen der Bienen.
Stellen Sie sich vor, wie alle Ihre winzigen Sorgen im Bienenstock verschwinden, eine nach der anderen bis es still ist in der Lichtung.
Ihre Sorgen sind still.
Alle Ihre Anliegen können an einem anderen Tag bewältigt werden.
Rund um Sie herum herrscht Friede.
Sie sind ruhig.
Sie sind still.

Die Wissenschaft holt auf

Wer sich mit alten Lehren wie zum Beispiel Huna beschäftigt hat verinnerlicht wie wichtig das Gedankengut eines Menschen ist um alle seine Lebensbereiche positiv zu gestalten. Sei es in der Art und Weise wie wir über uns selbst denken, aber auch mit welcher Haltung wir den Menschen und der Welt im Aussen gegenübertreten. Wir wissen, dass wir das Unmögliche möglich machen können. Von **Jennifer Lee**

Vor noch nicht so langer Zeit glaubte man, dass das menschliche Hirn sich nach der Kindheit nicht mehr verändert. Bis wir erwachsen sind sei es fest verdrahtet und fixiert. Die neueren Forschungen beweisen uns jedoch, dass das ein Trugschluss war. Das menschliche Hirn kann sich im Laufe des Lebens verändern und tut es auch. Es ist anpassungsfähig wie Plastik. Die Neurowissenschaft nennt das Neuroplastizität.

Wenn wir an unser Hirn als ein dynamisch verbundenes Stromnetz denken, gibt es Billionen von Wegen oder Strassen die aufleuchten wenn wir etwas denken, fühlen oder tun. Die vielbefahrenen Strassen sind unsere Gewohnheiten, die etablierten Denkweisen, unsere gewohnten Gefühle und Tätigkeiten. Jedes Mal wenn wir auf eine gewisse Art und Weise denken, eine bestimmte Tätigkeit ausüben oder eine bestimmte Emotion fühlen, verstärken wir diese Strasse. Es wird einfacher für unser Hirn auf dieser Strasse zu „reisen". Verändern wir jedoch unser Denken über eine gewisse Sache zum Beispiel, lernen wir etwas Neues oder wählen wir bewusst eine andere Emotion, beginnen wir damit eine neue Strasse zu bahnen. Bleiben wir nun dabei auf dieser neuen Strasse zu fahren, also auf eine andere Weise zu denken, wird unser Hirn diesen neuen Weg immer mehr benutzen und so wird diese neue Art zu denken, zu fühlen und zu tun natürlich.

Der alte Weg wird weniger und weniger benutzt und wird schwächer. Das ist Neuroplastizität in Aktion.

Wer steuert die automatischen Körperfunktionen?

Wer steuert die automatischen Körperfunktionen? Richtig – unser Unterbewusstsein. Wir alle besitzen die Fähigkeit zu lernen und uns zu verändern und so unser Unterbewusstsein zu lenken damit es unser Hirn neu „verdrahtet".

Wenn Sie je eine schlechte Gewohnheit verändert oder über irgendetwas ihre Meinung geändert haben, haben Sie eine neue Strasse in ihrem Hirn gebildet und die Entwicklungsfähigkeit oder die Formbarkeit ihres Hirns aus erster Hand erlebt.

Das Unterbewusstsein ist beeinflussbar durch Bilder und durch körperliche Reize und dabei unterscheidet es nicht zwischen tatsächlichem Geschehen und Gedankenbildern, also Glaubensätzen. Das Wunderwerk unseres Körpers setzt sich in Bewegung. Es reagiert sensibel, unmittelbar und auf höchst präzise, erstaunliche Art und Weise und setzt um was wir denken, woran wir glauben und was wir erwarten. Für Menschen, die altes Wissen in ihrem Alltag anwenden ist das nichts Neues. Für alle anderen liefern einige neuere Studien der führenden Universitäten in USA wie Harvard, Yale oder Stanford interessante Forschungsergebnisse.

Unsere Einstellung zählt:

Fitness

Um zu beweisen, dass unsere Einstellung zählt, hat man ein Experiment mit dem Reinigungspersonal aus sieben verschiedenen Hotels gemacht. Diese (vorwiegend) Frauen, sind den ganzen Tag auf den Beinen, brauchen viele Muskeln bei ihrer Arbeit und verbrennen eine grosse Anzahl von Kalorien. Die 84 Damen aus der Testgruppe wurden gefragt, ob sie regelmässig Sport treiben. Zwei drittel antworteten mit nein und auf die Frage wie viel Bewegung sie auf einer Skala von 0 bis 10 bekämen jeden Tag, antwortete ein Drittel mit 0.

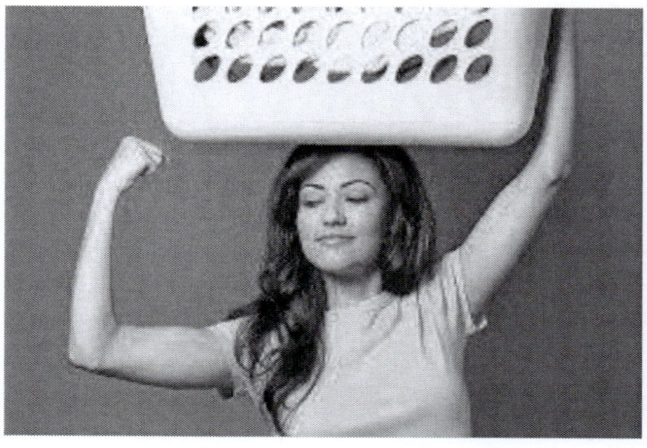

Das Forscherteam wollte nun wissen, was geschähe wenn sich die Denkweise der Frauen ändern würde. Sie massen zu Beginn der Studie deren Gewicht, den Blutdruck, den Körperfettanteil und fragten sie auch, wie es um die Befriedigung durch ihre Arbeit stehe. Danach wurden zwei Gruppen gebildet. Eine Hälfte sah eine kurze, einfache Präsentation bei der betont wurde, dass ihre Arbeit wie Sport sei und sie dadurch auch den Nutzen davon erwarten dürften.

Zwei Wochen später wurden alle Damen erneut gemessen. Bei der Gruppe ohne die erwähnte Information hatte sich nichts verändert. Die Frauen aus der anderen Gruppe sahen bereits nach dieser kurzen Zeit von zwei Wochen anders aus, sie hatten an Gewicht verloren, es gab eine bezeichnende Verbesserung des oberen Blutdrucks, ihr Körperfettanteil war um einiges gesunken und sie mochten ihre Arbeit mehr. Faszinierend, durch eine fünfzehnminütige Präsentation war alles anders!

Ernährung

Der nächste Test drehte sich um das Thema Ernährung. Es wurden Studenten angeworben für einen Versuch mit Milkshakes. Sie wurden in ein Labor eingeladen und zur Blutabnahme an ein Schläuchlein angeschlossen. Man wollte ihren „Ghrelin"-Spiegel messen. Das ist ein appetitanregendes Hormon und wird in der Magenschleimhaut und in der Buchspeicheldrüse produziert. Man nennt es allgemein das „Hungerhormon". Wenn wir lange nichts gegessen haben, steigt unser Ghrelin-Anteil und signalisiert dem Hirn es ist Zeit zu essen und wenn wir nichts zu essen finden, verlangsamt es unseren Stoffwechsel. Essen wir, sinkt der Ghrelinspiegel und signalisiert, genug gegessen und der Stoffwechsel setzt sich wieder in Bewegung, damit wir die Nahrung verbrennen können.

Neben dem Milkshake den die Studenten vorgesetzt bekamen stand eine kleine Informationstafel mit folgender Aufschrift:

<u>*Sensishake*</u>
Schuldfreie Befriedigung: 0% Fett, kein Zucker, 140 Kalorien.

Ihr Hungerhormonspiegel sank nachdem sie den Shake getrunken hatten, jedoch nur ein bisschen und signalisierte dem Hirn, dass ein wenig Nahrung konsumiert worden war, aber nicht so viel.

Eine Woche später wurde ihnen erneut Blut abgezapft zur Messung des Ghrelin-Spiegels und sie bekamen einen neuen Milkshake mit folgender Information:

<u>*Genuss*</u>
„Dekadenz" die Sie sich verdient haben: 30 g Fett, 50 g Zucker, 600 Kalorien

Diesmal sank der Hungerhormonspiegel dreimal tiefer. Eine logische Reaktion, es wurden ja viel mehr Kalorien konsumiert.

Es gab jedoch einen Haken: Obwohl die Studenten glaubten, sie hätten einmal den vernünftigen und einmal den „dekadenten" Milkshake getrunken, gab man ihnen beide Male den gleichen Drink mit 13 g Fett, 20 g Zucker und 300 Kalorien!

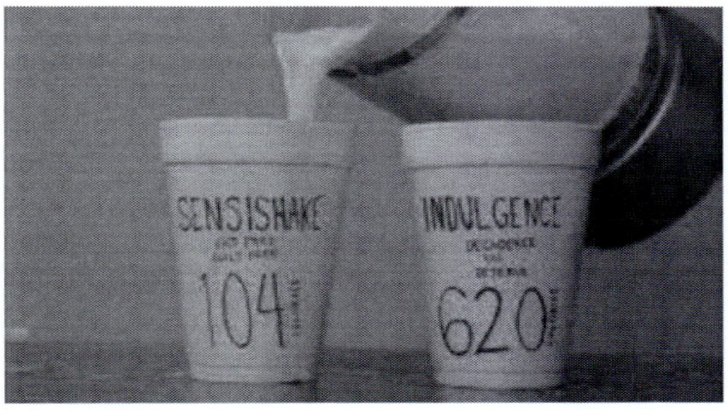

Was wir denken, glauben und erwarten über die Nahrung die wir zu uns nehmen spielt eine grosse Rolle und ist entscheidend, wie unser Körper darauf reagiert. Diese Erkenntnis soll kein Freipass für alles Ungesunde sein, natürlich kommt es darauf an was wir essen, aber der biologische und psychologische Effekt wird nachhaltig von unserer Denkweise beeinflusst.

Gesundheit

In Italien machte man eine Studie mit Patienten, die sich einer Thoraxoperation unterzogen. Das ist ein sehr invasives Verfahren. Unter Anästhesie machen die Chirurgen grosse Schnitte in die Muskeln an den Seiten und am Rücken, um Zugang zu Herz oder Lunge zu bekommen. Ungefähr eine Stunde nachdem die Anästhesie abklingt, kommt der Schmerz. Die Patienten bekommen hohe Dosen an Morphium. Das ist die Routinebehandlung bei einer Thoraxoperation, aber das Forscherteam machte dieses Mal ein paar subtile Änderungen. Die Hälfte der Patienten bekam das Morphium an ihrem Bett von einem Arzt gespritzt. Die andere Hälfte bekam die exakt gleiche Dosis, aber es wurde durch eine vorprogrammierte Pumpe in ihre Vene gegeben. Sie wussten also nichts davon.

Nun würde man annehmen, dass beide Gruppen von Patienten dieselbe Linderung verspürten. Aber dem war nicht so, die Gruppe, die das Morphium von einem Arzt gespritzt bekam, gab eine bedeutende Verminderung ihres Schmerzpegels an. Die andere Gruppe, die genau die gleiche Dosis Morphium per Computer bekam, verzeichnete eine geringere Schmerzlinderung.

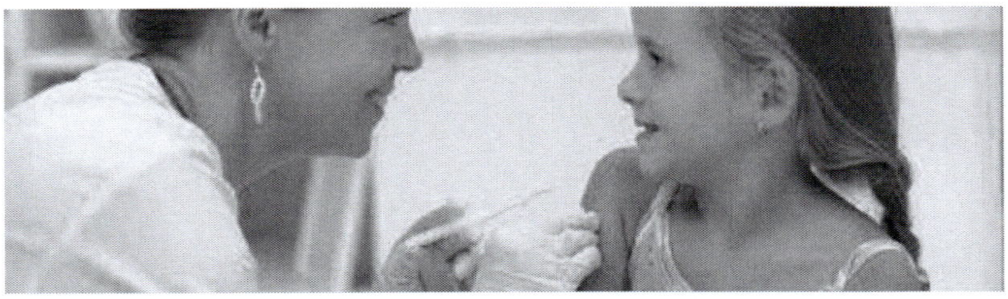

Die Ärzte testeten weitere Behandlungsverfahren, z.B. gegen Angstzustände, Parkinsonsymptome, erhöhten Blutdruck - und was sie erfuhren war bemerkenswert und beständig: Wenn die Patienten von der Behandlung wussten und den Erfolg damit erwarteten, war die Behandlung höchst wirksam. Aber wenn sie es nicht wussten, war das Resultat mit dem gleichen Medikament, mit demselben Verfahren sehr gemischt und in manchen Fällen zeigte es überhaupt keinen Erfolg.

Wie beim Placebo-Effekt geht es also nicht um die Pille oder das Medikament, sondern um die Fähigkeit und die Kraft unseres Gedankenguts - in diesem Falle um die selbstverständliche Erwartung geheilt zu werden – damit die Heileigenschaften unseres Körpers aktiviert werden.

Stress

Es ist wichtig, dass wir unseren automatischen Gedanken Aufmerksamkeit schenken. Welche Geisteshaltung trage ich täglich in mir? Ist meine Denkweise pessimistisch oder optimistisch? Habe ich immer ein „ja aber" bereit wenn etwas Schönes oder Neues in meinem Leben geschieht? Sehe ich in jeder Veränderung eine Bedrohung oder freue ich mich auf ein neues „Abenteuer" auch wenn dessen Ausgang ungewiss ist?

Auch in Sachen Stress wurde die Auswirkung der gedanklichen Einstellung einer Gruppe von Testpersonen ausgewertet. Ist es unsere Geisteshaltung die den Effekt von Stress auf unseren Körper bestimmt?
Die eine Hälfte der Probanden sah morgens vor Arbeitsbeginn eine Dreiminuten-Präsentation mit allen negativen Auswirkungen von Stress, welche für die Mehrheit von uns gültig ist:

<u>Stress zehrt an unseren Kräften</u>

Die meisten Menschen glauben, dass Stress nötig ist um produktiv und erfolgreich zu sein.
In Tat und Wahrheit vermindert aber schon der leiseste Anflug von Stress unsere Leistungsfähigkeit.
Stress pumpt Adrenalin durch unseren Körper.
Diese Reaktion ist dazu da deinen Körper auf „Aktion" vorzubereiten.
Aber es kann deinen Geist vollkommen einnehmen und deine Fähigkeit klar zu denken verringern.
Die Stressreaktion kann deinen Fokus, deine Entscheidungsfähigkeit, deinen Tatendrang und deine Leistung vermindern.
Beachte folgende Beispiele:
Athleten scheinen in den entscheidenden Momenten zu versagen.
Fähige Fachkräfte neigen zu den schwerwiegendsten Fehlern wenn sie unter Stress stehen.
Geistige Müdigkeit und Leistungsdruck machen Ärzte zum Beispiel bedeutend anfälliger dafür medizinische Fehler zu begehen.

Die zweite Testgruppe sah wieder vor Arbeitsbeginn folgende Dreiminuten-Präsentation:

<u>Stress ist leistungsfördernd</u>
Die meisten Menschen gehen davon aus, dass man ruhig und stressfrei sein sollte um in der Lage zu sein, Leistung auf höchstem Niveau zu vollbringen.
In Tat und Wahrheit ist es Druck, der Höchstleistung hervorbringt.
Stress pumpt Adrenalin durch unseren Körper.
Dieses wiederum tankt Hirn und Körper mit Blut und Sauerstoff auf.
Es steigert die Energie und erhöht die Aufmerksamkeit.
Diese Stressreaktion ist dazu da, deinen Fokus, deine Entscheidungsfähigkeit, deinen Tatendrang und deine Leistung zu erhöhen.
Beachte folgendes Beispiel:
Die eindrücklichsten „Sportdramen" geschehen in den hitzigsten Momenten

Die Testgruppen betrachteten also Fakten aus verschiedenen Gesichtspunkten. Nach einigen Wochen hatte die „positive" Gruppe deutlich weniger Gesundheitsprobleme zu vermelden, also weniger Rückenschmerzen, weniger Muskelverspannungen und weniger Schlafprobleme. Sie gab ebenfalls eine bessere Einstellung und eine grössere Leistungsfähigkeit bei der Arbeit an.

Sie haben also vier Studien über die Bedeutung der Denkweise gelesen: aus der Medizin,

aus dem Bereich der Fitness, aus der Ernährung und in der Einstellung zu Stress. Es gibt viele bedeutende Wissenschaftler, die sich mit diesem Phänomen auseinandersetzen. So wird auch entdeckt, dass Intelligenz und Talent, das wir bisher als etwas Festes betrachtet haben, mit der Zeit ebenfalls veränderbar ist.
Wir können auch unsere Einstellung gegenüber dem älter werden, als unaufhaltbaren Prozess des Verfalls verändern, indem wir unsere Aufmerksamkeit darauf richten, dass wir wachsen und an Weisheit gewinnen. Diese Sichtweise prägt nicht nur die Art und Weise wie wir Menschen älter werden, sondern verlängert sogar unsere Lebensdauer. Der Inhalt der Forschungen mag unterschiedlich sein, aber die Aussage ist die gleiche: Unsere Geisteshaltung ist von grosser Wichtigkeit und ein entscheidender Faktor, sowohl bei unserer Gesundheit als auch bei unserer Lebensqualität.

Ein eindrückliches Forschungsergebnis lieferte Ellen Langner schon 1979. Sie ist Mitglied der Psychologieabteilung der Harvard Universität. Sie organisierte ein einwöchiges Experiment mit einer Gruppe von fünfundsiebzigjährigen Männern. Diese wussten nur wenig über den Inhalt des Experiments ausser, dass sie sich eine Woche lang in einem Retreat-Center aufhalten würden und keine Bilder, Zeitungen, Zeitschriften oder Bücher mitbringen durften die nach 1959 datiert waren. Nach ihrer Ankunft wurden die Männer in einem Raum versammelt und es wurde ihnen mitgeteilt, dass sie eine Woche lang so zu tun hätten, als wäre es das Jahr 1959 – eine Zeit, als diese Männer lediglich fünfundfünfzig Jahre jung waren. Um das Szenario so vollkommen wie möglich zu gestalten, sollten sie sich so anziehen und so benehmen wie zu jener Zeit und sie bekamen Namensschilder mit ihrem Foto als sie Mitte fünfzig waren. Während der Woche wurden ihnen aufgetragen, sich über die Politik und die Ereignisse in der Welt und in ihrem persönlichen Leben in der damaligen Zeit in der Gegenwartsform zu unterhalten. Einige sprachen auch über ihre frühere Arbeit in der Gegenwartsform, so wie wenn sie nie pensioniert worden wären. Es wurden sogar Magazine und eine Sonntagszeitung aus jener Zeit aufgelegt. Alles war so inszeniert, dass sie die Welt durch die Linse als fünfundfünfzigjährige sahen.

Vor dem Rückzug in die Vergangenheit wurden die Männer auf alle Aspekte die wir dem Altern zuschreiben untersucht: Körperliche Kraft, Haltung, Auffassungsgabe, Wahrnehmung und Kurzzeitgedächtnis. Nach der einen Woche hatten sich die meisten Männer in jeder Hinsicht verbessert: Sie waren bedeutend beweglicher, hatten eine bessere Haltung und sogar einen viel stärkeren Händedruck. Ihr durchschnittliches Sehvermögen stieg um 10% genau wie ihre Leistung bei den Gedächtnistests. Bei über der Hälfte der Männer stieg sogar die Intelligenz an, von der man lange dachte, sie sei ab dem Erwachsenenalter eines Menschen unveränderlich.

Sogar ihre äusserliche Erscheinung veränderte sich. Beliebigen Personen, die nichts von dem Test wussten, wurden Bilder der Männer vor und nach der Woche gezeigt und sie wurden gebeten ihr Alter zu schätzen. Aufgrund dieser objektiven Bewertung, sahen die Männer im Durchschnitt drei Jahre jünger aus als vorher.
Dieser Test widersprach allem was man über die „normalen" Lebensvorgänge und das altern zu verstehen glaubte und eröffnete tiefgreifende, neue Erkenntnisse über die Kraft der Geisteshaltung bei der Gestaltung unserer Realität.

Die Wissenschaft anerkennt nun ebenfalls, dass die äussere Realität viel formbarer ist als man annimmt und viel mehr von den Augen abhängt durch welche wir sie betrachten.

Placebo - Nocebo und die Kraft des Rituals

Ein Placebo (lat. „Ich werde gefallen“) ist ein Scheinmedikament, das den Placeboeffekt auslöst: Eine gefühlte Verbesserung von Krankheitssymptomen, die sich daraufhin messbar auch im Körper zeigt. Folgerichtig hat die symbolische Behandlung einer Krankheit eine wichtige Bedeutung und beweist wie unmittelbar unser Unterbewusstsein auf die Kraft von Bildern und Gedanken reagiert. Der Noceboeffekt (Nocebo, lat: „Ich werde schaden“) ist die „Nebenwirkung “: Die unerwünschten Wirkungen die Hand in Hand mit dem Placeboeffekt auftreten können. Übersetzt und bearbeitet von **Jennifer Lee**

In der Januar/Februar Ausgabe 2013 des „Harvard Magazine“ gab es einen sehr interessanten Bericht zu lesen zu den neusten Erkenntnissen über das Placebo Phänomen.

In einer Studie wollte man die Resultate zweier Scheinbehandlungen miteinander vergleichen. Von 270 Schmerzpatienten bekam die eine Hälfte ein Placebo-Medikament bestehend aus Speisestärke und die andere Hälfte wurde mit einziehbaren „Akupunktur“ Nadeln scheinbehandelt, ohne die Haut der Probanden überhaupt zu durchstechen. Man hatte alle Versuchspersonen vorab über mögliche Nebenwirkungen ihrer Behandlung informiert.

In beiden Fällen klagte fast ein Drittel der Patienten über massive Beschwerden. Die Pillen würden sie so träge machen, dass sie nicht aus ihrem Bett konnten und die Einstiche der Nadeln bei den Scheinbehandlungen mittels Akupunktur hätten Schwellungen und Rötungen verursacht. Die meisten anderen Patienten verzeichneten eine merkliche Besserung ihrer Symptome und noch erstaunlicher war, dass die Akupunkturpatienten sich sogar noch besser fühlten als die Schmerzmittelpatienten. Niemand hatte bis jetzt „bewiesen“, dass Akupunktur besser wirkt als Schmerzmittel.

Die Wissenschaftler bezweifeln nicht, dass man sich buchstäblich „besser denken“ kann, aber sie sagen klar, dass Scheinbehandlungen weder Tumore schrumpfen lassen noch Viren heilen. Erforscht und bewiesen ist jedoch, dass Placebo körperliche Reaktionen auslösen, wie Veränderungen des Herzrhythmus' und des Blutdrucks, chemische Reaktionen im Hirn, in manchen Fällen Verbesserungen bei Schmerzen, Depressionen, Ängsten, Erschöpfung und sogar bei einigen Symptomen von Parkinson.

Die Herausforderung für die Forscher bestand nun darin zu entdecken, welcher Mechanismus hinter diesen körperlichen Reaktionen steht: Was geschieht im Körper und im Hirn bei einer Placebobehandlung? Was geschieht in dem Raum in dem das Scheinmedikament verabreicht wird: Welche Rolle spielt die materielle Umgebung? Welche Rolle spielt das Verhalten des Arztes?

Die Kraft der Aufmerksamkeit und der Fürsorge

Der Placeboeffekt besteht aus mehreren Komponenten. Die einen üben einen stärkeren Einfluss aus, die anderen weniger. Das Experiment ist eines der ersten, welches die verschiedenen Bestandteile einer Placebo-Reaktion auftrennt. Es zeigt, dass das Vorgehen bei der Verabreichung eines Placebos genauso wichtig ist wie Verabreichung selbst.

Eine wichtige Einsicht für alle Menschen in Heil- oder Pflegeberufen: Die Wahrnehmung des Patienten ist von grosser Bedeutung und die Art und Weise wie Ärzte oder Pflegepersonen diese Wahrnehmung gestalten, haben einen bezeichnenden Einfluss auf die Gesundheit ihres Patienten. Ein wichtiger Bestandteil „arbeitet" mit bei einer Behandlung: Das Engagement für den Patienten und vielleicht sogar der Akt der Fürsorge selbst.

Die Harvard Medical School bewies diese Tatsache in einer weiteren Placebo-Studie. 262 Erwachsene mit RDS (Reizdarmsyndrom) wurden in drei Gruppen aufgeteilt. Die erste Gruppe von Versuchspersonen bekam keine Medikamente, ihnen wurde gesagt, sie seien auf der Warteliste für eine Behandlung. Die zweite Gruppe erhielt eine vorgetäuschte Akupunktur Behandlung ohne grosse Aufmerksamkeit von Seiten des Arztes. Die dritte Gruppe erhielt ebenfalls eine Placebo-Akupunktur und wurde gehegt und gepflegt und mindestens 20 Minuten lang mit Aufmerksamkeit und Mitgefühl umsorgt. („Ich freue mich, sie kennenzulernen", „ich weiss, wie schwierig das ist für Sie", „diese Behandlung hat grossen Erfolg und zeigt sehr gute Resultate" usw.)

Das Ergebnis der Studie war keine Überraschung: Die Patienten welche die grösste Besserung erfuhren waren diejenigen, denen die grösste Fürsorge erteilt wurde.

Bisher hatte man noch nie das „Ritual in der Medizin" wissenschaftlich untersucht und dieses Ritual ist die Erkenntnis aus der Placeboforschung, die alle Ärzte in ihrer Praxis sofort umsetzen können!

Es war nach dem Versuch also ganz klar: Je mehr Betreuung die Menschen erhielten – sogar wenn sie vorgetäuscht war – umso besser ging es ihnen.

Die ethischen Fragen einer Placebobehandlung

Diese Behandlungen erfordern jedoch alle ein Vortäuschen von Seiten des Arztes, ein Aspekt der Placebo Medizin, der ernsthafte ethische Fragen aufwirft. Dies veranlasste die Forscher zu der Frage: „Was wenn wir denn Leuten einfach sagen, dass sie Placebos einnehmen?"

Sie verglichen also erneut zwei Gruppen von RDS Patienten. Die eine Gruppe erhielt keine Behandlung, war erneut auf der „Warteliste" und den anderen Versuchspersonen wurde mitgeteilt, dass sie „gefälschte, inaktive" Tabletten bekämen (in einer Dose mit der Aufschrift „Placebo-Tabletten") und es wurde ihnen dazu gesagt, dass Placebos oft eine heilende Wirkung hätten.

Die Testresultate schockierten selbst die Forscher: Sogar Patienten die wussten, dass sie Placebos einnahmen beschrieben eine echte Verbesserung ihres Zustandes. Sie vermeldeten eine doppelt so grosse Erleichterung der Symptome wie die Gruppe ohne Behandlung. Dieser Unterschied war so bezeichnend wie jene Besserungen, die man registrierte bei Vergleichstests für die besten „echten" RDS Medikamente.

Placebos, Medikamente und Rituale benutzen die selben biochemischen Wege im Hirn

Um jedoch die Meinungen der Schulmedizin zu verändern, muss die Forschung biologische Beweise erbringen, dass sich im Hirn und im Körper der Patienten wirklich etwas verändert. Im letzten Jahrzehnt wurde dies möglich durch die Abbildungstechnologie der PET-Scans und der funktionellen Magnetresonanztomographie (fMRI). Auf diesem Wege sah man, dass Placebo Behandlungen chemische Reaktionen auslösen welche denjenigen von aktiven Medikamenten ähnlich sind. Viele Neurotransmitter sind an der Arbeit – einschliesslich der Chemikalien, die die selben Verbindungen benutzen wie Opium und Marihuana. Placebos erhöhen die Ausschüttung von Dopamin, dem „Glückshormon".

Placebobehandlungen beeinflussen auch die Bereiche im menschlichen Hirn die die Schmerzempfindung regulieren. Diesen Weg benutzen jedoch auch die möglichen negativen Nebenwirkungen einer Placebobehandlung und lösen den Noceboeffekt aus. Der Noceboeffekt aktiviert auch den Hippocampus, (der Teil des menschlichen Hirns der aussieht wie ein Seepferdchen). Man assoziiert ihn mit Erinnerungen und Angstzuständen.

Was die „Placebo Hirnforscher" gemäss dem Artikel im Harvard Magazin gelernt haben ist, dass therapeutische Rituale viele Moleküle im Hirn des Patienten bewegen und diese Moleküle sind genau dieselben, die aktiviert werden durch die Medikamente die in der routinemässigen ärztlichen Praxis verabreicht werden. Mit anderen Worten: Rituale und Medikamente benutzen die gleichen biochemischen Wege um das Hirn des Patienten zu beeinflussen!

Die Wissenschaftler haben mit ihren Versuchen ein präzises Diagramm der Placeboeffekte erhalten und den klaren Beweis dafür, welchen messbar positiven Einfluss ein Ritual auf das Wohlbefinden und die Gesundheit der

Versuchspersonen hatte, z.B. durch die 20 Minuten ungeteilte Aufmerksamkeit und Fürsorge des Arztes oder Behandlers.

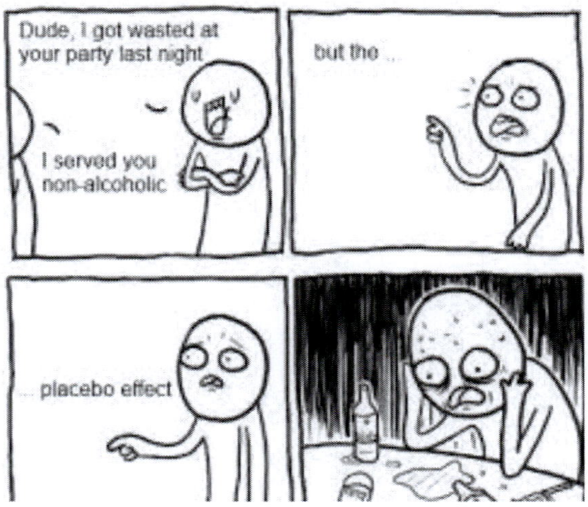

Bilder und der unbewusste Placeboeffekt

Das Team in Harvard stellte als nächsten Schritt die Hypothese auf, dass es für den Placebo-Effekt keine bewusste Erwartung braucht, dass er auch auf der unbewussten Ebene ausgelöst werden kann.

Der erste Teil des Tests sah wie folgt aus:
Bei 40 Versuchspersonen wurde jeweils eine Hitzequelle aus Metall am Arm fixiert. Danach zeigte man ihnen Bilder von zwei verschiedenen Männern bei denen ebenfalls eine Metallplatte am Arm fixiert war.

Das erste Bild zeigte den Gesichtsausdruck eines Mannes in dem man lesen konnte, dass die Metallplatte heiss war. Das zweite Bild zeigte einen Mann, in dessen Gesicht man sah, dass die Platte kühler war.

Die Probanden sollten nun auf einer Skala von 1 bis 100 bewerten, wie schmerzhaft sie die verspürte Hitze auf ihrem eigenen Arm empfanden. Jede vorgetäuschte Temperaturänderung wurde angesagt und gleichzeitig wechselte man das gezeigte Bild. In Wirklichkeit war aber das Metall am Arm der Versuchspersonen immer gleich warm.

Die Versuchspersonen bewerteten ihre Empfindung jedoch gemäss ihrer bildlichen Erfahrung: Die Temperatur, die gleichzeitig mit dem „heissen" (mit Hitze assoziierten) Bild auf ihrem Arm gefühlt wurde, empfanden alle als schmerzhafter, als die gefühlte Wärme mit dem Bild des „kühleren" Gesichts.

„Um Ihren Instinkt zu hören, wählen Sie die eins."

Im zweiten Teil des Test wollte man nun prüfen, ob die gefühlte Temperaturschwankung auch unbewusst auftritt:

Wieder wurde die warme Metallplatte am Arm der Versuchspersonen fixiert. Die Bilder zeigte man ihnen dieses Mal jedoch nur für die Dauer von ein paar Millisekunden – zu kurz für eine bewusste Wahrnehmung. Trotzdem wurde die Intensität des Schmerzes als gleich stark (oder schwach) angegeben wie beim bewussten Ansehen der Bilder. Die Forscher wussten nun, dass das Unterbewusstsein den Placebo-Effekt ausgelöst hatte. Ein Beweis dafür also, dass er auch ausgelöst wird, wenn wir es nicht erwarten!

Die Autoren der Studie liessen Bilder von Behandlungsräumen mit medizinischer Ausstattung im Millisekundentakt vor den Augen der Versuchspersonen aufblitzen und sahen wie der Placebo Effekt auch dort seine Wirkung zeigte. Eine Erklärung dafür, dass sich viele Menschen schon besser fühlen, wenn sie einen Raum betreten in dem sich medizinische Geräte befinden, weil Sie dieses „Bild" automatisch mit Heilung assoziieren. Diese Wahrnehmung führt tatsächlich zu positiven Veränderungen der Gesundheit.

Die unbewussten Gedanken des Arztes – die Kommunikation der unteren Selbste

Diese Ergebnisse führten zu der neusten Arbeit des Teams: Das Hirn der Ärzte zu scannen während sie ihre Patienten behandelten – eine Seite der Gleichung die bis jetzt noch niemand angeschaut hatte. (Die Forscher konstruierten eine entsprechende Einrichtung bei der die Ärzte in einer fMRI Maschine lagen, die ihnen die Möglichkeit bot, ihre Patienten ausserhalb des Scanners zu sehen und ihnen eine Behandlung zukommen zu lassen die sie für stimulierend hielten).

Ärzte geben ihren Patienten subtile Hinweise denen sich keiner von beiden bewusst sein mag. Sie sind jedoch die „Schlüsselzutat" im Medizinritual. Die Wissenschaftler hoffen nun, dass die neuen Hirnscans aufzeigen werden, welchen Einfluss die unbewussten Gedanken des Arztes auf die Behandlung ihrer Patienten haben.

Aka-Schnüre durchschneiden – ein Ritual

Die Huna-Lehrer Jack und Josephine Gray führten ein Ritual mit ihren Schülern durch, bei dem alle Aka-Schnüre, die sie je in ihrem Leben erzeugt hatten durchtrennt wurden. Sie baten dafür den Erzengel Michael hinzu, den speziellen Helfer für Huna-Praktiker , um die Verbindungen mit seinem Schwert durchzuschneiden. Erzengel Michael, so erklärten sie, ist ein kraftvolles, universelles Energiewesen das Kulturen und Traditionen überschreitet. Die Qualitäten, welche dieses hoch entwickelte Energiewesens mit sich bringt, sind Tat, Gerechtigkeit, Mitgefühl und Weisheit. Alles hilfreiche Eigenschaften um lange bestehende Aka-Schnüre zu trennen. Von **Charlotte Berney**

Das Durchschneiden der Aka-Schnüre ist eine befreiende Erfahrung, die dich frei in eine Zukunft deiner eigenen Wahl schreiten lässt. Sei nicht besorgt, dass du geschätzte Beziehungen mit den Menschen die du liebst verlieren wirst. Deine energetischen Verbindungen werden zurückkehren in dem Moment, in dem du Liebe für diese Menschen in dir fühlst, oder mit Liebe an sie denkst.

Versetze dich in eine positive, friedliche Stimmung für dieses Ritual. Gib dir selbst Raum und Zeit dafür. (Es kann alleine oder in einer Gruppe durchgeführt werden und es ist ziemlich machtvoll, wenn Menschen mit derselben Absicht zusammenarbeiten. Wenn du es in einer Gruppe durchführst, stellt ihr euch mit einigem Abstand auf, mindestens auf Armeslänge.)

Zünde eine oder mehrere Kerzen an und dämpfe das Licht.

Schliesse deine Augen und atme tief und langsam mehrere Runden im 4er-Takt. Bitte dein unteres Selbst und dein Hohes Selbst um volle Aufmerksamkeit und Unterstützung. Lade alle deine Führer, Engel und Wächter dazu ein, dich zu unterstützen.
Sprich laut: (oder eine Person spricht laut, wenn ihr in einer Gruppe seid):

**„Mein liebes unteres Selbst und mein liebes Hohes Selbst, bitte seid jetzt vollkommen präsent.
Liebe Führer, Engel und Wächter, bitte unterstützt mich und uns alle in dieser Gruppe.
Es ist meine Absicht, heute Abend alle Aka Schnüre durchzuschneiden, die ich je erzeugt habe zwischen mir und anderen Menschen, anderen Orten und Objekten, vom Anbeginn der Zeit bis heute.
Das wird mich vollständig befreien.
Ich bitte Erzengel Michael daran teilzunehmen und sein mächtiges, schimmerndes Schwert mitzubringen um diesen Prozess zu unterstützen."**

Atme tief und ruhig ein paar weitere Runden im 4er-Takt, bis du das Mana in deinen Händen spürst.
Dann strecke deine Arme aus mit den Handflächen nach oben und sprich laut:

„Hier, vor dem unteren Selbst, dem Hohen Selbst und vor den Führern und Engeln und Wächtern, bitte ich Erzengel Michael mit seinem schimmernden Schwert jetzt, alle Aka Schnüre durchzuschneiden, die sich je zwischen mir und anderen gebildet haben."

Halte deine Arme weiter ausgestreckt.

Stell dir vor, wie der Erzengel Michael in einem Dunst aus blauem und goldenem Licht mit seinem blendenden Schwert hinuntersteigt.
Visualisiere ihn, wie er alle Energieschnüre um dich herum durchschneidet und schau zu, wie sie sich in Nichts auflösen.

Mit der rechten Hand machst du jetzt symbolische Schneidebewegungen um deine Körper herum.

Jetzt stehst du einen Schritt zurück und schaust wie es sich anfühlt, keine Aka-Schnüre zu haben.

Fühle dich hinein in das neue Ich, neugeboren, frei, klar und glücklich. Spüre die grenzenlose Freiheit und die unermessliche Unabhängigkeit.

Danke dem Erzengel Michael für seine Hilfe und danke allen deinen Führern, Engeln und Wächtern. Danke deinem unteren Selbst und deinem Hohen Selbst.

Wiederhole jetzt laut die folgenden Worte:

„Danke Universum, für deine Liebe und deine Fürsorglichkeit. Ich gehe weiter als neues Wesen, frei und befreit von allen Verbindungen."

Du kannst dieses Ritual nach einigen Jahren wiederholen oder wenn du das Gefühl hast es sei nötig. Falls du die Aka-Schnüre zu jemandem oder zu irgendetwas durchschneiden möchtest, kannst du einfach ein paar tiefe Atemzüge nehmen und mit deiner rechten Hand die Verbindungen durchschneiden, indem du deine Absicht sie zu trennen kundtust.

Aus: „Fundamentals of Hawaiian Mysticism"
ISBN 9781-58091-026-2

Notizen: